Ulrich Gebhard

Kind und Natur

Ulrich Gebhard

Kind und Natur

Die Bedeutung der Natur für
die psychische Entwicklung

2., aktualisierte und
erweiterte Auflage

VS VERLAG FÜR SOZIALWISSENSCHAFTEN

Bibliografische Information Der Deutschen Bibliothek
Die Deutsche Bibliothek verzeichnet diese Publikation in der Deutschen Nationalbibliografie;
detaillierte bibliografische Daten sind im Internet über <http://dnb.ddb.de> abrufbar.

1. Auflage 1994
2., aktualisierte und erweiterte Auflage 2001
Nachdruck der 2. Auflage Dezember 2005

Lektorat: Monika Mülhausen / Stefanie Laux

Der VS Verlag für Sozialwissenschaften ist ein Unternehmen von Springer Science+Business Media.
www.vs-verlag.de

Umschlaggestaltung: KünkelLopka Medienentwicklung, Heidelberg
Druck und buchbinderische Verarbeitung: MercedesDruck, Berlin
Gedruckt auf säurefreiem und chlorfrei gebleichtem Papier
Printed in Germany

ISBN 3-531-32529-9

Ulrich Gebhard

Kind und Natur

Die Bedeutung der Natur für
die psychische Entwicklung

2., aktualisierte und
erweiterte Auflage

VS VERLAG FÜR SOZIALWISSENSCHAFTEN

Bibliografische Information Der Deutschen Bibliothek
Die Deutsche Bibliothek verzeichnet diese Publikation in der Deutschen Nationalbibliografie;
detaillierte bibliografische Daten sind im Internet über <http://dnb.ddb.de> abrufbar.

1. Auflage 1994
2., aktualisierte und erweiterte Auflage 2001
Nachdruck der 2. Auflage Dezember 2005

Alle Rechte vorbehalten
© VS Verlag für Sozialwissenschaften/GWV Fachverlage GmbH, Wiesbaden 2005

Lektorat: Monika Mülhausen / Stefanie Laux

Der VS Verlag für Sozialwissenschaften ist ein Unternehmen von Springer Science+Business Media.
www.vs-verlag.de

Umschlaggestaltung: KünkelLopka Medienentwicklung, Heidelberg
Druck und buchbinderische Verarbeitung: MercedesDruck, Berlin
Gedruckt auf säurefreiem und chlorfrei gebleichtem Papier
Printed in Germany

ISBN 3-531-32529-9

Inhalt

1   Einleitung

> Wir sind so gern in der Natur, weil
> diese keine Meinung über uns hat.
> (Friedrich Nietzsche)
>
> Natur ist für mich, wenn die Vögel
> singen, die Sonne scheint, und wenn
> es ab und zu auch mal regnet, wenn
> man baden gehen kann, die Bäume
> schön blühen, wenn überall Nester
> drauf sind — das stell' ich mir unter
> Natur eigentlich vor.
> (Stefan, 7 Jahre)

Angesichts der ökologischen Situation und der öffentlichen Diskussion darüber ist
es keine Frage mehr, daß der Mensch als Teil der Natur unmittelbar im materiellen, biologisch–ökologischen Sinn mit dem Zustand der Natur verknüpft ist und
daß die Zerstörung der Natur auch die konkreten materiellen Lebensbedingungen
der Menschen einschränkt und die Gesundheit gefährdet (Gundermann 1997).
Luftverschmutzung, Wasserzustand, Waldsterben, Gifte in Nahrungsmitteln sind
hierfür nur Stichworte. Gerade Kinder leiden daran im auch medizinischen Sinne
in besonderer Weise (vgl. Dost 1983, 1987, Kramer 1987, Petri 1992, Sternglass/
Bell 1986).

Darum geht es in diesem Buch nicht. Es geht vielmehr um die psychische Seite
dieses grundlegenden ökologischen Zusammenhangs, und zwar, wie er sich in der
Entwicklung von Kindern darstellt. Schon der Naturforscher Alexander von Humboldt wollte "nicht bei den äußeren Erscheinungen allein verweilen", sondern die
Natur auch so erforschen, "wie sie sich im Inneren der Menschen abspiegelt"
(Humboldt, o.J.). Daß äußere Natur psychisch wirksam ist, ist nur auf den ersten
Blick eine triviale Aussage. Auf den zweiten Blick entpuppt sie sich nämlich als
eine Fragestellung, die in besonderer Weise der Erklärung und Differenzierung
bedarf. Wir wissen wenig darüber, von welcher Art und Qualität die nichtmenschliche "äußere Natur" sein sollte, um die Entwicklung der "inneren Natur"
des Menschen zu fördern. Darüber, wie die menschliche Umwelt in den ersten
Lebensjahren aussehen sollte, wissen wir mehr, beispielsweise, daß dazu eine
haltende Atmosphäre (Winnicott 1974) und verläßliche Bezugspersonen (Spitz
1954) gehören.

Dieses Buch behandelt die Frage, welche Bedeutung "Natur" im Leben von
Kindern bis etwa zur Pubertät hat. Es werden hiezu theoretische Annahmen und

empirische Befunde zusammengetragen, und es wird diskutiert, wie sich äußere lebendige Natur psychisch vermittelt und auch, wie sich ein entsprechender Mangel auswirkt. Diese Fragestellung enthält dreierlei Implikationen:

1. Erstens eine phänomenologische: Welchen Naturphänomenen wenden sich Kinder zu, welche bevorzugen sie, von welchen wenden sie sich ab, vor welchen haben sie Angst, usw. Es geht bei diesen Überlegungen um den Bezug zur äußeren Natur. Das kindliche Verhältnis zur eigenen Natur, das Verhältnis zum Körper beispielsweise, wird hier nicht behandelt. Auch das Verhältnis zur unbelebten Natur wird nur am Rande erwähnt. Es geht in erster Linie um äußere lebendige Naturphänomene, also Dinge, mit denen sich die Biologie befaßt (zum Naturbegriff siehe Kapitel 3).

2. Zweitens eine psychologische: Welche innere, psychische Bedeutung haben äußere Naturphänomene? Hierbei wird untersucht, in welcher Weise "Natur" psychodynamisch als Symbol verwendet wird und wirkt. Dieser Aspekt der Fragestellung, nämlich wie sich Natur symbolisch "im Inneren der Menschen abspiegelt", ist das zentrale Thema dieses Buches, wobei auch darzulegen und zu begründen sein wird, daß "Natur" tatsächlich in psychischer (und nicht nur in biologisch-ökologischer) Hinsicht für den Menschen bedeutsam ist (siehe vor allem Kapitel 2). Wegen des besonderen Stellenwerts der frühen Kindheit, mit deren Verständnis auch spätere Lebensabschnitte besser verstanden werden können, steht dabei die Situation von Kindern im Mittelpunkt.

3. Drittens schließlich ist die Fragestellung auch für die Pädagogik und Didaktik bedeutsam. Das gilt für die Familienerziehung gleichermaßen wie für andere Bereiche: vom Kindergarten über Stadt- und Landschaftsplanung bis zum Biologieunterricht in den Schulen.

Das kindliche Verhältnis zur Natur soll allerdings nicht vorschnell unter dem Blickwinkel pädagogischer oder didaktischer Ziel- und Wunschvorstellungen betrachtet werden. Das Thema "Kind und Natur" ist zwar für die Pädagogik und Didaktik von Belang, es wird hier jedoch eher als ein grundlegendes psychologisches Thema behandelt. Lediglich an einigen geeigneten Stellen wird allerdings auch auf pädagogische Implikationen und Konsequenzen hingewiesen. Die Frage, welche psychische Bedeutung Naturphänomene in der kindlichen Entwicklung haben, ist nämlich gerade für diejenigen relevant, die im Hinblick auf das Verhältnis zu und das Interesse für Natur wirken wollen. Für die Umwelterziehung und den Biologieunterricht beispielsweise ist es von zentraler Bedeutung, die psychologischen Bedingungen zu verstehen, die der Beschäftigung mit Natur beziehungsweise auch Naturwissenschaft zugrunde liegen. Insofern soll die vorliegende Studie auch für solche Belange sozusagen eine lehrbuchartige Grundlage sein. Bereits in den fünfziger Jahren hat Plötz (1970) hierzu ein kleines lesenswertes Bändchen vorgelegt, das vor dem Hintergrund theoretischer Annahmen vor allem von Piaget psychologische Beobachtungen als Grundlage der "Naturkunde in der Volksschule" zusammenstellt. Plötz legt seine Ausführungen entwicklungspsychologisch an und überlegt, "welche Interessen und welche Weisen der Gegenstands-erfassung" im Hinblick auf die Gegenstände des naturkundlichen Unterrichts in den Kindern "jeweils zur Entfaltung drängen" (Plötz 1970, S. 7). Eine solche "Entwicklungspsychologie" wird hier nicht versucht. Es wird keine Entwicklung der Beziehung oder des Interesses zu Naturphänomenen vorgestellt, da eine solche Entwicklungslehre zum einen zu spekulativ wäre und zum anderen sich auf das problematische Konzept einer Phasenlehre stützen müßte. Vielmehr werden einzelne zentrale Aspekte des kindlichen Naturbezugs vor dem Hintergrund theo-retischer Vorannahmen reflektiert und auch miteinander in Beziehung gesetzt.

In dem vorliegenden Band geht es vor allem um den emotionalen Bezug zur Natur und nicht so sehr um das (kognitive) Interesse an Natur beziehungsweise an naturwissenschaftlichen Themen, wenngleich natürlich beide Aspekte letztlich zusammengehören und aufeinander bezogen reflektiert werden müßten (vgl. Gebhard 1988a, 1988b; Löwe 1987). Es geht eher um die Beziehung (beispielsweise) zu Heimtieren oder zu Pflanzen als um das Interesse an (beispielsweise) Photosynthese oder Evolutionslehre. Die Fragestellung, welche psychische Funktion beziehungsweise welchen Stellenwert (äußere) Naturphäno-mene für Kinder haben, ist zunächst auch abgekoppelt von der Absicht, ihnen etwas beizubringen. Es gilt zunächst, sie zu verstehen. Diese Eingrenzung hat allerdings den Vorzug, daß die kindliche Beziehung zu Naturphänomenen (Tiere, Pflanzen, Wälder, Wiesen, zerstörte Umwelt) zunächst als ein Thema behandelt werden kann, das eine grundlegende Frage menschlichen Lebens betrifft, nämlich das psychische Verhältnis des Menschen zur Natur — eine Frage, die in der traditionellen Psychologie lange Zeit nicht einmal gestellt wurde (siehe Kapitel 2).

Es kommt also vor jeder politischen oder erzieherischen Zielsetzung darauf an, zu erkunden und zu sehen, welche Beziehung Kinder überhaupt zu lebendigen Naturphänomenen haben. Kinder machen nämlich Erfahrungen mit der Natur unabhängig von pädagogischen Einflußnahmen. Sie spielen im Wald, klettern auf Bäume, bauen sich Buden, kümmern sich um ihre Katze oder gießen Blumen, haben aber auch Angst vor bellenden Hunden, vor Spinnen, ekeln sich vor Wür-mern, sind traurig angesichts des Todes eines Heimtieres. Kinder machen auch dann Erfahrungen mit der Natur, wenn diese — wie in den "unwirtlichen Städten" (Mitscherlich 1965) — zerstört oder nur reduziert oder verkümmert vorhanden ist. Auch hier gibt es (beispielsweise) Hinterhöfe, Insekten, Pflasterritzenvegetation, Hunde. Der Erfahrungshorizont, der sich innerhalb der konkreten Lebenswelt der Kinder im Hinblick auf die Natur entwickelt, "wird nicht etwa durch das Lernen in der Schule außer Geltung gesetzt, obgleich manche fachdidaktische Überlegungen den Eindruck erwecken" (Lippitz/Meyer-Drawe 1982, S. 13).

Ein Anliegen dieses Buches ist es somit, Beobachtungen und Befunde darüber zusammenzustellen, welche psychische Bedeutung Naturphänomene im Leben der Kinder haben. Die Daten, die es hierzu gibt, stammen aus den verschiedensten wissenschaftlichen Disziplinen (zum Beispiel Architektur, Forstwissenschaft, Lan-despflege, Gartenbau, Städteplanung, Tiermedizin, Ethologie, Ethnologie, Medi-zin, Psychologie, Psychotherapie, Soziologie, Biologie). Die Aufgabe besteht also zunächst darin, diese sehr verstreut vorliegenden Befunde systematisch zu sammeln und aufeinander zu beziehen. Außerdem werden zu einigen Einzelfragen auch die Ergebnisse eigener Untersuchungen einbezogen. Darüber hinaus werden diese Beobachtungen und Befunde theoretisch reflektiert und eingeordnet. Das Thema "Kind und Natur" wird dabei auch als ein Kapitel der Umweltpsychologie behandelt. Vor allem vor dem theoretischen Hintergrund der Psychoanalyse wird versucht, die vielfältigen, zum Teil widersprüchlichen Befunde zum Verhältnis von Kindern zu Naturphänomenen zu systematisieren. Vieles spricht dafür, daß das menschliche Verhältnis zur Umwelt und zur lebendigen Natur in weiten Teilen unbewußt ist (vgl. Ittelson u.a. 1977); insofern kann unter Umständen die Psychoanalyse, die sich systematisch mit dem Unbewußten befaßt, einen geeigneten begrifflichen Rahmen bieten, Aspekte des menschlichen Verhältnisses zur Natur zu beschreiben. So soll im folgenden auch versucht werden, die Psychoanalyse für ökopsychologische Fragestellungen zu erschließen. Daß das menschliche Verhältnis zur Natur im wesentlichen als ein unbewußtes angesehen werden muß, wird übrigens sowohl in der Umweltpolitik (Steurer 1998) als auch in der Umweltpädagogik zwar gesehen, aber viel zu wenig beachtet. Sonst könnte nämlich der Stellenwert rationaler Einsicht in beiden Feldern nicht so überschätzt werden. Nun hat sich die Psychoanalyse (bislang) vor allem mit der Genese und Dynamik intra- und interpsychischer Prozesse beschäftigt und nur wenig mit der psychischen Funktion der nichtmenschlichen Umwelt. Unter "Objekten" werden im Rahmen der Psychoanalyse immer Personen verstanden. Deshalb wird, bevor wir ab Kapitel 4 zur psychischen Bedeutung von einzelnen Naturphänomenen kommen, zunächst allgemein darüber nachgedacht, welche Bedeutung überhaupt die nichtmenschliche Umwelt in der psychischen Entwicklung hat. Auf der Grundlage dieser theoretischen Vorklärungen können dann einzelne Aspekte des kindlichen Naturbezugs behandelt werden.

Zum Aufbau des Bandes

Zunächst wird erörtert, welche psychische Bedeutung die nichtmenschliche Umwelt (im Unterschied zur menschlichen) für den Menschen hat (Kapitel 2). Dabei werden Grundannahmen der ökologischen Psychologie und Positionen der Psychoanalyse zusammengestellt und zum Teil miteinander verknüpft. Dabei werden zusätzlich über die Psychoanalyse hinausgehend symboltheoretische Grundannahmen expliziert. Diese Überlegungen haben im Gesamtzusammenhang der Arbeit die Funktion, die Annahme, daß "Natur" auch psychisch wirksam ist, theoretisch zu fundieren. Nur so können nämlich im weiteren plausible Annahmen darüber formuliert werden, welchen psychischen Wert einzelne Naturphänomene haben.

Oft wird, wenn es um die Bedeutung von Naturerfahrungen geht, der Begriff "Natur" gleichsam als Zauberformel oder geradezu als Werbeträger benutzt, was "Natur" sozusagen vor jeder Reflexion als "gut" erscheinen läßt. Um dieser Gefahr zu entgehen, werden in Kapitel 3 einige Aspekte des Naturbegriffs dargelegt. Dabei wird der ästhetisch-symbolische Aspekt des Naturbegriffs als für unsere psychologische Fragestellung besonders geeignet herausgestellt. Diese Ausführungen zum Naturbegriff sind zugleich auch eine Grundlage für die weiteren Abschnitte.

Das 4. Kapitel dient der Reflexion des Phänomens, daß Kinder dazu neigen, Naturphänomene animistisch zu besetzen, zu beseelen; vor allem Tiere und ihre Verhaltensweisen werden oft auf anthropomorphe Weise interpretiert. Die "Beseelung der Natur" wird vor dem Hintergrund der im 2. Kapitel entfalteten Zusammenhänge über die Bedeutung der nichtmenschlichen Umwelt auf eine neue Weise interpretiert. Dabei werden die klassischen Animismusstudien von Piaget, neuere psychologische Befunde zum kindlichen Animismus und psychoanalytische Annahmen zum primären Narzißmus für das Verständnis der Beseelung der Natur genutzt. Als Ergebnis wird damit auch ein neuer, reflektierter Umgang mit Anthropomorphismen nahegelegt, der anerkennt, daß in Anthropomorphismen nicht nur ein (manchmal unangemessenes) Verständnis von Naturphänomenen, sondern auch eine emotionale Beziehung zu ihnen zum Ausdruck kommt, die ihrerseits auch eine Bedingung für die Erkenntnis von der Natur ist.

Im 5. Kapitel werden zahlreiche Untersuchungen darüber zusammengetragen, welchen psychischen Wert Naturerfahrungen in der Entwicklung von Kindern haben. Es geht dabei um die These, daß Kinder auf das Fehlen von natürlichen Elementen auch seelisch besonders empfindlich reagieren beziehungsweise positiv formuliert, daß Naturerfahrungen für Kinder psychisch besonders stimulierend sind.

Im Anschluß daran werden einige anthropologische und evolutionsbiologische Argumente für die Notwendigkeit von Naturerfahrungen kritisch diskutiert (Kapitel 6).

In den folgenden Abschnitten geht es dann um konkrete Naturphänomene: Tiere (Kapitel 7) und Pflanzen (Kapitel 9). Befunde aus den unterschiedlichsten Bereichen werden zusammengetragen, um den Wert von Pflanzen und Tieren im kindlichen Leben zu beschreiben. Kapitel 8 widmet sich dem Thema "Angst und Ekel vor Tieren", wobei vor dem Hintergrund von empirischen Untersuchungen über die Objekte der Angst und des Ekels einerseits und der psychoanalytischen Angsttheorie und einigen theoretischen Anmerkungen zum Phänomen des Ekels andererseits auch einige Thesen zum (pädagogischen) Umgang mit Angst und Ekel entwickelt werden.

Man kann sich nicht mit der lebendigen Natur befassen, ohne daß dabei das Gegenteil — der Tod — zumindest unbewußt ständig präsent ist. Deshalb wird in Kapitel 10 das kindliche Todesverständnis thematisiert; ebenso werden kindliche Formen von Trauer reflektiert. Diese Ausführungen dienen zugleich als Grundlage für Kapitel 11, in dem über kindliche Vorstellungen, Wahrnehmungen und Verarbeitungsformen der Umweltzerstörung, des "Sterbens der Natur", nachgedacht wird. Dabei werden zunächst empirische Daten referiert und eigene Studien vorgestellt. In der Tendenz lassen die Befunde den Schluß zu, daß Kinder den Zustand der äußeren Natur wahrnehmen beziehungsweise spüren und daß sie damit auch Angst verbinden. In einem längeren abschließenden Abschnitt wird versucht, die Befunde zur Wahrnehmung und der Umweltzerstörung unter Bezugnahme auf die psychoanalytische Verdrängungslehre, der Umweltbewußtseinsforschung und pädagogischen Möglichkeiten zu reflektieren. Es wird sich dabei zeigen, daß Kinder aufgrund ihrer Sensibilität gegenüber der menschlichen und nichtmenschlichen Umwelt sehr deutliche Hinweise geben, welche (seelischen) Folgen die Distanzierung und Entfremdung von der Natur hat. Ein Anliegen des Buches ist es, über diese Signale nachzudenken.

Als Schlußwort wird am Ende des Buches ein "Gespräch über Bäume" in einigen Auszügen vorgestellt und vor dem Hintergrund der Gedanken aus den verschiedenen Kapiteln des ganzen Buches zum Verhältnis von Kindern zur Natur interpretiert.

2 Die psychische Bedeutung der nichtmenschlichen Umwelt

2.1 Ein dreidimensionales Persönlichkeitsmodell als Bezugsrahmen

Die Persönlichkeit des Menschen wird in den meisten psychologischen Schulen als das Ergebnis der Beziehung zu sich selbst und der Beziehung zu anderen Menschen verstanden. In der jeweils aktuellen Persönlichkeitsstruktur verdichten sich nach dieser Auffassung die Erfahrungen mit sich selbst und den anderen; die nichtmenschliche Umwelt — also Gegenstände, Pflanzen, Tiere, Natur, Landschaft, Bauten — spielen in einem solchen zweidimensionalen Persönlichkeitsmodell (vgl. Krampen 1987) keine oder jedenfalls nur eine untergeordnete Rolle.

In zweidimensionalen Persönlichkeitsmodellen hängt nämlich die psychische Entwicklung vor allem von der Art und Qualität der menschlichen Umwelt ab. Wie wichtig beispielsweise feste Bezugspersonen für die Persönlichkeitsentwicklung in der (frühen) Kindheit sind, ist inzwischen unbestritten. Die Erfahrungen, die Kinder in den ersten Lebensjahren mit vertrauten Bezugspersonen machen, bestimmen wesentlich die Persönlichkeit und auch, mit welcher Tönung und Qualität die Welt wahrgenommen wird. Erikson (1968) hat dafür den Begriff "Urvertrauen" eingeführt. Macht das Kind die Erfahrung, daß es geliebt und gewollt, daß es gehalten wird, so sind das gute Bedingungen für ein von Vertrauen geprägtes Verhältnis zur Welt, zu anderen Menschen und auch zu sich selbst. Das Winnicottsche Konzept des "Haltens" akzentuiert genau diesen Gedanken (vgl. Winnicott 1974). Wie wichtig eine "haltende" Atmosphäre gerade in frühester Kindheit ist, zeigen die systematischen Untersuchungen von Spitz (1954): Er beobachtete in Säuglingsheimen, in denen die Säuglinge gut und korrekt versorgt wurden, die Folgen von unzureichender seelischer Zuwendung. Vor allem das Fehlen einer festen Bezugsperson führte zu starken psychischen und somatischen Beeinträchtigungen und Entwicklungsrückständen.

Die Bedeutung der menschlichen Umwelt soll, auch wenn sich dieses Kapitel schwerpunktmäßig mit der nichtmenschlichen Umwelt befaßt, keineswegs bestritten werden. Im Gegenteil: der Mensch als soziales Wesen kann nur vor dem Hintergrund seiner gemeinsamen Geschichte mit personalen "Objekten" verstanden werden.

Nun leben die Menschen aber nicht allein auf der Welt. Sie leben vielmehr in einer Welt, in der es weitaus mehr nichtmenschliche "Objekte" gibt als menschliche. Mehr noch: Der Mensch ist als Teil und Gegenüber der Natur (vgl. Kattmann 1997) untrennbar mit all diesen nichtmenschlichen Objekten verbunden. Während es bezüglich der biologisch-ökologischen Verflochtenheit des Menschen mit der nichtmenschlichen Natur angesichts der ökologischen Krise keine Zweifel mehr geben kann, suggeriert ein zweidimensionales Persönlichkeitsmodell, daß man sich die psychische Genese der menschlichen Persönlichkeit unabhängig von der nichtmenschlichen Umwelt vorstellen könne.

Dabei hat bereits Hellpach — sozusagen als erster Umweltpsychologe — die "Psyche, sofern sie von ihrer tatsächlichen Umwelt abhängig ist" (Hellpach 1924, S. 110), zum Gegenstand seiner Analysen gemacht und versucht, eine allgemeine "Geopsychologie" (Hellpach 1911) zu begründen. Auch Piaget und Inhelder (1976) unterstreichen ausdrücklich, daß und wie sehr die seelische Entwicklung von Kindern auch durch die dingliche und räumliche Umgebung, und eben nicht nur von der sozialen Umgebung beeinflußt wird. Von Dürckheim wiederum vertritt die Auffassung, daß Selbst- und Welterfahrung auf sehr subtile Weise zusammenhängen und kaum voneinander getrennt betrachtet werden können:

> Zwischen dem lebendigen Selbst und seinem Raum besteht ein konkretes Sinnverhältnis; denn das lebendige Selbst und der gelebte Raum stehen zueinander im Verhältnis der Verwirklichung (v. Dürckheim 1931, S. 473).

Wie sehr das menschliche Leben nur in Korrespondenz mit den Dingen der Umwelt sich vollzieht, unterstreicht auch Heidegger:

> Die Frage: Was ist ein Ding? ist die Frage: Wer ist der Mensch? Das bedeutet nicht, daß die Dinge zu einem menschlichen Gemächte werden, sondern heißt umgekehrt: Der Mensch ist als solcher zu begreifen, der immer schon die Dinge überspringt, aber so, daß dieses Überspringen nur möglich ist, indem die Dinge begegnen und so gerade sie selbst bleiben — indem sie uns selbst hinter uns selbst und unsere Oberfläche zurückschicken (Heidegger 1975, S. 2).

Rousseau hat in seinem erziehungsphilosophischen Werk *Emile* betont, daß der Mensch drei Erzieher braucht: die Natur, die Menschen und die Dinge.

> Die Natur entwickelt unsere Fähigkeiten und unsere Kräfte; die Menschen lehren uns den Gebrauch dieser Fähigkeiten und Kräfte. Die Dinge aber erziehen uns durch die Erfahrung, die wir mit ihnen machen, und durch die Anschauung (Rousseau 1978, S. 10).

Besonders bedeutsam sind die Dinge im Emileschen System der Erziehung übrigens in der zweiten Phase der Kindheit (bei Rousseau vom 2. bis zum 12. Lebensjahr). In dieser Zeit sollen die Dinge, also die nichtmenschliche Umwelt, bei der Entwicklung des Kindes die Hauptrolle spielen. So formuliert Rousseau (1978, S. 63) als Erziehungsregel: "Haltet das Kind von den Dingen abhängig, und ihr werdet es naturgemäß erziehen."

16

Seit den 60er Jahren versucht die Ökologische Psychologie (*environmental psychology*, Umweltpsychologie) der traditionellen "Umweltvergessenheit" (Kruse 1983, S. 122) entgegenzuwirken. Mit der Ökologischen Psychologie ist insofern das traditionelle zweidimensionale Persönlichkeitsmodell durch die dritte Dimension dadurch erweitert, daß die Wechselwirkung des Menschen mit der nichtmenschlichen Umwelt in den Blick gerät (vgl. Craik 1976). Während die traditionelle Psychologie die Umwelt letztlich für die psychischen Prozesse als unbedeutend oder jedenfalls als nachgeordnet betrachtet, versucht die Ökologische Psychologie, Person und Umwelt in eine systematische Beziehung zu setzen. Diese Sichtweise lenkt den Blick auch auf die natürliche und dingliche Umwelt des Menschen; Mensch und Umwelt sind also in dieser Perspektive gewissermaßen "Entwicklungspartner" (Wolf 1995).

Zweifellos ist diese neue Perspektive auch ein Effekt der ökologischen Krise, durch die die natürliche beziehungsweise dingliche Umwelt zunehmend gefährdet wird. Dem gedankenlosen Umgang mit der Umwelt entsprach insofern auch eine Umweltvergessenheit in der Psychologie.

> Bedrohung hat Bewußtmachungsfunktion; das ist nicht neu: Erst wenn der Mensch krank oder zu dick ist, wird er gesundheits- oder ernährungsbewußt. Erst als die Umwelt aus den Fugen zu geraten drohte, als der Mensch merkte, daß er, der als Beherrscher der Umwelt ausgezogen war, Gefahr lief, zu ihrem Opfer zu werden, wurde er ihrer bewußt (Kruse 1983, S. 122).

Nun gibt es allerdings keine einheitliche Tendenz in der Ökologischen Psychologie; sie beschäftigt sich mit den verschiedensten "Umwelten": Stadt, Nachbarschaft, Wohnung, Verkehr, Familie, Beruf, Schule u.v.m. (als Übersicht siehe Kruse/Graumann/Lantermann 1990). Leider gibt es für den Gegenstandsbereich, der in diesem Buch zur Debatte steht, nur vereinzelte und sehr verstreut vorliegende Befunde. Natur oder gar lebendiger Natur wird, jedenfalls, was die Forschungsergebnisse angeht, nur ein untergeordneter Stellenwert beigemessen, was auch daran liegt, daß "Natur" nur ein sehr unscharf zu bestimmender Begriff ist und es kaum noch Natur im Sinne von "reiner", unberührter Natur gibt (zum Naturbegriff siehe Kapitel 3).

Umwelt ist im Rahmen der Ökologischen Psychologie eine Kategorie für die Gesamtheit der relevanten Umgebung des Menschen, wozu Menschen und Dinge gleichermaßen gehören. Es wird davon ausgegangen,

> daß der Mensch nicht ein passiver Reizempfänger, auch nicht ein psychologisch autonomes Wesen ist, sondern in einer dialektischen Spannung zu seiner Umgebung steht, mit ihr interagiert, sie formt und von ihr geformt wird (Ittelson u.a. 1977, S. 26).

Als ein entscheidender Grundgedanke muß in diesem Zusammenhang herausgestellt werden, daß das Verhältnis von Mensch und nichtmenschlicher Umwelt, das Verhältnis von Mensch und Natur als ein Interaktionsgefüge, geradezu als eine Beziehung gedacht werden muß, und nicht als ein Verhältnis des mehr oder weniger unverbundenen Gegenüber. Dieser Beziehungsaspekt ist gerade im Hinblick auf die lebendige Natur grundlegend; er ist aber auch bedeutsam bei der unbelebten Natur, beispielsweise bei Landschaften, Gewässern oder Steinen. Interessant, aber hier nicht thematisiert, ist dabei die Beziehung zu technischen Gegenständen (Schwabe 1994, Turkle 1984). Bei der "Beseelung der Natur" (Kapitel 4) und auch bei der Beziehung zu Tieren (Kapitel 7) und Pflanzen (Kapitel 9) wird der Beziehungsaspekt jedoch in ausgesprochener Weise zum Thema gemacht.

Die Beziehung, die wir zu unserer Umwelt haben beziehungsweise entwickeln, ist also entscheidend. Insofern hat das Subjekt sowohl Eigenschaften, die der Umwelt entstammen, als auch solche individueller Art. Ebenso, wie das Individuum auf der einen Seite Bestandteil seiner Umwelt ist (vgl. Ittelson u.a. 1977, S. 26f.), gibt es auf der anderen Seite keine materielle Umwelt, die nicht in soziale Bezüge eingebettet wäre. Dieses Interaktionsgefüge ist nur mit dem besagten dreidimensionalen Persönlichkeitsmodell beschreibbar (siehe z.B. Hemmati-Weber 1992, Heubach 1987).

Auch in der Aneignungstheorie von Leontjev wird die Gerichtetheit auf die nichtmenschliche Umwelt und vor allem die Notwendigkeit, sich mit ihr vertraut zu machen, betont. Der Begriff "Aneignung" charakterisiert den Prozeß der Wechselbeziehung mit der Umwelt und unterstreicht nicht nur, daß die (eben auch dingliche) Umwelt von entscheidender Bedeutung für die "Entwicklung des Psychischen" (Leontjev 1973) ist, sondern auch, daß die psychische Aneignung eine aktive Tätigkeit ist, wodurch die Außenwelt psychisch repräsentiert wird (vgl. Graumann 1990, Jacob 1984, Nohl 1980, S. 26f.). Das Kind "paßt sich seiner Umwelt nicht einfach an, sondern macht sie sich zu eigen, das heißt, es eignet sie sich an" (Leontjev 1973, S. 233). Dabei ist vor allem der Gedanke, daß erst durch die Aneignungstätigkeit die Objekte der Außenwelt psychisch repräsentiert werden, mit der psychoanalytischen Vorstellung der Entwicklung von Selbst- und Objektrepräsentanzen durchaus vergleichbar. Die Objektrepräsentanzen repräsentieren vor dem Hintergrund des oben angesprochenen Beziehungsaspekts nie nur die Objekte, sondern stets und unentflechtbar damit verbunden die Interaktionen beziehungsweise die Interaktionserfahrungen zu diesen Objekten. Insofern sind die symbolischen Repräsentanzen der äußeren, phänomenalen Welt immer in gewisser Weise "Beziehungsrepräsentanzen" (Waldvogel 1997) oder "geronnene Interaktionserfahrungen" (Lorenzer 1983).

Diese Repräsentierung von äußeren Objekten im inneren seelischen Geschehen ist nur als ein aktiver (symbolischer) Konstruktionsprozeß zu verstehen und in diesem Zusammenhang ist der Wahrnehmungsaspekt für die Bedeutung von Umweltelementen — menschlichen wie nicht-menschlichen — zentral wichtig (vgl. Hemmati-Weber 1993). Durch den sinnlichen Wahrnehmungsakt werden äußere Objekte gleichsam zu inneren Objekten. Diese Überführung von Außen nach Innen ist natürlich eine symbolische. Die seelischen Objektrepräsentanzen enthalten nicht lediglich das getreue Spiegelbild der äußeren Welt, sondern sind mit symbolischer Bedeutung, in der der besagte Beziehungsaspekt zu den Objekten verdichtet ist, gleichsam aufgeladen und — das ist besonders wichtig — beeinflussen auf diesem

Wege auch das eigene Selbst, sind mithin identitätsbildend (Gebhard 1999, Habermas 1996).

Diese in gewisser Weise konstruktivistische Version von Wahrnehmung kommt in dem Begriff der "Empfindung" treffend zum Ausdruck:

> Das Empfinden ist ein sympathetisches Erleben. Im Empfinden erleben wir uns in und mit unserer Welt. [...] Die Beziehung des Ich auf seine Welt ist im Empfinden eine Weise des Verbunden-Seins, die von dem Gegenüber des Erkennens scharf zu unterscheiden ist (Straus 1956, S. 208).

Die psychische Wirksamkeit von nichtmenschlichen Umweltelementen wird also wesentlich ermöglicht durch die symbolische Repräsentanz unserer Welterfahrung oder besser: Weltbeziehung. Dadurch bekommt die symbolische Valenz der nichtmenschlichen Umwelt — in unserem Zusammenhang der Natur — eine wichtige Rolle. Deshalb werden in Kapitel 2.3 auch einige grundlegende symboltheoretische Überlegungen angestellt und bei der Explikation des Naturbegriffs (Kapitel 3) wird der ästhetisch-symbolische Aspekt in den Mittelpunkt gestellt.

2.2   Zur Psychoanalyse der nichtmenschlichen Umwelt

Die Psychoanalyse ist geradezu ein klassisches Beispiel dafür, wie die Genese von Persönlichkeitsstrukturen (und -störungen) nur aus intra- und interpsychischen Prozessen abgeleitet wird, und nicht umsonst fordert Bachelard (1959) eine "Psychoanalyse der Objekte", die er am Beispiel des Feuers durchdekliniert. In der Objektbeziehungstheorie der Psychoanalyse sind die relevanten "Objekte", mit denen sich das Kind psychisch auseinandersetzen und die es psychisch repräsentieren muß, immer Menschen (vgl. z.B. Jacobson 1978). Die Psychoanalyse beschäftigt sich theoretisch und auch in ihrer therapeutischen Praxis vorwiegend mit der Analyse menschlicher Interaktionsprozesse und unterliegt damit einer problematischen Einengung, die sie freilich mit den meisten anderen psychologischen Schulen teilt und für die es historische Gründe gibt. Die ökologische Perspektive ist eben — und das nicht nur in der Psychologie — relativ neu.

Auch wenn es derzeit nicht gerade das Hauptparadigma der Psychoanalyse ist, sich mit der Bedeutung der nichtmenschlichen Umwelt zu befassen, sollen in diesem Kapitel einige psychoanalytische Gedanken hierzu entfaltet werden. Die Psychoanalyse könnte nämlich einen wichtigen Beitrag leisten zur Aufklärung der eben auch unbewußten Prozesse des menschlichen Verhältnisses zur Natur beziehungsweise zur nichtmenschlichen Umwelt. Die Umwelt wirkt sich übrigens meistens auf einer nicht-bewußten Ebene aus. Erst bei Änderungen der Umwelt wird diese wieder bewußt wahrgenommen, weil neue Anpassungsprozesse nötig werden. Die Ökologische Psychologie beschäftigt sich mit der unbewußten Ebene nur am Rande, was auch daran liegt, daß sich die Psychoanalyse bisher nur wenig (zum Beispiel Kächele 1986, Pazzini 1983, Pritz 1986, Rohde-Dachser/Meyer zur Capellen 1990) eingemischt hat. Es gibt auch kaum einen Zusammenhang von

Umweltpsychologie und Psychotherapie; so beklagt Keul (1995) zurecht eine angesichts des Psychobooms "teure Innenweltgestaltung", während die dingliche und eben auch krankmachende Umwelt (siehe Kapitel 11) als unveränderbar phantasiert wird. "Materielle Veränderungsprozesse werden gelähmt, wenn die Psychotherapie den Umgang mit der Außenwelt nur spielerisch verinnerlicht" (Keul 1995, S. 239).

Es gibt meines Wissens nur einen einzigen konsistenten psychoanalytischen Ansatz, der die Bedeutung der nichtmenschlichen Umwelt für die menschliche Persönlichkeitsentwicklung reflektiert. Es handelt sich dabei um die Arbeit von H. F. Searles (1960), der die Bedeutung der nichtmenschlichen Umwelt in der normalen Entwicklung und in der von Schizophrenen untersucht hat. Diesen Ansatz nehme ich nun als Ausgangspunkt für die im folgenden zu entfaltenden psychoanalytischen Überlegungen zur Bedeutung der nichtmenschlichen Umwelt.

Gewissermaßen nebenbei haben freilich immer wieder Psychoanalytiker auf die Bedeutung auch nichtmenschlicher Objekte hingewiesen: So unterschied zum Beispiel Balint (1972) zwischen "Oknophilen" (Menschen, die beengte Verhältnisse bevorzugen) und "Philobaten" (Menschen, die gern durch "freundliche Weiten" schweifen). Mitscherlich (1965, 1971) machte auf die verheerenden psychischen Folgen der "unwirtlichen" Städte aufmerksam (s. ausführlich Kapitel 5). Ihmzufolge braucht der Mensch "Lebensbedingungen, bei denen genügend dingliche Reize vorhanden sind, die zu (personenbezogenen) Objektbeziehungen herausfordern" (Mitscherlich 1971, S.39). Winnicott (1951) entwickelte mit seiner Theorie der Übergangsobjekte sogar eine explizite Begrifflichkeit für das Verständnis der Bedeutung auch nichtmenschlicher Gegenstände, wobei diese Gegenstände bei Winnicott letztlich menschliche Objekte symbolisieren (siehe Kapitel 2.4).

2.2.1   Verbundenheit zwischen Mensch und nichtmenschlicher Umwelt

Searles geht von einer grundlegenden "Verwandtschaft" (*kinship*) des Menschen mit der nichtmenschlichen Umwelt aus und verweist dabei auf sehr allgemeine Phänomene, die zeigen, "that man is not an alien in his nonhuman environment but in kinship with it" (Searles 1960, S. 5). Er bezieht sich dabei auf Erkenntnisse aus der Tierpsychologie, der Physiologie, Anatomie, Embryologie, deren Triftigkeit im einzelnen allerdings nicht immer einleuchtend erscheint. So ist es wohl kaum oder zumindest als ein nur sehr schwacher Hinweis für die erwähnte Verwandtschaft zu verstehen, daß alle lebenden Substanzen aus denselben chemischen Elementen zusammengesetzt sind.

Eine Verwandtschaft besteht Searles zufolge zwischen Mensch und nichtmenschlicher Umwelt bereits vor jeder konkreten psychischen Erfahrung oder Entwicklung. Diese Verwandtschaft konstituiert gewissermaßen den Rahmen, innerhalb dessen psychische Entwicklung einschließlich der Beziehung zu menschlichen Objekten sich vollziehen kann. Die psychische Existenz des Menschen ist insofern eine Funktion seiner nichtmenschlichen Umwelt. Die Hauptthese von Searles lautet:

> [...] that the nonhuman environment, far from being of little or no account to human personality development, constitutes one of the most basically important ingredients of human psychological existence. It is my conviction that there is within the human individual a sense, whether at a conscious or unconscious level of relatedness to his nonhuman environment, that this relatedness is one of the transcendentally important facts of human living, that — as with other very important circumstances in human existence — it is source of ambivalent feelings to him, and that finally, if he tries to ignore its importance to himself, he does so at peril to his psychological well-being (Searles 1960, S. 5f.).

Während des weitaus größten Teils seiner Geschichte war für den Menschen diese Verwandtschaft mit der nichtmenschlichen Umwelt selbstverständlich: Animistische Weltauffassungen gehen ja geradezu von einer entsprechenden Isomorphie von Mensch und Natur aus (vgl. Kapitel 4). Durch die christliche Religion und vor allem durch die Entwicklung der Naturwissenschaften ist dieser Zusammenhang jedoch überdeckt worden, was nicht nur zu einer Aufgabe animistisch–anthropomorphen Denkens geführt hat, sondern auch zu einer Vernachlässigung der nichtmenschlichen Umwelt.

Searles verweist auch auf die Bedeutung von nichtmenschlichen Umweltelementen für die psychische Gesundheit, ein Phänomen, das in therapeutischen Zusammenhängen längst zum Beispiel im Rahmen von Beschäftigungstherapien genutzt wird, ohne daß freilich die psychoanalytische Theorie dafür eine Begründung liefern könnte. Das gilt übrigens ebenso für die Arbeit mit kreativen Medien oder für die Bedeutsamkeit einer ansprechenden Naturumgebung eines Krankenhauses (vgl. Blume 1989, Schwertl 1989, Ulrich 1985).

Auch im alltäglichen Leben spielen nichtmenschliche Umweltelemente eine so offensichtliche Rolle, daß es erstaunlich ist, daß die Psychoanalyse ihr Verstehensmodell nur oder vorwiegend auf die Analyse intra- und interpsychischer Prozesse gerichtet hat. Beispiele hierfür sind: Gartenpflege, die Liebe zu vertrauten Orten in der Natur, Sport, Haustiere, Zoobesuche, Freude an Landschaften. Searles verweist weiter darauf, wie häufig nichtmenschliche Umweltelemente in der Kunst, der Poesie, in der Sprache der romantischen Liebe und — für die Psychoanalyse höchst bedeutsam — in Träumen vorkommen.

Vor dem Hintergrund dieser allgemeinen Hinweise, die die Relevanz der nichtmenschlichen Umwelt für die Persönlichkeitsentwicklung unterstreichen und die Aufforderung an die Psychoanalyse enthalten, ihr Theoriegebäude um diese Dimension zu erweitern, unternimmt Searles eben diesen Versuch: Er entwirft eine (neue) psychoanalytische Entwicklungslehre, die auf der Grundlage klassischer psychoanalytischer Theorieelemente (vor allem der Objektbeziehungs- und der Narzißmustheorie) reflektiert, welchen Einfluß die nichtmenschliche Umwelt auf die menschliche seelische Entwicklung hat.

In *Das Unbehagen in der Kultur*, einem seiner glänzendsten Essays, hält Freud zum Verhältnis von Ich und Welt folgende für unseren Zusammenhang grundlegende Gedanken fest:

> (Das) Ichgefühl des Erwachsenen kann nicht von Anfang an so gewesen sein. Es muß eine Entwicklung durchgemacht haben, die sich begreiflicherweise nicht nachweisen, aber mit ziemlicher Wahrscheinlichkeit konstruieren läßt. [...] Ursprünglich enthält das Ich alles, später scheidet es eine Außenwelt von sich ab. Unser heutiges Ichgefühl ist also nur ein eingeschrumpfter Rest eines weit umfassenderen, ja — eines allumfassenden Gefühls, welches einer innigeren Verbundenheit des Ichs mit der Umwelt entsprach (Freud 1930, S. 424f.).

Dieses Gefühl der gleichsam allumfassenden Verbundenheit mit der Umwelt nennt Freud "ozeanisch". In der ganz frühen Entwicklung des Kindes gibt es in der traditionellen psychoanalytischen Entwicklungslehre eine Phase, in der das Kind noch nicht zwischen dem "Selbst" und den äußeren Objekten unterscheiden kann. Dieser Auffassung zufolge kann das Kind nicht zwischen Innen und Außen, Ich und Du, Subjekt und Objekt differenzieren, vielmehr muß man sich das subjektive Erleben als eine Fusion zwischen den genannten Faktoren vorstellen. Es handelt sich dabei um die frühkindliche primär–narzißtische Position, bei der das Kind sich verbunden fühlt mit den äußeren Objekten, womit freilich in dieser theoretischen Version nur menschliche Objekte gemeint sind. Spitz (1972) hat diesen Zustand des Neugeborenen "objektlose Stufe" genannt und meint damit die Tendenz, im subjektiven Erleben mit den wichtigen menschlichen Objekten, in der Regel der Mutter, zu verschmelzen. Ein entscheidender Schritt ist in diesem Zusammenhang die Auflösung der symbiotischen Verschmelzung mit den primären Objekten, nämlich die Erfahrung und die Verarbeitung der realen Getrenntheit (von der Mutter). Damit ist die primäre Einheit aufgehoben: Das Selbst und die Welt der Objekte sind getrennt und finden psychisch ihren Niederschlag in Selbst- und Objektrepräsentanzen.

Es muß an dieser Stelle nicht ausführlich auf die einzelnen Merkmale dieser symbiotischen Phase eingegangen werden, zumal es eine Fülle von Literatur zu diesem Thema gibt (z.B. Mahler u.a. 1978). Es muß allerdings darauf hingewiesen werden, daß in jüngster Zeit Zweifel an der Existenz einer solchen primären symbiotischen oder gar autistischen Phase (wie sie zum Beispiel von Mahler beschrieben wurde) geäußert wurden (vgl. Stern 1992). Konkrete Säuglingsbeobachtungen (Zusammenfassung bei Dornes 1993) zeigen, daß Kinder von Anfang an auf die "Objekte" der Welt ausgerichtet sind, ohne jemals vollständig mit ihnen verschmolzen gewesen zu sein (vgl. auch Lichtenberg 1991). Zu erinnern ist in diesem Kontext auch an die Antriebslehre von Schultz-Henke (1951), demzufolge die sogenannte "Intentionalität" die ontogenetisch früheste Äußerungsform menschlicher Triebhaftigkeit ist. Zusätzlich interessant ist noch, daß der "intentionale Antrieb" im System von Schultz-Henke sowohl Menschen als auch Dingen gilt. Nach Stern sind bereits Säuglinge durchaus auf die wirkliche äußere Realität ausgerichtet und eine Verschmelzung von Subjekt und Objekt gibt es demzufolge nicht. Er bescheinigt ihnen sogar eine ausgezeichnete Realitätsprüfung (Stern 1992) — eine Fähigkeit, die vor dem Hintergrund der Annahme einer Fusion von Ich und Welt eigentlich nicht möglich wäre. Der Zustand eines reinen primären Narzißmus' ist insofern ein theoretisches Konstrukt, das sich in der Wirklichkeit zumindest nicht beobachten läßt.

Searles behauptet nun (im Anschluß an Piaget), daß die ursprüngliche — man müßte jetzt wohl hinzusetzen: relative — Einheit im subjektiven Erleben des Kindes nicht nur die primären Bezugspersonen betrifft, sondern eben alle Objekte, die nichtmenschliche Umwelt genauso wie die menschliche Umwelt. Das klingt in den grundlegenden Studien von Spitz bereits an:

> Auf dieser Stufe kann das Neugeborene ein "Ding" nicht von einem anderen unterscheiden; es kann ein (äußeres) Ding nicht von seinem eigenen Körper unterscheiden und es erlebt die Umgebung nicht als etwas, was von ihm getrennt ist (Spitz 1972, S. 54).

Die psychische Leistung, zwischen sich selbst und der nichtmenschlichen Umwelt zu differenzieren, ist nun Searles zufolge als ein entscheidender Entwicklungsschritt anzusehen, ähnlich wie die Lösung aus der symbiotischen Mutterbeziehung.

> Prior to his reaching this degree of psychic structure, he experiences himself as being at one not only with his mother, but also with the nonhuman environment which falls within his ken (Searles 1960, S. 30).

Das Neue an diesem Gedankengang ist in der Tat grundlegend. Wenn es richtig ist, daß die Erfahrung, die das kleine Kind mit den primären Objekten macht, wesentlich die spätere Persönlichkeit, das Lebensgefühl, das Urvertrauen (oder wie immer man es nennen mag) bestimmt, dann wird eben dieses Lebensgefühl auch von der Art und Qualität der nichtmenschlichen Umwelt geprägt sein, wobei wir freilich wenig darüber wissen, welche Art von nichtmenschlicher Umwelt die kindliche Entwicklung eher fördert. Im Anfang ist unsere Heimat, sagt Winnicott (1990), und damit ist sehr treffend der hier gemeinte Zusammenhang verdichtet. Dieses basale Heimatgefühl konstituiert sich aus der Erfahrung der gelungenen und als befriedigend erlebten Beziehung zu den primären Objekten: Das sind Menschen, Gegenstände, Pflanzen, Tiere, Häuser, Landschaften, Steine usw. Es gibt auch den Wunsch, in eben diese Heimat zurückzukehren. In bezug auf menschliche Objekte kennen wir das zum Beispiel aus Momenten der Verliebtheit; in bezug auf nichtmenschliche Objekte kennen wir es beispielsweise aus intensiven Formen des Landschafts- und Naturerlebens. Es bleibt eine lebenslange psychische Aufgabe, zwischen dem Selbst und der Welt der Objekte zu unterscheiden (vgl. Winnicott 1951, S. 23f.). So betont Searles,

> that the human being is engaged, throughout his life span, in an unceasing struggle to differentiate himself increasingly fully, not only from his human, but also from his nonhuman environment, while developing, in proportion as he succeeds in these

differentiations, an increasingly meaningful relatedness with the latter environment as well as with his fellow human beings (Searles 1960, S. 30).

Neben psychoanalytisch orientierten Autoren — Freud, Klein, Fairbairn, Balint, Mahler, Hartmann — bezieht sich der Ansatz von Searles auch auf die Entwicklungspsychologie von Piaget und die von Werner (1959), die beide eher den kognitiven Aspekt der Entwicklung betonen. Auch in der Entwicklungspsychologie von Werner wird eine frühkindliche Phase der Einheit mit der jeweils umgebenden nichtmenschlichen Umwelt angenommen ("Synkretismus"). Diese Stellung in der Welt hat zur Folge, daß die Dinge der äußeren Welt "physiognomisch" wahrgenommen beziehungsweise interpretiert werden. Bei Piaget werden diese Phänomene ähnlich beschrieben, allerdings mit dem Begriff Egozentrismus bezeichnet. Die "physiognomische Weltschau" ist nach Werner ursprünglich gegeben.

[...] und zwar ist sie dies nicht etwa kraft einer anthropomorphen Beseelung der Natur, kraft eines durch Analogie vom Menschen auf die tote Umwelt übertragenen Lebenscharakters, sondern deshalb, weil die physiognomische Schau die eigentlich ursprüngliche Betrachtungsweise überhaupt ist, in der sich eine Scheidung zwischen toter und lebendiger Umwelt noch gar nicht vollzogen hat (Werner 1959, S.45f.).

Ein wichtiger Effekt der subjektiv empfundenen Einheit von Ich und Welt — um wieder auf die Begrifflichkeit von Searles zurückzukommen — ist, daß die Dinge der äußeren Welt im Lichte der emotionalen Bedürfnisse des Kindes gesehen (*Egomorphismus*) und entsprechend animistisch beziehungsweise anthropomorph interpretiert werden. Der von Werner so genannte Synkretismus wird uns im Kapitel über animistisches und anthropomorphes Denken bei Kindern wieder beschäftigen (siehe Kapitel 4); er ist nämlich ein Zug im kindlichen Denken und Fühlen, der gerade im Hinblick auf die lebendige Natur, vor allem in bezug auf Tiere, doch auch, wie zu zeigen sein wird, in bezug auf Pflanzen besonders auffällig ist.

Der kindliche Synkretismus oder Animismus ist also ein Phänomen, das im Zusammenhang damit gesehen und verstanden werden muß, daß das kleine Kind noch nicht zwischen sich selbst und der Umgebung klar unterscheiden kann. Diese relative Einheit wird durch kognitive und affektive Lernprozesse, durch Erfahrung mit der äußeren Realität zunehmend aufgehoben, wobei es allerdings (nach Searles) keine charakteristischen Phasen gibt, sondern eben eine zunehmende Differenzierung, an deren Ende die relativ (!) sichere Erkenntnis steht, daß man eine Identität als individueller Mensch im Unterschied zu anderen Menschen, Tieren, Pflanzen und unbelebten Gegenständen hat. Die Realität der Außenwelt als eigene Realität zu begreifen, ist also das Ergebnis dieser Differenzierung — ein Vorgang, der in seiner psychischen Tragweite gar nicht hoch genug eingeschätzt werden kann. So bezeichnet es Erikson (1988, S. 121) auch als mehr oder weniger überraschend, daß Menschen die Gegebenheiten der Außenwelt erkennen und sie sogar in einen Zusammenhang bringen können. Albert Einstein bemerkte in einem

24

ganz anderen Zusammenhang, ein körperliches Objekt zu begreifen bedeute, ihm eine reale Existenz zuzuschreiben. "Die Tatsache, daß die Welt der Sinneserfahrungen begreiflich ist, ist ein Wunder" (Einstein 1954, zitiert nach Erikson 1988, S. 121). Der Neurobiologe Eccles unterstreicht zusätzlich die prinzipielle Notwendigkeit der Wahrnehmung der Getrenntheit von Mensch und nichtmenschlicher Umwelt:

> Es gibt nach meiner Ansicht zwei Sätze, die grundlegend sind für jeden Versuch, uns selbst und unser Verhältnis zur Welt einschließlich anderer Personen zu verstehen. Man kann sie als primäre Gewißheiten bezeichnen. Da ist erstens die Gewißheit, daß man als ein einmaliges selbstbewußtes Wesen existiert. Da ist zum anderen die Gewißheit, daß die materielle Welt existiert, einschließlich des eigenen Körpers und Gehirns (Eccles 1989, S. 379).

2.2.2   Differenzierung und das Bedürfnis nach "Objekten"

Der Ausgangspunkt ist also folgender:

> That is, if the infant is for a time unable to distinguish himself from his human environment, and unable to distinguish animate from inanimate in the outer world, then he presumably is similarly unable, for at least some time postnatally, to distinguish himself from his surrounding nonhuman (inanimate, plant, animal) environment, unable to be aware of the fact that he is living rather than inanimate, and a human creature rather than plant or animal (Searles 1960, S. 36).

Wie lange dieser Anfangszustand andauert, ist natürlich eine schwierige Frage. Die Angaben schwanken zwischen dem 2. und dem 5. Monat. Ich halte es auch für nicht unwahrscheinlich — vor allem angesichts der neueren psychoanalytisch orientierten systematischen Säuglingsbeobachtungen (Stern 1992) — , daß die angenommene Einheit eben nur der Ausgangspunkt ist und daß die Differenzierung eigentlich mit der ersten Erfahrung mit der Welt beginnt — und das ist der erste Lebenstag. Die Forschungen von Lichtenberg (1991) legen die Annahme nahe, daß es bereits in den ersten Lebensmonaten sowohl Gemeinsamkeits- als auch Getrenntheitserlebnisse gibt. So müssen auch traditionelle Annahmen über eine sogenannte Reizschranke bei Neugeborenen als überholt bezeichnet werden (vgl. Esman 1991). Angesichts vielfältiger empirischer Befunde ist vielmehr anzunehmen, daß "das Neugeborene aktiv ist und versucht, sein Ausgesetztsein an informative Aspekte seiner visuellen Welt zu optimieren" (Emde/Robinson 1979, S. 86). Insofern verlangen Säuglinge geradezu nach äußeren Reizen und entsprechenden Objekten. Der Hunger nach Objekten (und zwar menschlichen und nichtmenschlichen) führt zumindest sehr früh dazu, sich den Gegenständen der äußeren Welt zuzuwenden (vgl. Eagle 1988, S.245f.). Nur ist eben diese frühe Differenzierung eine noch sehr unsichere. Der Prozeß, Innen und Außen auseinanderzuhalten, beginnt also offenbar sehr früh und ist darüber hinaus auch eine lebenslange Aufgabe. So gibt es auch bei Erwachsenen noch "Rückfälle", die Freud als ozeanisches Gefühl bezeichnet hat. Solche Zustände kennen wir aus Träumen, bisweilen auch bei Naturerlebnissen. Der Ausgangspunkt der subjektiv empfundenen Verbundenheit — von Einheit kann man wohl angesichts der neuen Forschungsbefunde nicht mehr sprechen — mit den Dingen wirkt also (unbewußt) ein Leben lang fort, auch wenn die Menschen in ihrem Bewußtsein längst ein differenzierendes Weltbild erlangt haben. Auch ältere Kinder und Erwachsene sind auf diese Weise mit der nichtmenschlichen Umwelt affektiv verbunden. "At unconscious levels of concept formation, subjective oneness with that sector of the environment persists long after differentiation on a purely perceptual and conscious level has been effected" (Searles 1960, S. 37).

Da diese Differenzierung nicht nur eine affektive, sondern auch eine kognitive Aufgabe ist, setzt Searles diese Entwicklung zu fortschreitender Differenzierung in Beziehung zur kognitiven Psychologie von Piaget. Danach vollzieht sich die Differenzierung in der frühen Kindheit vor allem auf der sensomotorischen Ebene. In der späteren Kindheit findet sie mittels innerer Repräsentanzen auf einer sprachlichen Ebene statt, und in der Adoleszenz vollzieht sie sich auf der Ebene formalen Denkens. Piaget entwickelt dabei einen Objektbegriff, der ausdrücklich und geradezu vor allem die nichtmenschliche Umwelt meint. Das "Objekt" wird dabei als ein System von Wahrnehmungsbildern begriffen. Piaget (1978, S. 188) nimmt an, "daß das kindliche Denken von der Idee eines universellen Lebens als einer primären Idee ausgeht". Die äußere Welt bildet aus der Sicht des Kindes insofern ein "Lebenskontinuum, in dem alle Körper mehr oder weniger Aktivität und Einsicht aufweisen" (Piaget 1978, S. 190).

Die subjektiv empfundene Verbundenheit mit den Dingen kann auch Quelle verschiedener und zum Teil archaischer Ängste sein — ein Umstand, der die Regression in eben diesen Zustand nicht nur als ein ozeanisches Gefühl erscheinen läßt. Searles meint sogar, daß die potentielle Aktivierung solcher Ängste für (psychoanalytische) Forscher das Haupthindernis darstelle, sich überhaupt systematisch mit der Bedeutung der nichtmenschlichen Umwelt zu befassen. "We knew all too much of as infants, when the world around us seemed, oftentimes, comprised largely or even wholly of chaotically uncontrollable non-human elements" (Searles 1960, S. 39).

Außerdem — und das ist sicherlich für eine Pädagogik, die die nichtmenschliche Umwelt mitreflektiert, außerordentlich interessant — ist die nichtmenschliche Umwelt nicht immer von der Art, daß sie die seelische Entwicklung fördert. Das wirft die Frage auf, welcher Art und Qualität die nichtmenschliche Umwelt zu sein hat, damit sie im Sinne von Winnicott eine haltende ist. Die Zerstörung der Umwelt oder das Fehlen von haltenden Umweltelementen — Bedingungen, unter denen viele Kinder aufwachsen — wird insofern sicherlich auch die seelische Entwicklung beeinflussen (siehe ausführlich hierzu Kapitel 5 und 11).

Kehren wir aber zunächst zurück zur fortschreitenden Differenzierung von Ich und Welt. Searles schließt sich der nicht ganz unproblematischen Annahme an, daß sich in der menschlichen Ontogenese seine Phylogenese wiederhole. Er bezieht hier explizit auch die Entwicklung des Ichs ein und schreibt:

> The development of the ego in the healthy human individual recapitulates the phylogenesis of the human race, it recapitulates, that is, the evolutionary history of the human race, from the beginnings of that history in an entirely inorganic world, proceeding through the phase of the appearance of the first elementary forms of living matter, and on through successively higher forms of life to the final triumphant emergence of the human form of animal life on this planet (Searles 1960, S. 40).

Diese Aufzählung ist deshalb für unseren Zusammenhang interessant, weil Searles daraus explizit einige Zustände als charakteristisch für die Entwicklung des menschlichen Ichs heraushebt: Die ersten Rudimente des menschlichen Ichs entsprechen danach dem völlig anorganischen, leblosen Zustand. Dann folgt eine Phase, in der sich das Ich zwar als belebt (im Unterschied zu lebloser Materie), aber noch nicht als menschlich erlebt. Erst später kommt dann das Bewußtsein seiner selbst als ein lebendiges, individuelles menschliches Wesen. Vor diesem Hintergrund bezeichnet Searles die zeitweilige Rückkehr zu ontogenetischen Stufen, in denen die subjektiv erlebte Einheit noch dominanter war als im erwachsenen Leben, als "phylogenetische Regression".

Als Stütze für die Annahme, daß Menschen in ihrer individuellen Entwicklung auch psychisch phylogenetisch frühere Stufen durchlaufen, führt Searles einige mythologische Beispiele aus Griechenland, Mexiko und totemistischen indianischen Kulturen an. Es zeigt sich dabei, daß in vielen Mythen die Grenze von Mensch und nichtmenschlicher Umwelt fließend war: Menschen konnten in Steine, Bäume oder Tiere verwandelt werden und umgekehrt. Inwieweit die frühen Mythen der Menschheitsgeschichte freilich auch Aufschluß geben über die frühen Entwicklungsstufen des Ichs, mag hier offenbleiben. Immerhin fällt jedoch die relative Austauschbarkeit oder jedenfalls Unabgegrenztheit von Mensch und nichtmenschlicher Umwelt in vielen mythischen Überlieferungen auf. Ein Beispiel hierfür ist der griechische Mythos von Deukalion und Pyrrha, bei dem nämlich in der Tat aus anorganischer Materie — aus Steinen — Menschen entstehen. Das Ende dieses Mythos sei in der Erzählweise von Gustav Schwab zitiert:

> Da ereignete sich ein großes Wunder: das Gestein begann seine Härtigkeit und Spröde abzulegen, wurde geschmeidig, wuchs, gewann eine Gestalt; menschliche Formen traten an ihm hervor. [...] Was jedoch an den Steinen Feuchtes oder Erdiges war, das wurde zu Fleisch an dem Körper; das Unbeugsame, Feste ward in Knochen verwandelt; das Geäder in den Steinen blieb Geäder. [...] Diesen seinen Ursprung verleugnet das menschliche Geschlecht nicht, es ist ein hartes Geschlecht und tauglich zur Arbeit. Jeden Augenblick erinnert es daran, aus welchem Stamm es erwachsen ist (Schwab 1837, S. 17).

Trevett (1957) begreift Schöpfungsmythen weniger als jeweils historisch entstandene Annahmen über die Welt- und Menschentstehung, sondern eher als (symbolischen) Ausdruck der ersten (ontogenetischen) Schritte der Ich-Entwicklung und auch der Entwicklung der Bewußtheit hinsichtlich der umgebenden Welt. In einem Vergleich verschiedener Schöpfungsmythen kommt Trevett zu ähnlichen Aussagen wie Searles: Das Kind erfahre sich zunächst (als erste Differenzierung) als lebendig und dadurch von allen unbelebten Dingen der Umgebung als unterschieden; die Differenzierung schreite dann fort, indem sich das Kind als Mensch erfahre und sich somit von anderen Lebensformen unterscheide; die letzte Stufe der Differenzierung ist dann das Bewußtsein eines lebendigen menschlichen Individuums, das sich von anderen Menschen, insbesondere von der Mutter unterscheidet.

Nicht nur anhand archaischer Mythen lassen sich solche Feststellungen treffen, auch ein Blick in viele Kindermärchen ergibt ein ähnliches Bild. Menschen können sich in Tiere verwandeln und umgekehrt; der Unterschied zwischen tot und lebendig ist fließend und umkehrbar (siehe Kapitel 10); leblose Puppen wie zum Beispiel Pinoccio können zu Menschen werden.

Ein weiteres Argument für die psychische Bedeutung der nichtmenschlichen Umwelt sind die Träume. In Träumen kommen nichtmenschliche Elemente weit häufiger vor als menschliche: Gegenstände, Landschaften, Häuser, Tiere, Pflanzen usw. Auch wenn diese Elemente natürlich verstanden werden können als Symbole oder Projektionen menschlicher Gefühle oder Gedanken, zeigt doch die Häufigkeit von nichtmenschlichen Elementen die Bedeutung, die die nichtmenschliche Umwelt zumindest im Unbewußten hat. Interessant ist in diesem Zusammenhang eine vergleichende Analyse von 800 Träumen (Boss 1958), die die nichtmenschlichen Traumelemente (unbelebte Objekte, verschiedene Pflanzen, Tiere, Landschaften) im einzelnen und vor allem in ihrer Sukzession im Verlaufe einer psychoanalytischen Behandlung zum Gegenstand hat. Während der Träumer, dessen Träume Boss untersucht hat, zu Beginn der Analyse überwiegend von unbelebten Gegenständen träumte, waren die Traumelemente später auch Pflanzen und Tiere, schließlich gegen Ende der Analyse auch menschliche Objekte. Insgesamt ist diese Studie als eine bemerkenswerte Stütze für die These von der phylogenetischen Regression zu betrachten.

Interessant sind auch Isolationsexperimente, bei denen Versuchspersonen von allen Umweltstimuli ferngehalten wurden, und zwar von menschlichen und nichtmenschlichen. Dabei ist auffällig, wie schnell die Versuchspersonen angesichts des Fehlens vor allem der nichtmenschlichen Umwelt dekompensieren. Jedenfalls scheint im Vergleich zu Menschen, die beispielsweise schiffsbrüchig wurden und insofern menschliche Objekte sehr lange entbehrten, das Fehlen gegenständlicher beziehungsweise nichtmenschlicher Umwelt eher noch verheerendere Auswirkungen auf die menschliche Psyche zu haben. In diesem Zusammenhang ist die ich-psychologische Position interessant, daß es zum Aufbau von Ichstrukturen eine Stimulusnahrung geben und daß diese eben auch nichtmenschlicher Natur sein müsse. Rapaport (1958) zeigte, daß das sich entwickelnde Ich neben kontinuierlichen Bezugspersonen auch der gegenständlichen Reiznahrung bedarf, wobei er von systematischen Beobachtungen berichtet, wonach Ichfunktionen durch sensorische Deprivation außer Kraft gesetzt wurden (vgl. Bexton u.a. 1954).

28

Der Ursprung der psychischen Entwicklung wird also von Searles als eine subjektiv erlebte Einheit auch mit den Dingen der Welt aufgefaßt, aus der sich die Menschen gewissermaßen befreien, indem Ich und Welt zunehmend getrennt werden. Diese Unterscheidung macht es möglich, sich in der Welt zielgerichtet auf spezifisch menschliche Weise (nämlich als ein Gegenüber der Natur) zu verhalten. So ist die charakteristische dialektische Doppelstellung des Menschen als Teil und Gegenüber der Natur auch psychisch — und zwar von Anfang an — wirksam: So sehr die potentielle Verbundenheit mit den Objekten auch als ozeanisch oder paradiesisch erscheinen oder auch verklärt werden mag, die Differenzierung und Seperation gehört von Anfang an zu den Bedingungen der psychischen Entwicklung (Stern 1992). Jedoch gilt angesichts der angesprochenen Dialektik im selben Maße auch die Komplementäraussage: So sehr das Kind und auch der Erwachsene die Welt der Objekte sich gegenüberstellt, er bleibt doch auch immer mit ihnen verbunden; es bleibt, wie Searles es formuliert, eine grundlegende Verwandtschaft mit den Dingen bestehen. So kommt es, daß

> the personality of the healthy human adult in our culture cannot be considered entirely apart from the individual's car, his home, his clothing and all his manifold other material possessions, nor apart from the particular skills which he possesses in dealing with his nonhuman environment (whether in his daily work or in his hobbies), nor apart from his animal pets, and so on. It is clear enough to every one, I think, that all these are, in a very real sense, ingredients of the human individual's personality in our culture (Searles 1960, S. 55).

Wie bereits angedeutet, stützt Searles seine Ausführungen auf Material, das er bei der Behandlung von Psychotikern gewonnen hat. Bei denen lassen sich nämlich die phylogenetischen Regressionen bis zur Stufe von lebloser Materie beobachten. Jedoch gibt es diese Regressionen nicht nur bei Psychotikern. Die ursprüngliche seelische Verbundenheit mit der nichtmenschlichen Umwelt macht sich auch bei normalen Menschen zum Beispiel in folgenden Gefühlen, Phantasien, Träumen oder Ängsten bemerkbar:

- Das Gefühl, daß bestimmte Elemente der nichtmenschlichen Umgebung als Teil des eigenen Selbst behandelt werden.
- Die Überzeugung, daß einem tierischen oder auch unbelebten Objekt mehr Aufmerksamkeit und Liebe geschenkt wird als einem selbst.
- Die Angst, nicht menschlich zu sein, und die Angst, als solches ertappt zu werden.
- Der Wunsch, nichtmenschlich zu werden.
- Die Erfahrung, einen anderen Menschen zu behandeln, als wäre er ein Tier oder ein unbelebtes Ding.

Es ist sehr wichtig zu betonen, daß solche Gefühle, solche "phylogenetischen Regressionen" keineswegs pathologisch sind. Im Gegenteil: Wenn sie nicht fixiert sind, entlasten sie geradezu das Individuum von der Anstrengung, ständig Ich und

Welt getrennt halten zu müssen. Solche temporären Zustände können insofern auch eine emotionale Erholung vom interpersonellen Leben sein. Daß die Zuwendung zur nichtmenschlichen Umwelt einen solchen erholsamen Effekt hat, wird — ohne Bezugnahme auf derartige Überlegungen — sicherlich bei der Konzeption von Erholungsgebieten oder Kurregionen genutzt. Auf diesen Aspekt der Umwelt als Quelle des Wohlbefindens (Fischer 1995, S. 31f.) wird im Hinblick auf die Natur in Kapitel 5 noch genauer eingegangen.

Winnicott übrigens meint, daß auch die Übergangsobjekte (Teddybären, Bettzipfel, Haustiere u.ä.) u.a. eben diese erholsame Funktion haben (siehe ausführlich Kapitel 2.4). Der Bereich der Übergangsobjekte, der ja theroetisch von Winnicott ganz bewußt in einem tertiären, paradoxen Bereich zwischen innerer und äußerer Realität angesiedelt ist, ist nämlich eine Sphäre, "in der das Individuum ausruhen darf von der lebenslänglichen menschlichen Aufgabe, innere und äußere Realität voneinander getrennt und doch in wechselseitiger Verbindung zu halten" (Winnicott 1951, S. 11).

2.2.3   Die Situation bei Erwachsenen

Für unseren Zusammenhang würde es ausreichen, die Bedeutung der nicht-menschlichen Umwelt für die kindliche Entwicklung zu bedenken. Searles bezieht jedoch darüber hinausgehend auch noch die Verhältnisse bei Erwachsenen und vor allem bei psychotischen Patienten mit ein, wobei er reichhaltiges Fallmaterial vorlegt. Der Vollständigkeit halber seien diese Befunde kurz zusammengefaßt:

Die nichtmenschliche Umwelt bietet auch dem Erwachsenen eine zentrale emotionale Orientierung, eine feste Insel angesichts der ständig wechselnden Umstände des täglichen Lebens. Das Gefühl der "Verwandtheit" mit der nichtmenschlichen Umwelt ermöglicht eine zentrale emotionale Orientierung; es nährt sich aus der als Kind empfundenen Einheit zwischen Mensch und allen Elementen der nichtmenschlichen Umwelt und es umfaßt und ermöglicht darüber hinaus geradezu ein Gefühl für die eigene menschliche Individualität. Auch wenn wir mit der Umwelt über das Gefühl der Verwandtheit verbunden sind, so gibt es doch ein klares Gespür dafür, daß wir nicht eins sind mit ihr. Der Mensch weiß, daß er unwiderruflich und irreversibel eben ein Mensch ist und insofern auch der nichtmenschlichen Umwelt gegenüber steht. So ist das Gefühl der Verwandtheit nicht zu verwechseln mit irgendeiner mystischen Erfahrung. Im Gegenteil: Die reife Form der Beziehung zur nichtmenschlichen Umwelt, das Gefühl der Verwandtheit, setzt die beschriebene Differenzierung, die Getrenntheit voraus. In dem Gefühl der Verwandtheit, das eben die Trennung notwendig voraussetzt, fühlt der Mensch sehr wohl eine reale und auch enge Verwandtschaft mit den Dingen und mit der Natur, verliert dabei jedoch nicht das Bewußtsein seiner eigenen menschlichen Identität.

So findet — darauf ist bereits hingewiesen worden — die Doppelstellung des Menschen in der Welt als Teil und Gegenüber der Natur eine psychische Entsprechung, die freilich ständig aufrechterhalten werden muß, was ein anstrengendes Geschäft ist und einen grundlegenden Konflikt in sich birgt:

> [...] man's sense of inner conflict concerning his awareness that he is a part of Nature and yet apart from all the rest of nonhuman Nature; and the two great ingredients of this inner conflict man's yearning to become wholly at one with his nonhuman environment, and his contrasting anxiety lest he become so and thus lose his own unique humanness. It seems inevitable that the human being — even the mature human being — will experience varied and conflictual feelings about his nonhuman environment, for mankind's position in regard to this environment is existentially — innately — a conflicual position. He is grounded in Nature, and yet is unbridgeably apart from it (Searles 1960, S. 104).

Wenn auch auf diese Weise die Stellung des Menschen im Verhältnis zur nichtmenschlichen Umwelt prinzipiell konfliktreich ist, so gibt es doch eine Reihe von psychologischen Gewinnen, die aus einer reichen und nahen Beziehung zur nichtmenschlichen Umwelt erwachsen, wobei Searles vor allem die Beziehung zur lebendigen Natur heraushebt:

1. Die Linderung von verschiedenen schmerzhaften und angstbesetzten Gefühlszuständen.
2. Die Förderung der Selbstverwirklichung.
3. Vertiefung des Realitätsgefühls.
4. Unterstützung der Wertschätzung und positiven Einstellung zu den Mitmenschen.

Die Möglichkeit der Linderung angstbesetzter Gefühle hängt damit zusammen, daß die erwähnte Verwandtheit dazu beitragen kann, die existentielle Einsamkeit des Menschen im Universum zu ertragen.

> Further, it alleviates his fear of death. It helps him, also, to find a sense of peace, a sense of stability, of continuity, and of certainty. Finally, still in much the same general vein, it counteracts feelings of worthlessness and insignificance (Searles 1960, S. 122).

Der Sinn für die Verwandtheit — verbunden mit tätiger Aktivität in der Umwelt — kann sowohl das Gefühl für die umgebende Realität als auch die Entwicklung der eigenen Persönlichkeit zumindest unterstützen.

> That is, it helps him to gain a deeper sense of personal identity, of individuality; it helps him to develop his creative capacities; and it helps him to gain a fuller realization of the extent of his abilities and of the limitations upon those abilities (Searles 1960, S. 127).

Searles beschäftigt sich im eigentlichen Hauptteil seines Buches mit dem Verhältnis zur nichtmenschlichen Umwelt bei neurotischen und vor allem psychotischen

Patienten und präsentiert dabei sehr vielfältiges Fallmaterial, das allerdings in unserem Zusammenhang nicht so sehr interessiert. Zusammengefaßt läßt sich das pathologische Verhältnis zur nichtmenschlichen Umwelt folgendermaßen charakterisieren: Vor allem psychotische Menschen tendieren dazu, auf eine sehr frühe Stufe der Selbst–Umwelt–Beziehung zu regredieren, auf der noch keine klare Trennung zwischen Selbst und nichtmenschlicher Umwelt vollzogen ist. Diese "phylogenetische Regression" ist bei solchen Patienten fixiert und führt zu ausgeprägten Wahrnehmungsstörungen und auch zu Problemen mit der menschlichen Umwelt. Diese Menschen sind oft unfähig, zwischen sich selbst und der nichtmenschlichen Umwelt zu differenzieren; sie haben auch oft Angst, nichtmenschlich zu werden oder bereits zu sein und als solche entlarvt zu werden; sie wünschen sich bisweilen, nichtmenschlich zu werden, um so unlustvollen Gefühlszuständen (Angst vor dem Tod, Angst vor Verantwortung, Einsamkeit, Schuldgefühlen usw.) zu entgehen, oder auch, um einen besonders erstrebenswerten Zustand zu erreichen. Bisweilen werden auch Menschen wie nichtmenschliche Objekte behandelt und auch umgekehrt wird mit nichtmenschlichen Objekten so umgegangen, als seien sie menschliche Wesen.

Wie bereits ausgeführt, sind natürlich solche Zustände auch bei sogenannten "Normalen" zu beobachten, ja sie haben sogar als ein Bestandteil jeder gesunden Persönlichkeit eine stabilisierende Funktion. Insofern sind die Grenzen, was das Verhältnis zur nichtmenschlichen Umwelt angeht, im normalen und pathologischen Verlauf fließend. So wäre ein psychisches Verhältnis zur Umwelt, das so starre Grenzen zwischen Selbst und Welt errichtet hat, daß gar keine Verbundenheitserlebnisse mit der Umwelt mehr möglich wären, zumindest ebenfalls problematisch.

2.3   Der Mensch als "animal symbolicum"

Ernst Cassirer hat den Menschen als "animal symbolicum" bezeichnet, wonach alle Formen menschlicher Weltwahrnehmung Akte symbolischer Sinngebungen sind. Der menschliche Weltbezug, der Bezug zur nichtmenschlichen wie menschlichen Umwelt ist danach notwendig ein symbolischer. Der zentrale Begriff der Cassirerschen Semiotik ist der der "symbolischen Form". Darunter "soll jene Energie des Geistes verstanden werden, durch welche ein geistiger Bedeutungsgehalt an ein konkretes sinnliches Zeichen geknüpft und diesem Zeichen innerlich zugeeignet wird" (Cassirer 1969, S. 175). Cassirer bezieht sich auf den Umweltbegriff von Uexküll (1928). Danach sind Tiere perfekt über den "Funktionskreis" von "Merknetz" und "Wirknetz" in ihre jeweilige Umwelt eingepaßt. Beim Menschen allerdings erhält die Umwelt eine neue Dimension:

> Der Mensch hat gleichsam eine neue Methode entdeckt, sich an seine Umgebung anzupassen. Zwischen dem Merknetz und dem Wirknetz, die uns bei allen Tierarten begegnen, finden wir beim Menschen ein drittes Verbindungsglied, das wir als 'Symbolnetz' oder Symbolsystem bezeichnen können. Diese eigentümliche Leistung

verwandelt sein gesamtes Dasein. [...] Es gibt indessen kein Mittel gegen diese Um-
kehrung der natürlichen Ordnung. Der Mensch entkommt dieser seiner Erfindung
nicht. [...] Er lebt nicht mehr in einem bloß physikalischen, sondern in einem symbolischen Universum (Cassirer 1996, S. 49 f.).

Die Umwelt des Menschen ist ein Symbolsystem. Für den Bezug des Menschen zu
den äußeren Dingen ist das ein folgenschwerer Gedanke: zwischen Ich und Welt,
zwischen Subjekt und Objekt, zwischen Innen und Außen gibt es einen dritten
Bereich, der vermittelnd den Kontakt herstellt. Damit wird sowohl Subjektivität als
auch Objektivität konstituiert. Dies wird grundlegend auch die Beziehung des
Menschen zur Natur beeinflussen. Die nichtmenschliche Umwelt, die Natur, ist nie
nur das äußere Phänomen, sondern immer auch ein mit (subjektiver) Bedeutung
aufgeladene Symbolsystem (siehe Kapitel 4. 5).
    Blumenberg zufolge ist der Mensch existentiell geradezu darauf angewiesen,
sich auf diese Weise von der Welt, auch von der Natur, zu distanzieren. Danach
kann der Mensch nur auf eine Weise existieren, nämlich "indem (er) sich nicht
unmittelbar mit dieser Wirklichkeit einläßt" (Blumenberg 1971, S. 115). Die Welt,
in der wir leben, ist eine kulturell geschaffene Symbolwelt, ein Amalgam aus äußerer und innerer Welt.

> Der menschliche Wirklichkeitsbezug ist indirekt, umständlich, verzögert, selektiv
> und vor allem 'metaphorisch'. [...] Der metaphorische Umweg, von dem themati-
> schen Gegenstand weg auf einen anderen zu blicken [...], nimmt das Gegebene als
> das Fremde, das Andere als das vertrauter und handlicher Verfügbare. [...] Das ani-
> mal symbolicum beherrscht die ihm genuin tödliche Wirklichkeit, indem es sie ver-
> treten läßt; es sieht weg von dem, was ihm unheimlich ist, auf das, was ihm vertraut
> ist (Blumenberg 1971, S. 115f.).

Das Verhältnis zur Welt ist kein unmittelbares, sondern ein durch Symbole gewissermaßen geschütztes und vermitteltes. Unser Bezug zur Welt ebenso wie unsere
Möglichkeit von Erkenntnis von Welt wird durch Metaphern ermöglicht und zugleich prinzipiell begrenzt. Es sind nie die Dinge der Welt, die unmittelbar zu uns
sprechen, stets sind es unsere metaphorischen Deutungsmuster, die die Welt auf
eine menschliche Weise zu verstehen suchen. "Nicht die Dinge selbst beunruhigen
den Menschen, sondern die Meinungen über die Dinge", sagt der römische Philo-
soph Epiktet.
    "Was ist also Wahrheit?", fragt Friedrich Nietzsche in seinem gern und oft kol-
portierten Essay "Über Wahrheit und Lüge im außermoralischen Sinne."

> Ein bewegliches Heer von Metaphern, Metonymien, Anthropomorphismen, kurz
> eine Summe von menschlichen Relationen, die poetisch und rhetorisch gesteigert,
> übertragen, geschmückt wurden, und die nach langem Gebrauche einem Volke fest,
> canonisch und verbindlich dünken: Die Wahrheiten sind Illusionen, von denen man
> vergessen hat, dass sie welche sind; Metaphern, die abgenutzt und sinnlich kraftlos
> geworden sind, Münzen, die ihr Bild verloren haben und nun als Metall, nicht mehr
> als Münzen in Betracht kommen (Nietzsche 1873, S. 374f.).

Nietzsche geht also von der prinzipiellen Metaphorizität des menschlichen Natur- und Weltbezuges aus und kritisiert dies zugleich als einer Art kollektiven Lüge "nach einer festen Convention" (a.a.O.). Bei genauerem Hinsehen (vgl. Keil 1993) zeigt sich allerdings, daß diese harsche Kritik vor allem dem Umstand gilt, daß der Mensch vergessen habe, "das es so mit ihm steht" (a.a.O.). Insofern mahnt uns Nietzsche, den notwendig mittelbaren Weltbezug nicht zu verleugnen, denn "alle Weltconstructionen" — so Nietzsche (1872/73, S. 47) — seien "Anthropo- morphismen" und die Philosophie sei "die Fortsetzung des Triebes, mit dem wir fortwährend, durch anthropomorphische Illusionen, mit der Natur verkehren" (Nietzsche 1872/73, S. 51).

Genauso, wie das Verständnis der äußeren Welt ein symbolisches ist und damit die Möglichkeit von Erkenntnis begrenzt und relativiert, ist auch das Verständnis des eigenen Selbst notwendig symbolisch. So wirkt die äußere Welt gleichsam als ein Metaphernvorrat, der in Symbolisierungsprozessen ein Selbstverständnis des Menschen ermöglicht und begleitet. Die Symbole, mit denen wir uns zu deuten und zu verstehen versuchen, werden aus der begegnenden Welt genommen; die Welt, in der wir leben, die Lebenswelt, be-ding-t (im Sinne des Wortes) unser Selbstver- ständnis. Die Computermetapher des menschlichen Geistes, "the candle in the wind", Verwurzelung oder Entwurzelung, Schlange als Verführerin, agnus dei, daß der Mensch dem Menschen ein Wolf sei — solche beliebig zu ergänzenden Bei- spiele verweisen auf je unterschiedliche Lebenswelten, die auf symbolische, jetzt allerdings physiomorphe und auch technomorphe Weise Deutungsmuster für das menschliche Selbstverständnis bereitstellen. In den einzelnen Abschnitten dieses Buches wird sich zeigen, daß und wie die Natur in der Tat als Metaphernvorrat fungiert, daß Pflanzen und Tiere oft in Form von anthropomorpher Symbolisierung als Ausdruck von subjektiven Sinnentwürfen interpretiert werden können.

So ist es nicht gleichgültig, in welcher Umwelt wir leben. Auch die nicht- menschliche Umwelt, die Dinge, haben über Symbolisierungsprozesse eine psy- chodynamische Bedeutung, ein Gedanke, der pädagogisch höchst bedeutsam ist: Psychische Entwicklung und auch Erziehung geschieht nicht nur innerhalb der Beziehung zwischen Menschen. Auch die Art und Qualität der Dinge unserer Um- welt sind bedeutsam. Das betrifft die Naturumgebung ebenso wie die Wohnumge- bung, die Schulhausarchitektur (Gebhard 1997) ebenso wie die Art des Spielzeugs.

Da die Symbolschicht als ein dritter Bereich zu denken ist, als ein Zwischenbe- reich des Übergangs zwischen Ich und Welt, ist es auch folgerichtig, daß Symboli- sierungsprozesse ihr Material sowohl aus der äußeren Natur (physiomorphe Sym- bole) als auch aus dem Ich (anthropomorphe Symbole) entnehmen. Selbstverständ- lich bedingen sich die physiomorphen und anthropomorphen Symbole und Deu- tungsmuster gegenseitig; die Frage nach Henne und Ei ist auch hier unbeantwort- bar. Das, was wir als Natursymbole im Kontext physiomorpher Deutungsmuster als Grundlage unseres Selbstverständnisses nehmen, entspringt natürlich zugleich anthropomorphen Projektionen, und umgekehrt. Keil (1993) spricht in diesem Zusammenhang von einem anthropomorph-physiomorphen Paradox. Im übrigen lassen sich die zwei zentralen kognitiven Schemata der Metapherntheorie der kognitiven Linguistik (Lakoff/Johnson 1998) in dieses Muster einordnen: Die metaphorische Strategie der Verräumlichung von abstrakten Vorstellungen wäre in diesem Kontext eine physiomorphe Metaphorik (Entwicklung als "Lebensweg", die Bäume nicht in den Himmel wachsen lassen), die Strategie des "embodyment" eine anthropomorphe Metaphorik. Vor allem die Nutzung des eigenen Körpers als Bedeutungsspender ist bei Lakoff und Johnsen zentral. Danach beginnt alles Verständnis der äußeren Welt beim eigenen Körper und bei konkreten Sinneswahrnehmungen.

Die Symbolisierung ist also eine ernsthafte Angelegenheit, da durch Symbole menschliches Leben erst als ein sinnvolles erlebt und interpretiert werden kann. "Wer auch immer denkt, strukturiert den Kosmos seines Bedeutungsuniversums durch Metaphern" (Lakoff/Johnson 1998, S. 7). So haben auch gemäß empirischen Befunden aus der Psychotherapieforschung Symbole die Funktion, Sinnstrukturen zu konstituieren (Buchholz 1996). Es gibt einen Zusammenhang von psychischer Gesundheit und dem Reichtum an symbolischen Bildern. Die nackten Fakten und Erklärungen der Welt stiften noch keinen Sinn, wohl aber deren persönliche Aneignung.

Durch Metaphern kann einer an sich unbegreiflichen Welt Sinn verliehen werden. Bilder, die uns vertraut sind, die gewohnten Kontexten entstammen, können somit Unsicherheit reduzieren. Die Analyse von Metaphern hat die Aufgabe, "an die Substruktur des Denkens heranzukommen, an den Urgrund, die Nährlösung der systematischen Kristallisationen" (Blumenberg 1998, S. 13). Symbolsierungen sind somit nicht Realitätsverkennungen oder -verzerrungen, wie es die frühe Psychoanalyse noch angenommen hat (siehe unten), sondern im Gegenteil "Modelle in pragmatischer Funktion" (Blumenberg 1998, S. 11) zur sinnhaften Orientierung in der Realität einerseits und zugleich zur Strukturierung der Realität andererseits. Die Metapher von der "Lesbarkeit der Welt" trifft eben diesen Aspekt, nämlich den Wunsch,

> die Welt möge sich in anderer Weise als der bloßen Wahrnehmung und sogar der exakten Vorhersagbarkeit ihrer Erscheinungen zugänglich erweisen: im Aggregatzustand der 'Lesbarkeit' als ein Ganzes von Natur, Leben und Geschichte sinnspendend sich erschließen (Blumenberg 1981, S. 10).

Dieser Wunsch als Inbegriff des "Sinnverlangens an die Realität" ist Grundlage und Motor für Religion, Kultur und aufgeklärte Wissenschaft. Blumenberg verfolgt diesen Wunsch von der griechischen Kosmogonie und dem biblischen Weltverständnis, über Goethes Naturauffassung bis hin zur modernen Biologie, dem genetischen Code. Die Lesbarkeit der Welt erweist sich dabei als eine Konkretisierung des menschlichen Bedürfnisses, die Welt und die Natur mit Bedeutung und Sinn zu versehen und sie so zu verstehen. Die "Lesbarkeit" ist natürlich ihrerseits eine Metapher. Sie zeigt an, daß das Lesen der Welt nicht in der Sprache der Welt erfolgt, sondern gemäß den Metaphern, den Bildern, den Welt-Bildern des Menschen. Durch Metaphern kann zwar die Welt gelesen werden, aber die jeweiligen Bilder strukturieren die Phänomene und Gegenstände vor. In der Metapher verbinden sich eben Ich- und Welt-Anteile, es ist der Bezug zur Welt, der in den Metaphern verdichtet ist — und das in historischen und kulturellen Spielarten. Metaphern organisieren auf diese Weise als Deutungsmuster die Aneignung von Welt. So kann die Welt vertraut werden, nicht zuletzt, weil wir uns in ihr wiederfinden können. Durch Metaphern finden wir einerseits einen Zugang zu den Dingen der Welt, andererseits zeigt der metaphorische Charakter unseres Weltbezugs an, daß wir keinen unmittelbaren Zugang zu den Dingen haben. Mit Cassirer gehe ich also davon aus,

> daß 'Ich' und 'Du' nicht fertige Gegebenheiten sind, die durch die Wirkung, die sie aufeinander ausüben, die Formen der Kultur erschaffen. Es zeigt sich vielmehr, daß in diesen (symbolischen) Formen und kraft ihrer die beiden Sphären, die Welt des 'Ich' und die des 'Du', sich erst konstituieren. Es gibt nicht ein festes, in sich geschlossenes Ich, daß sich mit einem ebensolchen Du in Verbindung setzt und gleichsam von außen in seine Sphäre einzudringen sucht (Cassirer 1961, S. 50f.).

Stattdessen muß man sich — so Cassirer — in den "Mittelpunkt jenes Wechselverkehrs" versetzen. Hier läßt sich wieder an die psychoanalytischen Gedanken aus Kapitel 2.2 anknüpfen. Denn der Gedanke des "Mittelpunkts des Wechselverkehrs" zwischen Ich und Welt entspricht genau dem Konzept, daß das Verhältnis von Ich und nichtmenschlicher Umwelt als Interaktion, als Beziehung gedacht werden muß, daß mithin die nichtmenschliche Umwelt, auch die Natur, eine psychische Bedeutung haben muß.

Da Symbolisierungen auf realen Erfahrungen beruhen und diese verdichten, sind Symbole auch Ausdruck der Qualität und der Tönung unserer Beziehung zur Welt. Sie repräsentieren Weltbezug und Lebensgefühl zugleich. Noch deutlicher als in der philosphischen Metapherntheorie wird durch die Psychoanalyse das Subjekt in den Mittelpunkt der Betrachtung gestellt. Der Fokus verschiebt sich damit von einem eher erkenntnistheoretischen Schwerpunkt auf eine individuelle Perspektive, auf die Perspektive des Subjekts: Wie gelingt es den Subjekten, eine Verbindung von Innen und Außen herzustellen, eine "Begegnung" von Ich und Du zu inszenieren?

Dazu werde ich im folgenden einige Aspekte der psychoanalytischen Symboltheorie zusammentragen, um dann im nächsten Abschnitt (Kapitel 2.4) den "Mittelpunkt jenes Wechselverkehrs" in den Blick zu nehmen. Dazu werde ich die Winnicottschen Begriffe der Übergangsphänomene und des potentiellen Raums heranziehen.

Für die Freudsche Psychoanalyse ist das Symbol Ausdruck einer Erfahrung, in der Regel einer vergessenen beziehungsweise verdrängten Erfahrung. Angesichts der radikal-aufklärerischen Perspektive von Freud war dies gleichbedeutend mit dem Programm, diese Erfahrungen wieder zurückzugewinnen. Sie sollten gewissermaßen direkt wiederbelebt werden, ohne Umschreibung durch Symbole. Letztlich galt es, die Symbole zu desymbolisieren. In den Anfängen der Psychoanalyse galt das Symbol also noch als Anzeichen für Entstellung von eigentlich Gemeintem, das der Aufklärung bedarf.

In der Traumdeutung entwickelte Freud (1900) folgendes Symbolverständnis: Die Bilder des Traumes sind ein symbolischer Ersatzausdruck für unbewußte Vorstellungen, die nur über eine symbolische Entstellung die Zensur umgehen können. In der sogenannten Traumarbeit wird der unbewußte Gehalt, der latente Trauminhalt, überführt in den manifesten Trauminhalt, der lediglich symbolisch die unbewußten Inhalte darstellt. Die symbolische Darstellung ist ein Kompromiß zwischen den unbewußten Regungen und einer normgebenden Zensur, der durch Verschiebung, Verdichtung, Verkehrung ins Gegenteil zustande kommt. Für Freud ergibt sich hier eine auffällige Parallele zum neurotischen Symptom. Auch dieses sei eine symbolische Lösung für den eigentlichen Konflikt, der allerdings auf diese Weise unbewußt bleiben kann beziehungsweise muß. Beispielsweise wird bei einer Phobie das eigentliche Angstobjekt durch ein zufälliges anderes Objekt (zum Beispiel ein Tier) symbolisch ersetzt. Das Ziel der psychoanalytischen Behandlung ist, diese Symbolisierung rückgängig zu machen, um sich der unmittelbaren Realität stellen zu können. Die Verdrängung soll aufgehoben werden, was idealtypisch in der völligen Aufklärung der Symbole geschehen würde. "Nur was verdrängt ist, wird symbolisch dargestellt, nur was verdrängt ist, bedarf der symbolischen Darstellung", faßt Ernest Jones (1919) die klassische Freudsche Position zusammen.

Dieses Symbolverständnis steht eindeutig in der aristotelisch geprägten Tradition, wonach Symbole lediglich Ausdruck unklarer Gedanken, bestenfalls rhetorisches Ornament sind und letztlich in logische und klare Aussagen überführbar sind. Dieses Symbolverständnis unterstellt, daß wir gleichsam direkten Weltbezug — jenseits und unabhängig von symbolischen Formen — haben könnten. Genau dies kann jedoch nach den Überlegungen im Anschluß an vor allem Cassirer und Blumenberg nicht angenommen werden. Der Mensch ist als animal symbolicum geradezu auf Symbole angewiesen, um verdrängte Erfahrungen wiederzugewinnen. Es geht also bei der Wiedergewinnung von Erfahrung nicht um Desymbolisierung, sondern um Resymbolisierung. Entsprechend hat Lorenzer (1983) den Freudschen Symbolbegriff sozusagen vom Kopf auf die Füße gestellt. Danach muß das Symbol geradezu als Anzeichen von Bewußtheit verstanden werden, während Verdrängung der Vorgang ist, durch den Symbole aus der Kommunikation ausgeschlossen werden. Solchermaßen verwandelte Symbole nennt Lorenzer Klischees. Insofern ist die freudsche Position genau umgekehrt: nicht die Symbolbildung ist Ausdruck der Neurose, sondern der Verzicht auf die Symbolisierung. Wichtig ist der Gedanke, daß der Verzicht auf Symbolisierung nicht etwa notwendig zu Aufklärung und mehr Klarheit führt, also zu einer eindeutigen und logischen Form des ehemals Symbolisierten, sondern im Gegenteil zu einer klischeehaften Verzerrung. Wir müssen also — und das ist eine der Haupteinsichten, die wir der Psychoanalyse in unserem Zusammenhang verdanken — bei der symbolischen Übertragung unterscheiden: Wir müssen unterscheiden

- in Symbole, die sinnhaftes menschliches Leben erst ermöglichen und die auch nur um den Preis der Zerstörung von Sinn aufklärbar sind.

- in Klischees, die Ausdruck von Verdrängtem sind und deren Bildhaftigkeit verdunkelt und verschleiert. Der Versuch der Aufklärung dieser "Symbole" bleibt weiterhin das berechtigte Anliegen der Psychoanalyse und das einer kritischen Hermeneutik.

In dieser Differenzierung ist sowohl der aufklärerische Impetus der (freudschen) Psychoanalyse als auch das "Sinnverlangen an die Realität" im Sinne von Blumenberg berücksichtigt, wobei es freilich nicht immer einfach ist, zwischen sinnstiftenden Symbolen und sinnentstellenden Klischees zu unterscheiden.

2.4   Übergangsobjekte und Symbolisierung

Nun wird der besagte "Mittelpunkt jenes Wechselverkehrs" zwischen Ich und Du, Innen und Außen, Subjekt und Objekt genauer in den Blick genommen. Cassirers symboltheoretische Position, wonach es "nicht ein festes, in sich geschlossenes Ich" gäbe, das sich mit einem ebensolchen Du in Verbindung setzen könne (vgl. Cassirer 1961, S. 50f.), findet sich in Winnicotts Theorie der Übergangsphänomene wieder. Entscheidend ist dabei der Umstand, daß diese Verbindung zwischen dem Selbst und der Welt der Objekte nicht nur eine entwicklungspsychologisch frühe Stufe ist, sondern daß dieser Übergangsraum — wenn auch im ersten Lebensjahr gleichsam "erfunden" — prinzipiell von Winnicott zu den Bedingungen menschlicher Existenz gerechnet wird.

Die Übergangsobjekte haben nach Winnicott eine Mittlerrolle zwischen Objekt- und Subjektwelt. Dabei ist sicherlich bedeutsam, daß die Übergangsobjekte nichtmenschliche Objekte sind. Insofern ist die Theorie der Übergangsobjekte auch ein wichtiger kategorialer Rahmen zum Verständnis des kindlichen Verhältnisses zur nichtmenschlichen Umwelt, auch des Verhältnisses zu Naturphänomenen. Zur Reflexion der grundlegenden Frage, auf welche Weise der Mensch die gleichzeitige Existenz einer innerseelischen und einer äußeren, materiellen Realität der ihn umgebenden Welt miteinander vereinbart, schlägt Winnicott den Begriff des "Übergangsraums" oder "potentiellen Raums" vor. Es handelt sich dabei um einen fiktiven Raum, in dem der Mensch sich quasi oszillierend zwischen seinen innerseelischen Prozessen und den materiellen Gegebenheiten der äußeren Welt hin- und herbewegt. Solche Vorgänge sind besonders gut im Spiel der Kinder nachvollziehbar.

Nach Winnicott gibt es die scharfe Trennung von seelischem Innenraum und äußerer Realität nicht; insofern postuliert er einen dritten Bereich, in dem Innen und Außen vermittelbar sind.

> Meines Erachtens ist noch ein dritter Aspekt notwendig, sobald man diese beiden Arten der Darstellung für erforderlich hält: Dieser dritte Bereich des menschlichen Lebens, den wir nicht außer Acht lassen dürfen, ist ein intermediärer Bereich von Erfahrungen, in den in gleicher Weise innere Realität und äußeres Leben einfließen.

Es ist ein Bereich [...], in dem das Individuum ausruhen darf von der lebenslänglichen menschlichen Aufgabe, innere und äußere Realität voneinander getrennt und doch in wechselseitiger Verbindung zu halten. [...] Deshalb untersuche ich das Wesen der Illusion, die dem Kleinkind zugebilligt wird und im Leben des Erwachsenen einen bedeutsamen Anteil an Kunst und Religion hat (Winnicott 1951, S. 11f.).

In diesem Sinne könnte der Übergangsraum der psychische Ort sein, in dem die besagte Verwandtheit zwischen Mensch und nichtmenschlicher Umwelt repräsentiert ist. Die nichtmenschliche Umwelt bekommt nach Winnicott nun zum ersten Mal im Leben der Kinder eine wichtige Bedeutung, wenn das Kind beginnt, sich seiner absoluten und existentiellen Abhängigkeit von der Mutter und zugleich seiner Getrenntheit von ihr bewußt zu werden. In einer solchen Situation kreiert das Kind sozusagen das Übergangsobjekt: Nichtmenschliche Gegenstände — ein Teddy, ein Tuch, der Zipfel der Bettdecke, ein Kissen u.v.m. — gewinnen auf diese Weise eine besondere Bedeutung; sie werden zum Symbol, das hilft, die Angst auszuhalten. In diesem Prozeß bekommt ein Objekt der nichtmenschlichen Welt die Funktion, über die drohende und auch reale Trennung von den Menschen hinwegzutrösten und Halt zu gewähren. Dieses Objekt symbolisiert nicht nur die Mutter, es symbolisiert vor allem die kreative Lösung und die Fähigkeit, mit einer solchen Situation umgehen zu können.

Im Gegensatz zu der nicht völlig kontrollierbaren Mutter hat ein solches Objekt auch noch den Vorzug, daß es besser kontrollierbar ist. Möglicherweise kann der psychische Wert von Naturphänomenen — zum Beispiel das Halten von Heimtieren (Kapitel 7), das Herumstreunen in wilder Natur (Kapitel 5) oder auch die Vorliebe für Pflanzen (Kapitel 9) — auch mit der Theorie der Übergangsobjekte verstanden werden, zumal, wie zu zeigen sein wird, die Beschäftigung mit verschiedenen Naturphänomenen durchaus die tröstende und haltende Funktion hat, wie sie Winnicott für die Übergangsobjekte beschrieben hat.

Die Übergangsphänomene sind insofern paradox, als sie sowohl das subjektive Innen als auch das objektive Außen repräsentieren. Daß ein Ding zugleich Teil der äußeren Welt und der inneren Welt ist, ist ein "Paradox, das ich hinnehme und nicht aufzulösen versuche. Das Kleinkind kann die Trennung von Objektwelt und Selbst nur vollziehen, weil es zwischen beiden keinen leeren Raum gibt" (Winnicott 1971, S. 125). Diesen Raum nennt Winnicott den potentiellen Raum, weil in ihm Spiel, Illusion und Symbolisierungsprozesse stattfinden können. Dieser paradoxe Raum des Übergangs, der Illusion, des Symbols ist eine Vermittlung zwischen "subjektivem Objekt und objektiv wahrgenommenem Objekt, zwischen Ich und Nicht-Ich" (Winnicott 1967, S. 116).

Auch die Symbolschicht haben wir in Kapitel 2.3 als einen dritten Bereich konzeptualisiert, als einen Raum des Übergangs zwischen Ich und Welt. Symbolisierungsprozesse nehmen demzufolge notwendig ihr Material sowohl aus der Welt als auch aus dem Ich. Der potentielle Raum der Übergangsphänomene und der Symbole stellt eben jenen Schutz zwischen Ich und Welt dar, den Cassirer als notwendig für das animal symbolicum angenommen hat. Ohne sich auf metapherntheoretische Ansätze aus der Philosophie zu beziehen, behauptet Winnicott genau dies, nämlich

> daß kein Mensch frei von dem Druck ist, innere und äußere Realität miteinander in Beziehung setzen zu müssen, und daß die Befreiung von diesem Druck nur durch einen nicht in Frage gestellten intermediären Erfahrungsbereich (in Kunst, Religion usw.) geboten wird (Winnicott 1951, S. 24).

Übergangsobjekte haben allerdings nicht nur die beschriebene Funktion für die Bewältigung von Angst, sie zeigen überhaupt auch ein wachsendes Interesse an der dinglichen Objektwelt an. Stevenson (1954) untersuchte in einer Befragung bei Londoner Müttervereinigungen die Qualität der Übergangsobjekte und auch, wie die Mütter damit umgehen. Besonders interessant sind Beobachtungen von Kindern, die sich keine Übergangsobjekte geschaffen haben: Solche "objektlosen" Kinder machten nicht einmal den Versuch, irgendwelche Gegenstände in Besitz zu nehmen, und zwar deshalb, weil weder nichtmenschliche Gegenstände noch menschliche Beziehungen für sie Bedeutung hatten. Stevenson interpretiert diese Befunde dahingehend, daß eben die grundlegenden Beziehungen zur Welt der Objekte nicht zustande gekommen sind. Solche Kinder bleiben in doppelter Weise einsam: sowohl im Hinblick auf die primären menschlichen Objekte als auch im Hinblick auf die nichtmenschliche Umwelt. Die Fähigkeit zum Erwerb von Übergangsobjekten zeigt insofern sowohl eine hinreichend geglückte Beziehung zu Menschen als auch eine hinreichend geglückte Beziehung zu belebten und unbelebten Dingen an — ein Aspekt der Übergangsobjekte, der bisher und wohl auch von Winnicott selbst übersehen wurde.

Man kann vor dem Hintergrund der Selbstpsychologie und Narzißmustheorie einzelne Objekte der nichtmenschlichen Umwelt auch als Selbstobjekte beschreiben. Das sind äußere Objekte, die (zumindest partiell) als ein Teil des eigenen Selbst erlebt werden. Auch hier gibt es ähnlich wie bei den Übergangsobjekten eine Verbindung von innerer und äußerer Welt, wenn auch der Terminus Selbstobjekt wiederum nur menschliche Objekte meint. Wenn wir jedoch den psychoanalytischen Objektbegriff auf nichtmenschliche Gegenstände ausdehnen, wird der Gedanke Kohuts (1973) auch für unseren Zusammenhang bedeutsam, daß es nämlich für eine gesunde psychische Entwicklung unerläßlich sei, positive Selbstobjekte zu haben. Wenn nämlich die Natur oder einzelne Naturphänomene solche Selbstobjekte sein können, wird die Zerstörung der Natur — neben der biologisch-ökologischen Belastung — auch psychische Folgen haben (vgl. Kapitel 11).

Die nichtmenschliche Umwelt hat — unabhängig von der Annahme der subjektiv empfundenen Einheit von Ich und Welt zu Beginn des individuellen Lebens — in der psychischen Entwicklung des Kindes eine wichtige Bedeutung, die im Rahmen der Theorie der Übergangsphänomene gesehen werden kann. Searles behauptet sogar, daß

[...] this nonhuman environment apparently provides, in the life of the normal infant and child, a significant contribution to his emotional security, his sense of stability and continuity of experience, and his developing sense of personal identity (Searles 1960, S. 78).

So ist die nichtmenschliche Umwelt — und dazu gehören Tiere, Pflanzen, unbelebte Gegenstände — der unerläßliche Kontext, der Hintergrund, der Rahmen, in dem die Ichentwicklung, die Entwicklung der Beziehung zu Menschen sich vollzieht. Aus diesem Rahmen können dann — individuell und nach Bedarf — Übergangsobjekte oder Symbole entnommen beziehungsweise gebildet werden.

In der Auseinandersetzung mit der nichtmenschlichen Umwelt lernt das Kind also sich beziehungsweise seine Grenzen kennen und bezieht diese Erkenntnisse auch auf menschliche Beziehungen. Umgekehrt wird die nichtmenschliche Umwelt natürlich auch im Lichte der Erfahrung gesehen, die das Kind mit den menschlichen Bezugspersonen gemacht hat. Aneignung der nichtmenschlichen Umwelt, insbesondere der Natur, ist auch zugleich Selbstaneignung. Menschliche und nichtmenschliche Umwelt bedingen sich gegenseitig; eine Umwelt, die im Sinne von Winnicott haltend ist, muß insofern beide (haltende) Elemente enthalten. Auch Erikson (1937) und Mahler (1958) berichten von Fällen, bei denen nichtmenschliche Umweltelemente als Hilfsmittel dienten (ähnlich wie Übergangsobjekte), innerseelische Konflikte und auch reale zwischenmenschliche Versagungen besser auszuhalten.

Auf die zentrale Rolle der nichtmenschlichen Umwelt für die Entwicklung des Selbst weist auch die Philosophin Susanne Langer (1965) innerhalb ihres symboltheoretischen Ansatzes hin, der von der Psychoanalyse beeinflußt ist und der umgekehrt auch von der psychoanalytischen Symboltheorie aufgegriffen wurde (z.B. Lorenzer 1970). Vor allem wegen der relativen Überschaubarkeit, Einfachheit und Stabilität der nichtmenschlichen Umwelt eigne sich diese — so Langer — dazu, einerseits einen stabilen Hintergrund für die Selbstentwicklung abzugeben und andererseits auch dazu, als Projektionsfläche für die Symbolbildung zu dienen. Nach dieser symboltheoretischen Auffassung braucht der Mensch als "animal symbolicon" die nichtmenschliche Umwelt auch dazu, um aus ihr Material für die spezifisch menschliche Symbolbildung zu gewinnen. So bringt Langer ausdrücklich die Entwicklung des Selbst und die Fähigkeit, Symbole für Gefühle oder Vorstellungen zu bilden, in einen engen Zusammenhang. Sie hält es auch für sehr naheliegend, daß in archaischen Kulturen Gottheiten (als Innbegriff bestimmter moralischer Qualitäten) oft Tiergestalt hatten.

Ein ähnlicher Prozeß spielt sich nun auch beim Kleinkind ab: Kinder nutzen auf symbolische Weise Elemente der nichtmenschlichen Umwelt, um sich einerseits von der Komplexität der menschlichen Beziehungen zu entlasten und auch, um eben diese menschlichen Beziehungen zu strukturieren. In welcher dinglichen Welt also Kinder aufwachsen — und das betrifft Räume, Spielzeug und auch Kontakt zu lebendiger Natur — bestimmt neben der Art und Qualität der personalen Zuwendung die Persönlichkeitsentwicklung von Kindern grundlegend. Es ist davon auszugehen, daß "das Kind den Stoff für seine Symbolschöpfungen [...] aus der begegnenden Welt" (Bittner 1981, S. 200) nimmt. In unserem Zusammenhang ist freilich zu fragen, was passiert, wenn Kinder in einer Welt aufwachsen, in der Naturphänomene wie Tiere und Pflanzen entweder immer seltener werden oder die gar zerstört ist? Diese Frage wird in den Abschnitten zur Funktion von Naturerfahrungen in der Kindheit (Kapitel 5) und zur kindlichen Wahrnehmungs- und Verarbeitungsweise der Umweltzerstörung (Kapitel 11) wieder aufgenommen und diskutiert werden.

Die nichtmenschlichen Objekte sind unter anderem deshalb für das Kind so wichtig, weil sie gerade wegen ihrer Nichtmenschlichkeit manipulierbar sind, was freilich für die belebte Umwelt des Kindes nicht so ohne weiteres, jedenfalls nicht immer zutrifft. Sie können als Refugium angesichts schwieriger menschlicher Verhältnisse fungieren, was Searles sehr akzentuiert für die Zeit der Adoleszenz formuliert:

> Not only does the boy become a man and the girl become a woman, but each becomes more deeply human, and aware an accepting of his or her human states vis-à-vis the nonhuman environment, than had been true before. In this transitional period, he turns his greatest interest from the world of nature, and of other nonhuman things, to the world of his fellow human beings (Searles 1960, S. 89).

Im Verlaufe der Pubertät wendet sich also — Searles zufolge — der Jugendliche verstärkt menschlichen Objekten zu, was freilich voraussetzt, daß die nichtmenschliche Umwelt nach wie vor eben als Refugium zur Verfügung steht.

So hängt die Konstituierung des Selbst wesentlich mit den Erfahrungen zusammen, die das Subjekt mit "Objekten" gemacht hat. Daß diese Objekte sowohl Menschen als auch "Dinge" sein können, ist vor dem Hintergrund der dargelegten symboltheoretischen Überlegungen nicht mehr so verwunderlich und entspricht den Einsichten der Psychoanalyse ebenso wie denen der Ökologischen Psychologie. In diesem Zusammenhang bedeutsam sind empirische Befunde, die die Bedeutung der Dinge bei der Entwicklung des Selbstkonzepts von Kindern und Jugendlichen beschreiben (Fuhrer/Kaiser/Hangartner 1995, Fuhrer/Laser 1997). Bei dem Versuch einer solchen "ökologischen Konzeption des Selbst" (Hormuth 1990) zeigt sich, daß Dinge aus der Umwelt im Sinne einer symbolischen Selbstdefinition herangezogen werden. Besonders bedeutsam sind die Dinge gemäß den Untersuchungen von Fuhrer im Übergang vom frühen zum mittleren Jugendalter, was interessanterweise den Vorstellungen von Rousseau relativ nahe kommt, der wie gesagt (siehe Kapitel 2.1) im *Emile* den Dingen bis zu einem Alter von 12 Jahren eine besondere Bedeutung beimißt. Je 30 Mädchen und Jungen im Alter zwischen 10 und 18 Jahren sollten die Dinge, Orte und Personen mit einer Kamera aufnehmen, die ihnen wichtig sind und die Teil ihres Selbstkonzepts sind. Es zeigt sich, daß Mädchen mehr Personenaufnahmen als die Jungen machen, die Jungen dagegen mehr Orte. Im Hinblick auf den Altersverlauf ist erwähnenswert, daß die Jungen mit zunehmendem Alter weniger Dinge fotographierten, während es bei den Mädchen genau umgekehrt ist.

In diesem Zusammenhang interessant sind Untersuchungen der Chicagoer Schule in der Nachfolge von G.H. Mead zur Bedeutung von "liebgewordenen Gegenständen", die zwar keine Übergangsobjekte im Winnicottschen Sinne sind, aber Objekte, in und mit denen symbolisch menschliche Aktivitäten und Erinnerungen repräsentiert werden können. Bei der Erforschung solcher liebgewordener Gegenstände (Csikszentmihalyi/Rochberg-Halton 1978) zeigte sich, daß Naturphänomene eine nicht unbedeutende Rolle spielen: Für Kinder sind die liebgewordenen Gegenstände besonders häufig Haustiere, für Erwachsene mittleren Alters Pflanzen und für ältere Menschen Porzellan. Die liebgewordenen Gegenstände fungieren entweder als Erinnerungsbehälter oder — und zwar besonders bei Tieren — als Anregung zu Aktivität. Jüngere Menschen orientieren sich eher an Aktionsobjekten, während erwachsene und ältere Menschen eher Kontemplationsobjekte bevorzugen. Zumindest ähnlich den Übergangsobjekten tragen bedeutsame und eben liebgewordene Gegenstände dazu bei, das Erleben von innerer und äußerer Welt zu strukturieren und zugleich in Verbindung zu halten.

2.5 Statt einer Zusammenfassung: Zur Entsprechung von innerer Natur und äußerer Natur

Insgesamt haben die Überlegungen dieses Kapitels gezeigt, daß und wie sehr die (nichtmenschliche) Umwelt auch psychisch wirksam ist. Natürlich nicht alles, aber ein sehr großer Bereich dieser nichtmenschlichen Umwelt ist nun die äußere lebendige Natur. Die Art und Qualität der Natur beziehungsweise unserer Naturerfahrungen wird wesentlich die psychische Befindlichkeit beeinflussen; insofern sind die Ausführungen dieses Kapitels der theoretische Hintergrund, vor dem die einzelnen Befunde zur (psychischen) Bedeutung von Naturphänomenen, wie sie in den folgenden Abschnitten entfaltet werden, zu sehen sind.

Der Grundgedanke dabei ist, daß es eine klare und endgültige Trennung von Innen und Außen nicht gibt. Die äußere Natur beeinflußt immer auch die innere, psychische Natur des Menschen und umgekehrt. Unter Bezugnahme auf die japanische Gartenkunst, die er als Gestaltung dieser Verflechtung von Innen- und Außenwelt begreift, formuliert so auch Schäfer (1989, S. 110):

> Natur ist genauso ein Teil des Selbst, wie das Selbst ein Teil der Natur ist. Das heißt, Natur ist für uns Menschen nicht nur bedeutsam, weil wir selbst ein Teil der Natur sind, sondern auch, weil unsere Beziehung zur natürlichen Umgebung einen Teil unseres Selbst ausmacht.

Der Zustand der äußeren Natur und der Zustand der inneren Natur korrespondieren also. Eine vielfältige und intakte äußere Natur wird sich insofern positiv auf die psychische Befindlichkeit oder geradezu Gesundheit auswirken. Jedoch ist die menschliche Beziehung zur (äußeren) Natur eine dialektische: Genauso, wie sich die äußere Natur psychisch niederschlägt, ist der Zustand der äußeren Natur auch als ein Spiegelbild der inneren psychischen Verfassung des Menschen zu interpretieren. Die Umweltzerstörung ist kein Naturereignis, sondern ist sozialpsychologisch mit der Situation des neuzeitlichen Menschen in Verbindung zu bringen. Dieses dialektische Spiegelverhältnis zwischen innerer Natur und äußerer Natur wird im folgenden immer im Blick zu behalten sein, wenn über den psychischen Stellenwert einzelner Naturphänomene nachgedacht wird.

Noch eine abschließende Bemerkung: Natürlich gehört zu den notwendigen und legitimen Entwicklungsschritten in unserer Gesellschaft die Trennung von Innen und Außen. Jedoch kann diese Trennung auch zu scharf sein, so daß die Wechselbeziehung zwischen Innen und Außen gehemmt ist, was Folgen sowohl für die Umwelt als auch für die Innenwelt hat. Kinder, wie zu zeigen sein wird, entziehen sich (noch) einer solch exakten Trennung und Differenzierung. Ihre Gefühle, Stimmungen, Phantasien und Bedürfnisse korrespondieren (noch) freier, vielleicht auch harmonischer mit der Welt der äußeren Natur und der Dinge.

3   Aspekte des Naturbegriffs

Ist nicht Natur Natur? Ist
es nicht egal?
(Judith, 9 Jahre)

Die grundlegende Fragestellung dieses Buches nach der Bedeutung von Natur für die seelische Entwicklung von Kindern macht es notwendig, den schillernden Begriff "Natur" in den Blick zu nehmen und ihn — eingedenk seiner kulturellen und naturphilosophischen Dimensionen (siehe ausführlicher zum Beispiel Böhme 1992, Grossklaus/Oldemeyer 1983, Mittelstrass 1981, Schäfer 1993, Schönherr 1989, Seel 1991, Weber 1989, Zimmermann 1982) — auch einzugrenzen. Dabei ist davon auszugehen, daß die selbstverständliche Rede von Natur nicht mehr ohne weiteres möglich oder sogar "anachronistisch" (Hauser 1996, S. 85) geworden ist. Zu vielfältig sind die Naturbegriffe, zu viele zum Teil auch illusionäre Hoffnungen und Interessen knüpfen sich an "Natur" — und das in historischen und kulturellen Spielarten. Der "hohe Grad der Unbestimmtheit des Begriffsinhaltes von 'Natur'" — so der Sachverständigenrat für Umweltfragen der Bundesregierung 1987 — kann nicht ignoriert werden. So wird im folgenden der Versuch gemacht, den Naturbegriff für unsere psychologische Fragestellung in pragmatischer Hinsicht zu explizieren. Dabei wird der Naturbegriff eine Akzentuierung in zweifacher Hinsicht erfahren: Zum einen wird abgehoben auf die phänomenologische Ebene: Natur als das Gesamt von Naturphänomenen, also Tieren, Pflanzen, Landschaften, wobei die unbelebte Natur in diesem Buch weitgehend unbehandelt bleibt. Und zum anderen wird — vor dem Hintergrund der symboltheoretischen Überlegungen in Kapitel 2 — Natur als umfassendes Symbol begriffen. Damit bekommt der ästhetisch-symbolische Aspekt des Naturbegriffs für die hier diskutierte psychologische Frage einen wichtigen Stellenwert.

Die Frage nach dem psychologischen Verhältnis von Mensch und Natur könnte die Annahme implizieren, daß es in der inneren Natur des Menschen konstante Bedingungen gibt, die sein Verhältnis zur äußeren Natur bestimmen. Von dieser Annahme wird jedoch gerade nicht ausgegangen, auch wenn die Frage, ob es ein quasi biologisch fundiertes "Naturbedürfnis" des Menschen gibt, in Kapitel 6 vorsichtig diskutiert wird. Der Mensch ist nämlich immer zugleich Teil und Gegenüber der Natur (vgl. Kattmann 1997); angesichts dieser Dialektik läßt sich auch sein psychologisches Verhältnis zur Natur immer nur als ein Spannungsverhältnis begreifen, das zudem auch nur historisch zu erfassen ist. Sowohl das menschliche Verhältnis zur Natur als auch der Naturbegriff unterliegen jeweils kulturellen Einflüssen und sind keine Konstanten. Es handelt sich nämlich immer um von Menschen angeeignete und bereits reflektierte Natur, die ohne die Beziehung zu ihr gar nicht zu denken ist. Auf diesen Beziehungsaspekt ist in Kapitel 2.1 bereits eingegangen worden. So ist die Frage nach der psychischen Bedeutung von Natur letztlich eine kulturwissenschaftliche beziehungsweise eine kulturpsychologische Fragestellung (vgl. Sichler 1992).

> Nicht "Mensch" und "Natur" als zwei getrennte Gegebenheiten, sondern "Menschen in der Natur" ist die Grundvorstellung, deren man bedarf (Elias 1984, S. XV).

Jede (begriffliche) Trennung von Mensch und Natur unterschlägt, daß der Mensch auch Natur ist, und ermöglicht damit allerdings, daß die Natur zum Gegenstand objektivierender naturwissenschaftlicher Forschung wird — im übrigen auch der Mensch als Naturwesen selbst. So kann die Frage, was Natur ist, auch ironischerweise nicht von den Naturwissenschaften geklärt werden und konsequent schlägt Böhme (1992, S. 35) vor, "den Begriff Natur aus den Naturwissenschaften überhaupt zu streichen." Daß der Mensch Teil der Natur ist, tritt am klarsten zu Tage in seiner Körperlichkeit.

> Deshalb kommt dem menschlichen Leib [...] eine ganz zentrale Rolle in seiner Beziehung zur Natur zu, weil im menschlichen Leib die Naturbeziehung zu einer Selbstbeziehung des Menschen wird. (Böhme 1992, S. 53)

Insofern wir als leibhaftige Wesen selbst auch Natur sind, ist es möglich, Naturerfahrungen zu machen, weil Natur nicht nur das außer uns Liegende ist. Oder umgekehrt formuliert: "Der menschliche Leib ist qua Natur in diesem Sinne etwas Äußerliches und Äußeres, [...] Vorgegebenes, eine äußere Instanz und gegebenenfalls Gegeninstanz zum menschlichen Willen" (Böhme 1992, S. 79). Durch den Leib, durch die "Natur, die wir selber sind" hat der Mensch Anteil am Natürlichen und vor diesem Hintergrund hängt die Naturbeziehung und die Selbstbeziehung des Menschen zusammen. Dieses Selbst-Natur-Sein des Menschen ist für psychologische Studien zum Naturverhältnis des Menschen deshalb bedeutsam, weil aufgrund dessen psychologische Kategorien, die das Verhältnis zum eigenen Selbst betreffen, übertragbar werden auch auf das Verhältnis zur Natur. Insbesondere in den Überlegungen zur animistisch-anthropomorphen Interpretation von Natur (Kapitel 4) wird dieses Selbst-Natur-Sein wieder aufgegriffen. Besonders schön wird die Naturhaftigkeit des Menschen bei Schelling auf den Punkt gebracht:

> Solange ich selbst mit der Natur identisch bin, verstehe ich was eine lebendige Natur ist so gut, als ich mein eigenes Leben verstehe; [...] sobald ich aber mich [...] von der Natur trenne, bleibt mir nichts übrig als ein todtes Objekt und ich höre auf, zu begreifen, wie ein Leben außer mir möglich sey. (Schelling 1797, S. 47)

Schon die Sprachregelung "Mensch und Natur" oder "Kind und Natur" verführt allerdings dazu, "Natur" und "Mensch" in einer Beziehung des Gegenüber zu sehen.

Dabei werden die beiden entscheidenen Komplikationen im Verhältnis "Mensch" – "Natur" unterschätzt: 1. daß der "Mensch" — gleichgültig wie man ihn außerdem metaphysisch deuten mag — als leibhaft erfahrendes und handelndes Wesen ein Glied der "Natur" ist wie anderes naturhaft Seiendes; 2. daß "Natur" stets auch etwas aus der Sicht von Menschen Definiertes ist (Oldemeyer 1983, S. 15).

"Natur" kann insofern nur als "etwas von Menschen jeweils in bestimmter Weise Erfahrenes" (Oldemeyer 1983, S. 16) diskutiert werden. Schon die Fragestellung, nämlich welche Funktion "Natur" in der psychischen Entwicklung hat. Insofern ist die moderne Disziplin der Ökopsychologie (siehe Kapitel 2.1) auch als ein historischer Reflex auf die ökologische Krise zu verstehen.

Wir können nicht objektivierend und isoliert definieren, was die Natur an sich ist. Wir können aber darüber nachdenken, was sie für uns ist, wir können darüber nachdenken, was die Natur uns bedeutet. Wenn also in diesem Buch die Bedeutung der verschiedenen Naturerfahrungen für die kindliche Entwicklung betrachtet wird, geht es dabei nicht um ein gleichsam naturwüchsiges Geschehen, sondern stets um einen kulturell vermittelten Aneignungsprozeß von Natur. Naturbeziehung und Naturwahrnehmung setzen Naturinterpretation voraus.

> Der Ausdruck "menschliches Verhältnis zur Natur" zielt letztlich auf ein umfassendes Gefüge von Einstellungen und Verhaltensweisen. Nicht allein der philosophische und wissenschaftliche Erkenntniszugang ist gemeint, noch ferner das alltagspraktische Berücksichtigen "natürlicher" Gegebenheiten, ihre Einkalkulierung, ihre Ausnutzung, ihre technische Bearbeitung und Umformung, sondern ebenso jede religiöse, ästhetische oder in sonstigem Sinne emotionale Ausrichtung auf "Natur". Dazu gehören sowohl die bewußt gesteuerten als auch die unausdrücklichen, nur gewohnheitsmäßig gelebten Beziehungen, sowie schließlich die innerlichen Bereitschaften, auf "Natur" in bestimmter Weise zu agieren und zu reagieren. (Oldemeyer 1983, S. 16)

Jedoch: Selbst, wenn unser Verhältnis zur Natur immer nur relativ zu bestimmen ist, wir immer auch uns selbst reflektieren, wenn wir unser Verhältnis zur Natur reflektieren wollen, so bleibt trotzdem die Frage wichtig, welche Rolle Naturphänomene in der Psychogenese und Psychodynamik von Menschen haben. Es ist die Frage, wie sich äußere Natur in der inneren Natur des Menschen repräsentiert und was das für jeweilige Folgen hat. Das entspricht der bereits in der Einleitung erwähnten Vorstellung Alexander von Humboldts, der eben bei der Naturforschung "nicht bei den äußeren Erscheinungen allein verweilen". Auch in diesem Buch wird die Natur daraufhin untersucht, "wie sie sich im Inneren der Menschen abspiegelt".

Naturerfahrungen sind immer auch Kulturerfahrungen, oder — wie Boesch (1980, S. 10) es ausdrückt — die "Kultur ist das Biotop des Menschen". Dabei ist die Unterscheidung von Objektivierung und Subjektivierung der Umwelt und damit natürlich auch der Natur von Bedeutung (siehe in Kapitel 4.5). Die Natur hat für den Menschen insofern zwar eine "objektive" Bedeutung, wird zugleich aber auch auf subjektive Weise mit symbolischen Bedeutungen aufgeladen.

Die Umwelt ist Kultur nicht einfach in dem Sinne, daß sie zu einem größeren Teil durch den Menschen erst gestaltet wurde, sondern auch in dem tieferen Sinne, daß sie, auch als Natur, immer zugleich auch Struktur und Symbol ist, eingebettet in Bedeutungssysteme komplexer Art, Träger von Valenzen und damit Versprechungen, Bestätigungen oder Begrenzungen und Bedrohungen des Handelns (Boesch 1980, S. 100).

Das Selbstverständnis des Menschen ist somit eng mit seinem Naturverständnis verbunden; und das gilt in kulturhistorischer Hinsicht ebenso wie im Hinblick auf einzelne Subjekte. Vor diesem Hintergrund wundert es dann auch nicht mehr, daß die Vielfalt der Naturbeziehungen und -begriffe verwirrend ist. "Natur" — scheinbar ein so selbstverständlicher und klarer Begriff — ist kaum mit eindeutigem Inhalt zu füllen. Als "objektiv Seiendes" etwa im Sinne der griechischen "*physis*" kann damit alles Existierende bezeichnet werden, womit jedoch eben nichts Spezifisches bezeichnet ist. Heraklit zufolge ist die Natur ewig und damit auch unentstanden. In dem lateinischen Wort "natura" wird dagegen das Geborenwerden akzentuiert (nasci = geboren werden). Natur wäre danach etwas, das aus sich heraus — gleichsam ohne "technische" Hilfe — existiert beziehungsweise entsteht.

In diesem begriffsgeschichtlichen Zusammenhang ist wichtig zu betonen, daß "Natur" vor allem in ihrer symbolischen Valenz von Bedeutung ist; das gilt für die vorliegende psychologische Untersuchung in besonderer Weise. "Natur" wird beispielsweise zum Symbol für paradiesische, auch utopische Zustände (Eisel 1982), kennzeichnet eine Sehnsucht nach Unentfremdetheit, nach Ganzheit und Glück. "Natur" in diesem Sinne meint insofern mehr das sogenannte "Naturschöne", ein Begriff, der bei Kant eine große Rolle spielt. Zum Beispiel meint Kant, daß durch Versenkung in die "Natur" die moralische Entwicklung des Menschen gefördert werde. Eine solche Sehnsucht nach "Naturschönheit" beziehungsweise eine entsprechende ästhetische Stilisierung wurde historisch erst möglich, nachdem eine reale Entfremdung (und/oder auch Emanzipation) von der Natur durch die Entwicklung von Naturwissenschaft und Technik eingetreten ist. Der Prozeß des Wandels von einer negativen zu einer positiven Sicht der (wilden) Natur betrachten Groh und Groh (1989, S. 54) geradezu als "eine der Bedingungen der Möglichkeit von Naturerfahrung". Die in Poesie und Landschaftsmalerei gleichermaßen stilisierte Sehnsucht nach Arkadien war jedenfalls nicht zufällig eine Begleiterscheinung der Aufklärung (vgl. Valentien 1989). "Das vorgeblich geschichtslose Naturschöne hat seinen geschichtlichen Kern" (Adorno 1970, S. 102). In der Symbolik von schöner Natur verdichtet sich zum einen eine Kritik an politischen Zuständen, zum anderen eine regressive Tendenz hin zu einer harmonisch phantasierten Vergangenheit, aber auch ein utopischer Entwurf für eine bessere Zukunft, wobei die auch bedrohlichen Aspekte der Natur eher ausgeblendet sind.

Da der Standpunkt des zivilisierten Städters durch Ferne und Entfremdung von der Natur, durch einen Mangel an Natur in seinem Lebenszusammenhang gekennzeichnet ist, verbindet sich mit der Vorstellung von Natur die Sehnsucht nach einer Erlösung von der Last und Beengung zivilisierten Lebens. Das impliziert nostalgische Reminiszenzen an eine unschuldige Kindheit, Staunen und Bewunderung darüber, daß Ordnung, Einheit und Zweckmäßigkeit in der Natur von selbst da sind, während der zivilisierte Mensch meint, sie sich durch Disziplin und Rationalität abtrotzen zu müssen. (Böhme 1989, S. 61)

So ist zumindest eine Bedingung der Romantisierung (oder auch Verklärung) von Natur, daß man keine Angst mehr vor ihr hat. Die gesuchte Nähe zur Natur setzt die Distanz zu ihr voraus, die erst durch Technik und Naturwissenschaft gewährleistet ist. Vor allem die gezähmte Natur ist schön.

In diesem Kontext ist "Natur" meistens "gut". Das gilt für das romantische Naturgedicht ebenso wie für die moderne Waschmittelwerbung. Daß diese deutlich positiv getönte Natursymbolik die Menschen nicht gehindert hat, die konkrete Natur zu zerstören, steht freilich in einem merkwürdigen Mißverhältnis zu dieser Naturästhetik; künstlerischer und wissenschaftlich-technischer Zugang zur Natur sind eben auseinandergefallen. Doch kann "Natur" auch eine kritische Kategorie sein, nämlich als (symbolisches) Korrektiv zu einer entfremdeten Gesellschaft und als Vor-Schein (im Blochschen Sinne) einer utopischen Welt. "Natur" ist dann ein "Vermissungs- und Überholungsbild" einer Welt ohne Entfremdung, wozu freilich ein "nicht quantifizierend-kalkulatorischer Naturbezug" (Bloch 1970, S. 170) gehört.

Denn im richtigen, wahrhaft praktischen Verändern des Verhältnisses von Menschen zur Natur vollzieht sich auch Veränderung der Verhältnisse der Menschen zueinander (Bloch 1975, S. 251).

Friedrich Schiller formuliert in seinem Aufsatz "Über naive und sentimentalische Dichtung" sehr klar: "Die Dichter sind überall, schon ihrem Begriffe nach, die Bewahrer der Natur." Und in bezug auf subjektives Wohlbefinden in der Natur sagt er: "Deswegen ist das Gefühl, womit wir an der Natur hangen, dem Gefühl so nahe verwandt, womit wir das entflohene Alter der Kindheit beklagen." Ausdrücklich sind hier "Natur" und "Kindheit" in einen Assoziationszusammenhang gebracht, der für unsere Fragestellung bedeutsam ist. Es kommt wohl darauf an, auf dem kritischen Potential von Kunst, das heißt hier von Naturästhetik, zu insistieren, statt die utopischen Momente der Natursymbolik vorschnell leichtfertig zu verschenken. Angesichts der ökologischen Krise kann das bedeuten, die Versprechungen der Naturästhetik mit der realen Naturerfahrung zu konfrontieren. Eine solchermaßen "ästhetische Erziehung" (Schiller) des Menschen verrät weder das utopische, das heißt hier kritische Moment von Kunst, noch ist sie eine unpolitische, folgenlose Flucht in ein idyllisches Arkadien.

Daß sich überhaupt "Natur" als Symbolik für die genannten Inhalte anbietet, kann nämlich auch daran liegen, daß in der Beziehung von Mensch und Natur ein entsprechendes psychisches Potential liegt, das in der Kunst zwar stilisiert und verdichtet zu Wort kommt, aber wohl auch sonst psychisch wirksam ist. So kann für Caspar David Friedrich die Natur beziehungsweise die Landschaft, die er malt, auch zur "Membran subjektiver Erfahrungen und Leiden" (zitiert nach Altner

1991, S. 9) werden. Die ästhetische Dimension ist keineswegs nur als schöner Schein anzusehen und damit abzutun. Entsprechend äußert sich auch Georg Picht in einem Aufsatz für die Zeitschrift Merkur:

> Der Sinn für Schönheit ist ein Vermögen, das uns darüber belehren könnte, was in der Natur zulässig sein könnte und was nicht. Wir besitzen in unseren ästhetischen Organen ein unerhört sensibles Instrument, um Wechselverhältnisse und Systemstrukturen erfassen zu können, die für die plumpen Mechanismen unseres rationalen Denkens zu komplex sind (Picht, zitiert nach Fischer 1990, S. 8).

Trommer (1990, S. 24) fragte 98 Erwachsene nach ihren Assoziationen zum Begriff "Natur". Sie assozierten dabei besonders häufig nichtmenschliche Naturphänomene (Bäume 40mal, Wiese 24mal, Wald 23mal, Tiere 15mal, Vögel 11mal, Blumen 11mal), ästhetische Kategorien 13mal (Schönheit, Weite, Harmonie), erholungsbezogene Kategorien 11mal (Wandern, Spazieren, Ruhe, Erholung) und auch 12mal Aspekte der Umweltzerstörung. Bemerkenswert ist, daß der Begriff "Mensch" (= menschliche Natur) nur 8mal genannt wurde. Zu ähnlichen Befunden kommt auch Hard (1983).

> Fazit: Unter "Natur" ist vorwiegend außermenschliche Natur assoziiert worden. Positiv-gefühlsbetonte Aspekte überwogen. Dies verweist auf die in unserem Kulturkreis herrschende Konvention, daß mit "Natur" vorwiegend etwas verbunden wird,
> - das draußen vorkommt,
> - das mit Lebewesen und/oder
> - das mit Landschaft in Verbindung gebracht wird,
> - das vor allem außermenschlich existiert und
> - das angenehm ist (Trommer 1990, S. 25).

Auffällig ist, daß nie die unbelebte Natur (Wasser, Steine, Wolken o.ä.) genannt wird. Dies bestätigt sich auch in einer Untersuchung an 13- bis 18jährigen Jugendlichen (n=263): Margadant-van Arcken (1997, S. 47f.) zeigt, daß das vorherrschende Naturbild ein, wie sie sagt, "beschränktes" ist: "Es umfaßt die lebende, unberührte, sich selbst regulierende Natur unter Ausschluß des Menschen." Natur ist also vorwiegend als biotische gedacht, wobei der Mensch interessanterweise als Störenfried aus der Natur exkommuniziert wird. Der Begriff "Umwelt" dagegen wird abiotisch konzipiert. Neben dem vorherrschenden "beschränkten Naturbild" rekonstruiert Margadant-van Arcken (1997) aus den Äußerungen der Kinder und Jugendlichen noch ein "romantisches Naturbild" und ein "umfassendes Naturbild", das durch die Einbeziehung von Wasser und Boden, Landwirtschaft und vor allem des Menschen gekennzeichnet ist.

Nohl (1982) unterscheidet neben der symbolisch-ästhetischen Bedeutung, der er übrigens ebenfalls bei dem "Naturbedürfnis" des Menschen eine zentrale Rolle beimißt, noch die "utilitär–vitale" und die "ökologisch–vitale" Bedeutung der Natur. Der erste Begriff zielt auf die Tatsache, daß "Natur" auch die materielle Grundlage des (menschlichen) Lebens ist; "Natur" in dieser Bedeutungsdimension ist Ressource. Daraus leitet sich die Notwendigkeit ab, die Natur zu kultivieren, um sich der Ressourcen zu vergewissern. Der Mensch als Kulturwesen ist darauf angewiesen, die Natur in seinem Sinne zu verändern und zu nutzen (vgl. Gadamer 1989). Die "ökologisch–vitale" Bedeutung der Natur meint im Unterschied zu den beiden anderen Aspekten, daß der Mensch als Teil der Natur aufgefaßt werden muß, daß Menschen "an die Natur, so wie sie in ihren Lebensbereichen vorherrscht, biologisch–physiologisch angepaßt" sind (Nohl 1982, S. 525).

Diese Systematisierung der Naturbedeutungen ist insofern nützlich, weil damit genauer angegeben werden kann, wovon jeweils die Rede ist. Wenn also über das Naturbedürfnis im psychologischen Sinne reflektiert wird, ist am ehesten der symbolisch–ästhetische Naturaspekt gemeint — ein Gedanke, der bei den Überlegungen zur animistisch–symbolischen Naturinterpretation eine wichtige Rolle spielt (siehe Kapitel 4). So kann es durchaus als Privileg bezeichnet werden, daß der verstädterte Mensch der Moderne Natur vor allem unter dem symbolisch-ästhetischen Aspekt gleichsam zweckfrei genießen kann, weil der unmittelbare Zwang der Naturbearbeitung zumindest nicht mehr dominant ist. Die Möglichkeit des ästhetischen Naturerlebens ist insofern geradezu eine "zivilisatorische Errungenschaft" (Tessin 1991).

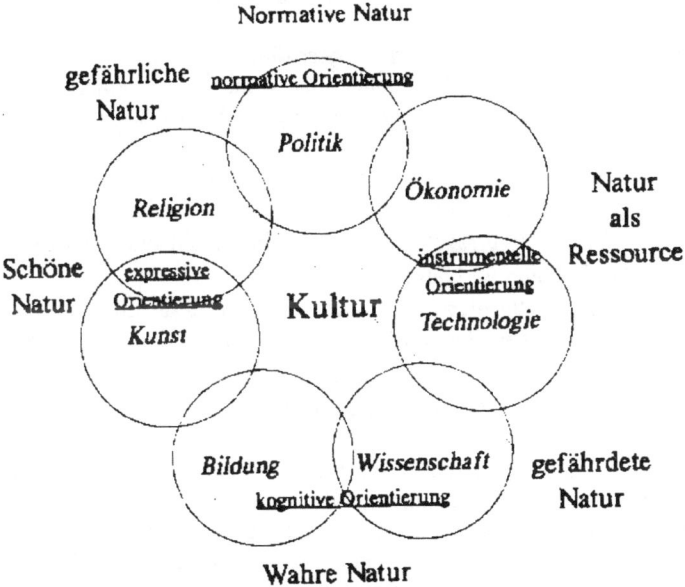

Abb. 3.1: Modell von Naturkonzeptionen (Feldmann 1990, S. 29)

Feldmann (1990) schlägt eine ähnliche Systematisierung vor, die er in einem Modell einer Typologie von Naturkonzeptionen zusammenfaßt (siehe Abb. 3.1).

Je nachdem, in welchem kulturellen Subsystem (Politik, Religion, Kunst, Bildung etc.) man sich gerade befindet, resultiert daraus eine entsprechende Orientierung, die den jeweiligen Naturbegriff beeinflußt. Und so finden sich im Feld-

51

mannschen System: die schöne Natur, die wahre Natur, die gefährdete Natur, Natur als Ressource, die normative Natur und die gefährliche Natur. Diese Typologie bringt etwas "Ordnung" in die Vielfalt der Naturbegriffe und verringert die Gefahr, von "Natur" wie in der Zigarettenwerbung zu reden. Darüber hinaus unterstreicht diese Typologie, daß "Natur" und "Kultur" kein Gegensatzpaar, sondern geradezu aufeinander verwiesen sind. "Natur" als unbeeinflußt von kulturellen, d.h. also menschlichen Eingriffen zu denken, ist nämlich unmöglich oder zumindest unsinnig, obwohl dies ein Naturbegriff ist, der durchaus häufig verwendet wird; "Natur" wäre danach das, was ohne den Menschen existiert.

> Unsinnig deshalb, weil es jedenfalls heute von der Tiefsee bis zur Hochstratosphäre und vom Nordpol bis zum Südpol keinen Lebensraum auf dieser Erde gibt, in dem nicht die direkten oder indirekten Auswirkungen menschlichen Tuns und (Sichgehen-) Lassens unübersehbar verunstaltend nachweisbar wären. Da außerdem niemand davon ausgehen wird, daß fünf Milliarden Menschen wieder spurlos aus der Natur verschwinden können, [...] wäre ein solcher Naturbegriff ein rein abstrakt–historisches Traumgespinst (Markl 1989, S. 74).

Der Mensch als Natur- und Kulturwesen kultiviert eben die Natur, und in diesem Prozeß verschwimmt die Trennlinie zwischen Kultur und Natur.

> Sicher drückt [...] der Naturbegriff in erster Linie die Gesellschaft aus, worin er erscheint; ihre Ordnung oder Unordnung, die wechselnden Formen ihrer Abhängigkeit. Diese Formen kehren auch im Naturbegriff überbauhaft wieder (Bloch 1935, S. 202).

Bei der psychologischen Betrachtung des menschlichen Verhältnisses zur Natur ist dieser Gedanke nicht so überraschend, er gilt aber wohl auch bei der naturwissenschaftlichen Annäherung an Natur.

Markl (1989, S. 75) definiert als Natur den "Kulturzustand unserer Umwelt, den extensive, nicht industrielle, traditionelle Landbewirtschaftung erhalten hat." Diesen Naturbegriff kennzeichnet er konsequent als "Traditionsnaturbegriff", um die kulturellen Anteile daran zu unterstreichen.

> Vernünftig ist das traditionsbezogene Naturverständnis, weil es erstens direkt am affektiven Bezug zu dem festzumachen ist, was den meisten Menschen bei uns nun einmal als Natur gilt, was sie aus ihrer Kindheit, den Erzählungen von Eltern und Großeltern und aus den Naturbeschreibungen und Bildern der Bücher, die sie lesen, der Filme, die sie sehen, wiedererkennen. [...] Zweitens zielt solcher Naturbegriff, wenngleich er nur Naturähnlichkeit, nicht wirklich unberührte Natur im Blick hat, auf etwas Wesentliches: auf einen Zustand recht großen Artenreichtums, recht annehmbarer Biotop- und Landschaftsvielfalt und recht guter Beständigkeit dieses Zustands über die Dauer vieler Menschengenerationen hinweg (Markl 1989, S. 75).

Dieser Naturbegriff ist für unseren Zusammenhang ausgesprochen nützlich, weil er auf das abzielt, was hier mit "lebendiger Natur" gemeint ist: Pflanzen, Tiere, Wälder, Wiesen, Brachflächen u.ä.. Alle diese Naturphänomene sind natürlich nicht "reine Natur", aber sie sind Phänomene, in und an denen Natur in Kultur sichtbar und spürbar wird. Solche "Natur" kann — um noch einmal mit Caspar David Friedrich zu sprechen — zur "Membran subjektiver Erfahrungen und Leiden" werden.

Indem die Erfahrung von äußerer Natur zugleich auch eine Erfahrung von innerer Natur ist, indem die Natur eben zur Projektionsfläche subjektiver Erfahrungen und Leiden werden kann (vgl. H. Böhme 1988), ist die symbolisch-ästhetische Valenz von Naturerfahrungen in den Vordergrund gerückt. Die Ästhetik der Natur ist für unsere Fragestellung, die auf die Erfahrung, das Erleben und damit auch auf die Wahrnehmung (aisthesis) von Natur zielt, grundlegend. Die Leibphilosophie Böhmes nimmt insofern konsequenterweise auf die ästhetische Dimension der menschlichen Naturbeziehung Bezug:

> Die ästhetische Naturbeziehung erhebt keinen Anspruch auf Erkenntnis, jedenfalls nicht den Anspruch auf Erkenntnis ihres Objekts, der Natur. Sie ist, wo sie sich ästhetisch reflektiert, vielmehr Erkenntnis des Subjektes: seiner Harmonie, Erhabenheit, Einsamkeit, seiner Sehnsucht. Die beiden Hauptanliegen der Naturthematisierung stehen sich also wie Objekt und Subjekt, wie Natur an sich und Natur für uns, wie Erkenntnis und Gefühl, wie Wissenschaft und Kunst gegenüber. Eine ästhetische Theorie der Natur beansprucht offenbar von diesem Hintergrund her gesehen, eine Einheit von Kunst und Wissenschaft zu sein und die Natur an sich mit der Natur für uns in ein aufweisbares Verhältnis zu setzen (Böhme 1992, S. 125).

Die ästhetische Dimension des menschlichen Naturbezuges ist auch deshalb für die psychologische Perspektive eine geeignete, weil in ihr die symbolische Bedeutung von Natur am ehesten aufgehoben ist. Diese symbolische Valenz unserer Naturerfahrungen kann zu einer "Attraktion der ästhetischen Natur" werden, die zugleich ein "absichtslos sinngebender Akzent des menschlichen Daseins" (Seel 1991, S. 106) ist. "Die Gegenwart des Naturschönen ist in diesem Sinn unmittelbar und mittelbar gut, ihre Erfahrung also eine positive existentielle Erfahrung" (Seel 1991, S. 303). Martin Seel (1991) unterscheidet in seiner "Ästhetik der Natur" drei Weisen der sinnlichen Wahrnehmung von Natur, nämlich die Kontemplation als Modus sinnfremder Naturbegegnung, die Korrespondenz als Modus sinnhafter Naturbegegnung und die Imagination als Modus bildhafter Naturbegegnung.

> Die kontemplative Wahrnehmung verweilt bei den Erscheinungen, die ihr Gegenstand aufweist, sie ergeht sich in den Unterscheidungen, die sie ihrem Gegenstand abgewinnt, ohne darüber hinaus auf eine Deutung zu zielen. Ihre Begegnung mit dem Phänomen läßt deren Bedeutung außer acht. (Seel 1991, S. 39)
> [...] denn wovon die Natur hier 'spricht' was in ihr Gestalt wird, ist etwas, was die Menschen von ihrer Natur aus bewegt: das äußere Erscheinen der Aussichten ihres Entwurfs, ihrer Idee vom Leben. Nur wer solche Entwürfe hat, kann die Natur als

positive oder negative, überraschende oder erschreckende Antwort auf Möglichkeiten der eigenen Existenz erfahren. (Seel 1991, S. 103)
Unkontemplativ kann man leben, unkorresponsiv dagegen nicht. Somit ist die korresponsive Einstellung zur Natur unter allen die naheliegendste unserer ästhetischen Einstellungen zur Natur. (Seel 1991, S. 117)

Durch die symbolisch-ästhetische Aufladung von Natur kann Natur-Erfahrung in gewisser Weise eine Art von sinnstiftender Selbst-Erfahrung werden. Zu betonen ist in diesem Zusammenhang, daß das auch dann gilt, wenn der reflexive Geist den projektiven Charakter der symbolisch gedeuteten Natur erkennt. Sinn ist nie ein gestifteter, Sinn ist immer ein erzeugter. Zu betonen ist weiterhin, daß die symbolische Aufladung von Natur nicht nur ein bewußt zielgerichteter Prozeß ist, sondern daß sich die Phantasien und Bedeutungszuschreibungen über Natur auch aus unbewußten Quellen speisen. Dieser tiefenpsychologischen beziehungsweise tiefenhermeneutischen Dimension des menschlichen Naturverhältnisses ist in Kapitel 2 allgemein nachgegangen worden und auch in den nun folgenden konkreten Abhandlungen zur kindlichen Beziehung zu Tieren und Pflanzen, zu naturnahen Brachflächen oder zur Beseelung von Natur werden diese latenten Sinnstrukturen eine Rolle spielen.

Daß Sinnerzeugung qua Natur möglich ist, zeigen nämlich nicht nur die historischen Naturkonzeptionen des 18. und 19. Jahrhunderts, sondern auch die je individuellen Symbolisierungen und sinnhaften Konstrukte, die im Verhältnis von Kindern zu Naturphänomenen aufscheinen. Das ist das Thema der nun folgenden Kapitel.

4   Die Beseelung der Natur

4.1   "Johann, der Spitzwegerich"

Anthropomorphismen gelten in der biologischen Verhaltensforschung (zu Recht) als unangemessene Vermenschlichungen. Trotzdem ist die Fähigkeit, auch nicht-menschliche Objekte (Tiere, Pflanzen, Gegenstände) zu beseelen, eine Eigenschaft der menschlichen Psyche, die sich deutlich bei Kindern, aber auch in modifizierter Form bei Erwachsenen zeigt und die mit dem verhaltensbiologischen Verdikt des Anthropomorphismus nicht abgetan ist. In anthropomorphen beziehungsweise animistischen Weltdeutungen offenbart sich nämlich nicht nur eine kognitive Interpretation der Welt, sondern zugleich auch eine affektive Beziehung zu ihr. Im übrigen zeigen sich anthropomorphe Projektionen nicht nur im Hinblick auf Lebewesen, sondern auch im Hinblick auf die unbelebte Natur und technische Gegenstände (Schwabe 1994), beispielsweise Computer (Turkle 1984).

Die oft erhobene Forderung (vor allem im Umkreis der Biologiedidaktik), daß Anthropomorphismen möglichst schon während der Grundschulzeit abzubauen seien, muß insofern neu bedacht werden. Eben dies soll in diesem Kapitel geschehen. Dabei wird nicht die verhaltensbiologische Position in Frage gestellt, daß Tiere ein je arteigenes Verhaltensrepertoire haben, das es zu beachten und auch zu achten gilt — diese Positon ist meines Erachtens unstrittig — vielmehr werden die psychologischen Bedingungen reflektiert, die dem anthropomorphen beziehungsweise animistischen Denken zugrunde liegen und die bei pädagogischen Entscheidungen natürlich mitbedacht werden müssen.

An den Anfang stelle ich den Aufsatz einer 13jährigen Schülerin, der im Rahmen einer Unterrichtseinheit über Pflasterritzenvegetation entstanden ist:

Johann, der Spitzwegerich
Hallo Fans, ich heiße Johann. Und ich bin ein Spitzwegerich erster Klasse. Da es August ist, blühe ich in meinem dezenten Lila. Aber was rede ich da, eigentlich wollte ich Euch ja von meinem Tagesablauf in einer Rinnsteinritze auf dem Schulhof der Integrierten Gesamtschule Linden schildern. Am besten fange ich mit 7.00 Uhr an, denn dann wache ich ja sowieso erst auf. Also los geht's: Dong, dong, dong, dong, dong, dong wecken mich die Glocken der St. Martinskirche auf. Ich räkele mich, trinke meinen Schluck Morgentau und warte auf die Nachrichtenfliege. Während ich so warte, sehe ich, wie immer mehr Schüler in Richtung Schuleingang gehen. Ah, da kommen auch diese zwei langhaarigen Typen, die jeden Morgen eine Runde um die Schule drehen. Jetzt könnte sie aber bald kommen, die Nachrichtenfliege! — Aber was ist das?! Der wird doch nicht ... der kann doch nicht ... au, autsch, oh weh. Da ist doch einer von diesen langhaarigen Vollidioten,

diesen blinden Weinbergschnecken, mitten auf mich draufgelascht! Na ja, aber daran bin ich ja schon gewöhnt, denn das passiert ja mindestens fünf mal die Woche. Die Menschen haben aber auch Quadratlatschen, wenn ich da an meine kleinen zarten Stengelchen denke. Bsss, Bsss — endlich kommt die Nachrichtenfliege, von der ich alle neuesten Nachrichten des Tages erfahre. Sie erzählt mir, daß sich eine große Horde Kinder (auch Klasse genannt) mit zwei Lehrern und einer Lehrerin meinem Rinnstein nähert. Da sehe ich die Klasse auch. Gott sei Dank teilen sie sich am Anfang des Pausenhofes in kleine Gruppen auf. Wahrscheinlich spielen sie wieder eins von den Spielen, die sie Rallye nennen, denke ich, denn ich sehe, daß sie weiße Zettel in den Händen halten. Plötzlich merke ich, wie sich zwei Mädchen in meine Richtung bewegen. "Da, ein blühender Spitzwegerich", ruft die eine. Am besten sage ich euch jetzt schon mal tschüs, denn ich glaube, daß ich euch nicht mehr lange von mir erzählen kann. Da haben mich schon die Finger der einen gepackt, ich spüre, wie sie mich aus der Erde zieht, dann werde ich ohnmächtig ...

PS: Zwei Tage später wurde Johann auf der Mülldeponie in Altwarmbüchen von einem Müllberg begraben.

4.2   Animistisches und anthropomorphes Denken bei Kindern

Das anthropomorphe Denken gehört zu dem Komplex, den Piaget "animistisches Denken" genannt hat. Piaget meint damit eine kindliche Haltung gegenüber der Welt, die davon ausgeht, daß die äußeren Objekte (Menschen, Tiere, Pflanzen, Steine, Gebrauchsgegenstände usw.) so ähnlich oder gar gleich sind wie das Kind selbst. Animismus ist danach die "Tendenz, die Körper als lebendig oder mit Absichten ausgestattet zu betrachten" (Piaget 1978, S. 143). Die Dinge werden gleichsam "beseelt", wobei die Erfahrung der eigenen Gefühlshaftigkeit, der eigenen Intentionalität, eben der Beseeltheit, auf andere, dem Ich fremde Objekte projiziert wird.

Piaget charakterisiert das animistische Denken gewissermaßen als "falsches Bewußtsein", das das Kind in unserer Kultur bis etwa zur Pubertät überwunden haben soll. Freilich ist es ein Bewußtsein, das dem kindlichen Denken adäquat ist: Es ist das Weltbild des egozentrischen Kindes, das so auf eine ihm gemäße Weise die Welt systematisiert und deutet beziehungsweise ihr eine Bedeutung gibt (vgl. Kapitel 2).

Piaget entlehnt den Begriff Animismus der Ethnologie, wo er das Weltbild archaischer Kulturen kennzeichnet, in denen ebenfalls nichtmenschliche Objekte mit Geist, Absicht und Persönlichkeit ausgestattet werden. Der Totemismus ist dafür ein geeignetes Beispiel, das auch Freud zum Ausgangspunkt seiner Überlegungen zu animistischen Vorstellungen gemacht hat. Angehörige archaischer Kulturen

[...] bevölkern die Welt mit einer Unzahl von geistigen Wesen, die ihnen wohlwollend oder übelgesinnt sind; sie schreiben diesen Geistern und Dämonen die Verursachung der Naturvorgänge zu und halten nicht nur die Tiere und Pflanzen, sondern auch die unbelebten Dinge der Welt für durch sie belebt (Freud 1912/13, S. 93).

Die Ausgangsüberlegung von Piaget ist nun die Annahme, daß auch bei Kindern eine ähnliche Haltung gegenüber der Welt zu beobachten sei, die erst später — etwa bis zur Zeit der Pubertät — von einer rationalen Weltsicht überlagert werde. Von demselben Gedanken ging auch Freud aus, versuchte jedoch nicht, diese Überlegung empirisch zu belegen. Piaget vertritt übrigens nicht die These, daß die animistische Haltung des Kindes als eine ontogenetische Wiederholung phylogenetischer Prozesse zu verstehen sei (vgl. Piaget 1978, S. 144) — im Unterschied beispielsweise zu dem Philosophen Bollnow, der eben diese Annahme sehr akzentuiert vertritt: "Das magische Weltbild früherer Menschheitsstufen kehrt mit unwiderstehlicher Gewalt in der einsamen Seele des einzelnen Kindes wieder" (Bollnow 1947, S. 207).

Piaget untersuchte Kinder in Alter von 3 bis 13 Jahren und stellte eine charakteristische, in Phasen verlaufende Abnahme der animistischen Denkweise fest. Dabei ist es wichtig zu betonen, daß Piaget vor allem den kognitiven Aspekt dieses Prozesses untersuchte. Nach Piagets Befunden ist bis zu einem Alter von sechs bis sieben Jahren alles mit Bewußtsein ausgestattet. Alles Geschehen kann nur gedacht werden als bewußte und intendierte Aktivität. Allerdings spricht das Kind den Dingen nicht ausdrücklich Bewußtsein zu, es macht gar keine Unterschiede zwischen dem eigenen Denken und der äußeren Welt. In der nächsten Phase (6,5 bis 8,5 Jahre) werden alle beweglichen Dinge als mit Bewußtsein ausgestattet angenommen, in der dritten Phase schließlich nur die mit Eigenbewegung ausgestatteten Körper (8,5 bis 11,5 Jahren). Schließlich (etwa mit 11/12 Jahren) wird das Bewußtsein den Tieren vorbehalten. Vergleichbare Stadienabfolgen beobachtet Piaget bei dem Begriff "Leben" (siehe Kapitel 10.2).

Ein wesentlicher Zug des animistischen kindlichen Weltbildes ist ein gleichsam universaler Moralismus. Das Kind begreift "die Welt als eine Gesellschaft von Lebewesen, die moralischen und sozialen Gesetzen gehorchen" (Piaget 1978, S. 176). Entsprechend der egozentrischen Haltung sind das dann natürlich Lebewesen, die letztendlich dem Wohl des eigenen Ich dienen wollen und sollen.

Bis in ein Alter von sieben oder acht Jahren sind die Kinder nicht bereit anzunehmen, die Dinge könnten tun was sie wollen, und zwar nicht, weil diese Dinge keinen Willen hätten, sondern weil ihr Willen einem moralischen Gesetz verpflichtet ist, dessen Prinzip man mit "alles für das höhere Wohl des Menschen" umschreiben könnte (Piaget 1978, S. 183).

Die persönlichen Erfahrungen mit sich und der Welt werden verallgemeinert und auf die begegnende Umwelt ausgedehnt oder — wie Freud (1912/13, S. 112) es formuliert — "Strukturverhältnisse der eigenen Psyche" werden "in die Außenwelt verlegt". Dieses erste Weltbild des Kindes wird allerdings mit der Wirklichkeit konfrontiert und so in einem fortschreitenden Entwicklungsprozeß korrigiert. In der Entwicklungspsychologie von Piaget ist das die Entwicklung vom frühkindlichen Egozentrismus zur realitätsgerechten Erkenntnis, das heißt auch Anerkenntnis der äußeren Welt.

Egozentrismus ist nun keineswegs mit der Haltung eines erwachsenen "Egozentrikers" zu vergleichen, der sich überall in den Mittelpunkt stellt. Im Sinne von Piaget meint Egozentrismus eine geistige Ausrichtung, die gleichsam im eigenen Standpunkt befangen ist. Sie hat eine "Deformation der Wirklichkeit in Funktion der [eigenen] Handlung und des eigenen Gesichtspunkts" (Piaget 1969, S. 358) zur Folge. "Aufgrund eines scheinbar paradoxen Mechanismus [...] kennt sich das Subjekt [...] in dem Moment am wenigsten, wenn es am meisten auf sich selbst zentriert ist" (Piaget 1974, S. 12). Die kognitive Haltung des Animismus, die sich aus der Egozentrizität des Kindes ergibt, wird nun im Laufe der Entwicklung durch zunehmende Dezentrierung aktiv überwunden.

> Damit man zu einer solchen objektiven Schau der Dinge kommt, muß der Geist sich entsubjektivieren, muß er seine angeborene Egozentrizität überwinden. Wir haben, so glauben wir, gezeigt, daß das eine Operation ist, die dem Kind alles andere als leicht fällt (Piaget 1978, S. 188).

Das animistische Weltbild des Kindes wäre freilich mißverstanden, faßte man es als eine reflektierte, systematische Denkweise auf. Es ist eher eine "geistige Ausrichtung", weniger eine "bewußt systematische Überzeugung" (vgl. Piaget 1978, S. 157). Piaget bezeichnet (zumindest die frühen) Phasen des Animismus als implizite Haltungen. Der Animismus ist als kognitive Sicht der Dinge gewissermaßen Ausdruck der subjektbezogenen affektgetönten Seinsweise des Kindes.

> So gesehen ist deshalb der Animismus keineswegs das Ergebnis einer reflektierten Konstruktion des kindlichen Denkens. Er ist eine von allem Anfang an gegebene Tatsache, und die leblose Materie hebt sich erst durch fortschreitende Differenzierung vom Leben ab. Aktivität und Passivität, Eigenbewegung und erworbene Bewegung sind Begriffspaare, die das Denken schrittweise aus einem ursprünglichen Kontinuum herausarbeitet, in dem alles lebendig zu sein scheint (Piaget 1978, S. 188).

Im übrigen ist der kindliche Animismus bei Piaget nicht notwendig anthropomorph, jedenfalls sind die Begriffe nicht identisch. Während allerdings die Beseelung von Lebewesen fast notwendig anthropomorphe Züge tragen wird, weil bei entsprechenden Projektionen eben von der menschlichen Beseeltheit auszugehen ist, ist der kindliche Animismus im Sinne der Verlebendigung von leblosen Gegenständen nicht unbedingt anthropomorph getönt. Auch wird den Dingen gewissermaßen nur das für die Erfüllung ihrer jeweiligen Aufgaben Notwendige an Bewußtsein zugeschrieben: "Ein sieben Jahre altes Kind wird nicht annehmen, die Sonne sehe uns in unserem Zimmer oder kenne unseren Namen, aber es vermutet, die Sonne finde jeden Tag heraus, wo wir gehen, denn sie muß uns begleiten, 'um uns warm zu geben'" (Piaget 1978, S. 182).

Bühler hat zudem in einer statistischen Analyse einer Fallstudie von Scupin eine zunehmende Konzentration der Anthropomorphisierung auf Pflanzen und Tiere feststellen können, wie die folgende Tabelle zeigt:

Tab. 4.1: Objekte anthropomorpher Interpretation in Abhängigkeit vom Alter (Angaben in %; nach Bühler 1930, S. 195)

Alter	Physische Objekte	Pflanzen/ Tiere	Naturereignisse
1;6-2;6	62	31	7
2;6-3;0	42	16	42
3;0-3;6	37	26	37
3;6-4;0	31	31	38
4;0-4;6	10	57	29
4;6-5;0	0	67	33
5;0-6;0	0	80	20

Daß Kinder die Welt nicht nur anthropomorph trotz vorherrschender animistischer Sichtweise deuten, liegt vor allem daran, daß Kinder selbst noch keine in sich geschlossene personale Identität haben wie Erwachsene und insofern eine solche auch nicht auf äußere Objekte projizieren können. Das Bewußtsein seiner selbst wächst in dem Maße, wie der Mensch die andersartige Realität der außer ihm existierenden Objekte anerkennt beziehungsweise anerkennen muß. Das Ich-bewußtsein — so Piaget — "entwickelt sich erst schrittweise und aufgrund der Widerstände, die das Verhalten der anderen entgegensetzt" (Piaget 1978, S. 192). Insofern kann in der Tat gesagt werden, daß Kinder (und wohl auch Erwachsene) in der Auseinandersetzung mit äußeren Gegenständen auch sich selbst kennenlernen und daß sich beide Prozesse gegenseitig fördern (vgl. Gebhard 1988b). Zugleich kann dieser Zusammenhang auch als ein Hinweis für die von Searles postulierte "Verwandtschaft" zwischen Mensch und nichtmenschlicher Umwelt gewertet werden (vgl. Kapitel 2). Dieser Gedanke wird uns auch im 5. Kapitel wieder beschäftigen, wenn die Frage behandelt wird, ob und in welcher Weise sich Kinder eigentlich selbst kennenlernen, wenn sie Kontakt zu lebendiger Natur haben.

Piaget behauptet, daß die animistische Weltsicht bei zunehmender Selbst- und Welterkenntnis abnehme:

> Im gleichen Maße, wie sich das Kind seiner Persönlichkeit klar bewußt wird, spricht es den Dingen eine derartige Persönlichkeit ab. Im gleichen Maße, wie es seine eigene subjektive Tätigkeit entdeckt und spürt, wie schwierig es ist, deren Inhalt erschöpfend zu verstehen, spricht es den Dingen das Selbstbewußtsein ab. (Piaget 1978, S. 195).

Daß Kinder also keine feste Grenze zwischen den Dingen der äußeren Welt und dem eigenen inneren Erleben ziehen, entspricht auch, wie in Kapitel 2 gezeigt wurde und wie in Kapitel 4.4 im Hinblick auf das "Naturgefühl" noch genauer ausgeführt wird, psychoanalytischen Annahmen. Die psychische Repräsentanz von äußeren Nicht–Ich–Objekten ist auch hier ein wesentlicher Reifungsschritt. Die Anstrengung und Ernsthaftigkeit dieses affektiven und kognitiven Prozesses kann kaum überschätzt werden. Da jedenfalls zu Anfang dieser Entwicklung ichbezogene, subjektive seelische Anteile und die äußere Welt in der Vorstellung noch nicht klar getrennt sind, können sich Innen und Außen auch gegenseitig beeinflussen. Auf diese Weise erhalten die Dinge der Außenwelt Wesenszüge der seelischen Innenwelt, auch nichtmenschliche Gegenstände werden beseelt. Natürlich nehmen die Gegenstände auf diese Weise quasi menschliche Gestalt und Eigenschaften an; die Welt wird von einem egozentrischen Standpunkt aus anthropomorph interpretiert. Alles ist so wie ich: Die Sonne scheint, weil sie lieb ist. Der Tisch ist böse, weil er mich gestoßen hat. Wenn jemand pustet, fliegt der Schmerz weg. Ein sechsjähriger Junge (nach Zietz 1955): "Die Wolken bewegen sich, weil sie Regen bringen wollen." — "Der Ball springt von der Wand zurück, damit man ihn auffangen kann. Die Holzkugel tut es nicht, weil sie zu dumm ist."

Das Kind projiziert eigene psychische Anteile auf die Dinge und lernt sowohl sich selbst als auch die Dinge dabei kennen, was bei fortschreitender Entwicklung zu einer Differenzierung von Innen und Außen, von Ich und Welt führt, wie in Kapitel 2 ausführlich dargelegt wurde. Daß bereits bei Säuglingen, also zu Anfang der psychischen Entwicklung sehr ausgeprägte Wahrnehmungsfähigkeiten und damit auch Getrenntheitserlebnisse (vgl. Stern 1992) zu beobachten sind, zeigt, daß Kinder primär von der Existenz einer Außenwelt ausgehen. Diese Außenwelt wird jedoch — und das bleibt die gültige Aussage der Animismusstudien von Piaget — im Lichte der eigenen Erfahrungsweisen (kognitiv) interpretiert. Die Tatsache, daß es eine Außenwelt gibt, die nicht nur unabhängig vom eigenen Ich, sondern auch völlig anders sein kann, bleibt eine wichtige Erkenntnis für das Kind, von der nicht ohne weiteres auszugehen ist.

Zu erwähnen sind nun eine Reihe von Folgeuntersuchungen, in denen die Animismushypothese von Piaget überprüft wurde. Die Ergebnisse dieser Studien sind durchaus widersprüchlich: Zum Teil wurde Piagets Modell bestätigt (z.B. Bruce 1941, Klingensmith 1953, Russell 1940a, 1940b, 1942, Russell/Dennis 1941), es gibt jedoch auch gegenteilige Befunde (Huang/Lee 1945, Johnson/Josey 1931, Laurandeau/Pinard 1962), was vor allem auf unterschiedliche methodische Zugänge zurückzuführen ist. In einigen wesentlichen Punkten muß die Animismustheorie von Piaget modifiziert werden (Pauen 1997). Das betrifft die Unterscheidungsfähigkeit von lebendig und nicht-lebendig (siehe Kapitel 10.2), damit zusammenhängend die zentrale Bedeutung der autonomen Bewegung und den charakteristischen Verlauf in bezug auf das Alter.

Seit Beginn der achtziger Jahre hat sich außerdem der Focus der Forschung verschoben. Es wurde nicht mehr untersucht, wie ähnlich die kindlichen Konzepte denen der Erwachsenen sind beziehungsweise in welchen Stufen die kindlichen Konzepte immer "richtiger" werden. Vielmehr interessiert die Frage, vor welchem Hintergrund und auf welcher Grundlage Kinder ontologische Objektkategorien unterscheiden. Damit hat sich "eine Diskussion um die Fundamente unseres Wissens entzündet, die in ihrer Bedeutung weit über die Relevanz der ursprünglichen Animismus-Debatte hinausgeht" (Pauen 1997, S. 99).

In bezug auf das Alter zeigt sich in den neueren Studien, daß Kinder keineswegs durchgängig animistisch denken. Am deutlichsten wird dies in den Untersuchungen zur Unterscheidung von lebendig und nicht-lebendig. So müssen die Altersangaben von Piaget bezweifelt werden. Es kann nicht von einer mehr oder weniger stetigen Abnahme des animistischen Denkens ausgegangen werden, die einer inneren Logik folgt. In einer Metaanalyse vorliegender Befunde zeigen bereits Looft und Bartz (1969), daß unabhängige Auswerter zu anderen Stadieneinteilungen kommen als Piaget. Es gibt also keine gewissermaßen kausale Korrelation von Alter und animistischen Denkhaltungen. So konnte Mähler (1995) zeigen, daß die animistischen Interpretationen bei dreijährigen Kindern weniger ausgeprägt sind als bei vier- bis fünfjährigen Kindern.

Zwar zeigen eine Reihe von auch neueren Untersuchungen (z.B. Carey 1985, Jahoda 1958, Laurendeau/Pinard 1962, Maurer 1970, Savier 1964, Stavy/Wax 1989), daß in der Tat das animistische Denken mit zunehmendem Alter abnimmt, doch sind die individuellen Unterschiede innerhalb einer Altersgruppe größer als zwischen aufeinanderfolgenden Altersstufen, wie Hedewig (1988) gezeigt hat. Er befragte Schüler der 3. bis 10. Klasse (n=376) nach ihren Naturvorstellungen. Im Hinblick auf die Verwendung von Anthropomorphismen interpretiert er die Schülerantworten so, "daß offensichtlich anthropomorphe Vorstellungen zu den (...) Ursachen biologischer Phänomene bereits im 3. Schuljahr selten sind und vom 4. Schuljahr an nur noch sporadisch vorkommen" (Hedewig 1988, S. 224). Im Hinblick auf das Verhältnis zu Haustieren sind die Ergebnisse allerdings etwas anders, was daran liegen wird, daß zu Haustieren oft eine intensive Beziehung besteht (s. Kapitel 7). Auch Dennis (1957) bringt in einer vergleichenden Studie viele Beispiele dafür, daß sich Kinder derselben Altersstufe in bezug auf das animistische Denken sehr stark voneinander unterscheiden können, während Erwachsene bisweilen Vorstellungen haben, die denen von Kindern ähneln. Umgekehrt zeigen neueste Befunde, daß bereits drei- bis fünfjährige Kinder zwischen beseelten und unbeseelten Objekten dann unterscheiden können, wenn ihnen diese Objekte sehr gut bekannt sind (Bullock 1985, Carey/Gelman 1991, Gelman 1990, Gelman/Spelke 1981, Gelman/Kremer 1991). So scheint insgesamt die Variation innerhalb der einzelnen Altersstufen so groß zu sein, daß Altersangaben allenfalls als Tendenzangaben zu verstehen sind. Das betont bereits Werner, der es ausdrücklich ablehnt, präzise Altersangaben in dieser Hinsicht zu machen.

> Die Art der kindlichen Erfassung hängt nicht nur vom Lebens- und Intelligenzalter ab, sondern auch vom Erfahrungskreis und dem Grad der Bekanntheit mit den betreffenden Gegenständen. Wir fanden zum Beispiel, daß Objekte, die dem Kind verhältnismäßig fern sind, [...] viel länger der animistischen Interpretation unterliegen als Gegenstände der alltäglichen Erfahrung (Werner 1959, S. 54f.).

Auf der anderen Seite wird die animistische und auch anthropomorphe Denkhaltung durch bestimmte Darstellungsweisen von Tieren und Pflanzen in den Medien (zum Beispiel Trickfilme) und auch durch spezifische Eigentümlichkeiten der Sprache ("Die Sonne geht auf.") verstärkt. Die Untersuchungen von Carey (1985), auf die in den Abschnitten über das kindliche Verhältnis zu Tieren (Kapitel 7), Pflanzen (Kapitel 9) und zum Tod (Kapitel 10) noch ausführlich eingegangen wird, bestätigen die Relativität der Altersangaben von Piaget und zeigen die Beeinflußbarkeit der animistischen und anthropomorphen Denkweise.

Interessanterweise zeigte sich außerdem, daß animistische Interpretationen durchaus auch (wenn auch weniger) bei älteren Menschen vorkommen (Bell 1954, Brown/Thouless 1965, Brumby 1982, Crannell 1954, Crowell/Dole 1957, Dennis 1953, 1957, Lester 1970). Vor diesem Hintergrund ist der Animismus nicht ein ausschließlich kindliches Phänomen, sondern gewissermaßen Ausdruck einer allgemein-menschlichen Denkhaltung, die kulturell und individuell mehr oder weniger überformt und modifiziert sein kann (vgl. Lowrie 1954). So zeigen zwar auch die neueren Animismusstudien, daß Kinder in der Tat häufiger animistisch interpretieren als Erwachsene (Buggle/Westermann-Duttlinger 1988), doch ist unstrittig, daß auch erwachsene Angehörige von Naturvölkern animistische Interpretationen gerade im Hinblick auf die Natur vornehmen (Dennis 1943, Dennis/Russell 1940, Ezer 1962, Havinghurst/Neugarten 1955, Jahoda 1958a+b, Klingberg 1957, Mead 1932). Der kulturelle Einfluß ist natürlich wirksam auch in westlichen Kulturen: So vermindert sich die Häufigkeit animistischer Interpretationen bei Kindern in Abhängigkeit vom (höheren) beruflich-sozialökonomischen Status der Eltern und dem Ausmaß der Leseaktivität des Kindes (Buggle/Westermann-Duttlinger 1988).

Im Zusammenhang mit den überraschenden Befunden zum Lebensbegriff (siehe Kapitel 10.2) bereits bei kleinen Kindern wird neuerdings gemutmaßt, daß es bei Kindern ein intuitives biologisches Wissen gäbe (Mähler 1999). Derartige "naive Theorien" im kindlichen Denken moderieren auch das animistische Denken. Vor dem Hintergrund dieser Annahme versteht zum Beispiel Carey (1985) das animistische Denken nicht in erster Linie als Ausdruck des egozentrischen Weltbildes im Sinne von Piaget als vielmehr als das Ergebnis eines "Wissensdefizits". Dieses Wissensdefizit wird auch nicht mehr mit unreifen Denkstrukturen (wie das Piaget angenommen hatte) in Verbindung gebracht, sondern nüchtern als Faktum konstatiert, das man ändern kann (Berzonsky/Ondrako/Williams 1977, Looft/Charles 1969). Was allerdings Kinder bereits in frühen Jahren über die Unterscheidung von Leben und Nicht-Leben, über menschliches Leben, über das Leben von Pflanzen (siehe Kapitel 9) und vor allem über das Leben von Tieren (siehe Kapitel 7) wissen, ist bemerkenswert.

Beide theoretischen Verstehensansätze — unreife Denkstrukturen (Piaget) und Wissensdefizit (Carey) — haben gemeinsam, daß sie sich an den animistischen "Fehlern" der Kinder orientieren, die überwindbar und demzufolge auch zu überwinden sind. Fast alle Untersuchungen bewerten die Äußerungen der Kinder im Hinblick auf die Nähe oder Ferne zu einer naturwissenschaftlichen Norm. Damit gerät nicht in den Blick, daß animistische Denkhaltungen — verstanden als Interpretationen der Wirklichkeit — auch einen symbolischen Bezug zu Dingen, Tieren und Pflanzen herstellen, der auf einer anderen Ebene als die naturwissenschaftliche Erklärung liegt (siehe Kapitel 4.4, 4.5 und 4.6).

Jedenfalls — und das zeigen gerade die neueren Studien — wird sich die animistische und anthropomorphe Denkweise nicht plötzlich mit zwölf Jahren in Luft auflösen, was vor allem durch die Befunde an Erwachsenen deutlich gezeigt wird.

> Diese Physiognomie der Dinge verschwindet für den Menschen nie ganz. Sie wird nur im Laufe der Entwicklung durch die sachliche Dingerkenntnis ergänzt. Auch für den Erwachsenen gibt es Augenblicke, wo die Dinge eine Physiognomie besitzen. Dies ist besonders in Zuständen gesteigerter Affektivität der Fall. Eine Landschaft wirkt auf uns triste, freundlich, erhebend, gewaltig [...] (Oerter 1973, S. 313).

Oerter weist sogar darauf hin, daß die Erziehung dafür sorgen soll, daß die animistische Qualität des kindlichen Weltbildes erhalten bleibt. "Auch heute noch legt man in der Erziehung und Bildung Wert darauf, daß die im frühkindlichen Alter beherrschende Art des Sehens und Erlebens nicht verlorengeht" (Oerter 1973, S. 313). Bereits David und Rosa Katz, die in ausführlich dokumentierten "Gesprächen mit Kindern" auch das magische, animistische, anthropomorphistische Weltbild ihrer Kinder untersuchten, stellten zwar eine deutliche Abnahme dieses Denkens bei Schuleintritt fest, vermuten aber auch einen Fortbestand dieser Haltung im Erwachsenenalter.

> Nach unseren bisherigen Beobachtungen scheint die straffere Zucht des Denkens, wie sie mit dem Schuleintritt beginnt, dem magischen Denken des Kindes Abbruch zu tun und soll das ja auch, aber das magische Denken weiß dann schon neue Schlupfwinkel in der Seele zu finden; schließlich: wer weiß sich selbst als gebildeter Kulturmensch von einem letzten Rest magischen Denkens ganz frei? (Katz 1928, S. 255).

Es ist wohl davon auszugehen, daß es das animistisch-magische Denken in allen Altersstufen gibt, ja daß möglicherweise auch bei Erwachsenen nur eine "dünne Schicht vor dem Magischen" (Vincze/Vincze 1964) besteht. Sehr zugespitzt könnte man sagen, daß es gewissermaßen zum historischen Programm der Naturwissenschaften — und natürlich auch des naturwissenschaftlichen Unterrichts — gehört, diese dünne Schicht zu stärken.

4.3 Abbau der animistischen Denkhaltung durch Erziehung und Schule

Schule und Erziehung setzen auf die Beeinflußbarkeit des animistischen Denkens. Einerseits werden dabei die entwicklungspsychologischen Altersangaben normativ interpretiert, wonach es gewissermaßen Aufgabe einer an Aufklärung orientierten Erziehung ist, das Kind aus dem magisch-animistischen Weltbild zu befreien. Andererseits bietet ein Verständnis, daß den Animismus vor allem als Wissendefizit interpretiert, Ansatzpunkte für entsprechende didaktische Begründungen, dieses Defizit zu beheben. Aufgabe der Schule, vornehmlich der Grundschule, und hier in erster Linie des naturwissenschaftlichen Aspekts des Sachunterrichts, sei es nämlich, das magische, animistische, anthropomorphisierende Denken der Kinder abzubauen. Hierzu einige Zitate aus fachdidaktischer Literatur:

> Dem naturwissenschaftlichen Unterricht kommt dabei eine unterstützende Funktion zu, z.B. beim Abbau der affektiven Identifikation der Kinder mit den Dingen, bei kindlichen Formen der Anthropomorphisierung, Personifikation oder Allegorisierung von Pflanzen und Tieren (Bäuml-Rossnagel 1979, S. 57f.).
>
> Der Grundschullehrer hat die nicht leichte, aber dankbare Aufgabe, das Kind aus seiner Rolle der Identifikation herauszuholen, das heißt die Anthropomorphisierungen abzubauen und durch ein echtes Verständnis tierischen Verhaltens zu ersetzen (Vogel 1978, S. 98).
>
> Der allgemeinste, zu einer irrtümlichen Naturauffassung führende Fehler des Menschen ist es wohl, das Tier zu vermenschlichen. [...] Man sollte meinen, daß die dem Menschen entwicklungsursprüngliche anthropomorphe Naturschau, wie sie noch das Kind im Märchenalter hat, heute sonst höchstens nur im magischen Bereich der Dichtung anzutreffen ist. Weit gefehlt. Die Primitivität menschlicher Tiervorstellungen in dieser Richtung ist oft erschreckend (Hölzer 1971, S. 19f).
>
> Die spezifische Eigenart des tierischen Daseins ist noch nicht entdeckt. Diesen Schritt vermag das Kind wohl nicht ohne Führung zu tun. Hier hat die entscheidende Aufgabe des Unterrichts anzusetzen (Stückrath 1965, S. 15).
>
> Das Verniedlichen der Lebewesen, ihr Vermenschlichen, die Darstellung der "guten Mutter Natur" hielt sich lange Zeit in vielen Schulbüchern, vor allem der Volksschule. Erst in jüngerer Zeit wurde diese Betrachtungsweise auch in den Grundschulen zugunsten einer weitgehend sachlichen Darstellung zurückgedrängt (Killermann 1991).

Die pädagogischen Bemühungen vor allem seit den sechziger Jahren werden in der Tat eine Abnahme animistisch–anthropomorpher Vorstellungen, jedenfalls was den kognitiven Aspekt anbelangt, bewirkt haben. Das paßt übrigens durchaus in die dargelegten entwicklungspsychologischen Zusammenhänge. Danach kommt ja die animistische Denkweise nicht etwa aufgrund einer endogenen Reifungsdynamik zu Beginn der Pubertät zum Erliegen, sondern durch einen stetigen Lernprozeß, durch direkten Kontakt mit den äußeren Dingen der Welt. Natürlich sind dabei nicht nur die äußeren Dinge der Welt bedeutsam, sondern wesentlich auch die jeweiligen kulturellen Gegebenheiten und Vorgaben, die durch die Erziehung vermittelt werden. Sehr deutlich zeigt sich das in den Studien zum animistischen Denken in nicht-westlichen Kulturen, in denen die Befunde von Piaget gerade nicht bestätigt werden konnten.

Es ist bereits darauf hingewiesen worden, daß in der von Piaget beeinflußten Entwicklungspsychologie vor allem der kognitive Aspekt des animistischen Weltbildes und seiner Veränderung untersucht wurde. Die affektive Seite wurde dabei eher vernachlässigt beziehungsweise geradezu als Hemmschuh für die kognitive Entwicklung angesehen. Besonders deutlich wird das bei Katz:

> Das emotionale Denken ist überstark, das rationale Erfassen der Wirklichkeit ringt sich schwer aus dem Gefühls- und Wunschschoß los, das sein Mutterboden ist. Der Affekt ist der stärkste Motor der kindlichen seelischen Tätigkeiten im allgemeinen, seines Denkens im speziellen, aber er ist zugleich auch das stärkste Hemmnis für ein sachgerechtes Denken. [...] Der Fortschritt des Denkens vollzieht sich als Befreiung von Wünschen, Hoffnungen und Befürchtungen (Katz 1928, S. 253).

Die hier implizierte Trennung von Kognition und Affektivität ist nicht unproblematisch. In den anthropomorphen beziehungsweise animistischen Weltdeutungen offenbart sich nämlich nicht nur eine kognitive Interpretation der Welt, sondern zugleich auch eine affektive Beziehung zu ihr. Die pauschale Forderung nach Abbau der Anthropomorphismen, wie sie fast unisono in der Didaktik erhoben wird (Ausnahmen sind in der Physikdidaktik v.a. Wagenschein 1965 und in der Biologiedidaktik Gebhard 1990) läßt zumindest den affektiven Aspekt der Anthropomorphismen außer Acht. Affekt und Kognition gehören jedoch untrennbar zusammen: Es gibt keine Kognition ohne einen dazugehörigen Affekt, und auch umgekehrt gibt es keinen Affekt ohne dazugehörige Kognition. Ciompi (1982) hat für diesen Zusammenhang den Begriff "Affektlogik" vorgeschlagen, den ich an anderer Stelle für fachdidaktische Überlegungen versucht habe, fruchtbar zu machen (Gebhard 1988b). So gilt es nun, die affektive Seite des anthropomorphen Denkens zu beleuchten, um zu sehen, was bei der Realisierung der Intention "Abbau von Anthropomorphismen" neben der kognitiven Dimension affektiv geschieht.

4.4 Primärer Narzißmus und Naturbeseelung

Sehen wir uns zu diesem Zwecke an, was die Psychoanalyse zum Thema Anthropomorphismus und Animismus zu sagen hat. Dabei ist freilich noch einmal (vgl. Kapitel 2) einschränkend anzumerken, daß sich die Psychoanalyse vorwiegend mit den Beziehungen zu menschlichen Objekten beschäftigt hat; die übrige Welt (Pflanzen, Tiere, Gegenstände) spielt in ihrem Theoriegebäude nur eine untergeordnete Rolle, auch wenn sich Freud (1912/13) gerade mit dem Animismus in dem Essay "Totem und Tabu" auseinandergesetzt hat. So können jetzt die Überlegungen zur psychischen Bedeutung der nichtmenschlichen Umwelt, wie sie im 2.

Kapitel entfaltet wurden, eine Grundlage auch zum Verständnis des kindlichen Animismus sein. Zu erinnern ist dabei an das Diktum von Nietzsche (1872/73, S. 47), wonach "alle Weltconstructionen [...] Anthropo-morphismen" sind und die Philosophie "die Fortsetzung des Triebes, mit dem wir fortwährend, durch anthropomorphische Illusionen, mit der Natur verkehren" (Nietzsche 1872/73, S. 51) ist. Völlig analog hierzu mutmaßt Freud in den Mittwochsprotokollen vom 27.2.1907, "unser Verständnis reiche so weit wie unser Anthropomorphismus".

Es fallen deutliche Parallelen zwischen der Psychoanalyse und der Theorie der kognitiven Entwicklung von Piaget auf, zumindest was das Verständnis des Animismus angeht. Dem kindlichen Egozentrismus entspricht in der Psychoanalyse der primäre Narzißmus, den es völlig analog zur Dezentrierung bei Piaget zu überwinden gilt, um entsprechend der Herrschaft des Realitätsprinzips zur Erkenntnis und Anerkenntnis der äußeren Objektwelt zu kommen. Bereits 1912 entwickelte Hans Sachs in einem sehr scharfsinnigen, jedoch weithin unbekannten Aufsatz "Über Naturgefühl" Gedanken, die denen von Piaget zumindest ähnlich sind.

> Eine nicht leicht überwindbare Schwierigkeit bei den ersten Schritten seelischer Entwicklung, die der Mensch zu tun versuchte, war die Aufgabe, die Grenzen zwischen dem Ich und der Außenwelt festzulegen und dann die Außenwelt als solche zu erkennen und ihren Inhalt festzustellen (Sachs 1912, S. 125).

Die Tendenz, Gegenstände der äußeren Welt zu anthropomorphisieren, zu beseelen, zu personifizieren, entspringt bei Sachs dem primären Narzißmus. Der Animismus des Kindes wie auch der archaischer Kulturen ist auch hier ein zunächst kognitiv gemeintes Weltbild, eine "Denkvereinfachung", wie Sachs es ausdrückt.

> Das Kind und der primitive Mensch nehmen den Stein, über den sie stolpern, den Baum, an dem sie sich stoßen, sogleich als ebenbürtigen Partner an, weil sie bis zu der Vorstellung unbeseelter, das heißt dem Ich ganz ungleicher Objekte nicht gelangt sind (Sachs 1912, S. 125).

Der Versuch der Denkvereinfachung ist freilich nur das kognitive Motiv für die Entwicklung eines animistischen Weltbildes. Mindestens ebenso wichtig ist nach Sachs, daß angesichts des Realitätsprinzips der anfängliche Zustand nicht aufrecht erhalten werden könne. Die primärnarzißtische Illusion, man sei omnipotenter Mittelpunkt der Welt und alles geschehe nur im Hinblick auf die eigene Person, widerspricht zu sehr der äußeren Realität, als daß diese Vorstellung lange Zeit ungebrochen erhalten bleiben könnte. Das Realitätsprinzip ist — so Winnicott — für das Kind "eine Beleidigung", die es zu verarbeiten gilt. So werden eben Wünsche, Vorstellungen, Illusionen, die im Kontext des primären Narzißmus auftauchen, nie ganz aufgegeben, sondern eher verschoben oder umgeformt. Es sei allerdings an dieser Stelle noch einmal an die in Kapitel 2 bereits angesprochenen relativierenden Befunde der neueren Säuglingsforschung erinnert, nach denen der primäre Narzißmus nicht mehr als ein Zustand der völligen Verschmelzung und der Allmachtsillusion gedacht werden kann. Die Differenzierung ist von Anfang an ein Merkmal der psychischen Entwicklung (vgl. Kapitel 2.2.2). Als ein Element dieses Differenzierungsprozesses kann dann auch betrachtet werden, daß die primären Vorstellungen umgeformt werden; und dies geschieht unter anderem dadurch, daß Ich-Anteile auf die äußere Welt projiziert werden.

> Die Phantasiepersonen, mit denen die ganze Natur erfüllt wird, sind zunächst nichts anderes als Wiederholungen des eigenen Ichs die nach dem Mechanismus der Projektion in die Außenwelt versetzt werden (Sachs 1912, S. 126).

Die animistische Vorstellung, die Elemente der umgebenden Welt seien so oder zumindest so ähnlich wie man selbst, entspringt also — psychoanalytisch betrachtet — einer psychodynamisch zu verstehenden Abwehr- und Verdrängungsgeschichte. Der affektive Grund für die Abwehr, nämlich sowohl das Verdrängte als auch die Notwendigkeit der Verdrängung, lebt freilich in den animistischen und anthropomorphen Weltdeutungen verwandelt fort. Dies markiert genau den zusätzlichen Gedanken, den wir der Psychoanalyse für unseren Zusammenhang verdanken: Sie verdeutlicht zum einen den affektiven Gehalt der Anthropomorphismen und betont zum anderen, daß die kindlichen Denk- und Fühlformen zwar überlagert beziehungsweise verdrängt werden können, jedoch niemals ihre Bedeutung für das Welt- und Persönlichkeitsbild verlieren. Das Verdrängte entfaltet vom Unbewußten aus eine Dynamik, die immer wirksam bleibt. Und die Verdrängungsnotwendigkeit geht weiter: Da auch das animistische und anthropomorphe Weltbild der heutigen Realität nicht standhält (anders als in archaischen Kulturen) wird die anthropomorphe Sicht der Natur in ein allgemeines "Naturgefühl" verwandelt.

> Als typisch für das Naturgefühl der Alten haben wir die Personifikationstendenz kennengelernt; diese kann sich bei dem modernen Menschen in der alten Form nicht mehr durchsetzen, denn die objektive Erkenntnis der realen Verhältnisse ist in unserem Geiste so stark geworden, daß eine Auflehnung dagegen nicht mehr möglich ist. An die Stelle der Personifizierung, welche dem Gegenwartsmenschen keine Lust mehr verschaffen würde, ist eine andere Technik der "Naturbeseelung" getreten, die unseren Erfahrungen minder grell widerspricht. Wir verzichten darauf, aus den hinausprojizierten Affekten selbständige, menschenähnliche Gestalten zu bilden, aber wir fahren mit der Projektion selbst noch immer fort. Wenn wir die Trauer des herbstlichen Waldes und das Lachen des Frühlingshimmels empfinden, schieben wir der Natur, deren wechselnde Bilder in unserem Inneren mit Assoziationen verknüpft sind, unsere Affekte zu. [...] Diese Objektivierung der Empfindungen nennen wir "Stimmung"; sie ist das eigentliche Merkmal des modernen Naturgefühls (Sachs 1912, S. 130).

Ob allerdings das Naturgefühl mit der Ableitung aus einer Abwehr- und Verdrängungsgeschichte hinreichend beschrieben oder gar verstanden ist, muß wohl bezweifelt werden. Das Naturbedürfnis oder das Naturgefühl hat sicherlich noch andere Komponenten, die in späteren Kapiteln diskutiert werden (Kapitel 5 und 6).

Zum Beispiel kann gefragt werden, ob nicht der Mensch als Naturwesen (siehe die Ausführungen zum Naturbegriff in Kapitel 3) zumindest auch ein originäres oder autonomes Naturgefühl hat, das nicht nur als Umformung anderer Bedürfnisse verstanden werden muß.

Auch Ferenczi hat bei seiner Untersuchung über die "Entwicklungsstufen des Wirklichkeitssinns" eine "animistische Periode" ausgemacht: "Alles spricht dafür, daß das Kind eine animistische Periode der Realitätsauffassung durchmacht, in der ihm jedes Ding beseelt vorkommt, und es in jedem Ding seine eigenen Organe und deren Tätigkeiten wiederzufinden sucht" (Ferenczi 1913, S. 132). Er spricht ebenfalls von einer vorübergehenden Periode, die freilich für die Beziehung des Individuums zur äußeren Welt grundlegend und insofern auch bleibend ist.

> Es entstehen so jene innigen, für's ganze Leben bestehenbleibenden Beziehungen zwischen dem menschlichen Körper und der Objektwelt, die wir die symbolischen heißen. Einerseits sieht das Kind in diesem Stadium in der Welt nichts als Abbilder seiner Leiblichkeit, andererseits lernt es, die ganze Mannigfaltigkeit der Außenwelt mit den Mitteln seines Körpers darzustellen (Ferenczi 1913, S. 132).

Aus Sicht der Psychoanalyse geht es vorwiegend um ein affektives Band zwischen Ich und Welt, das in animistischen und auch anthropomorphen Deutungen ihren symbolischen Ausdruck findet. Die kindliche, animistisch–anthropomorph getönte Beziehung zu den Dingen der Welt, also auch zu Pflanzen und Tieren, kann also in eine symbolische Beziehung verwandelt werden, in der die Spuren animistischer, anthropomorpher Weltinterpretation noch enthalten sind, die aber nicht im Gegensatz zu gewissermaßen objektiver Erkenntnis stehen muß. Portmann (1960, S. 38f.) spricht in einem anderen Zusammenhang von einer primären und einer sekundären Welt- und Naturauffassung. Der Mensch eignet sich nämlich die Umwelt auf zwei Weisen an: Bei der "Objektivierung der Außenwelt" handelt es sich um die Entwicklung sozusagen "richtiger", objektiver Erkenntnis im Dienste der Anpassung an die sachlichen Bedingungen der Umwelt. Bei der "Subjektivierung der Umwelt" handelt es sich dagegen um die Entwicklung emotionaler Beziehungen zu den Objekten und um den Aufbau symbolischer Ordnungen. Die Umwelt erhält so eine subjektive, individuelle Bedeutung (vgl. Boesch 1978). Beide Bezüge zur Welt sind gleichermaßen für den Menschen wichtig.

Die zuletzt angedeutete kulturpsychologische Unterscheidung von Subjektivierung und Objektivierung zusammen mit der psychoanalytischen Annahme, daß es sich bei animistischen Interpretationen um Symbolisierungen handelt, macht deutlich, daß es sich bei den Animismen nicht notwendig um falsche Wirklichkeitsauffassungen handeln muß, sondern um individuelle Sinngebungen, die durchaus neben "richtigen" Wirklichkeitsauffassungen bestehen können. Deshalb ist es auch nicht erstaunlich, animistische Interpretationen bei Erwachsenen zu finden.

Diese Komplementarität gibt es möglicherweise bereits bei kleinen Kindern; jedenfalls ließen sich mit dieser Annahme die ansonsten verwirrenden empirischen Befunde zum kindlichen Animismus verstehen. Bevor vor diesem Hintergrund einige Vorschläge zum bewußten Umgang mit animistischen und anthropomorphen Welt- und Naturdeutungen gemacht werden, sollen die Begriffe "Subjektivierung" und "Objektivierung" genauer eingeführt werden.

4.5 "Subjektivierung" und "Objektivierung"

Wir leben als Menschen nicht in einer eindeutigen, homogenen Umwelt, sondern — das ist in den Ausführungen zur symbolischen Bedeutung der nicht-menschlichen Umwelt (Kapitel 2.3) deutlich geworden — haben teil an sehr verschiedenen Formen der Wirklichkeit beziehungsweise besser: Wirklichkeitskonstruktionen (Glasersfeld 1984). Ernst Boesch (1980) unterscheidet grundlegend die beiden Wirklichkeitskonstruktionen der Objektivierung und Subjektivierung, akzentuiert sie als die zwei prinzipiellen menschlichen Haltungen gegenüber den Dingen der Welt und entwickelt am Beispiel des Hausbaus seine Begrifflichkeit:

> Das Haus, vom Blätterdach des Buschmanns über den Iglu des Eskimos bis zum klimatisierten Bungalow des Amerikaners erfüllt immer dieselbe Funktion: es stabilisiert die Temperatur, die Luftfeuchtigkeit, es schützt vor Wind und Regen. Dadurch entlastet es den Organismus und gewährt die Perioden der Ruhe und Erholung, die er benötigt. [...] Das Haus ist im Grunde einfach eine Klimakammer, die zusätzlich auch noch gewisse soziale Schutzfunktionen zu übernehmen vermag (Boesch 1980, S. 51).

Die Handlung "Haus bauen" erfordert eine Vielzahl instrumenteller Fähigkeiten: systematische Beobachtungen der äußeren Realität, technische Einflußnahme auf diese Realität, handwerkliches Geschick und vieles mehr. Das Hausbauen — also die instrumentelle Veränderung der Realität im Sinne des Menschen — wird um so effektvoller sein, je zutreffender, in gewisser Weise je "objektiver" die systematisierte Wahrnehmung dieser Realität ist. Diese Art von Weltbezug, die gleichsam die Anpassung des Menschen an seine Umwelt ermöglicht, nennt Boesch "Objektivierung".

Dieselbe Handlung, deren instrumentelle Bedeutung außer Frage steht, hat jedoch zusätzlich und notwendig noch eine subjektiv-funktionale Bedeutung. Dazu gehört die Funktionslust, über äußere Situationen instrumentell, naturwissenschaftlich-technisch verfügen zu können, und — mehr noch — die symbolischen Bedeutungen, die menschliche Handlungen und die Dinge, mit denen wir umgehen, annehmen können. "Man beachte, daß beide, die instrumentale und die funktionale Seite des Handelns, miteinander eng zusammenhängen: das subjektive Funktionserleben muß umso höher valent erscheinen, je wichtiger uns die Instrumentalität des Handels ist, und umgekehrt" (Boesch 1980, S. 53). Mit der Handlung "Haus bauen" verknüpfen sich somit notwendig projektive Bedeutungszuschreibungen, die über die objektivierende Dimension hinausgehen, diese jedoch nicht etwa in Frage stellen oder gar in einem Widerspruch zu ihr stehen. Werte, Phantasien, Mythenbildungungen, Ästhetisierungen heften sich so an Handlungen und Wahrnehmungen und verbinden sich untrennbar mit der instrumentellen Funktion und der objektivierenden Bedeutung. Diese Art von Weltbezug nennt Boesch "Subjektivierung".

In einem anderen Zusammenhang nennt Boesch (1976, 2000) die subjektivierenden Bedeutungskonstitutionen "Ich-Phantasmen". Die Dinge der Welt, die Gegebenheiten der Umwelt sind vor diesem Hintergrund nie nur Objekte — als solche blieben sie uns fremd. Zugleich sind sie oder besser symbolisieren sie projizierte Aspekte des eigenen Ich. Auf diese Weise wird die Umwelt vertraut und mit persönlicher Bedeutung versehen. Ein Haus ist eben nicht nur eine "Klimakammer", sondern zugleich auch ein "Zuhause". Der Architekt beschreibt das Haus anders als derjenige, der in ihm wohnt. Allerdings:

> Sobald der Architekt im Hause wohnt, füllt es sich auch für ihn mit Inhalten und Bedeutungen, die in seinen objektiven Plänen nirgends erscheinen — obwohl sie, und das ist vielleicht nicht unwichtig, gerade daraufhin konzipiert worden sind. (Boesch 1980, S. 62)

In unsere objektivierenden Pläne eingewoben sind also unsere subjektivierenden Bedeutungszuschreibungen; beide Weltbezüge sind zwar analytisch trennbar, sind jedoch in unseren Handlungen und Wahrnehmungen stets vereint, wobei allerdings die Subjektivierung die Richtung angibt:

> Der Mensch ist nicht zunächst Architekt, ein kühl-sachlicher Planer, um dann anschließend zum Träumer zu werden, sondern er ist vor allem Träumer, der sich dann zum Architekten entwickeln kann, wenn die Versachlichung genügend fortschreitet, jene Objektivierung, die Piaget so schön beschrieben hat. (Boesch 1980, S. 62)

In gewisser Weise sind diese Weltbezüge in den Piaget'schen Begriffen der Akkomodation und der Assimilation enthalten. Wichtig jedoch ist der Aspekt, daß die assimilierende Subjektivierung nicht nur eine entwicklungspsychologisch frühe Stufe ist (bei Piaget der frühkindliche Egozentrismus, in der Psychoanalyse der primäre Narzißmus), sondern ein nicht hintergehbarer Weltbezug. Boesch unterscheidet in diesem Zusammenhang die primäre kindliche Subjektivierung von der sozusagen erwachsenen, sekundären Subjektivierung:

> Welches ist nun die Beziehung zwischen diesen beiden Arten subjektiver Objektwahrnehmung? Die erste, die des kindlichen Egozentrismus, vermengt das Innen mit dem Außen, Kausalität mit Intentionalität, organische Genese mit künstlicher Herstellung, Vorstellungen mit Ereignissen. Der zweite, der sekundäre Subjektivismus, ist subtiler, schwerer einzusehen. Er besteht nicht in Verkennungen der Wirklichkeit, sondern in Symbolisierungen. (Boesch 1980, S. 66)

70

Im Unterschied zu Boesch glaube ich allerdings, daß die strikte Unterscheidung in kindliche, die Realität verkennende und damit in gewisser Weise falsche Subjektivierung einerseits und erwachsene, symbolisierende Subjektivierung andererseits nicht haltbar ist. Zumindest — und das ist eine der Haupteinsichten der Psychoanalyse — bleiben die kindlichen Subjektivierungen gewissermaßen als affektive Unterfütterung auch des erwachsenen Weltbildes ein Leben lang wirksam. Beide Subjektivierungen versehen die Realität mit Bedeutung, sind Symbolisierungsprozesse und zeigen ein Bedürfnis nach Sinn an. Diese Symbolisierungen vermengen auch nicht das Innen mit dem Außen, sondern bringen Innen und Außen in Verbindung. Wichtig ist — insbesondere für die Beziehung zur Natur —, daß dadurch ein Gefühl der Vertrautheit und Verbundenheit aufgebaut wird — ein Aspekt, der bei der Beziehung zu Tieren (Kapitel 7) und Pflanzen (Kapitel 9), aber auch zu Landschaften (Kapitel 5) wieder auftauchen wird.

Neben der gewissermaßen tatsächlichen Bedeutung der Natur hat die Natur noch eine symbolische Bedeutung, heften sich an besondere Ausschnitte der Umwelt Phantasien und Konnotationen. Ein Apfelbaum beispielsweise kann neben der faktischen Bedeutung, die in Kategorien beispielsweise der Biologie, der Gärtnerei, der Ernährung beschreibbar sind, ganz andere Phantasien und Konnonationen an sich binden. Er kann Merkzeichen für die Fähigkeit des Kletterns sein, erinnert vielleicht an den Garten der Kindheit oder an soziale Erfahrungen des Apfelklauens. Solche persönlichen Assoziationen können sich zusätzlich mit kulturell vermittelten Symbolsystemen verbinden, beim Apfelbaum zum Beispiel mit die Paradiesgeschichte, mit dem Schönheitsurteil des Paris oder mit Schneewittchen.

Subjektivierung und Objektivierung erweisen sich dabei keineswegs als alternative Zugänge zu den Dingen der Welt, sondern stets als gleichzeitig beziehungsweise komplementär, wobei natürlich der Schwerpunkt je nach Tätigkeit jeweils verschoben sein kann. Gegenläufig zu der von Piaget beschriebenen Dezentrierung und damit Objektivierung, gegenläufig zu der von der Psychoanalyse beschriebenen Anerkennung des Realitätsprinzips wird die Wirklichkeit subjektiviert und damit auf symbolische Weise. mit persönlicher Bedeutung versehen. "Unsere Welt ist immer zugleich Objekt und Symbol" (Boesch 2000, S. 11).

Indem so Teile der Außenwelt zu symbolischen Repräsentanten der Innenwelt gemacht werden, werden sie zu Elementen des individuellen Lebens und notwendigerweise auch verpersönlicht. So sind auch die symboltheoretischen Ausführungen aus dem 2. Kapitel an dieser Stelle anzuwenden. Objekte der Außenwelt — in diesem Buch interessieren in erster Linie Naturphänomene — haben nicht nur eine Bedeutung als objektive Gegebenheiten, die natürlich nur auf dem Wege rationaler Objektivierung erkannt werden können, sondern auch eine symbolische Bedeutung, in der persönliche Erfahrungen, Beziehungen, Konnotationen zusammenfließen. Auf diese Weise kann die Umwelt wahrhaft angeeignet werden.

Winnicott hat mit seiner Theorie des intermediären Bereichs (siehe Kapitel 2.4) deutlich gemacht, wie sehr Kinder und auch Erwachsene einen Bereich brauchen, in dem sie Innen und Außen, Subjekt und Objekt nicht streng voneinander geschieden halten müssen, auch wenn sie es könnten. In diesem Bereich können sich Objektivierung und Subjektivierung auf komplementäre Weise zusammenfügen, ohne sich auszuschließen. Dieser intermediäre Raum könnte der Ort sein, an dem die Weltbezüge der Subjektivierung und Objektivierung zusammenkommen. Insofern besteht die Symbolisierung nicht nur aus Subjektivierungen (wie Boesch behauptet), sondern das Symbol, das Innen und Außen verbindet, das Sinn zu stiften in der Lage ist, versöhnt sozusagen Objektivierung und Subjektivierung.

Ein abschließender Hinweis ist noch wichtig: Daß Tiere und Pflanzen eine symbolische Bedeutung im Kontext von Märchen, Fabeln und künstlerischen Darstellungen haben, wird natürlich von niemanden bestritten. Wichtig ist jedoch der Gedanke, daß diese Symbolisierung sich auch im konkreten Umgang mit Pflanzen und Tieren vollzieht. Wenn ein Kind eine Beziehung zu seinem Hund entwickelt oder wenn Menschen sich einen Blumenstrauß auf den Tisch stellen, sind das Vorgänge, in die mannigfache subjektive Symbolisierungen einfließen. Mehr noch: Eben diese Subjektivierung verleiht solchen Phänomenen erst Sinn und Bedeutung; und dabei muß nicht — das wird für die nun folgenden Überlegungen zum Umgang mit Anthropomorphismen bedeutsam — die gegenläufige Objektivierung der Wahrnehmung von Pflanzen und Tieren ausgeklammert oder unterlaufen werden.

4.6   Bewußter Umgang mit Anthropomorphismen

Ich halte den (vor allem in der Biologiedidaktik) empfohlenen Umgang mit Anthropomorphismen, wie er oben mit einigen Äußerungen belegt ist, für einseitig. Er betont zu sehr die gerade genannte Objektivierung der Außenwelt und den Aufbau eines rational begründbaren, im Einklang mit der wissenschaftlichen Biologie stehenden Verhältnisses zu Tieren und Pflanzen, dem das vermeintlich kindliche Verhältnis als irrational gegenübergestellt wird. Zudem wird dabei nicht berücksichtigt, daß es sich auch beim wissenschaftlichen um einen metaphorischen Weltbezug handelt. Eine solche pädagogische Position entspricht gewissermaßen dem Kernauftrag der objektiven Wissenschaft, wie ihn Vollmer (1975, S. 165) formuliert, nämlich der "Entanthropomorphisierung unseres Weltbildes".

Natürlich gibt es dafür gute Argumente; die verhaltensbiologischen sind nicht die einzigen und auch diese müssen differenziert betrachtet werden, wie eine Äußerung von Konrad Lorenz zeigt:

> Ich behaupte aber, daß für einen normalen Menschen die Du–Existenz höheren Tieren gegenüber genauso zwingend ist wie gegenüber Mitmenschen. Ich behaupte, daß ein Mensch nicht imstande ist, längere Zeit mit einem Hund oder einer Katze ein Heim zu teilen, ohne zu der zwingenden Überzeugung zu gelangen, daß er mit einem Lebewesen in Kontakt steht, das Lust und Leid empfindet, im Prinzip nicht anders als er selbst. Diese Erkenntnis ist aber in philosophischer Hinsicht genauso schwerwiegend wie in moralischer, ich brauche die Konsequenzen in diesen Hinsichten nicht weiter auszuführen. Die Einstellung des Menschen zu seiner lebenden Umwelt wird durch diese Erkenntnis auch sehr wesentlich beeinflußt, und dies hat praktische Konsequenzen, an denen keiner vorübergehen kann: Die ideali-

stische Gegenüberstellung von erlebenden und erkennenden Menschen und einer Außenwelt, die in diesem Erleben und Erkennen nicht bildmäßig dargestellt werden kann, führt ganz zwangsläufig zu einer Überbewertung des menschlichen Subjekts. Wer erkannt hat, daß sein Hund "auch einer" ist, ist ganz automatisch von diesem Irrglauben geheilt. Er ist sich der Realität der nicht-menschlichen außersubjektiven Umwelt bewußt geworden (Lorenz 1985).

Ein gewichtiges Argument für den Abbau der Anthropomorphismen ist, daß ein unreflektierter Anthropomorphismus sehr leicht die Tendenz zu einem anthropozentrischen Weltbild in sich birgt, das — jedenfalls in seiner humanegoistischen Zuspitzung — nicht zuletzt die aktuelle ökologische Krise mit bedingt. Meyer-Abich (1984, S. 19) formuliert diese anthropozentrische Weltsicht in drastischen Worten:

> Wir aber verhalten uns in der Natur so, als sei der Rest nichts als für uns da. Alle Welt sei die unsere, und unser Wille geschehe, sagt die Industriegesellschaft. Die ganze Welt ist dann nur noch Umwelt des Menschen und sonst nichts. Wir stehen in der Mitte, und alles andere steht um uns herum, mehr oder weniger griffbereit.

Bei dieser Formulierung fällt die Nähe zur psychischen Situation des kleinen Kindes in der Theorie von Piaget und auch der Psychoanalyse frappierend auf. Der kindliche Egozentrismus wird zur menschlichen Selbstbezogenheit, der kindliche Anthropomorphismus wird zum Anthropozentrismus. "Diese Selbstbezogenheit aber war doch gerade der eigentliche Grund der Krise, denn sie ist die Blindheit, in der wir die Zerstörung über die Mitwelt gebracht haben" (Meyer-Abich 1984, S. 21).
Jedoch basiert dieser Anthropozentrismus zugleich gerade auf der Entseelung, der naturwissenschaftlich–technischen Objektivierung der nichtmenschlichen Natur. Diese Form des Anthropomorphismus besteht nicht nur in der subjektiven und perspektivisch–menschlichen Wahrnehmung der Natur — im Gegenteil: die notwendig menschliche Perspektive wird durch das Objektivitätsideal von Wissenschaft geradezu geleugnet — , sondern zusätzlich darin, der Natur durch wissenschaftlichen und technischen Zugriff den menschlichen Willen gleichsam aufzuzwingen. Die Menschheit muß wohl in der Tat "erwachsen" werden, muß diese infantile Position überwinden, muß sich — um mit Piaget zu reden — dezentrieren; sie muß lernen, die äußere Realität nicht nur selbstbezogen zu sehen, wenn die globale Krise noch verhindert werden soll. In diesem Kontext ist eine Forderung nach Abbau der Anthropomorphismen richtig.

Jedoch besteht die Gefahr, das Kind mit dem Bade auszuschütten. So kann nämlich ein wohlverstandener Anthropomorphismus eher eine anthropozentrische Haltung relativieren. Denn die Beziehung, die die affektive Seite des anthropomorph–animistischen Denkens darstellt, wird durch einen umstandslosen Abbau der Anthropomorphismen auch mit zerstört oder zumindest eingeschränkt. Es handelt sich dabei um genau jene Affekte, die bei der Formulierung und Begründung von affektiven Zielen, vor allem in umwelterzieherischer Absicht, so oft beschworen werden: Liebe zur Natur beispielsweise oder Bereitschaft zum schonenden Umgang mit ihr.

Untersuchungen zur Bedeutung des Wissens beim Umwelthandeln (siehe Kapitel 11.3.4) zeigen unmißverständlich, daß ein noch so gutes kognitives Verständnis von Naturphänomenen noch keine Bereitschaft schafft, sich für den Erhalt der Natur konkret einzusetzen. Dazu bedarf es eben — und das liest man inzwischen in allen Verlautbarungen zur Umwelterziehung — einer entsprechenden emotionalen Grundlage. Nur was ich schätze, bin ich bereit zu schützen. Dabei ist es natürlich keine Frage, daß zum Schätzen auch das Kennen gehört. Aber ebenso ist es keine Frage, daß man nur etwas schätzen kann, wozu man auch eine Beziehung hat. Insofern ist von dieser Seite her betrachtet die Schwächung des kindlichen Animismus, der Abbau der Anthropomorphismen, als eine affektive Verarmung anzusehen. Es bestehen im Umgang mit den Anthropomorphismen nämlich zwei Gefahren: Die eine ist die, in einem radikalen Egozentrismus zu verharren und damit zu einem offenbar destruktiven Anthropozentrismus zu kommen; die andere ist die, durch eine radikale Aufgabe der animistischen, affektiven und subjektivierenden Komponente die Welt zu entseelen. Das Ergebnis beider Wege wäre das gleiche: nämlich die Gefahr der Zerstörung, einmal durch Egoismus, das andere Mal durch Gleichgültigkeit.

Der zentrale Akzent bei meinem Vorschlag, anthropomorphe Interpretationen von Naturphänomenen nicht nur zuzulassen, sondern geradezu zu kultivieren, liegt in der ihnen innewohnenden Kraft, auch nichtmenschliche Objekte, auch Naturphänomene zu moralisieren. Verbunden mit einer anthropomorphen Interpretation werden Naturobjekte zu potentiellen Objekten einer menschlichen Ethik. Dagegen schließt der naturwissenschaftlich-objektivierende Blick auf Natur diese moralisierende Interpretation im Zusammenhang mit dem Wertfreiheitspostulat sogar ausdrücklich aus.

> Die Art und Weise, wie wir Natur denken und erkennen, enthält offenbar keine Anhaltspunkte dafür, uns moralisch auf sie zu beziehen. Was Natur ist, wird nach wie vor ethisch-neutral gedacht, und die moralischen Haltungen gegenüber der Natur haben offenbar andere Quellen. (Böhme 1999, S. 15)

Zu diesen anderen Quellen zählt meines Erachtens auch die anthropomorphe Interpretation, und es käme darauf an, diese Quelle nicht zuzuschütten. Tiere und Pflanzen werden zu Moralobjekten vor allem dadurch, daß sie analog zu Menschen gesehen und demzufolge auch ethisch so behandelt werden. Bei älteren Kindern, Jugendlichen und Erwachsenen ist zwar der explizite Gebrauch von Anthropomorphismen weniger ausgeprägt. Zumindest wird kognitiv zwischen Menschen und anderen Organismen deutlicher unterschieden. Das affektive Band, das sich aus der Beziehung beispielsweise zu Haustieren ergibt, bleibt jedoch weiterhin anthropomorph getönt. Dabei gibt es natürlich Organismen, die sich für eine Anthropomorphisierung eher anbieten als andere. Hunde und Katzen, überhaupt Heimtiere, werden auch noch von Erwachsenen anthropomorph interpretiert. Es ist jedoch noch eine offene Frage, in welches Gewand sich die Anthropomorphismen bei älteren Kindern, Jugendlichen und Erwachsenen kleiden. Es ist anzunehmen, daß Anthropomorphismen durchaus auch in späteren Phasen zumindest Bestandteil der Beziehung zu Tieren, aber auch zu Pflanzen sind. Allerdings werden sie wohl nicht in jeder Lebenslage geäußert, da sie im Kontext einer naturwissenschaftlichen, objektivierenden Sichtweise von Tieren und Pflanzen tabuisiert sind.

Jedenfalls ist der Bezug zu einer Ethik der Natur, der durch anthropomorphe Interpretationen herstellbar ist, im Hinblick auf das menschliche Naturverhältnis ausgesprochen wichtig: Anthropomorphe Interpretationen erweisen sich — jedenfalls bei Kindern — als eine zentrale Denkfigur bei dem Versuch, nichtmenschliche Objekte im allgemeinen und Naturobjekte im besonderen ethischen Kriterien zu unterziehen. Im Schlußkapitel werde ich diesen Aspekt der Moralisierung von Natur in einem "Gespräch über Bäume" beispielhaft an einer Kinderdiskussion aufzeigen. Die Natur wird aufgrund der anthropomorphen Interpretation gar nicht eindeutig und ausschließlich als nichtmenschlicher Objektbereich angesehen. Menschliche Maßstäbe werden auf diese Weise auch zu Maßstäben im Umgang mit Naturobjekten. Oder zugespitzt formuliert: Auf diese Weise wird der menschliche Naturbezug ein humaner.

Theodor Litt verweist in seinem Buch *Naturwissenschaft und Menschenbildung* darauf, welche Folgen ein rein naturwissenschaftlicher Umgang mit der Natur für die Persönlichkeit hat: "Die Entpersönlichung, der der Mensch sich selbst unterwirft, indem er Subjekt des reinen Denkens zu werden strebt, hat zum Korrelat eine Weltentleerung, die Entsinnlichung und Sinnaustilgung in einem ist" (Litt 1952, S. 37). Er verweist dabei auf Goethe, dem er bescheinigt, daß er die beiden Pole, von denen auch hier die Rede ist — nämlich sowohl Erkenntnis von Natur als auch Beziehung zur Natur — noch zu vereinen wußte:

> Es geht darum, das Recht des Menschen zu wahren, der nicht gewillt ist, sich sein Verhältnis zu der ihm begegnenden und ihn für sich fordernden Welt durch irgendwelche wissenschaftlichen Einreden trüben oder zerstören zu lassen (Goethe, zitiert in Litt 1952, S. 44).

In unserem Zusammenhang würde das bedeuten, das Recht des Kindes zu wahren, Naturphänomene auch animistisch–anthropomorph zu deuten. Wohlgemerkt: auch! — Die naturwissenschaftliche Sicht der Dinge soll es natürlich auch lernen. Es gilt, die Spannung zwischen beiden Seiten auszuhalten, ohne sich auf eine Seite zu schlagen und die jeweils andere dabei auszugrenzen. Hierauf zielt auch meine Kritik an der Forderung nach Abbau der Anthropomorphismen, nämlich daß in ihr die Aufforderung steckt, den Beziehung stiftenden, affektiven Anteil der anthropomorph–animistischen Herangehensweise an Naturphänomene entweder zu verdrängen oder bei anderen Gelegenheiten zu realisieren, beispielsweise im Deutschunterricht bei der Interpretation von Fabeln. Über ein ähnliches Dilemma denkt Martin Wagenschein in seiner pädagogischen Autobiographie nach:

> In unseren Schulen gibt es zwei Monde. Sie treten in verschiedenen Räumen auf; hart und nackt der eine, der andere leise und verschleiert; vorgeführt von zwei ver-

schiedenen Fachlehrern. Was der eine Mond mit dem anderen zu tun hat, davon wird nicht gesprochen. Gibt es den Deutschlehrer, der ein Mondgedicht bespricht und dem der Glanz der Newtonschen Mondrechnung noch gegenwärtig ist? [...] Kann man sich einen Physiklehrer denken, der zur Einleitung dieser Mondrechnung die unvergleichlichen Sätze Johann Peter Hebbels seinem Schüler vorliest, dem die Dunstglocke der Städte den Horizont geraubt hat? (Wagenschein 1983, S. 162f.)

In bezug auf das animistische Denken geht Wagenschein davon aus, daß es nicht irgendwann aufhört. Er nimmt vielmehr an, daß es vom rationalen Denken gewissermaßen überlagert wird, jedoch noch weiterhin unser Verhältnis zur Welt mitbestimmt. Eine entsprechende Position ist auch hier in Kapitel 4.2 entfaltet worden; und auch bei Hegel heißt es bereits:

> Das Leben des gegenwärtigen Geistes ist ein Kreislauf von Stufen, die einerseits noch nebeneinander bestehen und nur andererseits als Übergang erscheinen. Die Momente, die der Geist hinter sich zu haben scheint, hat er auch in seiner gegenwärtigen Tiefe (Hegel, zitiert nach Freese 1989, S. 73).

Hegel argumentiert zwar philosophisch und nicht psychologisch, trotzdem gibt es eine Analogie zu Wagenscheins Position: "Die Entwicklung darf nicht stockwerkhaft gedacht werden, so als ob in einem gewissen Alter die eine Phase endete und eine neue beginne. Die magische Schicht bricht nicht ab, sie zieht sich nur zurück und lebt innen weiter" (Wagenschein 1965, S. 55).

> Wenn wir die äußere Schicht stärken wollen, so müssen wir zuerst die innere anreden und anregen. Was außen anwachsen soll, müssen wir von innen heraus wachsen lassen. Das magische Denken bleibt also weiterhin eine schöpferische Potenz, von der her wir die äußeren Schalen des geistigen Wachstums aufbauen können (Wagenschein 1965, S. 61).

In der Tat wäre es wichtig, die magischen, zum Teil auch unbewußten Anteile unseres Seelenlebens als eine schöpferische Potenz, als einen "lebendigen Untergrund unserer seelischen und geistigen Existenz" (vgl. Werner 1959) zu betrachten und sie nicht als irrationale, realitätsinadäquate, bestenfalls als zu überwindende kindliche Perspektive zu denunzieren (vgl. Gebhard 1992). In diesem Zusammenhang ist die hier vorgeschlagene Interpretation der animistischen Denkhaltung als Symbolisierung oder als Ausdruck von Phantasietätigkeit bedeutsam. Es gilt, beide Wege — den objektivierend-wissenschaftlichen und den subjektivierend-symbolischen Weg — gleichzeitig zu beschreiten. Daß das bereits Vorschulkinder können, zeigen die bereits erwähnten neueren Studien, wonach Kinder über ein erstaunliches Wissen in bezug auf verschiedene Naturphänomene verfügen. Dieses Wissen muß jedoch einem in gewisser Weise spielerischen Animismus keinen Abbruch tun (vgl. Mähler 1995). Kenntnisse über Natur (also Objektivierung) und symbolische Beseelung (also Subjektivierung) schließen sich nicht aus — und das natürlich nicht nur bei Kindern. Im Gegenteil: Die Subjektivierung und auch der Animismus ist nicht eine spezifisch kindliche Eigenschaft — allerdings kann es sein, daß Kinder noch zwangloser zwischen Realität und Phantasie, zwischen Subjektivierung und Objektivierung, zwischen Symbol und "Tatsache" hin und herpendeln können. Diese Fähigkeit gilt es nicht zu unterhöhlen.

Die beiden Monde gibt es auch in der Biologie. So kann man sich den eingangs erwähnten Spitzwegerich auf zwei Wegen nähern: erstens, indem man die ökologischen Bedingungen der Pflasterritzenvegetation biologisch analysiert, und zweitens, indem man das Leben des Spitzwegerichs literarisch–anthropomorph beschreibt. Es wäre fatal, eine von beiden Seiten für die eigentlich angemessene zu erklären. Die betreffende Schülerin weiß natürlich, daß Pflanzen keine Menschen sind, sie weiß auch über die biologischen Lebensbedingungen des Spitzwegerichs sehr wohl Bescheid. Aber offenbar lassen sich beide Wege gleichzeitig beschreiten; die Spannung kann ausgehalten werden. Es handelt sich in diesem Fall sicherlich um eine sekundäre Subjektivierung im Sinne von Boesch (1980), die eben nicht im Widerspruch zur objektivierenden Sicht der Dinge steht. Man könnte auch von einer "sekundären Anthropomorphisierung" sprechen, die spielerisch zwischen subjektivierenden und objektivierenden Vorstellungen hin- und herpendelt.

Natürlich steht die anthropomorphe Version bisweilen in einem logischen Widerspruch zu naturwissenschaftlichen Erkenntnissen. Das ist ja auch der Grund dafür, daß Anthropomorphismen aus der Sicht vieler Naturwissenschaftsdidaktiker bereits in der Grundschule durch korrekte naturwissenschaftliche Begriffe und Erkenntnisse abgelöst werden sollten. In Gesprächen mit Kindern konnten wir beobachten (Billmann-Mahecha/Gebhard/Nevers 1997), daß beide Versionen — die naturwissenschaftliche und die anthropomorphe — nebeneinander im Bewußtsein der Kinder vorkommen, ja, daß der logische Widerspruch gar nicht existiert. Kinder, die annehmen, daß Bäume Schmerz empfinden oder Angst haben, wenn sie gefällt werden, wissen zugleich von der Photosynthese und der Sauerstoffproduktion. Der Widerspruch erweist sich nämlich bei genauerer Betrachtung als ein Scheinwiderspruch. Die animistisch-anthropomorphe, subjektive Perspektive gegenüber Naturphänomenen zielt auf eine andere Dimension als die naturwissenschaftliche, objektivierende Perspektive. Während die Biologie beschreibt und erklärt und damit ein möglichst objektives Bild der zoologischen oder botanischen Wirklichkeit entwirft, erhält die Wirklichkeit durch die Anthropomorphismen eine symbolisch vermittelte, subjektive Bedeutung. Objektivierung und Subjektivierung sind eben komplementäre Zugänge zur Wirklichkeit, die sich deshalb weder gegenseitig ausschließen noch sich widersprechen müssen beziehungsweise können.

So gilt es die Spannung, die zwischen anthropomorphen Deutungen und (natur-) wissenschaftlicher Erkenntnis besteht, auszutragen und bewußt zu machen. Bereits Friedrich Nietzsche formulierte in genialer Zuspitzung gleichsam das didaktische Programm wissenschaftlicher Denkweise, wenn er in "Menschlich – Allzumenschliches" vorschlägt, man müsse ein "Doppelgehirn mit zwei Hirnkammern" ausbilden —

einmal, um Wissenschaft, sodann um Nicht-Wissenschaft zu empfinden; nebeneinander liegend, ohne Verwirrung, trennbar, abschließbar; es ist dies eine Frage der
Gesundheit. (Nietzsche, zitiert nach Rumpf 1991, S. 330)

Es ist jedoch gerade eine "Frage der Gesundheit", beide Bereiche (wieder) in Beziehung zu setzen: Wenn man das anthropomorphe Denken abbauen will oder es
schlicht ignoriert, führt das dazu, daß Kinder ihre lebensweltlichen Erfahrungen, in
denen nämlich anthropomorphe Vorstellungen häufig vorkommen (siehe Kapitel 7
und 9), zurückhalten. Jedoch gerade das bewußte Aushalten der Spannung, die
zwischen wissenschaftlicher und lebensweltlicher Erfahrung liegt, wäre eine anzu-
strebende Fähigkeit, da es angesichts der historischen Situation und der ökologischen Krise weder ein Zurück zu magischen, archaischen Weltbildern noch eine
einseitige Favorisierung eines technisch–naturwissenschaftlichen Weges geben
kann.

Es ist nämlich die Frage, ob Menschen zu den Dingen in der Welt überhaupt
eine andere als eine menschliche, das heißt potentiell anthropomorphe Haltung einnehmen können, da Menschen den Dingen der Welt immer eine Bedeutung geben
müssen. Jedenfalls wird sich unter der dezentrierten, objektivierenden, wissenschaftlichen Perspektive auch immer ein sozusagen animistischer, anthropomorpher, affektiver "Unterbau" befinden, der nicht vernachlässigt werden darf. Im
Gegenteil: Es käme darauf an, diesen "Unterbau" zu kultivieren.. In anthropomorphen Weltinterpretationen zeigt sich — und das sollte in diesem Kapitel gezeigt
werden — nämlich nicht nur ein kognitives Erklärungsmuster, sondern zugleich
eine affektive Beziehung zu den verschiedensten Phänomenen. Beides zusammen
konstituiert ein wahrhaftiges Verstehen. Damit werden die Phänomene der Welt
nicht nur zutreffend beschrieben und erklärt, zugleich erhalten sie dadurch eine je
individuelle Bedeutung, sie erhalten durch Symbolisierungsprozesse einen Sinn.
Eben diese Konstitution von Sinnstrukturen ist für die Subjekte zentral wichtig, es
ist geradezu, um das Nietzschezitat aufzunehmen, eine Frage der Gesundheit.

Naturphänomene menschlich, das heißt auch immer potentiell anthropomorph,
zu betrachten, heißt nun keineswegs auch notwendig, die Natur anthropozentrisch
auszubeuten. Im Gegenteil: Wenn die äußere Natur (symbolisch) zum Spiegel des
Menschen wird, ist dies eher ein Grund, die Natur zu bewahren. Übrigens — und
das wird uns im Kapitel über die kindliche Wahrnehmung und Verarbeitung der
Umweltzerstörung (Kapitel 11) noch beschäftigen — gilt diese Spiegelung auch
umgekehrt: die zerstörte Natur wirkt auch psychisch auf den Menschen zurück. So
hängt unser Natur-Verhältnis mit unserem Selbst-Verhältnis zusammen und diese
Dialektik hat sowohl Folgen für die Natur als auch für die Entwicklung des Selbst.
Im Kapitel über den Naturbegriff (Kapitel 3) ist dieser Gedanke bereits in der
Entsprechung von Selbst- und Naturerfahrung angeklungen.

Eine weitere Stütze für meine Argumentation bietet eine vergleichende ethnologische Studie zur menschlichen Beziehung zu Hunden (Serpell 1985). In dieser
Studie wird der Frage nachgegangen, wie es kommt, daß in einigen Kulturen
Hunde vorwiegend liebevoll, in anderen dagegen lieblos oder zumindest distanziert betrachtet werden. Serpell entwickelt die Hypothese, daß Menschen eine

"natürliche Neigung" haben, enge, liebevolle Beziehungen zu bestimmten Tieren aufzubauen (wie zum Beispiel dem Hund), daß jedoch gleichzeitig diese Neigung der bisweiligen Notwendigkeit widerspricht, diese Tiere für wirtschaftiche, auch unangenehme Zwecke auszubeuten (Ziehen von Schlitten, Nahrungsmittel). Der Vergleich von 43 verschiedenen Kulturen zeigt, daß in Kulturen, in denen die ökonomische Bedeutung von Hunden sehr groß ist, dieser konflikthafte Widerspruch vermieden wird, indem die Beziehungen zu Hunden unemotional und distanziert gestaltet werden. Umgekehrt zeigt sich, daß in Kulturen mit überwiegend liebevoller, also auch emotionaler Beziehung zu Hunden, diese nicht für wirtschaftliche Zwecke verwendet werden oder zum Beispiel als Jagdgenossen ein hohes Ansehen genießen. Eben diesen Zusammenhang beschreibt Konrad Lorenz in einer einfachen, jedoch einleuchtenden und nachvollziehbaren Szene:

> Heute aß ich zum Frühstück geröstetes Brot und Würstchen. Das Würstchen und das Schmalz, in dem das Brot geröstet wurde, kam von einem Schwein, das ich schon als herziges, kleines Ferkel gekannt hatte. Sobald es größer wurde, hatte ich geflissentlich jeden weiteren Kontakt mit diesem Schwein vermieden, um mein Gewissen nicht zu belasten (Lorenz 1954).

Auf unseren Zusammenhang bezogen und verallgemeinert stützt die ethnographische Studie die These, daß emotionale, auch anthropomorphe Beziehungen zur Natur dann kulturell unerwünscht sind und abgebaut werden, wenn die wirtschaftliche Ausbeutung von Natur im Vordergrund steht. Das Ausmaß der Ausbeutung der Natur — jedenfalls in unserer Kultur — kann zumindest darüber nachdenklich machen, welche Funktion eine pädagogische Haltung hat, die die kindlichen Anthropomorphismen abbauen und an deren Stelle eine notwendigerweise beziehungslosere, objektive Erkenntnis der äußeren Realität setzen will.

5   Zur Funktion von Naturerfahrungen in der Kindheit

5.1   "Brauchen" Kinder Natur?

Alexander Mitscherlich äußerte bereits in den sechziger Jahren die Vermutung, daß eine besondere Entfremdung von Natur — wie in den "unwirtlichen Städten" — soziale und psychische Defizite hervorrufe und daß dieser Zusammenhang besonders bei der Entwicklung von Kindern sichtbar werde. Danach "braucht" das Kind seinesgleichen — "nämlich Tiere, überhaupt Elementares, Wasser, Dreck, Gebüsche, Spielraum" (Mitscherlich 1965, S. 24).

> Warum werden unsere städtischen Kinder nicht wie Kinder von Menschen behandelt, sondern wie Puppen oder Miniaturerwachsene, von infantilisierten Erwachsenen umgeben, deren städtische Vorerfahrungen sie dermaßen beschädigt haben, daß sie schon gar nicht mehr wissen, was der Mensch bis zum 6., bis zum 14. Lebensjahr für eine Umwelt braucht (Mitscherlich 1965, S. 25).

Das Problem, das hier in so deutlichen Worten beschrieben wird, ist inzwischen eher noch größer geworden. Die künstliche Umwelt wächst gegenüber der natürlichen immer mehr an, was sich in dem zunehmenden "Verbrauch" an Landschaft für Städtebau, Industrie und Straßenbau zeigt — allein in der (alten) Bundesrepublik 125 ha pro Tag (vgl. Freye 1985, Chevallerie 1980).
Doch was für eine Umwelt "braucht" der Mensch? Ist diese Entwicklung in der Tat für die sozialen und psychischen Lebensbedingungen (abgesehen von den biologisch-ökologischen) so bedrohlich? Die Frage freilich, was der Mensch, insbesondere das Kind, für eine Umwelt braucht, welche Qualität und wieviel Natur, um gesund zu bleiben, ist eine weitgehend offene Frage. Zwar behauptete der Entwicklungspsychologe Busemann (1955), daß die Möglichkeit, Natur erleben zu können, zum "seelischen Existenzminimum" des Menschen gehöre, jedoch hat sich insgesamt die traditionelle Psychologie, insbesondere die Psychoanalyse, zu sehr auf die Beziehung des Menschen zu anderen Menschen konzentriert. Die "Objekte" im Rahmen der Psychoanalyse sind immer personale. Daß die frühkindliche Entwicklung wesentlich geprägt wird durch die Qualität der menschlichen Zuwendung durch haltende Bezugspersonen (siehe z.B. Erikson 1968, Spitz 1972, Winnicott 1974), ist inzwischen unbestritten. Viel unklarer ist dagegen, was der Mensch an nichtmenschlicher, also dinglicher und eben auch natürlicher Umwelt braucht, und vor allem, ob diese auch haltend sein kann. In Kapitel 2 wurde allgemein die psychische Bedeutung der nichtmenschlichen Umwelt reflektiert. Vor

diesem Hintergrund kann jetzt die psychische Bedeutung von Naturelementen in der kindlichen Entwicklung bedacht werden, wobei freilich anzumerken ist, daß hierzu nur vereinzelte Befunde aus den unterschiedlichsten Disziplinen (Gartenbau, Stadtarchitektur, Landespflege, Forstwissenschaft, Psychologie, Soziologie, biologische Verhaltensforschung u.v.m.) vorliegen, die im folgenden unter dem Blickwinkel der psychischen Entwicklung von Kindern zusammengestellt werden.

Der Stadtökologe Sukopp (1987) geht übrigens davon aus, daß es ein "elementares menschliches Bedürfnis" sei, Natur zu erleben, das am deutlichsten im Verhalten von Kindern offenbar werde. "Menschliches Wohlbefinden hat in einem wichtigen Aspekt Kontakt mit der Natur zur Voraussetzung" (Sukopp 1987, S. 6). Auch Sukopp behauptet dies nur, ohne sich dabei auf Hinweise aus den Humanwissenschaften stützen zu können, was er freilich bedauert. Es ist sinnvoll, gerade bei ökologischen Fragestellungen "die naturwissenschaftliche Betrachtung ('von außen') und humanwissenschaftliche Betrachtungen ('von innen') zusammenzuführen" (Sukopp 1987, S. 6). Auch der hier unternommene Versuch einer Reflexion der "inneren", d.h. seelischen "Naturbedürfnisse" ist ein Element einer solchen Zusammenführung mit dem Ziel, daß psychologische und pädagogische Argumente bei der Stadt- und Landschaftsplanung berücksichtigt werden können (vgl. Teherani-Krönner 1996, Schemel 1998).

5.2 Beobachtungen und Befunde zu Naturerfahrungen in der Kindheit

In diesem Abschnitt sollen Beobachtungen, Besonderheiten und Untersuchungen zu der Art des kindlichen Naturkontakts und — soweit möglich — auch zum kindlichen Naturbedürfnis zusammengestellt werden. Ziel dieser Zusammenstellung ist es, die Forderung nach einem naturnahen Lebensumfeld zum einen auch psychologisch differenziert zu reflektieren beziehungsweise zu fundieren und zum anderen diese Forderung von einem romantisierend–unverbindlichen Beigeschmack zu befreien. Es wird sich bei der Durchsicht der verschiedenen Untersuchungen zeigen, daß die Befunde zum Wert von Naturerfahrungen keineswegs einheitlich sind. Zunächst sei noch einmal Mitscherlich zitiert:

> Der junge Mensch ist noch arm an höherer geistiger Leistungsfähigkeit — er ist weitgehend ein triebbestimmtes Spielwesen. Er braucht deshalb seinesgleichen, nämlich Tiere, überhaupt Elementares, Wasser, Dreck, Gebüsche, Spielraum. Man kann ihn auch ohne das alles aufwachsen lassen, mit Teppichen, Stofftieren oder auf asphaltierten Straßen und Höfen. Er überlebt es — doch man soll sich dann nicht wundern, wenn er später bestimmte soziale Grundleistungen nie mehr erlernt, z.B. ein Zugehörigkeitsgefühl zu einem Ort und Initiative. Um Schwung zu haben, muß man sich von einem festen Ort abstoßen können, ein Gefühl der Sicherheit erworben haben. [...] Je weniger Freizügigkeit, je weniger Anschauung der Natur mit ihren biologischen Prozessen, je weniger Kontaktanregung zur Befriedigung

der Neugier, desto weniger kann ein Mensch seine seelischen Fähigkeiten entfalten und mit seinem inneren Triebgeschehen umzugehen lernen (Mitscherlich 1965, S. 24f.).

Ich teile weitgehend diese Position von Mitscherlich. Jedoch muß man sehen, daß diese Thesen auf diesem Niveau ein zwar plausibles, aber dennoch ein Glaubensbekenntnis sind (ähnlich auch bei Amery 1979 und Jaedicke 1979). Insofern ist es wichtig, sie mit Untersuchungen zu konfrontieren, die den Wert von Naturerfahrungen in der Kindheit erfahrungswissenschaftlich überprüfen und damit fundieren.

Otterstädt untersuchte 1962 den Spielraum von Vorortkindern in einer mittleren Stadt. Er fragte, welchen Spielraum Kinder benötigen, um ungehindert und harmonisch aufzuwachsen und erhielt auch Ergebnisse, die Antwort auf unsere Frage nach dem Wert von Naturerfahrungen geben können. Nach seinen Befunden bevorzugen Jungen wie Mädchen

> [...] eindeutig Feld, Wiese, Wald und Gewässer, noch anders gesprochen, die belebte Natur statt der unbelebten.[...] Man zieht die Natur vor. [...] Sehen wir vom allseits beliebten Wasser ab, das zweifellos an erster Stelle der Beliebtheit steht, so bleiben vor allem jene Örtlichkeiten im Interesse des sich frei bewegenden Kindes, die Abwechselung zu bieten vermögen, die auf kurze Entfernung schon wechselvoll sind, die voller Geheimnis stecken, die man nicht sogleich übersieht, die lauschig sind, die Verstecke haben, die Unbekanntes, Entdeckbares einschließen und die Neugierde und den Wissensdurst befriedigen können. Das ist nicht das Wohngebäude, nicht die Straße, auch nicht die gar zu bald gekannte Nachbarschaftslandschaft, sondern die nicht unter Kontrolle genommene Natur: Wiese mit Gebüschen und Bäumen, Wald, Waldrand mit Dickicht, Feld mit Wiesenverzahnung und Wildbeobachtungsmöglichkeiten, Natur mit tausendfältigem Leben und Weben. Keine kahlen Örtlichkeiten werden gewählt, keine, die allzu bald nichts Neues mehr bieten können, sondern die, die seit Urzeiten den Menschen anreizen, die Sinne schärfen lassen und der Neugier entgegenkommen. Vor die Wahl gestellt, Naturlandschaft oder Kulturlandschaft zum Spielen zu wählen, entscheidet sich das Gros für die Naturlandschaft (Otterstädt 1962, S. 278).

Sehr deutlich wird hier, daß Kinder an der Natur vor allem die Abwechslung, die Möglichkeit nach immer wieder neuen Aktivitäten schätzen. Die Frage an die Kinder, wie sie sich ihren Spielplatz gestalten würden, ergibt in der Auswertung den Befund, daß Kinder weniger Sportplätze oder angelegte Spielplätze schätzen, sondern eher die "ganz urtümlichen Dinge einer elementaren Welt": Bäume, Gebüsch, hohes Gras, Wiese, Blumen, Garten, Bach, Sumpf, Waldrand, dichter Wald, verwildertes Land. Im eigenen Zimmer will nur ein sehr kleiner Teil der befragten Kinder spielen. In diesem Zusammenhang kaum zu interpretieren, aber immerhin interessant ist der Befund, daß in hohem Gras fast nur Mädchen spielen wollen, in verwildertem Land jedoch 100% der Jungen und nur etwa 20% der Mädchen.

Bei den Buben ist alles, was verwildert ist, Sehnsuchtsland ihrer Spiele, verwildertes Land, dichter Wald, Sumpf. Einige geben genauere Hinweise: Große Steine
müssen sein, ausgerissene Baumwurzeln, struppig und wüst soll es sein, "wild und
schön" wird mehrmals in Zusammmenhang gebracht, außerdem uneben, frei, still,
menschenleer, verwachsen, unheimlich, eben ganz verwildert muß es sein
(Otterstädt 1962, S. 280).

Die Gegenstände, mit denen die befragten Kinder am liebsten spielen, sind aller-
dings keine Naturphänomene: Am häufigsten und am liebsten wird mit dem Ball
und mit dem Fahrrad gespielt. Jedoch sind auch Steine, Wasser, Sand, Erde und
Laub keineswegs untergeordnet. Die Befragung erbrachte auch, daß die Kinder
sehr viel in freier Natur Beobachtungen machen. Dabei ergibt sich eine deutliche
Geschlechtsspezifik: Die Jungen beobachten sehr oft Tiere, vor allem Wild (Reh,
Hase, Fasan, Wiesel), auch Schlangen, Würmer, Gestein und "verdächtige Leute".
Die Mädchen beobachten dagegen eher selten Wild. Sie beschäftigen sich mehr
mit Vögeln, Hühnern, Insekten und "kleineren Kindern". Otterstädt faßt zusam-
men:

> Freiheit, Ungebundenheit, das heißt keineswegs Zügellosigkeit, bedeutet dem spie-
> lenden Kinde alles in den entscheidenden Entwicklungsjahren zwischen 9 und 14
> Jahren. Fehlt diese Freiheit, kommt es zu seelischen Verkümmerungen (Otterstädt
> 1962, S. 285).

Es ist natürlich bei dieser frühen Untersuchung kritisch anzufragen, ob das Ergebnis, daß die Kinder ausgesprochen viel in der Natur spielen, bei einer Untersu-
chungsgruppe im ländlichen Raum nicht vorhersehbar gewesen wäre. Eine Kon-
trollgruppe aus dem städtischen Raum untersucht Otterstädt leider nicht. Insofern
ist sein allgemeines Ergebnis, daß "der Lebensraum des Kindes im Grunde
stadtfern" (Otterstädt 1962, S. 285) ist, sicherlich überzogen. Ein wichtiges
Ergebnis ist jedoch, und das findet sich auch in späteren Untersuchungen, daß der
Wert von Naturerfahrungen, von Beschäftigung mit Naturphänomenen wesentlich
darin liegt, daß die Kinder hier ein relativ großes Maß an Freizügigkeit haben und
den Augen von Eltern und Erziehern entzogen sind.

Hart (1979, 1982) diskutiert den Wert von natürlicher Umgebung für Kinder,
wobei er beklagt, daß wir mehr über die Ökologie der Paviane wissen als über den
Gebrauchswert von Landschaft und Natur für Kinder. Er stellt einige Beobachtungen zusammen:

- Kinder spielen auf Spielplätzen relativ wenig.
- Kinder benutzen die Gesamtheit der Landschaft, die ihnen zugänglich ist.
- Die bevorzugten Umweltausschnitte sind sehr klein.
- Am meisten sind die Flächen geschätzt. die von den Planern gewisser-
  maßen vergessen wurden.
- Kinder wollen sich ihren Freiraum oft selbst zurechtmachen.

- Die Auseinandersetzung mit der Natur ist meistens eher sanft, ein Experimentieren und Erforschen. Ursprünglich ist also der Umgang mit der Natur eher pfleglich.

Gerade der letzte Punkt ist durchaus auch pädagogisch von Interesse. Die Befürchtung — auch von Naturschützern —, Kinder würden durch impulsives und oft schonungsloses Handeln die eigentlich zu bewahrende Natur in ihrem Spiel zerstören, scheint vor diesem Hintergrund gesehen relativ gegenstandslos zu sein. Die sorgsame und sanfte Umgangsweise mit Natur beziehungsweise zumindest entsprechende Werthaltungen werden auch offenbar in Gesprächen mit Kindern (siehe Kapitel 12), in denen es um naturethische Dilemmata geht (Aho 1984, Gebhard/Billmann-Mahecha/Nevers 1997, Billmann-Mahecha/Gebhard/ Nevers 1997, 1998).

Auch Einstellungsmuster, die mit Hilfe eines Fragebogens (environment response inventory) bei Kindern faktorenanalytisch rekonstruiert wurden (Bunting/Cousin 1985), bestätigen den sanften Aspekt der kindlichen Naturbeziehung: Eine positive Einstellung zu natürlichen Umwelten (Pastoralismus) und eine ausgeprägte Reizsuche angesichts natürlicher Umwelten (stimulus seeking) sind neben dem sogeannten Antiquarianismus (emotionales Verhältnis zur Vergangenheit und zu altmodischen historischen Umwelten) die bevorzugten Dimensionen. Dagegen sind Urbanismus (Neigung zu von Menschen gemachten Umwelten und zum Leben in der Stadt) und "environmental adaption" (Befolgung von Maximen wie "der Mensch muß sich die Natur untertan machen") nachgeordnet.

Der Ökologe Remmert (1988) befürchtet zu Recht, daß Kinder zu wenig oder nur eingeschränkte Erfahrungen in der Natur machen können, wenn die Naturschutzvorschriften allzu streng angewandt werden. Die Gefahr ist nämlich eine andere: Kinder werden so "nur die Situation im Wald, im Feld, am Wasser einschätzen als 'alles ist verboten'. Damit ziehen wir eine neue Generation von Menschen heran, denen jeglicher Sinn für Natur und Naturschutz fehlen muß" (Remmert 1988, S. 37f.). Natürlich pflücken Kinder bisweilen Blumen, reißen sich einen Stock von einem Baum, bauen sich Buden — jedoch die Natur hält diese Nutzung wohl aus. Die Zerstörung von Ökosystemen hat sicherlich andere Ursachen als das Kinderspiel. Wenn Erziehung und Unterricht in der Tat einen eher pfleglichen Umgang mit der Natur stützen oder gar entwickeln wollen, können sie wohl von dieser ursprünglichen kindlichen Haltung ausgehen. So ist beispielsweise bei der Umwelterziehung zu bedenken, daß der sozialisatorische Einfluß in der Tat eher zu einem zumindest sorglosen, wenn nicht destruktiven Umgang mit der Umwelt führt (vgl. Dollase 1997, Gebhard 1998).

Von einer bemerkenswerten Episode in diesem Zusammenhang berichtet Garlichs (1989, 1985): Sie erzählt von einem Unterricht, in dem der Aufbau der Blüte anhand einer "weit aufgeblühten, leuchtend roten oder gelben Tulpe" untersucht werden sollte.

Ich kann es kaum mehr beschreiben, wie ich es damals erlebt habe, die Freude und das Entzücken der Kinder über die schönfarbigen Blüten in dem tristen Klassenraum. [...] Die Kinder ahnten, daß sie die Blüten zerlegen sollten, aber sie sträubten sich dagegen. [...] Sie widersetzten sich erfolgreich [...] und sammelten in einer spontanen Regung die Blumen ein, um sie gemeinsam ins Wasser zu stellen (Garlichs 1989, S. 258).

Ähnliche Beobachtungen lassen sich häufig machen, und die kindliche Scheu vor der Zerstörung von Lebendigem zeigt sich sicherlich nicht nur in der Schule. Die in Kapitel 9.4 dokumentierte Geschichte über die Weigerung von Kindern, bei einer Bohne einen Längsschnitt durchzuführen, ist ein weiteres Beispiel, ebenso einige Argumente, die in dem "Gespräch über Bäume" (Kaitel 12) von den Kindern geäußert werden. Natürlich gibt es auch andere Beispiele — z.B. Tierquälerei (siehe Kapitel 7.6) — jedoch sind diese wohl nicht die Regel.

Hart (1982) vertritt insgesamt die These, daß es eine spezielle, und zwar sehr innige Beziehung gerade von Kindern zur Natur gebe. Er bringt sie in Zusammenhang mit einem besonders offenen Bewußtseinszustand bei Kindern ("open-mindedness"). Die damit verbundene Kreativität und Sensibilität sei bei Erwachsenen nur noch bei Künstlern anzutreffen. Noch wichtiger sei allerdings eine "existenzielle Dimension": Danach seien Kinder ausgesprochen interessiert an der äußeren physischen Welt; sie suchen (mehr als in späteren Phasen) nach einem Verständnis der Welt (inklusive Pflanzen und Tieren) und auch ihrem eigenen Platz. Diese Offenheit und Sensibilität für die Dinge der Natur ist nach Hart in späteren Entwicklungsphasen nie wieder so ausgeprägt wie in der Kindheit; beispielsweise hätten Teenager viel mehr mit sich selbst zu tun. So könne man z.B. oft beobachten, daß Kinder tief in Naturbeobachtungen oder Naturerfahrungen involviert sind. Freilich muß hier einschränkend angemerkt werden, daß Kinder alles, was sie tun, sozusagen ganz und gar tun. Die Hingabefähigkeit an die jeweils aktuelle Situation ist überhaupt bei Kindern ausgeprägter als bei Erwachsenen; das wird auch ihre Erfahrungen mit der Natur betreffen. Das hat bereits Muchow in den 30er Jahren angesichts ihrer phänomenologischen Studien über das Leben von Kindern in der Großstadt festgestellt:

> [...] das Kind ist ganz allgemein [...] unendlich viel intensiver an die Dinge der Welt hingegeben, verströmt sich selbst, seine Affekte und Wünsche viel intensiver in die Dinge hinein als der Erwachsene, der ein ganzes System denkgesetzlicher Formungen an die Dinge heranbringt, durch deren Anwendung sie vom Ich abgerückt und dem Ich gegenübergestellt werden (Muchow 1932, S. 91f.).

Ausgedehnte Naturkontakte in der Kindheit sind Hart zufolge für eine gesunde seelische Entwicklung außerordentlich wichtig. Und zwar sollen diese Erfahrungen in der eigenen, alltäglichen Umwelt gemacht werden und nicht etwa in künstlich angelegten Parks oder zoologischen Gärten, die nur am Sonntagnachmittag besucht werden. Der Kontakt zu Lebendigem sei vor allem deshalb wichtig, weil er es konkret ermögliche, das "komplexe interdependente Leben auf diesem Planeten" richtig zu verstehen und zu bewerten. Ähnlich äußert sich auch Shepard, wenn er sehr zugespitzt formuliert, daß Parkanlagen (und auch Heimtiere) "are not the crucial points of contact with 'nature' but only therapeutic exercises and the treatment of symptoms" (Shepard 1977, S. 11).

Die kindliche Entwicklung ist nicht nur von sozialen und personalen Bedingungen, sondern auch von der gegenständlichen Umwelt abhängig, wie in Kapitel 2 ausführlich dargelegt wurde. So gibt es Untersuchungen darüber, wie die räumliche Umwelt für Kinder im häuslichen Wohnraum aussehen sollte (Peek 1995). Kinder brauchen einen großen Bewegungsraum und viel freien Raum zur Entwicklung von Motorik und Handlungsfähigkeit (vgl. Zinn 1980, S. 23). Dabei muß beachtet werden, daß Kinder eine aktive Auseinandersetzung mit den Objekten der Welt suchen, daß sie die Objekte, auch die Naturobjekte, nicht etwa nur betrachten und darüber nachdenken, sondern daß sie sich diese durch Handeln und Erleben aneignen. Insofern scheinen ästhetische Qualitäten bei der Entscheidung für Naturspielorte nur eine untergeordnete Rolle zu spielen. Das wird noch genauer zu zeigen sein, jedenfalls kommen entsprechende Wertschätzungen vor allem von älteren Kindern. Die Konsequenz wäre, daß den Kindern ein handelnder Umgang mit der Natur ermöglicht werden sollte. Ein kontemplatives, romantisches, betrachtendes "Erleben" von Natur, wovon Erwachsene vielleicht träumen, entspricht eher nicht den kindlichen Bedürfnissen; Operationen im Sinne von Piaget sind so eben nicht möglich. Kinder setzen sich also mit der Umwelt, mit der Natur, aktiv auseinander und eignen sie sich auf solche Weise an. Sie gestalten dabei die Umwelt nicht selten auch um, was bisweilen durchaus im Gegensatz zu Vorstellungen und Planungen der Erwachsenenwelt geschieht. Der kindliche Eigensinn, soweit es die Annäherung an Naturphänomene betrifft, wird auch darin deutlich, daß Dinge, Plätze, Nischen Bedeutungen erhalten, die für Erwachsene belanglos sind.

In zahlreichen Untersuchungen zur Kleinkindentwicklung wird immer wieder hervorgehoben, wie wichtig eine möglichst vielfältige Reizumgebung ist; und das betrifft die nichtmenschliche Umgebung ebenso wie die menschliche (vgl. Kapitel 2). Neben dem Einfluß auf die Gehirnentwicklung (vgl. Akert 1979, Vester 1978) trägt eine reizvielfältige Umwelt dazu bei, psychische Entwicklungsschritte anzuregen und zu fördern. Es ist so, daß eine reizarme und auch eine reizhomogene Umwelt sich in mehrfacher Weise — nämlich die emotionale ebenso wie die kognitive Entwicklung betreffend — negativ auswirkt, wobei allerdings das Optimum "zwischen allzu homogenen und vertrauten Reizen einerseits und allzu fremdartigen (furchterregenden) Reizen andererseits" (Oerter 1976, S. 139) liegt. Auch spielpsychologische Befunde (Heckhausen 1964, Nickel/Schmidt–Denter 1991, Scheuerl 1990) weisen in diese Richtung. Heckhausen zufolge zeichnet sich das Kinderspiel u.a. durch sogenannte "Aktivierungszirkel" aus: dem aktiven und oft wiederholten Aufsuchen eines Wechsels von Spannung und Lösung. Eine solche fördernde Reizumwelt, die eine Mittelstellung zwischen neu und vertraut einnimmt, ist nun in der Tat eine relativ naturnahe Umgebung, in der sowohl verläßliche Kontinuität besteht als auch ständiger Wandel (siehe dazu auch Kapitel 6). Eine solche "reizvolle" Umgebung lädt zur Exploration, zur Erkundung ein, weil sie neu und interessant ist und eben zugleich vertraut. Dem Bedürfnis nach aktiver Orientierung kann man am besten nachgehen in einem Zustand relativer

Sicherheit und Geborgenheit. In Großstädten gibt es zunehmend die paradoxe Situation, daß Kinder sowohl zu schwach als auch zu stark gereizt sind. Einerseits fehlt häufig eine reizvolle Spielumwelt: es fehlen Brachflächen (siehe Kapitel 5.4), soziale Knotenpunkte und das Spielen auf der Straße ist meist wegen Autoverkehr nicht möglich oder zumindest schwierig (Flade 1992, Nokielsky 1985, Zinnecker 1979, 1997). Andererseits kann man von einer Überreizung (Lärm, Verkehr, Medien etc.) in der Stadt sprechen, die auch häufig zu nervösen Symptomen führt.

Mit Berlyne (1969) könnte man das Kinderspiel in der Natur als "unspezifische Exploration" bezeichnen, eine Tätigkeit, die die Neuigkeit der Umgebung als Anlaß zu explorativer Aktivität nimmt und damit zugleich Sicherheit und Vertrautheit herstellt. Im Anschluß an Sebba (1991) lassen sich die stimulierenden Erlebnisqualitäten, die (im Unterschied zur zivilisierten Umwelt) die Natur bietet, wie folgt zusammenstellen (vgl. Trommer/Noack 1997):

- Gleichzeitige Vielfalt von Reizen durch wechselnden Wind, wechselnde Lichteffekte, wechselnde Temperaturen, Gerüche usw.
- Kontinuierlicher Wechsel der Reize über eine Skala von Tönungen von hell zu dunkel, trocken zu naß, warm zu kalt usw.
- Die Instabilität und Fragilität der natürlichen Umwelt verlangt Wachsamkeit und Aufmerksamkeit.
- Kontakt zu Lebendigem.
- Die Umrisse natürlicher Umgebung sind oft vieldeutig, unscharf, unendlich verschiedenartig und darum sehr gut geeignet, die Phantasie anzuregen.

Auch Montessori betont die Bedeutung von Naturelementen für die Entwicklung des Kindes und verweist darauf, "wie stark Kinder von Licht, Farben und Tönen angezogen werden und welchen sichtlichen Genuß sie daran finden" (Montessori 1980, S. 94). Sie hält es für am besten für das Kind, "sein Bettchen befände sich in einem Garten, wo sein Auge die sanft sich wiegenden Bäume, Blumen und Vögel vor sich hätte" (Montessori 1980, S. 60).

Yarrow u.a. (1975, S. 40f. und S. 95f.) untersuchten bei Kleinkindern, mit welchen Dingen aus der physischen Welt diese Kinder umgehen. Danach bevorzugen Kinder Dinge, die erstens erkennbar reagieren ("*responsiveness*"), zweitens komplex sind ("*complexity*") und drittens eine hohe Varietät ("*variety*") haben, wobei die Dimension "Komplexität" nach dieser Untersuchung zumindest bei jüngeren Kindern am unwichtigsten ist. Dese Kriterien werden, auch wenn das von Yarrow u.a. nicht ausdrücklich hervorgehoben wird und diese Untersuchung keine über die Bedeutung von Natur war, insbesondere von Naturphänomenen erfüllt, weil diese veränderbar und unfertig sind (vgl. Nohl 1989). Yarrow u.a. behaupten sogar, daß solche Gegenstände die kognitive und motivationale Entwicklung mehr als die soziale Umwelt zu fördern in der Lage sind. Daß und wie der Umgang und das Spiel in der Natur und mit Naturmaterialien vor allem die kognitive Entwicklung fördern kann, zeigt zusätzlich eine Untersuchung von Jansson (1984).

Ich halte allerdings die hier implizierte Trennung von sozialen beziehungsweise personalen Erfahrungen einerseits und gegenständlichen Erfahrungen andererseits für problematisch. Auch die Erfahrungen mit den Dingen der Natur geschehen in einem sozialen Kontext und erhalten nur in diesem ihre Bedeutung (siehe zu diesem Problem Kapitel 5.5).

Bettelheim beobachtete bei Kibbuzkindern eine besonders enge Bindung an die Natur, deren sicherheitsspendende Funktion mit der von menschlichen Beziehungen vergleichbar sei.

> Ihre Liebe gleicht nicht der Liebe des Bauern für sein Land; es ist eine echte Liebesbeziehung zur Natur. Da diese sie niemals enttäuscht, können sie hier ihre tiefsten Gefühle offenbaren, und da sie keine Forderungen stellt, ist es nicht gefährlich, sich aus der Hand zu geben (Bettelheim 1971, S. 262).

Diese durchaus haltende "Liebesbeziehung zur Natur" bezieht sich allerdings nur auf spezifische Teile der Natur, nämlich solche, zu denen eine Beziehung hergestellt, die sich persönlich angeeignet wurde, z.B. beim Hüten der Schafe oder bei der Gartenarbeit. Eine besonders enge Bindung an die Natur beobachtete Bettelheim übrigens beim männlichen Geschlecht.

In einer vergleichenden ethnographischen Studie fand Tuan (1978) heraus, daß Kinder aller Kulturen im vorpubertären Alter ein ausgeprägt emotionales Verhältnis zur Umwelt entwickeln, in der sie leben. Das hat sicherlich auch etwas zu tun mit einer besonderen Bindung an die "Heimat", so problematisch dieser Begriff — zumal in Deutschland — auch geworden ist. So meint "Heimat" in diesem Zusammenhang auch nicht etwa eine nostalgische Reminiszenz an eine romantisch verklärte Kulisse (vgl. Wood 1985). Eher könnte man mit Bausinger (1980, S. 20) Heimat begreifen als

> [...] Nahwelt, die verständlich und durchschaubar ist, als Rahmen, in dem sich Verhaltenserwartungen stabilisieren, in dem sinnvolles, abschätzbares Handeln möglich ist — Heimat also als Gegensatz zu Fremdheit und Entfremdung, als Bereich der aktiven Aneignung, der aktiven Durchdringung, der Verläßlichkeit.

Es gibt jedenfalls Hinweise dafür, daß sich Menschen in der Landschaft, in der sie aufgewachsen sind, auch als Erwachsene noch besonders wohlfühlen. Cobb (1959) analysierte 300 Autobiographien von sogenannten "creative thinkers" und fand dabei heraus, daß für diesen Personenkreis eine besondere Naturnähe in der mittleren Phase der Kindheit (ca. 5 bis 12 Jahre) ausgesprochen wichtig war. In dieser Zeit entstehe ein Bewußtsein und ein Sinn für die "dynamische Beziehung mit der äußeren Welt", was immer wieder zur Quelle kreativer Prozesse werden könne. Die Erfahrung mit der natürlichen Welt sei wichtig, um eine gleichsam biologische Basis für Intuitionen zu entwickeln, weil nur die Erfahrung von Natur dem Kind erlaube, in Prozessen zu denken. Zusätzlich ist nach Cobb eine naturnahe und damit auch vielfältige Umgebung eine Bedingung dafür, sich selbst zu entfalten. Eine naturnahe Umgebung ist nämlich zugleich eine Welt, die für das Kind bedeu-

tungsreich ist. Cobb geht sogar davon aus, daß es ein menschliches Grundbedürf-
nis sei, in einer solchen bedeutungsreichen und vielfältigen (Natur–) Umwelt zu
leben (vgl. Cobb 1959, S. 542).

Moore/Young (1978) fanden in einer Analyse von Kinderzeichnungen heraus,
daß Kinder Naturelemente viel höher bewerten, als es der realen Häufigkeit in
ihrer jeweiligen Umgebung entspricht. Zu völlig analogen Befunden kommt auch
Reiß (1996); er forderte Kinder zwischen 8 und 14 Jahren auf, ein freies, thematisch nicht festgelegtes Bild zu malen. In die Auswertung konnten 34623 Bilder
aufgenommen werden, wobei inhaltlich das Thema Umweltzerstörung am häufigsten vorkam (17,5%), aber auch Landschaften in einer heilen Natur (13,5%) und
Tierdarstellungen (8,1%) werden von den Kindern nicht selten gemalt (ausführlich
in Kapitel 11).

Ein häufig verwendetes Argument für den Wert von Naturerfahrungen in der
Kindheit sind positiv getönte Kindheitserinnerungen von Erwachsenen: In diesen
sind nämlich Naturelemente deutlich überrepräsentiert (vgl. Lehmann 1996, Lu-
kashok/Lynch 1956). Inwieweit jedoch solche Kindheitserinnerungen von Erwachsenen als Beleg für die These, daß Naturerfahrungen von besonderem Wert
für Kinder seien, herangezogen werden können, scheint fraglich: Hier wird eine
romantisierende Verklärung sowohl der Kindheit als auch der Natur zumindest im
Spiel sein. Deshalb seien an dieser Stelle einige Befunde zum Naturerleben von
Erwachsenen eingefügt:

Ulrich (1984, 1985) hat den Effekt von Naturerfahrungen bei Erwachsenen direkt untersucht. Er legte erwachsenen Patienten unterschiedliche Bilder vor:
Stadtszenen (Hochhäuser) und Naturszenen (Pflanzen und Gewässer). Es zeigte
sich, daß die Betrachter bei den Naturszenen wesentlich langsamer ermüdeten und
sich auch entspannter fühlten als bei den Stadtbildern.

Nohl (1991) wertete eine Reihe quantitativer Erhebungen zum Nutzungsverhalten von städtischen Naturräumen und Freiflächen aus. Als Hauptergebnis dieser
Sekundäranalyse kann herausgestellt werden, daß auch bei Erwachsenen ein ausgesprochen hohes Bedürfnis nach naturnahen Freiflächen vorliegen muß. Nohl faßt
die ausgewerteten Befunde für eine fiktive Stadt mit ca. 500000 Einwohnern zusammen: Danach verbringen die Einwohner einer Halbmillionenstadt ca. 134 Mil-
lionen Stunden in den Freiflächen der Stadt. Dabei entfallen die meisten Stunden
auf Parkanlagen und Stadtwälder (40,1 Mill.) und die persönlichen Hausgärten
(35,2 Mill.). Zu völlig analogen Ergebnissen kommt Tauchnitz (1994), der für die
Stadt Münster ermittelte, daß für 90,8 % der Stadtbevölkerung Stadtparks sehr
wichtig sind (Gärten 87,9 %, Stadtteilparks 87,8 %, Spielplätze 85,4 %, Wohnstra-
ßen 75,8 %, Innenhöfe 57,1 %, Liegewiesen 45,4 %). Dabei spielt der Wunsch
nach Ruhe und Erholung (93,8 %) neben der Vorliebe für naturnahe Biotope (71,5
%) eine zentrale Rolle. Gadet und Roelofsen (1991) haben entsprechende Untersuchungen mit ähnlichen Ergebnissen im Amsterdamer Vondelpark durchgeführt.
Die häufigsten Nutzer von öffentlichen Parks sind danach übrigens Alleinwoh-
nende, ein Umstand, der die Autoren zu sozialpsychologischen Überlegungen
veranlaßt, nach denen infolge des Brüchigwerdens der Kleinfamilie die alleinle-

benden Menschen wieder mehr auf den öffentlichen Raum ausgerichtet sind. Das ist natürlich nicht nur, aber offenbar auch öffentliches Grün.

Auffällig ist zusätzlich, daß Straßen und Wege relativ häufig zum Spazierengehen genutzt werden (Rautmann 1982). Die Nutzung von Klein- beziehungsweise Schrebergärten ist für eine ökopsychologische Betrachtung der Stadt ebenfalls nicht zu vernachlässigen, auch wenn nur etwa 4% der Stadtbewohner diese Flächen nutzt (Ferny u. Kleinlosen 1987). Die Kleingärten werden nicht mehr zur Sicherung des Lebensunterhalts wie in den Notzeiten nach dem 1. und 2. Weltkrieg genutzt. Sie spielen vielmehr eine Rolle für Ruhe und Erholung; Obst-, Gemüse- und Blumenanbau sind zumindest nachgeordnet (Tauchnitz 1993).

Insgesamt zeigen die bisher dargestellten Befunde, daß natürliche Strukturen in der Tat eine Vielzahl von Eigenschaften haben, die für die kindliche Entwicklung gut sind: Die Natur verändert sich ständig und bietet zugleich Kontinuität. Sie ist ständig neu (z.B. der Wechsel der Jahreszeiten) und doch bietet sie die Erfahrung von Verläßlichkeit und Sicherheit: Der Baum im Garten überdauert die Zeitläufe der Kindheit und steht so für Kontinuität. Die Vielfalt der Formen, Materialien und Farben regt die kindliche Phantasie an, sich mit der Welt und auch mit sich selbst zu befassen. Das Herumstreunen in Wiesen und Wäldern, in sonst ungenutzten Freiräumen kann Sehnsüchte nach "Wildnis" und Abenteuer befriedigen, die sonst nicht oder kaum zu ihrem Recht kommen würden (vgl. Milchert 1983, Trommer 1992). Vielleicht nicht ganz zu Unrecht spitzt Shepard (1977, S. 7) diesen Gedanken zu, wenn er die Bedeutung von Naturerfahrungen charakterisiert als "essential to human health as good mothering". Der psychische Wert von "Natur" besteht also in ihrem eigentümlichen, ambivalenten Doppelcharakter: sie vermittelt die Erfahrung von Kontinuität und damit Sicherheit und zugleich ist sie immer wieder neu. Auch in der Anthropologie geht man davon aus, daß es beim Menschen zum einen einen grundlegenden Wunsch nach Vertrautheit und zum anderen ein ebenso grundlegendes Neugierverhalten gibt (siehe Kapitel 6).

Bisweilen wird sogar von einer "sensiblen Phase" gesprochen, in der Kinder für Natureindrücke besonders empfänglich sein sollen. So spricht Jaedicke (1979) z.B. bei Naturerlebnissen in der Kindheit von "Primärerfahrungen", die die emotionale und geistige Entwicklung nicht unwesentlich prägen. Und Zinn führt aus:

> Ein Mangel an primären Naturerfahrungen in der "sensiblen" Altersphase, in der Kinder für Natureindrücke besonders empfänglich zu sein scheinen, kann wahrscheinlich durch keine noch so stimulierende Ersatzwelt kompensiert und später wohl auch nicht aufgeholt werden. Entwicklungsstörungen [...] sind also bei Kindern, die keine Gelegenheit hatten, Naturerfahrungen zu sammeln, nicht auszuschließen, ohne daß man heute schon Genaueres über die Art solcher Störungen sagen könnte. Ich vermute, daß sich die Naturentfremdung von Kleinkindern weniger auf deren kognitive als auf die soziale Entwicklung auswirkt. Ein Kind, das nur in der Kunstwelt menschlicher Zivilisation aufgewachsen ist, in der Welt der Technik und Maschinen, die auf Knopfdruck jede beliebige Reaktion hervorbringen können, wird leicht dazu neigen, die gesamte gesellschaftliche Umwelt einschließlich der zwischenmenschlichen Beziehungen für beliebig manipulierbar zu halten. Die natürliche Basis menschlicher Existenz, die trotz aller Vergesellschaftungspro-

zesse nach wie vor elementare Bindung des Menschen an die Natur und das Bewußtsein von den schwerwiegenden Folgen, die die Mißachtung von Naturgesetzen
für die menschliche Gesellschaft haben kann, wird einem Kinde, das sich selbst
niemals als Teil der Natur erlebt hat, nur schwer verständlich zu machen sein. (Zinn
1980, S. 26)

Auch der Baupsychologe Piperek geht von einer sensiblen Phase im Hinblick auf
Naturkontakte, ja sogar von einer "anlagemäßigen Hinordnung der Humanpsyche
auf die natürliche Umwelt" (Piperek 1975) aus. Der Mensch — und infolge einer
besonderen Sensibilität vor allem das Kind — sei auf die Stimulierung durch die
natürliche Umwelt angewiesen, andernfalls — und dafür gibt Piperek eine Reihe
von Beispielen aus dem städtischen Umfeld — erleide er physische und auch psychische Schäden. Unter Ausblendung sozialer und politischer Faktoren führt
Piperek alle Formen "seelischer Verwahrlosung" allgemein auf das großstädtische
Milieu zurück, das eben das Naturbedürfnis von Kindern nicht mehr befriedigen
könne. Wenn auch seine Prämissen (sensible Phase als gleichsam biologischer
Prägungsvorgang im Hinblick auf Naturerfahrungen; problematische Wertset-
zungen, was als psychisch gesund gilt; Vernachlässigung sozialer Faktoren) zu
kritisieren sind, so ist doch seine "Diagnose" wahrscheinlich zutreffend, daß
nämlich fehlende oder zu monotone Naturerfahrungen in der Tat negative Einflüsse auf die kindliche Psyche haben. Er nennt Konzentrationsstörungen, Mangel
an Selbstvertrauen und Initiative, Kontaktarmut. Die Annahme einer "universellen
Korrespondenz" zwischen seelischer Entwicklung und Umwelt ist zwar bei
Piperek eben in ihrer Universalität etwas diffus, sie entspricht aber den grundlegenden Annahmen über den Einfluß der nichtmenschlichen Umwelt auf die seelische Entwicklung, wie sie in Kapitel 2 dargelegt wurden.
   Der bereits mehrfach angedeutete Zusammenhang von Naturerfahrungen und
Gesundheit wird häufig auch mit evolutionären Annahmen in Verbindung gebracht, wonach eine Präferierung von naturnahen Umwelten und vor allem entsprechende Wirkungen von Natur auf die somatische und körperliche Befindlichkeit mit biologisch fundierten Dispositionen zusammenhänge (siehe ausführlich
Kapitel 6). Unabhängig von dem natürlich umstrittenen biologischen beziehungsweise evolutionären Erklärungsansatz sind die empirischen Befunde zur Wirkung
von Natur allerdings bemerkenswert: So konnten Ulrich u.a. (1991) zeigen, daß
naturnahe Umwelten (im Unterschied zu Stadtumwelten) in mehrfacher Hinsicht
geeignet sind, Streßsymptome zu reduzieren. Natur hat damit eine erholungswirk-
same, wenn nicht gar gesundmachende Funktion. In der Untersuchung von Ulrich
u.a. (1991) wurden den Versuchspersonen (N=120) ein streßinduzierender Film
gezeigt, um sie im Anschluß daran mit sechs verschiedenen Umwelten zu konfrontieren (ebenfalls als Film). Die jeweiligen Effekte wurden mittels physiologischer
Messungen (Herzfrequenz, Puls, Muskelspannung, Blutdruck) und verbaler
Selbstauskünfte der Versuchspersonen bezüglich der affektiven Gestimmtheit
erfaßt. Die Ergebnisse dieser Studie sind eindeutig: Naturumwelten sind am ehesten in der Lage, zu einer Erholung beizutragen. Das betrifft sowohl die physiologischen Meßwerte, was mit einem Einfluß von Naturumwelten auf das parasympa-

thische Nervensystem in Verbindung gebracht wird, als auch die emotionale Gestimmtheit. "Natur" ist in den Untersuchungen wirksam vor allem Hinblick auf die Auslösung von "positiven Affekten", aber auch auf die Fähigkeit, negative Affekte wie Anst oder Ärger zu kompensieren. Die Annahme des streßmindernden Effekts von Naturerfahrungen wird inzwischen von einer Vielzahl von empirischen Studien nahegelegt, Ulrich u.a. (1991) verweisen auf über hundert Untersuchungen (z.B. Driver 1976, Hartig/Mang/Evans 1991, Knopf 1987, Parsons 1991, Schroeder 1989, 1991, Ulrich/Simons 1986). Unklar ist freilich, ob dieser Effekt wirklich ursächlich mit Naturattributen zusammenhängt oder ob dieser Effekt auch mit anderen Mitteln (z.B. Comutersimulation) zu erzielen ist (vgl. Kaplan/Kaplan 1989). Nicht unwesentlich scheint bei der beruhigenden Wirkung von Natur die Ruhe ("tranquility") in der Natur zu sein, die mit Stille ("calmness"), Klarheit ("serenity") und Frieden assoziiert wird (Herzog/Bosley 1992). Schröder (1991, S. 245) qualifiziert insofern die Natur, genauer eine bestimmte, nämlich savannenähnliche (siehe Kapitel 6) Natur, als "natural tranquilizer" Interessant in diesem Zusammenhang sind auch die Untersuchungen in Kliniken (Ulrich 1985, Verderber 1986), in Zahnarztpraxen (Heerwagen 1990) und auch die erstaunlichen Wirkungen der Heimtierhaltung (siehe Kapitel 7).

Naturerfahrungen scheinen also die seelische Entwicklung eher zu fördern. Darüber hinaus und davon unabhängig wird häufig in umweltpädagogischen Konzepten davon ausgegangen, daß Naturerfahrungen auch eine Bedingung dafür sind, sich für den Erhalt der Natur und Umwelt einzusetzen. Nur wenn Kinder eine Beziehung zur Natur entwickeln, können sie ihre Zerstörung wahrnehmen. Wer immer auf asphaltierten Plätzen gespielt hat, wird sich kaum am Sterben der Wälder stören oder gar darunter leiden. So zeigen Langeheine/Lehmann (1986) in einer empirischen Studie, daß Naturerfahrungen in der Kindheit als ein wesentlicher Bedingungsfaktor für die Genese umweltbewußter Einstellungen und v.a. Handlungsbereitschaften anzusehen sind. Andere Faktoren (Schule, Massenmedien) müssen als ausgesprochen nachgeordnet angesehen werden. Freilich ist dieser Zusammenhang von Naturerfahrung und Umweltbewußtsein der gar Umwelthandeln nicht zwingend, auch wenn er inzwischen durch eine Reihe von empirischen Studien (allerdings an Erwachsenen) gezeigt werden konnte (Chawla 1998, Dennis/Knapp 1997, Finger 1994, Grob 1991, Kals u.a. 1998), worauf sich letztlich erlebnisorientierte umweltpädagogische Konzepte stützen (Chawla 1998, Göpfert 1988, Maaßen 1994). Hervorzuheben ist zum einen, daß der besagte Zusammenhang sich auf alltägliche Naturerfahrungen in der Kindheit und weniger auf pädagogisch initiierte Erfahrungen bezieht. Zum anderen wurde er vor allem aus der Erinnerung von Erwachsenen rekonstruiert; es gibt also nur wenig Untersuchungen an Kindern und Jugendlichen. Als eine wichtige Ausnahme sei in diesem Zusammenhang die Studie von Bögeholz (1999) etwas ausführlicher dargestellt:

Bögeholz unterscheidet fünf Naturerfahrungsdimensionen (vgl. Bögeholz/ Mayer 1998), und zwar die ästhetische, die erkundende, die instrumentelle, die ökologische und die soziale Naturerfahrungsdimension (Bögeholz 1999, S. 22). In einer Befragung von Kindern und Jugendlichen wurde zum einen nach der Häufigkeit von Naturerfahrungen gefragt und zum anderen auch nach der subjektiven Wertschätzng von Naturerfahrungen. Das Erhebungsinstrument umfasste außerdem Umweltwissen und v.a. die Umwelthandlungsdimension. Befragt wurden 1243 Kinder und Jugendliche im Alter zwischen 10 und 18 Jahren, die zur einen Hälfte in natur- und umweltbezogenen Gruppen (z.B. BUND, NABU oder Pfadfinder) und zur anderen Hälfte nicht in solchen Gruppen organisiert waren. Für den in diesem Kapitel interessierenden Zusammenhang der Bedeutung von Naturerfahrungen sind die folgenden Befunde bedeutsam:

- Die Häufigkeit von Naturerfahrungen ist bei den Mitgliedern naturbezogener Gruppen signifikant höher.
- Die Naturaktiven verfügen auch über größeres Umweltwissen (Artenkenntnisse, ökologische Konzepte).
- Die Handlungsintentionen bezüglich Naturschutz sind bei den Naturaktiven ausgeprägter.
- Der Anteil der Mädchen am ästhetischen Typ ist höher als der Anteil der Jungen, dagegen ist der Anteil der Jungen am instrumentell-erkundenden und ökologisch-erkundenden Typ größer.
- Häufige Naturerfahrungen werden positiv erlebt.
- Besonderen Einfluß auf Handlungsintentionen hat die erkundende, gefolgt von der ästhetischen und ökologischen Naturerfahrungsdimension.
- Relativ unbedeutend in dieser Hinsicht ist die soziale Dimension, womit der soziale Kontakt zu Haustieren erfaßt ist.

Die bisherher referierten Befunde, die "Natur" und "Naturerfahrungen" eher positiv erscheinen lassen, sind nicht die einzigen. Gegen diese Ergebnisse, zumindest jedoch gegen eine entsprechende Interpretation, sind auch Einwände vorgebracht worden, die im folgenden dargestellt werden sollen, um zu einem ausgewogenen Urteil zu kommen, das einer romantisierenden Naturverklärung nicht erliegt, jedoch den Wert von Natur beziehungsweise Naturerfahrungen nicht vorschnell beiseite schiebt. Zwar wird selten bestritten, daß Kinder gern in der Natur spielen, jedoch wird bezweifelt, ob dafür der Hauptgrund in einer besonderen Naturnähe zu suchen ist. An der Natur wäre dann für Kinder vor allem interessant, daß sie hier ungestört und unkontrolliert sind. Möglicherweise könnten dieselbe Funktion auch Schrottplätze oder Baustellen erfüllen. So behauptet z.B. Holkomb (1977), daß ein mangelnder Kontakt mit der Natur keine nachteiligen Folgen habe. Andere Vermutungen betrachtet sie als Projektionen von Erwachsenen. Gerade für kleine Kinder seien die Unterschiede zwischen Stadt und Land, zwischen sogenannter natürlicher Umwelt und bebauter Umwelt fast unbedeutend, da Wahrnehmungs- und Unterscheidungskriterien in bezug auf die natürliche Umwelt nicht angeboren, sondern anerzogen seien. Die Ergebnisse einer Untersuchung mit vierjährigen Kindern sind die folgenden:

- Beim Ordnen und Sortieren von Bildern sind Naturphänomene kein Kriterium; die Kinder achten auf ganz andere Dinge. Ob auf den Bildern Naturszenen dargestellt sind, scheint keine Rolle zu spielen. Jedenfalls war bei keinem der Kinder das Unterscheidungskriterium "natürliche versus vom Menschen hergestellte Szene" beobachtbar.
- Die Kinder wissen jedoch, daß Häuser, Straßen, Autos usw. von Menschen hergestellt wurden, Berge, Bäume (auch die Bäume der Stadt) und Tiere aber nicht.
- Kinder können Plastikblumen leicht von echten Blumen unterscheiden, nicht aber eine Wildform von einer kultivierten Pflanze.
- Bei den Lieblingsplätzen der Kinder handelt es sich hauptsächlich um von Menschen geschaffene Orte. Selbst der Strand ist nur deshalb so beliebt, weil es dort Eiscreme gibt. Holkomb bringt dieses Ergebnis damit in Zusammenhang, daß sich Kinder in kultivierten und damit auch gesicherten Umwelten freier bewegen dürfen. Auch hier haben wir also das Ergebnis, daß Kinder Orte bevorzugen, in denen sie sich frei bewegen können; das kann, muß aber nicht die Natur sein.

Für vierjährige Kinder ist — dieser Untersuchung zufolge — also ein Wald genauso faszinierend wie ein Straßenzug. An beiden Orten finden sie viele interessante Dinge. Jedoch ist dies altersabhängig: ältere Kinder und auch Erwachsene haben es schwerer als kleine Kinder, z.B. in einer Straßenpfütze einen kleinen See zu sehen. Von ähnlichen Befunden berichten auch Kaplan et al. (1972): danach wird die Komplexität von Stadtumwelten höher eingeschätzt als die von Naturumwelten.

Hard (1975) glaubt auch bei Erwachsenen nicht, daß sie eine eigentlich reine, unberührte Natur suchen. Abgesehen davon, daß es die «ursprüngliche Natur» ohnehin nicht gibt, bezweifelt Hard, daß diese Ziel der Sehnsüchte ist.

> Was die "Natur" attraktiv macht, ist nicht so sehr ihre tatsächliche "Kulturferne" und 'Unberührtheit'. Sie ist vielmehr attraktiv, weil sie ein Milieu zu liefern verspricht, in dem ein Verhalten möglich wird, das dem Normverhalten in der industriellen Arbeitswelt entgegengesetzt beziehungsweise komplementär ist. "Natur" ist gesucht, weil sie Spielräume verspricht für entlastetes, "sozialentpflichtetes" Verhalten und insofern sie "individuell ausdeutungsfähige" Möglichkeiten und Raum für vielfältige Freizeitaktivitäten bietet. [...] Bereitstellung möglichst "reiner" Natur genügt also nicht. Auch der teilweise so vehement geäußerten Überzeugung, daß die möglichst "unberührte" (beziehungsweise derart konservierte) Natur größere Erholungswirkung und ein "tieferes" Naturerlebnis hervorriefe, muß widersprochen werden (Hard 1975, S. 14; vgl. auch Kiemstedt 1968; Kaplan/ Kaplan 1989).

Danach ist die Natursehnsucht des Städters eher als kompensatorische Flucht vor dem Stress der technischen Umwelt anzusehen (vgl. Olschowy 1983, S. 107). Auch die Jugendstudie der Deutschen Shell aus dem jahr 1985 zeigt, daß zumindest Jugendliche "Natur" suchen, um Entspannung zu finden. So möchten immerhin 38% der männlichen Jugendlichen (n=725) und 45% der weiblichen Jugendlichen (n=747) in den Garten oder die Natur gehen, um sich zu entspannen. Der Aufenthalt in der Natur wird als "Entspannungstechnik" nur noch übertroffen von der Möglichkeit, mit Freunden zu sprechen. Mit zunehmendem Alter scheint dieses Bedürfnis noch zuzunehmen; bei Erwachsenen liegt der entsprechende Wert bei 65% (n=729), wobei sich übrigens interessanterweise das Geschlechterverhältnis deutlich umgekehrt hat. Diese Befunde legen es insgesamt nahe, daß die Sehnsucht nach Natur auch als ein kulturelles und soziales Phänomen anzusehen ist, das eben mit dem Alter und damit auch mit der Sozialisationszeit ausgeprägter wird. Für diese Annahme spricht auch, daß Jugendliche mit höherem Schulniveau eher Entspannung in der Natur suchen beziehungsweise dies zumindest phantasieren (vgl. Fuchs 1985/2, S. 7ff.).

Fischerlehner (1992, 1993) kommt in einer inhaltsanalytischen Auswertung von 136 Schüleraufsätzen zum Thema "Was ich in der Natur erleben kann" zu analogen Befunden: Für die 9- bis 13jährigen Kinder kann Natur folgendes sein: ein Ort der Entspannung, ein Spiel- und Sportplatz, ein Ort der sozialen Interaktion, ein Ort der Arbeit, ein Anlaß, sich mit der Naturzerstörung auseinanderzusetzen und auch als eine Aufforderung zu Wachstums- und Reifungsprozessen.

> In der Natur gefällt mir, daß man allein sein kann und daß man sich erholen kann.
> (Junge, 11 Jahre)
> Die Natur ist für die Tiere ein Lebensraum, und für uns Kinder ist es so eine Art
> Spielplatz. Auch für Erwachsene ist es ein Spielplatz, nur ein bißchen größer.
> (Mädchen, 10 Jahre)

Vor allem letzteres macht deutlich, daß und wie "Natur" auch eine symbolische Bedeutung erhält. So rekonstruiert Fischerlehner aus den Aussagen der Kinder eine durch "Natur" induzierte Förderung der Kreativität und der kognitiven Entwicklung. Allerdings — und darauf sei hier bereits hingewiesen — kann "Natur" auch eine Quelle von grundlegenden Ängsten sein, die sich auf die Umweltzerstörung beziehen. Darauf wird in Kapitel 11 noch ausführlich einzugehen sein.

Wofür Natur bei Kindern und Jugendlichen symbolisch stehen kann, zeigt eine Studie (N=23) an 12- bis 13jährigen von Wals (1994). Natur ist lebendig, besteht aus Blumen, Tieren und Bäumen; die "wahre Natur" ist "rein" "friedlich" und nicht von Menschen gemacht. Die Natur ist wild und spontan, erhält sich selbst, steht für Freiheit und Einsamkeit. Deutlich reproduzieren sich hier historisch gewachsene (romantische) Naturbilder, die freilich ihre Wirkung durchaus in Korrespondenz zur gewissermaßen "tatsächlichen" Naturnutzung entfalten: Natur als "entertainment", als "challenging place" als "reflection of the past", als "background to activities", als "place for learning", als "place to reflect".

Interessant in diesem Zusammenhang sind auch die Ergebnisse einer qualitativen Studie, in der Schüler der 7. bis 10. Jahrgangsstufe ihre "Wunschschule" malen sollten (Quint 1990). In einer sehr subtilen und sorgfältigen Analyse der Bilder arbeitet die Autorin heraus, daß die meisten der befragten Schüler sich ihre Schule in der Natur, möglichst noch auf einer Insel, wünschen. Immerhin 80,9%

entwerfen in ihren Zeichnungen eine naturnahe und grüne Landschaft, in der die Schule stehen soll. Nur 19,1% verzichten darauf; das sind überwiegend Entwürfe von Jungen der 7. Klasse, die sich Raumstationen wünschen.

> Der Wunsch nach Grün, nach Bäumen, Blumen, Wasser, Tieren und Wildnis bleibt bei vielen Entwürfen nicht auf die Außenanlagen beschränkt, sondern wird in Form von Dschungelräumen, Früchtezimmern und Riesenpflanzen in die Schulräume selbst mit hinein genommen (Quint 1990, S. 146).

Zu ähnlichen, wenn auch nicht ganz so eindeutigen Ergebnissen kommt eine vergleichbare Studie über die "Stadt, in der ich gerne leben möchte" (Schilling 1987). Auch in dieser Stadt ist es sehr grün; v.a. die Mädchen gestalteten in ihren Entwürfen Wiesen und Bäume, oft auch Wald und Blumen, bisweilen auch Felder. Auffällig in der Untersuchung von Schilling ist, daß nur etwa ein Drittel der Schüler bei der Gestaltung ihrer Idealstadt an Tiere dachte.

Johannsmeyer führte in einem Kindergarten mit drei- bis sechsjährigen Kindern in einer längeren Periode Befragungen durch, die v.a. dem kindlichen Verhältnis zu Pflanzen galten (siehe Kapitel 9). Jedoch gibt es auch im Hinblick auf das Naturverhältnis und Naturverständnis der Kinder einige Ergebnisse: Als Spielort in der Natur wird der Privatgarten nur von jüngeren Kindern favorisiert. Bedeutsamer sind die Flächen vor den Wohnhäusern. Freilich gibt es hier erhebliche Restriktionen; oft ist das Spielen auf den Grünflächen vor den Wohnhäusern nämlich verboten. So spielen die Kinder meist auf Steinflächen, ältere Kinder weichen auch auf Brachflächen aus. Spielplätze werden nur manchmal genutzt. Neben Pflanzen (auf Bäume klettern, Buden bauen usw.) werden an sonstigen Elementen Wasser, Sand und Erde bevorzugt, wobei das Wasser zum Matschen infolge elterlicher Verbote meist fehlt. Die Autorin stellt fest, daß Kinder aus Wohnblöcken oft besser als Kinder aus Eigenheimen dran waren, da hier der Einfluß und Zugriff der Eltern auf die Aktivitäten der Kinder geringer ist. Der Privatgarten ist offenbar nur bedingt attraktiv für (zumindest ältere) Kinder (vgl. Hetzer u.a. 1966). Insgesamt scheint die Studie von Johannsmeier — ähnlich wie die von Holkomb (1977) — allerdings zu zeigen, daß Kinder die Natur zumindest nicht ausgesprochen bevorzugen. Natürlich gibt es auch hier Lieblingstätigkeiten und -plätze, jedoch kann das die Wiese und der Wald genauso wie die Straße sein. Die Autorin hebt dagegen soziale Einflüsse besonders hervor, beispielsweise wie wichtig das Verhalten der Eltern im Hinblick auf das kindliche Naturverhältnis ist.

> Kinder, deren Eltern sich insgesamt restriktiv verhalten, haben fast kein Verhältnis zu Pflanzen, dürfen auch nicht klettern oder matschen. Im Extremfall äußert sich dies in einer stark negativen Einstellung, die Pflanzen nur mit Gefahren verbindet (Absturz, Dornen, Gift) (Johannsmeier 1985, S. 799).

Die Untersuchung zeigt auch, daß für Kinder an der Natur nicht beispielsweise die Farbenvielfalt der Blumen oder das Rauschen der Gräser interessant ist, sondern daß man hier unkontrolliert spielen kann. Das wird durch eine interessante phänomenologische Studie aus den Niederlanden sehr deutlich bestätigt. Auf Grund systematischer Beobachtungen und Interviews in mehreren Kindergärten kommt diese Untersuchung zu folgendem Schluß: "[...] a beautiful landscape does not give aesthetic pleasure to children. For them a landscape is an invitation to activity" (Margadant-van Arcken 1989, S. 17). Die ästhetische Komponente bei der Landschafts- und Naturwahrnehmung scheint bei Kindern also eher nachgeordnet zu sein (siehe jedoch ausführlicher Kapitel 9 über das kindliche Verhältnis zu Pflanzen).

Insgesamt läßt sich sagen, daß der Wert von Natur wesentlich darin liegt, daß Kinder hier ein relativ hohes Maß an Freizügigkeit haben, zugleich relativ aufgehoben sind und zudem Bedürfnissen nach "Wildnis" und Abenteuer nachgehen können (vgl. auch Berg-Laase 1985, S. 311; Gröning 1980, S. 34). Ob dieses Bedürfnis nach Wildnis und Abenteuer sich besonders gut in bestimmten Landschaftstypen realisieren läßt, ist dabei noch eine offene Frage. Jedenfalls zeigen eine Reihe von Befunden (Balling/Falk 1982, Bunting/Cousins 1985), daß Kinder (und zwar mehr als Erwachsene) park- und savannenähnliche Gegenden bevorzugen, wofür häufig ethologische und vor allem evolutionstheoretische Begründungszusammenhänge angegeben werden. Dieser stammesgeschichtliche Aspekt der Naturbeziehung beziehungsweise entsprechende Spekulationen sind Gegenstand von Kapitel 6. In dem hier gegebenen Zusammenhang ist zunächst festzuhalten, daß Kinder in ihrer Vorliebe für naturnahe Umwelten Erwachsene übertreffen.

In einer Untersuchung in Tübingen zum "free range" von 9-10jährigen Kindern (Flade/Achnitz 1991) wird der begrenzte Aktionsradius von Kindern deutlich, was vor allem mit dem Autoverkehr und dem Fehlen verkehrssicherer Wege und Gebiete zusammenhängt. Allerdings nimmt der "free range" (also der Raum, in dem sich Kinder ohne erwachsene Beaufsichtigung bewegen können) mit zunehmendem Alter zu und auch bei Jungen ist er größer als bei Mädchen. Diese Ergebnisse werden von Fuhrer/Quaiser-Pohl (1999) bestätigt. Sie ließen 10-14jährige Schüler und Schülerinnen einer Schweizer Kleinstadt im ländlichen Raum Tageslaufprotokolle anfertigen und konnten zeigen, daß der Aktionsraum von Kindern und Jugendlichen eine Funktion des Lebensalters ist (vergl. Muchow/Muchow 1935, Nissen/Rauschenbach/Wehland 1989) und daß Mädchen weniger selbständig sich die Räume aneignen, sondern häufig von Erwachsenen mit dem Auto gefahren werden. Diese Geschlechtsspezifik (Spitthöver 1989) unterstreicht noch einmal, wie sehr räumliche und soziale Aspekte miteinander verwoben sind.

Mit der Betonung auf die Freizügigkeit, die naturnahe Flächen bieten, sind andere Funktionen von Naturerfahrungen natürlich nicht gegenstandslos geworden. So betont Portmann in einer Arbeit über den biologischen Anteil bei der "ästhetischen Funktion" des Menschen, wie sehr gerade das direkte sinnliche Erleben von Natur — und zwar in durchaus kindlicher Dimension und Erlebnisweise — die theoretische Denkfähigkeit des Menschen bedingt oder geradezu erst ermöglicht. Nur wenn diese primäre, direkte, sinnliche und eben auch handelnde Erfahrung mit der Naturumgebung hinreichend zu ihrem Recht komme, könne das theoretische Denken sich adäquat und auf dieser Grundlage entfalten. Dazu bedarf es jedoch der "Stärkung des sinnfälligen Erlebens der Natur". Denn:

Der Weg dazu geht durch die ästhetische Funktion, er geht über die Welt der Sinne, der Qualitäten — er geht über [...] die Wirkung der Naturdinge und darin ganz besonders die unabsehbare Fülle des Lebendigen (Portmann 1963, S. 258).

Wenn wir die "ästhetische Funktion" im Sinne von Portmann begreifen, läßt sich natürlich nicht mehr sagen, Kinder hätten kein ästhetisches Verhältnis zur Natur. Vielmehr ist Kindern wohl lediglich ein kontemplatives Betrachten von Natur in beschaulicher Distanz fremd. So sollte die Tatsache, daß Kinder offenbar solche Naturorte am meisten schätzen, die von den erwachsenen Planern vergessen wurden, mehr bedacht werden. Möglicherweise entfaltet sich der Wert von Naturerfahrungen nur oder zumindest gerade erst in derartigen Situationen relativer Freizügigkeit. Die Spannweite von Naturerfahrungen zwischen Kontinuität und ständiger Neuigkeit kann nicht unter Aufsicht erfahren werden, sondern muß wohl in kleinen, aber selbständigen Schritten erschlossen werden (siehe ausführlich Kapitel 5.4).

5.3   Angst vor und in der Natur

In einer Untersuchung von Hart (1979) wurden Grundschulkinder nach ihren Lieblingsorten gefragt. Danach sind Flüsse, Seen, Wälder, Bäume und Steinbrüche sehr beliebte Aufenthaltsorte, was angesichts der Befunde aus Kapitel 5.2 nicht verwundert. Allerdings werden diese Orte bisweilen mit ängstlichen Gefühlen gekoppelt, worauf bisher noch nicht eingegangen wurde. Die "freundlichen Weiten" (vgl. Balint 1972), die eben Naturszenen oft darstellen, sind offenbar leicht mit einem "thrill"-Affekt (Angstlust) verbunden und kommen wohl auf diese Weise kindlichen Bedürfnissen nach Abenteuer, Wildnis und Freizügigkeit entgegen. Jedenfalls fällt es auf, daß die Kinder gerade solche "ambivalenten Räume" (vgl. Lippitz 1989, S. 99f.) besonders attraktiv und spannend finden (zu umweltpädagogischen Konsequenzen siehe Ewert 1986). Das mag außerdem auch etwas mit kindlichen Phantasien zu tun haben, die sich auch aus Märchen, Mythen und v.a. modernen Medien speisen. Natürlich sind diese angstgetönten Gefühle nicht nur angenehm und abenteuerlich. Durchaus ernstzunehmende Angst vor Tieren und auch Angst, verloren zu gehen, sind von Kaplan (1976) bei Kindern und Jugendlichen beschrieben worden (siehe auch Kapitel 8).

So ist neben den vielfältigen positiven Aspekten von Naturerfahrungen auch deutlich darauf hinzuweisen, daß Naturerfahrungen natürlich auch Gefahren — tatsächliche und phantasierte — in sich bergen. Man kann beim Klettern von einem Baum fallen, kann in einem Wasser ertrinken, kann ängstigenden Tieren begegnen. Natur ist nicht immer die schöne, harmonische Natur, in der man sich sicher und aufgehoben fühlt (Berti 1997, Groh/Groh 1989, Schaar 1995, Scholz 1997) sondern auch die bedrohliche, die Quelle von verschiedensten Ängsten sein kann. Die Angst vor der Natur und eine entsprechende Unsicherheit angesichts der Widrigkeiten der Natur war so auch sicher eine der Hauptantriebskräfte, die Natur auf naturwissenschaftliche und technische Weise beherrschen zu wollen — um die Angst zu bannen.

Die kindliche Angst vor der Natur kommt auch zum Ausdruck in vielen Kindermärchen und -geschichten, in denen es oft eine Gefahr bedeutet, in den Wald zu gehen. In "Hänsel und Gretel" oder "Rotkäppchen" fließt die Angst vor der Natur, der Dunkelheit und vor dem Alleinsein beziehungsweise dem Verlorengehen zusammen. Der Wald ist trotz aller Stilisierung beziehungsweise gerade wegen dieser, weil dadurch nämlich auch mythische und sagenhafte Elemente eingeschlossen sind (vgl Lehmann 1996, 1999), immer noch (auch bei Erwachsenen) eine Quelle von Angst und Unbehagen. Der (vor allem. nächtliche) Wald ist unheimlich und geheimnisvoll.

In einer Untersuchung im Unteren Remstal wurde gefragt, wie groß der Waldanteil in Erholungslandschaften sein sollte (Freiräume 1976). Landschaften mit mehr als 70 bis 80 Prozent Wald wurden abgelehnt, ebenso Landschaften mit weniger als 20 bis 30 Prozent. Große Wälder werden der Studie zufolge als "langweilig, düster, bedrückend" empfunden. Am beliebtesten sind Waldränder, die einen offenen und freien Blick auf die Landschaft gestatten. Das entspricht auch Befunden von Kiemstedt (1967), nach denen der Waldrand als ein "Träger geistigen Gehalts" ausgewiesen wird, was natürlich auch mit ästhetischen Traditionen bukolischer Landschaftsideale zu tun haben wird. Darüber hinaus vermittelt der Waldrand jedoch genau jene ambivalente Erfahrung von Vertrautheit und Neuigkeit, die wir bereits als ein Hauptmerkmal des positiven Werts von Naturerfahrungen herausgestellt haben. So verweist Hard (1975) unter Bezug auf Appleton (1975) auf die Balance von Intimität und Weite: Die postiv getönte Erfahrung von Natur und Landschaft beruhe danach auf dem gleichzeitigen Vorhandensein von landschaftlichen Symbolen der risikoreichen Ferne und von landschaftlichen Symbolen des Schutzes und der Sicherheit. Dies scheint allerdings kulturspezifisch zu sein: so zeigt eine amerikanische Studie (Schroeder 1991), daß der dichte naturbelassene Wald zu den beliebtesten Landschaftsformationen zählt.

Die (wilde) Natur kann bei Kindern neben vielen z.T. bereits genannten positiven Effekten auch die Angst, verloren zu gehen, auslösen (vgl. Lynch 1960) — eine Angst, die natürlich genauso in der unüberschaubaren Großstadt auftaucht, wobei dort jedoch potentielle Helfer anwesend sind. So hat Kaplan (1976) in Sommerferienlagern beobachtet, daß insbesondere Stadtkinder befürchten, in den Wäldern verloren zu gehen. Dabei wird wohl auch die Angst vor Tieren (siehe Kapitel 8) und überhaupt Angst vor dem Unbekannten eine Rolle spielen. Gesell/Ilg (1962) haben beiläufig ebenfalls auf Ängste vor Höhlen, Wäldern und wilden Landschaften hingewiesen. So ruft v.a. bei kleinen Kindern Unvertrautes — dazu gehören auch fremde und unüberschaubare Landschaften — Angst hervor; zusätzlich werden solche Landschaften oft noch magisch und animistisch besetzt (vgl. Kapitel 4). Auch in der Bundesrepublik gibt es Berichte von Erzieherinnen, daß "Stadtkinder sich — erstmalig in einen Wald gebracht — unwohl, ja unsicher fühlen auf dem ungewohnt weichen Untergrund" (Unesco-Verbindungsstelle 1988, S. 18). Überhaupt halten sich nach der bereits genannten Studie von Hart (1979) jüngere Kinder weniger in naturnaher Umgebung auf als ältere; sie geben als

Lieblingsspielplätze soziale oder kommunikative Orte an, wahrscheinlich auch deshalb, weil sie dort mit ihren (oft ängstlichen) Eltern zusammen sein können. Verschiedenen Befunden zufolge (z.B. Hart 1919, Kaplan 1976) scheinen Stadtkinder ängstlicher in Naturumwelten zu sein als Stadtkinder.

Auch die bevorzugten Räume von Mädchen sind im Vergleich zu Jungen nicht so sehr Plätze in der Natur. Auffällig häufig geben sie ihr eigenes Schlafzimmer als Lieblingsspielplatz an. Bereits Otterstädt (1962) hatte ja berichtet, daß Mädchen relativ wenig in "wilder" Umgebung spielen. Diese Beobachtung wird auch bestätigt durch eine Untersuchung (Spitthöver 1987), nach der Mädchen sich generell weniger im Freiraum aufhalten als Jungen und eher die wohnungsnahen Spielgelegenheiten bevorzugen. Das ist sicherlich auf eine entsprechend geschlechtsspezifische Sozialisation zurückzuführen, die ein Verhalten, das potentiell mit Freizügigkeit, Risiko und Gefahr verbunden ist, bei Mädchen zumindest eher unterbindet als bei Jungen. Auch Hart (1979) konnte zeigen, daß Mädchen durch elterliche Besorgnisse in ihrem Aktionsradius eingeschränkter als Jungen sind; ebenso zeigen die Analysen der bereits angesprochenen Tageslaufprotokolle von Fuhrer/Quaiser-Pohl (1999), daß Jungen von ihren Eltern einen größeren Aktionsradius ("range with permission") eingeräumt bekommen. Auffällig ist auch, daß sich dieser geschlechtsspezifische Effekt bei zunehmendem Alter noch verstärkt und daß er bei ausländischen Mädchen noch ausgeprägter ist (vgl. auch Sachs-Pfeiffer/Krings-Heckheimer 1980). Zusätzlich zeigt sich, daß Mädchen die freien Räume auch anders nutzen als Jungen (Flade 1990, Nissen 1990, Bissigkummer u.a. 1996, Fuhrer 1996, 1998, Fuhrer/Quaiser-Pohl 1999).

5.4   Brache als Spiel- und Erlebnisraum für Kinder

Der schönste (Spielplatz) war an der Mauer, die ja nicht weit von Gropiusstadt ist. Da gab es einen Streifen, den nannten wir Wäldchen oder Niemandsland. Der war kaum 20 Meter breit und wenigstens anderthalb Kilometer lang. Bäume, Büsche, Gras so hoch wie wir, alte Bretter, Wasserlöcher. Da kletterten wir, spielten Verstecken, fühlten uns wie Forscher, die jeden Tag wieder einen uns bis dahin unbekannten Teil des Urwäldchens entdecken. Wir konnten da sogar Lagerfeuer machen und Kartoffeln braten und Rauchzeichen geben. Irgendwann haben sie dann gemerkt, daß da Kinder aus Gropiusstadt spielten und Spaß hatten. Da sind wieder die Trupps angerückt und haben Ordnung gemacht. Dann haben sie Verbotsschilder aufgestellt. Nichts durfte man mehr, wirklich alles war verboten. Radfahren, auf Bäume klettern, Hunde frei laufen lassen. Die Polizisten, die wegen der Mauer da ständig rumlungerten, kontrollierten die Einhaltung der Verbotstafeln. Angeblich war unser Niemandsland jetzt ein Vogelschutzgebiet. Wenig später haben sie es zur Müllkippe gemacht.
(Christiane F.: *Wir Kinder vom Bahnhof Zoo*. Sternbuch 1979, S. 30f.)

Zwei Drittel aller Kinder in der Bundesrepublik wohnen in der Stadt. Das wirft ein Licht auf die Möglichkeiten, die die meisten Kinder haben, in relativ naturnahen Räumen zu spielen beziehungsweise sich aufzuhalten. Nach "draußen" in die Natur zu gehen, ist zumindest in Großsiedlungen oder Trabantenstädten (vgl. Herlyn 1990, Müller 1983) schwierig; etwas besser dürfte es in Altbauquartieren und Einfamilienhaussiedlungen am Standrand aussehen. Bereits 1975 beklagt von Hentig:

> Kindheit heute ist Stadtkindheit, eine Kauf- und Verbraucherkindheit, eine Spiel-platzkindheit, eine Verkehrsteilnehmerkindheit. Ihr fehlen elementare Erfahrungen: ein offenes Feuer machen, ein Loch in die Erde graben, auf einem Ast schaukeln, Wasser stauen, ein großes Tier beobachten, hüten, beherrschen. Das Entstehen und Vergehen der Natur, die Gewinnung von Material zu brauchbaren, notwendigen Dingen [...] werden dem Kind — wie den meisten Erwachsenen — vorenthalten. [...] Das Kind [...] kann sich Bewährung und Risiko nur einbilden oder erlisten: durch Zerstörung und mutwilligen Verstoß gegen die Regeln, die Erwartungen, die Vernunft (v. Hentig 1975, S. 33f.).

Die Probleme der Stadtentwicklung können und brauchen hier nicht dargelegt zu werden (siehe z.B. Winter/Mack 1988, ILS 1992, Keul 1995). Auch soll bei aller Kritik an den städtischen, naturfernen Lebensverhältnissen nicht übersehen wer-den, daß natürlich die Stadt durchaus auch fördernde, kultivierende und anregende Wirkungen auf die seelische Entwicklung von Kindern hat. Die folgenden Ausfüh-rungen sind insofern auch kein Plädoyer für ein illusorisches "Zurück zur Natur" — vielmehr machen sie darauf aufmerksam, was bei einem einseitig technisch organisierten Leben auf der Strecke bleiben kann. So ist zu bedenken, welche Lebens- und Entfaltungsbedingungen Kinder in einer verstädterten Umwelt haben (siehe auch Achnitz 1992, Behnken u.a. 1988, Bruhns 1985, Bundesminister für Raumordnung 1980, Engelbert 1986, Harms u.a. 1985, Lang 1985, Mielck 1985, Muchow/Muchow 1935, Zeiher 1990, Zeiher/Zeiher 1994). In unserem Zusam-menhang ist nun vor allem bedenken, welchen Stellenwert die Natur in einer sol-chen Umwelt (noch) hat und was dies für die seelische Entwicklung von Kindern bedeutet.

In einem historischen Abriß zeigt Zeiher (1983), wie die "Räume der Kindheit" immer enger und perfekter geworden sind, schließt freilich auch nicht ganz aus, daß sich angesichts des Bewußtseins der ökologischen Krise etwas zu ändern beginnt. Allerdings: die historisch entstandene, durch räumliche Funktionstren-nung und Naturferne zu charakterisierende "Gestalt der räumlichen Umwelt ist aber nach wie vor Realität der Kinder" (Zeiher 1983, S. 183). Wie die Befunde aus Kapitel 5.2 gezeigt haben, sind die Naturbedürfnisse von Kindern in monofunktio-nalen, zugewiesenen und beengten Freiräumen nicht zu befriedigen.

> Sobald sie dem Kleinkindalter entwachsen sind, versuchen Kinder, wo es geht und mit viel Abenteuerlust und Phantasie, die Spezialisierungen der Räume zu durch-brechen. Eine Möglichkeit dazu bieten die letzten unspezialisierten Räume: unbe-baute Grundstücke, Baustellen, auf denen gerade nicht gearbeitet wird, und Abriß-

häuser. Sie haben für Kinder heute die gleiche Anziehungskraft wie für ihre Eltern Kriegsreste und Trümmer. Es sind Räume und Materialien der Erwachsenen, aber von Erwachsenen vorübergehend aufgegeben, durch Veränderung und weitere Veränderbarkeit gekennzeichnet, voller Gefahren, Verbote und Möglichkeiten, auch außerhalb erwachsener Kontrolle (Zeiher 1983, S. 185).

So zeigt auch die Freiburger Kinderstudie eine abnehmende Bedeutung von Außenräumen (in der Natur) für Kinder und Jugendliche und eine damit verbundene "Verhäuslichung" der Kinder (Blinkert 1993, S. 127f.). Zugleich haben fast alle Untersuchungen erwiesen, daß Kinder an der Natur die Freizügigkeit, die Unkontrolliertheit schätzen. In der groß angelegten Studie von Hart (1979) über die Beziehung von Kindern zu dem Ort, an dem sie leben, kam u.a. eben heraus, daß die Kinder die freien Orte (*"free range"*) besonders schätzen. Knopf (1987) charakterisiert die Natur sogar als "Fluchtort", wo man weniger menschlichen Anforderungen ausgesetzt sei und Ruhe finden könne. V.a. Mädchen und jüngere Kinder haben jedoch wegen Besorgnissen der Eltern und auch öffentlichen Verboten nur wenig Chancen, in solchen Freiräumen zu spielen. Besonders schlecht sieht es in Industriearbeiter- und in den älteren Kleinbürgervierteln aus (vgl. Mundt 1980).

Es zeigt sich, daß Kinder auf Spielplätzen relativ wenig spielen (vgl. z.B. Forsch 1980, Hart 1982, Johannsmeier 1985, Thiemann 1988, S.28f., Does/Motz 1979). Bierhoff (1974) belegt dies in einer Studie über 21 Spielplätze und zeigt, daß auf 16 Plätzen sogar bei guten Wetterbedingungen im Sommer durchschnittlich weniger als 10 Kinder anzutreffen waren. Kinderzeichnungen idealer Wohnumgebungen zeigen entsprechend auch weniger Gerätespielplätze als vielmehr Gärten mit Wasser und Tieren (Keul/Keul 1993). Brown/Burger (1984) beobachten, daß Spielplätze geradezu gemieden werden. Viel beliebter sind "verbotene Räume" wie Baustellen, Hinterhöfe, Bahndämme, Ruinen, wo die Möglichkeit zu unbeobachtetem Spiel mit anderen Kindern besteht. Freilich liegen die Wünsche und der tatsächliche Aufenthaltsort weit auseinander. Jacob (1984) zeigte in einer Untersuchung zur Umweltaneignung von Stadtkindern, daß sich zwar die meisten Kinder im Straßenraum aufhalten, daß jedoch dies nur etwa jedes 20. Kind will. Eine umfangreiche Untersuchung an Berliner Kindern (Berg/Laase u.a. 1985) stützt die Vermutung, daß Kinder geradezu ein Bedürfnis nach Natur haben. Fast alle untersuchten Kinder (Interviews, Analyse von Kinderzeichnungen) wünschten sich mehr Grün, mehr Wiesen und Bäume in der unmittelbaren Umgebung. Dabei fällt auf, daß dieses "Naturbedürfnis" erstens bei Mädchen und zweitens bei Kindern aus Kreuzberg, die sicherlich die wenigsten praktischen Naturerfahrungen haben, am ausgeprägtesten ist (vgl. hierzu auch Engelbert 1982, Ortner 1979, Tuan 1977). Auch eine schwedische Untersuchung (Björklid 1982) zeigt, daß Parkanlagen, überhaupt große Grünflächen bei Kindern sehr beliebt sind. Das gilt für Vorschulkinder ebenso wie für Jugendliche.

Nach der Untersuchung von Does/Motz (1979) geben die Kinder (N=95, 8 – 12 Jahre) zu über 50% an, lieber "draußen" zu spielen. Dabei sind Grünanlagen, Parks und Wiesen beliebte Aufenthaltsorte, und zwar ausdrücklich deshalb, weil man dort weniger unter der Kontrolle der Erwachsenen ist. "Ein Garten müßte mit

Dach und Höhlen sein, wo man nicht mehr zum Haus sieht", äußert sich ein befragtes Kind.

Daß Kinder wenig auf Spielplätzen spielen, wird auch von Mundt (1980) bestätigt, wobei das allerdings noch mehr für Kinder aus dem ländlichen Raum zutrifft. Landkinder "nutzen häufig andere Plätze wie z.B. Gärten, Höfe, Scheunen, Ställe, aber auch die Straße als Spielorte" (Mundt 1980, S. 87). Kleinere Kinder spielen auch oft in den Gärten der Eltern. Zu völlig gleichen Befunden, was den ländlichen Raum angeht, kommt auch Kröner (1990, S. 10f.). Wie wenig die Spielplätze den kindlichen Bedürfnissen entsprechen, zeigt sehr deutlich der Befund, daß 77,6% aller Spiele auf Spielplätzen weniger als fünf Minuten dauern (vgl. Hetzer/Benner/Pee 1966, S. 46). Nun ist anzunehmen, daß Landkinder es sich wohl eher leisten können, Spielplätze zu meiden und auf andere Flächen, vorzugsweise Brachflächen auszuweichen. Stadtkinder haben oft keine Alternative, jedenfalls, wenn sie auch nur etwas Naturkontakt haben wollen, was ja offenbar der Fall ist. Jedoch werden die naturnahen Spielräume auch auf dem Land immer enger (Kroner 1989). Auch die Dörfer werden ja "entwickelt" und dabei scheinen die Bedürfnisse der Kinder nur am Rande berücksichtigt zu werden. Zentrale und damit wohnungsferne Kindergärten, mechanisierte Spielplätze, Neubausiedlungen, zunehmende Gefahren im Straßenverkehr nehmen dem Landleben den "verschönernden Schleier sinnhafter Ganzheitlichkeit" (Karsten/Thunemeyer 1983, S. 149). So scheint das Stereotyp von einem glücklichen Leben auf dem Lande nicht mehr der sozialen Realität zu entsprechen (Goldschmidt 1990). Das zeigt sehr deutlich eine Analyse von Landkindergärten, in der "das Märchen von der idealen Kindheit auf dem Lande" (Berger/Krug 1990, S. 13) zerstört wird. So haben sich die Lebensräume im ländlichen Raum zunehmend denen in Großstädten angeglichen.

Daß Spielplätze so unattraktiv für Kinder sind, liegt das wohl vor allem daran, daß auf ihnen nur wenig eigene Gestaltungsmöglichkeiten bestehen, wie das in naturnahen Räumen oder mit Naturgegenständen eben möglich wäre. Auf Spielplätzen kann kaum etwas verändert und gestaltet werden — allenfalls im Sandkasten und der ist für auch nur etwas ältere Kinder kein bevorzugter Spielort mehr. Die meisten Dinge sind auf Spielplätzen fest verankert; Kinder können mit solchen Gegenständen nur das tun, was diese Gegenstände gewissermaßen vorschreiben. Eine solchermaßen vorgebene Umwelt strukturiert wohl auch entsprechend die Persönlichkeit der Kinder, die in ihr leben (müssen). Naturnahe Freiräume machen Kinder zumindest nicht in dem Maße zu "Objekten der Entwicklung" (vgl. Leist 1990). Naturphänomene oder –gegenstände haben zwar auch einen eigenen Charakter beziehungsweise Eigenschaften, die beachtet werden müssen, jedoch sind sie in ihrer Vielfältigkeit und Variabilität (Materialien, Farben, Formen, Strukturen), eben in ihrer Lebendigkeit, so beschaffen, daß die kindliche Phantasie und Eigentätigkeit eher angeregt wird. Außerdem kann man Naturräume vielfältig nutzen, kann sie verändern, und sie sind trotz aller Kontinuität immer wieder neu (s.o.). Die oft eingeschränkte Veränderbarkeit von Naturräumen wird bisweilen auch mit aggressiven Reaktionen von Kindern und Jugendlichen in Verbindung gebracht. In der Tat ist bei zunehmender Bebauungsdichte und entsprechend weniger Freiraum mit Konflikten mit den sozialen Systemen der Erwachsenenwelt zu rechnen. Auch wenn solche Zusammenhänge natürlich nicht kausal nachweisbar sind, werden soziale "Symptome" wie Vandalismus, Aggressionsbereitschaft, Drogenprobleme u.ä. mit dieser Entwicklung zusammenhängen. So bezeichnet Sachs (1981, S. 84) Vandalismus als "die verzweifelt verkehrte Weise, der resonanzlosen Umwelt einen persönlichen Stempel aufzudrücken." Das Verändern von Räumen gestattet, diese zu einem persönlichen Raum zu machen und sich somit auch mit den Räumen zu identifizieren. Auch die in Kapitel 6 anzusprechende "Lesbarkeit" hängt damit zusammen.

Wenn Kinder Erfahrungen in naturnahen Freiräumen nie oder zu wenig machen können, scheinen sie entsprechende Fähigkeiten zu verlernen oder nicht auszubilden; so läßt sich vielerorts beobachten, daß Kinder, wenn sie sich überwiegend in technisierter Umgebung oder auf Spielplätzen aufhalten, z.B. einen Wald für ihre Spiele nicht nutzen können oder sogar Angst davor haben (siehe z.B. Süßmuth 1988/89, S. 7; Unesco-Verbindungsstelle 1988, S. 18). Nun wird "Natur" kein Allheilmittel gegen alle Art von neuzeitlichen Zivilisationsschäden sein, jedoch scheinen naturnahe Spielorte Situationen für Kinder bereitzuhalten, bei denen viele kindliche Anliegen völlig nebenbei und ohne pädagogisches Arrangement ausgelebt werden können. Der Forderung nach einer "bespielbaren Umwelt" (vgl. Bochnig/Meyer 1989, Bochnig 1993) ist in diesem Kontext unbedingt zuzustimmen.

In der Freiburger Kinderstudie (Blinkert 1993, S. 10) werden für einen geeigneten "Aktionsraum für Kinder" vier Kriterien genannt: der Raum muß für Kinder zugänglich, frei von Gefahren und gestaltbar sein; außerdem sollte eine Chance bestehen, Spielkameraden anzutreffen. Zugleich werden auch interessante und realisierbare Gestaltungsmöglichkeiten aufgezeigt, die diesen Kriterien Rechnung tragen (Blinkert 1993, S. 192f.)

Naturnahe Freiräume sind sicherlich sehr geeignete Rahmenbedingungen für das kindliche Spiel. Fehlen solche Rahmenbedingungen, kann das leicht Passivität und Apathie zur Folge haben (vgl. Becker 1976). Bespielbare Umwelt bedeutet auch, daß es (nicht nur für Kinder) mehr ungeplanten Raum in den Städten geben müßte (zum Konzept einer "bespielbaren Stadt" siehe Harms/Mannkopf 1989). Solches "Niemandsland" (vgl. Ullman/Burckhardt 1981), solche Brachflächen sind nämlich gewissermaßen automatisch relativ naturnah und kommen so auf doppelte Weise dem Bedürfnis nach Freizügigkeit entgegen. Diese Argumente dürfen und sollen allerdings nicht dahingehend überzogen werden, Spielplätze überhaupt abzuschaffen. Dem steht nämlich entgegen, daß in vielen Stadtgebieten Spielplätze die einzigen Orte sind, an denen relativ freies und ungefährdetes Spielen möglich ist (Bochnig 1993).

Ungeplanter Raum heißt: Brachflächen, wilde Vegetation, Wiesen, stillgelegte Schienenstränge, Friedhöfe, alte Industrieanlagen, Wasser, dichtes Laub, gefrorene Seen. Das sind nur Beispiele für eine Umwelt, in der das menschliche (nicht nur das kindliche) Bedürfnis nach "Wildnis" eine Chance hat und sich nicht mit den Tröstungen der Touristikbranche oder der Zigarettenwerbung zufrieden geben muß. Shepard (1977, S. 11) mutmaßt sogar, daß eine wilde Umgebung einen gleichsam direkten Zugang zum Unbewußten hat: "The wilderness may be the epigraph of the unconscious." Ohne daß dem ein explizites Konzept zugrunde liegen wird, ist es immerhin auffällig, daß Naturbilder und –symbole ausgesprochen häufig und offenbar mit Erfolg als Werbeträger benutzt werden. Die Suche nach Spannung und Abenteuer findet so eher im Fernsehen ihre Erfüllung (vgl. Lang 1992) als in Streifzügen und Geländespielen in unmittelbarer Umgebung.

Brachflächen können sicherlich, sofern sie noch vorhanden sind, derartige Bedürfnisse und Sehnsüchte weitaus besser und vor allem nachhaltiger und wirkungsvoller erfüllen, wie eine Untersuchung von Nolda (1990) über die Nutzung von Stadtbrachen zeigt. Besonders deutlich gilt das für Kinder im Alter von etwa 5 bis 13 Jahren; das "Kinderspiel" war dieser Untersuchung zufolge nämlich die häufigste Nutzungsart (neben verschiedensten Betätigungen der Erwachsenen wie Hund ausführen, Spazierengehen, Fahradfahren, Beeren sammeln, Pflanzen sammeln, Joggen, Auto reparieren). Einige Beispiele zeigen sehr plastisch, wie vielfältig und eben auch naturbezogen Kinder auf Brachflächen spielen können:

> Drei Jungen strolchen durch das Gelände, schneiden Zweige von Büschen ab, stochern damit im Graben herum; zwei Kinder sammeln "gelbe Knöpfe" (Blütenköpfe von Rainfarn); eine Kindergruppe spielt "Verstecken" im Gebüsch und in der hohen Ruderalvegetation; vier Kinder reißen vertrocknete Sauerampfer-Blütenstände aus, binden sie zusammen und fegen mit diesem "Besen" den angrenzenden Weg; viele Kinder sammeln Marienkäfer und fangen Heuschrecken (Nolda 1990. S. 29).

Nolda beobachtete bei Kindern ein ausgeprägtes "Erkundungsverhalten" auf den Brachflächen. Kinder sehen und pflücken Pflanzen, beobachten Insekten, verfolgen ihre Flucht. Oft verlassen Kinder die vorgebenen Trampelpfade, um eigenen, jeweils immer wieder neuen Ideen nachzugehen. Die Studie von Nolda zeigt sehr deutlich, wie sehr dieser "wilde Grünflächentyp" in der Stadt den Bedürfnissen von Kindern entspricht. Für Kinder "sind wohnungsnahe Brachflächen ideale 'Streifräume', die durch ihren Charakter (unfertig, veränderbar, wenig geordnet) zur Aneignung anregen und nicht-reglementiertes Spielen zulassen. Wo sonst gibt es das noch in der Stadt?" (Nolda 1990, S. 32)

Kinder entfalten auf Brachflächen Aktivitäten, die durchaus auch verändernd eingreifend sind: Äste abreißen, Budenbau, Feuer anzünden, Löcher graben. Diese Art von Spiel ist ein sehr attraktives und wohl auch kindgemäßes (siehe auch Harms u.a. 1986), es wird aber wohl in aller Regel auf gepflegten und geordneten Parkanlagen nicht erlaubt sein (vgl. Loidl–Reisch 1986, S. 115), ein Aspekt, der noch zu bedenken sein wird. Hier zeigt sich noch einmal, daß Natur — namentlich Brachflächen — für Kinder weniger wegen des potentiellen ästhetischen Genusses interessant ist. Vielmehr stellt sie eine Aufforderung zu Aktivität dar (vgl. Margadant–van Arcken 1989, 1990).

In weiteren Untersuchungen zum Erlebniswert von Brachflächen konnte festgestellt werden, daß Brachflächen als "natürlich, wild, vielfältig, abenteuerlich, abwechslungsreich, interessant" (Nohl/Scharpf 1975, S. 8) eingeschätzt werden, daß jüngere Menschen insgesamt Brachflächen positiver als ältere Menschen beurteilen (vgl. Job 1988, S. 473; Nohl/Scharpf 1975, S. 99), daß Menschen aus der Großstadt Brachflächen mehr schätzen als die Landbevölkerung (Nohl/ Scharpf 1975, S. 99) und schließlich, daß Frauen Brachflächen noch positiver beurteilen als Männer (vgl. Job 1988, S. 473). Daß und wie Stadtbrachen höchst unterschiedliche Sinnentwürfe und damit verbundene Erlebnisqualitäten bei Erwachsenen hervorrufen, zeigt eine bemerkenswerte semantische Studie zu "gefühlten Theorien" angesichts des Erlebnisses von innerstädtischen Brachflächen. Verschiedene symbolische Bedeutungen von "Natur" (siehe Kapitel 2 und 3) werden durch Brachflächen aktualisiert: Angesichts der Zweckungebundenheit von Brachflächen erscheint Natur als Symbol für Unabhängikeit von direkter menschlicher Einflußnahme, Wildnis, Unordnung, Planlosigkeit, Autonomie und Freiheit.

> Das Chaos transformiert sich in ein Reich der Möglichkeiten und damit der Freiheit. [...] Natur ist darin der Ort der Unabgeschlossenheit (sowohl des Subjekts, als auch der Welt), der positiven Seite der Ungewißheit (Eisel u.a. 1996, S. 74).

Diese Untersuchungen beziehen sich zwar nicht nur auf Kinder, doch kann insgesamt sicherlich gesagt werden, daß grüne Brachflächen ein geradezu idealer Spiel- und Erlebnisraum für Kinder sind. Entsprechende Forderungen sind nicht neu. Bereits Otterstädt (1962, S. 287) vertrat die Auffassung, daß bei einer Wohneinheit von 5000 Menschen mindestens eine zusammenhängende Fläche von 20 Hektar für Kinder vorhanden sein müßte. Hart (1982, S. 39) fordert ein Netz von kleinen ungeplanten Flächen in der Nähe der Wohnung. Boehminghaus (1978, S. 14) schlägt sogar vor, die Bespielbarkeit der Umwelt zum Kriterium der Stadtplanung zu machen: "Wenn wir bei jeder Art von Formfindung zusätzlich an die mögliche Nutzung durch die Kinder denken, an ihre spielerische Auseinandersetzung mit den Objekten, dann verleihen wir den Dingen eine zusätzliche Qualität, die der Verfügbarkeit."

Auch für Erwachsene sind Brachflächen durchaus von Interesse. Dinnebier (1991) verweist dabei vor allem auf das symbolisch-ästhetische Potential (Natursehnsucht, Sinngebung, Natursymbolik) und fordert, entsprechende Chancen für neue freiraumplanerische Aktivitäten zu nutzen. Im einzelnen gibt es auch für Erwachsene in Brachflächen folgende Vorzüge:

- ihre relativ freie Verfügbarkeit für Spiel und Sport, für kulturelle Aktivitäten und unreglementierte Nutzungen,
- ihre vegetative Ausstattung mit Ruderalnatur als ästhetischer Charakteristik,
- die Möglichkeit zur Naturbeobachtung in der sich spontan reichhaltig einstellenden Tier- und Pflanzenwelt,
- ihre kulturhistorische Bedeutung als städtische Industrie-, Wohnungsbau- und Infrastrukturbrache (Dinnebier 1991).

Freilich darf auch die Kehrseite des Stadtgrüns nicht unterschlagen werden: Parkanlagen und Brachflächen werden leicht zu bevorzugten Aufenthaltsorten von sozialen Rand- und Problemgruppen (z.B. Fixer, Alkoholiker, Nichtseßhafte), wobei hier natürlich keine kausale Verknüpfung vorliegt. Aufgrund fehlender gesellschaftlicher Lösungsansätze werden die genannten Gruppen gewissermaßen in die grünen Freiflächen abgedrängt.

Milchert (1996) konstatiert zwar eine Zunahme von städtischen Grünflächen in den letzten zwei Jahrzehnten, kritisiert jedoch die freiraumplanerische Akzentsetzung und fordert eine "Entrümpelung der Freiraumsysteme".

> Die breiig ausufernde Stadt erzeugte an ihren Stadträndern immer aufs neue große diffuse Einfamilienhaus- und Gewerbegebiete, die "durchgrünt" wurden, neue endlose Grünflächen aus Rasen und Rosen addieren sich zu großen Verkehrsgrünflächen, Abstandsflächen an Gebäudeflächen entstanden, und in den letzten Jahren kam im Zuge von Ausgleichsmaßnahmen zunehmend ökologisches Grün hinzu (Milchert 1996).

Aus Freiflächen wären also auch für Erwachsene wieder Freiräume im doppelten Wortsinne zu machen, wobei sich Freiräume natürlich nicht nur in öffentlichen Grünanlagen eröffnen dürften (vgl. Hülbusch 1996). Auch in diesem Zusammenhang muß noch einmal auf das geschlechtsspezifische Nutzungsverhalten aufmerksam gemacht werden: Frauen und auch Mädchen sind in diesen öffentlichen Freiräumen weitaus weniger präsent als Männer (siehe ausführlich Spitthöver 1989).

Die hier zusammengetragenen psychologischen und pädagogischen Zusammenhänge könnten insgesamt ein gewichtiges Argument sein, naturnahe Biotope und Brachflächen zu erhalten — und zwar über die biologisch–ökologischen Argumente hinaus (vgl. Sukopp 1987, S. 13; Dinnebier 1991). Denn Naturerfahrungen haben — wie gezeigt wurde — eine nicht zu unterschätzende Funktion auch für die seelische Entwicklung. Einige Hinweise sprechen dafür, daß die grüne Stadt in gewisser Weise auch die gesündere Stadt ist. Fischer (1995a) fordert in diesem Zusammenhang eine "Ökologisierung der Gesundheitspsychologie", wobei vor allem die präventiven Aspekte einer vielffältigen und ökologisch gesunden Umwelt betont werden. Eine solche Umwelt kann als eine Quelle des Wohlbefindens und des sinnhaften Lebens aufgefaßt werden, was im Rahmen eines salutogenetischen Konzepts zu einem Element eines gesunden Lebens werden kann (vgl. Hahn 1992, Ulrich u.a. 1991, Herzog/Bosley 1992, Stumm/Trojan 1994).

Allerdings wird kindlichen Bedürfnissen bei der Ausgestaltung der Umwelt kaum Rechnung getragen. Zu sehr gelten (noch) in der Städteplanung andere Prioritäten (Ökonomie, Verkehr, vordergründige Ästhetik); die Frage, welche seelischen Naturbedürfnisse Kinder (und natürlich auch Erwachsene) haben, wird zumindest nur selten mit in die Überlegungen einbezogen (vgl. Mitscherlich 1965; Muchow/Muchow 1935; Mundt 1980; Thomas 1979; Ward 1978; Schmidt 1987, Zacharias 1987). Das führt oft dazu, daß Kinder — analog zum Begriff der "vaterlosen Gesellschaft" (Mitscherlich 1963) — nicht nur vaterlos, sondern auch heimatlos aufwachsen (zum Phänomen der *placelessness* siehe Relph 1970.) Dies regt zum Nachdenken darüber an, wieviel Natur-Spiel-Raum Kindern in unserer Gesellschaft noch gelassen wird. Vielleicht entspricht die Vernichtung von Brachflächen — die "äußere Flurbereinigung" — auch einer "inneren Flurbereinigung", durch die die seelische Entwicklung "übersichtlicher" und besser kontrollierbar wird.

Angesichts der hier dargelegten Befunde und Zusammenhänge wäre es, was den Natur- und Brachflächenraum für Kinder angeht, ratsam, mehr ungeplanten, naturnahen und somit freien Raum zu schaffen beziehungsweise zu erhalten. Das wäre freilich paradox: es wäre sozusagen die bewußte Planung des Nicht-Planbaren. Ein gelungenes, gut dokumentiertes und theoretisch reflektiertes Beispiel hierfür ist eine entsprechende Planung für Kinder und Jugendliche in Herten (Mey u.a. 1997, Ahmann/Schröder 1993, Görlitz u.a. 1993, Görlitz u.a. 1998, Schröder/Süberkrüb 1994). Wahrscheinlich müßten hierzu die Kinder mit in die Planung einbezogen werden (Eichenlaub 1989, Fädrich 1995 Schubert 1992, Schröder 1995, 1996; weitere Anregungen zu Möglichkeiten einer derartigen Planung des Nicht-Planbaren in Harms/Mannkopf 1989). Dabei ist natürlich zu bedenken, daß Kinder keine kleinen Erwachsenen sind und natürlich Freiflächen mit einer anderen Rationalität planen, als es sich die Planer vielleicht insgeheim wünschen. Kinder mit in die Planung einzubeziehen hieße, Vertrauen in die Eigenverantwortlichkeit von Kindern zu entwickeln und zugleich auf ein Stück erwachsener Kontrollmöglichkeit zu verzichten. Auch hier bietet der Modellversuch in Herten gute Anregungen (Apel/Pach 1993, Hart 1993, Moore 1989). Zugleich ist zu berücksichtigen, daß natürlich die Kinder keine fertigen Planungsentwürfe vorlegen können. "Die Stärke ihrer Beiträge liegt in der freigesetzten Phantasie, ihren Ideen, den entwickelten Visionen" (Mussel 1993, S. 99).

Dabei müßte es gar nicht so schlimm sein; Platz und Fläche wäre nämlich genug vorhanden — es ist eben nur "verbotenes Grün".

> Staunend betrachtet man die Luftbilder von Städten und wundert sich: Parkanlagen, Abstandsflächen, Vorgärten, Hausgärten und Kleingartenanlagen, dazu noch Verkehrsgrün, Friedhöfe, Freibäder, Sportanlagen, Spielplätze und die vielen Freiräume der Schulen, Kindergärten und -tagesstätten. Es gibt Neubauviertel mit einem Grünanteil bis zu 80 Prozent (Spitzer 1980, S. 58; eine Bestandsaufnahme für die Stadt Hannover in dieser Hinsicht bietet eine Analyse von Gebhard/ Markus/Nagel 1989).

Verbote, Vorschriften, ästhetische Repräsentationsflächen, beobachtbare und kontrollierbare Spielplätze schaffen so angesichts der kindlichen Bedürfnisse eine absurde Situation: Die Kinder haben eigentlich die Erfüllung ihrer Wünsche direkt vor Augen, zum Greifen und Erleben nahe; sie müssen jedoch noch zusätzlich lernen, auf die Befriedigung ihrer Naturbedürfnisse im Angesicht der Erfüllungsmöglichkeiten zu verzichten. Diese psychische Leistung dürfte durchaus ein wichtiges Element bei der Sozialisation der Innenwelt sein: die Durchorganisierung der äußeren Natur findet so eine sehr passende Entsprechung in der organisierten Beherrschung innerer Bedürfnisse bei den Angehörigen der Industriegesellschaft. So beschreibt Norbert Elias den "Prozeß der Zivilisation" genau in dieser Hinsicht:

Die Entwicklung, die zu einer sachgerechteren Erkenntnis und zu einer wachsenden Kontrolle von Naturzusammenhängen durch Menschen führte, war also, von einer anderen Seite her betrachtet, zugleich auch eine Entwicklung zu größerer Selbstkontrolle des Menschen (Elias 1976, Bd.1, S. LVIII).

Elias meint zwar eine Entsprechung der Beherrschung von inneren Triebansprüchen einerseits und äußerer Natur andererseits, doch läßt sich dieser zivilisationstheoretische Gedanke auch gut auf die Situation des Kindes übertragen, das angesichts von äußerem "verbotenen" Grün auch innen kontrollierbar wird (vgl. Zinnecker 1990). Überwachbare Spielplätze, auch Abenteuerspielplätze, sind insofern eigentlich schon Symptom der Unwirtlichkeit unserer Städte. Selbständige Aneignung, Geheimnisse, ein experimenteller Umgang mit der Wirklichkeit fallen oft einer allzu kontrollierenden Organisation zum Opfer.

So ist zum Schluß dieses Abschnitts noch einmal zu betonen, daß es eben der Freiraum ist, der die Natur für Kinder so attraktiv macht. Erst diese relative Freizügigkeit ermöglicht es, sich die Natur wahrhaft anzueignen. Die positiven Wirkungen von Naturerfahrungen, wie sie von den meisten Studien nahegelegt werden (vgl. Kapitel 5.2), entfalten sich nicht, wenn Natur gewissermaßen verordnet wird, wenn allzu umstandslos Naturorte zu Lernorten gemacht werden. Das gilt beispielsweise auch für die Konzipierung von šogenannten "Abenteuerspielplätzen" (Rolff/Zimmermann 1990, S. 114). Auch die in letzter Zeit durchaus in Mode gekommenen "Übungen" zum Naturerleben (z.B. Cornell 1979) müßten in dieser Hinsicht zumindest überdacht werden, unabhängig von der berechtigten Skepsis, ob durch pädagogisch initiiertes Naturerleben eine ökologisch wirksame Natursensibilisierung einhergeht (Jansen 1996, Schaar 1995). Wenn die Pädagogik alles didaktisch oder pädagogisch besetzt — auch mit guter Absicht —, besteht zumindest die Gefahr, daß Kinder keinen eigenen Zugang zur Wirklichkeit finden oder dieser ihnen sogar verbaut wird. Aries (1975, S. 48) verweist in der *Geschichte der Kindheit* auf den "langen Prozeß der Einsperrung der Kinder [...], der bis in unsere Tage nicht zum Stillstand kommen sollte und den man als Verschulung [...] bezeichnen könnte." Der letzte Schrei dieser Entwicklung wäre es dann wohl, wenn auch noch die sogenannten "wilden Freiräume" zum Einsperren ge– beziehungsweise mißbraucht werden würden. Nicht nur die Orte, die von den Planern vergessen wurden, werden von den Kindern am meisten geschätzt, auch die Natursituationen, die von den pädagogischen Planern nicht über Gebühr vorstrukturiert sind, können positive Wirkungen haben. Es ereignet sich die Wirkung von Natur nämlich nebenbei. Nur der Naturraum wird als bedeutsam erlebt, in dem man eigene Bedürfnisse erfüllen, in dem man eigene Phantasien und Träume schweifen lassen kann und der auf diese Weise eine persönliche Bedeutung bekommt.

Nur solche Orte oder Plätze, die mit persönlicher Bedeutung gleichsam aufgeladen worden sind, können dann auch zu Lieblingsplätzen werden, die persönliche Identität begründen (vgl. Keller u.a. 1989). Dieser Aspekt der Identitätsentwicklung ("place identity", vgl. Rivlin/Weinstein 1984) unterstreicht noch einmal, daß und wie die nichtmenschliche Umwelt etwas mit der seelischen Entwicklung zu tun hat. Wie amerikanische Studien (Dovey 1990,

Fishwick/Vining 1992, Korpela 1992) zeigen, können Naturorte durchaus eine solche identitätsstiftende Funktion haben, wenn auch das persönliche Zimmer wichtiger ist. Dieser Studie zufolge dienen solche Orte dazu, freudige und schmerzvolle Gefühle zu regulieren, die Kohärenz der eigenen Persönlichkeit zu sichern und auch das eigene Selbstwertgefühl zu stabilisieren. Auch Natur kann eine solche persönliche Bedeutung erhalten, wenn die Freiräume, die auch die Stadt bietet, genutzt werden (können).

Abschließend ist auf die Gefahr hinzuweisen, daß «Natur» vielleicht allzu umstandslos in einen unverbindlichen Freizeitbereich verbannt wird, in dem die Naturbedürfnisse von Kindern wie von Erwachsenen sozusagen ersatzweise erfüllt werden. «Licht, Luft und Sonne im Wohngebiet, das Eigenheim im Garten im pseudoländlichen Stil, der Urlaub im Hochgebirge oder am Meer. [...] In der Fabrik, im Büro, im Geschäft brauchte man keine Rücksicht auf die Natur zu nehmen, dort war sie längst der technischen Rationalität geopfert worden» (Bahrdt 1974, 160). Trotz dieses Einwandes ist jedoch mit der Forderung nach naturnahen Freiräumen auch oder gerade in der städtischen Umwelt die Hoffnung verbunden, «relative Freiräume gegenüber den Zwängen der aktuellen Kultur und Gesellschaft zu sichern, Freiräume, die nicht nur entlasten, sondern auch helfen, die autonomen Sichtweisen und Verhaltensweisen zu entwickeln, aus denen aktive Eingriffe in die Gesellschaft und Kultur entstehen können» (Bahrdt 1974, S. 67).

5.5 Zum Zusammenhang von Natur- und Sozialerfahrungen

Mit "reiner" Naturerfahrung, mit einer abwechslungsreichen Umwelt allein, ist es natürlich auch nicht getan, zumal auch sogenannte reine Grundbedürfnisse beim Menschen stets in Verbindung mit soziokulturellen Bedingungen auftreten. Das gilt natürlich auch für das (kindliche) Bedürfnis nach Natur. Hinzu muß sicherlich auch eine sozial und personal anregende Umwelt kommen. Die Dinge der Natur, die Dinge der Welt bekommen erst eine Bedeutung innerhalb der Beziehung zu lebendigen Menschen. Die bereits genannte Untersuchung von Does/Motz (1979, S. 107) zeigt so auch deutlich, daß das Spielen "draußen" in der Natur oft an die Bedingung geknüpft ist, daß Freunde dabei sind; außerdem ist noch "schönes Wetter" und das Fehlen von Kontrolle durch Erwachsene wichtig.

Daß die Erfahrung von Natur verknüpft ist mit der Beziehung zu Menschen, gilt insbesondere für kleinere Kinder, die eine personale Beziehung und damit Geborgenheit brauchen, um sich auf die Dinge der Welt, auf die Natur zubewegen zu können. Vertraute Bezugspersonen sind insofern noch oft in Sichtweite oder Rufnähe, um eine (selbständige) Aneignung von Natur zu ermöglichen (vgl. Hart 1979, S. 110ff.; Muchow/Muchow 1935, S.29ff.; Moore/Young 1978, S. 95; Orth/ Seggern 1977, S. 35; Otterstädt 1962, S. 278ff.). Schritte in die Selbständigkeit, in die abenteuerliche und bisweilen auch ängstigende (vgl. Kapitel 5.3) Natur bedürfen gerade bei Kleinkindern einer gesicherten menschlichen Beziehung. Dieser Zusammenhang läßt sich besonders gut bei den Versteckspielen von Kindern beobachten: das Wiederfinden, die Nähe ist genauso wichtig wie die Distanz (vgl. Barritt u.a. 1986).

M. Mead zeigt in einer ethnologischen Feldstudie über die Manus in Neu–Guinea, daß die Kinder dort zwar in einer sehr anregenden natürlichen Umwelt aufwachsen, jedoch diese nur wenig nutzen können, geradezu apathisch werden, weil die Erwachsenen ihnen sehr wenig personale Zuwendung und damit Anregung geben (Mead 1966; vgl. auch Tuan 1978).

Die Welt, in die das Kind hineinwächst, ist zudem nie eine rein "natürliche"; sie ist immer schon (jeweils historisch verschieden) menschlich beziehungsweise durch menschliche Perspektive getönt (siehe Kapitel 3). Das ist kein Widerspruch zu dem Gedanken, daß der Mensch auch oder geradezu v.a. von nichtmenschlichen Objekten umgeben ist und daß auch diese Objekte seine Persönlichkeitsentwicklung beeinflussen (vgl. Kapitel 2).

> Von Geburt an lebt das Kind in einer vom Menschen geschaffenen objektiven Welt. Zu ihr gehören die Gegenstände des täglichen Bedarfs, die Kleidungsstücke, die einfachen Werkzeuge. [...] Selbst den Naturerscheinungen begegnet das Kind unter den von Menschen geschaffenen Bedingungen; die Kleidung schützt vor Kälte, die künstliche Beleuchtung erhellt die Dunkelheit der Nacht. Die psychische Entwicklung des Kindes beginnt in einer menschlichen Welt (Leontjev 1973, S. 368).

Die Elemente der nichtmenschlichen Umwelt erhalten nur innerhalb und durch menschliche Beziehungen Bedeutung und Sinn für das Kind. Die Dinge, auch Naturphänomene, haben keine Bedeutung "an sich". Die Bedeutung konstituiert sich vielmehr in menschlichen Interaktionsprozessen und in der Auseinandersetzung mit den "Objekten" zugleich. So ist eben "die Bedeutung des Dinges" nicht "als Ausfluß seiner inneren Beschaffenheit" zu verstehen, sondern geht aus den "Interaktionsprozessen zwischen verschiedenen Personen" hervor (vgl. Blumer 1973, S. 83). Dieser Beziehungsaspekt des Mensch-Natur-Verhältnisses ist in Kapitel 2.1 herausgestellt worden.

Auch die subjektive Bedeutung der beziehungsweise die Beziehung zur Natur läßt sich nicht von der Beziehung zu (frühkindlichen) Bezugspersonen trennen. Die Tönung, die die Beziehung zu den Dingen erhält, spiegelt auch die Tönung wieder, die in der Beziehung zu Bezugspersonen gelegen hat. Abgesehen davon, sind natürlich Bezugspersonen in gewisser Weise auch Vorbilder für die Kinder. So überträgt sich innerhalb der Beziehung zwischen Kind und (beispielsweise) Mutter die Bedeutung, die die Dinge, auch die Dinge der Natur, für die Mutter haben. So werden nicht nur die Gegenstände, also auch Naturphänomene, gewissermaßen zu Merkzeichen der Beziehung zu den primären Bezugspersonen, sondern die Bedeutung und die Wertigkeit, die die Natur für die Eltern hat, überträgt sich auf diese Weise in frühkindlichen Szenen auf die jeweils nächste Generation. Die Einstellungen und Wertmaßstäbe der Eltern offenbaren sich z.B. in der häuslichen Wohnumwelt und prägen das Wahrnehmungsmuster von Kindern. Wie die Eltern mit Nachbarn umgehen, welche Bilder an der Wand hängen, ob und wie Zimmerpflanzen gepflegt werden, ob es Haustiere gibt, wie mit "Ungeziefer" umgegangen wird — in solchen und ähnlichen Szenen zeigt und überträgt sich das jeweilige Verhältnis zur Natur.

Da die dingliche Organisation der Umgebung auf die psychische Entwicklung und das soziale Verhalten einen Einfluß hat, müßte sich auch durch eine wohlüberlegte Gestaltung der materiellen Umgebung psychosoziales Verhalten beeinflussen lassen. Dabei ist es mit einer möglichst naturnahen Organisation der frühkindlichen Lebenssituation allein auch nicht getan. Die dinglichen und die personalen Erfahrungen des kleinen Kindes gehören nämlich — wie gesagt — wechselseitig zusammen. So betont der Verhaltensbiologe Hassenstein (1980, S. 131) völlig zutreffend, daß drei Dinge wichtig sind, damit Kinder sich auf wahrhaft menschliche Weise entfalten können: "Innere Freiheit, dingliche Möglichkeiten und die geeigneten menschlichen Partner."

Es ist z.B. denkbar, daß Kindern durch eine naturnahe Wohnumwelt eine entsprechend positive Beziehung zur Natur nahegelegt wird. Wenn die Bezugspersonen jedoch nicht die dazu passenden Einstellungsmuster repräsentieren, sondern nur gewissermaßen den äußeren Rahmen dafür bieten, werden Konflikte, für die es noch kaum Verarbeitungsmöglichkeiten gibt, die Folge sein. Insofern ist von Naturerfahrung allein seelische Gesundheit und auch ein umweltbewußtes Denken und Verhalten nicht zu erwarten. Isolierte Naturerfahrungen wären, so wichtig sie sind, für sich allein genommen seelenlos, eine trügerische und folgenlose Idylle.

6   Versuch einer anthropologischen Deutung des Mensch-Natur-Verhältnisses

Die Frage, was der Mensch an Naturerfahrung "braucht", kann auch als eine anthropologische diskutiert werden, wenn es auch kaum möglich sein wird, entsprechende anthropologische Konstanten unabhängig vom kulturellen Kontext zu formulieren. Es gibt einige Ansätze, die ein (angeborenes) Naturbedürfnis aus der biologischen Evolution des Menschen abzuleiten versuchen. Driver und Greene (1977) beispielsweise behaupten, daß es eine angeborene Tendenz des Menschen gibt, möglichst natürliche und naturnahe Stimuli zu "suchen". Das sind solche Reize, die in relativer Übereinstimmung mit der psychischen Ausstattung des Menschen sind, welche ihrerseits als ein Ergebnis evolutiver Anpassungsmechanismen an die jeweils natürliche Umwelt verstanden werden müßten. Am deutlichsten zugespitzt wird diese Anahme in der sogenannten "Biophiliehypothese" von Wilson (1984). Diese Hypothese besagt, daß es ein fundamentales und genetisch fundiertes Bedürfnis des Menschen sei, eine besondere Nähe zur lebendigen Natur zu haben (siehe ausführlich in Kellert/Wilson 1993). Diese umstrittene und auch bestreitbare Hypothese (vgl. Kahn 1999) wird häufig in Zusammenhang gebracht mit der Annahme einer evolutionär entstandenen besonderen Bevorzugung von savannenähnlichen Landschaftstypen und dem Nachweis besonders heilsamer Wirkungen von Naturerfahrungen. Insbesondere Tiere spielen bei diesem heilsamen Effekt eine Rolle (Kapitel 7), aber auch der bereits erwähnte stressmindernde Effekt von naturnahen Landschaften (Kapitel 5).

In der Tat kann man, was das Natur- und Landschaftsgefühl des Menschen angeht, mit Sieferle (1986) bezweifeln, ob "die ästhetische Plastizität des Menschen so weit geht, daß er keinen qualitativen Unterschied zwischen dem Altmühltal vor und nach dem Bau des Main-Donau-Kanals mehr sieht." Sieferle nennt als Beispiel für das menschliche Bedürfnis beziehungsweise seine Sehnsucht nach Natur die Tendenz des neuzeitlichen Menschen, "schöne" und "natürliche" Landschaft aufzusuchen, die im Gegensatz zur industriell überformten und auch zerstörten Landschaft steht. Und konsequent fragt er, ob möglicherweise das Landschaftsgefühl zur "anthropologischen Grundausstattung" gehören könnte. Dagegen spricht freilich, daß es die "Naturlandschaft", die jetzt Ziel der Natursehnsüchte des gestreßten Städters ist, erst einige Jahrhunderte gibt. Insofern ist diese Naturlandschaft eigentlich Kulturlandschaft, die wohl kaum anthropologisch festgeschrieben sein dürfte (vgl. die Ausführungen zum Naturbegriff in Kapitel 3). Trotzdem ersceint es mir sinnvoll, über mögliche anthropologische Aspekte zumindest versuchsweise nachzudenken, ehe sich die Menschen an jede nur mögliche Ausprägung von Natur "anpassen" oder gewöhnen. Dabei ist allerdings natürlich im Auge zu behalten, daß die Anthropologie zur Frage des menschlichen Naturverhältnisses allzu viel (noch) nicht zu sagen hat, wie der Anthropologe Baitsch (1982, S. 10) wohl zutreffend formuliert:

Nur ganz selten fragte der Anthropologe danach, was die Umwelt uns Menschen bedeutet, welchen Sinn sie uns vermittelt, nie ist das gemeinsame Eingebundensein von Mensch, Tier und Pflanze zum Gegenstand von anthropologischer Forschung geworden.

Geiler (1973, S. 46) begreift den Urlaub (in der Natur) "als eine Art Reminiszenz an das Nomadendasein des zwangsweise seßhaft gewordenen Menschen" (vgl. Grimm 1970). Allerdings weist Geiler nachdrücklich darauf hin, daß es keine eindeutig ökologisch erfaßbare Umwelt gibt, auf die der Mensch optimal adaptiert ist, da die Umwelt des Menschen immer schon kulturell überformt ist. Er nennt die komplexe Umwelt des Menschen, in der sich natürliche und künstliche Elemente geradezu unentwirrbar kombinieren, "Biotopoid". Diese Einschränkung ist im Blick zu behalten, wenn in den nun zu diskutierenden anthropologischen Ansätzen von "natürlicher Umwelt" des Menschen gesprochen wird.

Eine Argumentation, die die phylogenetische Gewordenheit des Menschen auch in psychologischen und soziologischen Kontexten berücksichtigt, wird bisweilen als "biologistisch" kritisiert. Der Biologismusvorwurf trifft sicherlich dann zu, wenn allzu umstandslos Fakten oder Theorieelemente aus der Biologie auf den Menschen übertragen werden, ohne dabei genügend die kulturellen, sozialen und psychischen Besonderheiten des Menschen und seiner Geschichte zu beachten. Jedoch kann auf der anderen Seite mit dem Biologismusvorwurf jegliche Überlegung bereits im Keim erstickt werden, die unter Beachtung der Besonderheit des Menschen (nämlich als Natur- und Kulturwesen) auch biologische und stammesgeschichtliche Details in die Argumentation mit einbezieht. Eine solche biologische Argumentation hat natürlich nicht die Reichweite, etwa abschließend menschliches Verhalten zu erklären (das wäre in der Tat biologistisch), jedoch kann sie als eine Ebene des Verstehens durchaus sinnvoll sein. So ist keineswegs eine Position, nach der auch psychische und soziale Phänomene in einen Zusammenhang mit der biologischen Ausstattung des Menschen gebracht werden, notwendigerweise biologistisch. Im Gegenteil: die psychischen, sozialen und kulturellen Eigenschaften des Menschen können gar nicht im Gegensatz zur biologischen Natur des Menschen gedacht werden. Kultur (einschließlich seelischer und sozialer Phänomene) ist eine Äußerungsform menschlicher Natur.

Denn selbstverständlich ist die Natur des Menschen nicht auf das Somatische und dessen physiologische Funktionen beschränkt, und ebensowenig läßt sich die Natur des Menschen eingrenzen auf das, was er "angeborenermaßen" in diese Welt mitbringt, auf das, was genetisch determiniert ist. Ganz unbrauchbar ist auch die Gegenüberstellung von "biologisch" versus "soziokulturell", denn zum einen ist das "Soziale" etwas eminent "Biologisches" und auch das "Kulturelle" enthält enorm viel "Biologisches"; zum anderen nimmt das "Kulturelle" immer wieder unmittelbaren Einfluß auf die Biologie und damit die Natur des Menschen (Vogel 1989, S. 70).

Dithfurth (1987) verweist in einem ähnlichen Zusammenhang auf die Schichten-ontologie Nicolai Hartmanns (1964):

> Auf der untersten, materiell-anorganischen Seins-Schicht gründet die Schicht des Organischen und Lebendigen, darüber eine seelische und über dieser als oberste eine geistige Seinsebene. Die (inhaltlich relativ armen) Kategorien der unteren Schichten gelten im wesentlichen als Seinsgrund auch der darüber liegenden, die ihrerseits jedoch jeweils neue Eigenschaften aufweisen und von einer Stufe zur nächst höheren inhaltlich immer reichhaltiger werden. [...] Gegen diesen Aufbau der realen Welt verstößt nun nach Hartmann jede Auffassung, die glaubt, das Wesen der Wirklichkeit aus den Gesetzen einer einzigen dieser Schichten ableiten zu können: Wer mit den Kategorien der untersten Seins-Schicht allein auskommen zu können glaubt, denkt "materialistisch", wer das ganze aus der Sicht des Organisch-Lebendigen allein erklären will, "biologistisch" usw. Die ideologische Blick-verengung der damit gekennzeichneten jeweiligen "ismen" ist also die Folge einer Reduktion der Erklärungsgrundlage auf eine einzige, willkürlich aus dem Kontext der realen herausgegriffene Seins-Kategorie. Der Biologismusvorwurf wäre also ausschließlich einer Auffassung gegenüber berechtigt, die sich etwa anheischig machte, das Wesen des Menschen aus biologischer Gesetzmäßigkeit allein voll-ständig erklären zu können (Dithfurth 1987, S. 674).

Auf der Grundlage dieser kurzen Klärung zum Wert und den Grenzen biologischer Argumentation für das Verständnis auch menschlichen Verhaltens können wir uns wieder der Frage zuwenden, ob in der biologischen, "inneren" Natur des Menschen ein Bedürfnis nach "äußerer" Naturerfahrung prädisponiert ist. Dazu gehört auch die Frage, ob es Präferenzen für bestimmte Naturerfahrungen oder Landschaftstypen gibt.

Die eingangs erwähnte "Savannentheorie" geht von dieser Annahme aus, näm-lich daß die Bevorzugung besonderer Umweltausschnitte stammesgeschichtlich prädisponiert sei (zum Beispiel Balling/Falk 1982, Driver/Greene 1977, Ka-plan/Kaplan 1989, Ulrich 1993). Driver und Greene (1977) untersuchen die Stammesgeschichte des Menschen im Hinblick auf angeborene Determinanten daraufhin, ob und wie Menschen auf ihre (natürliche) Umgebung reagieren und welche Folgen dies jeweils hat. Dabei gehen sie von zwei Prämissen aus:

Erstens: Zur Natur des Menschen gehört die Fähigkeit (die freilich nicht immer ausgebildet sein muß), Stimuli in der natürlichen Umwelt zu finden, die erstens zu seiner physiologischen Ausstattung passen und die zweitens der natürlichen Umwelt entsprechen, in der die entscheidenden stammesgeschichtlichen Schritte in der Evolution zum neuzeitlichen Menschen stattfanden. So haben sich die Sinne in ihrer spezifisch menschlichen Ausprägung in einer Umgebung entwickelt, die relativ "naturnah" war — im Gegensatz zu heutigen Großstädten jedenfalls. Vor diesem Hintergrund kann die Annahme gewagt werden, daß sich im Rahmen der evolutionären Selektion eine Kombination von Sinnesleistungen entwickelt hat, die genau einer solchen Umwelt optimal angepaßt ist. Driver und Greene behaupten, "that the process of natural selection has given human beings a sensory system that is well equipped to handle the normal range of stimuli encountered in natural settings" (Driver/Greene 1977, S. 64).

Die zweite Prämisse betrifft die kognitiven Fähigkeiten des Menschen: zu denken, zu erinnern und auch die Zukunft gedanklich vorwegzunehmen. Mit diesen Fähigkeiten begegnet der Mensch auch der natürlichen Umwelt, in der er nicht instinktgesichert funktioniert, sondern die er auch gedanklich bewältigen muß. Dazu braucht der Mensch auf der Grundlage seiner kognitiven Fähigkeiten sowohl emotionale Vertrautheit mit als auch Wissen über seine Umgebung. "The premise is that man needs a certain amount of familiarity with, or knowledge about, his surroundings before he can function effectively in them" (Driver/Greene 1977, S. 64).

Daraus ergibt sich logisch die Notwendigkeit, Erfahrungen mit der jeweils natürlichen Umwelt zu machen. Die These von Driver und Greene ist, daß diese Notwendigkeit sich im Verlaufe der Evolution in einer angeborenen Disposition niedergeschlagen hat: "[...] modern man has a strong innate predisposition toward nature, which is activated by familiarity with, or understanding of, natural settings" (Driver/ Greene 1977, S. 64). Vom Cro-Magnon-Menschen wird angenommen, daß er genetisch mit dem heute lebenden Menschen identisch ist (vgl. Baitsch 1982). Wenn man dessen Eigenschaften auch (!) als biologische Anpassungen als die von ihm bewohnte Umwelt ansieht, so kommt man zu plausiblen Hypothesen darüber, in welcher Weise einige menschliche Verhaltensweisen auch als Antwort auf die natürliche Umgebung verstanden werden können. "His eyes and ears, his brain and heart, even his psyche are the evolutionary adaptations of the human organism to nature" (Iltis 1966, zitiert nach Driver/Greene 1977, S. 64).

So ist es sinnvoll, sich ein Bild darüber zu machen, wie die Umwelt des Frühmenschen — die ostafrikanische Savanne — aussah. Nach Driver und Greene lebte "the primitive man" in sehr engem Kontakt mit der Natur, wodurch er auch den Naturphänomenen sehr ausgesetzt war (Wechsel von Hell und Dunkel, Jahreszeiten, Gefahren usw.). Beispielsweise sind die äußeren Tages-, Mond- und Jahreszeitenzyklen in somatischen und mentalen Funktionen des Menschen repräsentiert. Ein weiteres Beispiel ist der hormonell gesteuerte Flucht- und Angriffsmechanismus, der zum Überleben in der Natur entscheidend war. Zwar sei der heutige Mensch in der Lage, sich auch an viele Bedingungen anzupassen (nicht im evolutionsbiologischen Sinne), die nicht in der ursprünglichen Umwelt enthalten waren. Jedoch darf er sich — so Driver und Greene — nicht zu weit von seinem phylogenetisch prädisponierten Umweltbedürfnis entfernen, ohne Schaden zu erleiden.

Als ein Beleg für diese These kann eine ethnologische Studie über einen sudanesischen Volksstamm, den Mabaanern, angeführt werden (Rosen 1962). Es handelt sich dabei um einen Volksstamm, der in steinzeitlicher Art und Weise in einer ostafrikanischen Landschaft lebt, in der es ausgesprochen ruhig ist. Angehörige dieses Stammes wurden medizinisch untersucht. Sie sind "extrem gesund"; Krankheiten, wie sie in den westlichen Industrieländern häufig vorkommen (erhöhter Blutdruck, Coronalthrombose, Colitis, Asthma), fehlen völlig. Zwei Befunde sind besonders interessant: Erstens bleibt der Blutdruck das ganze Leben lang konstant und erhöht sich nicht mit zunehmendem Alter. Zweitens nimmt die

116

Empfindlichkeit des Gehörs für hohe Frequenzen mit zunehmendem Alter nur geringfügig ab. Wenn nun die Mabaaner in eine lautere städtische Umgebung gelangen, ändern sich die physiologischen Befunde relativ schnell: sie neigen zu hohem Blutdruck und auch zu Herzgefäßerkrankungen. Auch die Gehörempfindlichkeit für hohe Frequenzen nimmt fast schlagartig ab. Sicherlich darf eine solche Einzelstudie nicht überbewertet werden, doch liegt die Interpretation nahe, daß die psychosomatische Ausstattung (zumindest der Mabaaner) besonders gut für die ruhige, naturnahe Steppenlandschaft geeignet ist. Fehlt diese vertraute, natürliche Umwelt, kommt es zu zivilisatorischen Streßerscheinungen. Driver und Greene formulieren diese Aussage freilich nicht (nur) als psychologische, sondern vor allem als biologische: Das Bedürfnis nach Vertrautheit mit der natürlichen Umwelt sei evolutionär entstanden und gehöre sozusagen zur anthropologischen Grundausstattung des Menschen, dessen Nichtbeachtung (analog zur Nichtbeachtung des fundamentalen Bedürfnisses nach Bezugspersonen) zu psychischen und körperlichen Beeinträchtigungen führe.

Die Notwendigkeit der Vertrautheit mit der natürlichen Umgebung steht in Zusammenhang — nach Driver und Greene — mit einem wesentlichen Aspekt der "Natur" des Menschen , nämlich daß er seine jeweilige Umwelt innerlich repräsentiert, gewissermaßen mentale Landkarten (*"cognitive maps"* oder *"mental representations"*) seiner Umwelt bildet. Um diese inneren Landkarten entwickeln zu können, muß er natürlich intime und vertraute Erfahrungen mit der Umwelt machen. Angeboren sind demnach also nicht die Repräsentanzen, sondern die Notwendigkeit, sie zu bilden. Die Notwendigkeit ergibt sich daraus, daß die Vertrautheit mit der Umgebung, in die man hineingeboren wird, und entsprechende innere Repräsentanzen davon eine wesentliche Grundlage dafür sind, sich in dieser Umgebung orientieren und zurechtfinden zu können. "In circumstances that man could not comprehend, or where he could not form a cognitive map, he probably felt anxious and uncomfortable" (Driver/Greene S. 66).

Daraus würde freilich noch nicht folgen, daß Menschen vertraute Erfahrungen mit natürlicher Umwelt machen müssen; kognitive Landkarten können von jeder Umgebung — auch von noch so zivilisierter oder naturferner — gebildet werden. Driver und Greene leiten jedoch aus der Tatsache, daß der Mensch beziehungsweise seine Vorläufer Jahrmillionen in relativ natürlicher Umgebung (Wälder, Klippen, fließendes Gewässer, wilde Tiere etc.) gelebt hat, ein entsprechendes Bedürfnis ab, eben eine solche Umgebung als Stimulus zu suchen. Wenn auch die These, daß der Mensch zur psychischen Entfaltung "Natur" gewissermaßen braucht und auch ein entsprechendes Bedürfnis hat, durchaus bedenkenswert ist (siehe hierzu Kapitel 5), so ist doch dieser Argumentationsgang nicht ganz stichhaltig. Er enthält nämlich implizit die Annahme, daß die ontogenetischen Erfahrungen mit natürlicher Umgebung sich in phylogenetischem Erbe niederschlagen und daß so aus vielen ontogenetischen Naturerfahrungen sich ein genetisch fixiertes Bedürfnis nach Natur ergibt, was reiner Lamarckismus ist. Eher könnte man so argumentieren, daß angesichts der ökologischen Lebensbedingungen in der frühen Menschheitsgeschichte diejenigen Individuen einen Selektionsvorteil hatten, die dieser Umwelt (Natur, Wälder, Klippen, fließende Gewässer, wilde

Tiere, s.o.) durch ihre Sinnes-, Kognitions- und sonstige Ausstattung besonders gut angepaßt waren.

Die längste Zeit seiner Stammesgeschichte lebte der Mensch in unmittelbarer Nähe zur Natur beziehungsweise war dieser Natur ausgesetzt. Da ist der Gedanke nicht ganz absurd, daß der evolutionäre Selektionsdruck in eine Richtung gewirkt hat, die Individuen, die mit diesen Naturbedingungen besonders gut zurecht kamen, begünstigt. Eine Projektion der phylogenetischen Menschheitsgeschichte auf einen individuellen Lebenszyklus macht dieses Argument bildhaft deutlich: Wenn man die gesamte Menschheitsgeschichte auf das Leben eines 70jährigen Individuums bezieht, so hat dieses erst einen Tag unter den Bedingungen der technischen Zivilisation gelebt. Um im Bild zu bleiben: Es ist nicht verwunderlich, daß dieses Individuum sich bisweilen nach den Bedingungen sehnt, in denen es das ganze bisherige Leben gelebt hat. Möglicherweise läßt sich so auch verstehen, daß in den Geschichten und Mythen der Völker entsprechende Natursehnsüchte enthalten sind. Es muß allerdings betont werden, daß dieses Bild eher eine psychohistorische Sichtweise veranschaulicht als eine anthropologische oder gar biologische.

Kaplan/Kaplan (1989) weisen daraufhin, daß die (evolutionär entstandenen) menschlichen Naturbedürfnisse auch in der Gegenwart Bedeutung haben. Kaplan/Wendt (1972) machten hierzu eine psychologische Untersuchung, um Hinweise für das behauptete beziehungsweise erschlossene Naturbedürfnis zu bekommen. Sie legten Versuchspersonen eine Reihe von Bildern vor (Naturbilder einerseits und Stadtbilder andererseits) und fanden heraus, daß die Versuchspersonen in besonderer Weise von den Naturszenen angesprochen waren. Diese Bevorzugung "natürlicher" Szenen gegenüber gebauten Umwelten ist durch eine Vielzahl von empirischen Untersuchungen gut belegt (Zusammenfassung bei Kaplan/Kaplan 1989, Knopf 1987, Schroeder 1988, vgl. jedoch Holkomb 1977). Auch kulturvergleichende Studien kommen zu analogen Ergebnisse (Ulrich 1993). Allerdings sind diese psychologischen Befunde allenfalls als ein schwacher Hinweis auf eine möglicherweise biologische Bedingtheit des Naturbedürfnisses zu werten. Hiss (1992) berichtet zusätzlich von Untersuchungen, nach denen beim Menschen eine besondere Vorliebe für Graslandschaften bestehe. Er bringt dies ebenfalls in Zusammenhang mit dem Leben der menschlichen Vorfahren in der ostafrikanischen Savanne, wodurch diese Präferenz für Gras- und Parklandschaften evolutionär entstanden sei.

So ist diese "Savannentheorie" der Ausgangspunkt für eine Reihe von Untersuchungen und sie ist auch eine zentrale Grundlegung der eingangs erwähnten Biophiliehypothese von Wilson. Im Kern wird mit der Savannentheorie also behauptet, daß der Mensch eine generelle und universale Tendenz habe, savannenähnliche Naturumwelten zu bevorzugen, auch dann, wenn er keine eigene Erfahrungen mit solchen Umwelten gemacht hat. Da diese Bevorzugung evolutionär entstanden sei, ist sie natürlich genetisch fundiert.

What we are suggesting [...] is that people have a generalized bias toword savanna-like environments. If this bias does, indeed, exist, then people should react positively to savannas even in the absence of direct experience. (Orians/Heerwagen 1992, S. 560)

Orians und Heerwagen erhielten eine Bestätigung dieser Vermutung durch eine Photo-Fragebogen-Untersuchung. Noch direkter wurde die Annahme der angeborenen Bevorzugung savannenähnlicher Landschaften in einer groß angelegten Untersuchung (n=548) überprüft (Balling/Falk 1992), die von der Hypothese ausging, daß vor allem jüngere Kinder (8 bis 11 Jahre), die noch wenig Gelegenheit hatten, auch mit andersartigen Landschaften (wie zum Beispiel Laubwald, Regenwald, Wüste) vertraut zu werden, die Savannenlandschaft bevorzugen. Diese Hypothese wurde in der Studie von Balling und Falk bestätigt und vor dem Hintergrund der Savannentheorie erklärt: Bei jüngeren Kindern komme die angeborene Tendenz, Savannenlandschaften zu bevorzugen, noch relativ ungebrochen zum Ausdruck, während bei Jugendlichen und Erwachsenen zusätzlich das zunehmende Wirksamwerden der Vertrautheit mit der jeweils heimatlichen Landschaft sichtbar werde. Insofern wird die Bevorzugung bestimmer Landschaftstypen nicht einfach als genetisch determiniertes Verhalten verstanden, sondern auch als Ausdruck von Erfahrung, die allerdings nur vor dem Hintergrund der besagten angeborenen Tendenz wirksam werde.

Die Präferierung bestimmter Natur- und Landschaftstypen muß den Individuen natürlich nicht notwendig bewußt sein, sondern wird implizit wirksam zum Beispiel in der bereits angesprochenen heilsamen Wirkung von Natur oder im unmittelbaren Sich-Wohlfühlen in bestimmten Umwelten. Die damit verbundene Vorliebe für Bäume, Blumen, fließende Gewässer und relativ freie, parkähnliche Landschaften ist zugleich auch eine Prädisponierung für ästhetische Werturteile, womit auch bisweilen Entwürfe für eine "evolutionäre Ästhetik" verbunden werden (Enquist/Arak 1994, Kaplan 1987).

Die Vertrautheit mit der Natur- und Landschaftsumgebung kann mit der Dimension "Lesbarkeit" (*legibility*) beschrieben werden. Das ist die Möglichkeit, in gegebenen Szenen Sinn und Struktur zu finden; der Grad der Lesbarkeit ist eine Eigenschaft von Situationen, nicht eine des Betrachters. Und eben die Lesbarkeit ist dieser Untersuchung zufolge bei Naturszenen signifikant höher als bei Szenen aus der Stadt. Die Lesbarkeit und damit Überschaubarkeit schafft zugleich ein Gefühl von Sicherheit und Vertrautheit, vermindert Angst.

This need to know what is happening to us is common to everyone. As complex problem-solving and information-processing organisms, we need reasonable understanding of, or familiarity with, our many surroundings (whether they be play, work, or other environments) before we can function effectively in them (Driver/Greene 1977, S. 66).

Interessanterweise arbeiten auch Landschaftsplaner mit der Dimension Lesbarkeit, ohne sich freilich auf den Ansatz von Kaplan zu beziehen. Hard/Pirner (1988) entwickeln ein Modell zur "Lesbarkeit eines Freiraums" in bezug auf Spielplätze für Kinder. Solche Freiräume sind infolge ihrer Lesbarkeit benutzerfreundlich und nur wenig pflegeintensiv. Ein Freiraum wird allerdings nicht umso lesbarer, je mehr "Natur" in ihm enthalten ist. So betonen die Autoren ausdrücklich, daß die Forderung nach Lesbarkeit

> [...] kein Plädoyer für "Natur" und schon gar nicht für "spontane Vegetation" [ist], sondern vielmehr ein Plädoyer für nutzbare Freiräume und für nachhaltig nutzbare Freiraumvegetation, die im Prinzip durch die Freiraumnutzung selbst stabilisiert wird (Hard/Pirner 1988, S. 29).

Nun ist das Bedürfnis nach Sicherheit und Vertrautheit, nach Lesbarkeit, nicht das einzige, dem durch Naturnähe entsprochen werden kann. Außerdem gibt es nämlich — darauf wurde in Kapitel 5 bereits verwiesen — angesichts des komplexen menschlichen Wahrnehmungsapparats und vor allem seiner kognitiven Möglichkeiten ein Bedürfnis nach Komplexität und Neuigkeit. Auch dieses Bedürfnis nach ständig neuen Erfahrungen kann in Verbindung mit der Lebensumwelt des Frühmenschen gebracht werden. Außerdem läßt es sich gut belegen durch die Untersuchungen zu den Folgen einer reizarmen Umgebung (siehe Kapitel 2 und 5). Franke (1982, S. 13) nimmt demzufolge an, daß der Mensch "sicher entwicklungsgeschichtlich bedingt auf das in seinem Lebensraum ursprünglich bereitgestellte Ausmaß der Variabilität eingestellt" sei. Im Hinblick auf das Natur- und Landschaftserleben hebt Berlyne (1958) deutlich den Stellenwert der Neugierde hervor: Komplexität, Neuheit, Inkongruenz und Überraschung mache den Reiz von Landschaft und Natur aus. In der Auswertung zahlreicher empirischer Studien zur menschlichen *"preference for nature"* formulieren auch Kaplan/Kaplan (1989) die Kriterien Komplexität und Geheimnis (*"mystery"*), die neben der Lesbarkeit und der "Kohärenz" mit den menschlichen Grundbedürfnissen nach Verständnis (*"understanding"*) und Erforschung (*"exploration"*) der Umwelt korrespondieren. Wir begegnen hier also wieder dem Doppelcharakter menschlichen Naturerlebens: dem Bedürfnis nach Vertrautheit und dem nach ständiger Neuigkeit zugleich (vgl. Kapitel 5.2). Und auch aus Sicht der Humanethologie gibt es beim Menschen zum einen den grundlegenden Wunsch nach Vertrautheit und zum anderen ein ebenso grundlegendes Neugierverhalten (vgl. Bischof 1985). Diese kontrastierenden Grundbedürfnisse werden auch von der Psychoanalyse zu den "basalen Beziehungswünschen" (König 1988) des Menschen gezählt.

Ob freilich diese Grundbedürfnisse nach Vertrautheit und Neuigkeit — unabhängig von der Frage, ob sie nun zur "anthropologischen Grundausstattung" des Menschen gehören oder nicht — nur durch Natur oder Naturerfahrung befriedigt werden können, halte ich für eine offene Frage. Deshalb sind auch radikale zivilisationskritische Positionen zumindest mit Vorsicht zu genießen, die sich an biologische und humanethologische Argumentationen anschließen und insgesamt auf die (freilich empirisch wohl kaum zu belegende) These hinauslaufen, daß die Art "homo sapiens" nicht oder zumindest nur schlecht an die ökologischen Verhältnisse der Großstadt angepaßt sei, was vielfältige psychische Probleme zur Folge habe (vgl. Eibl-Eibesfeldt 1984, Lorenz 1986).

So lassen sich zwar eine Reihe psychologischer Hinweise für die Notwendigkeit von Naturerfahrungen anführen (siehe Kapitel 5), doch sollten diese Hinweise redlicherweise eben auch als Hinweise betrachtet und nicht vorschnell zu anthropologischen Konstanten umgedeutet werden, so überzeugend sich dies auch in umweltpolitischen oder -pädagogischen Argumentationen ausnehmen würde. Freilich sind die im 5. Kapitel zusammengetragenen Hinweise reichhaltig genug, um die Bedeutung von Naturerfahrungen zu unterstreichen; und auch die hier dargestellten evolutionsbiologischen Überlegungen sind zumindest bedenkenswert. Insgesamt läßt sich sicherlich sagen, daß die Natur den eigentlich widersprüchlichen Forderungen nach sicherer Vertrautheit einerseits und ständiger Neuigkeit andererseits sehr gut entspricht: sie vermittelt die Erfahrung von Kontinuität und Sicherheit (jedenfalls solange sie nicht im Übermaß zerstört ist) und ändert sich doch ständig.

7 Kinder und Tiere

7.1 Die emotionale Bedeutung von Tieren

Der Wunsch nach einem Tier gehört zu den tiefsten Kindersehnsüchten. Ob damit wirklich nur das jeweilige Tier gemeint ist, ob damit nicht auch andere Sehnsüchte — nach Beziehung, nach Vertrautheit, nach Verstandenwerden beispielsweise — symbolisch chiffriert sind, sei zunächst offen gelassen. Jedenfalls erbrachte eine soziologische Untersuchung, bei der acht- bis zehnjährige Kinder nach ihrem größten Wunsch gefragt wurden (Lang 1985), das folgende bemerkenswerte Ergebnis: Neben einer Vielzahl von Wünschen, die sich nicht systematisieren oder kategorisieren lassen, fällt als einziger Wunsch der nach einem Tier besonders heraus: ein Viertel der Kinder wünscht sich ein Tier. Dieses Ergebnis ist umso bedeutsamer, als in der Untersuchung nur ein einziger Wunsch geäußert werden durfte. Bei Mädchen ist der Wunsch nach einem Tier noch ausgeprägter als bei Jungen (vgl. Fölling-Albers 1995, Hartmann/Rost 1994, Oswald/Krappmann 1985, Winkley 1982). Auch nachträglich äußern sich Kinder sehr positiv über ihre Beziehung zu Heimtieren. In einer Befragung von 300 Kindern (3-13 Jahre) sagen nur 10 Prozent, daß sie keine Vorteile in der Heimtierhaltung sehen würden. 90% sagen, sie hätten viel von den Tieren gelernt, sprechen von Glück und schätzen vor allem die bedingungslose Liebe der Tiere (Kidd/Kidd 1985).

Aber es geht nicht nur um Heimtiere. Insekten, Schnecken, Frösche, Vögel, Tiere auf dem Bauernhof — Kinder gehen in der Regel zunächst relativ angstfrei auf Tiere zu und möchten mit ihnen spielen. Wer kennt nicht den sehnlichen Wunsch von Mädchen nach einem Pferd, der oft Jahre lang bestehen bleibt, die Zimmerwände mit Pferdebildern anfüllt und schließlich meist unerfüllt in Vergessenheit gerät? Viele Kinder wünschen sich einen Hund, eine Katze, einen Goldhamster — oder, wenn solche Wünsche (aus zum Teil berechtigten Gründen) nicht erfüllt werden können, wenigstens ein Aquarium. Viele Eltern befürchten, daß die Begeisterung für ein Tier schnell erlahmt und dann sie selbst für das Tier verantwortlich sein müssen. Tausende von ausgesetzten Tieren vor den Sommerferien sind ein Zeichen für dieses Dilemma.

Die (kindlichen) Wünsche nach Tieren erwachsen natürlich nicht nur, vielleicht nicht einmal in erster Linie, eigenen Erfahrungen. Kinder kennen Tiere nicht nur aus der unmittelbaren Erfahrung, sondern auch aus Märchen, Tiergeschichten oder Comics. Die Medien spielen bei der kindlichen Tierbeziehung sicherlich eine zentrale Rolle: Fernsehserien mit Tieren erfreuen sich bei Kindern sehr großer

Beliebtheit, werden ständig wiederholt, beeinflussen natürlich das Verhältnis zu Tieren und tragen wohl auch nicht unwesentlich zu illusionären Hoffnungen bei, die bei dem Wunsch nach einem Tier zumindest mitschwingen (Kämpf-Jensen 1986, Karrenbrock 1999). Besonders beliebt (offenbar vor allem bei Mädchen) sind die Pferdeserien. Die Druckmedien unterstützen diesen TV-Effekt: Zum Teil hängen sie sich an Fernsehserien an, zum Teil entwerfen sie davon unabhängig eine Vielzahl von mehr oder weniger kindgerechter Tierliteratur: von Abenteuer-büchern über Bücher, in der von einer besonders engen Beziehung zu Tieren die Rede ist, bis zu Sachbüchern.

Wenn auch die Medien sicherlich einen nicht zu unterschätzenden Einfluß auf das kindliche Tierbild haben, so sind trotzdem die direkten Erfahrungen mit Tieren auch quantitativ nicht unbedeutsam. Das zeigen jedenfalls demographische Daten, nach denen in Haushalten mit Kindern deutlich häufiger Tiere gehalten werden als in Haushalten ohne Kinder (Messent/Horsfield 1985). Offenbar empfinden viele Eltern Haustiere als eine ''Erziehungshilfe''. In einer Befragung von 316 Familien mit Hund erfuhr Rehm (1993), daß in der Tat 90% der Eltern den Hund als eine Art ''Miterzieher'' betrachten, und zwar im Hinblick auf Sozialverhalten (89%), Verantwortungsgefühl (89%) und Naturverständnis (77%). Im europäischen Vergleich nimmt die Bundesrepublik bei der Heimtierhaltung übrigens eine mittlere Stellung ein: 1982 gab es in der BRD in 13% der Haushalte Hunde und in 9% der Haushalte Katzen; das bedeutet, auf je 100 Menschen kommen durchschnittlich 17,0 Hunde und 12,6 Katzen. Insgesamt gibt es jedoch auch in der BRD in etwa 50% der Haushalte irgendein Haustier. Nach der Statistik der ''Interessengemeinschaft deutscher Hundehalter'' werden 86% der Hunde in Familien (Haushalten mit mehr als zwei Personen) gehalten (zitiert nach Rehm 1993, S. 52). In einer Befragung von Grundschülern (n=426) besaßen immerhin 80% ein Tier (Hartmann/Rost 1994).

Konrad Lorenz glaubt, daß der Wunsch nach einem Tier der ''Sehnsucht nach der `Bindung´ zur Natur'' entspringe (IEMT 1985, S. 178). Auch Eibl-Eibesfeldt betont diesen Aspekt, nämlich,

> [...] daß der Mensch, der mit Tieren aufwächst, einen anderen ökologischen und affektiven Naturbezug bekommt. [...] Rücksichtnahme im Umgang mit der Natur ler-nen wir aber durch den Umgang mit Tieren. Wer ein Eichhörnchen aufgezogen hat oder irgendein anderes nettes Tier, der gewinnt eine grundsätzlich freundliche Ein-stellung anderen Lebewesen gegenüber (Eibl-Eibesfeldt 1990, S. 10).

Es scheint so, daß Kinder besonders leicht eine Beziehung zu Tieren herstellen können und daß auf der anderen Seite auch Tiere zu Kindern besonders zutraulich sind. Bisweilen wird sogar von einer gewissen Verwandtschaft von Tier und Kind gesprochen. So meint Teutsch (1980), daß Tiere und Kinder ''verwandte Triebe und Neigungen'' haben; als Beispiele nennt er das ''spielerische Üben ihrer Kräfte'', ''neugieriges Erkunden der Umwelt'' und ''Liebebedürftigkeit''. Auch der ehemalige Baseler Zoodirektor Hediger führt aus:

Das Kind steht dem Tier — vor allem gefühlsmäßig — näher als der Erwachsene und löst daher beim Tier auch ein anderes Verhalten aus. Deswegen darf sich ein Kind mit Tieren zuweilen Dinge erlauben, bei deren Anblick dem Erwachsenen oft unheimlich zumute wird (Hediger 1949, S. 95).

Ob man nun in der Tat von einer solchen "Verwandtschaft" sprechen kann, scheint angesichts der Unterschiedlichkeit von Mensch und Tier fraglich. Zumindest ist es ein etwas unglücklicher Ausdruck; in der Tat belegt jedoch eine Vielzahl von Studien (siehe unten), daß Kinder in ihrem Verhältnis zu (bestimmten) Tieren besondere Fähigkeiten entfalten. Aufgrund von phänomenologischen Studien spricht Margadant-van Arcken (1984) sogar von einer "Horizontverschmelzung", zu der es im Verhältnis von Kind und Tier — allerdings nach anfänglicher Ängstlichkeit — kommen kann. Nach ihren Beobachtungen imitieren sich beispielsweise Hunde und Kinder gegenseitig. "They share one reality, participate in one game, and give an analogic meaning to the activity" (Margadant-van Arcken 1989, S. 18). Im Hinblick auf Heimtiere kann auch von der sogenannten "Du-Evidenz" (Geiger 1933, Lorenz 1965, Greiffenhagen 1991) gesprochen werden, die die emotionale Bedeutung von Tieren für den Menschen (Kinder wie Erwachsene) gut beschreibt und auch in der spontanen Tendenz zur Anthropomorphisierung zum Ausdruck kommt (siehe Kapitel 4).

Unter Verweis auf das biogenetische Grundgesetz Haeckels vermutet Rüdiger, daß Kinder Tieren näher stehen als Erwachsene, jedenfalls sich ihnen "inniger verbunden" fühlen (vgl. Rüdiger 1956, S. 8). Auch Katz betont, daß das Verhalten von ausgewachsenen Tieren und das von Kindern vergleichbar sei. "Je jünger das Kind, um so mehr ist es noch Naturwesen, um so näher steht es seelisch dem Tier" (Katz 1948, S. 60). Graber (1946, S. 35) begreift das Kind in einer "Zwischenstellung zwischen dem Tier und dem erwachsenen Kulturmenschen" und berichtet von Beobachtungen, wonach zumindest das jüngere Kind "in seinen Sympathien eher zum Tier als zum Erwachsenen — mit Ausnahme der Mutter — neigt". Das gilt möglicherweise auch umgekehrt; jedenfalls kann man oft beobachten, daß Tiere sich von Kindern weitaus mehr gefallen lassen als von Erwachsenen. Wichler (1931) spricht sogar von einem "Urtrieb zum Tier", dem zumindest Jungen folgen und insofern Tiere als wesensgleich betrachten. Auch Freud äußerte sich entsprechend:

Das Kind zeigt noch keine Spur von jenem Hochmut, welcher dann den erwachsenen Kulturmenschen bewegt, seine eigene Natur durch eine scharfe Grenzlinie von allem anderen Animalischen abzusetzen. Es gesteht dem Tier ohne Bedenken die volle Ebenbürtigkeit zu; im ungehemmten Bekennen zu seinen Bedürfnissen fühlt es sich wohl dem Tier verwandter als dem ihm wahrscheinlich rätselhaften Erwachsenen (Freud 1912/13, S. 154).

Offenbar sind sich Kinder (noch) nicht des Unterschiedes von Mensch und Tier klar bewußt und können zu Tieren Beziehungen wie zu Menschen knüpfen. Im positiven Fall, nämlich wenn die Liebe zum Tier nicht menschliche Nähe und Beziehung ersetzen muß, kann dies eine Bereicherung sein. Diese Einschränkung ist allerdings wichtig: Heimtiere als Ersatzobjekte für fehlende menschliche Bezugspersonen sind natürlich nur ein sehr notdürftiger Ersatz. So positiv die Heimtierhaltung gerade für Kinder auch ist, es ist auch zu bedenken, daß sie ein Symptom der Vereinsamung der Menschen in unserer Gesellschaft sein kann. So stimmt die resignierende Äußerung Schopenhauers zumindest nachdenklich: "Seit ich die Menschen hasse, liebe ich die Tiere". Kinder können die positiven Chancen im Kontakt mit Tieren nur nutzen, wenn die Tiere keinen Ersatz für die eigentlich fehlende Beziehung zu Menschen darstellen; so verwandt sind sich Tier und Kind nun wieder auch nicht. So ist auch der problematische Fall möglich, soziale Bedürfnisse vorwiegend mit Tieren zu realisieren, was zu sozialem Rückzug und Isolierung führen kann (Cameron/Mattson 1972).

Wenn Tiere zum Ersatz sozialer Beziehungen werden (was natürlich nicht nur bei Kindern so sein kann), ist die Sehnsucht nach einem Tier eigentlich als ein Hilferuf zu verstehen. So sind die positiven Effekte der Heimtierhaltung auf jeden Fall ausgeprägter, wenn Tiere im Zusammenhang mit menschlichen Beziehungen und einer guten häuslichen Atmosphäre gehalten werden. Poresky (1996) konnte zeigen, daß in der Tat die intellektuelle und soziale Entwicklung von Vorschulkindern (3-6 Jahre) durch Tierhaltung positiv beeinflusst wurde, allerdings in enger Abhängigkeit von der Qualität der häuslichen Umwelt (vgl. Rost/Hartmann 1994). So ist zu Beginn dieses Kapitels deutlich zu machen, daß die mannigfachen positiven Wirkungen der Heimtierhaltung auf die Persönlichkeitsentwicklung und soziale Kompetenzen (siehe Kapitel 7.2) sicherlich nicht allein auf die Tierbeziehung zurückzuführen sind. Eine haltende häusliche Umgebung und Eltern, die geneigt sind, kindliche Bedürfnisse wahrzunehmen und diese zu unterstützen, sind bei der Wirkung der Tierbeziehung unbedingt beteiligt. Und solche Eltern "stimmen offensichtlich auch eher dem Wunsch ihrer Kinder nach einem Haustier zu und entscheiden sich (möglicherweise intuitiv) für ein besonders geeignetes Haustier" (Rost/Hartmann 1994; S. 246).

Wenn Tiere "menschlicher als Menschen" (Poppe 1991) werden, wirft das ein grelles Licht auf die Menschen. Trotzdem konnte in amerikanischen Studien gezeigt werden, daß Tiere, in erster Linie Hunde, aber auch Katzen, von Kindern, die viel für sich selbst sorgen müssen, als ausgesprochen hilfreich empfunden wurden. Das Alleinsein kann auf diese Weise besser ertragen und sogar z.T. bewältigt werden (Guerney 1991). In einer Studie über das Tierverhältnis von 8 bis 10jährigen Kindern stellte Bergeler (1986) fest, daß Kinder an ihrem Hund Eigenschaften erleben, die sie im Grunde von ihren Eltern oder anderen Erwachsenen, erhoffen. Kinder sind in diesem Fall im wahrsten Sinne des Wortes "auf den Hund gekommen". Auch bei Kindern oft zu beobachtende Formen von grausamer Tierquälerei sind meistens in diesem Zusammenhang zu verstehen. Die Aggression und Destruktivität gilt eigentlich der menschlichen Umwelt, in der das Kind nicht genügend aufgehoben ist. Auch hier sind Tiere Ersatzobjekte (siehe Kapitel 7.6).

Bergmann (1988) zeigt in einer interaktionsanalytischen Fallstudie, daß Heimtiere in Familiensystemen die Funktion von "kommunikativen Ressourcen" haben können. Anwesende Hunde fungieren in gewisser Weise als "lebendige Interaktionsstaffage". Tiere geben der Familie Gesprächsstoff und stecken gewissermaßen selbst voller Geschichten, die sie zu "biographiefähigen Akteuren" machen.

Nach ethnologische Studien war im Unterschied zu Nutztieren das "Schoßtier" stets auch ein vermenschlichtes Tier: es durfte ins Haus, hatte einen Namen und wurde nicht gegessen (vgl. Levi-Strauss 1968). "Wie heißt es? ", ist dementsprechend auch eine der ersten Kinderfragen angesichts eines neuen oder fremden Tieres (vgl. Margadant-van Arcken 1984). Wenn die anthropomorphisierende Besetzung der Haustiere auch oft an der Eigenart der jeweiligen Tiere vorbeigeht und insofern problematisch sein kann (siehe Kapitel 7.8), bietet sich jedoch gerade dadurch die Möglichkeit, menschliche Fähigkeiten sozusagen zu "üben". Das Kind lernt dabei die Aufnahme und Pflege von kontinuierlichen Bindungen und die Verantwortung dafür, es lernt in der Konfrontation mit der Eigenart und Eigenwilligkeit des Tieres sich selbst besser zu verstehen (vgl. Rüdiger 1956, S. 257). Das Tier kann im Zusammenhang mit animistischen Projektionen zur Erweiterung des Ichs werden. Der Umgang mit Tieren kann das Denken fördern, außerdem ein Gefühl der Sicherheit und Vertrautheit unterstützen (siehe unten). Tiere bieten Beziehung und auch taktile Kontaktmöglichkeiten an, ohne daß Kinder dabei bewertet werden.

Nach Katcher (1983, S. 526) werden vier grundlegende Bedürfnisse des Menschen durch die Beziehung zu vor allem Hunden realisiert: Sicherheit, Intimität, Freundschaft und Kontinuität. Die Schaffung von Sicherheit und Vertrautheit, die tabulose Möglichkeit körperlichen Kontakts und vor allem die Konstanz durch das immer gleich bleibende Wesen des Hund sind die Momente der Mensch-Hund-Beziehung, die auch die Hauptgründe für deren therapeutische Verwendung sind. So ist es eben diese im Sinne des Wortes bedingungslose Beziehung ohne Bewertung und Kritik, die den heilsamen Effekt von Tieren ausmacht (siehe Kapitel 7.7). Diese Bedürfnisse werden in der Beziehung von Kindern zu Tieren auch oft realisiert. Nach Befunden von Hartmann und Rost (1994) haben Grundschulkinder ein vertrauensvolles Verhältnis zu ihren Tieren: 66% der befragten 426 Kinder geben an, mit den Tieren täglich zu sprechen, zu spielen oder zärtlich zu sein. 79% sind am liebsten mit ihrem Heimtier zusammen, wenn sie traurig sind und 69% vertrauen ihnen ihre Geheimnisse an. Fast alle kindlichen Heimtierbesitzer bezeichnen ihr Tier als einen besonders guten Freund. Fast die Hälfte der Kinder (48%) sind sogar lieber mit ihrem Tier zusammen als mit anderen Kindern. Mädchen bewerten die emotionale Qualität der Beziehung zu ihren Tieren etwas höher als Jungen, was sich aber interessanterweise nicht auf den verantwortlichen Umgang und auf das Pflegeverhalten auswirkt. Für Mädchen wie Jungen gleichermaßen ist nach der Untersuchung von Hartmann und Rost (1994) das Umsorgen und Pflegen ihrer Heimtiere eine hoch bewertete Tätigkeit (vgl. dagegen Kidd/Kidd 1990a, Melson 1988). Sehr wichtig für die Verantwortlichkeit ist übrigens, ob das Kind auch als Besitzer des Tieres gilt (Salmon/Salmon 1983).

Tiere haben neben ihrer sozusagen "tatsächlichen" Bedeutung, die im nächsten Abschnitt durch einige empirische Hinweise belegt werden soll, auch eine symbolische Bedeutung. Unsere Kultur ist reich an Tiersymbolen; und auch Kinder finden in Tieren eine Möglichkeit, innerseelische Vorgänge symbolisch zu verdichten. Daß ein in vielen pädagogischen und psychologischen Institutionen gebräuchlicher Test das kindliche Verhältnis zu Tieren zum Ausgangspunkt macht (Familie in Tieren von Brem-Gräser 1975), wird auch daran liegen, daß Tiere eben in der kindlichen Phantasie eine Rolle spielen und sich insofern als Projektionsträger besonders anbieten. Welche Tiere bevorzugt als Symbole verwendet werden, hängt natürlich davon ab, mit welchen Tieren Kinder in Berührung kommen, sei es durch unmittelbare Erfahrung oder vermittelt durch Medien. Insofern fließt in der Tiersymbolik sowohl kulturelle Überlieferung (Römhild 1999) als auch die eigene Erfahrung mit Tieren zusammen. Jedenfalls ist die symbolische Bedeutung von Tieren im allgemeinen und Heimtieren im besonderen nicht zu unterschätzen, wahrscheinlich ist die damit verbundene emotionale Funktion der Heimtierhaltung ein wesentlicher Grund für die Zähmung und Domestikation von Tieren, der den natürlich auch vorhandenen ökonomischen Ursachen nicht nachsteht (vgl. Messent/Serpell 1981).

Die Heimtierhaltung kann auch als eine "charakteristisch urbane Auseinandersetzung mit der Natur" (Rheinz 1994) interpretiert werden. Zum einen bedeutet die Beziehung zum Haustier eine "Auseinandersetzung mit der äußeren Natur, von der sich der Stadtbewohner entfernt hat" (Rheinz 1994, S. 5). Zum anderen wird dadurch aber auch die innere Natur des Menschen insofern berührt, als dadurch Emotionen ausgelebt werden können, die ansonsten zurückgehalten werden müssen.

> Der Mensch jagte, fesselte und zerlegte, bändigte und dressierte das Tier. Schließlich entdeckte er das Tier als Bindungsfigur. Die Rolle, die der Mensch auf den verschiedensten Stufen seiner Kulturentwicklung dem Tier zuwies, gibt Aufschluß über seine eigene seelische Entwicklung (Rheinz 1994, S. 29).

So fungieren Haustiere gewissermaßen als Bindeglied zwischen Kultur und Natur. Folgerichtig vergleicht Savishinsky (1983) das Halten von Haustieren in den westlichen Industriegesellschaften mit der Funktion, die Totemismus, Rituale und Mythen für archischen Kulturen haben.

> My pet theory about pets is that their ambiguity as cultured, nonhuman creatures who share our intimate lives allows them to mediate in this manner. In keeping pets, we combine the conscious and the unconscious in the same way that we do when observing rituals, telling myths and respecting categories. The bonding and reconciliation of culture with nature that pets symbolize is one of the most important of these meanings (Savishinsky 1983, S. 129).

7.2 Empirische Hinweise

Eine Reihe von empirischen Studien zeigt sehr deutlich, wie sehr durch Kontakt zu Heimtieren und überhaupt zu Tieren in der Kindheit bestimmte Fähigkeiten gewissermaßen "geübt" werden können. Darüber hinaus werden auch Bedürfnisse, die unabhängig von Tieren bestehen, befriedigt. So verweist Turner (1989, S. 110) auf eine Befragung bei Katzenhaltern, nach der "menschliche Grundbedürfnisse" (wie beispielsweise soziale Anregung, Abwechslung, Freundschaft, Ästhetik u.v.m.) durch eine Katze erfüllt werden können.

In einer französischen Studie wurde das Verhalten von zwei- bis fünfjährigen Kindern gegenüber Haushunden untersucht. Die Autoren (Filiatre/Millot/Montagner 1985) analysierten Videoaufnahmen, die innerhalb von Familiensituationen aufgenommen wurden. Die Beobachtungen zeigen allgemein den Wert von Heimtieren in der "Gemütsentwicklung des Kindes" (vgl. McDonald 1981); speziell belegt wird diese Aussage im Hinblick auf den Haushund. Insgesamt stützt die Untersuchung die Vermutung, daß eine Beziehung zwischen Hund und Kind die Gefühlsentwicklung und die Beziehungsfähigkeit positiv beeinflußt. Von einigen interessanten Details soll im folgenden berichtet werden:

Die Kommunikationshandlungen zwischen Kind und Hund, die vom Kind ausgehen, dauern in der Regel länger als die, die der Hund initiiert. Ein wichtiges Kriterium ist dabei das Alter des Hundes: Die Initiative des Kindes gegenüber dem Hund ist größer und auch unbefangener, wenn der Hund älter als das Kind ist. Am besten ist es, wenn der Hund schon vor der Geburt des Kindes in der Familie war, was u.a. daran liegt, daß ältere Hunde das Kinderspiel eher zulassen. Das Geschlecht des Kindes spielt keine Rolle, wohl aber die Anzahl der Geschwister. Es scheint so, daß die Funktion des Hundes als Spielkamerad geringer wird, wenn Geschwister da sind. Bei Einzelkindern wird der Hund sogar zum bevorzugten "Freund" (vgl. dazu auch Rüdiger 1956). Wenn es in einer Familie mehrere Kinder gibt, "so verhält sich der Hund so, als ob er seine Kommunikationshandlungen unter den einzelnen Kindern aufteilen würde" (Filiatre/Millot/ Montagner 1985, S. 56).

Die Autoren versuchten auch, die kindliche Gefühlsqualität im Kontakt zu einem Hund zu erfassen, wobei sie v.a. auf verschiedene Gebärden achteten. So ist es auffällig, daß ausgesprochen wenige Kinder die Hunde besonders aggressiv behandeln. Dieses Phänomen wird in Zusammenhang mit humanethologischen Befunden gebracht, nach denen die relative Häufigkeit von Aggressionsgebärden bei Kleinkindern ab etwa 24 Monaten abnimmt; danach sinkt die Aggressionsbereitschaft beziehungsweise -häufigkeit zwischen dem 3. und 5. Jahr noch einmal deutlich ab (vgl. Montagner 1981). Wahrscheinlich braucht man für dieses Phänomen gar nicht humanethologische Erklärungsansätze heranzuziehen; die Beherrschung von aggressiven Impulsen und auch entsprechender Gebärden ist wohl eher ein kulturspezifischer Sozialisationsprozeß in der frühen Kindheit, innerhalb dessen gelernt wird, daß aggressive Handlungen tabuisiert sind. Interessant ist freilich in unserem Zusammenhang, daß dieses Tabu auch gegenüber Hunden eingehalten wird. Das trifft begreiflicherweise insbesondere auf große Hunde zu.

Beschwichtigungs- und Liebkosungsgebärden (Streicheln) werden häufiger Hündinnen gegenüber angebracht. Wahrscheinlich hat das etwas mit dem geschlechtsspezifischen Verhalten von Hunden zu tun. Interessant ist allerdings der Befund von Levinson (1972, S. 18), daß Tiere im allgemeinen von Kindern als männlich angesehen werden. Beobachtungen zum Körperkontakt haben erbracht, daß Kinder ihre Hunde überwiegend (etwa zu 90%) mit den Händen, vor allem an Hals, Vorderpfoten, Flanken und Bauch berühren.

> Im Lichte dieser Ergebnisse zeigen sich somit die Eigenschaften jenes Hundes, der am besten geeignet ist, das Kleinkind zu beschwichtigen, ihm Sicherheit zu vermitteln und mit ihm zu kommunizieren. Ein solcher Hund wäre eine nicht zu junge und nicht zu kleine Hündin, die bereits vor der Geburt des Kindes in der Familie war (Filiatre/Millot/Montagner 1985, S. 56).

Die Autoren betonen ausdrücklich, daß es aufgrund ihrer Befunde sehr wahrscheinlich ist, daß der Kontakt zu Hunden die Gefühlsentwicklung und die Beziehungsfähigkeit von Kindern positiv beeinflußt und daß Kinder dadurch ein "besser strukturiertes und sozial wirksameres Verhaltensrepertoire" entwickeln.

Guttmann/Predovic/Zemanek (1985) zeigen, daß auch die nonverbale Kommunikationsfähigkeit durch den Kontakt mit Tieren gefördert wird. Sie untersuchten Kinder und Jugendliche im Alter von 11 16 Jahren (n=455). Die Autoren gehen von der Annahme aus, daß die nonverbale Kommunikation für das menschliche Sozialverhalten eine bedeutende Funktion hat, die jedoch oft vernachlässigt wird, da sie zum einen unbewußt sei und zum anderen auch nur wenig beeinflußt werden könne. Die Fähigkeit, die Mimik eines anderen Menschen richtig zu deuten, wurde getestet erstens bei Kindern, die in ihrer Kindheit ein Heimtier (Hunde, Katzen, Vögel u.a.) besessen haben, und zweitens bei Kindern, die nie ein Heimtier gehalten haben. Das Verständnis für (nonverbale) Ausdruckserscheinungen wurde durch eine standardisierte Testmethode überprüft, die vor allem affektive Qualitäten von Glück, Trauer, Furcht, Ärger, Überraschung und Abscheu erfaßt. Das entscheidende Ergebnis dieser Studie ist, daß Kinder, die längere Zeit Kontakt mit einem Heimtier hatten, signifikant bessere Leistungen im Verstehen nonverbaler Kommunikationssignale haben als Nichtheimtierhalter. Dabei gibt es eine deutliche Geschlechtsspezifik: Mädchen sind der Untersuchung zufolge begabter im "mimischen Dechiffrieren"; insofern ist der fördernde Effekt im Hinblick auf die nonverbale Kommunikationsfähigkeit, der sich im Kontakt mit Tieren einstellt, insbesondere bei Jungen zu beobachten, während bei Mädchen diese Fähigkeit nicht mehr wesentlich (jedenfalls nicht durch Heimtierkontakt) zu fördern ist. Interessant ist auch der Befund, daß diese Effekte nahezu unabhängig von der Art der jeweiligen Heimtiere sind. Ob also Hunde, Katzen, Nager, Vögel oder Fische gehalten werden, scheint — was die nonverbale Kommunikationsfähigkeit angeht — gleichgültig zu sein. Dies steht freilich in einem Widerspruch zu einer von den Autoren erwähnten verhaltensbiologischen Besonderheit gerade von Hunden und Katzen:

> Die Besonderheiten der nichtverbalen Kommunikation werden vielfach sogar für eine wesentliche Wurzel der Domestikation von Katze und Hund gehalten. So hat [...] der Wolf nicht nur von allen Kaniden die größte Streubreite an Ausdruckserscheinungen, sondern zeigt in den Ausdruckssignalen auch eine ganz besondere Ähnlichkeit mit Primaten und insbesondere dem Menschen (Guttmann/ Predovic/Zemanek 1985, S. 62).

Jedenfalls wird offenbar die nonverbale Kommunikationsfähikeit durch den Kontakt mit Tieren gesteigert. Poresky (1990) zeigt in einer Untersuchung mit Kindern zwischen drei und sechs Jahren zusätzlich, daß überhaupt die empathischen Fähigkeiten von Kindern, die eine enge Beziehung zu Tieren haben, differenzierter sind. Er untersuchte Kinder mit einem eigens entwickelten Testinstrument ("The Young Children's Empathy Measure") und erhielt im Hinblick auf vier Gefühlsqualitäten (Traurigkeit, Angst, Ärger und Glück) zum einen den Befund, daß empathische Fähigkeiten mit dem Alter, der sozialen Entwicklung, jedoch nicht mit der Intelligenz korrelieren. Zum anderen — und das interessiert hier — zeigte sich sehr deutlich, daß die Empathie Kindern gegenüber mit derjenigen gegenüber Heimtieren korreliert und daß außerdem Kinder mit einer engen Bindung an Tiere höhere Empathiewerte haben (vgl Levinson 1978).

Auch der Grad der sozialen Integrationsfähigkeit kann in eine Beziehung zur Heimtierhaltung gebracht werden. Bei verschiedenen soziometrischen Tests schnitten die Kinder, die ein Heimtier halten, signifikant günstiger ab, das heißt, sie wurden besonders häufig als Vertrauenspersonen und auch als Spielkameraden gewählt. Besonders deutlich wird das bei dem Kriterium "Vertrauen". Das läßt sich so interpretieren, "daß das Übernehmen einer Verantwortung soziale Verhaltensweisen fördert, die auch in der mitmenschlichen Bezugsgruppe in höherem Maße dafür prädestiniert, Probleme anvertraut zu bekommen" (Guttmann/ Predovic/Zemanek 1985, S. 66). Außerdem sind die Heimtierbesitzer nicht nur sozial attraktiver und beliebter, sondern auch von sich aus kontaktbereiter und weniger geneigt, sich innerhalb von Gruppen zu isolieren. Vor allem Hunde wirken zudem als soziale Katalysatoren (Veevers 1985) und ermöglichen als Begleiter schnellen zwischenmenschlichen Kontakt (Messent 1983). Diese Funktion von Tieren als "soziales Gleitmittel" wird auch von einigen anderen Studien belegt (Bergeler 1986, 1995, Hyde, Kurdek/Larson 1983, Kidd/ Kidd 1990b, Melson 1991, Messent 1983, Poresky 1996). Diese sozialen Wirkungen der Heimtierhaltung beziehen sich auch auf die Fähigkeit, sich in andere Kinder einzufühlen (Levinson 1978, Poresky 1990, 1996). Allerdings können Heimtiere auch als soziale Barrieren wirken (Veevers 1985). Das gilt vor allem für gefährliche und ekelerregende Tiere (Schlangen, Spinnen, Kampfhunde).

Lebendige Dinge, vor allem Tiere, aber auch Pflanzen (siehe Kapitel 9) scheinen ein Gefühl der Sicherheit und Vertrautheit zu vermitteln, was mit zu den Hauptgründen gehört, daß sich Menschen Tiere halten oder sich auch mit Pflanzen umgeben (vgl. Rüdiger 1956, S. 257). Katcher/ Beck (1983) führten Experimente durch, in denen der beruhigende Effekt von Aquarien untersucht wurde: Sie stellten fest, daß bei Versuchspersonen mit normalem und erhöhtem Blutdruck das Betrachten eines Aquariums (gängige tropische Fische) zu einer Senkung des Blutdrucks führt. Zusätzlich untersuchten sie den Effekt eines Aquariums auf besonders ängstliche Menschen, denen bei lokaler Narkose ein Zahn gezogen werden sollte. Verschiedene Methoden (Aussagen des Zahnarztes, unabhängiger Beobachter, Fragebogen) führten jeweils übereinstimmend zu dem gleichen Ergebnis, daß das Betrachten eines Aquariums eine ausgesprochen beruhigende und entängstigende Wirkung auf die Versuchspersonen hatte, die der von hypnotischer Beeinflussung nahekommt. So konnte beispielsweise die Entspanntheit der Personen, die eine gewisse Zeit ein Aquarium betrachteten, durch Hypnose nicht mehr erhöht werden. Es ist natürlich möglich, daß dieses Ergebnis lediglich auf einen Ablenkungseffekt zurückzuführen ist, die Autoren wagen jedoch sehr vorsichtig die Hypothese,

> daß die Gegenwart ungestörter Lebewesen deshalb beruhigend wirkt, weil in der menschlichen Evolution jahrtausendelang, wenn nicht sogar immer, der Anblick und das Geräusch ungestörter Tiere und Pflanzen ein wichtiges Zeichen für Sicherheit waren. Wir wissen, daß infrahumane Primaten das Fluchtverhalten anderer Tiere, die schärfere Sinne besaßen, als Gefahrensignale werteten. Die plötzliche Unruhe einer grasenden Antilopenherde, die einen Leoparden wittert, ist ein gutes Beispiel für ein derartiges Warnsignal. Wenn sich also ein Tier ruhig verhält, das in Gegenwart eines für die Primaten gefährlichen Tieres gewöhnlich flieht und erkennbares Fluchtverhalten zeigt, so kann dies als Sicherheitssignal gewertet werden (Katcher/Beck 1985, S. 132).

Damit wollen die Autoren nicht die Annahme nahelegen, daß sich Menschen, die ein Aquarium betrachten, an das Leben in der afrikanischen Savanne gewissermaßen "erinnern", vielmehr gehen sie von der Annahme aus, daß "Unterschiede in der Art, sich gegenüber Umweltsignalen zu orientieren, ein Teil der Varianz der angeborenen Verhaltensmuster bei Tieren wie bei Menschen ist" (Katcher/Beck 1985, S. 132). Die beschriebene Verhaltensweise, nämlich das eigene Verhalten (was das Fluchtverhalten und das Gefühl von Sicherheit angeht) an dem von anderen Arten zu orientieren, ist als ein Selektionsvorteil zu bewerten, der im Laufe der Evolution eher Träger dieser Verhaltensweise begünstigt (zum Wert und zur Problematik solcher evolutionstheoretischer und anthropologischer Argumentation siehe Kapitel 6). Auffällig ist zusätzlich, daß auch in literarischen beziehungsweise symbolischen Darstellungen die ungestörte Natur oft als ein Zeichen für Sicherheit verwendet wird.

Das Aquarium hat vor dem Hintergrund dieses theoretischen Zusammenhangs dann wohl genau deshalb einen beruhigenden Effekt, weil die Fische ruhig und ungestört schwimmen und auch die Pflanzen sanft im Wasser schwingen. Nun zeigen zwar demographische Umfragen, daß Aquariumsfische für Kinder keine sehr beliebten Tiere sind. Analoge Versuche wurden aber auch in bezug auf die Anwesenheit von Hunden gemacht, wobei die Versuchspersonen den Hund nur zusammen mit einem anderen Menschen (dem Versuchsleiter) sahen, nicht jedoch mit ihm in direkte Interaktion traten. Kinder wurden in ein gemütliches Zimmer gebracht, in dem sich ein (weiblicher) Versuchsleiter zusammen mit einem Hund befand; in einem Kontrollversuch war die Versuchsleiterin ohne Hund. Die Gegenwart des Hundes senkte den Erregungsstand beziehungsweise die Angst der Kinder merklich, was in diesem Experiment anhand von physiologischen Messungen (Blutdruck, Herzfrequenz) nachgewiesen wurde. In einer neueren Studie mit Kindern (Poresky/Hendrix 1990) wird allerdings gezeigt, daß durch die reine Anwesenheit von Tieren allein ein solcher streßmindernder Effekt noch nicht eintritt; entscheidend sei vielmehr die Beziehung des Kindes zu dem Tier.

Oft läßt sich beobachten, daß Heimtiere in Familien behandelt werden wie menschliche Familienmitglieder. In einer Fragebogenuntersuchung in den USA ist dies sogar häufig explizit geäußert worden (Katcher/Friedmann u.a. 1983, Katcher 1981, Ganster/Voith 1983). Dabei ist es für unseren Zusammenhang von Bedeutung, daß Familien mit Kindern weitaus häufiger Tiere halten. Menschen, die ein Heimtier als Familienmitglied bezeichnen, tendieren auch dazu — und das gilt wohl insbesondere für Kinder — mit dem Tier zu sprechen, zu schlafen, seinen Geburtstag zu feiern oder ein Bild von ihm aufzustellen.

Heimtiere werden auch oft, wenn sie sterben, intensiv betrauert (Kamerman 1988, S. 117f.) und auch im Garten beerdigt (siehe Kapitel 10). Sie werden innig geliebt, werden zu Lebewesen gemacht, die denken und fühlen wie Menschen. Vor allem Hunde und Katzen werden als Familienmitglieder betrachtet. Nach einer Untersuchung (Voith 1985) an der Tierklinik der Universität Pennsylvania in Philadelphia (n=1500) zeigt sich dies unter anderem in folgenden Phänomenen:

56% der Hunde durften im Bett der Befragten schlafen
72% der Befragten nahmen ihren Hund auf Reisen mit
64% der Hunde bekamen Essen vom Tisch ab
45% der Befragten sprachen mindestens einmal im Monat mit ihrem Hund über wichtige Angelegenheiten
99% der Befragten glaubten, die Stimmungen ihres Hundes zu erkennen
98% der Befragten glaubten, daß der Hund ihre Stimmungen erkennt
91% der Befragten haben Fotos von ihrem Hund
54% feiern den Geburtstag ihres Hundes

Diese Befunde, die ein normales Familienleben charakterisieren, werden auch von anderen Studien bestätigt (vgl. Cain 1985, Veevers 1985, Rehm 1993). Rehm befragte 316 Familien mit insgesamt 555 Kindern und erhielt dabei für die Eltern analoge Befunde wie die aus Pennsylvania. Die Kinder betrachten den Hund in den meisten Fällen als Freund oder Spielkameraden, der sie auch vestehen kann. Ein besonderer Wert erhält der Hund zusätzlich dadurch, daß man ihn ärgern kann (Rehm 1993, S. 124).

Eine solchermaßen vertraute Beziehung zu Heimtieren ist natürlich ausgesprochen anthropomorph getönt: "Man kann sagen, daß diese Menschen dem Haustier gegenüber gewisse gesellschaftliche Verhaltensmuster anwenden, die normalerweise für Artgenossen reserviert sind, mit denen sie eine enge und freundschaftliche Beziehung verbindet" (Katcher/Beck 1985, S. 134). Katcher und Beck beobachteten Personen, die eine derartige Beziehung zu Tieren unterhalten, bei Berührungen und Gesprächen mit Tieren. Die Gestik, die dabei analysiert werden konnte, entsprach der Gestik, die eigentlich der Kommunikation von sehr vertrauten Menschen vorbehalten ist. Besonders interessant ist, daß es dabei keine Geschlechtsspezifik gibt. Männer zeigen also solche Vertrautheitsgesten gegenüber Tieren genauso häufig wie Frauen, obwohl dies in ihrem sonstigen Verhalten zumindest in der Öffentlichkeit nicht zutrifft (vgl. Goffman 1976).

Dieser "Vertrautheitseffekt" wurde von Katcher (1981) auch noch durch physiologische Messungen bestätigt: Er stellte fest, daß der Blutdruck von Personen (es wurden auch Kinder untersucht), die mit anderen Menschen sprachen oder sie berührten, deutlich ansteigt, jedoch nicht bei Personen, die dies mit ihren Haustieren tun. Im Gegenteil: der Blutdruck (als Maß für die physiologische Erregung) blieb konstant, der systolische Blutdruck wurde sogar gesenkt. Die Entspannung, die sich im Kontakt mit Tieren einstellt, vermittelt sich auch in einem entspannteren Gesichtsausdruck und in einer wärmeren Stimme (siehe auch Jenkins 1986).

Levi-Strauss (1968) behauptet sogar, daß der Umgang mit Tieren das Denken anregen und fördern könne. Damit ist das Phänomen angesprochen, daß Tiere oft als Symbole für menschliche Eigenschaften, Gedanken und Gefühle fungieren und so im Denken eine Hilfe sind. Die vielen in diesem Kapitel zusammengetragenen Befunde legen zusätzlich die Vermutung nahe, daß der psychologische Wert von Tieren über ihre symbolische Funktion weit hinausgeht: Die Ergebnisse zum Kontaktverhalten, zu den Affekten von Sicherheit und Vertrautheit und auch zum therapeutischen Wert von Tieren (siehe Kapitel 7.7) sprechen jedenfalls dafür.

Direkte Beobachtungen von Kindern in ihrem Verhältnis zu verschiedenen Tieren gibt es insgesamt nur wenig. Deshalb sei hier noch zusätzlich auf die allerdings recht alte Beobachtungsstudie von Krüger (1934) zurückgegriffen, die jedoch immer noch ergiebig ist. Krüger beobachtete Kleinkinder (zwischen 5 und 16 Monaten) in einem Kinderheim dabei, wie sie zum ersten Mal (!) mit Tieren (Frösche und Meerschweinchen) in Kontakt kamen, um damit deren unmittelbares (und nicht durch Erziehung beeinflußtes) Verhältnis zu Tieren zu erforschen.

Die ganz jungen Kinder (6 7 Monate) verhalten sich völlig passiv, reagieren überhaupt nicht auf das Tier (wohl aber auf Menschen). Ab dem 7./8. Monat greifen die Kinder nach den Tieren, allerdings so, wie sie auch nach anderen Gegenständen greifen; das Tier ist noch ein Gegenstand wie jeder andere. Hierzu ein Beispiel aus den Beobachtungsprotokollen:

Ein elf Monate alter Junge greift nach dem Tier, faßt ins Fell, zaust es, hält es fest; im nächsten Augenblick fällt sein Blick auf einen Pappkarton, und er wendet nun die gleiche Greiflust, das gleiche Interesse diesem Gegenstande zu, dann einem Teddybären, und so fort. Das ganze Verhalten des Kindes läßt deutlich erkennen, daß das Tier für es in keiner Weise aus der übrigen Dingwelt herausfällt. Das Bewußtsein nimmt zwar Notiz von einem "Etwas", nicht aber von der Eigenart dieses "Etwas" (Krüger 1934, S. 16).

Ab dem 11. Monat beobachtete Krüger unterschiedliche Reaktionen, die auf eine spezifische und differenzierte Beziehung zu dem jeweiligen Tier schließen lassen: Die Kinder reagieren unterschiedlich, und zwar entweder ablehnend (Angst) oder mit Zuwendung.

> Das Tier erscheint im Bewußtsein des Kindes zum ersten Mal ausgezeichnet vor den übrigen umgebenden Objekten durch seine Bewegungsmöglichkeit aus einer eigenen inneren Kraft heraus, deren Quelle dem Kinde unverständlich ist und damit — vor allem bei einer plötzlichen Bewegung auf das Kind zu — instinktiv als eine Gefahr für das eigene Selbst, als eine Bedrohung der Souveränität des Kindes aufgefaßt wird (Krüger 1934, S. 16).

Krüger interpretiert dieses primäre Furchtverhalten als einen angeborenen "Schutzinstinkt", den sie auch bereits im Tierreich vermutet. Ebenso wie die primär ablehnende beruht nach Krüger auch die zugewandte Haltung zu Tieren auf einer angeborenen Disposition, nämlich dem Neugierverhalten, das allerdings dem "Schutzinstinkt" nachgeordnet sei. "In den Fällen, wo eine Hinwendung zum Tier erfolgt, ist also das Motiv der Furcht übertönt von dem Motiv der Neugier" (Krüger 1934, S. 18). Auch hierzu ein Beispiel:

> Ein Junge (2;3 Jahre) hatte niemals während der Versuche Furcht vor dem Tier gezeigt. Plötzlich während eines Versuches gelingt es dem Tier (Meerschweinchen), sich aus seinen haltenen Händen zu befreien. In diesem Moment, wo das Tier seinem Machtbereich entkommt, flößt es dem Kinde Furcht ein, das Kind weint, weicht zurück, zeigt alle Zeichen von Furcht. Es dauert eine Weile, bis es, sehr zaghaft, wieder zu greifen beginnt (Krüger 1934, S. 18).

Im Gegensatz zu vielen anderen Autoren, die das primäre Verhältnis des Kindes zu Tieren eher als angstfrei, geradezu als "verwandtschaftlich" charakterisieren (siehe oben), ist nach Krügers Befunden primäre Verhältnis zu Tieren ein eher ängstliches, das allerdings sehr schnell durch Neugier und auch durch Rationalisierung eine andere Tönung erhält (vgl. auch Margadant-van Arcken 1989). Untersuchungen mit Kindern verschiedenen Alters zeigen, daß die positiven Reaktionen mit fortschreitendem Alter zunehmen und zwar vor allem im 3. und im 6. Lebensjahr. Wenn auch oft zunächst trotzdem eine angstgetönte Schwelle überwunden werden muß, kann somit bei Kindern ab dem 3. Lebensjahr in der Tat von einem eher zutraulichen Verhältnis zu Tieren gesprochen werden. Beobachtungen an Schulkindern zeigen, daß die primäre Angst noch weiter in den Hintergrund getreten ist, was Krüger mit einem zunehmenden Realitätsbewußtsein in Zusammenhang bringt. Es spricht allerdings auch viel dafür, daß die allgemeine Persönlichkeit des Kindes auch sein Verhältnis zu Tieren bestimmt: ein eher ängstliches Kind wird auch eher Angst vor Tieren haben. Das wird wahrscheinlich nicht in erster Linie dem Wirksamwerden eines "Schutzinstinktes" entstammen, sondern eher den bisherigen Lebenserfahrungen. (Zum Thema "Angst und Ekel vor Tieren" siehe ausführlich Kapitel 8)

134

Krüger stellte auch eine deutliche Geschlechtsspezifik fest: Die Mädchen seien in der Tendenz eher zärtlich-liebevoll, die Jungen eher sachlich interessiert, wobei allerdings auch angemerkt werden muß, daß viele Kinder relativ indifferent auf Tiere reagierten, also sich weder ängstlich noch ausgesprochen zugewandt zeigten. (Auf Beispiele für die geschlechtsspezifischen Unterschiede sei hier verzichtet, da sie deutlich Geschlechtsrollenstereotypen aus den 30er Jahren entstammen.) Krüger faßt ihre diesbezüglichen Beobachtungen folgendermaßen zusammen:

> Der Knabe im Alter von über drei Jahren ist mehr sachlich interessiert am Tier, ihn beschäftigen die Leistungen und Fähigkeiten der Tiere. Das Küken kann fliegen und imponiert ihm damit ungeheuer, der Frosch kann so weit springen und ähnliches mehr. Das Mädchen dagegen ist in diesem Alter liebevoll-zärtlich, die Erkenntnis des Tieres als Lebewesen erweckt vielleicht in ihr einen mütterlichen Instinkt, der sich in Achtsamkeit und liebevollem Besorgtsein äußert. Ihr Interesse am Tier beruht nicht auf seinen Leistungen, sondern auf Liebe zum Tier. Diese Verschiedenheit der Geschlechter prägt sich mit fortschreitendem Alter der Kinder (Schulkinder bis 11 Jahre) immer mehr aus (Krüger 1934, S. 26f.).

7.3 Welche Tiere werden von Kindern besonders geschätzt?

Zoologische Interessen sind bei der Vorliebe für bestimmte Tiere relativ nachgeordnet. So ist der kindliche Bezug zu Tieren eher als ein Beziehungswunsch zu kennzeichnen als als ein Interesse an Tieren. Bezeichnenderweise erbrachte Föllings-Albers (1995) Studie zu den Interessen von Grundschulkindern den Befund, daß sich (bei einer offenen Frage) lediglich 2,7 Prozent für Tiere interessierten.

Bei den Beziehungswünschen ist das ganz anders. Tiere nämlich, zu denen man eine Beziehung herstellen, die man streicheln kann, die dem Bedürfnis nach Hautkontakt und Zärtlichkeit entgegenkommen, werden sehr geschätzt. Das sind Katzen, Hunde, Meerschweinchen weitaus mehr als beispielsweise Fische oder Schildkröten. Letztere kann man zwar auch beobachten und versorgen, aber eben keine "richtige" (das heißt wohl auch anthropomorph getönte) Beziehung zu ihnen entwickeln. Die Beziehung zu Tieren hängt auch davon ab, ob, in welchem Alter und mit welchen Tieren in der Kindheit Kontakt bestanden hat. Dabei ist der bereits berichtete demographische Befund bedeutsam, daß in Familien mit Kindern vermehrt Heimtiere gehalten werden, wobei das für Landfamilien naturgemäß deutlich mehr zutrifft. Allerdings ist das Halten von Tieren auf dem Land zweckgebundener, was nicht unbedingt immer eine liebevolle Beziehung nahelegt. So betonen auch Landkinder mehr den Nützlichkeitsaspekt von Tieren als Stadtkinder (Kellert 1996). In Norwegen ergab sich in einer großen Befragung an Kindern und Jugendlichen (Bjerke/Odegardstuen/Kaltenborn 1998), daß Stadtkinder sogar ein größeres Bedürfnis nach Tieren haben als Landkinder. Das trifft insbesondere für die jüngeren Kinder zu, wie überhaupt die Tierliebe mit zunehmendem Alter eher abzunehmen scheint (Kellert/Westervelt 1983, Bjerke/Odegardstuen/Kaltenborn 1998).

Die Befragungen, welche Tiere bei Kindern besonders beliebt sind, kommen überwiegend zu den gleichen Ergebnissen, jedenfalls was die beliebtesten Tiere angeht: Hund, Katze, Hase und Pferde. Diese Ergebnisse erhielt bereits 1903 Bucke bei einer Befragung von Kindern und Jugendlichen im Alter zwischen 6 und 17 in den Vereinigten Staaten. Der Hund steht hier mit 43% an der Spitze, gefolgt von der Katze mit 28%. Diese Befunde wurden mehrfach repliziert (Bart 1972, Collins 1976, Kellert/Westerveld 1983). Bemerkenswert in diesen Studien ist, daß Mädchen weniger Tiere mögen und daß insgesamt die domestizierten Tiere beliebter sind als die Wildtiere. Allerdings zeigt sich, daß diejenigen, die Heimtiere halten, auch positive(re) Einstellungen zu Wildtieren haben (Bjerke/Odegardstuen/Kaltenborn 1998, Bowd 1984, Paul/Serpell 1993). In der Studie von Kellert/Westerveld (1983) werden als beliebte Tiere noch Schmetterlinge, Schwäne und Robben genannt. Überhaupt gibt es zu wildlebenden Tieren oder zu Zootieren fast keine Befunde (Ausnahme Bjerke/Odegardstuen/Kaltenborn 1998, siehe unten). Eine interessante Geschlechtsspezifik erbrachte eine italienische Studie (Rusca/Tonucci 1992) an Kindern im Alter zwischen 6 und 12 Jahren. Die Jungen aus der Stadt nannten in erster Linie den Tiger, Löwen und den Hund, während die Mädchen aus der Stadt Hund und Katze nannten. Landkinder mochten mehrheitlich und ohne signifikante Geschlechtsspezifik Pferde, Hunde und Katzen.

Bei Zilligs (1961) Untersuchung an 13jährigen Mädchen sind es v.a. Katzen, Hunde, Pferde, aber auch Vögel. Stückrath (1965) nennt ebenfalls als die beliebtesten Tiere an erster Stelle Säugetiere und an zweiter Stelle Vögel. Eine Befragung von 230 Schülern der 5. Klasse (Eschenhagen 1970) ergab, daß sich immerhin 93% der Schüler zu Hause ein Tier halten würden. Diese Befragung wurde elf Jahre später mit derselben Altersstufe wiederholt (Eschenhagen/Längsfeld 1981). Bemerkenswert ist dabei der hohe Anteil der Kinder, die in der Tat zu Hause ein Tier halten: 1969 waren es immerhin 58,2 Prozent und 1980 75,8 Prozent.

Tab. 7.1: Tierwünsche von Kindern 1969 und 1980 (Schüler des 5. Jahrgangs, Angaben in %; nach Eschenhagen 1970, Eschenhagen/Längsfeld 1981)

	1969	1980
Hund	46,1	33,3
Pferd	13,9	22,8
Hamster	8,7	2,7
Katze	5,2	11,4
Vögel	4,8	8,7
Affen		1,8
Kaninchen		3,7
Fische	4,3	0,5

1969 mußten sich offenbar die Kinder noch oft mit Tieren zufriedengeben, die eher von ihren Eltern geschätzt werden, v.a. Fische und Vögel. Das hat sich geändert; v.a. fällt auf, daß viel mehr Hunde und Katzen gehalten werden, immerhin neben dem Pferd die Lieblingstiere der Kinder. Aber auch die Bedeutung von Pferden ist deutlich gestiegen (ausführlich Kapitel 7.4).

Tab. 7.2: Tierhaltung bei Kindern 1969 und 1980 (Schüler des 5. Jahrgangs, Angaben in %; nach Eschenhagen 1970, Eschenhagen/Längsfeld 1981)

	1969	1980
Vögel	24,3	34,2
Hund	13,9	32,0
Fische	13,0	6,8
Hamster	10,0	0,9
Katze	7,0	20,5
Schildkröte	4,8	2,3
Kaninchen	3,5	19,2
Meerschweinchen	3,0	3,7
Pferd/ Pony		4,1

Schanz (1972) fragte in einer Studie zum Problem der kindlichen Abneigung gegenüber Tieren auch, welche Tiere als besonders sympathisch gelten. Auch hier sind Hund, Katze und Pferd die beliebtesten Tiere, gefolgt von den Vögeln. Als weitere Tiere werden noch genannt: Hase, Eichhörnchen, Reh und Affe (Schanz 1972, S. 55f.). In einer jüngeren Befragung an deutschen Grundschülern (Hartmann/Rost 1994) wird auch vor allem der Hund sehr häufig genannt. Bei den Mädchen werden die Katzen durch Hasen und Kaninchen verdrängt. Bei beiden Geschlechtern sind Fische die am wenigsten gewünschten Heimtiere.

Die Vorliebe gerade für die beliebten Tiere scheint auch einer entwicklungspsychologischen Dynamik zu unterliegen. Mit zunehmendem Alter nimmt die Vorliebe für Hunde zu (Tab. 7.3). Vor allem die jeweiligen Motive folgen einer Altersdynamik: Während jüngere Kinder noch vorwiegend "Liebe und Sicherheit" als Motive für die Vorliebe für Tiere angeben, sind sie für ältere Kinder Mittel beziehungsweise Anlaß für Selbständigkeit und Unabhängigkeit (Tab. 7.4).

Tab.7.3: Bevorzugte Tierarten bei Kindern zwischen 5 und 13 Jahren
(n=216, Angaben in Prozent, Salomon 1984)

Welches Tier magst du am liebsten?	(durchschn. Lebensalter 6,5 Jahre)	(durchschn. Lebensalter 9,5 Jahre)	(durchschn. Lebensalter 11,5 Jahre)
Katze	21,7	30	12,5
Pferd	19,5	16	17,5
Hund	17,3	29,9	35
Andere Tiere	41,5	24,1	35

In einer Befragung aus Norwegen (Bjerke/Odegardstuen/Kaltenborn 1998) werden explizit auch wildlebende Tiere einbezogen. Es wurden 562 Kinder und Jugendliche zwischen 9 und 15 Jahren nach ihren drei Lieblingstieren befragt. Die Ergebnisse: 75% geben den Hund an erster Stelle an, 55% die Katze, 39% das Pferd und 13% den Hasen. Insgesamt 54% geben Heimtiere an, aber immerhin 15% in Norwegen wildlebende Tiere, 14% wildlebende Tiere aus anderen Ländern, 13% Pferde und 4% Nutztiere. Unter den Nutztieren wurde die Kuh am häufigsten genannt, bei den Wildtieren der Wolf, der Adler, kleine Vögel und der Tiger. Hier gibt es eine deutliche Geschlechtsspezifik: 42% der Jungen nennen Wildtiere, aber nur 19% der Mädchen. Bei Pferden ist das Verhältnis umgekehrt: 20% der Mädchen, aber nur 5% der Jungen nennen Pferde als Lieblingstier. Interessanterweise ist diese besondere Vorliebe der Mädchen für Pferde, die in Deutschland ähnlich deutlich ist (siehe Kapitel 7.4), in den USA (Collins 1976) oder in Italien (Rusca/Tonucca 1992) nicht zu finden.

Tab. 7.4: Motive für die Wahl eines Tieres bei Kindern zwischen 5 und
13 Jahren (n=216, Angaben in Prozent, Salomon 1984)

	(durchschn. Lebensalter 6,5 Jahre)	(durchschn. Lebensalter 9,5 Jahre)	(durchschn. Lebensalter 11,5 Jahre)
Liebe und Sicherheit	41,7	18	28,3
Selbständigkeit/ Unabhängigkeit	23,8	54,5	59,2
Selbstsicherheit/ Aggressivität	19,4	23,8	9,8
Keine Zuordnung möglich	15,1	3,7	2,7

Tab. 7.5: Beliebtheit von 20 Tieren (nach Bjerke/Toril/Kaltenborn 1998)
(n=562, 286 Mädchen, 276 Jungen, Mittelwerte
1=sehr große Abneigung, 4=sehr große Zuneigung)

Tierarten	beide Geschlechter	Mädchen	Jungen
Hund	3.85	3.87	3.83
Katze	3.70	3.79	3.61
Eichhörnchen	3.60	3.67	3.53
Pferd	3.48	3.70	3.25
Schwan	3.27	3.40	3.12
Bachstelze	3.18	3.27	3.07
Fuchs	3.05	2.98	3.12
Kuh	2.94	2.95	2.92
Wale	2.91	2.82	3.01
Adler	2.88	2.54	3.23
Elch	2.85	2.73	2.97
Bär	2.81	2.64	2.99
Wolf	2.59	2.44	2.75
Maus	2.55	2.49	2.61
Dachs	2.44	2.29	2.60
Krähe	2.10	2.12	2.08
Wurm	2.07	1.85	2.3
Hummel	2.03	1.90	2.16
Ameise	1.88	1.77	1.99
Spinne	1.82	1.54	2.12

Die Einstellung zu fünf Tiere wurde mittels des semantischen Differentials genauer untersucht (Tabelle 7.6). Die Befunde passen zu der Präferenzskala. Zusätzlich wurde noch nach der Bereitschaft beziehungsweise nach dem Interesse gefragt, bestimmte Tierarten vor dem Aussterben zu retten. Das bemerkenswerteste Ergebnis bei dieser Frage ist, daß das Interesse, Tiere vor dem Aussterben zu bewahren, signifikant mit dem Alter der Kinder abnimmt, ein Befund, der uns noch in Kapitel 11, in dem es um die Wahrnehmung und Verarbeitung der ökologischen Krise geht, beschäftigen wird.

Tabelle 7.6: Tiereigenschaften im Urteil von Kindern und Jugendlichen
(5-stufige Skala, 1=sehr positiv, 5=sehr negativ, N = 562)
(nach Bjerke/Toril/Kaltenborn 1998)

Tierarten	Eigenschaftsskala	9-10 J.	12-13 J.	14-15 J.
Hund	schön - hässlich	1.59	1.30	1.57
	interessant - langweilig	1.86	1.84	2.09
	schlau - dumm	1.76	1.59	1.93
	nicht gefährlich - gefährlich	1.99	2.19	2.26
	nützlich - nicht nützlich	1.65	1.52	2.04
Wolf	schön - hässlich	2.96	2.44	2.41
	interessant - langweilig	2.07	1.81	1.83
	schlau - dumm	2.25	1.96	2.06
	nicht gefährlich - gefährlich	3.67	3.99	3.86
Elch	schön - hässlich	2.53	2.72	2.95
	interessant - langweilig	2.10	2.18	2.79
	schlau - dumm	2.48	2.79	3.04
Adler	schön - hässlich	2.52	1.98	2.12
	interessant - langweilig	1.95	1.62	1.92
	schlau - dumm	2.10	1.74	1.98
Spinne	schön - hässlich	3.81	4.13	4.27
	schlau - dumm	3.10	3.32	3.47

Zur empirischen Fundierung des Tests "Familie in Tieren" untersuchte Brem-Gräser (1975) auch, welche Tiere im kindlichen Erleben überhaupt eine Rolle spielen. Sie forderte 2000 zehnjährige Kinder auf, drei Tiere zu zeichnen. Das Ergebnis zeigt natürlich nicht, welche Tiere die Kinder mögen, es zeigt jedoch, welche Tiere in kindlichen Vorstellungen besonders häufig vorkommen, weshalb die entsprechende Tierliste auch abgedruckt sei (Tab. 7.7).

Interessanterweise zeichnen die Kinder weitaus mehr Tiere, nämlich 108, wenn sie aufgefordert werden, ihre Familie in Tieren zu zeichnen. Das läßt sich so verstehen, daß offenbar der symbolische Wert von Tieren in der kindlichen Phantasie recht hoch einzuschätzen ist. Auch hierbei kommt die Schlange am häufigsten vor und überhaupt ist auffallend, daß die 20 am häufigsten gewählten Tiere bis auf vier identisch sind. Nach Rüdiger (1956, S. 116) scheinen Kinder eher Jungtiere zu bevorzugen; das gilt sogar, wenn die adulten Tiere eigentlich Angst- und Ekeltiere sind. Das wird zum einen mit dem sogenannten "Kindchenschema" zusammenhängen, zum anderen mit der relativen Ungefährlichkeit der Jungtiere. So berichtet

Rüdiger von Beobachtungen im Zoo, wo Kinder sich von jungen Löwen, Bären, Wildschweinen, sogar Schlangen ausgesprochen angezogen fühlten. Aufgrund seiner umfangreichen Beobachtungen von Grundschulkindern in zoologischen Gärten und Befragungen zu Heimtieren entwickelt Rüdiger weiter die Annahme, daß Kinder (und auch Erwachsene) insbesondere solche Tiere schätzen, die biologisch dem Menschen am nächsten stehen; das sind vor allen Säugetiere. "Die biologische Nähe eines Tieres zum Menschen ist die wesentlichste Vorbedingung echter Kontaktfindung zwischen Mensch und Tier. Biologische Ferne dagegen führt zu Versachlichungen" (Rüdiger 1956, S. 133).

Tab. 7.7: Tierliste (nach Brem-Gräser 1975, S. 30)

1. Schlange	716	20. Storch	88	39. Strauß	28
2. Hase	464	21. Gans	96	40. Adler	26
3. Fisch	378	22. Kamel	96	41. Eule	24
4. Vogel	362	23. Käfer	66	42. Walfisch	24
5. Pferd	336	24. Esel	64	43. Raupe	22
6. Hund	288	25. Löwe	31	44. Spatz	20
7. Elefant	258	26. Krokodil	32	45. Haifisch	18
8. Katze	202	27. Henne	28	46. Gemse	18
9. Igel	166	28. Hirsch	25	47. Amsel	16
10. Ente	152	29. Fuchs	48	48. Bär	14
11. Schwan	152	30. Kuh	46	49. Fliege	14
12. Schmetterling	152	31. Hahn	40	50. Huhn	14
13. Schwein	144	32. Wurm	40	51. Stier	14
14. Giraffe	140	33. Reh	38	52. Ziege	14
15. Maus	108	34. Affe	36	53. Maikäfer	12
16. Eichhörnchen	104	35. Kreuzotter	36	54. Kängeruh	12
17. Schildkröte	100	36. Spinne	36	55. Tiger	12
18. Schaf	98	37. Taube	32	56. Zebra	12
19. Schnecke	98	38. Nashorn	28		

Im Vergleich zu Säugetieren ist die Beziehung zu Vögeln, Fischen, Amphibien, Reptilien oder gar Insekten weitaus distanzierter. In der Tat bieten Säugetiere auch weitaus mehr Möglichkeiten, auf anthropomorphe Weise eine Beziehung zu ihnen zu entwickeln. Ob das vor allem an der biologischen Nähe zum Menschen liegt, sei dahingestellt; dabei wird sicherlich auch eine Rolle spielen, daß man mit Hunden oder Katzen beispielsweise Körperkontakt haben kann, daß Säugetiere eher (als beispielsweise Fische) die Kontaktangebote von Kindern beantworten, weil sie gesellig sind und auch mimisches Ausdrucksvermögen haben (vgl. die Befunde zur nonverbalen Kommunikationsfähigkeit in Kapitel 7.2). Auch von neueren Studien (Margadant-van Arcken 1989) wird die Vorliebe für Säugetiere eindeutig bestätigt. Offenbar ist mit Säugetieren eher ein Gefühl von Vertrautheit und Sicherheit zu erreichen, was wahrscheinlich auch, aber nicht nur mit ihrer Menschenähnlichkeit zu tun haben wird. Die ästhetische Qualität eines Aquariums wird von Kindern in der Regel nicht so sehr wahrgenommen; auch ist es auffällig, daß Kanarienvögel eher von alten Menschen bevorzugt werden. Ein weiteres Kriterium für die Hinwendung zu bestimmten Tierarten ist nach Rüdigers Beobachtungen die "flinke und geschickte" Beweglichkeit eines Tieres. Katze, Hund oder Pferd stecken eben zu Bewegung und Toben an, Schildkröten oder Aquariumstiere eher nicht.

Krüger machte bereits 1934 einige differenzierte Studien zum Wert verschiedener Tierarten. Dabei stellte sich heraus, daß das Tier einen gewissen "Spielwert" haben, das heißt kuschelig, eigenaktiv, beweglich und zutraulich sein muß. Ein Igel, eine Schnecke oder eine scheue junge Katze erfüllen beispielsweise diese Kriterien nicht. Nach Krügers Beobachtungen ist der Hund besonders beliebt. Überhaupt seien Tiere mit einem Fell in besonderer Weise für Kinder geeignet, was ihrer Meinung nach daran liegen wird, daß das weiche, warme Fell taktil besonders angenehm ist. Außerdem mutmaßt Krüger, daß die "Pelztiere" auch die am höchsten entwickelten und insofern in ihrem Verhalten dem Kind am ehesten verständlich sind. Vergleichsuntersuchungen zwischen verschiedenen Tierarten (Frosch, Schnecke, Regenwurm einerseits und Meerschweinchen, Maus, Hund, Katze andererseits) bestätigen jedenfalls den Befund der Vorliebe für Pelztiere, ohne freilich begründete Hinweise auf die Ursachen zu geben. Auf die geringe Vorliebe oder gar Abneigung gegenüber bestimmten Tieren wird in Kapitel 8 (Angst und Ekel vor Tieren) noch genauer eingegangen. Hier soll nur festgehalten werden, daß in jungen Jahren keine prinzipielle Aversion gegen bestimmte Tierarten festzustellen ist, daß vielmehr spezifische Aversionen erst später, oft erst während der Schulzeit auftauchen — ein Hinweis auf deren kulturelle Bedingtheit. Kinder scheinen also spontan eher zutraulich auf Tiere zuzugehen. (An anderer Stelle spricht Krüger allerdings, wie bereits erwähnt, von einem angeborenen "Schutzinstinkt" gegen Tiere.)

Oft werden Überlegungen darüber angestellt, welche Tiere für welches Alter oder auch für welchen Persönlichkeitstyp besonders geeignet sind (siehe z.B. Adrian 1982, Winkel 1987). So ist es wahrscheinlich in der Tat so, daß Hundeliebhaber und Katzenliebhaber durchaus unterschiedliche Persönlichkeitstypen sind, was sich auch in der Vorliebe für ein bestimmtes Tier symbolisch ausdrücken kann (vgl. Turner 1985, S. 158). Inwieweit beispielsweise Hunde als "Spiegel der Persönlichkeit" angesehen werden können, ist im wissenschaftlichen Sinne eine offene Frage (vgl. Bergler 1986, S. 43f., Edel 1996, Serpell 1986, S. 28f., Veevers 1986). Allerdings sind bestimmte identitätsstiftende Funktionen von Haustieren oder auch die Funktion als Statussymbol in der Tat nicht auszuschließen. Lorenz (1993, S. 44f.) spricht in diesem Zusammenhang von "Resonanzhunden" und "Komplementärhunden".

Trotzdem ist vor pauschalisierenden Ratschlägen ("Welches Tier paßt zu mir?") eher zu warnen. Solche Zuweisungen instrumentalisieren die Tiere meist und stellen den Menschen allzu egozentrisch beziehungsweise anthropozentrisch in den Mittelpunkt. Trotzdem ist es natürlich so, daß bestimmte Tiere einfach einen höheren Aufforderungscharakter haben und daß Kinder auf bestimmte Tierarten leichter zugehen können, beispielsweise solche mit einem Fell.

7.4   Die besondere Beziehung von Mädchen zu Pferden

> Der Hengst war gesattelt. Der lief mir immer hinten nach. Als ich daheim war, legte er sich in den Garten. So wurde er mein bester Freund. (Zillig 1961, S.70)
> Es sieht einfach toll aus, wenn durch das glänzende Haar die Muskulatur und das Adernetz sichtbar werden, wenn das Pferd warm wird. (Vogt 1992)
> Wenn du deine Arme um einen Pferdehals schlingst und die Wärme spürst, dann ist das schon ein tolles Gefühl. (Vogt 1992)

Besonders bemerkenswert ist die Beziehung von Mädchen zu Pferden — ein Phänomen, das in letzter Zeit Gegenstand einer Reihe von Untersuchungen war. Auf der Phänomenebene ist die Vorliebe von Mädchen für Pferde unstrittig (siehe unten), viel unklarer und v.a strittiger ist die Aufklärung der zugrundeliegenden Motive, die der Pferdebegeisterung vieler Mädchen zugrunde liegen könnten. "Die Liebhaberei für Pferde ist so auffallend, daß es wundert, warum sich die Entwicklungspsychologie dieser Thematik noch nicht ausführlich gewidmet hat" (Fend 1990, S. 75).

Auf den Stellenwert der Medien bei der kindlichen Beziehung zu Tieren ist bereits hingewiesen worden; in diesem Zusammenhang besonders interessant ist, daß fast die gesamte Pferdeliteratur Mädchenliteratur ist. Hier erleben Mädchen mit ihren Pferden Abenteuer, haben in Pferden Partner bei der Bewältigung von persönlichen Problemen, vor allem Pubertätskonflikten. Fernsehserien wie "Black Beauty" oder "Flicka" sind ausgesprochen beliebt; in Buchhandlungen und Kaufhäusern füllen unzählige Einzeltitel und Endlos–Serien wie beispielsweise "Britta" die Regale. Die Pferde–Comic–Serie "Conny" (Untertitel: Mädchen-Pferde-Abenteuer) und "Wendy" erreichen bei 14tägiger Erscheinungsweise jeweils Auflagenzahlen um 200.000 Exemplare (vgl. Vogt 1992). "Die Pferdeliteratur im engeren Sinn ist [...] zur Mädchenliteratur schlechthin avanciert" (Hengst 1980, S. 189). Einige Beispiele:

> Mon Dieu preschte mit mir durch den peitschenden Regen. Seine Mähne wehte mir ins Gesicht und der Sturm riß mich fast von seinem Rücken. Ich wußte nicht, wohin wir ritten, nur, daß ich mich frei und glücklich fühlte. (J. Löhr: Glückliche Tage mit Mon Dieu. In: *Wenn ich ein Pferd hätte*. Ravensburg 1988, S. 11)
> Mit der Zeit entstand zwischen Berry und mir eine seltsame, immer engere Verbindung. Es war etwas anderes als Zuneigung, obgleich ich die Kleine innig liebte und sie ein außergewöhnlich anhängliches Pferd war. Es war eine Seelenverwandtschaft. Ich weiß nicht, wie ich es erklären soll, aber es war da. (Lynn Hall: *Berry, meine Rotschimmelstute*. Ravensburg 1989, S. 42)

"Meine Feine", flüsterte ich und lehnte mich über ihren Rücken. Ich spürte ihre Wärme. Lady Lou war mein Pferd. Niemals konnte einer kommen und sie mir wieder wegnehmen. Wir gehörten zusammen, für immer Lady Lou und ich. (M. Stoffers: *Nie wieder ohne Pferde*. Reutlingen 1986, S. 159).

Fast ebenso erfolgreich wie diese Pferde–Mädchen–Literatur sind Fachbücher und sogar Fachzeitschriften über Pferde, die, wie Studien zum Leseverhalten gezeigt haben, auch tatsächlich gelesen beziehungsweise geradezu durchgearbeitet werden (vgl. Hengst 1980). So gibt es auch Berichte von Lehrern, nach denen sonst eher unmotivierte Schülerinnen freiwillig größere Arbeiten über Pferde geradezu perfekt und mit größter Motivation erstellen.

Aber die Pferdeliebe der Mädchen bleibt nicht reine Fiktion. Zunehmend gibt es Pony- und Pferdehöfe, und diese werden in der Tat auch vorwiegend von Mädchen genutzt. Dabei handelt sich in erster Linie um Mädchen in der Pubertät. So gab es 1990 in den alten Bundesländern in den Reitvereinen bei den Jugendlichen unter 15 Jahren 91.700 Mädchen gegenüber 18.641 Jungen. Bei Erwachsenen (über 22 Jahre) ist das Verhältnis nahezu ausgeglichen: 155.508 Frauen und 178.102 Männer (Statistisches Bundesamt 1991). Im übrigen ist dies ein relativ neues Phänomen, wie überhaupt das Pferd erst seit den 60er Jahren von einem landwirtschaftlichen Nutztier zum Freizeittier geworden ist. Noch 1960 war zudem der Pferdesport eine rein männliche Domäne, das trifft auch auf Kinder und Jugendliche zu. Bei den unter 14-jährigen gab es 1960 2.649 Mädchen und 3.383 Jungen (Statistisches Bundesamt 1961).

Schönhammer (1993) befragte Hauptschüler (5., 7. und 9. Klasse, n=55) nach ihrem liebsten Fortbewegungsmittel: Während bei den Jungen das Fahrrad (32%), das Mitfahren mit dem Motorrad (18%) oder mit dem Auto (15%) neben dem Skateboard (12%) beliebt sind, steht das Pferd bei den Mädchen mit 48 % mit Abstand an der Spitze (Fahrrad 19%, Rollschuhe 10%).

Das Pubertätsalter der Mädchen wird nicht zufällig sein, auch wenn die besondere Beziehung von Mädchen und Pferden weit früher anfängt (Schönhammer 1993) und nicht als ein reines Pubertätsphänomen bezeichnet werden kann. Allerdings können zentrale Pubertätsthemen in der Beziehung zu Pferden ihren Niederschlag finden: Einsamkeit, Freiheit, (sexuelle) Triebstärke (vgl. Bettelheim 1980), Ablösung von den Eltern, Schönheit. Die Zügel können sozusagen selbst in die Hand genommen werden. Kusztrich (1988, S. 104) zufolge können Mädchen im Umgang mit Pferden den "pubertätstypischen Problemen" wie Unsicherheit, Minderwertigkeitsgefühl und Selbstzweifel entgehen. Die Ablösung von den Eltern wird noch zusätzlich durch die "Aushäusigkeit" der Pferde (anders als andere Haustiere wie Hunde oder Katzen) zumindest begünstigt. In diesem Zusammenhang ebenfalls bedeutsam sind Berichte und Phantasien von Mädchen, nach denen sich "auf dem Pferderücken Freiheitsgefühle einstellen" (Hengst 1980, S. 193). Pferde bieten auf diese Weise offenbar eine (phantasierte) Möglichkeit zur Flucht aus der (unter Umständen konfliktreichen) Realität. Insofern handelt es sich bei entsprechenden Phantasien auch unabhängig von spezifischen Pubertätsproblemen um eine "Sehnsucht nach einem lebendigen, warmen, urwüchsigen Tier, von dessen Regungen und Gefühlen man träumt, dessen Zuneigung man erringen möchte, auf dessen Rücken man buchstäblich in eine 'andere Welt' hineinreitet" (Bruns/ Hoffmann 1976, S. 12). Neben Freiheitsgefühlen vermittelt das Reiten zugleich auch Gefühle von Beziehung und Geborgenheit. Viele Mädchen kümmern sich darüber hinaus nämlich auch noch sehr konkret und handgreiflich um ihre Pferde: Pflegen, Säubern, Streicheln usw. Oft scheint es, daß dieser pflegerische Aspekt geradezu der entscheidende und das Reiten eher Nebensache ist. Folgende Aussage ist dafür typisch:

> Das Reiten an sich fand ich gar nicht so toll, ich hatte nämlich ganz schön Angst vor Pferden. Aber das "Drumherum", das "Betüddeln" und so weiter hat mir Spaß gemacht (Vogt 1992, S.8).

Offenbar steht für viele Mädchen die Interaktion, die persönliche Beziehung zum Pferd im Vordergrund, innerhalb derer sie sich verstanden und geschützt fühlen können (siehe die Beispiele aus den Mädchenbüchern oben). Jungen scheinen nach Baum (1991) eher Fahrräder zu bevorzugen, "weil diese im Hinblick auf Fürsorge und Pflege kaum persönliche Verantwortung fordern und vor allem ihren Reiter niemals der peinlichen Situation des Herunterfallens aussetzen" (Baum 1991, S. 217).

Oft hört die intensive Zuwendung zu Pferden dann auf, wenn sich die Mädchen real dem anderen Geschlecht zuwenden, ein Phänomen, daß — bisweilen in vulgärpsychologisierender Weise — die Annahme einer erotisch getönten Projektion begründet. Diese Annahme soll allerdings nicht den Umstand schmälern, daß die Beschäftigung mit Pferden auch eine ganz pragmatische und reale Bedeutung hat, nämlich tätiger, motivierter und wohl auch lustvoller Umgang mit Tieren. Nicht umsonst werden Pferde auch mit offenbar großem Erfolg in therapeutischen Zusammenhängen eingesetzt (zur Reittherapie vgl. z.B. McCulloch 1985, Heipertz 1972; siehe Kapitel 7.7). Die These der sexuell getönten Motivation der Pferdebegeisterung vieler Mädchen wird überwiegend von psychoanalytisch orientierten Autoren vertreten (Bettelheim 1980, Freud 1968, Schowalter 1983). Bettelheim beispielsweise interpretiert die Beziehung von Mädchen zu Pferden eindeutig als erotische Projektion:

> Viele etwas ältere Mädchen begeistern sich für Pferde; sie beschäftigen sich mit Spielpferden und errichten kunstvolle Phantasiegebäude um sie herum. Wenn sie größer werden und die Möglichkeit dazu haben, wenden sie sich lebendigen Pferden zu; sie pflegen sie sehr zuverlässig und sind unzertrennlich von ihnen; ihr Leben scheint um diesen Mittelpunkt zu kreisen. Die psychoanalytische Forschung hat ergeben, daß die übermäßige Begeisterung für Pferde viele verschiedene emotionelle Bedürfnisse, die das Mädchen zu befriedigen sucht, umfassen kann. So kann das Mädchen durch die Herrschaft über das starke Tier das Gefühl gewinnen, es beherrsche das Männliche oder das sexuell Triebhafte in sich selbst (Bettelheim 1980, S. 68).

Auch Jung verweist auf den "sexuellen Charakter der Reitphantasie": "Das Wesentliche daran dürfte der Rhythmus sein, der erst sekundär sexuelle Bedeutung annimmt" (Jung 1952, S. 427). Allerdings ist wohl eine Interpretation, die die Pferdeliebe der Mädchen in erster Linie als erotische Projektion deutet, allzu pauschalisierend. So sieht Baum (1991, S. 124) diese Erklärung der Pferdeliebe von Mädchen als eine männliche Unterstellung an. Auch warnt Bettelheim ausdrücklich davor, die erotische Komponente bei der Begeisterung für Pferde bewußt zu machen: "Man stelle sich vor, was mit der Freude am Reiten und mit der Selbstachtung eines Mädchens geschähe [....]" (Bettelheim 1980, S. 68).

Aus psychoanalytischer Perspektive ist allerdings zusätzlich auf Verschmelzungsphantasien beim Reiten hinzuweisen, die gut zu den bereits genannten Beziehungswünschen und ebenso zu den Freiheitsgefühlen passen. Der Umgang mit Pferden eröffnet darüber hinaus auch die Möglichkeit, sowohl männliche als auch weibliche Rollenvorschriften auszuleben. Nach dem Androgyniekonzept Bierhoff-Alfermanns (1989) haben beide Geschlechter sowohl expressive (eher "weibliche") als auch instrumentelle (eher "männliche") Bedürfnisse. Zu dem expressiven Modus kann die Fürsorge, die Pflege und die emotionale Beziehung zum Pferd gerechnet werden. Reiten, Abenteuer erleben, Unabhängigkeit erlangen, Wettkampf sind dagegen eher Motive des instrumentellen Modus. Mädchen können also im Umgang mit Pferden "männliche" Abenteuer zu erleben, ohne ein typisch männliches Spielzeug zu benutzen. Dabei wird das Gefühl der Macht über ein so großes, körperlich eigentlich überlegenes Tier zusätzlich von Bedeutung sein:

> "Es ist ein tolles Gefühl, wenn ein Pferd mitkommt, weil du das willst." — "Es ist ein tolles Gefühl, wenn du spürst, wie ein so großes Tier dir so gehorcht." (Vogt 1992, S. 14)

Zugleich können an einem nicht unbedingt typischen "weiblichen" Objekt weibliche Rollenvorschriften (Pflege, Fürsorge u.ä.) erfüllt werden. Diese Möglichkeit im Umgang mit Pferden und ihrem Umfeld könnte man vielleicht als "Amazoneneffekt" bezeichnen. Warum freilich nicht im selben Maße auch die Jungen diesen gleichsam androgynen Bedürfnissen im Umgang mit Pferden nachgehen, bleibt weiterhin eine offene Frage. Möglicherweise übernehmen Jungen die "weiblichen" pflegerischen Aufgaben (Putzen, Füttern, Pflegen, Trocknen, Longieren u.v.m.) nicht so ohne weiteres. Darüber hinaus erfordert der Umgang mit einem Pferd und auch das Reiten selbst viel Einfühlungsvermögen, Rücksichtnahme und Anpassung, worauf sich Mädchen offenbar eher einlassen als Jungen. Vielleicht ist das auch ein Grund dafür, daß Frauen in der Pferdedressur oft erfolgreicher als Männer sind. Überhaupt ist es in diesem Zusammenhang auffällig, daß es im Pferdesport keine Geschlechtertrennung gibt.

Freilich ist das Reiten bei Erwachsenen wieder Männersache, wie die oben genannten Zahlen des Statistischen Bundesamtes deutlich belegen. Betrachtet man zusätzlich Pferdedarstellungen in der darstellenden Kunst, so fällt auf, daß es überwiegend Männer sind, die zusammen mit Pferden abgebildet sind (vgl.

Mitscherlich 1983). Könige, Herrscher, Jäger thronen stolz auf edlen Pferden. Treten weibliche Personen gemeinsam mit Pferden auf, so erscheinen diese Mädchen und Frauen häufig als vom Pferd beherrscht: Das Pferd in der Kunst steht "seit je her für männliche Kraft, für den entfesselten Instinkt" (Hofmann 1986, S. 129). Vor diesem Hintergrund betrachtet ist die besondere Beziehung von Mädchen zu Pferden vielleicht auch als ein (beginnender) Einbruch in eine klassische Männerdomäne anzusehen. Jedenfalls scheint das Pferd — und zwar bei beiden Geschlechtern — zahlreiche menschliche Wunsch- und Phantasievorstellungen befriedigen zu können (Scheidhacker 1992). "Als Symbol der 'Freiheit', im Sinne einer Ausflucht vor der hochgradig industrialisierten Lebenswelt, ist es sehr lebendig. Erwähnenswert ist auch sein Prestigecharakter" (Lange 1992, S. 38).

Insgesamt zeigen die in diesem kurzen Kapitel zusammengetragenen Mutmaßungen zur Motivation der besonderen Beziehung von Mädchen zu Pferden, daß die häufig kolportierte erotische Komponente als sinnliches Angezogensein vom Pferdekörper zwar nicht zu ignorieren ist, aber keineswegs so zentral ist, wie es bisweilen dargestellt wird. So wird zwar von erwachsen gewordenen "Ex-Pferde-Mädchen" die erotische Qualität des Verschmelzungserlebnisses beim Reiten und auch der ästhetischen Wahrnehmung der Schönheit von Pferden durchaus benannt (Schönhammer 1993), jedoch ist damit nicht der psychodynamische Kern der Pferdebegeisterung erfaßt. Freiheit, Beziehung, Geborgenheit, Verschmelzungsphantasien, Pflegebedürfnis und Rollenintegration sind ebenso in dem sicherlich sehr komplexen (und noch nicht verstandenen) Bedingungsgefüge zu nennen.

In Anbetracht der Thematik dieses Buches möchte ich abschließend auch darauf verweisen, daß die Beziehung zu Pferden natürlich auch ein Naturerlebnis ist, und zwar in doppelter Weise: Zum einen ist die Beziehung zum Pferd an sich schon eine Erfahrung von Natur und zum anderen ist das Ausreiten mit Pferden oft verbunden mit intensiven Naturerfahrungen (Hoffmann 1998). Die spezifischen Naturerfahrungen, die mit Pferden möglich sind, entsprechen im übrigen genau den Kriterien, die in Kapitel 5 als die spezifischen Kennzeichen für den Wert von Naturerfahrungen herausgearbeitet wurden: Durch die Erfahrung von Natur ist sowohl die Erfahrung von Sicherheit und Kontinuität als auch die von ständiger Neuigkeit und Freiheit möglich. Die Beziehung zu Pferden, in der das Bedürfnis nach Freiheit und das nach Beziehung und Geborgenheit zusammenkommt, ist dafür zumindest ein Beispiel.

7.5   Welchen Begriff haben Kinder vom Tier?

Bisher wurde das kindliche Verhältnis zu Tieren vor allem unter affektiven Aspekten betrachtet. Es ist jedoch zusätzlich auch ein Phänomen der kognitiven Entwicklung: Was denken Kinder über Tiere? Welche Bedeutung hat der Begriff "Tier" für Kinder?

Anglin (1977) hat gezeigt, daß bei Vorschulkindern der Begriff "Tier" eine andere Bedeutung hat als bei Erwachsenen: Kinder um sieben Jahre fassen unter den Begriff "Tier" nicht Menschen, aber auch keine Insekten. Unbelebte Gegenstände werden nicht als Tiere klassifiziert, obwohl sie in der kindlichen Vorstellungswelt zum Teil sehr wohl als lebendig gelten (vgl. Kapitel 10.2). Das wird auch durch weitere Untersuchungen (Gelman/Spelke/Meck 1983; Dolgin/Behrend 1984) bestätigt, die zeigen, daß bestimmte tierische Eigenschaften (physiologische Funktionen, Verhaltensweisen usw.) nicht auf unbelebte Gegenstände angewandt werden. Das trifft bereits auf dreijährige Kinder zu (vgl. Krüger 1934). "Tier" ist also einerseits keineswegs synonym mit "lebendig"; andererseits werden von Kindern nicht alle Tiere als "Tiere" bezeichnet beziehungsweise verstanden.

Es gibt mehrere Bedeutungen des Begriffs "Tier" (vgl. Carey 1985, S. 75), die bei Kindern noch nicht klar getrennt sind:

- Tier im Unterschied zu Pflanzen und unbelebten Gegenständen.
- Tier im Unterschied zu Menschen. ("Iß nicht wie ein Tier!")
- Manchmal werden auch unter Tieren im engeren Sinne nur Säugetiere verstanden.

In einer Untersuchung an Grundschulkindern (Mintzes u.a. 1991, S. 184) zeigt sich, daß bei der Aufforderung, Tiere aufzulisten, nur Wirbeltiere, und zwar v.a. Säugetiere und auch einige Vögel genannt wurden. Carey (1985) untersuchte genauer, welche Vorstellungen Kinder von Tieren haben und vor allem, welche Bedeutung das begriffliche Konzept "Tier" in ihrem Denken hat. Sie fragte Kinder verschiedenen Alters danach, ob verschiedene Objekte (Tiere, unbelebte Gegenstände, Pflanzen, Menschen) bestimmte Fähigkeiten und Eigenschaften haben: Atmen, Schlafen, Schmerzempfindung, Besitz eines Herzens, Denken, Essen usw. Den Kindern wurden verschiedene Objekte auf Bildern gezeigt, um sie jeweils eine Zuordnung zu den genannten Eigenschaften vornehmen zu lassen. Die Ergebnisse (Abb. 7.8) zeigen, daß analog zu den Befunden von Gelman/ Spelke/Meck (1983) und Dolgin/Behrend (1984) die Kinder jedes Alters wissen, daß unbelebte Gegenstände keine tierischen Eigenschaften haben. Außerdem werden tierische Eigenschaften auch Menschen zugesprochen.

Auffällig sind die Befunde bei den jüngeren Kindern: So scheinen beispielsweise fünfjährige Kinder nicht zu wissen, daß alle Tiere atmen und essen müssen. Carey interpretiert ihre Befunde dahingehend, daß jüngere Kinder noch kein klares begriffliches Konzept vom "Tier" besitzen. Diese Offenheit, jedenfalls was die Begriffsbildung angeht, erlaubt einerseits, Tiere wie unbelebte Gegenstände zu behandeln, andererseits natürlich auch, sie anthropomorph zu interpretieren. Außerdem zeigen die Ergebnisse, daß jüngere Kinder noch keine Einsicht in innere biologische beziehungsweise physiologische Prozesse. Ein Unterschied zwischen Wirbeltieren und Wirbellosen wird kaum gesehen. Beispielsweise werden Insekten mehr tierische Eigenschaften zugesprochen als Fischen. Carey nimmt an, daß Kinder keine Vorstellung davon haben, daß bestimmte biologische Probleme von allen Tieren gelöst werden müssen (beispielsweise Atmen und Essen). So ist es auch nicht überraschend, daß jüngere Kinder den Unterschied zwischen Menschen und anderen Säugetieren eher überbewerten. Mit zunehmendem Alter wächst jedoch das (abstrakte) Verständnis grundlegender biologischer Prozesse — wahrscheinlich im Zusammenhang mit entsprechender Unterweisung, worauf Carey nicht hinweist.

Tab. 7.8: Zuweisung von tierischen Eigenschaften bei Kindern und Erwachsenen bei verschiedenen Objekten (nach Carey 1985, S. 84/85, Angaben in Prozent)

Alter	Eigenschaft	Objekt											
		Menschen	Erdferkel	Dronte	Stinktier	Hammerhai	Regenwurm	Orchidee	Affenbrotbaum	Wolke	Vulkan	Mähmaschine	Knoblauchpresse
4	atmet	100	78	67	33	89		0	0	0	0	0	0
	schläft	100	100	78	67	44		0	0	0	0	0	
	empfindet Schmerzen	100	67	67	56	56		22	22	11		11	
	hat ein Herz	100	89	56	56	44		0	11	0	0		0
	ißt	100	78	89	78	67		0	11	0	0	0	0
	Mittelwert	100	82	71	58	60		4	9	2	0	3	0
5	atmet	100	89	89	78	78	44	0	0	0	0	0	0
	schläft	89	100	89	89	67	33	11	11	11	11	0	
	hat ein Herz	100	67	56	78	78	33	0	0	0	0		0
	denkt	100	56	67	56	44	22					0	
	ißt				$(100)^a$		$(89)^a$						
	Mittelwert	97	78	75	75	67	33	4	4	3	4	0	0
7	atmet	100	100	100	100	89	78	22	22	0	0	0	0
	schläft	100	100	100	100	78	78	78	11	0	0	0	
	hat ein Herz	100	89	89	89	78	56	0	0	0	0		0
	denkt	100	89	78	56	56	44						
	ißt				$(100)^a$		$(89)^a$						
	Mittelwert												
Erwachsener	atmet	100	100	100	100	89	89	100	100			56	
	schläft	100	100	100	100	89	100	56	11	11		0	
	empfindet Schmerzen	100	100	89	100	89	89	44	44				0
	hat ein Herz	100	100	89	89	100	56	0			0		
	denkt	100	89	89	67	67	44	0			0		
	ißt	100	100	89	100	100	100	56	56	0		0	0
	Mittelwert	100	98	93	93	89	80	43	53	6	23	0	0

Carey wiederholte diese Befragung mit einigen Modifikationen. Um den Vertrautheitsgrad der Objekte, die getestet wurden, mit zu berücksichtigen, führte sie zwei Befragungen durch: einmal mit vertrauten und relativ bekannten Objekten und einmal mit nicht so sehr vertrauten Objekten. Zusätzlich nahm sie noch einen mechanischen Affen hinzu. Neben den jüngeren Kindern untersuchte sie jetzt auch Zehnjährige. Die Ergebnisse sind in Tabelle 7.9 zusammengefaßt. Folgende Einzelheiten sind hervorzuheben: Im wesentlichen werden die Befunde aus der ersten Befragung bestätigt. Es zeigt sich zusätzlich, daß die Zehnjährigen einen ähnlichen Tierbegriff haben wie die Erwachsenen. Interessant ist auch, daß der mechanische Affe von den Vierjährigen, zum Teil auch noch von den Siebenjährigen, durchaus noch mit tierischen Eigenschaften ausgestattet wird.

Tab.. 7.9.: Zuweisung von tierischen Eigenschaften bei unvertrauten und vertrauten Objekten (nach Carey 1985, S. 90ff.; Angaben in %)

Tiere

Alter	Eigenschaft	Menschen	Erdferkel	Hammerhai	Stinktier	Regenwurm
4	ißt	100	90	90	90	70
	schläft	100	70	80	70	90
	hat Knochen	100	70	80	70	50
	hat ein Herz	90	70	70	50	60
	bekommt Junges	90	80	60	70	40
	denkt	100	70	40	60	50
	Mittelwert	97	75	70	68	60
10	ißt	90	100	100	90	80
	schläft	100	100	60	80	40
	hat Knochen	100	100	100	40	50
	hat ein Herz	100	80	90	70	50
	bekommt Junge	100	100	100	100	60
	denkt	100	80	80	70	40
	Mittelwert	98	93	88	75	53
Erwach-sener	ißt	100	100	100	100	100
	schläft	100	100	80	90	90
	hat Knochen	100	100	90	20	10
	hat ein Herz	100	100	100	30	50
	bekommt Junge	100	100	100	100	90
	denkt	100	70	60	40	40
	Mittelwert	100	95	88	63	63

		Pflanze		Unbelebtes Objekt					
Alter	Eigenschaft	Orchidee	Affenbrotbaum	Sonne	Wolke	Mähmaschine	Knoblauchpresse	Rollschreibtisch	Mechanischer Affe
4	ißt	50						10	40
	schläft		10	30		10	0		30
	hat Knochen	10			0			0	30
	hat ein Herz		0	0			0		10
	bekommt Junge	30	20	20	20	10	10	10	20
	denkt		0		10	0			20
	Mittelwert	30	8	17	10	7	3	7	25
10	ißt	60						0	0
	schläft		10	10		0	0		0
	hat Knochen	0			0			0	0
	hat ein Herz		0	0			10		10
	bekommt Junge	10	0	0	0	0	0		0
	denkt		0		0	0			0
	Mittelwert	23	3	3	0	0	3	0	2
Erwach-sener	ißt	10						0	10
	schläft		10	0		0	10		10
	hat Knochen	0			0			0	0
	hat ein Herz		0				0		0
	bekommt Junge	20	0	10	10	0	0	0	0
	denkt		0		0	0			0
	Mittelwert	10	3	5	3	0	3	0	2

Tiere

Alter	Eigenschaft	Menschen	Hund	Fisch	Fliege	Wurm
4	ißt	100	90	90	40	80
	schläft	100	90	70	50	90
	hat Knochen	80	80	60	30	40
	hat ein Herz	90	60	60	30	40
	bekommt Junge	100	60	50	60	60
	denkt	90	60	20	10	60
	Mittelwert	93	73	58	37	62
7	ißt	100	100	100	100	100
	schläft	100	100	90	90	90
	hat Knochen	100	100	90	60	40
	hat ein Herz	100	80	90	80	70
	bekommt Junge	100	100	90	90	80
	denkt	100	70	70	50	80
	Mittelwert	100	92	88	78	77
10	ißt	100	100	100	100	80
	schläft	100	100	80	70	70
	hat Knochen	100	100	90	20	20
	hat ein Herz	100	100	90	90	90
	bekommt Junge	100	100	90	90	80
	denkt	100	90	90	50	70
	Mittelwert	100	98	90	70	68

		Pflanze		Unbelebte Objekte					
Alter	Eigenschaft	Blume	Baum	Sonne	Wolke	Auto	Hammer	Tisch	Mechanischer Affe
4	ißt	20						0	50
	schläft		20	20		0	10		70
	hat Knochen	10			0			10	40
	hat ein Herz		20	20			0		50
	bekommt Junge	20	30	10	30	10	10	20	50
	denkt		20		10	0			50
	Mittelwert	17	23	17	13	3	7	10	52
7	ißt	50						0	50
	schläft		0	10		10	10		0
	hat Knochen	0			0			0	10
	hat ein Herz		0	10			10		0
	bekommt Junge	10	10	0	0	0	10	0	10
	denkt		0		0	0			0
	Mittelwert								12
10	ißt	60					0	0	0
	schläft		0	0		0			0
	hat Knochen	0			0		0	0	0
	hat ein Herz		0	0		0			10
	bekommt Junge	10	20	10	0	0	0	0	0
	denkt		10		0				0
	Mittelwert	23	8	3	0	0	0	0	2

Kinder begreifen in dem Maße Tiere als Tiere (mit inneren Organen und biologischen Prozessen), wie sie auch Menschen als Wesen mit inneren Organen und biologischen Prozessen begreifen. Demnach vergleichen Kinder die zu beurteilenden Objekte mit dem Menschen und je nach Ähnlichkeit im Hinblick auf den Menschen werden den Tieren tierische Eigenschaften auch zugesprochen. Das "Tierbild" ist insofern eine Funktion des "Menschenbildes". Das entspricht in gewisser Weise der Position von Piaget (1978, S. 195), derzufolge Kinder dann aufhören, Tiere und auch unbelebte Gegenstände egozentrisch beziehungsweise animistisch zu interpretieren, wenn sie ein relativ gesichertes und realistisches Bild von sich selbst besitzen (vgl. Kapitel 4).

Der Begriff beziehungsweise das Konzept "Tier" ist nach Carey eine ontologische Kategorie ("ontologically basic concept") im Unterschied zum von ihr sogenannten "natural kind concept", wozu einzelne Spezies wie Löwe, Hund oder Katze zählen. Den Begriff "Tier" als Kategorie im Verhältnis zu "Lebewesen" oder "physikalische Objekte" oder auch im Unterschied zu "Pflanzen" verwenden zu können, setzt eine kognitive Abstraktionsfähigkeit voraus, die erst im Laufe der Grundschulzeit entwickelt wird (vgl. Carey 1985, S. 162f.). Nach Careys Experimenten ist die kognitive Konzeptualisierung des Begriffs "Tier" erst mit etwa zehn Jahren abgeschlossen (ähnlich wie auch "living thing", "Person" und "Pflanze").

Auch Carey nimmt an, daß Tiere in der Entwicklung der Kinder eine nicht unbedeutende Rolle spielen (im Unterschied zu Pflanzen). Insbesondere weil Kinder mit Tieren konkrete Erfahrungen machen (können), ist auch das kognitive Konzept "Tier" oft bereits relativ früh konsolidiert und ähnlich dem der Erwachsenen.

> Although young children map a different concept onto the word 'animal' than do adults, there is no doubt that a concept animal with the same extension as the adult's plays an important role in their thought (Carey 1985, S. 183).

Allerdings werden die Kenntnisse, die bereits junge Kinder von einigen Tieren (vor allem Heimtieren) haben, nicht generalisiert auf alle Tiere. So denken jüngere Kinder eben nicht, daß beispielsweise alle Tiere atmen, Nahrung zu sich nehmen oder sich fortpflanzen. Auch die Identität eines Tieres steht noch nicht ganz fest: Beispielsweise denken junge Kinder noch, daß ein Stinktier durch kosmetische Veränderungen in einen Waschbären verwandelt werden kann. Die Objekte der äußeren Welt sind also noch nicht als Konstanten psychisch und kognitiv repräsentiert.

Krüger nimmt sogar an, daß bereits dreijährige Kinder eine Vorstellung vom "Lebewesen Tier" haben. Das entscheidende Kriterium ist die Eigenbewegung des Tieres. Später erst nimmt das Kind weitere "Kennzeichen des Lebendigen" am Tier zur Kenntnis.

Es lernt, daß das Tier auch essen muß, genau wie das Kind und die Erwachsenen, daß es beißen kann, daß es in seinen Funktionen und seinem Verhalten eine gewisse Beziehung, eine Ähnlichkeit zum Kind und zum Erwachsenen zeigt (Krüger 1934, S. 57).

Durch die Erfahrung, daß Tiere auch Absichten haben können, werden anthropomorphe Vorstellungen ausgesprochen bestärkt. Das zeigt sich beispielsweise daran, daß Tiere jeweils einen individuellen Namen erhalten. "Nur diese Tierindividuen sind vollwertige Wesen, die einen Charakter haben, über die man nachdenken muß, die Beachtung und Rücksichtnahme erfordern; man kann sie nicht einfach töten, wie zum Beispiel eine Spinne" (Krüger 1934, S. 59). So wird auch von Kindern implizit angenommen, daß Tiere verstehen, wenn man mit ihnen spricht. Genauso sind Kinder davon überzeugt, daß Tiere sprechen können.

7.6   Tierquälerei

Aries zitiert in seiner *Geschichte des Todes* de Sade, der auf die "natürliche Grausamkeit" des Menschen gegenüber der Natur hinweist. Diese Grausamkeit trete beim Kinde, das "dem Naturzustand noch am nächsten" sei, am unverhülltesten zu Tage:

> Bietet das Kind uns nicht das Beispiel dieser Wildheit, die uns umgibt? Es beweist uns, daß sie in der Natur ist. Wir sehen es auf grausame Weise einen Vogel erwürgen und an den Zuckungen des armen Tieres seinen Spaß haben (de Sade, zitiert nach Aries 1980, S. 499).

Bei aller Liebe zum Tier, bei allen positiven Effekten der Heimtierhaltung, die natürlich unzweifelhaft bleiben, gibt es jedoch auch das Phänomen, daß Kinder Tiere quälen, absichtlich verletzen oder grausame Versuche mit ihnen machen. Nicht immer ist dies bedenkenlos oder geschieht nur aus Unkenntnis, wie bisweilen behauptet wird. Neugier (Ascione/Thompson/Black 1997) und "Erkenntnisstreben, das den Schmerz des Tieres nicht beachtet" (Hansen 1965, S. 446) spielen bei der Tierquälerei von Kindern sicherlich eine Rolle, aber damit ist dieses Phänomen nicht erledigt. Man muß wohl davon ausgehen, daß Kinder sich des aggressiven Gehalts bei tierquälerischen Akten durchaus bewußt sind (Wochner 1988). Angesichts unleugbarer Formen kindlicher Tierquälerei, wie immer diese auch verstanden werden können, forderte bereits 1693 John Locke:

> Kinder müssen also von Anfang an so erzogen werden, daß sie eine Abscheu bekommen, irgendein lebendiges Geschöpf zu martern oder zu töten; sie müssen gelehrt werden, kein Wesen zu verderben oder zu zerstören (Locke 1693).

Allerdings — darauf ist schon hingewiesen worden — sind Tiere meistens bei dieser Äußerungsform kindlicher Aggressivität Ersatzobjekte; die Aggression gilt letztlich Menschen und wird auf Tiere verschoben. Sperling (1952) zeigt in einer psychoanalytischen Fallstudie, daß und wie sadistische Impulse, die eigentlich der Mutter gelten, auf Tiere externalisiert werden.

Insgesamt gibt es nicht sehr viele Forschungsarbeiten zu kindlicher Tierquälerei. Das mag auch daran liegen, daß überhaupt Tierquälerei als ein eher unbedeutendes Phänomen betrachtet wird. So ist es immerhin auffällig, daß in der Bundesrepublik erst im Jahre 1972 Tiere gesetzlich geschützt wurden: Nach §17 des Tierschutzgesetzes wird die Tötung eines Wirbeltieres ohne vernünftigen Grund und das Zufügen von Schmerzen oder Leiden unter Strafe gestellt. Kriminalstatistische Erhebungen weisen freilich aus, daß es angezeigte entsprechende Delikte von Kindern gar nicht und von Jugendlichen kaum gibt (Wiegand 1979). Kriminologisch und auch juristisch wird Tierquälerei meist als eine Form von Vandalismus (Füllgrabe 1997) behandelt und im übrigen strafrechtlich als relativ unerheblich eingestuft wird (Ennulat/Zoebe 1972, Göppinger 1986).

Eine Reihe von empirischen Studien zeigt, daß in der Anamnese von Tierquälern regelmäßig zerrüttete Familienverhältnisse auftauchen (Andry 1960, Brauneck 1969, Luk u.a. 1999, Tapia 1971, Wochner 1988). Das unterstreicht, daß in der Tat die aggressiven Handlungen Tieren gegenüber anderen Zusammenhängen gelten. In den Untersuchungen wird gezeigt, daß in den Familien die Eltern als Aggressionsvorbild den Kindern eine entsprechende Lösung von inneren Konflikten nahelegen. Eine besondere Bedeutung scheint dabei der Rolle des Vaters zuzukommen: Eine fehlende oder gestörte Vaterbeziehung taucht in der Ätiologie von kindlichen Tierquälern besonders häufig auf (Felthous 1980). Das erklärt zumindest zum Teil das ansonsten sehr erstaunliche Phänomen, daß Tierquälereien fast nur (80 – 90%) vom männlichen Geschlecht begangen werden (Luk u.a. 1999, Wochner 1988, Wiegand 1978).

Angesichts der problematischen Familienverhältnisse, die zu aggressiven Reaktionsformen offenbar prädisponieren, ist es natürlich nicht erstaunlich, daß Tierquälerei oft mit anderen aggressiven Symptomen (Felthous 1980, 1981, Felthous/Bernard 1979, Luk u.a. 1999, Wax/Haddox 1974, Wochner 1988) und auch anderen Verhaltensauffälligkeiten (Luk u.a. 1999) verbunden ist. Auffällig ist in diesem Zusammenhang eine von mehreren Autoren berichtete Verknüpfung von Enuresis, Brandstiftung und Tierquälerei (Lion 1972, Wax/Haddox 1974). Wenn auch eine regelhafte Verbindung dieser Symptome wohl bezweifelt werden muß, so zeigt sie dennoch die Verknüpfung von depressiven und aggressiven Verhaltensformen und damit die psychische Not der Kinder an.

Tiere bieten sich als Ersatzobjekte für aggressive Handlungen in gewisser Weise besonders an: Man kann sie gewissermaßen ungestraft aggressiv behandeln, weil sie sich (oft) nicht wehren (können), weil sie keine Rechte haben, weil sie nicht "petzen". Aggressive Handlungen gegenüber Tieren sind insofern relativ ungefährlich, weil man die Folgen der Aggression meist nicht tragen muß. Dabei können oft Gefühle von Angst und Ekel, die gegenüber bestimmten Tieren möglicherweise ansonsten vorhanden wären (siehe Kapitel 8), angesichts des aggressiven Impulses leicht überspielt werden. Die Verschiebung auf Tiere findet jedoch nicht nur aus Angst vor Vergeltung, die von den Eltern (beispielsweise) drohen könnte, statt. Zugleich werden die menschlichen Partner dabei auch "geschont", da sie als Liebesobjekte, selbst wenn sie keine oder zu wenig Liebe zu geben haben, gebraucht werden. Natürlich sind solche Verschiebungsmechanismen in der Regel unbewußt. Bewußt ist freilich der aggressive Akt bei der Tierquälerei, unbewußt (geworden) ist das Objekt.

Der psychische "Gewinn" jedoch ist sehr ambivalent: Zwar ist das Leiden und der Schmerz vieler gequälter Tiere (gerade bei Heimtieren) durchaus sichtbar beziehungsweise fühlbar, jedoch kommt der aggressive Akt sozusagen an die falsche Adresse. Die Lebensrealität, die aggressiv gemacht hat, wird durch Tierquälerei in keiner Weise geändert; die Aggressionsentladung, die in tierquälerischen Akten zum Ausdruck kommt, ist nur ein momentaner Gewinn. Tierquälerei ist insofern nicht nur als eine Fehlverarbeitung kindlicher Aggressivität zu sehen, sie wirft zugleich ein beklemmendes Licht auf die seelischen Nöte von Kindern, die sich auf diese Weise ein (vergebliches) Ventil suchen. Allerdings soll auch hervorgehoben werden, daß Kinder Tieren gegenüber oft ein besonderes Ausmaß an Mitleid empfinden. Stern (1928, S. 331) meint sogar, daß sich Mitleidsäußerungen von Kindern oft in besonderer Weise auf Tiere beziehen. Bemerkungen in älteren entwicklungspsychologischen Lehrbüchern (zum Beispiel Hansen 1965), daß Kinder zu Einfühlung und Mitleid noch nicht in der Lage seien, müssen mit Vorbehalten betrachtet werden. Besonders bemerkenswert ist die Beobachtung, daß Mitleid mit Tieren geradezu der emotionale Zugang bei der Wahrnehmung der Umweltzerstörung ist (siehe ausführlich hierzu Kapitel 11). Das Mitleid mit Robben oder mit ölverschmierten Vögeln ist danach geradezu der sensibelste Anzeiger für die affektive Beteiligung der Kinder angesichts der Umweltzerstörung.

Von einer amerikanischen Untersuchung (Kellert/Felthous 1985) soll ausführlich berichtet werden, weil sie zum einen die vielfältigen Formen von kindlicher Tierquälerei zusammenträgt und zum anderen auch eine Übersicht über die (psychischen) Motive liefert. Die Autoren versuchen zu zeigen, daß bei aggressiven Kriminellen Tierquälerei in der Kindheit besonders häufig vorkommt. Sie verglichen 32 aggressive Kriminelle, 70 gemäßigt aggressive und nichtaggressive Kriminelle und auch 50 Nichtkriminelle im Hinblick auf tierquälerische Akte in der Kindheit. Natürlich ist die Studie nicht ganz unproblematisch, da sie ein tendenziell reduziertes Bild von Kriminellen entwirft; außerdem gibt es Tierquälerei selbstverständlich nicht nur bei Kriminellen (vgl. auch von Hentig 1967, S. 74f.).

Folgende Formen von tierquälerischen Handlungen in der Kindheit stellen die Autoren aufgrund von Fragebogenanalysen und Interviews mit ihren 152 Versuchspersonen zusammen:

- einem Haustier absichtlich Schmerzen zufügen und es quälen
- wildlebende Tiere oder Vieh quälen
- ein Haustier boshaft lange schlachten
- einem gefangenen, wilden Tier bei lebendigem Leib die Haut abziehen
- ein Tier absichtlich verwunden
- einen Hund für einen Hundekampf anmelden

- ein Tier aus großer Höhe hinabwerfen
- einem Tier die Flügel ausreißen
- zwei Tiere mit dem Schwanz zusammenbinden
- ein Tier durch einen Stromschock töten
- ein Tier verbrennen
- ein Tier blenden
- ein Tier verstümmeln
- ein Tier absichtlich verhungern lassen
- ein Tier erhängen
- einem Tier die Knochen brechen
- ein Tier mit chemischen Reizmitteln anschütten (nach Kellert/Felthous 1985, S. 80).

Aufgrund von Interviews versuchen die Autoren eine Klassifikation der Motive für Tierquälerei zu erarbeiten. Dabei ist natürlich zu beachten, daß die Motive für konkretes tierquälerisches Verhalten in aller Regel mehrdimensional sind und insofern die folgende Auflistung verschiedener Motive eben eine kategorisierende Übersicht ist.

1. *Ein Tier beherrschen*: Dabei ist es das Ziel, das Verhalten eines Tieres zu beeinflussen oder zu verändern, indem übertriebene und manchmal grausame körperliche Züchtigung eingesetzt wird.

2. *Es einem Tier heimzahlen*: Aufgrund eines — jedenfalls subjektiv so empfundenen — Fehlverhaltens irgendeines Tieres wird Rache geübt oder das Tier extrem bestraft. Oft wird dabei Freude empfunden.

3. *Ein Vorurteil gegenüber einer Tiergattung oder Tierart befriedigen*: Bestimmte Tiergruppen (z.B. Schlangen, Ratten, Spinnen, Frösche) gelten bisweilen — kulturspezifisch natürlich — als besonders unsympathisch. Tierquälerei diesen Tiergruppen gegenüber wird oft durch entsprechende Vorurteile rationalisiert beziehungsweise legitimiert.

4. *Aggression durch ein Tier ausdrücken*: Tierquälerei als Mittel, um aggressives Verhalten gegenüber anderen Menschen oder Tieren auszudrücken.

5. *Die eigene Aggressivität erweitern*: Dabei werden Tiere getötet oder mißbraucht, um eigene aggressive Tendenzen zu verstärken.

6. *Menschen aus Spaß erschrecken*: Dabei ist nicht nur wichtig, andere zu erschrecken, Tierquälerei zum Zwecke von Spaß und Unterhaltung dient auch dazu, sich in den Mittelpunkt zu stellen.

7. *Sich an jemandem rächen*: Tierquälerei wird oft genutzt, um Rache oder Revanche gegenüber einer anderen Person zu üben, für die das jeweilige Tier besonders wichtig ist.

8. *Feindschaft von einem Menschen auf ein Tier verschieben*: Die eigentliche Aggression ist bei diesem Motiv meist gegen Autoritätspersonen gerichtet, die man sich aber nicht anzugreifen getraut (siehe oben). So be-

richteten viele, daß sie Tiere gequält haben, um "für meine Kränkung quitt zu werden", um sich "für die erhaltenen Prügel zu rächen".

9. *Unspezifischer Sadismus*: Damit ist das "Vergnügen" gemeint, einem Tier ohne besondere Provokation oder ohne spezielle feindselige Gefühle einfach wehzutun, es leiden zu lassen und zu töten. (Nach Kellert/ Felthous 1985, S. 84f.)

Auch in dieser Untersuchung wird allerdings sehr deutlich, daß Tierquälerei in aller Regel Symptom gewalthafter Familienverhältnisse ist (Kindesmißhandlungen, Alkoholprobleme). Insofern wird die eingangs bereits erwähnte Gedanke, daß bei kindlichen Formen von Tierquälerei die Tiere in der Regel Ersatzobjekte sind, deutlich bestätigt:

> Aus den Daten kristallisieren sich zwei Arten von Familiensituationen heraus, die für die Ätiologie von Tierquälerei bei aggressiven Versuchspersonen im Verlaufe ihrer Kindheit potentiell bedeutsam sind. In einen Fall mißbrauchte das Kind Tiere, um die Feindseligkeit, die es infolge elterlicher Kränkung vor allem gegen den Vater empfand, zu übertragen. Das Tier dient bei diesem familiären Umfeld als ein Ersatzobjekt für Rachehandlungen gegen die Eltern und wird zu einem Mittel zur Abreaktion von Zorn und Frustration, die durch elterliche Mißhandlung ausgelöst werden. Das zweite oft berichtete familiäre Spannungsfeld liegt dann vor, wenn die Familienmitglieder miteinander aggressiv umgehen und die Eltern, vor allem der Vater — zu gewalttätigem Verhalten und zur Mißhandlung von Tieren neigen. In dieser letzteren Situation dürfte die Tierquälerei des Kindes den sozialen Lernprozeß des aggressiven Verhaltens widerspiegeln (Kellert/Felthous 1985, S. 87).

In einigen neueren amerikanischen Studien sind die Motive für tierquälerische Akte im Kindesalter noch differenzierter untersucht worden. Von Ascione, Thompson und Black (1997) ist ein spezielles Analyseinstrument hierfür entwickelt worden: das "Children and Animals (Cruelty to Animals) Assessment Instrument" (CAAI). Bestätigt hat sich in diesen Untersuchungen der Zusammenhang von Tierquälerei in der Kindheit und der späteren Bereitschaft zu gewaltsamen Handlungen (Ascione 1993, Felthous/Kellert 1987). Als Motive haben sich neben der bereits erwähnten Neugier und dem Explorationsdrang, die allerdings besonders bei jüngeren Kindern auffällig sind, vor allem die folgenden weiteren Motivgruppen herausgestellt (Ascione/Thompson/Black 1997): · Eine wichtige Rolle scheint die Bestätigung in der Gleichaltrigengruppe zu spielen; bisweilen gibt es tierquälerische Akte gleichsam als Initiationsritus. Damit zusammenhängt das Bedürfnis, die eigene Gruppenrolle "aufregender" zu machen, jedenfalls zu verbessern. Nachahmung spielt eine große Rolle, ebenso eine Tendenz zur Selbstbestrafung und schließlich ist die bereits genannte Funktion des Hilferufs gut belegt.

7.7   Therapie mit Tieren

Die Erfahrung, daß der Umgang mit Tieren die seelische Entwicklung (nicht nur) von Kindern positiv beeinflußt, geradezu seelische und auch körperliche Heilungskräfte aktiviert, legt den Gedanken nahe, Tiere sozusagen als "Therapeutikum" zu verwenden. In vielen heilpädagogischen Einrichtungen, in Krankenhäusern und in psychotherapeutischen Institutionen werden Tiere gehalten, weil der therapeutische Effekt, auch ohne daß er bisher wissenschaftlich eindeutig fundiert ist (Brasic 1998), offenbar relativ hoch ist. In Bethel bei Bielefeld wurden bereits im letzten Jahrhundert zur Behandlung von Epileptikern Tiere eingesetzt. Lachner (1979) berichtet von einem Jungen, bei dem gewissermaßen ein Hund "verschrieben" wurde. Zunehmend werden auch Katzen in psychotherapeutischen Kontexten verwendet. Zur Behandlung von (vor allem körperlichen) Behinderungen wird seit geraumer Zeit die Reittherapie erfolgreich eingesetzt (Gäng 1980), wobei sich allerdings das therapeutische Reiten auch zunehmend in psychotherapeutischer Hinsicht als wirksam erweist (Klüwer 1994, Kupper-Heilmann 1997, Kupper-Heilmann/Kleemann 1997, Papke 1997, Scheidhacker/Bender/Vaitl 1991). Neuerdings gibt es auch Erfahrungen mit Delphinen, vor allem im Hinblick auf kognitive Förderung (Nathanson/de Faria 1993). In England dürfen Langzeitpatienten ihre Heimtiere oft mit in das Krankenhaus nehmen. Nicht nur aus Sonderschulen gibt es Berichte, wonach ein "Klassentier" die Kommunikation in der Klasse erheblich verbessert hat. Ein in jüngster Zeit vom Verhaltensforscher und Katzenspezialisten Dennis Turner neugegründetes "Institut für interdisziplinäre Erforschung der Mensch–Tier–Beziehung" (IEMT) in Zürich widmet sich übrigens verstärkt dem therapeutisch-medizinischen Aspekt der Heimtierhaltung.

Hier kann es nicht darum gehen, die verschiedenen Formen der Therapie mit Tieren ausführlich darzustellen und zu begründen (siehe Greiffenhagen 1991, National Institutes of Health 1988, Serpell 1991, 1996, Shepard 1996). Vielmehr sollen im folgenden auf der Grundlage der bereits berichteten Befunde zum psychischen Wert von Tieren einige Gedanken dazu entwickelt werden, worin die spezifische therapeutische Wirksamkeit von Tieren liegen kann.

Levinson (1969, 1972), einer der Pioniere der Erforschung der therapeutischen Effekte von Heimtieren ("Pet Faciliated Therapy"), behauptet, daß Tiere sozusagen Katalysatoren (vgl. auch Salmon/Salmon 1982) für menschliche Beziehungen sein können. Levinson betrachtet Haustiere als "Übertragungsobjekte", an denen menschliche Interaktionsweisen durch Übertragung wiederholt und gleichsam geübt werden. Die Nähe dieser Begrifflichkeit zum psychoanalytischen Übertragungsbegriff ist auffallend: Auf Haustiere könnten demnach (unbewußte) seelische Anteile übertragen werden, die eigentlich Menschen gelten. Spielerisch und auch ohne sonstiges therapeutisches Setting können somit menschliche Beziehungsweisen wiederholt und unter Umständen auf eine sehr eigene Weise auch durchgearbeitet werden. Natürlich reagieren Tiere nicht auf menschliche Weise, insofern ist der psychoanalytische Übertragungsbegriff nicht ganz zutreffend. Dafür ist es bei

Tieren oft möglich, daß Kinder zu ihnen eine relativ angstfreie Beziehung einge-hen und diese positive Erfahrung später auf die Beziehung auch zu Menschen "übertragen" können. Brüch (1988) berichtet von derartigen Erfahrungen auch in psychoanalytisch orientierten Therapien: "Ein Hund und ein Kater in der Kin-derpsychotherapie" spielen danach eine zentrale Rolle, die Kinder zu motivieren und ihr Vertrauen zu erlangen. Tiere sind auch Levinson zufolge sehr geeignete "Übertragungsobjekte". Die Projektionen und Übertragungen auf das Tier können dann für diagnostische Zwecke und therapeutische Interventionen genutzt werden. Nach Levinsons Erfahrungen sind Haustiere besonders hilfreich bei autistischen (vgl. auch Redefer/Goodman 1989) und sprachgestörten Kindern. Der spontane und unkomplizierte Umgang, das bedingungslose Akzeptiertwerden durch das Tier und der relativ tabufreie körperliche Kontakt ermöglichen erstaunliche psychische Entwicklungsschritte. Neben einer Stabilisierung des Selbstwertgefühls können Kinder so "einen Sinn für Kontrolle lernen, indem sie eine Beziehung aufbauen, in der sie Herr der Lage sind" (McCulloch 1985, S. 26).

Der Begriff "Übertragung" meint in diesem Zusammenhang mehr das Phäno-men, daß positive Erfahrungen mit Tieren zunächst auf den Therapeuten und dann auch auf andere (menschliche) Objekte "übertragen" werden können. Von ähnli-chen Beobachtungen berichten auch Corson u.a. (1975) im Hinblick auf Hunde. Sie führen solche und ähnliche Effekte auf den Umstand zurück, daß die Hunde

> Liebe und taktile Beruhigung ohne Kritik boten und eine Art fortwährender, kind-licher Abhängigkeit aufrecht erhielten, die möglicherweise unsere natürliche Nei-gung zur Hilfeleistung und zum Beschützen anregt (Corson u.a. 1975, zitiert nach McCulloch 1985, S. 27).

Die Tiere haben in der Therapie gewissermaßen eine "katalytische Wirkung", die sich allerdings am ehesten entfaltet, wenn man die Patienten mit den Tieren nicht einfach allein läßt; die besten therapeutischen Erfolge können erzielt werden, wenn ein Mensch (Therapeut) mit einem Tier zusammen agiert. Nur so kann nämlich die Übertragung der Beziehung zum Tier auf eine Beziehung zum Menschen erfolgen. Oft wird die Rolle des Tieres insofern als die eines "Co–Therapeuten" be-schrieben. Entscheidend ist also nicht allein das Tier, sondern das in einem ent-sprechenden Setting entstehende Dreieck, innerhalb dessen Patienten offenbar auf dem Umweg über das Tier Kontakt zu Menschen herstellen können (vgl. Redefer/Goodman 1989). Von einem solchen Dreieck berichtet auch McCulloch (1985) unter Hinweis auf Beobachtungen von Kane: In Familien sei zu beobach-ten, daß die einzelnen Mitglieder oft nur über das Tier Kontakt zueinander auf-nehmen, dann jedoch auch eine Interaktion unabhängig vom Tier aufrechterhalten. Eben diese Funktion hatte Bergmann (1988) mit dem Begriff "kommunikative Ressourcen" umschrieben. Genauere Beobachtungen ergaben, daß die Förderung der Beziehungsfähigkeit nicht der einzige wirksame therapeutische Effekt ist. Oft wird beispielsweise berichtet, daß Patienten durch Tiere "humorvoller" werden und zum Lachen angeregt werden (Mugford/ McCominsky 1975). Sicherlich wird dies auch ein Ablenkungs- und Zerstreuungseffekt sein, jedoch ist eben dies auch eine Bedingung dafür, sich auf andere Möglichkeiten und Kräfte zu besinnen. So dienen Tiere auch als therapeutische Hilfe im Hinblick auf Selbstwertgefühl und Selbstsicherheit (Covert u.a. 1985, Levinson 1985). Allerdings verwischt sich dieser Effekt wieder, wenn mehrere Tiere zugleich eingesetzt werden. Das verwundert nicht, wenn man bedenkt, daß dadurch eben die Exklusivität der Beziehung durchbrochen ist.

Hutton (1985) untersuchte den Wert von Heimtieren in Pflegefamilien. Unter anderem bemerkte er dabei, daß sich die Pflegeeltern sehr wohl bewußt darüber waren, daß und wie sehr die Heimtiere für die Pflegekinder einen therapeutischen Wert hatten. Im einzelnen erbrachte die Analyse von 60 Pflegefamilien, daß Heimtiere in folgenden Dimensionen einen therapeutischen Effekt hatten: Entspannung, Bewegung machen, Vergnügen, Schutz, emotionelles Ventil, Kameradschaft, Aufmerksamkeit/Zuneigung, Kommunikationshilfe, verbesserte Beziehungen, erzieherische Wirkung, Liebe, Toleranz/Beständigkeit (siehe Hutton 1985). Natürlich sind das relativ pauschale Kategorisierungen; so ist auch zu betonen, daß jede Familie natürlich eine eigene Beziehung zu dem jeweiligen Heimtier hat. Einige erhellende Äußerungen seien deshalb im folgenden noch zitiert:

"Man kann die Frustrationen an ihnen abreagieren, die man anderswo nicht loswerden kann."
"Ist etwas, worüber wir alle miteinander sprechen können."
"Trägt bei Streß und Überanstrengung zur gegenseitigen Verständigung bei."
"Sie (die Kinder) können zuerst Beziehung zu den Heimtieren knüpfen, dann fällt es ihnen leichter, sich einzugewöhnen und zur Familie eine Beziehung aufzubauen."
"Er hat die Kinder mit dem Thema Tod bekannt gemacht."
"Heimlich lehren sie sie, wie nur sie es können: ein wenig zu lieben und ein wenig zu teilen."
"Sie lernen, Liebe zu zeigen, ohne sich dabei albern zu fühlen." "Auf den Hund kann man sich auch in schwierigsten Situationen verlassen."
"Er ist tolerant, läßt sie es aber wissen, wenn sie zu weit gehen." (nach Hutton 1985, S. 70).

Nicht nur in Pflegefamilien werden Tiere eingesetzt; es gibt auch viele positive Erfahrungen in Kinder- und Jugendheimen mit Tieren (vgl. z.B. Podgornik 1974). Mader, Hart und Bergin (1989) fanden beispielsweise, daß behinderte Kinder, die einen (Service-) Hund haben, sozial besser beachtet werden und integriert sind.

Tiere werden natürlich nicht nur bei Kindern therapeutisch eingesetzt. Weitere "tiertherapeutische" Möglichkeiten sind jedoch nicht Gegenstand dieses Buches und sollen hier nur benannt werden: Tiere spielen im Strafvollzug eine Rolle und werden auch in der Psychiatrie eingesetzt. Lago u.a. (1985) weisen auf die "Wirkung von Heimtieren auf ältere, daheim lebende Personen" hin und belegen dies in einer empirischen Studie. Pethes (1985) zeigt einen Zusammenhang von dem Halten von Wellensittichen bei alten Menschen und einer deutlichen Reduzierung der Selbstmordrate. Nicht zuletzt kann in diesem Zusammenhang auch noch auf die Funktion von Blindenhunden verwiesen werden.

Tiere scheinen nicht nur einen Einfluß auf die psychische Befindlichkeit zu haben, auch physiologische Effekte sind nachgewiesen worden. So zeigte beispielsweise Friedmann (1979) bei Menschen mit Herzkranzgefäßerkrankungen, daß diese eine deutlich bessere Überlebenschance haben, wenn sie ein Heimtier halten. Möglicherweise kann dieses Phänomen mit dem streßmindernden Effekt, der mit der Beziehung zu Tieren verknüpft ist (vgl. Katcher/Beck 1985, siehe Kapitel 7.2), erklärt werden. Zwar sind bei Friedmanns Untersuchung methodische Zweifel angebracht, da natürlich Menschen nach einem Herzinfarkt ohnehin gesünder leben, jedoch gelten physiologische Effekte beim Umgang mit Tieren inzwischen als gesichert (Serpell 1996). So zeigten auch Beck und Katcher (1996), daß die Sterblichkeitsrate bei Herzinfarktpatienten bei Haustierbesitzern deutlich geringer (etwa ein Drittel) als bei Nicht-Haustierbesitzern ist. Auch das "therapeutische Reiten" (Heipertz 1972) setzt neben dem Bewegungstraining durchaus auch auf derartige Effekte. Für die physiologischen Wirkungen sprechen auch Befunde, nach denen sich bei Menschen, die gerade ein Tier streicheln, der Blutdruck senkt (vgl. Jenkins 1986, Katcher 1981, siehe Kapitel 7.2). Katcher nennt insgesamt sieben Faktoren, die die gesundheitsfördernden Wirkungen von Tieren ausmachen sollen:

- Gefährtenschaft
- etwas zur Pflege
- etwas zum Berühren
- etwas, das einen in Trab hält
- Mittelpunkt der Aufmerksamkeit sein
- tägliche Bewegung
- das Gefühl von Sicherheit.

7.8   Zum Problem der Anthropomorphisierung von Tieren

Auf die Tendenz von Kindern, Tiere zu anthropomorphisieren, ist bereits mehrfach hingewiesen worden. Außerdem ist diesem Phänomen auch ein eigener Abschnitt gewidmet (siehe Kapitel 4), in dem diese Tendenz von Kindern (und übrigens auch Erwachsenen) eher positiv bewertet wurde. Deshalb sei an dieser Stelle in bezug auf das Verhältnis zu Tieren auch auf einige problematische Punkte eingegangen.

Einerseits eröffnet die Tatsache, daß Kinder Tiere oft behandeln, als seien sie Menschen, die Möglichkeit der nahen Beziehung zu Tieren mit allen genannten positiven Möglichkeiten. Andererseits kann aber gerade dadurch das Eigenrecht des jeweiligen Tieres aus dem Blick geraten. Tiere sind keine Menschen. Sie haben ein je arteigenes Verhaltensrepertoire und auch eigene Lebensbedürfnisse. Manchmal sind Anthropomorphismen für die Kinder sogar gefährlich. Zu

"Mißverständnissen" kann es kommen, wenn die menschliche Gebärdensprache umstandslos auch auf Tiere angewandt wird. Der Hund zeigt beispielsweise durch die erhobene Vorderpfote Spielbereitschaft an, was man unmittelbar versteht. Bei der Katze allerdings bedeutet dieselbe Geste Angriffslust und wird ihr bei entsprechenden "Mißverständnissen" als Falschheit ausgelegt, was eben nicht stimmt.

Nicht nur wegen solcher Beispiele, sondern vor allem wegen des Eigenrechts von Tieren ist es wichtig, die Eigenart des jeweiligen Tieres achten zu lernen. Allerdings ist es (nicht nur) bei Kindern gar nicht zu vermeiden, daß sie Tiere auch anthropomorph wahrnehmen; es ist jedoch zu vermeiden (durch eine entsprechende Haltung und auch durch biologische Kenntnisse), daß sie Tiere auch anthropomorph behandeln (vgl. Bergmann 1988, S. 307).

Den Tieren geht es nämlich bei der menschlichen "Liebe" und Fürsorge nicht immer gut. So gehören beispielsweise Hunde eben nicht in den fünften Stock eines Großstadthochhauses, da sie als Lauftiere viel Bewegung brauchen. Der Wellensittich dürfte als Schwarmtier eigentlich nicht allein gehalten werden. Der Goldhamster wird als Nachttier entgegen seinem natürlichen Lebensrhythmus als "Tagesspielzeug" benutzt, um nur einige Beispiele zu nennen. Nicht artgerechte Tierhaltung ist jedoch objektiv Tierquälerei, so liebevoll (ober liebebedürftig) die Menschen, die die Tiere halten, auch sein mögen. Kämpf-Jensen (1986) verweist in einem ähnlichen Zusammenhang auf die Gefahr der "allmählichen Verkuschelung der Welt".

So gehört zur Tierhaltung auch viel Wissen um die arteigenen Bedürfnisse der Tiere. Tiere sind kein Spielzeug, das nach Belieben angeschafft und eben auch weggeschmissen werden könnte. Das bedeutet, daß beispielsweise Lehrer und Eltern Kindern dabei helfen müssen und daß auch nicht jedes Tier für jedes Kind und jedes Alter geeignet ist. Eine Fülle von Informationsliteratur, die z.T. recht gelungen und auch kindgerecht ist, kann hier durchaus hilfreich sein. Die Schule hat an dieser Stelle sicherlich eine Verantwortung, aber auch eine Chance, biologische Kenntnisse über Tiere zu vermitteln, ohne dabei die Beziehung zu den jeweiligen Tieren zu unterhöhlen.

8 Angst und Ekel vor Tieren

Beobachtungen an (vor allem kleinen) Kindern lassen den Eindruck entstehen, sie hätten keine oder zumindest nur wenig Angst vor Tieren (vgl. Kapitel 7). Auch sogenannte typische Angst- oder Ekeltiere wie Spinne, Maus oder Frosch lösen nur höchst selten panische oder hysterische Reaktionen aus, wie man sie von älteren Kindern und vor allem von Erwachsenen gut kennt. So behauptet Watson (1925), daß Kinder zunächst angstfrei allen Tieren begegnen und nach ihnen greifen. Entsprechend dem behavioristischen Modell sei nämlich Angst und Ekel vor Tieren erworben, ein Produkt falscher Erziehung. Andere Autoren (z.B. Krüger 1934) gehen dagegen von einem "angeborenen Schutzinstinkt" aus, der sich gegen Ende des ersten Lebensjahres entwickele und sich auch auf Tiere beziehe. Stückrath (1965) spricht in diesem Zusammenhang von einer primären "Sorge um die eigene Existenz", die angesichts des Erstkontakts mit Tieren auftrete. Die Psychoanalyse schließlich interpretiert die Angst vor Tieren als eine Verschiebung: Die eigentliche Angst sei eine andere, die durch die Verschiebung auf ein neues Angstobjekt, nämlich das Tier, jedoch nicht mehr bewußt ist. Ein Beispiel dafür ist eine der berühmtesten Fallgeschichten von Freud über die Pferdephobie des "kleinen Hans" (Freud 1909).

Bevor wir allerdings daran gehen, die (kindliche) Abneigung gegenüber Tieren theoretisch zu erklären, seien zunächst einige Beobachtungen und Befunde darüber zusammengetragen, gegenüber welchen Tieren Kinder eigentlich bevorzugt Angst und Ekel empfinden.

8.1 Bei welchen Tieren verspüren Kinder Angst und Ekel?

Die Frage, vor welchen Tieren Kinder Angst haben oder sich ekeln, könnte suggerieren, daß diese Phänomene erstens notwendig und zweitens relativ häufig vorkommen. Das ist keineswegs so. Im Gegenteil: Wie die Ausführungen über das kindliche Verhältnis zu Tieren gezeigt haben, ist wohl das ursprüngliche Verhalten Tieren gegenüber eher zutraulich und jedenfalls relativ angstfrei. Daß Kinder (und selbstverständlich auch Erwachsene) beispielsweise vor stechenden Insekten oder vor bellenden Wachhunden Angst haben, steht hier nicht zur Diskussion. Solche Realängste, die als adäquate Reaktionen auf die Wirklichkeit verstanden werden müssen, bedürfen in diesem Zusammenhang keiner weiteren Erläuterung.

Wenn auch Krüger von einem "angeborenen Schutzinstinkt" spricht, zeigen ihre Untersuchungen an kleinen Kindern, daß diese zumindest nur sehr wenig Angst vor Tieren haben und vor allem, daß diese durch den Kontakt zu Tieren noch geringer wird. Auch ihre Beobachtungen im Zoo bestätigen diesen Eindruck: Die Kinder sind sehr interessiert, betrachten die Tiere gewissermaßen als Spielzeug, haben kaum Angst. "Je kleiner die Kinder sind, desto sorgloser gehen sie vor" (Krüger 1934, S. 43). Bei einer vergleichenden Untersuchung von 45 Heimkindern und 65 Familienkindern beobachtete sie zwar vereinzelte Furchtreaktionen, die jedoch durch korrigierende Erfahrung zumindest stark reduziert werden konnten. Der Grund für die Furchtreaktionen lag weniger in bestimmten Eigenarten der Tiere, sondern eher an der subjektiv erlebten Unüberschaubarkeit von Situationen mit Tieren. So lösten plötzliche, schnelle Bewegungen (vgl. Spindler 1959) am ehesten Furchtreaktionen aus. In dem Maße, wie das Kind solche zunächst nicht überschaubaren Situationen erfaßt und ihre reale Bedeutung einschätzen kann, schwindet auch die Angst. "Diese Überschätzung der unbekannten Folgen wird bei einem jüngeren Kinde nur durch Erfahrung auf eine zutreffendere Beurteilung reduziert, im späteren Alter kann eine selbständige Überlegung dasselbe Resultat haben" (Krüger 1934, S. 32f.). Sehr deutlich zeigt das der Vergleich zwischen den Heim- und Familienkindern, wobei eben die Familienkinder weitaus mehr Erfahrungen mit Haustieren gehabt haben und insofern deutlich weniger Angst vor Tieren hatten. So muß man wohl annehmen, daß die fixierte Angst vor bestimmten Tieren meist phobischen Charakter hat (vgl. das psychoanalytische Verständnis der Angst vor Tieren in Kapitel 8.3).

Auf jeden Fall scheint die Angst vor Tieren mit zunehmenden Alter abzunehmen. Das bestätigen auch Zahlen von Loosli-Usteri (1948), die die wichtigsten kindlichen Angstobjekte zusammenstellt: Unabhängig vom Alter sind das im Durchschnitt: übernatürliche Ereignisse (21%), Tiere (17%) und Dunkelheit (14%). Die Rangfolge der Angstobjekte verändert sich nun mit zunehmendem Alter: Mit 5 – 6 Jahren sind die Tiere als Quelle von Angst mit 27% noch an erster Stelle, mit 7 – 8 Jahren mit 22% an zweiter, ab 9 Jahren mit ca. 11% an unterster Stelle von möglichen Angstobjekten. Koch (1968) ermittelte, daß sich die tierischen Angstobjekte mit zunehmendem Alter verschieben: Während in der Vor- und Grundschulzeit noch vor allem fremde und exotische Tiere (beispielsweise Löwen) gefürchtet werden, sind es etwa nach der Pubertät einheimische Tiere (wie zum Beispiel Spinnen).

Nach diesen eher relativierenden Vorbemerkungen können wir uns nun der Frage zuwenden, welche Tiere in besonderer Weise Objekte von Angst und Ekel sind oder werden können. Allerdings gibt es nur wenige empirische Studien darüber, gegenüber welchen Tieren Kinder besondere Abneigung empfinden. Sie kommen vor allem aus dem Bereich der Biologiedidaktik (Schanz 1972, Wendel 1980); psychologische Autoren versuchen eher, die Gründe für die Abneigung zu reflektieren.

Schanz (1972) führte eine Befragung bei 236 Schülern (105 Jungen und 131 Mädchen im Alter von 10 bis 15 Jahren) durch, wobei er sowohl Furcht als auch Ekel berücksichtigte, wenn sich auch eine Differenzierung zwischen beiden Phänomenen als ausgesprochen schwierig erwiesen hat. Außerdem wurde bei dieser Untersuchung die regionale Herkunft (165 Stadtkinder und 71 Landkinder) mit in

Betracht gezogen. Wendel (1980) wiederholte diese Untersuchung acht Jahre später (n=139, 11 – 13 Jahre).

Die Ergebnisse: Mädchen geben insgesamt mehr Tiere an, gegenüber denen sie Abneigung empfinden, was vor allem daran liegt, daß sich Mädchen offenbar mehr vor Tieren ekeln. Bei der Angst ist dieser Befund eher umgekehrt. Die Anzahl der Tiere sinkt mit zunehmendem Alter; mit 14 Jahren steigt die Zahl allerdings wieder, vor allem bei den Mädchen bezüglich Ekeltieren. Die Stadtkinder nennen weitaus mehr Tiere als die Landkinder, was sicherlich daran liegen wird, daß letztere weitaus häufiger und vor allem selbstverständlicher mit vielen Tieren zusammen sind, vor denen Stadtkinder Angst haben oder sich ekeln. Sowohl, was den Einfluß der Umwelt (Stadt, Land) angeht, als auch bezüglich der Geschlechtsspezifik kommt Wendel zu völlig analogen Ergebnissen. Allerdings nimmt in Wendels Untersuchung die Angst mit zunehmendem Alter nicht ab.

Die Befragungen zeigen insgesamt, daß es so gut wie kein Tier gibt, gegenüber dem nicht irgendein Kind Abneigung empfindet. Die genannten Tiere reichen vom Aal über den Marabu bis zur Ziege. Eine Ausnahme sind vielleicht solche Tiere, auf die das sogenannte "Kindchenschema" zutrifft. Tiere mit der Verkleinerungssilbe "chen", die eben die Niedlichkeit, die Gefahrlosigkeit dieser Tiere kennzeichnet, kommen in der Zusammenstellung so gut wie nicht vor. Aber auch hier gibt es vereinzelte Ausnahmen: So hat beispielsweise ein zwölfjähriger Junge Angst vor Eichhörnchen, "weil es sehr arg beißen kann" ,und einem ebenfalls zwölfjährigen Mädchen sind Meerschweinchen unangenehm, weil "sie im Jahr sehr oft und viele Jungen bekommen" (Schanz 1972, S. 55).

Die Vielfalt und auch die hohe Anzahl der genannten Tiere legt die Annahme nahe, daß es zumindest keine angeborene Disposition für die Abneigung gegenüber bestimmten Tierarten gibt, allenfalls eine Disposition für einen generellen Angstaffekt (siehe unten), der sich natürlich auch auf Tiere beziehen kann. Allerdings gibt es Häufungen: Die meisten Nennungen konzentrieren sich auf 20 Tierarten. Im folgenden sollen nun die Einzelergebnisse für die Tiere, denen gegenüber die Kinder in besonderer Weise Abneigung empfinden, dargestellt werden. Die abgedruckten Tabellen zeigen die Befunde von Schanz, und zwar differenziert nach Angst und Ekel, Stadt- und Landkindern, Mädchen und Jungen.

Insgesamt ist es immerhin auffällig, daß die typischen Angst- und Ekeltiere in der Tat an erster Stelle stehen: Schlange, Spinne, Ratte. Bei Wendel ergibt sich eine ähnliche Häufung, allerdings mit einer etwas modifizierten Reihenfolge: Spinnen rangieren danach als Angst- und Ekeltiere noch vor den Schlangen, wobei allerdings der Ekel deutlich überwiegt. Anders als bei Schanz sind bei der Spinne auch keine geschlechtsspezifischen Unterschiede festzustellen. Als Grund für das Ekelgefühl werden in Einzelgesprächen immer wieder die Spinnenbeine genannt, "weil sie häßlich, haarig und entsetzlich lang sind" (Wendel 1980, S. 15). (Wendel führte übrigens dieselbe Befragung nach einer Unterrichtseinheit über Spinnen noch einmal durch und stellte fest, daß die Abneigungsgefühle deutlich reduziert waren. Dieser Effekt bezieht sich nicht nur auf Spinnen, sondern ist offenbar auf andere Ekel- und Angsttiere übertragbar.)

Tab. 8.1:   Angst- und Ekeltiere bei Stadtkindern (Schanz 1972, S. 57/58)

Mädchen (n=96)

	1 Nen- nungen	2 mehr Ekel	3 mehr Furcht	4 Furcht u. Ekel	5 weder Furcht noch Ekel	Zahl der Kinder, die gegenüber dem Tier Abneigung haben	
						6 Absolut	7 in %
1. Schlangen u.ä. Kobra Kreuzotter Ringelnatter (Blindschleiche)	87	18	33	36	-	78	81
2. Spinne Kreuzspinne Vogelspinne	73	44	8	15	6	71	74
3. Ratte	61	28	12	21	-	61	64
4. Wurm Regenwurm	43	39	-	2	2	43	45
5. Krokodil	41	4	16	21	-	41	43
6. Maus	37	17	5	8	7	37	39
7. Schnecke Weinberg- schnecke	33	28	2	-	3	33	34
8. Laus	30	13	3	1	13	30	31
9. Frosch	26	23	-	1	2	26	27
10.Heupferd Heuschrecke	23	18	1	1	3	19	20
Kröte - Unke	22	20	1	-	1	21	22
Krebs	17	5	4	3	5	17	18
Löwe	17	-	16	-	1	17	18
Schwein	16	12	-	1	3	16	17
Hornisse	15	2	12	-	1	15	16
Fledermaus	14	7	3	4	-	14	15
Stinktier	14	8	1	2	3	14	15
Tiger	14	-	13	1	-	14	15
Floh	13	7	-	-	6	13	14
Wanze	13	11	-	1	1	13	14

Jungen (n=69)

	1 Nen- nungen	2 mehr Ekel	3 mehr Furcht	4 Furcht u. Ekel	5 weder Furcht noch Ekel	Zahl der Kinder, die gegenüber dem Tier Abneigung haben	
						6 Absolut	7 in %
1. Schlangen u.ä. Brillenschlange Klapperschlange Kreuzotter Kobra Mamba Ringelnatter (Blindschleiche)	70	14	31	23	2	47	68
2. Spinnen Krabbenspinne Kreuzspinne Vogelspinne	32	15	4	6	7	31	45
3. Ratten Wasserratte	28	21	1	3	3	28	41
4. Stinktier	21	19	-	1	1	21	30
5. Krokodil	20	-	15	4	1	20	29
6. Kröte - Unke	19	17	-	1	1	18	26
7. Wurm Regenwurm	17	16	-	-	1	17	25
8. Affe Gorilla Orang-Utan Pavian	16	4	4	2	6	12	17
9. Krebs	15	8	2	2	3	15	22
10. Wespe	13	2	6	1	-	12	17
Löwe	12	-	11	1	-	12	17
Frosch, Laubfrosch	11	10	-	-	1	11	16
Hai	11	-	9	2	-	11	16
Maus	10	7	-	-	3	10	14
Saurier	10	2	6	-	2	10	14
Schnecke (Nacktschnecke)	10	9	-	-	1	10	14
Hornisse	9	-	8	-	1	9	13
Krake	9	2	2	5	-	9	13
Skorpion	9	-	6	3	-	9	13
Tiger	9	-	9	-	-	9	13

Tab. 8.2:   Angst- und Ekeltiere bei Landkindern (Schanz 1972, S. 59/60)

Mädchen (n=36)

	1 Nennungen	2 mehr Ekel	3 mehr Furcht	4 Furcht u. Ekel	5 weder Furcht noch Ekel	Zahl der Kinder, die gegenüber dem Tier Abneigung haben	
						6 Absolut	7 in %
1. Schlangen u.ä. Kobra Kreuzotter Blindschleiche	26	2	12	12	-	22	63
2. Frosch	22	21	-	-	1	22	63
3. Ratte	20	8	2	10	-	20	57
4. Igel	20	2	11	2	5	20	57
5. Maus	18	5	8	5	-	18	51
6. Wurm Regenwurm	16	14	-	2	-	16	46
7. Spinne Kreuzspinne Wasserspinne	16	13	1	2	-	15	43
8. Biene	14	-	13	1	-	14	40
9. Laus	11	6	2	2	1	11	31
10. Schnecke	10	10	-	-	-	10	29
Krebs	7	2	2	3	-	7	20
Wespe	7	-	7	-	-	7	20
Hummel	7	-	6	1	-	7	20
Ameise	6	2	2	1	1	6	17
Blutegel	6	4	-	2	-	6	17
Eidechse	5	3	-	-	2	5	14
Hornisse	5	-	5	-	-	5	14
Maulwurf	5	2	2	1	-	5	14
Kröte - Unke	5	4	1	-	-	5	14
Fledermaus	4	2	1	1	-	4	11
Floh	4	1	3	-	-	4	11
Kaulquappe	4	4	-	-	-	4	11
Molch	4	3	-	1	-	4	11

Jungen (n=36)

	1 Nennungen	2 mehr Ekel	3 mehr Furcht	4 Furcht u. Ekel	5 weder Furcht noch Ekel	Zahl der Kinder, die gegenüber dem Tier Abneigung haben	
						6 Absolut	7 in %
1. Schlangen u.ä. Boa Klapperschlange Kreuzotter Python Ringelnatter (Blindschleiche)	27	5	12	9	1	20	56
2. Spinne Kreuzspinne	13	9	-	4	-	13	36
3. Ratte Wasserratte	12	3	4	4	1	11	31
4. Stinktier	11	8	2	1	-	11	31
5. Kröte Erdkröte	9	8	1	-	-	9	25
6. Krebs	8	2	5	1	-	8	22
7. Wurm Regenwurm	7	7	-	-	-	7	19
8. Maus	7	5	-	2	-	7	19
9. Fledermaus	7	5	2	-	-	7	19
10. Igel	7	2	2	2	1	7	19
Frosch	5	5	-	-	-	5	14
Schnecke	5	5	-	-	-	5	14
Ameise	5	2	2	-	1	5	14
Blutegel	5	-	1	4	-	5	14
Skorpion	3	-	-	3	-	3	8
Stachelschwein	3	-	2	1	-	3	8
Stier	3	-	3	-	-	3	8

Diese Befunde werden von vereinzelten psychologischen Studien in der Tendenz bestätigt: So zeigen Jersild und Holmes (1935) zeigen, daß Schlangen und große Hunde für Kinder bis zu 5 Jahren besonders angstauslösend sind. Auch die im Vergleich zu Jungen größere Abneigung von Mädchen gegenüber Spinnen wird mehrfach bestätigt (Bjerke/Odegardstuen/Kaltenborn 1998, Cornelius/Averill 1983). Nach den Untersuchungen von Bjerke, Odegardstuen und Kaltenborn (1998) wird die Spinne zwar nicht als gefährlich, aber als häßlich eingeschätzt. Wichtig in diesem Zusammenhang ist die Unterscheidung von Angst vor Tieren, durch die eine reale körperliche Verletzung droht, und Angst vor Tieren, die mit Ansteckung und Schmutz verküpft werden (Davey/Forster/Mayhew 1993).

Auch in vielen Befragungen zur Beliebtheit von Tieren (siehe Kapitel 7.3) rangieren die typischen Angst- und Ekeltiere an den letzten Stellen: Ratten und Spinnen (Collins 1976), Schlangen, Wespen, Ratten und Skorpione, aber auch (etwas weniger) wilde Tiere wie Bären und Wölfe (Kellert/Westerveld (1983).

Eine sehr deutliche Geschlechtsspezifik gibt es beim Widerwillen, einen Regenwurm anzufassen. Dieses Ekelgefühl ist bei Mädchen (64% aus der Stadt und 53% aus dem Land) sehr viel höher als bei Jungen (7% aus der Stadt und 5% aus dem Land). Das kann allerdings auch so verstanden werden, daß Jungen eher gelernt haben, einen entsprechenden Ekelaffekt zu beherrschen und die Abneigung auf diese Weise nur überspringen. Im folgenden nun einige Begründungen der Kinder, warum sie einen Regenwurm nicht anfassen möchten (aus Schanz 1972, S. 81f.):

"Weil der schmierig ist und rutschig. Er rutscht einem aus der Hand. Und die Hände werden klebrig." (Mädchen 11;2 Jahre)
"Ich habe Abscheu vor den Würmern. Sie sind auch glitschig, und manche sind so dick. Es ekelt mich an." (Mädchen 12;8 Jahre)
"Ich mag ihn einfach nicht leiden." (Mädchen 11;11 Jahre)
"Weil der Regenwurm dünn und kalt ist. Weil er in die Erde kriecht." (Mädchen 11;7 Jahre)
"Der Regenwurm ist so schlüpfrig und naß. Außerdem sieht er aus wie eine kleine Schlange. Er ist meistens bei einer Pfütze, wo Schlamm drin ist, darum ist er schmutzig." (Mädchen 12;2 Jahre)
"Er ist ein ekelhaftes Tier. Es sieht so rot aus. Es ekelt mich. Der Wurm ist auch dreckig und glatt." (Junge 11;4 Jahre)

Es gibt allerdings auch positive Haltungen:

"Er ist nicht groß und giftig. Er ist harmlos." (Junge 12;5 Jahre)
"Das ist so ein schönes Gefühl, und weil ich keine Angst vor ihm habe." (Mädchen 10;10 Jahre)
"Er ist nicht gefährlich, sondern nützlich. Ich brauche mich nicht vor ihm zu ekeln." (Junge 12;5 Jahre)
"Man kann ihn ja gleich wieder fallen lassen und die Hände waschen. Er ist auch nicht gefährlich." (Mädchen 12;0 Jahre)
"Ich finde, man braucht vielleicht ein wenig Mut. Aber wenn man einen Wurm schon einmal in der Hand hatte, macht es einem nichts mehr aus. Zuerst hat es mich furchtbar geekelt, aber jetzt, wenn man weiß, daß es halb so schlimm ist, kann man ihn ruhig in die Hand nehmen." (Junge 12;7 Jahre)
"Er beißt ja nicht. Ich sterbe ja nicht davon. Er tut mir ja nichts." (Mädchen 11;9 Jahre)
"Weil er ein furchtvolles Tier ist. Er hat mehr vor uns Menschen Angst, als wir vor ihm. Ich habe schon mit ihm geangelt." (Junge 12;7 Jahre)

Die glatte Haut des Wurms ist nun trotzdem nicht die Eigenschaft von Tieren, die in besonderer Weise von Kindern als ekelerregend empfunden wird, wie die folgende Zusammenstellung von ekelerregenden Körpermerkmalen zeigt:

Tab. 8.3:　　　　Ekelerregende Körpermerkmale (nach Axthelm, in Gahl 1973)

Eigenschaften	Jungen (n=54)	Mädchen (n=61)	gesamt (n=115)	%
viele lange Beine	46	57	103	90
nasse glitschige Haut	42	54	96	84
kalte Haut	40	51	91	79
Stacheln	42	43	85	74
Chitinkörper/ Panzer	23	38	61	53
glatte Haut	13	13	26	23

Auch die Beobachtungen von Koch (1968) zeigen, daß sich Mädchen deutlich mehr als Jungen vor Tieren ekeln. Die besonderen Ekeltiere sind fast dieselben wie die Angsttiere (vgl. auch Schanz 1972 und Wendel 1980): Spinne, Schlange, Regenwurm, Kröte, Frosch, Ratte, Schnecke. Als Grund für die Ekelreaktionen

> [...] darf vor allem die Nacktheit des Körpers, bei Berührung noch durch den Eindruck des Weichen, Kalten, Schleimigen verstärkt, angesehen werden. Außerdem wird die tief an den Boden gebundene, schlängelnde Bewegung als abstoßend empfunden. Tiere, die durch ihre Kleinheit und Undifferenziertheit keine echte Kontaktaufnahme ermöglichen, die keine menschlichen Ausdrucksformen haben, "gesichtslose" Tiere, wirken ekelerregend (Koch 1968, S. 44).

Angst und Ekel liegen überhaupt dicht beisammen, wie die Aussage eines siebenjährigen Jungen zeigt: "Vor Spinnen habe ich Angst, weil es mich ekelt." Um auch unbewußte Anteile der Abneigung gegenüber Tieren zu erfassen, fragte Koch zum einen nach Träumen, in denen Tiere vorkommen, und zum anderen auch danach, in welches Tier sie einen Menschen verwandeln würden, den sie nicht mögen.

Die Analyse der Träume ergibt, daß dieselben Angsttiere, die in den bewußten Befragungen vorzugsweise genannt wurden, auch oft als Angsttiere in Träumen erscheinen. Interessant ist noch zusätzlich, daß die Spinne nicht genannt wird, daß darüber hinaus jedoch häufig Tiere vorkommen, die deutlich aus Märchen und Sagen entlehnt sind (Drache, Wolf) beziehungsweise die die Kinder wohl vor allem aus den Medien kennen. Einige Beispiele:

> Ich träumte einmal von einer riesigen Schlange, die sich um mich ringelte und mich erdrücken wollte. Ich wollte schreien und fortlaufen, aber ich konnte nicht. Die Schlange umschlang mich immer fester, bis ich plötzlich aufwachte. (Mädchen, 14 Jahre).
> Ich ging, als es schon dunkel war, in den Keller. Das Licht ging nicht. Ich hatte Angst. Auf einmal hörte ich hinter mir ein Brüllen, ich drehte mich um und schaute, was los ist, da sah ich einen Bär mit aufgerissenem Maul. Aber als er gerade zubeißen wollte, wachte ich auf. (Junge, 13 Jahre).

Ich ging im Wald spazieren und als ich an einem Baum vorbeiging, sprang ein Löwe runter. Ich rannte so schnell ich konnte, dann fiel ich hin, und der Löwe wollte mich fressen. (Junge, 11 Jahre).

Mir ging einmal ein Wolf nach und ich kletterte auf einen Baum. Er sprang immer wieder auf den Baum. Ich hatte mich nicht richtig festgehalten und flog runter. Als er mich fressen wollte, wachte ich auf. (Junge, 11 Jahre).

Ein brüllender Löwe rannte hinter mir her. Ich konnte nicht fortlaufen, meine Füße waren wie angenagelt. Der Löwe kam immer näher und ich wachte auf. (Junge, 10 Jahre).

Bei dem Verwandlungstest wurden folgende Tiere genannt:

Tab. 8.4:   Verwandlungstest: "In welches Tier würdest du einen Menschen verwandeln, den du nicht magst?" (n=130, 7 – 11jährige Kinder; nach Koch 1968, S. 38)

Schlange	28
Maus	18
Spinne	12
Wurm	7
Fette Kröte	6
Affe	8
Kamel	5
Drache	3
Krokodil	3
Wolf	3
Bär	3
Ziege	2

Bemerkenswert ist, daß die Schlange nur für weibliche Personen angewandt wird. Oft allerdings verwandelten die Kinder einen abgelehnten oder gefürchteten Menschen in ein kleines und harmloses Tier (Floh, Vogel), wahrscheinlich, um so besser mit der Angst fertig zu werden. "Unseren Nachbarn verwandele ich in eine Maus, dann kann ihn die Katze fressen."

8.2   Angeborene Dispositionen für Angst vor Tieren

Daß Angst als ein adaptiver Mechanismus verstanden werden kann, der auch biologische beziehungsweise genetische Wurzeln hat, kann kaum bezweifelt werden. Die somatischen Begleiterscheinungen (Puls, Blutdruck, Gesichtsrötung, Schweiß, Atmung) und auch vergleichbare Reaktionsmuster bei Tieren legen nahe, daß es sich bei der Angst um eine biologisch fundierte Reaktionsform handelt, die den Organismus in Alarm- und Handlungsbereitschaft versetzt. Angst ist so als ein Signal zu verstehen, das auf Gefahren aufmerksam macht und zugleich zu deren Bewältigung vorbereitet. In dieser adaptiven Funktion ist die Angst vergleichbar mit der gleichfalls biologisch verankerten Schmerzreaktion. Als biologisch sinnvolle Verhaltensweise erhöht Angst die Überlebenschancen eines Individuums und hat sich insofern im Evolutionsgeschehen etabliert.

Krause (1983) verweist darauf, daß es in der Phylogenese der Säugetiere einen eindeutigen Trend hin zur Entwicklung eines komplexen Affektsystems gebe, der mit anderen phylogenetischen Trends (aufrechter Gang, Mimik, Hauptlebensaktivitäten am Tag, soziale Beziehungssysteme) korrespondiere. Unter Verweis auf Tomkins (1962, 1963) geht Krause von einigen Grundaffekten aus, zu denen auch Angst und Ekel gehören:

- Soziale Affekte: Trauer, Freude, Wut, Scham
- Informationsverarbeitungsaffekte: Überraschung, Interesse
- Notfallaffekte: Angst, Ekel.

Einige Ethologen begreifen die Angst sogar als einen Instinkt oder zumindest als etwas Analoges hierzu (vgl. Lorenz 1965, Leyhausen 1967). Demzufolge gebe es auch einen eigenen Angstantrieb, der sich gewissermaßen Objekte "sucht", die den Angstinstinkt "auslösen". Nur so könne das Phänomen der "Angstlust" verstanden werden (gefährliche Sportarten, Gruselfilme; auch Umgang mit gefährlichen Tieren).

Daß Angst also zur biologischen Ausstattung des Menschen gehört und insofern angeboren ist, soll in diesem Kontext nicht weiter diskutiert werden. Viel wichtiger für das hier interessierende Problem der Angst vor Tieren ist die Frage, ob auch die Objekte der Angst angeboren sind. Gibt es bestimmte Objekte oder Situationen, vor denen Menschen angeborenermaßen und notwendig Angst haben? Leyhausen (1967) behauptet beispielsweise, daß es eine angeborene Angst beim Menschen bei folgenden Phänomenen gibt: Plötzlicher Verlust der Lageorientierung, Dunkelheit, Drohmimik und große, auf das Individuum zukommende Objekte. Entsprechend der Auffassung der Angst als Instinkt wirken diese Phänomene als "Auslöser" in einem AAM-ähnlichen Mechanismus. Es gibt auch einige Untersuchungen (vor allem aus dem Bereich der Humanethologie), die die Annahme angeborener Momente bei der Furcht vor bestimmten Tieren nahelegen, wobei es natürlich keine Frage ist, daß auch solche angeborenen Furchtdispositionen durch Erfahrung modifizierbar sind.

Für biologisch fundierte Dispositionen bei der Abneigung gegenüber bestimmten Tierarten sprechen kulturübergreifende Studien. In einer Befragung (Davey u.a. 1998) in sieben westlichen und asiatischen Ländern (Japan, Groß Britannien, USA, Niederlande, Indien, Korea und Hongkong) ergab sich ein kulturunabhängiges Muster bezüglich der Einteilung der Tiere in die Kategorien angstrelevant und angstirrelevant. Besonders auffällig sind in dieser Befragung die Befunde zum Ekel: Hier scheint es eine kleine Gruppe von Tieren zu geben, die offenbar ausgesprochen kulturunabhängig Ekelgefühle auslösen, und zwar bei Frauen mehr als bei Männern (Ausnahme Korea). Hierzu gehören vor allem Spinnen und Schlangen, aber auch Würmer und Ratten. Wenn auch derartige kulturübergreifenden

Befunde durchaus von Interesse sind, ist damit der gleichsam biologische Kern solcher Abneigung noch nicht erwiesen. So ist auch im Blick auf evolutionsbiologische Erklärungen, nach denen Angst- und Ekelaffekte angesichts bestimmten Tierarten ein Selektionsvorteil sei (z.B. Seligman 1971), Vorsicht geboten. Zwar erscheint diese Argumentation für Giftschlangen oder -spinnen durchaus logisch, doch bleibt dann ausgesprochen unklar, warum es nicht ähnlich verbreitete phobische Reaktionsformen gegenüber Löwen, Bären oder Wölfen gibt.

Prechtl (1949) beobachtete in einem Kinderheim kleine Kinder (1;6 bis 3;6 Jahre) im Hinblick auf ihre Reaktion Schlangen (Ringelnatter) gegenüber, wobei er von der Vermutung ausging, daß der Furcht vor Schlangen eine angeborene Disposition zugrunde liegt. Bei der Untersuchung stellte er sicher, daß die Kinder zuvor keinerlei Erfahrung mit Schlangen gehabt haben und konfrontierte sie mit folgenden Situationen:

- Die sich intensiv schlängelnde Schlange wird dem Kind aus der Hand eines Versuchsleiters herabhängend vorgehalten.
- Die Schlange wird vor dem Kind auf den Boden gelegt.
- Die Schlange wird vor dem Kind in eine Schachtel getan; das Kind soll die Schlange wieder herausholen.

Bei seinen Beobachtungen konnte Prechtl drei Reaktionsweisen unterscheiden:

1. Bis ca. 2;6 Jahren griffen alle Kinder sofort und angstfrei nach der Schlange.
2. Mit ca. 2;6 Jahren waren die Reaktionen "verwaschen"; die Kinder waren unkonzentriert, wandten sich der Schlange zu und wieder ab.
3. Erst ab dem 3. Lebensjahr waren "deutliche Hemmungen" zu beobachten, die Schlange anzufassen. Die Schachtel mit der Schlange wurde abgelehnt.

Prechtl interpretiert seine Befunde dahingehend, daß es sich bei den drei Reaktionsformen um Reifungsstadien einer angeborenen Schlangenangst handele, wobei er darauf verweist, daß auch bei Tieren Instinktmechanismen erst einige Zeit nach der Geburt reifen. Die beobachteten Reifungsstadien seien "deutlich an das Alter und die psychische Entwicklungshöhe des Kindes gebunden, aber nicht erfahrungsbedingt" (Prechtl 1949, S. 70). Wie bereits ausgeführt, spricht auch Krüger (1934) von einem "angeborenen Schutzinstinkt" gegenüber Tieren, der sich erst im Laufe des dritten Lebensjahres entfalte, jedoch nicht einer speziellen Tierart gelte.

Zu ähnlichen Überlegungen gelangte auch Spindler (1959), der ebenfalls das kindliche Verhalten gegenüber Schlangen beobachtete (79 Kinder zwischen 1 und 12 Jahren). Bis zum dritten Lebensjahr konnte er keine ängstlichen Reaktionen gegenüber Schlangen beobachten. Etwa ab dem 3. Lebensjahr jedoch waren stereotype Angst- und Abwehrreaktionen zu beobachten. Am deutlichsten zeigte sich dies in der Mimik und in einer oft spontanen Fluchtbewegung. Während beim Kleinkind die Schlange offenbar als Spielzeug betrachtet wird,

> [...] zeichnet sich im 3. Lebensjahr die Entwicklung eines differenzierten Verhaltens ab, das seinerseits wieder eine bestimmte Reihenfolge im zeitlichen Auftreten bestimmter Verhaltensanteile erkennen läßt: 1. Furchtsame Gestimmtheit, 2. Abwehrbewegungen der oberen und unteren Extremitäten, 3. Verlegenheitsverhalten, neugierige Zuwendung und dergleichen (Spindler 1959, S. 213).

Aus dem stereotypen und charakteristischen Ablauf dieser Furchtreaktionen und aus dem regelmäßigen Beginn mit drei Jahren schließt Spindler,

> [...]daß es sich dabei um ein Geschehen handelt, das sich erst im Laufe der ontogenetischen Entwicklung in arttypischer Weise ausbildet und manifest wird. Gleichzeitig konnte aber festgestellt werden, daß diese Entwicklung primär nichts mit Erfahrung zu tun hat (Spindler 1959, S. 216).

Insofern interpretiert er seine Beobachtungen als "Ausdruck einer Erbkoordination". Allerdings gibt es keine Hinweise, daß die Schlange der "Auslöser" für die beobachteten Furchtreaktionen ist. Vielmehr ist zu vermuten, daß für die spezifischen Furchtreaktionen eher die Tatsache der schnellen Bewegung und die der Unbekanntheit der Objekte verantwortlich ist. Spindler verweist dabei auch auf entsprechende Tierversuche, die zum Beispiel bei Pongiden zu analogen Ergebnissen kommen (Yerkes/Yerkes 1943). Insofern sei zu vermuten, "daß es sich beim Verhalten gegenüber Schlangen nicht um eine spezifische Reaktion ('Schlangenfurcht') handelt, sondern daß dieses Verhalten als eine Reaktion auf bewegtes Unbekanntes anzusehen ist" (Spindler 1959, S. 215). Auch Spindlers eigene vergleichende Untersuchungen an Schimpansen zeigen, daß diese umso ängstlicher reagierten, je mehr die Schlange sich bewegte.

"Bewegtes Unbekanntes" — das sind natürlich nicht nur Schlangen; es können andere Tiere oder auch Gegenstände sein. Lorenz spekuliert, daß möglicherweise die Angst vor bestimmten Tieren etwas mit der von ihm so genannten "Gespenstreaktion" zu tun hat. Danach ist ein "Gespenst" etwas, dem mindestens ein wesentliches Merkmal fehlt (vgl. Spindler 1959, S. 214). Bei der Schlange beispielsweise fehlen die Beine, bei der Spinne ist der Körper im Verhältnis zu den Beinen sehr klein. Auch Ohmann u.a. (1985) mutmaßen, daß es für die Angst insbesondere vor Schlangen und Wirbellosen eine "biologisch fundierte Bereitschaft" gäbe, die sich vor allem in der frühen Kindheit zeige. Auffällig sei nämlich, daß kleine Kinder insbesondere vor gefährlichen Tieren Angst hätten, was freilich eine Behauptung ist, die nur schwer zu belegen ist. Unzweifelhaft dagegen ist die Fähigkeit, solche Ängste kulturell zu überformen (Davey 1994).

Auch Bowlby, der mit ausführlichen Studien zum kindlichen Bindungs- und Trennungsverhalten bekannt geworden ist, nimmt an, daß die Angst vor Tieren bei Kindern drei "natürliche", auch genetisch fixierte Ursachen hat: Objekte, die sich schnell annähern, die sich plötzlich bewegen und die ein plötzliches Geräusch machen, sind nach Bowlby (1976) geeignet, Angstreaktionen auszulösen. Alle drei

Attribute haben gemeinsam, daß sie unübersichtlich und vor allem unvorhersehbar sind. Vor einem ähnlichen Hintergrund erklärt Bowlby übrigens auch die Angst vor der Dunkelheit und vor dem Alleinsein. Diese Art von Angst, die sich natürlich auch auf Tiere richten kann (aber nicht muß), ist nach Bowlby evolutionär entstanden und für das menschliche Verhalten charakteristisch. Angst vor plötzlichen Bewegungen und Geräuschen und vor Objekten, die sich schnell annähern, sei eine adäquate und überlebenssichernde Reaktionsform in einer Umwelt, in der viel Unübersichtliches und Unvorhersehbares geschieht, womit Bowlby auf die Umwelt der Frühmenschen anspielt (vgl. auch Kapitel 6).

8.3   Psychoanalytische Erklärungsansätze

Ähnlich wie in den ethologisch orientierten Angsttheorien ist auch in der Psychoanalyse die Angst als ein Signal zu verstehen, das vor äußeren und inneren Gefahren warnt und entsprechende Reaktionen und Vorkehrungen gegen die Gefahr vorbereitet. Das ''Angstsignal'' ist ein psychodynamisch wichtiger Faktor, der auf Widersprüche zwischen verschiedenen Ansprüchen (der Außenwelt, der Triebe, der inneren Normen) hinweist und sie reguliert. Die Angst ist insofern auch aus Sicht der Psychoanalyse ein sinnvoller Mechanismus, der der Selbsterhaltung dient, indem er das Subjekt in die Lage versetzt, sich auf Gefahren einzustellen (vgl. Freud 1916/17, S. 445f.).

Die Psychoanalyse unterscheidet zwischen Realangst und irrationaler (neurotischer) Angst. Während die Objekte der Realangst eine ''wirkliche'' Entsprechung in der äußeren Realität haben (beispielsweise gefährliche Tiere oder Bedrohung durch andere Menschen), gelten die irrationalen Ängste unbewußten, in der Regel konflikthaften Regungen. Wesentlich an der Psychoanalyse ist nun, daß sie beide Angstformen gleichermaßen ernst nimmt. Sie geht davon aus, daß, wenn sich jemand ängstigt, ein Grund für die Angst da sein muß, auch wenn die äußeren Anlässe noch so unbedeutend sein mögen. Die inneren Konflikte, die Angst machen, können auch als internalisierte äußere Situationen aufgefaßt werden, die unter Umständen durch geringfügige äußere (oft symbolische) Anlässe aktiviert werden können. Insofern kann die Psychoanalyse zum Verständnis der (irrationalen) Angst vor Tieren durchaus hilfreich sein.

Viele psychische Krankheitsbilder, Symptome und neurotische Persönlichkeitsentwicklungen haben aus Sicht der Psychoanalyse den ''Sinn'', eben solche irrationalen, aber trotzdem sehr akuten Angstzustände zu vermeiden beziehungsweise zu überdecken.

> Sie decken sie gleichsam ab, und dort, wo Angst oder auch Schuldgefühle die Symptomatik, wie etwa beim Angstanfall, bei der Angstneurose oder bei melancholischen Verstimmungen, beherrschen, heißt das, Kompensationsmechanismen, sogenannte Abwehrmechanismen, haben versagt, so daß nunmehr Angst beziehungsweise Schuld unmittelbar manifest wird (Loch 1979, S. 43).

Freud war der erste, der sich bereits in seinen frühen Schriften mit der Psychodynamik der Angst befaßte. Er nahm zunächst an, daß sich aufgestaute Triebenergie (*Libido*) direkt in Angst verwandele (Freud 1895). Somatische Spannungszustände verwandeln sich nach diesem Modell im Falle ihrer Hemmung in (neurotische) Angst. 'Die Verdrängung macht Angst', kann man diese erste Angsttheorie Freuds formelhaft umreißen. Diese Vorstellung hat Freud im Laufe seiner psychoanalytischen Theoriebildung in das genaue Gegenteil verkehrt, nämlich: 'Die Angst verursacht die Verdrängung.' Dieses Modell hat sich in der Psychoanalyse bis heute erhalten und bietet auch einen Rahmen für das Verständnis der (irrationalen) Angst vor Tieren.

In Freuds zweiter Angsttheorie, die er wesentlich in "Hemmung, Symptom und Angst" (Freud 1926) entwickelte, wird die Angst als das zentrale Phänomen der (neurotischen) Persönlichkeitsentwicklung begriffen. Angst ist danach ein Gefahrensignal, das auch von somatischen Sensationen begleitet sein kann. Der Gefahr kann nun auf unterschiedliche Weise begegnet werden: Ist die Ursache der Angst in der äußeren Realität angesiedelt (Tiere, Dunkelheit, Angriff, Autos, Krach usw.), kann das Subjekt dieser Gefahr relativ einfach entgehen. Es kann flüchten, angreifen, jedenfalls sich der jeweiligen Gefahr tatsächlich entziehen. Bei Gefahren, die von innen drohen — Triebansprüche, Über-Ich-Normen — kann jedoch das Subjekt nicht fliehen, jedenfalls nicht tatsächlich. Die Fluchtbewegung ist eine andere: die Verdrängung.

Seelische Konflikte sind also eine Gefahr, die sich ebenfalls durch einen Angstaffekt ankündigt. Dieser Affekt ist jedoch unangenehm; deshalb werden die Ursachen für die entstandene Angst oft verdrängt, ohne sie dabei freilich zu beseitigen. Insofern droht die Angst eigentlich ständig; entsprechend müssen die Abwehrbemühungen auch permanent aufrechterhalten werden. Eben das prägt die Persönlichkeit (je nachdem, welche Konflikte und Angstgründe abgewehrt werden) beziehungsweise prädisponiert unter Umständen zu einer neurotischen Entwicklung. Die auf diese Weise auftretenden Symptome binden dann die Energie, die sonst als Angst auftreten würde.

Das Ich ist in dieser Version die "alleinige Angststätte". Die Angst des Ichs kann nun in drei verschiedene Richtungen gehen: Angst vor der äußeren Realität, vor den Triebansprüchen des Es und vor den strengen Normen des Über-Ichs. Entsprechend kann man auch drei verschiedene Angstformen unterscheiden:

- Die Realangst hat eine deutliche und klare Ursache in der Außenwelt; sie entspricht in ihrer Ausrichtung und in ihrem Ausmaß dem gefürchteten Objekt oder der ängstigenden Situation.
- Die neurotische Angst resultiert aus den nicht auslebbaren und deshalb der Verdrängung verfallenen Triebansprüchen.
- Die moralische oder Über-Ich-Angst entsteht infolge der Strenge und Unerfüllbarkeit internalisierter Normen. Letztere zeigt sich allerdings in der Regel nicht als Angst, sondern als Schuld- und Schamgefühl.

Eine weitere (zwar umstrittene, aber für unseren Zusammenhang sinnvolle) Unterscheidung ist die Differenzierung in Angst und Furcht. Angst ist diffus, ungerichtet, objektlos (Ängstlichkeit, frei–flottierende Angst), während Furcht sich auf ein konkretes Objekt beziehungsweise eine klare Gefahr (beispielsweise Tiere) bezieht. Mentzos (1982) macht diese begriffliche Differenzierung zum Ausgangspunkt seiner Überlegungen zum Verständnis von Angstreaktionen, die auch zur Erklärung von Tierphobien nützlich sind. Er geht davon aus, daß auch die Reaktion auf Gefahren in der ontogenetischen Entwicklung einem Reifungsprozeß unterliegt.

> Diese Entwicklung führt von der Angst zur Furcht, also von der diffusen, wenig organisierten, ungerichteten zu der mehr strukturierten Reaktionsform. Aus diesem Grunde ist das Auftreten diffuser, grundloser Angstzustände beim Erwachsenen im allgemeinen als eine Regression von dem höher organisierten Modus der Furcht auf den weniger strukturieren Modus der Angstreaktion anzusehen (Mentzos 1982, S. 31).

Weil der Säugling und auch das kleine Kind oft noch nicht die genaue Quelle der Angst ausmachen können, ist die Angst eben diffus und ungerichtet. Dazu ist sie oft sehr intensiv, weil dem Kind Möglichkeiten fehlen, der Gefahr zu begegnen und damit die Angst zu binden. Insofern ist der relativ unselbständige Säugling auf die primären Bezugspersonen bei der Bewältigung von Angstsituationen angewiesen, weshalb auch die Trennungs- und Verlustangst zu den tiefsten Kinderängsten gehört. Dagegen ist das reife Individuum, das die Gefahr lokalisieren kann, in der Regel in der Lage, mehr oder weniger angemessen zu reagieren. Das gilt natürlich nur dann, wenn es den Mut hat, die (äußeren und inneren) Gefahren wahrzunehmen. Furcht ist insofern eine in der Tat sehr reife Reaktionsform, die genaue Wahrnehmungsfähigkeit und vor allem die Bereitschaft dazu (d.h. eben nicht zu verdrängen) impliziert. Wenn dies nicht der Fall ist, droht eine Regression in einen diffusen Angstzustand. Genau dies ist die These von Mentzos, nämlich,

> daß die Verdrängung dazu führt, daß aus der konkreten Furcht eine diffuse, grundlose Angst entsteht. Eine Furchtreaktion verliert durch die Verdrängung ihren konkreten Inhalt und verwandelt sich dadurch regressiv zu einer diffusen Angstreaktion (Mentzos 1982, S. 32).

Diese These ist im Grunde eine Fortführung der Freudschen Signaltheorie der Angst. Seelische Gefahren (wie zum Beispiel Verlust, Trennung, Scham, Schuldgefühle, Selbstwertprobleme oder Ablehnung) werden gleichsam angekündigt und zunächst als Signal wahrgenommen, wegen der Unerträglichkeit sowohl solcher Situationen als auch der Furcht davor jedoch dem Bewußtsein entzogen, verdrängt. Weder wird damit die Gefahr gebannt noch lassen sich die Gefahrenmomente durch diese Flucht nach innen wirklich eliminieren. Lediglich wird der Furcht ihr konkreter Gegenstand entzogen, indem die Vorstellung davon abgewehrt wird. Der Affekt freilich, nämlich die Angst, bleibt erhalten und äußert sich in scheinbar grundlosen, diffusen Angstzuständen.

Diese Zusammenhänge betreffen nun keineswegs nur die neurotische Entwicklung; sie gelten auch für die ganz normale, alltägliche Ängstlichkeit. So werden sie auch bei der Frage, wie Kinder ihre Angst angesichts der Umweltzerstörung verarbeiten, wieder aufgenommen (siehe Kapitel 11). Und sie bieten auch einen theoretischen Hintergrund, die (meist relativ harmlose) Furcht vor Tieren zu verstehen, wie im folgenden gezeigt werden soll.

Der diffuse Angstzustand, der durch die Verdrängung der konkreten Furchtursache wieder neu entstehen kann, ist oft noch schwerer auszuhalten als die Furcht; man kommt sozusagen vom Regen in die Traufe.

> Vor das Dilemma unerträglicher konkreter Befürchtungen oder unerträglicher diffuser Angst gestellt, gelingt es einem einigermaßen reiferen Ich unter Umständen, einen Kompromiß zu schließen: Dieser heißt Phobie (Mentzos 1982, S. 33).

Der diffuse Angstzustand sucht sich gewissermaßen ein neues Objekt; dabei wird freilich die Verdrängung nicht aufgehoben, vielmehr findet eine Verschiebung auf eine andere Gefahr, eine Scheingefahr statt. Eine solche "Pseudoobjektivierung" kann auch im Fall der Furcht vor bestimmten Tieren vorliegen. Die Furcht vor der Spinne beispielsweise steht dann eigentlich für eine andere Angst, die jedoch nicht bewußt ist. "Eine Phobie ist die Abwehr gegen Angst. Eine Form der Angst wird als Abwehr gegen eine andere Angst benutzt" (Greenson 1959, S. 663). Deshalb sind auch rationale Beschwichtigungen (beispielsweise, daß Spinnen in Deutschland nicht gefährlich seien) meist nicht sehr wirkungsvoll, weil sie die eigentliche Angst ohnehin nicht berühren. Allenfalls findet eine weitere Verschiebung auf ein neues Objekt statt. Immerhin haben phobische Reaktionsformen den Vorteil, daß die Objekte der Furcht gemieden werden können, so daß das Subjekt relativ angstfrei ist. Insofern ist zu überlegen, ob die Angst vor Tieren immer überwunden werden sollte, da sie durch den Mechanismus der Pseudoobjektivierung auch ein psychisches Gleichgewicht herbeiführt oder garantiert. Die Menschen brauchen wohl solche Objekte, an die sie ihre Ängste hängen können, um sie aushalten zu können; vielleicht sind bestimmte Tiere (wie Spinnen, Schlangen, Kröten, Würmer) dazu besonders geeignet. Es sei jedoch darauf hingewiesen, daß praktisch alle Gegenstände zu phobischen Objekten werden können. Die verschiedenen Formen von Phobien — wie Agoraphobie, Klaustrophobie, Höhenangst u.v.m. — deuten darauf hin.

Freud (1909) hat in der berühmten Fallgeschichte über den "kleinen Hans" gezeigt, wie die Furcht vor dem Vater auf die Furcht vor Pferden verschoben wird. Während Freud entsprechend seiner triebtheoretischen Auffassung die eigentliche Angst noch ödipal interpretiert hat, vermuten heute viele Autoren, daß hinter Phobien zumindest häufig die Angst vor Objektverlust und Liebesentzug steht (vgl. z.B. Loch/Jappe 1974).

Es bleibt schließlich noch die Frage, ob die Wahl des phobischen Objekts in irgendeiner Beziehung zu der verdrängten Furcht steht, also ob die gefürchteten Tiere einen bestimmten symbolischen Wert haben. Hier ist keine eindeutige Aussage möglich, obwohl es sicherlich so ist, daß bestimmte Eigenschaften von Tieren oder jedenfalls die den Tieren anthropomorph zugesprochenen Eigenschaften sich für eine spezifische Verschiebung und damit Symbolisierung anbieten. Es gibt jedoch auch Beobachtungen, daß bei der Entstehung von Phobien einfache Konditionierungsprozesse erfolgen können. Die symbolische Verschiebung auf Tiere ist übrigens bei Kindern insgesamt häufiger anzutreffen als bei Erwachsenen. Wenn Erwachsene Tierphobien haben, reicht die Angst meist in die Kindheit zurück (Marks 1970). Das wird mit der animistischen und anthropomorphisierenden Tendenz zusammenhängen, die bei Kindern noch ungebrochener ist (vgl. Kapitel 4). Eine anthropomorphe Auffassung von Tieren erleichtert es zweifellos, sie auch als bedrohliche Angstobjekte zu interpretieren. Freud (1912/13) glaubte, daß Tierphobien mit zu den "häufigsten psychoneurotischen Erkrankungen" bei Kindern gehören — und das trotz des "ausgezeichneten Einverständnisses zwischen Kind und Tier".

> Die Phobie betrifft in der Regel Tiere, für welche das Kind bis dahin ein besonders lebhaftes Interesse gezeigt hatte, sie hat mit dem Einzeltier nichts zu tun. Die Auswahl unter den Tieren, welche Objekte der Phobie werden können, ist unter städtischen Bedingungen nicht groß. Es sind Pferde, Hunde, Katzen, seltener Vögel, auffällig häufig kleinste Tiere wie Käfer und Schmetterlinge. Manchmal werden Tiere, die dem Kind nur aus Bilderbuch und Märchenerzählung bekannt worden sind, Objekte der unsinnigen und unmäßigen Angst, welche sich bei diesen Phobien zeigt; selten gelingt es einmal, die Wege zu erfahren, auf denen sich eine ungewöhnliche Wahl des Angsttieres vollzogen hat. (Freud 1912/13, S. 154).

Sehen wir uns zum Abschluß noch einige psychoanalytische Studien an, die die Symbolbedeutung eines Tieres als Angstobjekt beleuchten und die allesamt aus dem klinischen Bereich stammen.

Sterba (1935) vermutet bei einer Analyse einer Hundephobie, daß Hunde die Bedeutung des aggressiven Vaters haben. Nach Deutsch (1931) steht die Katze für sadistische und masochistische Impulse gegenüber der Frau. Die Spinne wird als Symbol für die "phallische Frau" oder die "phallische Mutter" (Abraham 1922) gedeutet. Nach Little (1967, 1968) repräsentiert dagegen die Spinne orale Phantasien. An fünf Spinnenphobien zeigt er, daß die Spinne am ehesten ein Symbol für die oral–verschlingende Mutter ist. Sperling (1971) bestätigte in der Analyse von kindlichen Spinnenphobien, daß sich in der Spinne oft die Mutterbeziehung verdichtet. Nach Stiemerling (1973) zeigt die Spinne verschiedene Themen an: Oralität, Aggressivität, Besitz, Wahnsinn. Und in der Tat gilt in vielen Kulturen die Spinne als verwandelte böse Frau. Zlotowicz (1983, S. 86) betont ebenfalls die symbolische Bedeutung der Spinne als böse gewordene Mutter. Der Wolf oder das Krokodil — Tiere, mit denen Kinder in unserer Kultur kaum in direkten Kontakt kommen, die sie vor allem aus Märchen oder anderen Medien kennen — verkörpern nach diesem Autor die Angst vor dem Verschlungenwerden.

Manchem Leser werden diese klinischen Beobachtungen unwahrscheinlich vorkommen. In ihrer Widersprüchlichkeit zeigen sie auch eher, daß der Symbolwert eines Tieres ein individueller ist, in den allerdings kulturelle Konventionen einfließen. Außerdem können Eigenarten von Tieren für eine phobische Symbolisierung verwandt werden, die für andere völlig unauffällig und harmlos sind. So läßt sich insgesamt sagen, daß oft das Angsttier symbolisch für eine konkrete andere Angst steht, jedoch diese Symbolbedeutung nicht verallgemeinerbar oder gar übersetzbar ist.

8.4   Bemerkungen zum Ekel

> Das Problem des Ekels ist, soweit unsere Kenntnis reicht, bisher arg vernachlässigt worden. Allenfalls wird er abgehandelt als "gesteigerter Grad des Mißfallens", als "Brechreiz" oder als "Reaktionsbildung im Gefolge einer Triebverdrängung". Allein das Gefühl, die Haltung des Ekels besitzt eine derart eindeutig und einheitlich gekennzeichnete, wohl identifizierbare Qualität, die dabei so schwer begrifflich sich erläutern läßt und trotzdem so wenig als eine Urgegebenheit der Natur (wie etwa Anziehung und Abstoßung) angesprochen werden kann, daß hier ernstliche phänomenologische Nachforschung durchaus angebracht zu sein scheint (Kolnai 1929, S. 515).

Diese Äußerung des Wiener Philosophen Kolnai aus dem Jahre 1929 in einem glänzenden Essay und in einer der erhellendsten Abhandlungen über den Ekel ist noch immer zutreffend. Die Objekte des Ekels sind zwar zum Teil mit denen der Furcht (z. B. Spinne und Schlange) identisch, jedoch ist die Reaktion eine völlig andere. Ekel gehört zu den intensivsten Abwehrgefühlen des Menschen, ein Gefühl des Sichabwendens, des Abscheus und des Nicht-in-Berührung-Kommen-Wollens. Krause (1983, S. 1028) betrachtet den Ekel als das "frühestmögliche agonistische" Gefühl. Entsprechende Verhaltensprogramme seien bereits bei der Geburt entwickelt. Das betrifft in dieser Absolutheit allerdings, wie noch zu zeigen sein wird, lediglich den Ekelaffekt, nicht die Objekte des Ekels. Jedenfalls gibt es (nach Gabe einer bitter schmeckenden Flüssigkeit) den Gesichtsausdruck für Ekel bereits unmittelbar nach der Geburt (Rosenstein/Oster 1988).

Ekel hat eine deutlich körperliche Komponente: Kontraktion der Rachenmuskulatur, Sekretion von Speichel und Brechreiz. Im deutschen Wörterbuch der Gebrüder Grimm wird Ekel als "sinnlicher Widerwillen" und "Abscheu bis zum Erbrechen" bezeichnet. Nicht nur bestimmte Tiere, auch andere Naturobjekte lösen häufig Ekelreaktionen aus: Innereien (beispielsweise beim Sezieren oder Ausnehmen von Tieren), Speichel, Kot, Schimmel, Gestank, bestimmte Speisen u.v.m. Man kann auch Ekel vor anderen Menschen empfinden. Oft reicht für die Ekelreaktion schon die Vorstellung des Ekelobjekts. Ekel verbindet sich bereits mit dem Gedanken eines "vorweggenommenen oder vorgestellten Kontakts" (Zlotowicz 1983, S. 83).

Als stark körperliches Gefühl, das eng an verschiedene Sinne (Geschmacks-, Geruchs-, Gesichts-, Temperatur-, Tastsinn) geknüpft ist, ist der Ekel mit der Lust verwandt. Was Quelle von Lust sein kann, kann auch potentiell Quelle von Ekelgefühlen sein. Insofern liegt der Ekelreaktion meist eine ambivalente Gefühlseinstellung zugrunde, vergleichbar mit dem Phänomen der bereits angesprochenen

"Angstlust" (siehe Kapitel 5.3). Auf diese "Paradoxie" des Ekels weist auch Kolnai hin, wenn er betont, daß "namentlich dem Ekel eine Abwendung nicht nur von seinem Gegenstande, sondern auch von einem supponierten Angezogensein des Subjekts durch denselben eigen ist" (Kolnai 1929, S. 526f.).

> Die im Ekel liegende Herausforderung heißt nämlich etwas ganz anderes als eine Bedrohung oder etwa eine kraftlose, lächerliche Drohung oder eine pure Störung. Unzweifelhaft steckt im Anekeln als Teilelement auch ein gewisses Einladen, ein, ich möchte sagen, makaberes "Anlocken" (Kolnai 1929, S. 526).

Ekel ist gewisser Weise noch ambivalenter als die Angst (Kluitmann 1999). "Ekel setzt sozusagen ex definitione eine — unterdrückte — Lust an seinem Erreger voraus" (Kolnai 1929, S. 527). Das heißt natürlich nicht, daß Ekel eigentlich im Kern Lust sei. Mit der Betonung der Lustkomponente des Ekels wird lediglich auf die prinzipielle Ambivalenz des Ekelgefühls hingewiesen. Das wird bei der Frage, wie mit Ekelgefühlen umzugehen sei, zu bedenken sein.

Die Nähe zum Körperlichen, die "Leibgebundenheit", wie Kolnai es ausdrückt, ist ein zentrales Bestimmungsmerkmal des Ekels. Das betrifft auch die Objekte des Ekels. Ekeltiere wie beispielsweise Frosch, Schnecke, Kröte, Wurm werden als naß, klebrig, schleimig, schmierig und schmutzig wahrgenommen. Körperflüssigkeiten rufen oft Ekelgefühle hervor. Kafka nimmt an, daß besonders solche Attribute, die "Provenienzen des Organischen" entstammen, Ekel provozieren.

> Dabei handelt es sich nicht um eine theoretische und noch viel weniger um eine theoretisch richtige Unterscheidung zwischen Organischem und Anorganischem, sondern um den Unterschied der instinktiven Einstellung gegenüber dem Lebendigen — und zwar dem aktuell und dem privat Lebendigen, also auch dem Toten (Kafka 1929, zit. n. Schanz 1972, S. 98).

Daß Ekel also eine Reaktion ist auf Phänomene, die mit "Provenienzen des Organischen" zu tun haben oder zumindest subjektiv assoziiert werden, ist wohl eine zutreffende Charakterisierung des Ekels, und zwar sowohl, was die Objekte angeht, als auch, was das ausgesprochen sinnlich–körperliche Gefühl betrifft. Ob es sich dabei allerdings um eine "instinktive Einstellung gegenüber dem Lebendigen" handelt, muß zumindest angezweifelt werden, wenn auch bisweilen eine biologische Funktion des Ekels diskutiert wird. Danach sei der Ekel analog zur Angst als ein "biologischer Schutzreflex" (vgl. Schultz 1949, S. 196) anzusehen, durch den eine Distanz zu Faulem, Schmutzigem, Schmierigem und damit auch zu Krankheitserregendem und Gefährlichem hergestellt wird (vgl. Wendel 1980, S. 6). Oft wird dabei auch auf vergleichbare Reaktionen im Tierreich verwiesen, die jedoch in ihrer Gesamtheit keine eindeutigen Schlüsse zulassen (vgl. Schneider 1934, Schultz 1949, Steiniger 1937). Immerhin ist es auffällig, daß Tiere, die als schmutzig, klebrig und schleimig gelten, in der Tat oft als eklig empfunden werden, ebenso Tiere, die als Krankheitsüberträger angesehen werden beziehungsweise es auch waren (Läuse, Flöhe, Ratten). Auch Kolnai (1929, S. 536) nimmt an, daß der "Urgegenstand des Ekels ... der Erscheinungskreis der Fäulnis" sei.

182

Oft wird auch Ekel empfunden, wenn ein (kleines) Tier in besonderer Häufigkeit auftaucht: Kribbeln und Wimmeln von Insekten, Würmern oder Maden beispielsweise. Kolnai nennt dieses Phänomen "Sehekel", der einsetzt, "wo der Gegenstand wesenhaft als Vielheit auftritt" (Kolnai 1929, S. 534). Überhaupt seien vor allem die Insekten die bevorzugten Ekelobjekte.

> Am besten spräche man im weitesten Sinne von "Kriechtieren", womit auch schon das Hauptmotiv des diesbezüglichen Ekels aufgewiesen erscheint. Höher organisierte Tiere erregen selten einen spezifischen Ekel, außer man denke an ihre zufällige Unsauberkeit, ihren manchmal peinlichen Geruch, ihre "tierische Wärme", die einige Menschen anekeln mag — alles Dinge, die u.U. auch den Menschen zum Gegenstand des Ekelns machen können (Kolnai 1929, S. 539).

Auch wenn es, wie die gerade angeführten Beispiele zeigen, typische Situationen und Objekte gibt, die Ekel erregen, so ist es doch sehr wahrscheinlich, daß es sich beim Ekel, jedenfalls bei der Auswahl der Ekelobjekte, um ein in hohem Maße kulturbedingtes Phänomen handelt. Dafür spricht schon, daß sich kleine Kinder nicht oder nur sehr wenig ekeln — im Gegenteil, wie die Notwendigkeit einer sogenannten Sauberkeitserziehung zeigt. Ekelreaktionen treten meist erst mit vier bis fünf Jahren auf und sind am ehesten als Ausdruck einer spezifischen kulturbedingten Reinlichkeitserziehung zu verstehen. Kulturvergleichende Betrachtungen zeigen allerdings, daß es möglicherweise ein kulturübergreifendes Muster im Hinblick auf Ekelgefühle gegenüber Spinnen und Schlangen gibt. Erinnert sei in diesem Zusammenhang an die kulturübergreifende Studie von Davey u.a. (1998), die auch in Kapitel 8.2 erwähnt wurde (vgl. Muris u.a. 1999). Katz verweist dagegen darauf, daß die Vanijamwesi sehr gern von Maden wimmelnde Fische essen, sich allerdings vor dem Genuß von Eiern ekeln. Die Mongolen ekeln sich ausgesprochen vor dem Verzehr von Enten beziehungsweise überhaupt Wasservögeln, essen jedoch problemlos ungewaschene Hammeldärme (vgl. Katz 1932, S. 33). Der Nachweis des Phänomens kulturübergreifender Ekelobjekte sagt im übrigen auch noch nicht viel über die zugrunde liegenden, möglicherweise biologischen, Mechanismen aus. Jedenfalls wird die kulturelle Überformbarkeit und Modizifierbarkeit von Ekelaffekten nicht unerheblich sein.

So hatte auch in unserem Kulturkreis der Ekel keineswegs immer dieselbe Ausprägung beziehungsweise dieselben Objekte wie heute. Elias (1976) zeigt den diesbezüglichen "Prozeß der Zivilisation" sehr deutlich, nämlich daß die Scham- und Ekelgrenzen mit zunehmender Zivilisationshöhe und vor allem -dichte immer enger gezogen wurden. Hygiene und Distanzierungswünsche der Menschen untereinander führten zu entsprechenden Tabus, die die Provenienzen des Organischen (beispielsweise Körperausscheidungen) in besonderer Weise betrafen. Das gilt eben auch für Tiere, die daran erinnern oder als Krankheitsüberträger galten (kleine Insekten, Würmer, Kröten, Frösche, Ratten). Elias (1976) bezieht sich bei seinen Überlegungen zum Prozeß der Zivilisation auch auf die psychoanalytische Kulturtheorie, nach der die Triebansprüche des Subjekts zur Entwicklung und Aufrechterhaltung der Kultur zum Teil aufgegeben werden müssen, verdrängt oder

sublimiert werden, was nicht zuletzt das von Freud (1930) so genannte
"Unbehagen in der Kultur" ausmacht. Die "Kultivierung" von Ekelgefühlen hat
also auch etwas zu tun mit der Abwehr von (libidinösen) Triebansprüchen. Ekel
wäre in diesem Verständnis ein psychischer Mechanismus, der die libidinöse Besetzung von möglichen Lustobjekten zumindest behindert. Die Ursprünge dieser
Abwehrformen entwickeln sich gemäß der psychoanalytischen Entwicklungslehre
vor allem in der sogenannten "analen Phase", in der es vornehmlich um Sauber-
keit, Anpassung, Trotz und Durchsetzung geht.

Doch geht es beim Ekel nicht nur um eine Äußerungsform der Libido. Lust ist
eben nur die eine Seite des Ambivalenzphänomens Ekel. Ekel hat offenbar durch
seine Nähe zu Fäulnis, Schleimigkeit, eben den "Provenienzen des Organischen",
etwas mit der Grenze zwischen Leben und Tod zu tun.

> Die Art, wie uns der Gegenstand im Ekel anspricht und anzüngelt, ist nicht die ei-
> ner — wenngleich unerwiderten oder sonst irgendwie irrenden — Liebe, vielmehr
> steckt darin etwas Ungutes, Liebloses, ein Trachten nach unserem Sein, ein höhni-
> sches Grinsen über unsere unabstreifbare Affinität zu diesem "ekelhaften" Gebilde
> da. Es geht hier nicht um Vereinigung und feste Bindung, sondern um ein hem-
> mungsloses Mit- und Durcheinander, dessen Kehrseite Zerfall, Verstauben, univer-
> selle Gleichgültigkeit sind (Gewimmel). Der vollen Intention nach ist es Tod und
> nicht Leben, was sich uns im Phänomen des Ekelhaften ankündigt (Kolnai 1929, S.
> 555).

8.5   Zum pädagogischen Umgang mit Angst und Ekel

Abneigung, Angst, Ekel und ein entsprechendes Vermeidungsverhalten gegenüber
Tieren sind, wie wir gesehen haben, alltägliche Erscheinungen. Sie sind am ehesten als individuelle Phänomene beziehungsweise auch Lösungen zu verstehen, die
ihren Grund zum einen in der eigenen Biographie und zum anderen auch in kulturellen Gepflogenheiten haben. Angeborene Furcht- und Ekelreaktionen gegenüber
konkreten Tierarten müssen als eher unwahrscheinlich gelten.

Natürlich kann man Anstrengungen unternehmen, den Kontakt zu Angst- und
Ekeltieren weitgehend zu meiden. Ein Mensch mit einer Pferdephobie wird sicherlich nicht in einen Reitstall gehen und jemand mit besonderer Angst vor Spinnen
wird vielleicht keinen Campingurlaub machen. Darin besteht ja gerade der
"psychische Gewinn", den die "Pseudoobjektivierung" bei der phobischen Verwendung eines bestimmten Tieres bietet, nämlich daß das Angstobjekt anders als
bei diffusen Angstzuständen gemieden werden kann (siehe Kapitel 8.3). Dies ist sicherlich ein individuell gangbarer Weg, mit der Angst und auch mit phobisch ge-
bundener Angst umzugehen, wenn es auch hier sicherlich Grenzen geben wird:
Wenn beispielsweise jemand mit einer Agoraphobie nicht mehr seine Wohnung
verlassen kann, schränkt das sein Leben erheblich ein.

Jedoch kann eine konsequente Vermeidungsstrategie keine sinnvolle pädagogische Haltung beispielsweise im Biologieunterricht sein. Eine solche Vermei-

dungshaltung würde nämlich bedeuten, nahezu alle Tiere aus dem Unterricht zu verbannen, da eben fast alle Tiere, wie die Untersuchung von Schanz (1972) gezeigt hat, zu Objekten der Furcht oder des Ekels werden können. So gibt es auch eine Reihe von Argumenten, die für einen Einsatz sogenannter Angst- und Ekeltiere im Unterricht sprechen: Daß erst durch möglichst viel "originalen" Kontakt mit der lebendigen Natur sinnvoll über die Natur unterrichtet werden kann, ist unbestritten. Exkursionen, Experimente, direkte Beobachtungen, Hegen und Pflegen, eben die Natur erleben — all diese Annäherungsformen an Natur sind zweifellos eine Bedingung dafür, daß Naturphänomene auch emotional "begriffen" werden können. Daß direkte Naturerfahrungen zusätzlich auch die Chancen von Umwelterziehung erhöhen, ist in Kapitel 5 gezeigt worden.

Wenn jedoch die allerorten geforderte "originale Naturbegegnung" wahrhaftig eine Naturerfahrung sein soll, lassen sich nicht die ängstigenden, ekligen, negativ erscheinenden Seiten der Natur sozusagen weginszenieren. Eine ausschließlich schöne, gefällige Natur gibt es nur im stilisierten romantischen Sehnsuchtsland, nicht jedoch in der Realität. Allerdings gehört es zum Zivilisationsprogramm des Abendlandes, die Natur zum Zwecke der Beseitigung oder Beherrschung von Bedrohungs- und Angstmomenten, die in ihr lauern, zu verändern. Durch Naturwissenschaft und Technik sind in der Tat viele Bedrohungsaspekte der Natur (wilde Tiere, Krankheiten, Unwetter, Hitze, Kälte und viele mehr) zumindest sehr entschärft worden.

Die Angst der Menschen ist jedoch geblieben, hat sich vielleicht verlagert, neue Objekte gesucht — beispielsweise im Inneren oder in Form von kleinen harmlosen Tieren —, sich in eine allgemeine Ängstlichkeit verwandelt. Angst gehört zu den Grundbedingungen menschlicher Existenz, sie kann weder durch eine entsprechende Zurichtung der äußeren Welt eliminiert noch kann sie durch noch so geschickte Pädagogik oder Psychotherapie gänzlich wegdiskutiert werden. Das gilt auch für die Angst und den Ekel vor Tieren beziehungsweise überhaupt vor Natur (zur kindlichen Angst in und vor "wilder" Natur siehe Kapitel 5.3). Die Vorstellung, der Mensch könne, um seine Angst aufzuheben, alle Angstmomente in der Natur kontrollieren, ist eine Illusion, wie die ökologische Entwicklung deutlich zeigt, die nämlich selbst zu einem neuen und sehr grundsätzlichen Angstgrund geworden ist (zur Angst vor der Umweltzerstörung siehe Kapitel 11). In der Kulturgeschichte der Menschheit gab und gibt es wohl nur zwei Strategien, mit der grundsätzlichen Angst vor der äußeren Natur umzugehen: die naturwissenschaftlich–technische Strategie und die Religion. Beide Strategien befinden sich in einer grundsätzlichen Krise.

Es käme darauf an, die Angst (vor Tieren) aushaltbar zu machen. Dazu gehört zunächst die Anerkenntnis, daß weder die Angst noch die Angstobjekte letztlich "ausrottbar" sind, daß die Angst eben zu den Bedingungen menschlicher Existenz gehört, die nicht "abgebaut" (wie beispielsweise Wendel es vorschlägt) oder durch Desensibilisierung aberzogen werden kann beziehungsweise muß. Das ist wohl der wichtigste (pädagogische) Grundsatz im Umgang mit Angst und Ekel (vor Tieren): Solche Affekte dürfen sein, sind kein unpassendes Verhalten, müssen nicht mit zusammengebissenen Zähnen beherrscht werden. Nur so kommen diese Affekte zum Vorschein und können auch bearbeitet werden. Nur in einer solchen Atmosphäre wird sich die Angst nicht verselbständigen und radikalisieren, zum Beispiel in der Anwendung von Bioziden zur Beseitigung von ekligen und ängstigenden Insekten und Würmern.

Das Ziel ist nämlich: Nicht das Angstgefühl oder das Ekelgefühl abbauen, sondern es in eine Form bringen, die aushaltbar ist. Eine solche (pädagogische) Haltung wird nicht die Angst beseitigen (wollen), jedoch Bedingungen dafür schaffen, daß die Begegnung mit sogenannten Angst- und Ekeltieren nicht zu hysterischen Angstanfällen und vor allem aggressiven Reaktionen gegenüber den Objekten der Angst führt. Außerdem — das ist hier jedoch nicht das Thema — gibt es ja auch genügend Situationen, in denen eine Angst- und Ekelreaktion durchaus adäquat ist: fremde Hunde, stechende Insekten, verschimmelte Speisereste, Kot, Tierkadaver usw. (vgl. Gropengießer/Gropengießer 1985, S. 40). Es ist wichtig, sich den Angst- und Ekelobjekten zu stellen. Die nicht ausgehaltene und somit verdrängte Angst könnte nämlich allzu leicht dazu führen, die Objekte der Angst und des Ekels nicht nur zu meiden, sondern bedenkenlos zu töten beziehungsweise im großen Maßstab auch auszurotten. So diente beispielsweise das Roden und Kultivieren der Wälder zumindest auch der Angstbeseitigung beziehungsweise -bewältigung (vgl. Valentien 1989). Insofern ist es durchaus ein Anliegen auch des Biologieunterrichts, die Schüler mit ekligen und ängstigenden Objekten zu konfrontieren. Dazu gehört allerdings ein hinreichendes Verständnis für die Gefühle, die dabei auftauchen können.

Erfahrungsberichte aus der Schule (Beispiele in Schanz 1972, Wendel 1980, Schrader 1988; vgl. auch Hoenisch-Niggemeyer 1982) haben gezeigt, daß der einfache Umgang mit (zunächst) ängstigenden und ekligen Tieren oft die anfangs heftigen Reaktionen reduziert. "Einfacher Umgang" heißt natürlich, daß einem entsprechenden Unterricht kein "Desensibilisierungsprogramm" zugrunde liegen darf. Die Objekte von Angst und Ekel werden lediglich nicht ausgespart, nicht vermieden. Vermeidung führt nämlich letztlich nur zu einer Erhöhung der Angst. Einen einfachen, alltäglichen Umgang, der zugleich die Angst und den Ekel nicht ausblendet oder gar sanktioniert, kann man am ehesten als "Gewöhnung" bezeichnen. Daß der Gewöhnungseffekt wichtig ist, zeigen beispielsweise die in Kapitel 8.1 berichteten Befunde, nach denen Landkinder weniger Angst- und Ekelgefühle gegenüber Tieren haben als Stadtkinder. Auch Angler haben sich an die schlängelnden Würmer, die oft Ekelgefühle verursachen, gewöhnt, ebenso Schlangenfarmer an das Angst- und Ekelobjekt Schlange. Auf der Basis eines solchermaßen gewöhnlichen Umgangs mit Angst- und Ekeltieren haben dann Lernprozesse, die auf Einsicht — zum Beispiel die Einsicht, daß Spinnen in unseren Breitengraden nicht gefährlich sind — zielen, wahrscheinlich bessere Chancen. "Einsicht", die nicht die affektiven Bedingungen der Lernenden berücksichtigt und anerkennt, ist gerade bei so fundamentalen Gefühlen wie Angst und Ekel wirkungslos. Informationen, die das Angst- oder Ekelgefühl als überflüssig erscheinen lassen, können das psychodynamische Abwehrsystem bedrohen und werden bestenfalls emotionslos auswendig gelernt und schnell wieder vergessen oder gar in einen komplexen Abwehrmechanismus integriert. Einsicht kann insofern erst dann wahrhaft sich vollziehen, wenn die Angst (beispielsweise vor Spinnen), biologische Informationen und die Gewöhnung in eine spannungsreiche Beziehung treten, wobei sowohl die z.T. unbewußte Dynamik der Spinnenangst sich inszeniert und damit etwas bewußter wird als auch die sachlichen Kenntnisse dann sozusagen mit Neugier aufgenommen werden.

Daß die unbewußte Dynamik sich inszeniert, heißt natürlich nicht, daß der Lehrer dabei psychotherapeutisch wirksam werden soll. Im Gegenteil: Damit wäre die unterrichtliche Situation überfordert und es wäre auch gar nicht sinnvoll. Der Lehrer soll die Angst- und Ekelgefühle nicht abbauen. Kinder haben ein Recht auf ihre affektive Reaktion und jede therapeutische Attitüde demgegenüber wäre vermessen. Allerdings kann der Lehrer durch eine entsprechende Haltung die Bedingungen dafür schaffen, daß die Schüler selbst und freiwillig eine neue Lösung finden. Dazu gehört wohl auch, daß er eigene Ängste nicht verbirgt, sondern zeigt und "zugibt". Wendel (1980, S. 23) schlägt vor, der Lehrer müsse durch eine besonders neutrale, emotionslose Haltung gegenüber Angst- und Ekeltieren ein "Vorbild" sein und damit zeigen, wie überflüssig die Angst sei. Ich halte eine solche Haltung geradezu für schädlich. Auch wenn der Lehrer sich noch so sehr bemüht, spüren die Schüler in jedem Fall seine emotionale Haltung und werden durch den Widerspruch, der sich aus der neutralen Fassade des Lehrers und ihrem eigenen Gespür ergibt, zusätzlich verwirrt. Ein "Vorbild" kann der Lehrer vielleicht insofern werden, indem er vorlebt, daß man sich und anderen die Angst zugestehen und dabei trotzdem beziehungsweise gerade deshalb handlungsfähig und lernfähig werden und bleiben kann. Sehr zutreffend sind insofern die folgenden Bemerkungen zum Umgang mit Ekel:

> Das Ziel kann nur sein, die Bedingungen dafür zu schaffen, daß Schüler mit ihren Gefühlen und denen anderer behutsam und reflektierend umgehen lernen. Dies wird nur in einem Unterricht möglich sein, in dem die beteiligten Personen ihre Gefühle und Empfindsamkeiten äußern dürfen und auf Verständnis hoffen können. Wer als Lehrer seinen eigenen Ekel eingestehen kann, kann auch glaubhaft Verständnis zeigen. Mit seiner eigenen Abneigung umzugehen und dies auch erlebbar und nachvollziehbar zu machen, hilft Schülern viel mehr als Vermeidung und defensive Abwehr (Gropengießer/Gropengießer 1985, S. 41).

Natürlich bleibt es trotzdem wichtig, daß sich der Lehrer neben dieser Grundhaltung auch ein Unterrichtsarrangement überlegt, das auch äußerlich ein Gefühl von Sicherheit garantiert. Dazu gehört zunächst, daß die Schüler die Objekte der Furcht oder des Ekels auf Distanz halten können, beziehungsweise daß sie die relative Nähe zu ihnen selbst bestimmen können. So macht beispielsweise eine Spinne in einem Glas viel weniger Angst als direkt auf dem Tisch. Es müssen also genügend Möglichkeiten der äußeren Distanzierung als Korrelat der inneren Abwehrhaltung vorhanden sein, damit die Angst aushaltbar wird. Ausgehend nämlich von dem Grundsatz, daß Angst und Ekel keine unerwünschten Verhaltenweisen sind, ist es nicht nur berechtigt, sondern geradezu sinnvoll und geboten, nach äußeren Umgangs-, Distanzierungs- und Abwehrstrategien zu suchen. In Anlehnung an

Devereux (1984) haben Gropengießer/Gropengießer (1985) hierzu drei verschiedene Grundstrategien vorgeschlagen und im Hinblick auf den Unterricht erläutert:

- stellvertretende Vorerfahrung
- professionelle Haltung und Abwehr durch Aktivität
- methodologische Positionen und technische Manöver

Dabei ist wichtig zu betonen, daß es sich hier um Abwehrstrategien handelt, die, wenn sie sich verselbständigen, problematisch sind und die Angst eher fixieren. Trotzdem ist es wichtig, solche Distanzierungstechniken zu kennen, eben, um die Angst aushalten zu können.

Stellvertretende Vorerfahrung heißt, daß Gelegenheit besteht, sich vor dem direkten Kontakt mit Angst- und Ekelobjekten auf solche Situationen einzustellen. Das kann mit Versuchsanleitungen, Filmen, Abbildungen oder Modellen geschehen. Diese Vorerfahrung soll vermeiden, daß sich Schüler erschrecken, soll garantieren, daß sie rechtzeitig die Möglichkeit haben, sich zu distanzieren. Ein vorausgegangenes Durchspielen kann unangenehme Gefühle in der realen Situation durchaus mildern, so daß ein Kontakt vielleicht erst möglich wird. Eine Ankündigung ist auch deshalb wichtig, damit Angst- und Ekelreaktionen nicht gerade erst durch den Unterricht entstehen oder verstärkt werden (zum Beispiel durch eklige Experimente, Sezieren von Fischen oder Rinderaugen, Kontakt zu besonderen Angsttieren).

Die *professionelle Haltung* ist sehr eindeutig eine Abwehrstrategie, die auf Ausblendung der Gefühle zielt und nicht unproblematisch ist. Sie besteht in einer betont sachlichen Atmosphäre, in der Konzentration auf das Erkenntnisinteresse, in der Verwendung einer Fachsprache. Besonders gebräuchlich ist sie bei Tierversuchen und vor allem in der Medizin. Auch Schüler können bei biologischen Versuchen, die potentiell eklig sind, eine solche Haltung einnehmen: Beobachten, Beschreiben, Protokollieren, Zeichnen, Messen, Abtupfen usw. Die Ausblendung der Gefühlsseite wird bei Fachtermini (zum Beispiel "Dekapitieren") besonders deutlich, wobei natürlich zu fragen ist, wo letztlich diese abgewehrten Affekte bleiben beziehungsweise in was sie sich verwandeln. Eine solche professionelle Haltung kann noch unterstützt werden durch bestimmte *methodologische Positionen* (zum Beispiel: "Insekten spüren keinen Schmerz."). Descartes eröffnete beispielsweise dadurch methodologisch die Möglichkeit zu Tierversuchen, indem er "definierte", das Brüllen oder Kreischen von Tieren sei vergleichbar mit dem Quietschen eines Wagenrades. Insgesamt sind diese Abwehrstrategien jedoch nur zu rechtfertigen zum Zwecke des Aushaltens von Angst und Ekel, nicht zu deren vollständigen Vermeidung. Doch dazu ist es wichtig, diese Affekte erst einmal zuzulassen, um dann in einem zweiten Schritt die genannten Abwehrstrategien bewußt und reflektiert — und zwar immer wieder neu — einzusetzen.

Abschließend sei noch hervorgehoben, daß es jenseits aller Abwehrbemühungen oder -notwendigkeiten auch noch einen eigenen Antrieb gibt, sich mit Angst- und Ekelobjekten zu befassen. Wie wir gesehen haben, gibt es bei der Angst auch das Phänomen der Angstlust, und der Ekel ist als ein sehr intensives körperliches Gefühl zumindest verwandt mit der Lust. Hieraus ergibt sich oft genug hinreichend Motivation, Neugierde, nicht selten eben auch Lust, sich vorsichtig und sozusagen abgesichert mit Abwehrstrategien den Objekten der Angst und des Ekels zu nähern. So ist Ekel eben "Einladung und Abschreckung, Lockung und Drohung" zugleich (Kolnai 1929, S. 558). Diese Einladung und diese Lockung sollte auch in pädagogischen Kontexten stattfinden, aber eben nur, wenn darauf verzichtet wird, Ekel und Angst zu unterbinden oder gar abzuerziehen. Alle Neugierde und Lust würde auf der Strecke bleiben.

9   Kinder und Pflanzen

Die Beziehung von Kindern zu Pflanzen ist ein schwieriges Thema. Es liegen nur vereinzelte Befunde dazu vor, diese sind widersprüchlich, und in der Schule gilt Pflanzenkunde als unbeliebt und langweilig. Pflanzen scheinen im Unterschied zu Tieren nicht so sehr das Interesse oder gar die Liebe der Kinder zu finden (vgl. Kapitel 7), möglicherweise deshalb, weil sie nicht im selben Maße als Individuen betrachtet werden können, weil Pflanzen nicht "biographiefähig" sind. Eine Ausnahme ist vielleicht der Baum (siehe Kapitel 9.4 und 12).

Trotzdem ist natürlich in einer Abhandlung über das Verhältnis von Kindern zur Natur auf die Behandlung der Frage, welche Beziehung sie zu Pflanzen haben, nicht zu verzichten, auch wenn zur Zeit nur wenig Befunde vorliegen. Es wird sich dabei herausstellen, daß das durchaus verbreitete Vorurteil, Pflanzen seien für Kinder nicht besonders interessant, bei genauerem Hinsehen zumindest differenzierter betrachtet werden muß. So betonen immerhin viele klassische Pädagogen — Rousseau, Salzmann, Fröbel, Zulliger — in ihren Schriften die besondere Bedeutung des Gartens für Kinder (vgl. Bittner 1990). Sehen wir uns zum Einstieg ein historisches Beispiel an, bei dem ein alter Mann seine Beziehung zu Pflanzen entdeckt: Jean Jaques Rousseau wurde nämlich in seinem Alter ein ausgesprochener Pflanzenliebhaber und wohl auch -kenner. In seinen "Träumereien eines einsamen Spaziergängers" schwärmt er:

> Anstatt mit traurigem Papierkram und all diesen Scharteken füllte ich mein Zimmer mit Blumen und Heu, denn ich befand mich in meiner ersten Begeisterung für die Botanik (Rousseau 1783, S. 84).
> Nichts ist sonderbarer als das Entzücken, die Begeisterung, die ich jedesmal empfand, wenn ich eine Beobachtung über den Bau und die Organisation des Pflanzenreiches und die Wirkungsweise der Geschlechtszellen bei der Befruchtung machte (Rousseau 1783, S. 85).

Rousseau entwickelt bei dieser "Grille" — wie er sagt — Gedanken, die unseren psychologischen Überlegungen, welchen Wert und welche Funktion Pflanzen für Kinder haben, als Ausgangspunkt dienen können. Er mutmaßt, daß das Tierreich uns "näher liegt" und insofern auch eher verdient, erforscht zu werden. Doch beobachtet Rousseau im menschlichen Verhältnis zu Pflanzen bemerkenswerte Züge; Pflanzen seien nämlich geeignet, Geist, Seele und Sinne des Menschen zu beleben:

> Die Bäume, die Sträucher, die Pflanzen sind der Schmuck und das Kleid der Erde. Nichts ist so traurig wie der Anblick eines nackten, kahlen Feldes, das dem Auge nichts als Steine, Lehm und Sand zeigt. Doch belebt von der Natur [...] bietet die Erde [...] den Menschen ein Schauspiel voller Leben und Zauber, welches den

190

Geist fesselt, das einzige Schauspiel auf der Welt, das sein Auge und sein Herz nie ermüdet (Rousseau 1783, S. 117).

Die Phantasie, die Lust an den Dingen und auch am Leben wird Rousseau zufolge durch die Beziehung zu Pflanzen (wieder) aktiviert: "Liebliche Blumen, Glanz der Wiesen, erquickende Schatten, Bäche, Büsche, grüner Grasen kommt und läutert meine Einbildungskraft" (Rousseau 1783, S. 127). Und aus dieser Begeisterung, aus dieser seelischen Belebung, erwachse dann auch — didaktisch besonders interessant — ein botanisches Interesse:

> Angezogen von den reizenden Gegenständen um mich her, betrachte ich sie, beobachte und vergleiche ich sie, lerne sie schließlich einteilen und werde plötzlich so sehr zum Botaniker, wie derjenige es sein muß, welcher die Natur nur deshalb erforschen will, um unaufhörlich neue Gründe zu finden, sie zu lieben (Rousseau 1783, S. 127).

9.1   Das Interesse von Kindern an Pflanzen

Folgt man Erfahrungen und auch vereinzelten Untersuchungen aus dem Schulbereich und aus dem Kindergarten (Margadant-van Arcken 1989), haben Kinder nur ein nachgeordnetes Interesse an Pflanzen, und auch die von Rousseau so gerühmte Schönheit der Pflanzen bleibt ihnen danach verschlossen. Das scheint auch kein neues Phänomen zu sein; bereits eine sehr alte amerikanische Untersuchung kommt zu dem Ergebnis, daß Kinder Pflanzen bestenfalls als Geschenke oder Dekorationen begreifen (Isaacs 1930).

Es gibt eine Reihe von empirischen Studien, die zeigen, daß zumindest bei Grundschülern Tiere auf weitaus mehr Interesse stoßen als Pflanzen. Nach der Untersuchung von Danneel (1977) ist die Zoologie von allen Wissensgebieten, die in der Grundschule (im Sachunterricht) gelehrt werden, das beliebteste, Botanik ist am unbeliebtesten: Zoologie 31%, Geschichte 24%, Erdkunde 23%, Technik 25%, Botanik nur 7% (Danneel 1977, S. 314). Die Beschäftigung mit Pflanzen scheint bei nur wenigen Kindern ein besonderes Interesse zu erwecken. Das bestätigen auch die Untersuchungen von Arbinger u.a. 1976, Finke u.a. 1999, Hemmer/Werner (1976), Hesse 1999, Ruppolt (1967), Gahl (1973), Löwe (1974, 1977, 1983), Schoof (1977), Lazarowitz/Hertz-Lazarowitz (1979).

Ruppolt (1967) stellte in einer Schülerbefragung (7./8. Klasse; n=89) fest, daß sich nur 9% für Pflanzenkunde interessieren. Einige Begründungen der Schüler:

> Wenn man eine Pflanze ansieht, so ist es uninteressant. Sie tut überhaupt nichts. Sie ist nur ein steifer Gegenstand, der aus der Erde ragt. Außerdem ist die Pflanze dem Menschen viel unähnlicher als ein Tier.
> Viele Pflanzen sehen zwar äußerlich schön aus, doch kann ihre Schönheit nicht darüber hinwegtäuschen, daß sie "tote Lebewesen" sind.
> Ich finde es fast langweilig, daß die meisten Pflanzen fast nur an einem Ort stehen und nur ihre obere Hälfte bewegen können. (Beispiele aus Ruppolt 1967, S. 366)

Dylla (1973) bestätigt diese Tendenz für Schüler der 5. und 6. Klasse. Die Unterrichtseinheiten "Blätter und Verdunstung" und "Umfärbung und Laubfall" erfreuten sich bei den Schülern keiner großen Beliebtheit. Dabei wurde der deskriptiv-morphologische Aspekt als besonders "langweilig" und "altmodisch" eingestuft. Dylla vermutet, daß die Betonung vor allem dieses Aspekts im traditionellen Biologieunterricht die geringe Motivierung, sich mit Pflanzen zu befassen, zumindest beeinflußt hat. Dagegen werden nämlich die mikroskopisch-anatomischen und vor allem die analytisch-physiologischen Aspekte von den Schülern besser bewertet. Die Schüler äußerten sich dahingehend, sie hätten zwar gegen die Pflanzenkunde ein Vorurteil (gehabt), die (physiologischen) Versuche seien jedoch "Klasse" gewesen.

Daß das Interesse an Pflanzen auch sehr viel mit der Art und Weise der Beschäftigung damit zu tun hat, zeigt eine Untersuchung von Klein (1990). Danach hängt das Interesse an Pflanzen in ausgesprochener Weise von der Form des Unterrichts (Sozialform, Möglichkeit zu Tätigkeit) ab. Auch Löwe (1983) stellte eine geradezu deutliche Interessenzunahme an pflanzenkundlichen Themen in der Grundschule fest, was aber eben deutlich mit einem entsprechend motivierenden Unterricht über Pflanzen (Samenkeimung, entdeckendes Lernen) zusammenhängen dürfte. Jedenfalls konnte in Kontrollklassen, die sich nicht mit Pflanzen beschäftigt haben, keine Interessenzunahme im pflanzenkundlichen Bereich festgestellt werden. Jedoch geht auch Löwe davon aus, daß die Schüler an Tieren — im Gegensatz zu Pflanzen — bereits von selbst so stark interessiert sind, daß eine positive Veränderung kaum noch möglich ist. Das Interesse an Pflanzen ist zunächst so gering, daß es sich durch motivierenden Unterricht eben positiv beeinflussen läßt.

Das Interesse an Pflanzen nimmt dann jedoch im Alter von 7 bis 13 Jahren fast stetig ab (Löwe 1983, S. 57f.). Jüngere Kinder scheinen sich also noch mehr für Pflanzen zu interessieren als ältere. Das entspricht auch Ergebnissen einer umfangreichen Untersuchung von Todt (1977), in der er nahezu 10 000 Schüler von Klasse 5 bis 9 nach ihren Interessen befragte. Das Interesse an Pflanzenkunde ist danach besonders bei Jungen bereits in der 5. Klasse sehr gering und nimmt danach noch weiter ab. Hier ist eine interessante Geschlechtsspezifik zu beobachten: Mädchen haben ab dem 8. Lebensjahr signifikant höhere pflanzenkundliche Interessen (siehe auch Löwe 1983, S. 60). Das entspricht einem früheren Befund von Busemann (1955, S. 79), wonach beim sogenannten "Aufzähltest" die Mädchen mehr Pflanzen und die Jungen mehr Tiere genannt haben. Diese Geschlechtsspezifik wird übrigens noch deutlicher, wenn man die unterschiedliche Beschäftigung mit Pflanzenpflege betrachtet (siehe unten).

Das geringe Interesse an Pflanzenkunde muß natürlich vor dem Hintergrund gesehen werden, daß überhaupt die naturwissenschaftlichen Fächer, also die Beschäftigung mit Naturphänomenen, mit zunehmendem Alter unattraktiver zu werden scheinen, jedenfalls was ihre schulische Behandlung angeht (Grupe 1971, Löwe 1983, Seelig 1968).

Insgesamt können die dargestellten empirischen Ergebnisse von vielen Pädagogen bestätigt werden und sie sind sicherlich unzweifelhaft, soweit es das kognitive Interesse an Pflanzen betrifft. Zusätzlich eignen sich in der Tat Pflanzen auch nicht so gut dazu, mit ihnen zu spielen. Beispielsweise findet Peter aus einer von mir erhobenen Fallstudie (Gebhard 1993) den Umgang mit Pflanzen eben "langweilig". Seiner Meinung nach kann man mit Pflanzen "nichts machen", "weil sie dann kaputtgehen".

Für die Einschätzung des Interesses an Pflanzen sind auch Informationen darüber bedeutsam, welchen inhaltlichen Begriff Kinder von Pflanzen haben. Dazu gehören auch Überlegungen darüber, ob, wann und in welcher Weise Kinder Pflanzen als Lebewesen begreifen (siehe ausführlich Kapitel 9.2). Klemm (1974) geht in einer Untersuchung der Frage nach, welchen Pflanzenbegriff Kinder der 2. Klasse und der 6. Klasse haben. Unter Pflanzen verstehen Kinder des 2. Schuljahres vorwiegend "Blumen", nur 28% rechnen auch die Holzgewächse dazu. Zu völlig analogen Ergebnissen kommt eine neuere Studie von Scherf (1988): Vorwiegend bestimmen die Blütenpflanzen das Pflanzenbild. Das ist bei älteren Kindern anders: Immerhin 80% der 12jährigen Schüler rechnen Holzgewächse zu den Pflanzen. Die folgende Tabelle zeigt, welche Objekte von den Schülern nicht als Pflanzen bezeichnet werden. Den Schülern wurden Abbildungen vorgelegt mit der Aufgabe, die Bilder auszusortieren, auf denen keine Pflanzen abgebildet sind.

Tab. 9.1:   Untersuchung zum Pflanzenbegriff (nach Klemm 1974, S. 156) (Erläuterung im Text)

	2. Klasse	(N=34)	6. Klasse	(N=39)
	N	%	N	%
Pilze	27	80	21	54
Moos	21	62	16	41
Getreide	17	50	11	28
Bäume	21	62	6	15
Gras	15	44	4	10
Astern und Rosen in der Vase	6	18	4	10
Seerosen und Teichrosen	5	15	4	10
Schnecken	34	100	39	100

Die Tabelle zeigt, wie sehr die jüngeren Kinder Pflanzen noch mit Blumen identifizieren. Pilze, Moos, Getreide, aber auch Bäume und Gras werden erstaunlich oft nicht als Pflanzen begriffen. Pflanzen sind in der Vorstellung von Kindern zumindest auch ästhetische und dekorative Dinge aus der Welt der Erwachsenen. Das wird sicherlich auch ihr Interesse inhaltlich beeinflussen. Im 6. Schuljahr entspricht der Pflanzenbegriff weitgehend dem der Erwachsenen. V.a. werden jetzt Bäume eindeutig zu den Pflanzen gezählt. In beiden Altersgruppen bestimmen die verbreitetsten Garten- und Schnittblumen das Pflanzenbild. Am häufigsten werden genannt: Tulpen, Rosen, Nelken, Stiefmütterchen, Maiglöckchen und Sonnenblumen. Pflanzen kennen die Schüler vorwiegend durch die Vermittlung von anderen Menschen. Ein privater Garten und die Zimmerpflanzen der Wohnung sind insofern die Hauptquellen für den Erwerb von Pflanzenkenntnissen (vgl. Johannsmeier 1985); Parks oder auch grünes Brachland spielen nur eine untergeordnete Rolle. Auch bei Scherf (1988) lernen Kinder Pflanzennamen vorwiegend im "familären Kreis". Klee/Berck (1990) dagegen zeigen in einer Befragung von Erwachsenen, daß v.a. die eigene Erfahrung von Natur (siehe ausführlich Kapitel 5), und zwar im Kindes- und Jugendalter, das Interesse an Pflanzen und auch das Bedürfnis beziehungsweise die Kompetenz, sie zu benennen, bedingt. Eltern, Verwandte und Freunde spielen demgegenüber nur eine untergeordnete Rolle. Bemerkenswert ist, daß die Schule im Hinblick auf Erfahrungen mit Pflanzen in beiden Altersgruppen nahezu unbedeutend ist.

In Gesprächen mit Grundschulkindern von Hofmeister u.a. (1982) zeigt sich, daß viele Kinder denken, Pflanzen wären herstellbar, auch wenn in diese Annahme viele biologische Detailkenntnisse eingeflochten werden.

> Da macht man in die Erde ein Loch, tut den Samen rein, macht das Loch wieder zu, gießt jeden Tag Wasser drauf und dann entwickelt sich eine Blume. (4. Klasse)

Viele Schüler denken darüber nach, wie Samen und überhaupt Pflanzen entstanden sein können; dabei wird deutlich, daß die Annahme der Herstellbarkeit leicht ins Wanken geraten kann.

> "Wie entsteht eine Pflanze?" - "Mit einer Blumenzwiebel." - "Woher habt ihr die Blumenzwiebel?" - "Gekauft." - "Wo kauft ihr die?"- "Im Blumengeschäft." - "Wo hat sie der Mann, der sie verkauft, her?" - "Von einer anderen Blume." - "Und woraus ist die Blume entstanden?" - "Von einem Korn." - "Woraus ist die erste Blume entstanden?" - "Auch aus einem Korn." - "Und das erste Korn?" - "Weiß ich nicht." (1. Klasse)
> "Die Blume kann man nicht selber machen. Wir haben zu Hause viele Blumen im Wohnzimmer, die waren erst alle so klein und dann wurden sie immer größer. Papierblumen kann man selber machen." (1. Klasse)
> "Die Blume kann man nicht selber machen. Da muß man die ja auseinandernehmen und vorsichtig wieder zusammensetzen, das hält ja nicht mehr." (4. Klasse) (Beispiele aus Hofmeister u.a. 1982)

Diese Beispiele zeigen, daß bereits Grundschüler durchaus auch biologische Kenntnisse über Pflanzen haben, was ja angesichts der Bemühungen des Sachunterrichts auch nicht verwunderlich ist. Allerdings ist wohl der Pflanzenbegriff, auf den diese biologischen Details treffen, nicht identisch mit dem erwachsenen oder zumindest nicht mit dem der Botanik. Möglicherweise liegt in dieser Diskrepanz ein Grund für das Desinteresse von Kindern an der Pflanzenkunde.

Ein wichtiger Aspekt des Pflanzenbegriffs ist — darauf wurde oben schon verwiesen — die Frage, ob Pflanzen in der kindlichen Vorstellung eigentlich Lebewesen oder leblose Dinge, bestenfalls Spielzeug sind. Diese Frage wird in einem anderen Zusammenhang noch einmal im Kapitel über die kindlichen Vorstellungen vom Tod (siehe Kapitel 10) behandelt, im folgenden werden jedoch bereits einige Ausführungen über die "Lebendigkeit von Pflanzen" aus Sicht der Kinder gemacht.

9.2 Zur Lebendigkeit von Pflanzen in der kindlichen Vorstellung

In dem oben genannten Beispiel werden Pflanzen als "tote Lebewesen" bezeichnet. Das ist eine recht treffende Formulierung, die den unsicheren Status von Pflanzen in der kindlichen Vorstellung charakterisiert. Nach Hansen (1968, S. 136) betrachten Kinder bis in die Grundschulzeit hinein Pflanzen nicht als Lebewesen, eher als Spielzeug. Kinder könnten mit Pflanzen nicht wie mit einem Gegenüber eine Beziehung aufnehmen, auch sich nicht mit einer Pflanze identifizieren. Hansen meint, während Tieren eher "zuviel" an Lebendigkeit (wegen anthropomorpher Überinterpretation) zugesprochen werden würde, würde Pflanzen "zu wenig" Lebendigkeit attestiert (vgl. auch Plötz 1970, S. 34f.). Die Pflanze wird vielfach als unlebendiges Objekt wie andere Dinge angesehen. Auch Piaget glaubt, daß sich das Bewußtsein der Lebendigkeit von Pflanzen erst relativ spät ausbildet:

> Ein 7jähriger: Ist eine Eidechse lebendig? - Ja. - Ein Nagel? - Nein. - Eine Blume? - Nein. - Ein Baum? - Nein. (Piaget 1978, S. 160)

Ob Kinder Pflanzen als lebendig ansehen oder nicht, hängt natürlich mit dem kognitiven Konzept bezüglich des Unterschiedes zwischen lebendig und tot zusammen (siehe Kapitel 10.2). Je nachdem, in welchem Stadium sich die Kinder befinden (nach Piaget: 1. Leben ist Aktivität, 2. Leben ist Bewegung, 3. Leben ist autonome Bewegung, 4. das erwachsene Konzept von Leben und Tod), werden sie Pflanzen als lebendig einstufen oder nicht. Das ist nicht nur eine Funktion des Alters, sondern auch eine der kognitiven Entwicklung.

Sehr deutlich zeigt das ein Experiment (Carey 1985, S. 33), in dem gezeigt wird, daß zumindest bei jüngeren Kindern das Urteil, ob Pflanzen lebendig sind, deutlich davon abhängt, ob sie denken, daß alles lebendig ist, was in irgendeiner Weise aktiv ist, oder ob sie denken, daß nur das lebendig ist, was über autonome Beweglichkeit verfügt. Carey befragte jüngere Kinder (4 – 7 Jahre) und 10jährige Kinder nach ihren Urteilen über die Lebendigkeit von Pflanzen. Nach ihren Beobachtungen verläuft die Entwicklung so, daß Pflanzen von den jüngeren Kindern zunächst für lebendig gehalten werden (eben in dem Maße, wie alles für lebendig/beseelt angesehen wird, vgl. Kapitel 4), dann ihnen das Leben wieder abgesprochen wird. Schließlich — wahrscheinlich durch konkrete Erfahrungen — stufen sie Pflanzen wieder als lebendig im biologischen Sinne ein. Nach den Experimenten von Carey denken alle 10jährigen, daß Pflanzen lebendig sind. Zu ähnlichen Befunden kommt auch eine phänomenologische Studie von Margadant-van Arcken (1989): Erst mit 10 Jahren haben Kinder eine stabile Vorstellung davon, daß Pflanzen "wirklich lebendige Natur" sind. In der Zwischenstufe sind Pflanzen nicht nur nicht lebendig (wie Tiere), ihnen werden auch grundlegende biologische Bedürfnisse oder Eigenschaften abgesprochen (Hunger, Krankheit u.ä.). Tiere und Pflanzen sind nach Carey in der kindlichen Welt völlig unterschiedliche ontologische Kategorien, die (noch) nicht zur Kategorie "Lebewesen" zusammengefaßt sind. Pflanzen werden bis in die Schulzeit hinein noch als sozusagen "dinghafte Wesen" aufgefaßt, die beispielsweise auch keine Identität besitzen: Sie können in der kindlichen Vorstellungswelt durch instrumentelle Eingriffe in andere Arten umgewandelt werden (vgl. Carey 1985, S. 184).

Dagegen nimmt Keil (1991) an, daß sich biologisches Wissen von Anfang an sowohl auf Tiere als auch auf Pflanzen bezieht. Im Rahmen seiner Theorie vom angeborenen intuitiven Wissen bezüglich Biologie und Lebendigkeit (siehe Kapitel 10.2) ist diese Anahme zwar folgerichtig, steht jedoch im Widerspruch zu vorliegenden empirischen Befunden (Angus 1981, Stavy/Wax 1989, Huang/Lee 1945). Dabei spielt möglicherweise eine Rolle, daß sich Menschen und Pflanzen kaum ähnlich sind (Carey 1985) und daß sich Pflanzen (zumindest in der Regel) nicht sichtbar bewegen können. Damit fehlt ein wesentliches Merkmal für die Zuweisung von Lebendigkeit (Mandler 1992, Richards/Siegler 1984, 1986). Zumindest gibt es bis zu etwa zehn Jahren eine Unsicherheit über die Lebendigkeit und die Eigenschaften von Pflanzen. Nach Untersuchungen von Hanato und Ingaki (1994) nehmen Pflanzen beispielsweise für Schulanfänger eine Art Zwischenstellung ein; Pflanzen werden zwar durch die Kriterien Wachstum und Nahrungsaufnahme von unbelebten Gegenständen abgegrenzt, aber nicht eindeutig als Lebewesen eingeschätzt. Auf den Punkt pringt diese Position eine Oberstufenschülerin in einem Interview: "Eine Pflanze würde man im weiteren Sinne nicht als Lebewesen bezeichnen, sondern [...] als Lebendiges, aber nicht als Lebewesen, weil ein Wesen immer Charakter oder einen Willen voraussetzt" (Brookmann 1998, S. 136). Bäume scheinen, wie bereits erwähnt, eine Ausnahme zu sein, jedenfalls werden sie früher als andere Pflanzen als Lebewesen charakterisiert (Klingberg 1957).

Die Erkenntnis der Lebendigkeit von Pflanzen erwächst Kindern wohl am ehesten, wenn sie konkrete Erfahrungen mit dem Wachsen von Pflanzen machen können. So denkt auch in der bereits benannten Fallstudie (Gebhard 1993) der siebenjährige Peter darüber nach, ob seine Feuerbohnen leben. Nachdem er sich mit ihnen wochenlang beschäftigt hat, kommt er zu dem Ergebnis: "Die sind lebendig — weil — die wachsen ja auch." Das Wachstum der Pflanzen wird oft geradezu zum Kriterium der Lebendigkeit gemacht, wie ein Beispiel aus Hofmeister u.a. (1982) deutlich zeigt:

> Pflanzen, die wachsen auch. Wenn die nicht wachsen würden, dann würden die auch nicht lebendig sein. — Und wir haben zu Hause auch eine große Blume; die wächst, die wächst und wächst, bis sie platzt.

9.3   Zur emotionalen Bedeutung von Pflanzen

Viele Kinder kümmern sich in irgendeiner Weise um Pflanzen. Nach Klemm (1975) waren bereits im zweiten Schuljahr 60% der Mädchen und 50% der Jungen mit Pflanzenpflege befaßt, wobei folgende Einzeltätigkeiten genannt wurden: Gießen, Ein- und Umpflanzen, Umgraben, Blüten oder Blätter abschneiden, Pflanzen umstellen. Das Gießen ist natürlich bei den 8 bis 9jährigen die häufigste Tätigkeit, während die 11- bis 12jährigen dieser Untersuchung gemäß bereits regelmäßig und besonnen ihre Pflanzen pflegten. Besonders interessant ist, daß sich der Vorsprung der Mädchen in dieser Hinsicht deutlich vergrößerte; die älteren Mädchen waren weitaus häufiger und auch intensiver mit Pflanzenpflege befaßt — ein weiterer Hinweis darauf, daß auch die Beziehung zu Pflanzen geschlechtsrollenspezifischer Sozialisation unterliegt. Auch verfügen Mädchen über bessere Pflanzenkenntnisse als Jungen (Bögeholz 1999, S. 88).

Bemerkenswert ist zusätzlich, daß auch Pflanzen (ähnlich wie Heimtiere) bei längerer Beschäftigung und Pflege durchaus individuelle Charakterzüge für die Pflegeperson erhalten. Vor allem bei älteren Kindern beobachtete Klemm in dieser Beziehung animistische Tendenzen (vgl. die allgemeinen Ausführungen zu Anthropomorphismen in Kapitel 4). Überhaupt ist es wohl so, daß v.a. von solchen Menschen Pflanzen haben, für die die Pflege von Lebendigem ein wichtiges Bedürfnis ist (vgl. Krampen 1982, S. 43). Dieses Bedürfnis gibt es wohl schon in der Kindheit; daß es allerdings auch schon hier bei Mädchen ausgeprägter sein soll, ist immerhin bemerkenswert.

Bereits Heinrich Roth (1961) betont, daß über die Hälfte der zehnjährigen Kinder den Wunsch hat, Tiere und eben auch Pflanzen zu besitzen und zu pflegen. Roth begrüßt diesen kindlichen Wunsch sehr und hält seine Erfüllung für eine "notwendige pädagogische Kontrastbildung" (Roth 1961, S. 119) angesichts der zunehmend technisierten verstädterten Umwelt. Im übrigen hat bereits Comenius einen Schulgarten angelegt, und auch Pestalozzi und Fröbel hielten ihn für sinnvoll, um den "Fleiß der Schüler zu üben". In jüngster Zeit akzentuiert Winkel (1985) das "Pflegerische" sogar als zentrale Erziehungsidee und räumt somit dem "Pflegen und Hegen" eine Schlüsselrolle in einer ökologisch orientierten Erziehung ein. Freilich ist das Pflegen von Pflanzen dann ein hoffnungsloses und illusionäres pädagogisches Konzept, wenn es verordnet wird und nicht an entsprechende Bedürfnisstrukturen der Kinder anknüpfen könnte. Genau von dieser Prämisse geht Winkel (1984) jedoch aus, wenn er programmatisch formuliert: "Kinder brauchen Gärten." Seiwert (1987, S. 288) konnte übrigens empirisch zeigen, daß das Pflegen von Tieren und insbesondere Pflanzen positiv mit umweltbewußten Einstellungen korreliert, und zwar vor allem bei Frauen (siehe Kapitel 2 und 11). Zu ähnlichen Ergebnissen kommen auch Langeheine/Lehmann (1986, S. 115). Sie zeigen, daß vor allem in der Großstadt (Berlin) die pädagogische Betonung des Pflegerischen nicht unwesentlich zum Aufbau von umweltpfleglichen Einstellungen beiträgt.

Um die pädagogische Vorstellung des "Pflegerischen" zu fundieren, bedarf es aber nicht nur der Anbindung an umweltpädagogische Intentionen, sondern auch der Klärung der Frage, warum Kinder eigentlich "Gärten brauchen", ob und wenn ja, welchen psychischen Wert Pflanzen im Leben der Kinder haben. Denn natürlich ist es auch möglich, daß der belebende und ästhetische Wert von Pflanzen sich erst bei Jugendlichen oder gar erst bei Erwachsenen zeigt. Im zweiten Kapitel wurde im Kontext der Diskussion der Funktion von Übergangsobjekten (siehe Kapitel 2.4) auch auf Untersuchungen verwiesen, die die Art und Bedeutung "liebgewordener Gegenstände" reflektieren. Während bei Kindern vor allem Haustiere und bei älteren Menschen Porzellan besonders "liebgewordene Gegenstände" sind, werden Pflanzen vorzugsweise von der Elterngeneration genannt. Und auch hier gibt es eine deutliche Geschlechtsspezifik: Eine genauere Analyse ergab, daß Pflanzen insbesondere für Frauen bedeutsam waren, während die Männer häufig Werkzeuge und Trophäen nannten (Csikszentmihalyi/ Rochberg-Halton 1978).

Für Erwachsene jedenfalls haben Pflanzen eine sehr hohe Bedeutung. Es wird kaum einen Haushalt geben, der keine Zimmerpflanzen besitzt. Blumen werden verschenkt, um Freude, Liebe und Anteilnahme auszudrücken. Gärten haben eine kaum zu unterschätzende Bedeutung — und zwar sowohl im pragmatischen als auch im symbolischen Sinne. Das Urbild der "heilen" Natur, das Paradies, ist ein Garten (vgl. Rombach 1990). R. Kaplan (1973) spricht geradezu von "psychological benefits of gardening". Ein Ausflug ins Grüne (womit ja primär die Pflanzenwelt gemeint ist) ist synonym mit Erholung und Entspannung. Vielleicht ist es bei Kindern (noch) so, daß sich ihr Verhältnis zu Pflanzen noch viel mehr als bei Erwachsenen in ihrer Vorliebe für "naturnahe" Spielräume, grüne Brachflächen (vgl. Kapitel 5.4) zeigt. Pflanzen wären so nicht primär Objekte direkter und quasi persönlicher Hinwendung (wie es sehr deutlich im Hinblick auf Tiere der Fall ist), sondern eher emotionaler Hintergrund, dessen Wirkung man nur negativ — nämlich wenn er fehlt — merkt.

Nun ist auch bei Erwachsenen die Vorliebe für Pflanzen nicht etwa gleichzusetzen mit einem Interesse für Botanik. Vielmehr vermitteln (zumindest symbolisch) Blumen oft ein Gefühl von Leben und Schönheit, was nicht unwesentlich die Anziehungskraft von Pflanzen ausmachen dürfte. So zeigt eine Untersuchung von Krampen (1986) über die Bedingungen des Lebens in bepflanzten Räumen ("grüne Archen"), daß sehr viele Menschen das Leben in derart begrüntem Wohnumfeld — was natürlich eine entsprechend großzügig angelegte Architektur bedingt — sehr schätzen (würden). Pflanzen scheinen einen "heilsamen" Einfluß auf die seelische Verfassung zu haben, was Ulrich (1984, 1985) im Hinblick auf Bäume zeigen konnte: Vergleichbare Patientengruppen (bezüglich Alter, Geschlecht, Beschwerden) wurden in verschiedenen Krankenhauszimmern untergebracht. Die eine Gruppe sah beim Blick aus dem Fenster eine Baumgruppe, die andere eine braune Backsteinwand. Die Gesundung der Gruppe, die Bäume vor den Fenstern sehen konnte, verlief deutlich günstiger und auch schneller. Die Patienten brauchten weniger Schmerzmittel, riefen seltener nach dem Pflegepersonal und wurden auch eher entlassen. Umgekehrt zeigt eine Studie an jugendlichen Alkoholabhängigen, daß diese ausgesprochen wenig Bezug zur Natur, vor allem zu Pflanzen haben (vgl. Kemps 1986).

Der Gedanke, daß Pflanzen und Gärten einen heilsamen Effekt auf die Psyche auch von Kindern haben, wird im übrigen in Kinderheimen und therapeutischen Einrichtungen seit langem genutzt, ohne daß dem ein explizites Konzept zugrunde liegen dürfte. So glaubte bereits Graebner (1909, S. 5), daß Gartenarbeit das "beste Nervenstärkungsmittel" sei, und auch in England (Carter 1982) und in Spanien (Carrillo 1982) gibt es Erfahrungen aus der Arbeit mit Pflanzen mit lern- und verhaltensgestörten Menschen (siehe auch Blume 1989, Schwertl 1989). Solche Erfahrungsberichte aus therapeutischen Zusammenhängen stützen zwar die Annahme der positiven Wirkung von Pflanzen auch auf Kinder, sie sind jedoch trotzdem mit Vorbehalten zu betrachten, weil sie zugleich diskriminierende Implikationen nahelegen, so, als ob der Umgang mit Pflanzen v.a. etwas für Menschen sei, die in irgendeiner Weise gehandicapt und gewissermaßen zu Höherem nicht in der Lage sind (siehe z.B. Brinkmann 1966).

Bei der psychischen Wirkung von Pflanzen spielen natürlich kulturelle Übereinkünfte eine wichtige Rolle. Die Rose ist beispielsweise nicht per se ein Zeichen für Liebe, sondern nur deshalb, weil Menschen sich darauf verständigt haben. Dieser kulturell vermittelte Symbolwert wird Kindern möglicherweise in der Tat nicht so sehr verfügbar sein. Trotzdem läßt sich ihr Verhältnis zu Pflanzen nicht hinreichend mit ihrem relativen Desinteresse für "Pflanzenkunde" beschreiben. Einige Hinweise, die darüber hinausgehen, seien im folgenden zusammengestellt.

Bei der Methode des katathymen Bilderlebens (Leuner 1980) gilt die Wiese als Symbol für eine kindgemäße, natürliche Umwelt. Wiesen mit Gräsern und Blumen werden jedenfalls oft in diesen "gelenkten Tagträumen" entsprechend symbolisch benutzt. Das ist zumindest ein Hinweis auf die Wertigkeit von Pflanzen in der (frühen) Kindheit. In der Tat kommt die Wiese kindlichen Bedürfnissen durch ihre Dimensionen und Qualität ausgesprochen entgegen; die Blumen und Gräser sind in der Höhe der Arme von Kleinkindern und insofern direkt zugänglich. So ist der von Fröbel geprägte Begriff des "Kindergartens" wohl nicht zufällig. Die Pflanzen sind hier allerdings nicht Objekte, mit denen sich Kinder gleichsam persönlich beschäftigen würden. Die Pflanzenwelt ist vielmehr beruhigender Hintergrund, dessen Einzelelemente nicht weiter bewußt werden müssen. Diese Einzelelemente können allerdings als Spielobjekte eine Bedeutung haben. In einer umfangreichen qualitativen Studie zur Funktion von Naturmaterialien für das kindliche Spiel zeigt Jannson (1984), daß gerade Pflanzenteile deshalb als Spielobjekte sehr gut geeignet sind, weil sie veränderbar sind, weil sie "lose Teile" (Blätter, Äste, Früchte) liefern und sich auf diese Weise den manipulativen Aktionen der Kinder anpassen. "These natural elements seem to be able to provide sequential (with the age of a child) play aspects or experiences as part of a child's cognitive development" (Jannson 1984, S. 71). V.a. Bäume und Sträucher liefern durch ihre Äste, Knospen, Blätter, Früchte und Blüten eine Vielfalt von Einzelerfahrungen, die gefühlt, gerochen und angesehen werden können. Pflanzenmaterialien werden gesammelt, gegessen, als Werkzeuge gebraucht. Außerdem werden in und auf Bäumen oder

Sträuchern auch Buden gebaut. So läßt sich insgesamt die Bedeutung von Pflanzen als Spielobjekte mit der oben so genannten Hintergrundfunktion beschreiben.

> Grass, flowers, shrubs and trees are types of vegetation which can be seen as providing — with the increasing age of a child — changing intrinsic values for its play. Important aspects in this respect are physical dimensions of the plants, a differing diversity of small parts, and an increasing and decreasing degree of challenge and manipulation which these different types of vegetation offer children (Jannson 1984, S. 73).

Es gibt eine Reihe von Hinweisen, daß Kinder an Pflanzen vor allem pragmatische und nützlichkeitsorientierte (im weitesten Sinne, vgl. Tuan 1978) Aspekte interessieren. Die große Bedeutung des Pragmatischen betonte bereits Rousseau (1978), wenn er im *Emile* v.a. Obst-, Gemüse- und Kräutergärten als eine förderliche Naturumgebung für Kinder beschrieb.

Von Beobachtungen an 3- bis 6jährigen Kindern berichten Janssson/Duhme (1978). Sie wollten bei einer Kindergruppe herausfinden, welche Möglichkeiten Kinder haben, einen Baum in ihren Erlebnisbereich einzubeziehen. Dazu ließen sie Kinder verschiedene Baumbilder (1. ein Baum und ein Erlebnis, 2. ein Baum und etwas aus der Umgebung des Baumes, 3. ein Baum beim Spiel, 4. Blätter, 5. ein Baum mit den vier Jahreszeiten, 6. ein Baum in der Stadt, 7. ein Wald) malen, die sie vergleichend analysierten, wobei noch Gespräche mit den Kindern hinzugezogen wurden. Die Ergebnisse: Die Kinder finden Zugang zu Bäumen über die Früchte (pflücken, berühren, essen, werfen). So werden die Bäume auch nach den Früchten benannt: Nasenzwickerbaum (Ahorn), Eichhörnchenbaum (Eiche), Bucheckernbaum (Buche). Die direkten Berührungserfahrungen sind offenbar bestimmend: so sind beispielsweise die Nadelbäume im Unterschied zu Laubbäumen "Stachelbäume". Am bekanntesten scheint der Apfelbaum und die Kastanie zu sein, jedenfalls kommen diese Bäume auf den Bildern am häufigsten vor. Der Standort der Bäume in der Vorstellung der Kinder ist meistens eine grüne Wiese, obwohl dies sicherlich den unmittelbaren Erfahrungen der Kinder (Stadt München) nicht enspricht. Eine besondere Beziehung haben die Kinder zu den Frühlingsbäumen. Die an den Bäumen sich abspielenden Veränderungen (bunte Blüten, Knospen, frisches Grün) finden sich am häufigsten in den Bildern wieder. Ebenso ist der Herbst — durch die Farben und das Fallen der Blätter — Kindern offenbar bekannt und bewußt. So scheinen insgesamt Bäume im Leben von kleinen Kindern eine nicht unerhebliche Bedeutung zu haben. Trillitzsch (1975, S. 623) meint sogar, daß "mit der Zunahme 'natürlicher Elemente', also Bäume und Sträucher, [...] das aktive, schöpferische Spielverhalten zunimmt." (Vgl. hierzu auch Kapitel 5.)

Johannsmeier (1985) beobachtete in einem Kindergarten Kinder über eine längere Zeitperiode auch im Hinblick auf ihr Verhältnis zu Pflanzen. Sehr deutlich wird bei dieser Untersuchung, daß der Wert von Pflanzen für Kinder weniger im ästhetischen, als vielmehr im konkreten und pragmatischen Bereich liegt. Nach den Befunden von Johannsmeier ist die wichtigste Pflanze der Baum, und zwar deshalb, weil man auf ihm klettern und von ihm Früchte ernten kann. Sträucher werden genutzt als Versteckmöglichkeiten oder zum Abreißen von Zweigen zum Zwecke der Herstellung von Gewehren, Schwertern, Spazierstöcken u.ä.. Blumen werden manchmal gepflückt, um sie der Mutter zu schenken, manchmal auch als Haarschmuck bei den Mädchen. Kinder, die keine oder wenig Gelegenheit hatten, praktischen und konkreten Umgang mit Pflanzen zu haben, äußerten mehr oder weniger gelangweilt, die Pflanzen seien zum Wachsen und Angucken da. Namentlich werden vor allem solche Pflanzen genannt, die eine konkrete Bedeutung haben (Spielen, Essen). Der ästhetische Wert scheint untergeordnet zu sein. Nach den Befunden von Johannsmeier werden beispielsweise Sträucher — wenn überhaupt — nach ihrer "kindlichen Funktion" benannt: "Juckpulverpflanze" oder "Knallbeerenstrauch". Bei Klemm (1975, S. 159) dagegen wird der pragmatische Nutzen von Pflanzen erst von älteren Kindern (11 – 13 Jahre) betont als Nahrung, als Handlungsobjekt, als Medizin), während die jüngeren Kinder (8/9 Jahre) neben dem Handelswert auch den ästhetischen Wert von Pflanzen sehen (Klemm 1975, S. 159). Dagegen Johannsmeier (1985, S. 797):

> Die sinnliche Erlebniskomponente, die von Erwachsenen immer wieder hervorgehoben wird, ist für Kinder eher sekundär. Blätterrascheln und Blumenduft sind für sie kaum ausschlaggebend, eine Wiese oder ein Waldstück als Spielort zu wählen. Für sie stehen "praktische" Gründe im Vordergrund, d.h. die Tragfähigkeit von Ästen oder die Dichte eines Gestrüpps.

Freilich scheint Klemm in ihren Überlegungen von einem eher äußerlichen und instrumentellen Ästhetikbegriff auszugehen, wenn sie zugleich den 8/9jährigen einen eher nüchternen Bezug zu Pflanzen zuweist:

> Für sie stellten Pflanzen jederzeit austauschbare Objekte dar, die zum Zwecke der ästhetischen Erbauung für den Menschen geschaffen waren, als Verkaufsobjekte in den Blumenläden stehen und an besonderen Tagen, wie dem Muttertag oder dem Geburtstag, eine gewisse Rolle spielen. (Klemm 1975, S. 160).

Auch Scherf (1988) betrachtet "ästhetische Empfindungen" als maßgeblich für das kindliche Interesse an Pflanzen. Die Daten ihrer Untersuchung zeigen jedoch deutlich, daß dies zumindest für die jüngeren Kinder im Vergleich zu Studenten nur sehr eingeschränkt zutrifft. Beispielsweise wird die Brennessel aus sehr pragmatischen Gründen, nämlich schmerzhaften Erfahrungen, abgelehnt. Auch bei anderen Pflanzen werden praktische Aspekte von den Kindern hervorgehoben: die Heilwirkung bei der Kamille oder das Nektaraussaugen bei der Weißen Taubnessel. Die Betonung der Schönheit der Pflanzen ist eigentlich in dieser Studie erst bei den Studenten bestimmend. Vielleicht ist die ästhetische Komponente im Verhältnis zu Pflanzen ein Gefühl von Erwachsenen, das auf Kinder projiziert wird, auch wenn Kinder dies dann als Ästhetisierung bisweilen übernehmen. So ist nach den Befunden von Scherf (1988) die Rose auch für Kinder die bekannteste und beliebteste Pflanze. Natürlich wäre in diesem Zusammenhang auch nach kindlichen Formen von Ästhetik zu fragen, beispielsweise was ihre sinnliche Wahrnehmungsweisen von Natur angeht. Daß Kinder nicht die ästhetischen Bedürfnisse von Erwachsenen haben, heißt natürlich nicht, daß sie gar keine haben (siehe Kapitel 5.2) und so lassen sich auch ästhetische Anregungsfaktoren bei der Hinwendung zu Pflanzen durchaus nicht ausschließen (vgl. Finke u.a. 1999).

9.4 Anthropomorphes Verständnis von Pflanzen

Pflanzen "antworten" nicht in derselben Weise wie Tiere und erfüllen deshalb die kindlichen Spiel- und Beziehungswünsche weniger. Schon Aristoteles (*De anima*) nahm an, daß sich Pflanzen lediglich ernähren und fortpflanzen; das Tier könne sich zusätzlich bewegen und vor allem empfinden. Vernunft hat in diesem System nur der Mensch. Pflanzen sind eben nicht "biographiefähig" und kommen deshalb als Partner nicht so sehr in Betracht. So vermutet auch Plötz (1970, S. 33), daß Kinder Pflanzen relativ nüchtern und gleichsam "naturwissenschaftlich" gegenüberstehen, "weil stärkere seelische Bindungen in der Regel nicht bestehen."

Auffällig sind jedoch vereinzelte Beobachtungen, nach denen Kinder versuchen, auch Pflanzen menschliche, mindestens jedoch tierische Eigenschaften beziehungsweise Organe zuzuschreiben (Billmann-Mahecha/Gebhard/Nevers 1997, Klemm 1974). Oft tendieren sie dazu, Analogiebildungen vorzunehmen: Beine und Stengel, Kopf und Blüte, Haare und Blätter werden bisweilen als analoge Organe gesehen. Sehr sinnfällig wird diese Analogisierung in dem "Gespräch über Bäume" in Kapitel 12, sie wird auch in den Gesprächen von Hofmeister u.a. (1982) deutlich:

> Wir hatten eine Blume, da ist irgendwann mal ein Blatt abgegangen. Da kam — wir haben Blut — so was Weißes raus. Als wenn die Pflanze blutet. Die hat ja auch solche Organe, solche Adern, wo das Blut, dieser Saft rausfließt. Es ist immer das Gleiche; was lebt, ist alles das Gleiche. (4. Klasse)

Bäume scheinen sich für eine Anthropomorphisierung besonders anzubieten (Lehmann 1999, S. 101f., Tournier 1987). So stehen sie wie der Mensch aufrecht, sind "verwurzelt" und die Teile des Baumes lassen sich gut mit menschlichen Körperteilen analogisieren. Oft erhalten sie Namen von berühmten Persönlichkeiten. In vielen Märchen gibt es mythische Anspielungen auf die Bedeutung der Bäume (Ward 1977). In östlichen Kulturen (Indien und Japan) gibt es die mythische Heirat zwischen einem Mann und einer Baumfrau. Die klassischen griechischen Sagen erzählen von Philemon und Baucis, die sich bei ihrem gemeinsamen Tod in zwei Bäume verwandeln, deren Äste verschlungen sind. Die vergleichende Kulturgeschichte bezeugt die besondere Bedeutung von Bäumen im Selbstverständnis des Menschen (Brosse 1990, Höhler 1985). So hält der Kulturwissenschaftler Lehmann (1999, S. 102) den "Identifikationsdrang des Menschen mit Bäumen" für unbestreitbar, vergleichbar nur mit der Symbolkraft von Flüssen und historisch attraktiven Bauwerken. Und Elias Canetti (1960, S. 195) merkt an, daß die Vorliebe für Bäume eine spezifisch deutsche Eigenschaft sei: "In keinem modernen Lande der Welt ist das Waldgefühl so lebendig geblieben wie in Deutschland. [...] Die Deutschen suchen den Wald, in dem ihre Vorfahren gelebt haben, noch heute gern auf und fühlen sich eins mit den Bäumen." Literatur und Malerei bieten unzählige Beispiele. Die Analogisierung zum Menschen wird beispielsweise auch im sogenannten "Baumtest", ein bekanntes und gebräuchliches psychodiagnostischen Verfahren, genutzt. Bäume erhalten oft lebensgeschichtliche Bedeutung: Man pflanzt Bäume zur Geburt eines Kindes oder bei der Hochzeit, man ritzt Herzen in Bäume und die Jahresringe werden zum Symbol für die Vergänglichkeit.

Im Verlaufe dieses Kapitels gab es schon mehrfach vereinzelte Hinweise darauf, daß Kinder auch Pflanzen animistisch besetzen. Daß Blumen eine symbolische Bedeutung haben, ist angesichts der Tradition von Blumengeschenken und Zimmerpflanzen keine Frage; die Frage ist allerdings, ob dieser symbolische Wert auch bereits Kindern sich erschließt. Kächele (1982) zeigt an einem psychoanalytischen Fallbeispiel, daß und wie Pflanzen als Selbst- und Objektrepräsentanzen verwendet werden können. Er vermutet, "daß die Eigenschaften der Pflanzen, Lebensprozesse für uns sichtbar und handhabbar zu machen, eine besondere Möglichkeit bieten, sie im bewußten und unbewußten Erleben als Symbol für unser eigenes Leben zu benutzen" (Kächele 1982, S. 28). Bittner sieht sogar "manche Parallelen von Pflanzenwelt und Kinderwelt"; danach sind Pflanzen "Symbol- und Gleichnisträger für menschliche, insbesondere kindliche Lebensverhältnisse" (Bittner 1981, S. 201).

Aufschlußreich in der Hinsicht, welche affektive Beziehung und welche kognitive Vorstellung Kinder von Pflanzen haben und v.a., ob Kinder Pflanzen anthropomorph interpretieren, ist eine Diskussion von acht bis zehnjährigen Kindern über die Frage, ob Blumen glücklich sein können (in Freese 1989, S. 97f.). Sie stammt von Matthews, der damit nicht das kindliche Verhältnis zu Pflanzen beleuchten, sondern vielmehr zeigen wollte, zu welchen philosophischen Denkleistungen Kinder in der Lage sind. Bevor ich abschließend eigene Beobachtungen zu der Frage, ob auch Pflanzen anthropomorph interpretiert werden, vorstellen werde, seien einige Abschnitte aus diesen "philosophischen Gesprächen mit Kindern" ausführlich dargestellt. Das Gespräch zeigt die (kindliche) Ambivalenz zwischen animistischer und quasi biologischer Betrachtungsweise und auch, wie beide Haltungen nebeneinander bestehen können (vgl. Kapitel 4). Den Kindern wurde folgende Geschichte als Gesprächsanlaß erzählt:

> "Tante Gertis Blumen sind wieder glücklich", berichtete Freddi. "Blumen können nicht glücklich sein", sagte Alice finster in der Ecke sitzend, über eine Schale Cornflakes gebeugt. "Tante Gerti spricht gern über Blumen, als ob es Menschen wären. Aber in Wirklichkeit haben sie gar keine Gefühle. Sie können nicht durstig, traurig oder glücklich sein" (Freese 1989, S. 97).

Dazu wurden von den Kindern folgende Gedanken entwickelt, die im folgenden in Auszügen dargestellt werden sollen:

Die Kinder dachten, es gäbe keinen Zweifel daran, daß Pflanzen durstig sein können, aber sie wollten darüber diskutieren, ob Pflanzen auch glücklich sein können. [...] "Sie haben keinen Geist", sagte Daniel schnell, klar und entschieden. Mit seinen achteinhalb Jahren war Daniel um einen Tag der jüngste der Klasse. "Sie haben keine Gefühle", setzte er hinzu (Freese 1989, S. 98).
(Die Kinder denken auch über die Venus-Fliegenfalle nach.)
"Du berührst sie und sie rollt sich zusammen", sagte Ise, neuneinhalb. "Das ist wie ein Schmetterling", warf Esther ein. Mit elf war Esther die Älteste der Klasse. "Aber ist das nicht wie ein Reflex?", fragte David-Paul. "Es funktioniert wie eine Feder, wenn du sie berührst, schnorrt sie zusammen." [...] "Nun, sie muß aber doch etwas spüren", sagte Esther. "Wenn sie sich aufrollen kann, muß sie etwas spüren." Es entwickelte sich eine Diskussion darüber, ob Blumen miteinander kommunizieren können. "Pflanzen könnten imstande sein, miteinander zu reden, mittels Radiowellen, nicht wahr, oder irgendetwas ähnlichem", schlug David-Paul vor. "Oder mittels Staub, der von einer Pflanze zur anderen fliegt." [...] "In gewisser Weise zeigt die Pflanze dadurch, daß sie blüht, an, daß sie glücklich ist", sagte David-Paul. [...] Ise beunruhigte der Gedanke, daß Blumen unglücklich sein müssen, wenn sie ihre Köpfe hängen lassen. "Es heißt nicht unbedingt, daß man unglücklich ist, wenn man seinen Kopf hängen läßt", erklärte sie, "man kann auch mit erhobenem Kopf schlechter Stimmung sein." "Hat eine Pflanze ein Gehirn?", fragte Daniel. "Ohne ein Gehirn könnte man nicht traurig oder glücklich oder irgend so etwas sein", sagte Martin, der fast zehn Jahre alt war. "Ohne Gehirn würde man nicht einmal existieren." [...] "Ich glaube wirklich nicht, eine Pflanze sagt zu sich selbst: 'Ich bin glücklich', 'ich bin traurig'", sagte David-Paul. "Es ist in gewisser Weise eine Maschine, die in Betrieb sein oder aussetzen kann, wenn es ihr an Treibstoff fehlt."
"Haben Blumen Augen?", fragte Daniel.
"Nein", sagten mehrere Kinder. "Aber innen drin, da gibt es etwas wie ein Auge", beharrte Daniel. Offenbar dachte er an Stempel und Fruchtknoten wie an ein Auge auf einem Stengel. Die Vorstellung, eine Pflanze müsse umherblicken können, inspirierte David-Paul. "Eine Brennessel", sagte er, "könnte fühlen, daß sie beschädigt wird und sich schützen muß" (Freese 1989, S. 99).

Diese Kinderdiskussion zeigt sehr deutlich das Pendeln zwischen gleichsam mechanistischem Weltbild und animistisch–anthropomorpher Interpretation von Pflanzen. Auch eigene Beobachtungen (Interviews mit 40 Grundschulkindern und Beobachtungen im Unterricht) bestätigen dies: So glauben immerhin 78% der befragten Kinder (68% Land, 88% Stadt), daß Blumen Schmerz empfinden, wenn man ihnen ein Blatt ausreißt. 79,5% der Kinder (87% Land, 72% Stadt) nehmen sogar an, daß Pflanzen Gefühle wie Trauer und Freude empfinden können. Angesichts der Tatsache, daß Pflanzen auf Menschen eine positive Wirkung haben können (s.o.), wundern diese Daten nicht. Die "heilsame" Wirkung kann nämlich nur dann sich einstellen, wenn die Pflanzen auch affektiv besetzt werden, was — wie in Kapitel 4 über animistisches und anthropomorphes Denken deutlich geworden ist — immer auch einen anthropomorphen Kern hat. Auch in unseren Studien zu naturethischen Argumentationsfiguren bei Kindern (Gebhard/Billmann-Mahecha/Nevers 1996) zeigt sich die Tendenz, auch Pflanzen anthropomorph zu interpretieren, wodurch die Pflanzen zugleich auch zu gewissermaßen "moralischen Objekten" werden. Besonders deutlich wird das bei Bäumen (siehe Kapitel 12).

Bei einer Unterrichtseinheit (2. Klasse) über die Samenkeimung weigerten sich die Kinder (die Mädchen übrigens nachhaltiger als die Jungen), einen gequollenen Bohnensamen aufzuschneiden:

> Das tut der Bohne weh.
> Das ist, als würde das bei uns passieren.
> Das ist wie bei Menschen, wenn man den Bauch aufschneidet.

Für das Verständnis dieser Reaktionen ist es noch bedeutsam, daß die Schüler die gequollenen beziehungsweise gekeimten Bohnensamen bereits eine Woche beobachtet haben. In dieser Zeit ist wohl so etwas wie eine "Beziehung" zu den Bohnen entstanden. Die gequollenen Bohnen wurden mit Vorstellungen von Schwangerschaft verbunden, was die Scheu, mit ihnen zu experimentieren, noch deutlich erhöhte. Vor allem die Mädchen waren sichtlich entsetzt, als einige Jungen sich daran machten, eine Bohne aufzuschneiden. Es zeigte sich sogar, daß die Scheu der Mädchen die Lust der Jungen, die Bohne aufzuschneiden, zusätzlich anstachelte. So wurde die Bohne nicht aus Interesse aufgeschnitten, sondern als Provokation für die Mädchen geradezu zerhackt. Die Aufregung machte es insgesamt auch unmöglich, noch irgend etwas von der Samenkeimung kognitiv zu verarbeiten. Auf der anderen Seite gingen die Kinder trotz dieser Scheu recht robust mit den Bohnen um, holten sich beispielsweise die gekeimten Bohnen aus der Erde. "Das ist wie, wenn wir das Haus verlassen und dann wieder nach Hause kommen."

Die Kinder behandeln die Bohnenpflanzen fast wie Haustiere, für die sie sorgen wollen, die ihnen jedoch bisweilen auch gleichgültig sind. Auch Garlichs (1989) berichtet davon, wie Grundschulkinder sich geweigert haben, eine Tulpe zum Zwecke des Lernens der Pflanzenanatomie zu zerstören (siehe Kapitel 5.2). Vielleicht können insgesamt diese vereinzelten Befunde und Beobachtungen zum kindlichen Verhältnis zu Pflanzen auch so verstanden werden, daß zumindest ein Grund für das geringe Interesse von Kindern an botanischen Themen darin liegt, daß ihre animistische Haltung dabei in der Regel übersprungen wird. Ob Pflanzen nämlich wirklich für Kinder ausschließlich Spielzeug sind, ist angesichts der hier dargestellten Beispiele zumindest eine offene Frage.

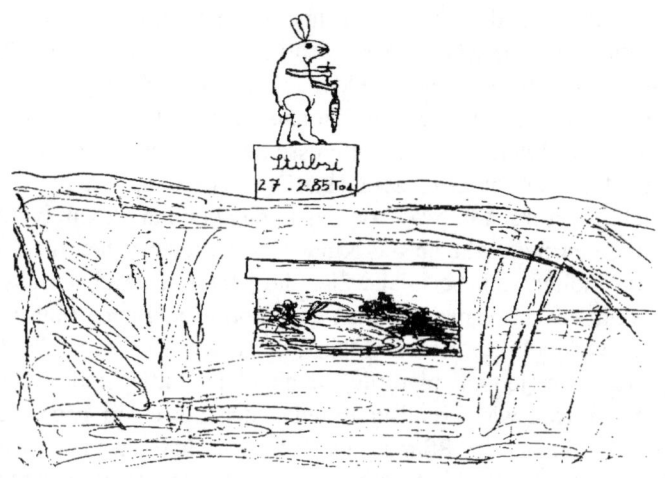

10.1   Tod, Verdrängung und lebendige Natur

> Ich weiß nicht, ich kann mir da keine Vorstellung ma-
> chen. Ich bin eigentlich ganz froh, daß man nicht
> weiß, was passiert, wenn man tot ist. Keiner ist ja
> wieder auferstanden, das ist ja gut, sonst würde der ja
> erzählen, wie es ist, wenn man tot ist. (Eva, 9 Jahre)

Das Bild (aus Andresen 1985, S. 199) und der Text stammen von siebenjährigen
Grundschülern. Sie zeigen, daß der Tod zum Erfahrungsbereich von Kindern
gehört, und auch, daß Kinder oft angesichts des Todes von geliebten Tieren sehr
traurig sind. Das gilt übrigens auch für Erwachsene, die den Tod eines Heimtieres
verkraften müssen (Kamerman 1988, S. 112f.); auch die Praxis von Tierbestattun-
gen und Tierfriedhöfen in modernen Gesellschaften zeigt, daß der Tod von Tieren

nicht nur ein Thema von Kindern ist (Wiedenmann 1993). Am Beispiel des Tieres werden allerdings Kinder oft erstmals mit der Härte und Endgültigkeit des Todes konfrontiert (Leist 1979). Die Beschäftigung mit lebendiger Natur schließt insofern auch die Konfrontation mit dem Tod ein. Das betrifft natürlich nicht nur den Tod von Tieren, sondern auch den Tod von anderen Menschen und die Angst vor dem eigenen Tod. So ist bezeichnenderweise in einer Studie zum Lebensbegriff (bei Jugendlichen) "Tod" die meistgenannte Assoziation zum Begriff "Leben" (Schaefer/Wille 1995, S. 69).

Trotzdem stellt sich die Frage, warum in einem Buch, in dem das kindliche Verhältnis zur lebendigen Natur im Mittelpunkt steht, auch der Tod behandelt wird. Ich glaube, man kann sich nicht mit dem Leben befassen, ohne daß dabei das Gegenteil, die Kehrseite — nämlich der Tod — psychisch ständig präsent ist. Insofern ist es wichtig, auch bei der Behandlung von Phänomenen des Lebens über Todesvorstellungen, -ängste und -verarbeitungsformen nachzudenken. Daß man sich beispielsweise im Rahmen von Reflexionen über den Biologieunterricht bislang sehr selten mit der Todesproblematik auseinandergesetzt hat (Gebhard 1990, Kattmann 1972), obwohl gerade die Biologie ihre "Gegenstände" zum Zwecke der Untersuchung oft tötet, obwohl in der Benennung von ökologischen Problemen das Sterben explizit vorkommt (Waldsterben, Robbensterben; zur kindlichen Wahrnehmung und Verarbeitung der Umweltzerstörung siehe Kapitel 11), ist freilich nicht nur ein spezifisches Versäumnis der Pädagogik, sondern eher Ausdruck einer Tabuisierung und Verdrängung des Todes in unserer Gesellschaft. Nassehi/Weber (1989) sprechen in diesem Zusammenhang geradezu von einer "sozialen Verdrängung des Todes" (vgl. auch Feldmann 1990). Der Tod wird in Krankenhäuser und Altenheime ausgegrenzt und ist somit den Augen und Ohren der lebenden Menschen entzogen. Auf der anderen Seite werden in den Medien Todesbilder massenhaft produziert, was den Tod sozusagen konsumierbar macht. Bereits Kinder können den Tod im Fernsehen (Spielfilme, Nachrichten etc.) genau verfolgen, wobei freilich hier der Tod sehr mittelbar erscheint, da er eigentlich auf Knopfdruck wieder verschwindet. Ein realistisches Todesverständnis ist wohl auf dem Wege der Massenmedien nicht zu erwarten, zumal die Endgültigkeit des Todes auf diese Weise eher verschleiert wird.

Angesichts von Idealen wie Jugendlichkeit und Gesundheit wird die Kehrseite, wozu neben dem Tod auch Krankheit, Behinderung und Alter gehört, von der öffentlichen Diskussion weitgehend ausgespart, was es dem einzelnen natürlich erschwert, sich mit dem Tod auseinanderzusetzen.

> Der Tod ist obszön und peinlich — und auch die Trauer wird es: Es gehört zum guten Ton, sie zu verstecken: Sie könnte die anderen in ihrem Wohlbefinden stören. Der Anstand verbietet jede Anspielung auf den Tod (Baudrillard 1982, S. 289).

Der Tod paßt nicht zu den gesellschaftlichen Werthaltungen des Industriezeitalters wie Leistungsfähigkeit, Effektivität, Aktivität, Macht, Kraft. Das war historisch nicht immer so: Aries (1976) hat in seiner *Studie zur Geschichte des Todes im Abendland* gezeigt, daß die Tabuisierung des Todes früher angesichts viel größerer unmittelbarer Bedrohungen (zum Beispiel Kindersterblichkeit, Seuchen) keineswegs so ausgeprägt war wie heute. *Memento mori* — der "Gevatter Tod" gehörte zum Leben.

Das ist heute anders und Kinder lernen sehr früh, daß der Tod totgeschwiegen wird beziehungsweise werden soll. Oft allerdings können sie noch relativ unbefangen über den Tod reden und bringen Eltern und andere Erwachsene bisweilen in peinliche und unangenehme Situationen. Die gesellschaftliche Verdrängung des Todes hat nämlich auch den Effekt, daß Erwachsene oft hilflos sind, wenn sie mit dem Tod von nahestehenden Menschen oder auch mit den Problemen von Hinterbliebenen konfrontiert sind. Dies wird besonders deutlich bei entsprechenden Kinderfragen, die in ihrer Unbefangenheit und Ehrlichkeit oft ratlos machen. Allerdings kann natürlich die Verleugnung des Todes den Tod nicht besiegen, eher im Gegenteil. Freud hat so auch den Menschen ein unaufrichtiges Verhältnis zum Tod bescheinigt und gemutmaßt, daß "im Unbewußten [...] jeder von uns von seiner Unsterblichkeit überzeugt" (Freud 1915c, S. 341) sei.

Natürlich ist diese phantasierte Unsterblichkeit eine Illusion — eine gefährliche Illusion zudem, da sie es gestattet, angesichts persönlicher Gefahren (zum Beispiel Krankheiten) und auch gesellschaftlicher Gefahren ("Sterben der Natur", Krieg) die Hände in den Schoß zu legen. Insofern ist es wichtig, gerade in unserem Zusammenhang, in dem nach der Beziehung zur lebendigen Natur gefragt wird, gleichzeitig das Verhältnis zum Tod zu bedenken. Ein solches Vorgehen "unterläuft" gewissermaßen die von Freud benannte Unsterblichkeitsphantasie beziehungsweise -illusion und kann zugleich auch eine Grundlage dafür sein, im nächsten Kapitel die kindliche Wahrnehmung und vor allem Verarbeitung des "Natursterbens" zu reflektieren (siehe Kapitel 11.3.5).

10.2 Tot oder lebendig?
Zum Lebensbegriff von Kindern

In seinen Animismusstudien (vgl. Kapitel 4) hat Piaget bereits 1926 Untersuchungen darüber durchgeführt, welche Dinge von Kindern als lebendig eingeschätzt werden. Allgemein beobachtete er, daß Kinder solche Objekte auch als lebendig ansehen, die ein Bewußtsein haben beziehungsweise denen sie ein Bewußtsein zusprechen. Die Begriffe "Leben" und "Bewußtsein" decken sich allerdings nicht vollständig. Ähnlich wie beim Begriff "Bewußtsein" unterscheidet Piaget vier Stadien, wobei der Begriff "Leben" den Kindern vertrauter zu sein scheint als der Begriff "Bewußtsein". Piaget befragte Kinder, ob verschiedene Gegenstände lebendig sind und auch nach der jeweiligen (kindlichen) Begründung. Im folgenden sollen die vier Stadien kurz benannt und charakterisiert werden:

1. Stadium (bis zu 6/7 Jahren): "Das Leben ist mit Aktivität im allgemeinen verbunden."
Alles, was irgendwie eine Aktivität aufweist, ist lebendig. Hinzuzufügen ist, daß von den Kindern die Aktivität stets im Hinblick auf den Menschen wahrgenommen wird: Es ist also eine "nützliche" Aktivität, die ein Objekt aus der Sicht des Kindes lebendig macht. Aufgrund des egozentrischen Weltbildes denken die Kinder zugleich final. Die Gegenstände haben gleichsam eine innere Kraft, die ein bestimmtes Ziel (das dem Menschen nützlich ist) anstrebt. Der Begriff "Leben" bezeichnet eben diese Funktion, nämlich die Vorstellung "einer zugleich materiellen und mit Absicht durchdrungenen Kraft" (Piaget 1978, S. 165).

> Ist die Sonne lebendig? - Ja. - Warum? - Sie gibt hell. - Ist ein Fahrrad lebendig? - Nein, wenn es nicht fährt, ist es nicht lebendig. Wenn es fährt, ist es lebendig. - Ist ein Baum lebendig? - Nein; wenn er Früchte hat, lebt er. Wenn er keine hat, lebt er nicht. (aus Piaget 1978, S. 163).

2. Stadium (6 – 8 Jahre): "Das Leben wird mit Bewegung verbunden."

> Ist eine Katze lebendig? - Ja. - Eine Schnecke? - Ja. - Ein Fisch? - Nein. - Warum nicht? -Er bewegt sich nicht. - Ist ein Fahrrad lebendig? - Ja. - Warum? - Es rollt. - Ist eine Eidechse lebendig? - Ja. - Ein Nagel? - Nein. - Eine Blume? - Nein. - Ein Baum? -Nein. - Ist die Sonne lebendig? - Ja. - Warum? - Wenn es nötig ist, geht sie. (aus Piaget 1978, S. 166).

Piaget begreift dieses Stadium lediglich als ein Übergangsstadium, das bald dadurch überwunden wird, daß die Kinder zwischen passiver Bewegung und Eigenbewegung unterscheiden.
3. Stadium: "Das Leben wird mit Eigenbewegung verbunden."
Piaget begreift die Bindung des Lebens an die Eigenbewegung als die wichtigste Periode des kindlichen Animismus.

> Ist ein Regenwurm lebendig? - Ja, er kann gehen. - Ist eine Wolke lebendig? - Nein, denn der Wind stößt sie. - Ist ein Fahrrad lebendig? - Nein, es wird von uns bewegt. - Ist das Feuer lebendig? - Ja, es bewegt sich selbst. (aus Piaget 1978, S. 168).

4. Stadium: "Das Leben wird den Pflanzen und Tieren vorbehalten."
Nach den Befunden von Piaget wird dieses Stadium erst mit etwa 11 bis 12 Jahren erreicht, vorher werden beispielsweise noch der Wind und die Gestirne als lebendig interpretiert.
Ein Vergleich mit den Ergebnissen das Bewußtsein betreffend zeigt, daß der Begriff "Leben" weniger umfassend ist als der Begriff "Bewußtsein". Piaget nimmt an, daß Kinder zunächst darüber entscheiden, ob ein Gegenstand lebendig ist und dann erst über die Verteilung des Bewußtseins befinden. Er faßt zusammen, daß die

[...] Extension des "Lebens"-begriffs darauf hinzuweisen scheint, daß es im kindlichen Universum ein Kontinuum von freien Kräften, Aktivitäten, Absichten gibt. Der Begriff Leben stellt ein Bindeglied zwischen der magischen Kausalität, für die sich alles um das Ich dreht, und der Dynamik der substantiellen Kraft her: Der Lebensbegriff, der aus der Vorstellung hervorgegangen ist, daß die Dinge einen Zweck haben und daß dieser Zweck, damit er erreicht werden kann, eine freie Aktivität voraussetzt, wird Schritt für Schritt zu einer Kraft oder zur Ursache der Eigenbewegung reduziert (Piaget 1978, S. 170).

Diese Befunde von Piaget können keineswegs als ganz gesichert gelten. Verschiedene Folge- beziehungsweise Kontrollstudien konnten zwar einerseits die Logik der Stadien von Piaget bestätigen, die Altersangaben andererseits jedoch müssen als sehr unsicher betrachtet werden. Insgesamt ist es wohl ähnlich wie beim animistischen Denken überhaupt so, daß Kinder einer Altersstufe sich sehr stark voneinander unterscheiden können (siehe Kapitel 4.2). Studien von Klingsberg (1957) und Klingensmith (1953) ergaben, daß auch jüngere Kinder schon relativ sicher zwischen lebendig und tot unterscheiden können. Laurendeau/Pinard (1962) kamen allerdings in einer ähnlichen Versuchsanordnung und Befragungstechnik wie Piaget auch zu vergleichbaren Ergebnissen, was die Altersstruktur angeht (500 Versuchspersonen zwischen 4 und 12 Jahren). Allerdings fanden sie keine signifikanten Unterschiede zwischen Stadium 1 (bei dem alles lebt, was irgendwie aktiv ist) und Stadium 2 (bei dem nur die bewegten Körper lebendig sind). In einer jüngeren Untersuchung an Grundschülern konnten Hofmeister u.a. (1982) zumindest die Altersangaben von Piaget nicht bestätigen. Jedoch findet sich auch hier die Beweglichkeit als Kriterium für Lebendigkeit wieder.

Lebewesen, die bewegen sich. Wenn man jetzt zum Beispiel durch den Wald geht, und da liegt ein Blatt, das bewegt sich nicht. Dann merkt man eben, daß es kein Lebewesen ist. Ein Vogel oder eine Katze, die versuchen dann, daß die laufen, und die machen dann, was sie wollen. (4. Klasse)

Entgegen den Befunden von Piaget behauptet beispielsweise Mahler (1958), daß das Kind vom ersten Lebenstag an zwischen belebt und unbelebt unterscheiden kann, daß dem also wohl eine angeborene Disposition zugrunde liegen wird. Hartmann (1939) nimmt vom Standpunkt der Ichpsychologie diesen Zeitpunkt eher mit 3 Monaten an, Spitz (1946) mit dem 6. Monat, nämlich wenn das Kind sich selbst bewegen kann und seine Abhängigkeit von sozialen Beziehungen spürt. In diesen psychoanalytisch orientierten Studien ist allerdings eher ein Gefühl für die eigene Lebendigkeit und auch Angst vor dem Tod gemeint. Die kognitive Zuweisung des Lebendigseins zu verschiedenen Objekten ist noch ein anderer Aspekt, der gleich noch unter dem Stichwort "naive biologische Theorien" zu behandeln sein wird. Auch konzedieren die letztgenannten Autoren angesichts der Befunde von Piaget, daß das Bewußtsein von tot und lebendig zunächst noch sehr oberflächlich sei. Freud (1919) betont im übrigen, daß die Unsicherheit, ob etwas tot oder lebendig ist, eines der Merkmale für das Gefühl des Unheimlichen sei.

Carey (1985) weist darauf hin, daß es selbst für Erwachsene im Hinblick auf die Zuweisung des Attributs "lebendig" noch unklare Fälle gibt (zum Beispiel bei Bakterien und Viren). Sie nahm die Befunde von Piaget und Laurendeau/Pinard auf und führte die Untersuchungen weiter mit der allerdings noch weitergehenderen Fragestellung, welche kognitiven Konzepte Kinder überhaupt von verschiedenen Phänomen haben. Die Konzepte von "Tier" und "Pflanze" haben uns in den entsprechenden Kapiteln schon beschäftigt. Einige ausgewählte Befunde zur Frage, "what is alive?", die über die von Piaget hinausgehen, sollen jedoch auch hier vorgestellt werden (vgl. eine Metaanalyse von Untersuchungen zum Lebensbegriff von Gropengießer 2000).

Insgesamt bezweifelt Carey aufgrund ihrer Studien die Piagetsche Kennzeichnung der Entwicklung der Bedeutung des Worts "lebendig", wobei sie allerdings auch die Position vertritt, daß die Bedeutung der Begriffe "lebendig" und "tot" sich im Laufe der Kindheit ändert. Ähnlich wie Piaget betont auch Carey den Einfluß animistischer Tendenzen bei der Entwicklung des Lebensbegriffs, bezieht allerdings in ihre Überlegungen stärker die Kenntnisnahme von biologischem Wissen seitens der Kinder ein. Außerdem reflektiert sie mehr den Gegensatz zu "lebendig", nämlich "tot", ein Aspekt, den Piaget weitgehend vernachlässigt hat. In Careys Untersuchung unterscheiden jüngere Kinder weniger zwischen lebendig und nicht-lebendig (alive - inanimate), sondern eher zwischen lebendig und tot (alive - dead). "Tot" bedeutet jedoch noch nicht das endgültige Erlöschen der Körperfunktionen. Der Kontrast zwischen lebendig und tot ist vielmehr vergleichbar mit dem zwischen real und imaginiert, existent und nicht-existent, heil und kaputt. Ein Knopf ist beispielsweise lebendig, weil er eine Bluse schließen kann, ein Tisch ist lebendig, weil man ihn sehen kann. Im Alter von 4 bis 7 Jahren sehen die Kinder noch nicht alle Tiere und Pflanzen als lebendig an, wohl aber einige leblose Objekte. Dabei werden allerdings Tiere insgesamt häufiger und auch eher als lebendig angesehen als Pflanzen. Kinder, die nicht (mehr) glauben, daß leblose Objekte lebendig sind, halten auch Pflanzen nicht für Lebewesen (vgl. Kapitel 9). Erst mit durchschnittlich 10 Jahren ist nach Carey ein stabiles kognitives Konzept bezüglich des Unterschieds zwischen tot und lebendig konsolidiert, ein Ergebnis, das wieder in auffälliger Weise mit dem von Piaget übereinstimmt.

> By age 10 children display the adult patterns of responses. They judge animals and plants, but not inanimate objects, to be alive, and they judge many predicates to span both animals and plants without generating category errors. Thus, by age 10 children represent a concept with the same extension as the adult's concept living thing (Carey 1985, S. 182).

Zum Schluß dieses Abschnitts soll noch auf einige bemerkenswerte Befunde zum Lebensbegriff besonders bei sehr jungen Kindern eingegangen werden. Es scheint nämlich so, daß Kinder bereits in den ersten Lebensmonaten eine rudimentäre Unterscheidungsfähigkeit zwischen belebter und unbelebter Welt besitzen. Einige Autoren mutmaßen sogar, daß es entsprechende angeborene kognitive Strukturen gäbe (zum Beispiel Keil 1991). In diesem Zusammenhang bedeutsam sind Befunde, die das intuitive biologische Wissen oder die "naive Biologie" (Mähler 1999) betreffen. Die Annahme solchen intuitiven Wissens impliziert die Hypothese, daß "das kindliche Wissen ab einem sehr frühen Alter — möglicherweise im Kern schon bei der Geburt — in bereichsspezifischen Rahmentheorien organisiert ist" (Mähler 1999, S. 61). Auch wenn die Kompetenz bereits sehr kleiner Kinder in vielen Bereichen in der Tat nach vielen neuen Befunden ausgesprochen beeindruckend ist, so muß doch darauf hingewiesen werden, daß wir über die Genese von naiven Theorien (neben naiven Theorien zur Biologie werden auch solche zur Physik und Psychologie diskutiert) nur wenig wissen. Im folgenden einige ausgewählte Befunde zum intuitiven Wissen zur der Biologie:

Bereits Neugeborene unterscheiden zwischen Menschen und unbelebten Objekten (Dornes 1993, S. 68f., Gelman 1990, Mandler 1992, Premack 1990, Trevarthen 1974, Wellmann/Gelman 1992). Sie versuchen, mit lebendigen Menschen zu kommunizieren, mit unbelebten Objekten aber nicht. Bereits mit sieben Monaten spielt die Fähigkeit zu autonomer Bewegung als ein Kriterium des Lebendigen eine Rolle: Kinder zeigen sich überrascht, wenn unbelebte Gegenstände sich scheinbar selbständig bewegen (Woodward u.a. 1993). So staunen Einjährige über das scheinbar aktive Verhalten von unbelebten Gegenständen, wohingegen die Aktivität von Lebewesen als normal hingenommen wird (Poulin-Duois/Shultz 1990).

Interessant sind in diesem Zusammenhang Untersuchungen mit der sogenannten Objektexaminierungsaufgabe: Mandler/McDonough (1993) präsentierten Kindern zwischen neun und elf Monaten Spielzeugobjekte einer bestimmten Kategorie (zum Beispiel Fahrzeuge: Laster, Bus oder Traktor); im Anschluß daran präsentierten sie entweder ein neues Objekt derselben Kategorie (zum Beispiel PKW) oder ein neues Objekt einer anderen Kategorie (zum Beispiel Pferd für die Kategorie Tiere). Die Kinder reagierten deutlich mit stärkerer Aufmerksamkeitszuwendung bei der jeweils neuen Kategorie. So konnten sie sogar deutlich zwischen Vögeln und Flugzeugen unterscheiden, die so konstruiert waren, daß sie sich äußerlich in Form, Farbe und Größe kaum unterscheiden. Mandler und McDonough interpretieren diese Befunde dahingehend, daß Kinder bereits in diesem frühen Alter über eine offenbar konzeptuelle Unterscheidungsfähigkeit im Hinblick auf belebte und unbelebte Objekte verfügen. Ob es sich dabei um konzeptuelles Wissen oder um Ähnlichkeitsvergleiche handelt, ist noch eine offene Frage.

Doch sprechen weitere Studien an etwas älteren Kindern dafür, daß es bereits in sehr frühem Alter ein entsprechendes konzeptuelles Wissen gibt und daß die Unterscheidungsfähigkeit zwischen lebendig und nicht-lebendig schon bei Kleinkindern relativ fest etabliert ist: In Interviews zeigten drei- bis vierjährige Kinder gute Kenntnisse über die Zuordnung biologischer Eigenschaften wie Bewegung, Atmung, Schlaf oder Nahrungsaufnahme (Gelman/Spelke/Meck 1983). Vierjährige Kinder fanden eine Übereinstimmung in biologischen Merkmalen eher bei verwandten Lebewesen. Das gilt auch dann, wenn die nicht-verwandten Lebewesen dem präsentierten Tier sehr ähnlich sahen und die verwandten Lebewesen fast gar nicht (Springer 1992). Siebenjährige können Eigenschaften eher von einem Tier auf ein anderes übertragen, als dies bei einem Artefakt gelingt (Gelman 1988).

Darin zeige sich Gelman zufolge ein Bewußtsein für die Komplexität lebendiger Strukturen. Analoge Befunde gibt es auch bereits für vier- und fünfjährige Kinder (Pauen 1996). Daß man den ontologischen Status von Objekten nicht ändern kann, ist bereits Fünfjährigen selbstverständlich. Aus einem Teddy kann niemals ein Tier werden und aus einem Tier niemals ein Spielzeugtier.

Tab. 10.1: Begründungen für die Entscheidung lebendig oder nichtlebendig (Angaben in %, verändert nach Tamir/Gal-Chopping/Nussinovitz 1981, S. 243)

Kriterium	Tiere	Pflanzen	Nichtleben-diges	Embryos (Samen, Ei)
Bewegung	28,5	5,2	14,4	0,9
Ernährung	14,4	16,5	6,2	5,3
Atmung	12,4	6,8	7,2	5,0
Anthropomorphismus	10,8	4,5	6,7	2,1
Form & Struktur	7,2	3,9	11,2	2,9
Wachstum & Entwicklung	6,7	37,8	7,0	20,2
Selbstaktivierung	4,8	2,6	9,0	1,6
Funktion	4,8	3,5	8,4	2,6
Gruppenmitgliedschaft	3,8	9,1	10,7	18,7
Reproduktion	2,9	1,6	0,7	1,1
Tod	1,3	2,8	0,3	0,2
Zustand & Ort	0,4	1,2	5,4	24,4
Anderes	1,9	3,5	12,8	6,0
Summe	*100*	*100*	*100*	*100*

Daß "Bewegung" nicht das einzige Kriterium für die Zuweisung von Lebendigkeit ist, wie das die klassischen Animismusstudien von Piaget nahelegen, zeigen eine Reihe von Studien. Bereits Viertklässler geben in Interviews eine breite Palette von Begründungen dafür, ob ein gezeigtes Objekt lebendig ist oder nicht (Stead 1980): Bewegung, Atmung, Ernährung, Wachstum, Wahrnehmung, Reproduktion, Zellen und Gene, Energie, Lauterzeugung, Nützlichkeit, Aufrichten vom Untergrund, Überlebensfähigkeit, Dauerhaftigkeit, Sprache, eigener Wille und Besitz von Organen. In einer Untersuchung von Tamir, Gal-Choppin und Nussinovitz (1981) werden diesbezügliche Begründungen kategorisiert und differenziert in bezug auf Tiere, Pflanzen, Nichtlebendiges und Embryos. Die Befunde sind in Tabelle 10.1 zusammengefaßt. Entfernte Objekte (wie Sonne, Mond und Sterne) werden eher für lebendig gehalten als Dinge des Alltags wie Fahrräder oder Autos (Buggle/Westermann-Duttlinger 1988, Dolgin/Behrend 1984). Die Vertrautheit mit den Dingen spielt also eine grundlegende Rolle (Baldwin 1955, Berzonsky 1971,

Granich 1940, Laurandeau/Pinard 1962, Looft 1974, Madsen 1982, Nass 1956, Russell u.a. 1940).

Bereits Vorschulkinder sollen einen naiven Begriff von Vererbung haben. Nach Springer und Keil (1989, 1991) glauben Kinder in diesem Alter, daß die Farbe von Lebewesen ererbt ist, die von Gegenständen dagegen nicht. Ebenso erwarten sie, daß Kinder ihren Eltern ähnlich sehen (Carey/Spelke 1994, Springer 1995), auch wenn natürlich noch kein Wissen über die kausalen Vererbungsmechanismen vorhanden ist. Kinder, die danach gefragt wurden, was aus einem Kalb wird, das unter Schweinen aufwächst, wissen, daß daraus eine Kuh wird (Gelman/Wellman 1991).

Vorschulkinder wissen auch um die für Lebewesen charakteristischen Wachstums- und Alterungsprozesse: So denken vier- bis fünfjährige Kinder nur im Fall von Lebewesen, daß abgeschnittene Teile (Blätter bei Pflanzen oder Haare bei Menschen) nachwachsen können (Backschneider/Shatz/Gelman 1993). Ebenso glauben sie nur von Tieren und Pflanzen, daß sie mit dem Alter wachsen und sich verändern können (Rosengren u.a. 1991). Nach Keil (1992) mutmaßen Vorschulkinder bei Lebewesen sogar eine arttypische Entwicklung.

Es sei auch noch betont, daß Kinder den Begriff "Leben" nicht nur im Sinne von biologischen Attributen verwenden. So wird beispielsweise die Sonne von 30% der 10jährigen für lebendig gehalten, aber nur 5% schreiben ihr auch biologische Attribute beziehungsweise Eigenschaften von Tieren zu (Carey 1985, S. 89). "Leben" ist neben seiner biologischen Bedeutungsdimension auch ein umfassendes Symbol. Das zeigen Untersuchungen über die freien Assoziationen, die der Begriff "Leben" bei Schülern und Studenten (15-25 Jahre) evoziert (Schaefer/Wille 1995). Die häufigsten Assoziationen sind in absteigender Reihenfolge die folgenden: Tod, Freude, Tiere, Freiheit, Menschen, Liebe, Geburt, Bewegung, Pflanzen, Glück, Gesundheit, Sterben, Natur, Atmung, Entwicklung, Fortpflanzung, Stoffwechsel, Trauer, Sinn und Schule. Es zeigt sich hier sogar, daß Begriffe, die mit persönlichen Sinnentwürfen assoziiert sind (wie Tod, Freude, Freiheit, Liebe und Glück), zentraler sind als die biologischen Kennzeichen des Lebendigen wie Fortpflanzung, Stoffwechsel und Entwicklung. Pflanzen und Tiere nehmen eine Mittelstellung ein.

10.3 Das kindliche Todesverständnis

Oft ist es der Tod eines geliebten Tieres, oft sind es auch unmittelbare Erfahrungen mit dem Sterben wichtiger Bezugspersonen (Eltern, Großeltern), manchmal ist es die Konfrontation mit dem eigenen nahen Tod, die Kinder über den Tod nachdenken läßt. Gesell/Ilg (1962, S. 428) beobachten bei Kindern verschiedener Altersstufen, daß die Frage nach der Begrenzung des Lebens bisweilen dadurch ausgelöst wird, daß in der Familie ein Baby geboren wird. Dadurch scheint der Gedanke nahegelegt, daß es auch einen Zustand der Nicht–Existenz gibt. M. Stern berichtet von ähnlichen Beobachtungen und verbindet damit die Annahme eines "angeborenen Potentials" der Vorstellung vom Tod. Er verweist auf viele Kinderanalytiker, die sagen, daß ungefähr zu der Zeit, in der das Kind sich nach dem Ursprung des Lebens fragt, es auch neugierig auf den Tod wird. Möglicherweise sind insofern auch die psychischen Verabeitungsweisen dieser sozusagen gleichzeitigen "Entdeckung" ähnlich (vgl. M. Stern 1983, Wangh 1985). Die Frage nach dem Ursprung des Lebens zieht offenbar auf beunruhigende Weise die Frage nach der Zukunft und auch nach dem Ende, jedenfalls nach der Begrenzung des Lebens nach sich. Sehr deutlich zeigt das die folgende Äußerung eines vierjährigen Jungen: "Nicht wahr, man ist schon tot, wenn man noch gar nicht auf der Welt ist? (aus Zlotowicz 1983, S. 109) Derselbe Junge hatte in der Folge dieser "Entdeckung" ein lebhaftes Interesse an Fragen, die den Tod und das Sterben betreffen.

> Ich möchte gerne jemand sterben sehen; nicht wie die Leute aussehen, wenn sie tot sind, sondern wenn sie gerade sterben, und dann möchte ich auch sehen, wie das ist, wenn sie tot sind.

Insgesamt scheint es so, daß Kinder dem Tod gegenüber unbefangener sind als Erwachsene. Das wird einerseits daran liegen, daß sie einem entsprechenden Tabu noch nicht so perfekt folgen; andererseits legen auch viele Untersuchungen die Annahme nahe, daß zumindest kleine Kinder noch keine realistischen Todesvorstellungen haben, wobei natürlich unterstellt wird, der Todesbegriff der Erwachsenen sei realistisch. Viele Studien, die sich mit Todesvorstellungen von Kindern befassen, sind relativ alt. In den letzten zwanzig Jahren hat sich allerdings die Forschung über das kindliche Todesverständnis ausgesprochen intensiviert (Zusammenfassungen bei Speece/Brent 1984, Stambrook/Parker 1987, Wittkowsky 1990). Trotzdem müssen viele Fragen über kindliche Todesvorstellungen noch als ungelöst betrachtet werden, wie die folgende Darstellung zeigen wird.

Eine entscheidende Frage in vielen Untersuchungen ist, wann ein Kind in der Lage ist, die Realität des Todes zu verstehen, wobei es oft unklar bleibt, was jeweils damit gemeint ist. Mit guten Grund wird deshalb neben Begriffen wie "Todeserleben", "Todesbewußtsein", "Einstellung zum Tod" in den meisten Studien von sogenannten "Todesvorstellungen" gesprochen, was wohl impliziert, daß es möglich ist, alles oder jedenfalls viel über den Tod zu wissen (wie sicherlich viele Erwachsene), ohne ihn "verstanden" zu haben. Besondere Uneinigkeit herrscht darüber, in welchem Alter eigentlich Kinder einen Begriff vom Tod bilden können. Die meisten Autoren (zum Beispiel Gesell/Ilg 1962, Nagy 1948, Stern 1937) nehmen einen relativ späten Zeitpunkt an; diese Position hat auch Eingang in die meisten gegenwärtigen todespsychologischen Abhandlungen gefunden. Einige Autoren vertreten demgegenüber die gegenteilige Position, nämlich daß schon sehr früh — in den ersten Lebensmonaten — ein Verständnis des Todes vorhanden sei (zum Beispiel Furman 1977, Bowlby 1983, A. Freud 1943). Diese Position wird am Ende dieses Kapitels dargestellt werden. Wichtig ist noch die Einschränkung, daß die im folgenden dargestellten Entwicklungsschritte bezüglich des kindlichen Todesverständnisses natürlich keine psychologischen oder gar anthropologischen Konstanten sind; sie gelten allenfalls für die mitteleuropäische und nordamerikanische Kultur des 20. Jahrhunderts. Angesichts dieser sozialen Bedingtheit auch des Todesverständnisses sind die zum Teil sehr auffälligen Differenzen bei den verschiedenen Studien, jedenfalls was die Altersangaben betrifft, nicht so sehr verwunderlich.

In den meisten Studien wird angenommen, daß in den ersten drei bis vier Lebensjahren das Kind keine Vorstellung vom Tod hat. Peller (1963) weist darauf hin, daß es für das kleine Kind schon sehr schwer sei, die Sexualität der Erwachsenen zu vestehen; völlig unmöglich sei es jedoch, den Tod zu verstehen. Es gibt in der egozentrisch–omnipotenten Welt des Kleinkindes keine Vorstellung einer Begrenzung. Das Kind kennt zwar schon den Tod betreffende Begriffe, jedoch verkennt es noch die Endgültigkeit und die Unumgänglichkeit des Todes (vgl. Alexander/Adlerstein 1958, Kane 1979). Der Tod als ein biologischer Vorgang wird erst später erkannt; Kinder in diesem Alter sehen den Tod nicht als notwendiges Ereignis im Leben jedes Lebewesens an. Darüber hinaus begreifen sie den Tod auch noch nicht als einen Abbruch biologischer, physiologischer Funktionen (vgl. Carey 1985, S. 61). Tod bedeutet eher Abwesenheit, Schlaf, Trennung, Lähmung, die jedoch als reversibel angenommen werden. Alle Gegenstände können als beseelt und damit auch als lebendig angesehen werden.

Nagy, die in Ungarn ausführliche Untersuchungen durchführte, meint, daß für das Kind der Tod ein "Weiterleben mit veränderten Umständen" bedeutet. Da den Toten aufgrund der animistischen Denkweise auch ein Bewußtsein zugesprochen werde, "leben" sie insofern auch weiter. Zwar seien die Toten im Sarg vor allem in ihrer Bewegungsfreiheit behindert, könnten jedoch essen und auch noch wachsen (vgl. Nagy 1948). Nach Stern (1957, S. 74f.) ist der Zustand des Todes für das kleine Kind vor allem durch Bewegungslosigkeit gekennzeichnet.

> Ein Mensch, der seinem Lebens- und Erfahrungskreis angehört, stirbt. Auch da, wo das Kind Krankheit und Sterben selbst nicht miterlebt, erlebt es doch die Tatsache, daß der Mensch, mit dem es vorher zusammenlebte, für immer aus seiner Umgebung ausgeschieden ist und daß andere Menschen um ihn trauern. Aber auch hier versteht das kleine Kind die Zusammenhänge nicht; der Vater ist gestorben, und es fragt: Wann kommt er wieder? Wird ihm geantwortet "niemals", so versteht es auch dies nicht, denn es kann sich von dem "niemals" keine Vorstellung machen (Stern 1957, S. 76).

Tote werden Stern zufolge insofern in diesem Alter auch nur wenig betrauert, da der Tod ja als reversibel angenommen wird, wobei allerdings die Getrenntheit schon als traurig oder schmerzlich erlebt wird (vgl. Nagy 1948, S. 11 und v.a. Bowbly 1983). Wenn kleinen Kindern also wichtige Bezugspersonen (zum Beispiel die Mutter) sterben, so betrifft das zwar das Leben der Kinder in geradezu existentieller Weise, sie haben jedoch nur sehr wenig Möglichkeiten, ein solches Ereignis emotional und kognitiv zu verarbeiten, da die Endgültigkeit des Todes (noch) nicht richtig verstanden wird. Damit ist zugleich die Frage angesprochen, ob und wie Kinder trauern können — ein Aspekt, der noch in Kapitel 10.5

216

ausführlicher diskutiert wird. Allerdings haben Kinder sehr wohl ein Empfinden für Trennung; insofern empfinden sie den Tod zum Beispiel eines Tieres als eine Art Fehlen, das auch traurig machen kann. Den Tod in seiner endgültigen und existentiellen Bedeutung begreift das Kind allerdings noch nicht (vgl. Nagy 1948).

Bisweilen beobachtet man kindliche Todeswünsche gegen andere Personen (siehe zum Beispiel Stern 1957, S. 79), die jedoch nicht als reale "Morddrohungen" zu verstehen sind; solche Wünsche meinen lediglich eine — zwar aggressiv gemeinte — jedoch nur momentane Distanzierung (siehe auch Anthony 1940). Oft verknüpfen sich mit dem Tod auch magische Vorstellungen: Toten wird weiterhin Gefühl, Bewußtsein und auch die Fähigkeit, in das Leben der Lebenden einzugreifen, zugesprochen. Ein vierjähriges Kind:

> Die Toten schließen die Augen, weil ihnen sonst Sand hineinkommt.
> Bei Beerdigungen darf man nicht singen, weil sonst der Tote nicht in Frieden schlafen kann. (aus Nagy 1948).

Freud hat vor jeder empirischen Untersuchung die frühkindlichen Todesvorstellungen bereits im Jahre 1900 sehr deutlich benannt:

> Das Kind weiß nichts von den Greueln der Verwesung, vom Frieren im kalten Grab, vom Schrecken des endlosen Nichts, das der Erwachsene, wie alle Mythen vom Jenseits zeugen, in seiner Vorstellung so schlecht verträgt. Die Furcht vor dem Tode ist ihm fremd, darum spielt es mit dem gräßlichen Wort und droht einem anderen Kind: "Wenn du das noch einmal tust, wirst du sterben, wie der Franz gestorben ist", wobei es die arme Mutter schaudernd überläuft, die vielleicht nicht daran vergessen kann, daß die größere Hälfte der erdgeborenen Menschen ihr Leben nicht über die Jahre der Kindheit bringt. Noch mit acht Jahren kann das Kind, von einem Gang durch das naturhistorische Museum heimgekehrt, seiner Mutter sagen: "Mama, ich habe dich so lieb; wenn du einmal stirbst, lasse ich dich ausstopfen und stelle dich hier im Zimmer auf, damit ich dich immer, immer sehen kann!" So wenig gleicht die kindliche Vorstellung vom Gestorbensein der unsrigen. Gestorbensein heißt für das Kind, welchem ja überdies die Szenen des Leidens vor dem Tode zu sehen erspart wird, soviel als einfaches "Fortsein", die Überlebenden nicht mehr störend (Freud 1900).

Inwieweit diese Kennzeichnung des kindlichen Todeserlebens auch für das kranke beziehungsweise todkranke Kind gilt, wird angesichts klinischer Beobachtungen angezweifelt. So zeigt eine Untersuchung von Bluebond-Langner (1977) über drei bis neunjährige Kinder, die Leukämie hatten, daß bereits die jüngeren Kinder die Endgültigkeit und die Irreversibilität des Todes klar sehen. Die Behauptung Eduard Sprangers, daß die Bedeutung des Todes auch dann nicht vom Kind verstanden wird, wenn es um das eigene Sterben geht, kann jedenfalls in dieser Absolutheit nicht aufrechterhalten werden (vgl. Larbig 1974, S. 245).

Unabhängig vom klinischen Bereich legen jedoch auch eine Reihe von neueren Studien die Annahme nahe, daß Kindern unter fünf Jahren ein "reifes Todesverständnis" fehlt (vgl. Wittkowski 1990), wobei jedoch noch einmal auf die Relativität eines solchen reifen Konzepts hingewiesen sei. Mit etwa 5 Jahren gerät dann jedenfalls die Vorstellung von der Umkehrbarkeit des Todes langsam ins Wanken. Kinder überlegen, was aus den Toten wird und übernehmen auch bereits — wenn auch noch nicht sehr überzeugt und nur sehr vage — Todesvorstellungen der Eltern.

> Auch der Tod wird von den 5-jährigen als eine natürliche Gegebenheit hingenommen. Das 5-jährige scheint das Endgültige des Todesdunkel zu erkennen und spricht von ihm als dem "Ende". Die tote Person ist für das 5-jährige eine Person ohne lebendige Eigenschaften: "Er kann nicht gehen, er kann nicht sehen und er kann nicht fühlen". Es interessiert sich für die Lage des Soldaten, der im Kriege fällt. — "Fällt er auf seinen Rücken oder auf sein Gesicht?" Wenn man ihm sagt, tote Menschen kommen, nachdem sie gestorben sind, in den Himmel, ist es darüber erstaunt, daß sie nicht aus dem Himmel fallen (Gesell/Ilg 1962, S. 99).

Gesell/Ilg beobachten auch eine ausgeprägt sachliche Einstellung zum Tod, die ohne große gefühlsmäßige Belastung klar formuliert werden könne. Oft gibt es auch personifizierte Vorstellungen vom Tod (vgl. etwa Nagy 1948), zum Beispiel als Gerippe oder als Sensenmann.

Mit 6 Jahren wird das kindliche Todesbild zunehmend realistischer. Das hängt nach Geuss (1984), der versucht hat, das kognitionspsychologische Modell von Piaget auf die Vorstellungen vom Tod zu beziehen, vor allem damit zusammen, daß erst jetzt in der Phase der konkreten Operationen das Denken vom Tode möglich sei:

> In der Stufe der konkreten Operationen (etwa 7. bis 11. Lebensjahr) werden Invarianz und Reversibilität entwickelt; im Denken vermag sich das Kind zunehmend von realen Gegebenheiten zu lösen sowie mehrere Aspekte eines Sachverhalts gleichzeitig zu berücksichtigen und zueinander in Beziehung zu setzen. In der Phase der formalen Operationen (etwa ab dem 11. Lebensjahr) kann dann das Kind von konkreten Vorstellungen abstrahieren und unterschiedliche Möglichkeiten mit Hilfe normaler Operationen durchdenken. — Aus dieser kurzen Analyse folgt, daß frühestens in der Stufe der konkreten Operationen (etwa ab dem 7. Lebensjahr) realistische Kognitionen über "Tod" und "Sterben" ausgebildet werden können, da das Kind sich erst in dieser Phase von der konkreten Wirklichkeit gedanklich zu lösen vermag und begreift, daß sich Entwicklungen auch umkehren können (Geuss 1984, S. 294).

Todesgedanken werden nun emotional bedeutsam, werden auch mit Angst verknüpft. Langsam wird begriffen, daß man auch selbst sterben muß, wenn dies auch im allgemeinen geleugnet wird (Gesell/Ilg 1962, S. 167). Gesell/Ilg beobachten zum Beispiel an 6jährigen Kindern, daß sie fürchten, ihre Mutter könnte sterben. Stern (1957) allerdings berichtet auch in diesem Alter noch von Kindern, die dem Tod relativ gelassen und teilnahmslos gegenüberstehen. Die Reversibilität des Todes wird deutlich angezweifelt, wenngleich nach Gesell/Ilg im Denken von 6jährigen Kindern noch häufig der Gedanke auftaucht, daß es einen Vorgang gibt, der den Tod rückgängig macht.

Am ehesten kann es (das 6-jährige Kind) sich den Tod so vorstellen, daß irgendein anderer den Platz des Toten einnimmt: Puppen nehmen den Platz von Hunden und Kinder den Platz ihrer Eltern ein. Fühlt das 6-jährige die unmittelbar bevorstehende Möglichkeit, seine Mutter könne sterben, dann denkt es zwangsläufig an jemanden, vielleicht an eine Tante, als etwaigen Ersatz für seine Mutter (Gesell/Ilg 1962, S. 141).

Nach Nagy (1948) wird der Tod jetzt zwar als endgültig betrachtet, aber als etwas, was nicht jeden zwangsläufig treffen muß. Der Zusammenhang von Alter und Tod wird erkannt (Gesell/Ilg 1962, S. 446 und 141). Erstmals wird auch die Möglichkeit des gewaltsamen Todes, des Getötetwerdens ins Auge gefaßt. Oft wird der Tod auch als Strafe für irgendwelche Vergehen angesehen beziehungsweise befürchtet (vgl. White/Elson/Prawat 1978). Nach einer Untersuchung von Orbach u.a. (1987) bringen 7 bis 8jährige Kinder den Tod sehr klar mit den Begriffen Endgültigkeit, Unwiderruflichkeit, Allgemeingültigkeit und Alter in Verbindung. Langsam nimmt auch das Interesse am Umfeld des Todes (Sarg, Begräbnis, Friedhof etc.) zu, die Frage nach den Ursachen gewinnt an Bedeutung (Gesell/Ilg 1962, S. 167). In der Arbeit von Orbach u.a. (1987) wurde das Todesverständnis im Hinblick auf Menschen und im Hinblick auf Tiere miteinander verglichen. Zum einen zeigen die Ergebnisse, daß die Kinder dieses Alters den Tod von Tieren nicht oder zumindest weniger mit dem Alter verbinden, was wohl daran liegen wird, daß Alterserscheinungen bei Tieren nicht so ohne weiteres identfizierbar sind. Zum anderen — und das ist für unseren Zusammenhang interessant — scheint es nach diesen Beobachtungen nicht so zu sein, daß Kinder leichter und v.a. auch eher ein Verständnis für den Tod von Tieren erwerben als von Menschen, wie das einige andere Studien nahelegen (zum Beispiel Mitchell 1967). Orbach schließt daraus,

daß unser Verständnis von dem Tod nicht notwendigerweise eine initiale Begegnung mit dem Tod von Tieren verlangt, die das Kind dann auf den Menschen ausdehnt. Eher scheint unser Begriffsvermögen vom Tod durch andere Erfahrungsprozesse gefördert zu werden, wie Schlaf- und Wachperioden, Trennung oder unterschiedliche Ängste (Orbach 1990, S. 103)

Die Unvermeidlichkeit des Todes wird mit etwa acht Jahren auch auf die eigene Person bezogen, verbunden mit der Übernahme magisch-religiöser Vorstellungen einerseits und realistisch-biologischer Informationen andererseits. In einer Studie von 1934 wird dagegen angenommen, daß Kinder bis zu 15 Jahren (!) recht selten Todesfurcht haben, zwar an den Tod anderer, jedoch nicht an den eigenen glauben (vgl. Schilder/Wechsler 1934). Insgesamt verstärken sich jedoch die Überlegungen darüber, was nach dem Tod sein wird.

Der Tod wird jetzt auch als ein unumgänglicher biologischer Prozeß angesehen (Koocher 1974, Nagy 1948, Safier 1964, Anthony 1940, Mitchell 1967, Kane 1979), der zudem endgültig und universell ist (Lazar/Torney-Purta 1991, Speece/Brent 1984). In einer Studie von Koocher (1974) geben 12jährige als Gründe für den Tod vor allem biologische Zusammenhänge an: Herzstillstand, Atemstillstand,

Blutkreislauf, Alter, Krankheit. Auch nach Gesell/Ilg können 10jährige den Tod als biologisches Phänomen sehen (Tod = kein Leben, keine Temperatur, kein Atem, kein Herzschlag). Das 10jährige Kind

> [...] tritt der Tatsache des Todes als einer Urerscheinung gegenüber; es beschränkt sein Interesse nicht auf die Begleiterscheinungen und die Folgen des Todes. Das Leben hat für das 10-jährige Kind eine physiologische Grundlage in der Ernährung, dem Wachstum, dem Blut und der Atmung. Der Tod tritt ein, wenn diese wesentlichen Voraussetzungen nicht erfüllt sind. [...] Seinem Reifegrad entsprechend nähert sich das 10 Jahre alte Kind der Anschauung des Erwachsenen, auf die die Entwicklung hindeutet (Gesell/Ilg 1962, S. 430).

Stern berichtet, daß 11jährige in der Regel von dem Vorgang der Verwesung wissen und davor auch Angst haben (vgl. Stern 1957, S. 140f.).

> Das Kind weiß jetzt fast immer, daß der Tod die definitive Trennung bedeutet, daß er unwiderruflich ist, Trennung und Liebesverlust werden als schmerzlich empfunden. Die Angst vor dem Tod und vor dem Sterben ist allen Kindern dieser Altersstufe bekannt, aber viele weisen sie von sich, indem sie sich sagen, der Tod liege sehr fern, er betreffe sie nicht, er gehe nur die "Alten" an. Religiöse Vorstellungen bringen, wo sie vorhanden sind, wenig Trost (Stern 1957, S. 142f.).

Während Gesell/Ilg annehmen, daß animistische und magische Haltungen gegenüber dem Tod abgelegt seien und in diesem Alter die Notwendigkeit und Endgültigkeit des Todes akzeptiert sei, mutmaßt Stern (1957, S. 112f.), daß animistische Anteile beim Todesbegriff erst sehr viel später — wenn überhaupt — abgelegt werden. Brocher vermutet in diesem Zusammenhang, daß religiös motivierte Unsterblichkeitsphantasien nicht nur ein Ausfluß frühkindlicher animistischer Tendenzen sind, sondern auch eine Reaktion auf die biologisch fundierte Erkenntnis des Todes (vgl. Brocher 1987, S. 19). Zu fragen ist mit Fuchs auch, "inwieweit sich [...] die Animismen im Rahmen von Religion, Aberglauben oder Weltanschauung neu integriert haben" (Fuchs 1969, S. 123).

Im weiteren wird dann der Todesbegriff im Laufe der Vorpubertät/Pubertät dem der Erwachsenen immer ähnlicher. Eine realistische Todesvorstellung markiert nach Stern (1957) geradezu das "Ende der Kindheit". Dabei sei nochmals dahingestellt, wie realistisch, d.h. frei von Abwehr, Tabuisierung und Allmachtsphantasien das Todesbild von Erwachsenen ist. Jedenfalls verknüpft sich die Todesfrage ab der Pubertät auch mit der Frage nach dem Sinn des Lebens, mit der Frage nach einem möglichen Leben nach dem Tod, mit Philosophie und Religion. Zugleich werden die Todesvorstellungen auch abstrakter (vgl. Gesell/Ilg 1962, S. 480f). Die Frage nach dem Tod verknüpft sich auch mit dem Gedanken an Selbstmord, was ein eigenes Thema ist und hier nicht ausgeführt werden soll (siehe zu dieser Thematik zum Beispiel Heuer 1979, Ide 1992, Jochmus/Förster 1983, Orbach 1990). Die Anerkenntnis der Begrenztheit des eigenen Lebens hat zusätzlich weitreichende Auswirkungen auf die Art der subjektiven Biographiekonstruktion (vgl. Fuchs 1985). So begreift der Jugendliche

[...] zum ersten Mal, deutlicher als das über den Tod gelegentlich nachdenkende Kind, nicht nur, daß das Leben mit dem Tod endet, sondern darüber hinaus auch, daß sein eigenes Leben eines Tages seinen Abschluß erfahren wird (Bühler 1959, S. 31).

Mit der Anerkenntnis der Unvermeidlichkeit des Todes wird die Trauer und Betroffenheit bei Todesfällen von nahen Menschen oder auch bei Lieblingstieren ausgeprägter. So stellen Wittkowski/Schnell (1981) in einer Studie an 8 bis 14-jährigen Grund- und Hauptschülern (n=1180) bis zum 12. Lebensjahr nicht nur immer differenzierter werdende biologische Kenntnisse bei Kindern fest, sondern auch damit im Zusammenhang stehende "unlustbetonte Gefühle".

Die Kenntnis der Vorgänge und Fakten bezüglich Tod und Sterben ist Voraussetzung und auslösendes Moment in negative Emotionalität gegenüber der Todesthematik (Wittkowsky/Schnell 1981, S. 310).

Jedenfalls werden Kinder und Jugendliche, nachdem sie von ihrem frühen Weltbild von der Nichtexistenz beziehungsweise zumindest Umkehrbarkeit des Todes Abschied genommen haben und über ihr Verhältnis zu Tod und Leben nachzudenken beginnen, von Erwachsenen (Eltern, Lehrer, Erzieher) oft im Stich gelassen, die den Tod lieber ausgrenzen als darüber aufzuklären. Insofern übernehmen Kinder spätestens mit dem "realistischen" erwachsenen Todesbegriff auch das Tabu, über den Tod zu reden beziehungsweise sich mit anderen darüber auszutauschen.

Wenn man auch zusammenfassend sagen kann, daß die Entwicklung des Todeskonzepts sowohl mit der kognitiven Entwicklung als auch mit dem chronologischen Alter zusammenhängt (Nachweis unter Einbeziehung des aktuellen Forschungsstands bei Wittkowski 1990), so muß doch relativierend angemerkt werden, daß die Entwicklung der Kognitionen über Tod und Sterben mit großer Wahrscheinlichkeit nicht so starr verläuft, wie es bei dieser Darstellung vielleicht den Anschein hat und wie es von vielen Autoren wohl auch angenommen wird. Bisweilen entsteht dabei der Eindruck, als seien die Vorstellungen vom Tod gewissermaßen Ausdruck einer endogenen Reifung, die relativ unabhängig vom kulturellen Umfeld und auch von persönlichen Erfahrungen sind. In einer Studie von Townley/Thornburg (1980) wird sogar zu zeigen versucht, daß der Tod von nahen Bezugspersonen kaum Einfluß auf die kindlichen Vorstellungen von Tod und Sterben hat. Daß dies angezweifelt werden muß, zeigt eine interessante Untersuchung von Geuss (1984): Danach sind sowohl die Art der Todesvorstellungen als auch der Zeitpunkt, an dem sie auftreten, abhängig von persönlichen Erfahrungen und vor allem vom Funk- und Medienkonsum. Diese Untersuchung legt ferner die Annahme nahe, daß Kinder, die sich mit dem Tod eines nahen Angehörigen auseinandersetzen mußten und vor allem dazu auch Gelegenheit hatten (d.h. nicht infolge fehlender Hilfestellung verdrängen mußten), ein verhältnismäßig realistisches Todesverständnis hatten, das nicht den oben dargestellten Altersangaben streng unterliegt. Ein weiteres interessantes Ergebnis ist, daß ein verstärkter Fernsehkonsum offenbar dazu führt, daß die Vorstellungen vom Tod unrealistisch werden. Das wird wohl auch daran liegen, daß in den Medien der Tod als etwas "Alltägliches" erscheint, als ein "willkürliches Beseitigen und Austauschen von Menschen" (Geuss 1984, S. 295f). Auch einige jüngere amerikanische Untersuchungen zeigen, daß und wie sehr direkte Erfahrungen mit dem Tod den Todesbegriff beeinflussen (Reilly u.a. 1983, Speece/Brent 1984, Kastenbaum 1977). So verglichen Reilly u.a. bei 5- bis 10jährigen Kindern drei Gruppen: Kinder, die einen nahen Angehörigen durch Tod verloren hatten; Kinder von geschiedenen Eltern und Kinder, die keinen Verlust erlebt hatten. Die Analyse zeigt sehr deutlich, wie sehr die Einsicht in den Tod bei der Gruppe am ausgeprägtesten war, die auch mit ihm bereits Erfahrungen gemacht hat. Gerade die jüngeren Kinder hatten ein weitaus tieferes Verständnis, als kognitionstheoretische Erwägungen vermuten lassen würden (vgl. auch Orbach 1990, S. 119).

So ist es wahrscheinlich, daß Sozialisationseinflüsse wesentlich die Todesvorstellungen von Kindern beeinflussen (vgl. Furman 1977, Brocher 1980, Kliman 1980, Fuchs 1969, S. 124f.). Hahn (1968) entfaltet sehr überzeugend und mit soziologischen Belegen, wie sehr die Todesvorstellungen "sozial bedingt" und — worauf schon hingewiesen wurde — sehr durch das unsere Gesellschaft kennzeichnende Todestabu geprägt sind. Elias (1982) begreift sogar ausdrücklich die Art und Weise der Todesverdrängung als ein Strukturmerkmal des Zivilisationsprozesses. Analog hierzu werden auch die Todesvorstellungen, die in einer konkreten Zivilisation entstehen, Merkmal beziehungsweise Resultat des Sozialisationsprozesses sein, der für eben diese Zivilisation erzieht.

Zu den Erfahrungen mit dem Tod, die Kinder machen können, gehört auch, wie die Eltern und die näheren Bezugspersonen mit der Todesproblematik umgehen, d.h., wie stark das Todestabu im familiären Bezugssystem aufrechterhalten wird, auch wenn Vater, Mutter oder Geschwister sterben. Die Probleme der Erwachsenen, mit dem Tod umzugehen, überträgt sich auf diese Weise auf die Kinder.

> Viele Eltern schicken ihre Kinder zu Verwandten oder Freunden, bis die Beerdigung vorbei ist. Kinder spüren jedoch am Benehmen der Erwachsenen, daß etwas Trauriges geschehen ist. Man kann ihnen den Todesfall auf die Dauer nicht verheimlichen. Wenn Kinder von der gemeinsamen Trauer ausgeschlossen werden, so wird ihr Vertrauen zu den Eltern schwer erschüttert. [...] Erwachsene wollen Kinder vor Kummer bewahren, indem sie ihnen den Tod und die Traurigkeit vorenthalten. Die Auseinandersetzung mit dem Verlust können sie ihnen aber nicht ersparen. Vielleicht haben die Erwachsenen auch Angst vor der kindlichen Spontaneität, welche die eigene Abwehr gefährden könnte. Offene Gefühlsäußerungen würde die Selbstkontrolle der Erwachsenen in Frage stellen (Spiecker-Verscharen 1982, S. 50f.).

Bowlby (1883, S. 347) weist darauf hin, daß das "schwache Ich" des Kindes oft als Vorwand mißbraucht wird, um sich nicht mit den Kindern über den Tod auseinanderzusetzen zu müssen. Einige Gedanken zum (pädagogischen) Umgang mit dem Thema Tod und Sterben werden in Kapitel 10.6 noch dargelegt.

Unabhängig von diesen relativierenden Überlegungen zur sozialen Bedingtheit kindlicher Todesvorstellungen stellt E. Furman (1977) überhaupt die Frage, ob Kinder erst so spät, wie es fast alle Untersuchungen nahelegen, die Realität des Todes erfassen. Bereits elf Jahre früher hatte ihr Mann R.A. Furman die Ansicht vertreten, daß sehr wohl bereits 2- bis 3jährige Kinder den Begriff "Tod" verstehen und auch trauern können. Allerdings seien diese seelischen Fähigkeiten nicht immer zugänglich, könnten jedoch bei entsprechenden Umständen gefördert werden (Furman 1966). Nach den Beobachtungen von E. Furman erfaßt bereits ein zweijähriges Kind sehr wohl die Ernsthaftigkeit und Einzigartigkeit des Todes, hat dafür jedoch noch keine (verbale) Ausdrucksmöglichkeit. Bedingung dafür ist allerdings wohl, daß es bereits Erfahrungen mit dem Tod von Angehörigen und — übrigens weitaus häufiger — von Tieren gemacht hat. Aufgrund solcher Erfahrungen und im Zusammenhang mit der Unterscheidungsfähigkeit von tot und lebendig verstünden Kinder intuitiv schon sehr früh etwas vom Tod (vgl. auch Speece/Brent 1984).

> Der Erwachsene hat ein vollentwickeltes kognitives Konzept vom Tod, und dennoch kann es ihm unmöglich sein, ein totes Tier anzusehen oder dem Kind den konkreten Unterschied zwischen tot und lebendig zu erklären. Umgekehrt kann ein Kind im Kindergartenalter auf Befragung möglicherweise nicht in Worten definieren, was "tot" ist; wenn es aber eine tote Fliege oder einen toten Vogel sieht, wird es den Zustand ganz richtig beurteilen (Furman 1977, S. 265).

Auch Anthony (1940) weist darauf hin, daß bereits zweijährige Kinder sich mit dem Tod beschäftigen und vor ihm Angst haben. Möglicherweise wird dieses intuitive Verständnis sogar durch entsprechende Tabus wieder verwässert. Diese Vermutung wird beispielsweise bestätigt durch differenzierte und einfühlsame Spielbeobachtungen von Rochlin (1967), nach denen Kinder erst dann den Tod verleugnen oder verzerren, nachdem sie erfahren haben, was der Tod bedeutet. Oft werden Kinder in ihrem Todesverständnis von den Erwachsenen auch unterschätzt (vgl. Brocher 1987).

Abschließend sei noch auf Berichte von Anna Freud und Dorothy Burlingham verwiesen. Sie beobachteten "Kriegskinder" im Zweiten Weltkrieg in London und bescheinigten ihnen ein erstaunlich frühes Verstehen des Todesphänomens, was natürlich etwas mit den Erfahrungen und Erlebnissen im Krieg zu tun haben wird. Zwar gehen auch sie von der Prämisse aus, daß "der Tod [...] ein für dieses Alter gefühlsmäßig nicht faßbarer Begriff [ist], auch wo die Verstandesentwicklung des Kindes weit genug vorgeschritten ist, um andere komplizierte Zusammenhänge zu erfassen" (A. Freud 1980, S. 508). Auf der anderen Seite berichten sie von vielen Beispielen, aus denen deutlich wird, daß bereits kleine Kinder ein sehr klares Verständnis von Tod und Kriegsereignissen haben:

> Kinder, die während des Bombardements älter als zwei Jahre waren, verstehen fast ausnahmslos, was ein Fliegerangriff bedeutet. Sie horchen auf anfliegende Flugzeuge und unterscheiden, mehr oder weniger, zwischen dem Geräusch von fallenden Bomben und von Abwehrgeschossen. Sie wissen, daß gebombte Häuser zu-

sammenfallen und daß Menschen unter ihnen verschüttet und getötet werden können (A. Freud 1980, S. 507).

Ein 4jähriger Junge, der lange Zeit den Tod des Vaters verleugnet hat, sieht sehr
klar: "Mein Vater ist tot und meine Mutter im Spital. Wenn der Krieg aus ist, kann
sie zurückkommen, aber er kommt nicht wieder" (A. Freud 1980, S. 546).

10.4   Angst vor dem Tod

Natürlich lassen sich die kindlichen Vorstellungen vom Tod nicht von der Angst
vor dem Tod trennen, wie überhaupt kognitive und emotionale Prozesse immer
aufeinander bezogen sind. Trotzdem geben die meisten der bisher referierten
Studien vor, gewissermaßen nur den kognitiven Teil des kindlichen Todesverständnisses zu erfassen. Wie sich jedoch gezeigt hat, sind dabei zwangsläufig
schon einige Bemerkungen zur kindlichen Todesangst gefallen. Trotzdem soll nun
in diesem Abschnitt genauer und differenzierter auf das Phänomen der Todesangst
eingegangen werden, um in einem zweiten Schritt die wenigen Befunde zur kindlichen Todesangst darzustellen.

Zur Genese der Todesangst gibt es zwei unterschiedliche theoretische Positionen: Einmal wird die Todesangst als eine primäre menschliche Motivation angenommen, die vor jeder Erfahrung da sei. Diese ursprüngliche Todesangst wäre
demnach Bestandteil des (zumindest menschlichen) Lebens schlechthin, verknüpft
mit einer Disposition zur Selbsterhaltung. Max Scheler behauptet, daß der Tod als
ein Wesensmerkmal des Lebens vor jeder Erfahrung vom Menschen auch bereits
gewußt wird.

> Der Tod gehört zur Form und zur Struktur, in der uns allein jegliches Leben gege-
> ben ist, unser eigenes wie jedes andere, und dies von innen und von außen. (Scheler
> 1957, S. 22)

Dieses "absolute Todesphänomen, das an das Wesen des Lebendigen geknüpft ist"
(Scheler 1957, S. 35), braucht in der individuellen Entwicklung auch nicht die
Erfahrung oder gar Beobachtung der Sterblichkeit. Nach Scheler wissen die Menschen von ihrer Sterblichkeit von vornherein, vor jeder Erfahrung. Insofern ist
nach dieser Position die Gewißheit des Todes völlig unabhängig von historischen
und sozialen Gegebenheiten. Nach Scheler ist diese Gewißheit auch unabhängig
von dem Phänomen der Todesangst. Erst im Verlaufe des Lebens nämlich wird die
Todesgewißheit mit negativen Gefühlen verknüpft. Auch Heideggers (1979) Position des "Seins zum Tode" ist dieser Annahme einer ursprünglichen Todesgewißheit und Todesangst verwandt.

Die andere Position nimmt die Todesangst als ein Sekundärphänomen an. Der
Psychoanalyse zufolge entsteht sie als eine Umwandlung von frühkindlichen Tren-
nungs-, Straf- und Gewissensängsten. Während das Kleinkind völlig ohne Todesangst sei, komme es im Gefolge des Ödipuskomplexes (4./5. Lebensjahr) als Umformung der Angst vor den strafenden Eltern, der Angst vor den nicht oder nur

224

unzureichend zu erfüllenden Geboten des Gewissens, des Überichs, zur Todesangst. Da im Unbewußten "nichts vorhanden [sei], was unserem Begriff der Lebensvernichtung Inhalt geben kann" (Freud 1926, S. 160), muß insofern auch die Todesangst eine sekundäre Umwandlung von anderen Ängsten sein.

> Dem Todesglauben kommt aber nichts Triebhaftes in uns entgegen. [...] Die Todesangst, unter deren Herrschaft wir häufiger stehen als wir selbst wissen, [...] ist etwas Sekundäres und meist aus Schuldbewußtsein Hervorgegangenes (Freud 1915c, S. 350).

Der Kern dieses Gedankengangs wird deutlich, wenn man sich die genannten Ängste genauer ansieht: Es ist die Angst, von der haltenden Gemeinschaft verlassen, nicht mehr geliebt, verstoßen zu werden. Danach ist die Angst vor dem Tod eine soziale Angst, nämlich von lebendigen Beziehungen ausgeschlossen zu sein, wenn man den herrschenden Werten und Normen nicht genügend entspricht. Todesangst wäre somit in der Substanz eine Angst vor Liebesverlust und absoluter Einsamkeit. Insofern können als ein Ursprung der Todesangst frühe Trennungserlebnisse angenommen werden (vgl. Muensterberger 1963/64), was im Ergebnis schon fast der ersten These von der primären Todesangst nahekommt, da in der Realität diese Trennungserlebnisse und die entsprechende Angst davor nicht zu vermeiden sind. In diesem Zusammenhang spricht M. Stern (1972) davon, daß alle Menschen im frühen Alter gewissermaßen Todesäquivalente als Folge ausbleibender Versorgung erleben und daß sich derartige Erfahrungen als "Todestrauma" verdichten. Auch Bowlby (1983) weist darauf hin, daß Trennungsangst und Todesangst für das kleine Kind, das noch keine Vorstellung von Zeit hat, die gleiche Qualität hat, wobei natürlich keine letzlich sicheren Angaben für das kindliche Erleben in dieser frühen Zeit zu machen sind. McCarthy (1980) betont ebenfalls als eine Dimension der Todesangst die Trennung von den Eltern; allerdings sei es eher die Angst des Kindes, die Eltern zu verlassen. Es ist also hier mehr die Angst, die auftritt, wenn sich das Kind von den primären Bezugspersonen unabhängig machen will.

Wittkowski (1978) unterscheidet zwischen dem eigenen Tod und dem Tod anderer Menschen, wobei in beiden Fällen auch hier Todesangst inhaltlich als eine Angst vor Beziehungsverlust verstanden wird:

> Angst vor dem eigenen Tod bezieht sich auf die irreversible Auslöschung und Vernichtung des Individuums, auf die Auflösung aller innerweltlichen Beziehungen und auf die damit einhergehende Unmöglichkeit, zielgerichtete Aktivitäten zu entfalten. [...] Angst vor dem Tod anderer richtet sich auf den Verlust persönlicher Bedingungen und Beziehungen, auf das Fehlen von Anregungen und Bereicherungen, die vom Verstorbenen ausgegangen waren (Wittkowski 1978, S. 64).

Todesangst ist im übrigen nicht die einzige mögliche Reaktion auf die Realität des Todes. Gleichgültigkeit, Negation, Akzeptieren sind weitere mögliche Reaktionsformen, die, wie Wittkowski (1978) zeigt, durchaus auch neben der Todesangst vorkommen. Ein weiterer Aspekt der Todesangst ist, daß man den Zustand des Todes nur denken, nicht aber erfahren kann. Der Tod, so sehr er inzwischen biologisch, medizinisch und psychologisch erforscht sein mag, bleibt trotzdem etwas prinzipiell Unbekanntes für die Lebenden und ist insofern ängstigend. Die Angst vor dem Tod ist so auch die Angst vor dem schlechthin Unbekannten, vor dem Nichts. Religiöse Jenseitshoffnungen oder Auferstehungsphantasien können als eine Abwehr oder auch als eine Bearbeitung dieser existentiellen Angst verstanden werden. Marchi (1988) betrachtet die Erkenntnis von der Gewißheit des Todes geradezu als "Urschock" für den Menschen und interpretiert die menschliche Kulturentwicklung als einen groß angelegten Versuch, eben diesen Urschock zu bewältigen, indem der Tod beziehungsweise die Erkenntnis des Todes verdrängt wird (ausführlicher siehe Kapitel 11.3.5).

Zur Frage der kindlichen Todesangst gibt es nur wenige Hinweise und auch die sind widersprüchlich. Einige Studien lassen vermuten, daß es zumindest bei jungen Kindern bis etwa fünf Jahren keine Todesangst gebe (Halpern/Palic 1984, Gartley/Bernasconi 1967, Schilder/Wechsler 1934, Wittkowski/Schnell 1981). Natürlich hängt diese Position damit zusammen, daß in den genannten Untersuchungen den jüngeren Kindern überhaupt ein Verständnis des Todes abgesprochen wird. Insofern begünstige ein unreifes Todeskonzept auch einen zumindest relativ angstfreien Umgang mit dem Tod (vgl. Wittkowski 1990).

Es ist jedoch die Frage, ob und wie bewußte Kognitionen über den Tod so einsinnig mit emotionalen Reaktionen wie zum Beispiel der Todesangst zusammenhängen. So gibt es auch einige gegenläufige Beobachtungen: Reed (1972) behauptet beispielsweise, daß ca. 80% der Kinderängste den Tod betreffen. Die Kinder befürchten, zu sterben, getötet zu werden oder daß ein Familienmitglied sterben könnte. Leist (1982) berichtet von einer Studie an Grund- und Hauptschulen, nach der Mädchen deutlich mehr Angst vor dem Tod haben als Jungen. Nach Zeligs (1974) bezieht sich die Angst vor dem Tod bei jüngeren Kindern darauf, die Eltern zu verlieren, eine Leiche zu sehen, auf den eigenen Tod und auf das Verlassenwerden. Ähnlich äußert sich auch Anthony (1971), wobei noch die Angst, verletzbar zu sein und v.a. selbst wichtige Bezugspersonen zu verlassen, hinzukommt. In der Tat also scheint ein wesentlicher Inhalt der Todesangst die Angst vor Beziehungsverlust zu sein, wie das oben schon angedeutet wurde. Dabei scheint es zumindest sekundär zu sein, von wem der Verlust ausgeht (vgl. McCarthy 1980).

Furman (1977) sagt, daß gerade für kleine Kinder der Tod eines Elternteils oft starke Angst auslöst, ebenfalls sterben zu müssen Es ist nicht unwahrscheinlich, daß die (scheinbar) sachliche und emotionslose Einstellung zum Tod, wie sie im letzten Abschnitt für jüngere Kinder oft beschrieben wurde, eigentlich der Abwehr von starken Todesängsten dient.

> Je enger das Kind sich der verstorbenen Bezugsperson verbunden fühlte, um so größer ist sein Bedürfnis, sich selbst vom Schicksal des oder der Verstorbenen zu distanzieren, bevor es sich intellektuell damit auseinandersetzen kann. Jeder Mensch muß mit seiner Todesfurcht fertig werden, indem er sich vergewissert, daß

226

das Schicksal des Toten nicht das seine ist, auch wenn er ihm nahestand und Empathie und Sympathie empfindet. Wenn Vater oder Mutter sterben, hat das Kind in dieser Hinsicht besondere Schwierigkeiten (Furman 1977, S. 23f.).

Todesangst gilt in solchen Situationen oft dem überlebenden Elternteil (vgl. Bowlby 1983, S. 456f.). Analog zu Scheler postulierte auch Weber eine ursprüngliche und genuine Todesangst bereits bei Kindern. Er beschreibt bei drei interessanten Fallstudien über neurotische Kleinkinder intensives Todeserleben und auch Todesangst bereits im Alter von 2½ Jahren. Seine Beobachtungen (vor allem die Bewußtheit der Unterscheidung von tot und lebendig und die kindliche Todesangst) führten ihn zu der Annahme einer "genuinen Angst von dem Tode" (Weber 1943). Zusätzlich stützt sich diese Position auf Befragungen von 60 Kindern zwischen 5 und 15 Jahren, die nach seinen Interpretationen allesamt Todesangst hatten. Interessant ist seine Position, daß Emotionen vor entsprechenden Einsichten kommen, also daß Todesangst möglich sei, ohne daß klare Todesvorstellungen vorhanden sein müssen (Weber 1943, S. 195f., 215, 224).

Todesängste können bei Kindern noch verstärkt werden, wenn sie nicht oder zumindest nicht vollständig über Fragen nach Tod und Sterben unterrichtet werden, zum Beispiel weil die Erwachsenen das bereits mehrfach angesprochene Todestabu nicht überwinden können. Gerade das Nichtinformiertsein über den Tod kann der Angst vor dem Tod noch einen spezifischen Akzent geben, nämlich wenn das Kind den Tod als eine Art der Bestrafung ansieht oder wenn er geradezu so vermittelt wird. Caprio (1950, S. 498) berichtet von einem Kind, das Angst davor hat, "that God would take him away for having masturbated."

Es wurde bereits mehrfach darauf verwiesen, daß Menschen angesichts des Todes und vor allen angesichts der Todesangst mannigfache Abwehrmechanismen entwickeln, um dieser Realität zumindest nicht ungeschminkt ins Auge sehen zu müssen. Solche Abwehrformen gibt es natürlich auch schon bei Kindern. Yalom (1989) hat sie aufgrund von Literaturrecherchen zusammengestellt:

- Verleugnung von Tod: Der Tod wird als reversibel, als nur vorübergehend, als Leben unter veränderten Umständen angesehen.
- Glaube an die Einzigartigkeit des Selbst. "Mir wird das nicht geschehen." Aufgrund einer kindlichen, egozentrischen Perspektive wird der Tod nicht auf sich selbst bezogen.
- Glaube an einen Retter: Es werden mächtige Wesen phantasiert, die zur Not eingreifen können.
- Verleugnung des Todes bei Kindern: Es gibt zwar den Tod, aber er trifft nur Erwachsene und alte Menschen.
- Personifizierung von Tod: Diese Strategie nährt die Illusion, als könne man den Tod durch List oder durch Wohlverhalten beeinflussen.
- Den Tod herausfordern.

10.5 Formen kindlicher Trauer

Trauer ist eine emotionale Reaktion auf Verlust und Trennung (nicht nur durch Tod), die zum einen schmerzvoll ist, weil es nicht einfach ist, das Verlorene auch wirklich verloren zu geben, die zum anderen aber auch zugleich eine Bearbeitung des erlittenen Verlustes darstellt. Beide Aspekte — der ausgehaltene Schmerz und die bewußte Verarbeitung und damit Ablösung — machen fähig, sich auf neue Bindungen einzulassen. Voraussetzung für Trauer ist, daß eine emotionale Bindung bestanden hat (vgl. Wendt 1984, S. 352; Bojanowski 1984, S. 320).

Trauer braucht zwar Zeit, jedoch erlischt sie auch wieder, und der Trauernde kann den Verlust ertragen, ohne ihn vergessen oder verdrängen zu müssen. Dieser Prozeß der Loslösung ist in verschiedenen Phasen beschrieben worden, an deren Ende jeweils die Fähigkeit zu erneuten Bindungen steht. So beschreibt Kast (1982) die Phase des Nicht-wahr-haben-Wollens, die Phase der aufbrechenden Emotionen, die Phase des Suchens und Sich–Trennens und schließlich die Phase des neuen Selbst- und Weltbezuges. Bowlby beschreibt folgende Phasen:

1. Phase der Betäubung, die gewöhnlich einige Stunden bis eine Woche dauert und unterbrochen werden kann von Ausbrüchen extrem intensiver Qual und/oder Wut.
2. Phase der Sehnsucht und Suche nach der verlorenen Figur, die einige Monate und manchmal Jahre dauert.
3. Phase der Desorganisation und Verzweiflung.
4. Phase eines größeren oder geringeren Grades von Reorganisation (Bowlby 1983, S. 114).

Der Prozeß des Trauerns ist schmerzvoll und bisweilen auch anstrengend, weshalb von Freud dafür der nicht ganz glückliche Ausdruck der "Trauerarbeit" eingeführt wurde. Diese Trauerarbeit

> [...] bringt uns langsam dazu, die definitive Veränderung der Realität durch den Verlust des Objekts zu akzeptieren. In dieser Arbeit kann auch die Ambivalenz der Beziehung nacherlebt und anerkannt werden. Das hat zur Folge, daß am Ende der Trauerarbeit das Individuum verändert, d.h. gereift, mit einer größeren Fähigkeit, die Realität zu ertragen, aus ihr hervorgeht (Mitscherlich/Mitscherlich 1965, S. 80).

Eine wichtige Vorbedingung für das Trauern ist, die Realität adäquat wahrzunehmen, d.h. im Falle des Todes ein realistisches Todesverständnis zu haben. Solange der Tod oder der Verlust noch als reversibel angesehen wird, ist Trauer sozusagen gar nicht nötig, da das Objekt als nicht wirklich verloren angesehen werden muß. Schon dieser Gedanke erhellt, daß es als sehr umstritten gilt, ob, wann und inwiefern Kinder trauern können. Eine angemessene Realitätswahrnehmung beziehungsweise -prüfung ist jedoch auch bei Erwachsenen keineswegs selbstverständlich, wie die sozialpsychologische Analyse über die "Unfähigkeit zu trauern" (Mitscherlich/Mitscherlich 1967) gezeigt hat. Sie ist jedoch die Voraussetzung für die Trauerarbeit, worauf bereits Freud verwies:

> Die Realitätspüfung hat gezeigt, daß das geliebte Objekt nicht mehr besteht und erläßt nun die Aufforderung, alle Libido aus ihren Verknüpfungen mit diesem Objekt abzuziehen. Dagegen erhebt sich ein begreifliches Sträuben — es ist allgemein zu beobachten, daß der Mensch eine Libidoposition nicht gern verläßt, selbst dann nicht, wenn ihm Ersatz bereits winkt. [...] Tatsächlich wird aber das Ich nach Vollendung der Trauerarbeit wieder frei und ungehemmt (Freud 1917, S. 430).

Anstelle der Trauer kann allzu leicht die Verleugnung der Realität und damit auch die Verleugnung des Verlustes treten, was zum einen die Realität nicht bewältigt und zum anderen auch den Schmerz, der dadurch ja eigentlich vermieden werden soll, lediglich betäubt. Freud hat den Effekt der Trauervermeidung "Melancholie" genannt.

> Die Melancholie ist seelisch ausgezeichnet durch eine tiefe schmerzliche Verstimmung, eine Aufhebung des Interesses für die Außenwelt, durch den Verlust der Liebesfähigkeit, durch die Hemmung jeder Leistung und durch die Herabsetzung des Selbstgefühls (Freud 1917, S. 429).

Die Schwierigkeit beziehungsweise eben die "Unfähigkeit zu trauern" ergibt sich nun nicht nur aus der psychischen Schwäche oder Disposition des einzelnen, sondern ist — ähnlich wie beim Tod — Ausdruck eines gesellschaftlich zu verstehenden Tabus. In dem Maße, wie die Leistungs- und Beziehungsfähigkeit des Trauernden eingeschränkt ist, ist Trauer in einer Leistungsgesellschaft unerwünscht.

Nach dieser kurzen Charakterisierung der Trauer soll hier vor allem interessieren, ob und wie bereits Kinder trauern können. Furman faßt in Anlehnung an A. Freud die seelischen Fähigkeiten zu trauern folgendermaßen zusammen:

> Angewandt auf die Fähigkeit, den Begriff des Todes zu bewältigen, müßten Realitätsprinzip und Realitätsprüfung sich bereits auf folgender Entwicklungsstufe befinden:
> 1. Ausreichend stabile und differenzierte Selbst- und Objektrepräsentanzen in der Innenwelt, so daß die Integrität der Selbstrepräsentanz durch die Bedrohung, die im Tod eines anderen liegt, nicht erschüttert wird;
> 2. eine ausreichende Ich-Herrschaft über das Es, so daß der Begriff des Todes in die sich erweiternden Erfahrungen des Ichs integriert werden kann, statt Triebderivate aufzurühren;
> 3. die Fähigkeit, zwischen belebt und unbelebt zu unterscheiden und so einen Begriff des Lebendigen im Gegensatz zu dem des Unlebendigen zu haben;
> 4. eine gewisse Fähigkeit, die Zeit im Sinne von Vergangenheit, Gegenwart und Zukunft zu verstehen und
> 5. ein ausreichendes sekundärprozeßhaftes Kausaldenken, um zu verstehen, daß etwas, was tot ist, gewisse Dinge nicht mehr tun kann (Furman 1966, S. 768f.).

Aus dieser Zusammenstellung ist schon zu entnehmen, daß Furman das kindliche Trauerverhalten zumindest anders einschätzt als das von Erwachsenen. Auf der anderen Seite allerdings folgen Kinder noch nicht entsprechenden Tabuvorschriften der Gesellschaft; sie können insofern weitaus offener, hemmungsloser und ungeschützter "traurig sein". Kliman (1980, S. 39) behauptet auf der Grundlage von konkreten Kinderbeobachtungen, daß Kinder oft intensivere und auch länger andauernde Trauer empfinden als Erwachsene. Bowlby (1960) berichtet sogar von Fällen, bei denen Säuglinge mit 6 Monaten getrauert haben sollen. Wahrscheinlich wird die kindliche Fähigkeit zu trauern mit dem Hinweis auf den kognitiven und auch affektiven Entwicklungsstand des Kindes, den es noch zu schützen gelte, oft unterschätzt — ähnlich wie auch das kindliche Todesverständnis. Vor allem psychoanalytisch orientierte Autoren wie Deutsch (1937), Mahler (1961), Wolfenstein (1966) mutmaßen, daß eigentlich notwendig die psychische Entwicklung gestört wird, wenn einem kleinen Kind wichtige Bezugspersonen sterben, weil das schwache kindliche Ich noch nicht entwickelt genug sei, um "Trauerarbeit" zu leisten.

Möglicherweise sind solche Positionen auch Schutzbehauptungen mit dem Zweck, sich nicht der kindlichen Trauer stellen zu müssen. Aus solcher Sicht heraus werden Kinder oft scheinbar geschont und nicht mit schmerzlichen Wahrheiten konfrontiert. Es soll allerdings nicht bestritten werden, daß Kinder natürlich — übrigens wie Erwachsene auch — der Unterstützung beim Trauern bedürfen. Auch soll nicht gänzlich abgetan werden, daß es bestimmter kognitiver Fähigkeiten bedarf, um zu trauern. Beispielsweise haben Kinder ein anderes Zeitgefühl als Erwachsene, leben weitaus mehr im jeweils aktuellen Augenblick. Insofern können sie sich möglicherweise leichter als Erwachsene von einem anderen Inhalt ganz gefangen nehmen lassen, der jeweils von der Trauer ablenkt. Allerdings kann man daraus nicht schließen, Kinder würden das verlorene Objekt nicht vermissen (vgl. Bowlby 1983, S. 375f.). Bowlby vertritt überhaupt die These, daß Kinder sehr wohl trauern. Lediglich die Verlustreaktion von kleineren Kindern bezeichnet er als "Kummer". Trauer, die die obengenannten kognitiven Merkmale enthält, sei jedoch spätestens in einem Alter von 4 bis 5 Jahren möglich. Und auch davor gibt es

> [...] Grund zu der Annahme, daß sich die Reaktionen sogar von zweieinhalbjährigen Kindern wenig von denen älterer Kinder unterscheiden, vorausgesetzt, daß ihre Fragen und Erinnerungen nicht entmutigt werden (Bowlby 1983, S. 511).

Im Verlaufe der kindlichen Trauer sind auch Identifikationen mit dem verlorenen Objekt beobachtet worden, die, wenn sie übermäßig sind, eine eigenständige Entwicklung bisweilen behindern. In der Regel gehören solche Identifizierungen jedoch zum normalen Trauerprozeß:

> Die Identifizierung trägt zum Aufbau des Ichs und zur Bereicherung der Persönlichkeit bei; sie hilft dem Ich, Vergangenheit und Zukunft zu integrieren, die Kluft zwischen dem Verlust des alten Liebesobjekts und den neuen Objektbeziehungen

zu überbrücken. In vielen Fällen erleichtert sie die schmerzliche Überbesetzung und den Besetzungsabzug, indem sie das Liebesobjekt eine Weile ganz oder zu einem Teil festhält, bis sie mit der Zeit an Umfang und Stärke abnimmt (Furman 1977, S. 74).

Oft reagieren Kinder mit Wut, als ob der/die Gestorbene sie mit Absicht verlassen hätte. Umgekehrt gibt es bisweilen auch Schuldgefühle, so als ob man den Tod durch magische Kräfte selbst herbeigeführt hätte. Auch das zeigt, wie wichtig es ist, die Kinder über die wirklichen Todesursachen nicht im Unklaren zu lassen.

Die Position, daß man über eine hinreichend sichere Objektkonstanz verfügen muß, um ein verlorenes Objekt zu betrauern, ist natürlich plausibel (vgl. zum Beispiel Deutsch 1937). Jedoch muß dieser Zustand weitaus früher angesetzt werden, als das beispielsweise Mahler noch geglaubt hat. Neuere Säuglingsbeobachtungen (Stern 1992) zeigen nämlich, daß das Kind von vornherein auch auf Objekte hin orientiert ist. Insofern erlebt es deren Verlust natürlich auch als schmerzlich. Darüber hinaus wiegt der Verlust, den Kinder zum Beispiel beim Tod von Eltern erleiden, schwerer als bei Erwachsenen. So betont auch Furman:

> Der Erwachsene verteilt seine Liebe auf mehrere Beziehungen: Er liebt den Ehegatten, Kinder und Freunde, seine Arbeit, seine Freizeitbeschäftigung. Das Kind dagegen investiert seine gesamten Gefühle in seine Eltern. Außer in sehr ungewöhnlichen Fällen ist diese einfache Beziehung unermeßlich viel reicher und fester als noch so enge Bindungen des Erwachsenen. Nur in der Kindheit kann daher der Tod alle Möglichkeiten des Lebens und Geliebtwerdens auf einmal vernichten und ist der Mensch vor eine so schwere Aufgabe der Neuanpassung gestellt (Furman, S. 23).

Die Angaben der verschiedenen Autoren zur kindlichen Trauerfähigkeit sind — wie wir gesehen haben — durchaus widersprüchlich. Möglicherweise läßt sich der Widerspruch so klären, daß es in der Tat Dreijährige gibt, die ein Verständnis vom Tod haben und auch trauern können, daß es jedoch auch Neunjährige gibt, bei denen das nicht der Fall ist. Auch Erwachsene sind nicht ohne weiteres in der Lage zu trauern; jedoch würde man nicht auf die Idee kommen, ihnen überhaupt die Fähigkeit zu trauern abzusprechen. So ist die "Unfähigkeit, zu trauern" sicherlich nicht eine spezielle Eigenschaft der Kinder, eher ist sie wohl ein Problem der Erwachsenen, die dann auch das Trauern der Kinder nicht aushalten und in der Folge auch nicht zulassen.

> Wie sehr wünscht man doch, Kinder möchten vom Schmerz der Trauer verschont bleiben, und wie schwierig wird es dann, die Anzeichen dieses Schmerzes zu erkennen. Bestimmt bekommt jeder, der einem Kind in seiner Trauer helfen möchte, heftig zu spüren, was für eine starke Belastung damit verbunden ist. Nur wenn man ganz verstanden hat, von welch vitaler Bedeutung es für das Kind ist, diese Aufgabe zu lösen, kann man es durchstehen (Furman 1966, S. 774).

10.6 Zum pädagogischen Umgang mit dem Thema Tod und Sterben

> Ich bin der Meinung, je früher die Auseinandersetzung mit all diesen Fragen beginnt, um so sicherer und eher wird das Sterben wieder zu einer akzeptablen Selbstverständlichkeit in unserer Gesellschaft werden. Die Ausklammerung und die heute damit oft auch verbundene Tabuisierung muß einer Einbettung in den unmittelbarsten Lebensbereich der Familie weichen, und dies bedarf der Motivation unserer Kinder in den Schulen [...] (Becker, in Kübler-Ross 1982, S. 169).

Möglicherweise kann in der Tat die Schule hierzu einen Beitrag leisten, nämlich auf rationale und zugleich einfühlsame Weise eine altersgemäße "Aufklärung" über die Sterblichkeit des Menschen und ihre Konsequenzen zu geben. So könnten — so zum Beispiel Maria Nagy und Erich Stern, zwei Klassiker der Erforschung des kindlichen Verhältnisses zum Tod — unter Umständen dramatische Erlebnisse und unvorbereitete Begegnungen pädagogisch vorbereitet werden. Das stellt natürlich nicht unbeträchtliche Anforderungen an die Pädagogen, werden sie doch durch entsprechende Themen an eigene, sicherlich zumindest zum Teil ungeklärte Todesvorstellungen und -ängste erinnert, wobei es gilt, diese zumindest nicht unbedacht und unreflektiert an die Schüler weiterzugeben. Bislang war dies eher eine Domäne des Religionsunterrichts; jedoch ist die Zuweisung dieses existentiellen menschlichen Themas zu einem einzigen Fach auch bereits als eine Ausgrenzung zu verstehen und verstärkt insofern das Todestabu. Vielleicht hat beispielsweise der Biologieunterricht als der Lehre vom Leben auch eine Chance, den Tod zu thematisieren. Immerhin erbrachte eine Studie von Neulinger (1975), daß der Tod in den Schulen nicht ganz totgeschwiegen wird: In seiner Untersuchung an Grundschulen zeigt er, daß in 56% der untersuchten Klassen der Tod wenigstens für einige Stunden im Jahr Thema war und daß die älteren Lehrer dazu eher bereit waren. Diese Untersuchung ist für unseren Zusammenhang deshalb besonders interessant, weil sie zu den wenigen gehört, die nicht im klinischen Bereich durchgeführt wurden.

Als allgemeinen Hinweis zum Umgang mit dem Thema Tod kann man sicherlich sagen, daß der Lehrer seinen eigenen Umgang und unter Umständen eben auch seine Schwierigkeiten mit dem Tod nicht ganz verbergen sollte, soll nicht unter der Hand die beschriebene Tabuisierung eher verstärkt werden. Oft sind Lehrer hilflos, wenn sie erfahren, daß Schüler von ihnen sehr krank sind, daß Todesfälle in Familien vorgekommen sind oder auch nur, wenn Kinder tote Tiere mit in den Unterricht bringen. Gerade weil die Biologie als Lehre vom Lebendigen vielfältige Anlässe bietet, dem Tod zu begegnen, ist das Thema Tod zum Beispiel im Biologieunterricht eigentlich ständig präsent. Das zu Beginn dieses Kapitels abgedruckte Beispiel kindlicher Trauer über den Tod eines Tieres zeigt dies sehr eindrücklich. Insofern können die im folgenden dargestellten Erfahrungen aus anderen Bereichen (Krankenhaus, psychologische Beratung) vielleicht auch für den Pädagogen hilfreich sein (ausführlicher dazu siehe zum Beispiel Brocher 1987, Kübler-Ross 1984, Strauß/Glaser 1974).

Erfahrungen von Krankenhauspersonal mit kranken und sterbenden Kindern zeigen, wie wichtig es ist, Kindern die Wahrheit über ihren Zustand mitzuteilen. Natürlich ist die Situation im Krankenhaus nicht mit der Schule vergleichbar, in der sich ja in der Regel keine sterbenden Kinder befinden, trotzdem sind auch für den Pädagogen diese Erfahrungen von Interesse, weil sie zeigen, was für Kinder in dieser Situation, die sie mit dem Tod konfrontiert, hilfreich ist.

Nach Rosemeier/Minsel (1982), die sich auf amerikanische Forschungen beziehen, beschäftigen sich Kinder in dieser Situation mit folgenden Fragen:

- Kann ich mich sicher fühlen?
- Gibt es eine Person, der ich vertrauen kann und die mir beisteht, wenn ich mich hilflos, allein und voller Schmerzen fühle?
- Kann ich mich bei einer vertrauten Person gut fühlen?

Betreuer (Ärzte, Pflegepersonal, Eltern und wohl auch Pädagogen und Lehrer) sollten deshalb

- für das Kind verfügbar sein;
- ihm deutlich versichern, daß es geliebt wird und nicht überflüssig ist;
- dem Kind auf Fragen ehrlich, den Tatsachen entsprechend, kompromißlos und für das Kind verständlich antworten;
- selbst mit dem Gespräch beginnen, um das Kind zu ermutigen, die aktuellen Ängste, bedrückenden Phantasien und vorhandenen Gefühle auszudrücken, in Worten oder anderen Signalen (nach Rosemeier/Minsel 1982, S. 387).

Natürlich ist es nicht die Hauptaufgabe des Lehrers, sterbenden Kindern zu helfen. Er kann jedoch Kinder bei ihren Fragen nach Tod und Sterben unterstützen. So zeigen die Untersuchungen von Schilder/Wechsler (1934), daß Kinder bei der Entwicklung ihres Sterblichkeitswissens gegenüber magischen und religiösen Bildern (Himmel und Hölle, ewiges Leben, Tote als freundliche Engel) und abergläubischen Traditionen (Totenengel oder schwarzer Mann beispielsweise.) durchaus auf den realen, auch biologischen Aspekt von Tod und Sterben insistieren — jedenfalls solange sie noch fragen und nicht das Todestabu bereits übernommen haben. Dabei kann natürlich auch das Wissen um die Umstände und biologischen Bedingungen des Todes nicht die Angst vor dem Tod beseitigen. Eine Studie von Melear (1972) scheint sogar zu zeigen, daß zumindest die konkrete Angst vor dem Tod umso deutlicher wird, je differenzierter Kinder über den Tod informiert sind und je ausgeprägter ihr diesbezügliches begriffliches Vermögen ist.

Sachliche und biologische Informationen sind jedoch trotzdem bedeutsam, weil Kinder oft aus vereinzelten aufgeschnappten Daten falsche Schlüsse ziehen oder sie falsch interpretieren. Die Schule kann insofern (natürlich begrenzt) dazu beitragen, erlittenen Verlust durch Tod erträglich zu machen. Sie kann auf diese Weise das Tabu des Todes aufweichen, kann durch Informationen ein realistisches Todesverständnis erleichtern und so auch die "Fähigkeit, zu trauern" stärken. Das gilt um so mehr, als Kinder gerade mit Naturphänomenen auch Todeserfahrungen machen: Tote Tiere, abgestorbene Pflanzenteile, Experimente in der Schule sind Beispiele für Konfrontationen mit dem Tod, ohne daß gleich der Verlust geliebter Personen oder gar der eigene Tod konkret befürchtet werden müßte.

Insofern braucht die Schule nicht zu warten, bis irgendein konkreter Todesfall eingetreten ist. Die "Aufklärung" über den Tod hat in der Schule in erster Linie prophylaktische Funktion. Dadurch kann vielleicht zukünftigen schwierigen oder gar dramatischen Erlebnissen mit dem Tod, die ansonsten unvorbereitet wären, begegnet werden. So ist es wichtig, sich mit der Realität — und eben auch mit der des Todes — auseinanderzusetzen. Kliman spricht in diesem Zusammenhang zu Recht vom "immunisierenden Wert, die Wahrheit zu kennen" und bezieht dies ausdrücklich auf die kindliche Auseinandersetzung mit Tod, Sterben und Krankheit. Ähnliche Positionen vertreten in ihren praktischen Empfehlungen auch Nagy (1948), Stern (1957), Hug (1956) und Furman (1977). Kliman (1973, S. 16f.) macht übrigens auch einige Vorschläge zur "psychologischen Immunisierung im Klassenzimmer", zum Beispiel empfiehlt er, ausführlich die Umstände zu besprechen, wenn Lieblingstiere sterben.

Alle Erfahrungen zeigen, wie wichtig es ist, die Kinder über die Wahrheit des Todes aufzuklären. Das gilt sowohl für den eigenen bevorstehenden Tod als auch über den Tod von anderen Menschen. Verschleiernde und beschönigende Beschwichtigungen sind nicht hilfreich, schüren eher irrationale Angst und erschweren die Trauerarbeit. Die Wahrheit zu Tod und Sterben vertragen Kinder natürlich dann am besten, wenn sie innerhalb einer gesicherten Beziehung aufgehoben sind. Die Berichte über die Kriegskinder von A. Freud weisen auf diesen Zusammenhang deutlich hin. Kinder konnten immer dann die Angst vor dem Tod, die Ankündigung von Bombenangriffen oder das Evakuieren aushalten, wenn vertraute Personen oder die Eltern bei ihnen waren. Schwierig oder gar neurotisierend wurden diese Umstände erst, wenn die Kinder allein gelassen wurden. Das gilt in doppelter Hinsicht: Zum einen gilt es für das ganz reale und konkrete Zusammensein mit erwachsenen Menschen und zum andern gilt es aber auch dafür, daß Kinder mit ihren Fragen und Ängsten ernst genommen werden und nicht mit unklaren, tabuisierenden Antworten beschwichtigt und damit allein gelassen werden. P. und R. Schneider (1975) können an Beispielen zeigen, wie differenziert Kinder auf den Tod von nahestehenden Menschen und auch auf den Tod von Tieren reagieren können. Allerdings wird dabei sehr deutlich, daß entsprechende Fähigkeiten natürlich mit der Umgangsweise in der Familie zusammenhängen, zum Beispiel ob hier ehrliche Mitteilungen und ein Austausch über die Gefühle des Schmerzes und des Verlustes möglich sind. Auch Bowlby unterstreicht die Notwendigkeit einer tragenden Beziehung zur Verarbeitung von Tod und Sterben bei der Trauerarbeit:

> Erstens sollte das Kind vor dem Verlust eine verhältnismäßig sichere Beziehung zu seinen Eltern gehabt haben; zweitens sollte [...] das Kind schnell und korrekt über das informiert werden, was geschehen ist, sollte alle möglichen Fragen stellen

dürfen und darauf eine möglichst ehrliche Antwort erhalten und sollte an der Trauer der Familie teilnehmen, einschließlich aller Bestattungsriten, die die Familie beschließt; drittens sollte das Kind die tröstende Anwesenheit des überlebenden Elternteils genießen oder, wenn das nicht möglich ist, einer bekannten und vertrauten Ersatzperson; außerdem sollte ihm versichert werden, daß diese Beziehung bestehen bleibt (Bowlby 1983, S. 355).

Bowlby bezieht seine Empfehlungen eindeutig auf die Situation in Familien. Und natürlich begrenzt die Notwendigkeit einer haltenden Beziehung auch die Möglichkeiten der Aufklärung über den Tod in der Schule. Jedoch sollte auch hier der Tod nicht totgeschwiegen werden, zumal, wie gezeigt wurde, auch reine Informationen wichtig sind. Das gilt umso mehr, als fast alle Beobachtungen zeigen, daß Kinder nicht vor allem durch einen erlittenen Verlust (psychisch) geschädigt werden, sondern vielmehr durch den Umgang damit. Ein adäquater Umgang mit dem Tod wäre zum einen ehrliche Information und zum anderen emotionale Unterstützung. Wenn die Schule in einer entspannten emotionalen Atmosphäre diese ehrlichen Informationen übermitteln könnte, wäre schon viel gewonnen.

11 Zur Wahrnehmung und psychischen Verarbeitung der Umweltzerstörung bei Kindern

> "Also mich interessiert am meisten, wie das Problem zu lösen ist. Es gibt zwar keine Lösung, aber irgendwie interessiert mich das am meisten." (Jörg, 10 Jahre)
> "Wenn es keine Bäume mehr gibt, gibt es keine Luft mehr — und die Menschen müssen sterben." (Matthias, 7 Jahre)

11.1 Angst, Verdrängung, Gelassenheit. Reaktionsweisen auf die ökologische Krise

Wir sind bisher mit guten Gründen davon ausgegangen, daß auch die nicht-menschliche Umwelt (Kapitel 2), auch "Natur" (Kapitel 5) eine Bedeutung für die seelische Entwicklung von Kindern hat. Vor diesem Hintergrund erhält die Frage, ob und wie die Naturzerstörung von Kindern wahrgenommen und verarbeitet wird, ihren spezifischen Akzent. Die Wahrnehmung der Umweltzerstörung wird sich dabei aus zwei Quellen speisen: Zum einen handelt es sich um direkte Erfahrungen mit beziehungsweise Beobachtungen von zerstörter Natur und zum anderen — und wohl vor allem — um vermittelte Wahrnehmungen über Medien und das Verhalten von Erwachsenen.

Täglich sehen und hören wir in den Medien neue Meldungen über den Zustand der Wälder, der Gewässer, Meldungen über Artensterben, Ozonloch, tropischen Regenwald usw. usw. Auffällig ist die relative Gelassenheit, mit der solche Realitäten beziehungsweise Aussichten hingenommen werden. Zumindest die Industrienationen beziehungsweise deren Angehörige tun trotz Kenntnis und Analyse der Umweltsituation nichts oder zumindest zu wenig, um den ökologischen Gefahren zu begegnen. Natürlich gibt es auch kleine Veränderungen, die angesichts der vielen Katastrophenmeldungen nicht gering geachtet werden sollen, zum Beispiel sind viele Gewässer sauberer als noch vor zehn Jahren. Nichtsdestotrotz scheint es, daß wir sehenden Auges, gewissermaßen bei vollem Bewußtsein die Zerstörung unserer Lebensgrundlagen betreiben, ohne davon in besonderer Weise beunruhigt zu sein. Grüner Punkt beispielsweise oder Mülltrennung wirken angesichts der ökologischen Realität eher wie Beschwichtigungsgebärden.

Wo bleibt angesichts der realen äußeren Gefahr die Angst? Umweltängste werden zwar heute allenthalben bekundet, doch scheinen diese Ängste weder in besonderer Weise — jedenfalls bewußt — zu beunruhigen noch sind sie handlungsleitend. Geäußerte Kenntnis und bekundete Befürchtung angesichts der ökologischen Situation sind inzwischen geradezu eine gesellschaftliche Konvention. Offenbar wirken hier Mechanismen, die es erschweren, die ökologische Realität wirklich wahrzunehmen und geeignete Maßnahmen zu ergreifen. Dabei darf freilich auch nicht übersehen werden, daß solche "geeigneten Maßnahmen" aus Sicht des einzelnen Individuums höchst begrenzt sind — und das gilt für Kinder und Jugendliche in besonderer Weise. Auch wenn sich der Einzelne — den Signalen der Angst entsprechend — umweltbewußt verhält, ändert er damit real nahezu nichts.

In Anbetracht dieser Situation machen die seit über 20 Jahren immer wieder reproduzierten empirischen Befunde zu Umweltängsten gerade bei Kindern nachdenklich. Zumindest denkbar wäre ja auch, daß Kinder, die nie in einer intakten Umwelt gelebt haben, eine solche auch nicht besonders vermissen werden. Außerdem vermittelt der unmittelbare Augenschein durchaus auch die Erfahrung von gewissermaßen "heiler Natur". Bei der Wanderung im Wald werden nach wie vor grünende Bäume gesehen, während radioaktive Strahlung oder Gift in Lebensmitteln nicht direkt wahrgenommen werden können. Zumindest zu bedenken ist, ob die vielerorts konstatierten Umweltängste von Kindern nicht auch andere Quellen haben könnten als die reale Umweltsituation. Beispielsweise könnten erwachsene Erwartungshaltungen durchaus auch dazu führen, daß solche Ängste gewissermaßen als Anpassungsleistung geäußert werden, ohne sie tatsächlich schon zu haben, womit in gewisser Weise der erwachsene Pessimismus auf die Kinder abgewälzt wäre. Umweltängste bei Kindern können zudem durchaus auch Ausdruck von anderen, gewissermaßen "normalen" Kinderängsten sein, die es nicht zu ignorieren gilt.

Damit soll allerdings weder wegdiskutiert werden, daß Umweltängste eine reale, höchst gefährliche Ursache haben, noch soll prinzipiell bezweifelt werden, daß auch Kinder schon solche Ängste haben können (siehe Kapitel 11.2). Allerdings ist es notwendig, sich genau die Signale anzusehen, die in den Zukunftsentwürfen von Kindern stecken. Keinesfalls dürfen Umweltängste von Kindern als von außen oktroyierte "Hirngespinste" verharmlost und damit abgetan werden. Dies gilt umso mehr, als die Umweltzerstörung das Leben der nachwachsenden Generation weitaus mehr verändert als das der Erwachsenengeneration, die sich noch eher damit beruhigen kann, daß durch die ökologische Krise verursachte Einschränkungen der Lebensbedingungen sie nicht mehr betreffen (siehe Kapitel 11.3.6).

Es gibt eine Reihe von empirischen Studien, die zeigen, daß Kinder und Jugendliche die Umweltzerstörung registrieren. Diese Studien sollen im folgenden dargestellt werden. Allerdings haben sich die diesbezüglichen Befunde in letzter Zeit durchaus gewandelt beziehungsweise sind widersprüchlich geworden. Während bis Anfang der 90er Jahre Umweltangst bei Kindern und Jugendlichen von vielen Studien belegt wurde, zeigt beispielsweise die jüngste Shellstudie (Fischer u.a. 2000), daß die Besorgnis angesichts der Umweltkrise kein zentrales Thema mehr ist, woran immer das auch liegen mag. Dieser veränderten Befundlage (auch im Vergleich zur ersten Auflage dieses Buches) wird in diesem Kapitel Rechnung getragen.

In den meisten Studien wurden fast nur ältere Kinder und Jugendliche untersucht. Über die Situation bei Kindern etwa bis zur Pubertät wissen wir weniger. So werden in diesem Kapitel verschiedene Jugendstudien daraufhin befragt, welche Aussagen aus ihnen auch für jüngere Kinder ableitbar sind. Zusätzlich gibt es weitere Hinweise aus Kinderzeichnungen, Einzelfallstudien und Gruppengesprächen, die etwas Licht auf die kindliche Wahrnehmungsform und Verarbeitungsweise der Umweltzerstörung werfen. Natürlich verwundert es nicht, daß die Frage nach der Angst von kleinen Kindern angesichts der Umweltzerstörung bislang nur wenig (jedenfalls empirisch) behandelt wurde, da dies erhebliche forschungspraktische Schwierigkeiten aufwirft. Jüngere Kinder haben für ihr diesbezügliches Erleben oft noch keine Begriffe und können es deshalb zumindest nicht immer (verbal) mitteilen. Die eindrücklichsten Hinweise für die kindliche Angst vor der Umweltzerstörung sind insofern Bilder, die freilich eine deutliche Sprache sprechen (Kapitel 11.2.4).

In einem ersten Schritt (Kapitel 11.2) werden nun die Daten von zum Teil repräsentativen Jugendstudien daraufhin untersucht, welche Aussagen aus ihnen auch für Kinder ableitbar sind. Außerdem werden dann einige qualitative Befunde zur kindlichen Wahrnehmung der Umweltzerstörung dargestellt. Dies sind Kinderaussagen, Kinderbilder, Gespräche mit einzelnen Kindern und Einzelbeobachtungen aus der Grundschule. Zum Teil stammen diese Beispiele aus der Literatur, zum Teil sind sie Ergebnisse eigener Untersuchungen Diese Beispiele können im Zusammenhang mit den Ergebnissen aus den quantitativen Studien im Hinblick auf die Frage, ob und wie bereits jüngere Kinder die Umweltzerstörung erleben, von Interesse sein. Darüberhinaus gewinnen die quantitativen Daten durch die konkreten Kinderäußerungen an Aussagekraft. In einem zweiten Schritt (Kapitel 11.3) wird dann versucht, vor dem Hintergrund der empirischen Daten einerseits und vor dem Hintergrund der in diesem Buch herausgearbeiteten Bedeutung von "Natur" für die psychische Entwicklung andererseits einige psychodynamische Verstehenansätze zur seelischen Verarbeitung der ökologischen Krise bei Kindern zu entwerfen.

11.2 Empirische Befunde zu Umweltängsten bei Kindern

11.2.1 Ausgewählte quantitative Studien

Die meisten Jugendstudien der vergangenen 20 Jahre zeigen, daß Jugendliche die Umweltsituation registrieren und damit Zukunftsängste verbinden. Über die diesbezügliche Situation bei Kindern etwa bis zur Pubertät ist allerdings nur wenig bekannt. Die Annahme einer pessimistischen Grundtendenz bei Jugendlichen — bei den weiblichen noch etwas mehr als bei den männlichen — wird von fast allen einschlägigen Untersuchungen (Boehnke et al. 1991, Shellstudie 1986, 1992, 1997, Jugendkompass Niedersachsen 1989, Unterbruner 1991, Petri 1992, Gebhard et al. 1994, Szagun et al. 1994, Mansel 1995, Waldmann 1992 u.v.m.) gestützt. In den letzten Jahren allerdings gibt es widersprüchliche Befunde.

In einer Vielzahl von Studien zeigt sich, daß die Zukunftsangst mit zunehmendem Alter abnimmt. Bereits in der Jugendstudie der Deutschen Shell von 1984 gibt es einige Befunde zu den Bereichen Umwelt und Natur. Zum Beispiel zeigt sich, daß die Einschätzung des Zustandes der Umwelt mit zunehmendem Alter immer optimistischer wird. So glauben weitaus mehr Jugendliche als Erwachsene, daß Technik und Chemie die Umwelt zerstören werden, wie der folgende Auszug aus einer Tabelle der Shellstudie zeigt:

Tab. 11.1:   Einschätzung des Eintritts bestimmter Ereignisse in der Zukunft: "bestimmt" und "wahrscheinlich" (Angaben in %) (verändert nach Fischer 1985/1, S. 118)

	Jungen n=725	Mädchen n=747	Gesamt n=1472	Männer n=358	Frauen n=371	Gesamt n=729
Technik und Chemie werden die Umwelt zerstören	71	77	74	52	57	55
Die Welt wird in einem Atomkrieg untergehen	33	44	39	19	27	23
Es wird gelingen, die Umweltprobleme zu lösen	36	30	33	60	55	58

Daß die Einschätzung der Umweltprobleme mit zunehmendem Alter immer optimistischer wird, ist wohl kaum als eine zunehmend realistische Einschätzung zu interpretieren. Vielmehr ist das wohl ein Ausdruck psychischer Abwehrformen, die offenbar bei Jugendlichen noch nicht so perfekt ausgebildet sind wie bei Erwachsenen. Das macht die Vermutung zumindest möglich, daß bei Kindern (die nicht Gegenstand dieser Studie waren) ein entsprechender Zukunftspessimismus noch ausgeprägter ist. Ein weiteres bemerkenswertes Ergebnis dieser Shellstudie ist, daß bei Mädchen und auch bei Frauen der Zukunftspessimismus in bezug auf die Umwelt — wenn auch nur geringfügig — aber immerhin ausgeprägter ist.

Bemerkenswerterweise konstatiert dagegen bereits die Shellstudie aus dem Jahr 1992 eine eher optimistische Zukunftsperspektive. 72% der 13–29jährigen (n=4005) sehen danach zuversichtlich in die Zukunft, wobei die Jugendlichen aus den neuen Bundesländern mit 76% noch optimistischer sind (Zinnecker/Fischer 1992, S. 213f.). "Die düstere Zukunftssicht der westdeutschen Jugendgeneration 1981 hat sich lebensgeschichtlich nicht fortgesetzt. Zehn Jahre später, 1991, teilen ihre Angehörigen als junge Erwchsene den dominant optimistischen Zeitgeist der Jüngeren. Sahen damals 57% düster in die Zukunft, sind es heute noch 29%" (Jugendwerk der Deutschen Shell 1992, S. 216). "Düstere Zukunftsaussichten wurden verabschiedet — aber auch das damit verbundene Engagement" (Jugendwerk der Deutschen Shell 1992, S. 24).

In der Shellstudie 1997 sind es allerdings wieder 50%, die die ökologische Situation mir Besorgnis wahrnehmen. Als das drängendste Zukunftsproblem wird die Arbeitslosigkeit genannt, dicht gefolgt von der ökologischen Krise. Nur 31,2% sind der Auffasuung, daß Problem der ökologischen Krise sei "wahrscheinlich oder sogar bestimmt zu lösen". In der Shellstudie aus dem Jahr 2000 (Fischer u.a. 2000) taucht die Umweltsituation gar nicht mehr auf. Insgesamt sehen die Jugendlichen sogar sehr zuversichtlich in die Zukunft; etwa die Hälfte aller Jugendlichen schätzt ihre persönliche Zukunft "eher zuversichtlich" ein, die gesellschaftliche Zukunft wird von fast Zweidrittel der Jugendlichen positiv beurteilt.

In einer bundesweiten Befragung von 3499 Kindern und Jugendlichen von Petri/Boehnke/Macpherson/Meador (1986) wurde von den Befragten sehr deutlich auch Angst angesichts der Umweltzerstörung artikuliert. Bei einer freien Frage ohne vorgegebene Antworten nach den drei größten Ängsten wurde die Angst vor der Umweltzerstörung von 16% der Jugendlichen genannt. (Zum Vergleich: Kriegsgefahr 66%, eigene Krankheit 34%, Tod 16% und Arbeitslosigkeit 19%.) Außerdem haben die befragten Jugendlichen auf einem vorgegebenen Fragebogen mit 20 Aussagen und mit einer vierstufigen Angstskala (keine Angst bis viel Angst) die Art und das Ausmaß von persönlichen und politischen Ängsten angegeben. Die Ergebnisse im Blick auf die hier interessierende Angst vor Umweltzerstörung: Immerhin steht die Angst davor, daß die Umweltzerstörung noch schlimmer wird, mit 55% an dritter Stelle, übertroffen nur von der Angst vor einem Atomkrieg (66%) und der Angst vor dem Tod der Eltern (63%). Wenn man die ersten beiden Skalenwerte addiert (viel Angst und etwas Angst, siehe Tab. 11.2), steht die Angst vor der Umweltzerstörung sogar mit 86% an erster Stelle. Interessant ist auch, daß die politischen Ängste (zum Beispiel Krieg, Umweltzerstörung, Hunger in der Dritten Welt) deutlich höher sind als die persönlichen (zum Beispiel Krankheit oder Scheidung der Eltern). Insgesamt geben die Mädchen mehr Ängste an als die Jungen, haben jedoch weniger Wissen (über die atomare Bedrohung). Der Altersvergleich zeigt auch hier, daß die Angst vor der Umweltzerstörung bei den jüngeren Versuchspersonen (bis 12 Jahren) am ausgeprägtesten ist. Bei beiden Geschlechtern nehmen die persönlichen Ängste mit zunehmendem Alter ab; ebenso die politischen Ängste bei den Jungen, bei den Mädchen bleiben sie allerdings konstant.

Tab. 11.2:   Ängste von Jugendlichen in der Bundesrepublik Deutschland
              (viel Angst und etwas Angst, Angaben in %, n=3499)
              (nach Petri u.a. 1986, S. 65)

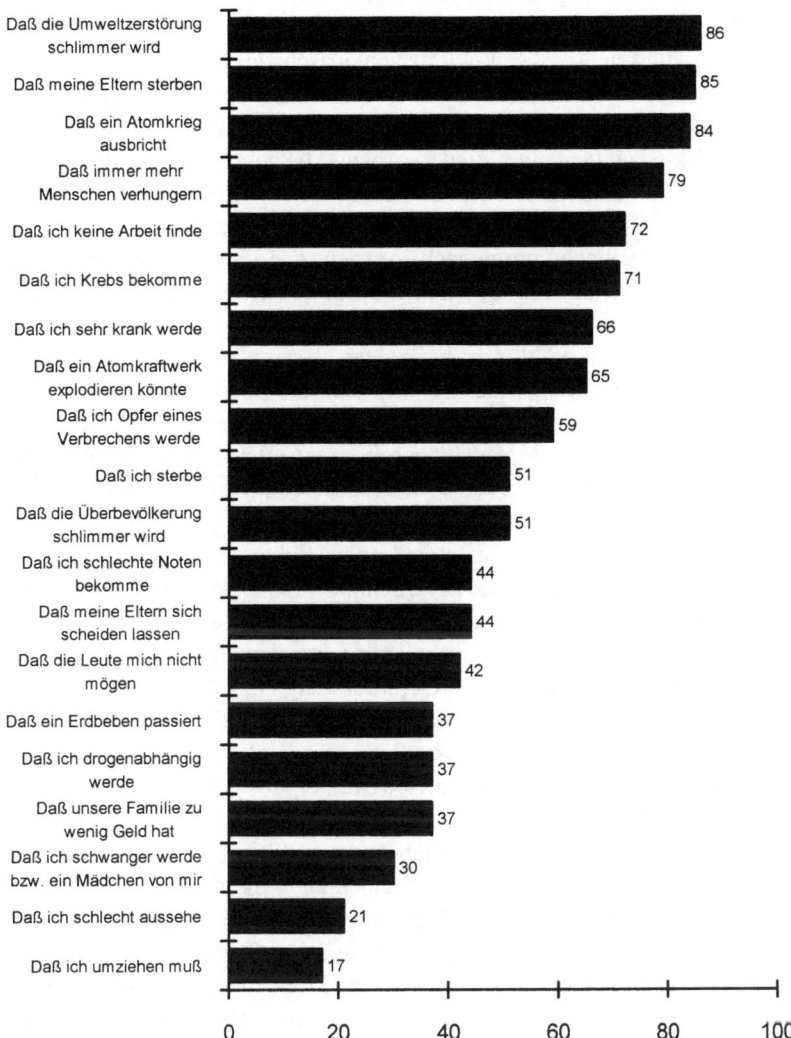

Für die Frage nach dem Umgang mit diesen Ängsten ist die Beobachtung bedeutsam, daß Jugendliche und Kinder, die selbst oder deren Eltern politisch aktiv sind, ein anderes Angstprofil und wohl auch andere Verarbeitungsformen haben: Sie geben im Vergleich zur Vergleichsgruppe weniger persönliche und mehr politische

Ängste an. Sie haben ein großes Wissen über die Gefahren und gehen mit den psychischen Konflikten, die mit den Ängsten verbunden sind, anders um. Sie tendieren mehr dazu, diese Konflikte zuzulassen statt sie abzuwehren. Eine Beschäftigung mit den ökologischen Bedrohungen und auch ein entsprechendes Wissen darüber schürt offenbar nicht, jedenfalls nicht notwendig, die Angst.In einer weiteren Untersuchung wird dieser Zusammenhang bestätigt (Meador/ Macpherson 1987; 540 Kinder im Alter von 9-13 Jahren): Dabei wurde das Ausmaß politischer Ängste bei Kindern (vor allem Atomkriegsgefahr) in Beziehung gesetzt zu somatischen und psychosomatischen Beschwerden (zum Beispiel Kopfschmerzen, Stottern, Nägelkauen). Ein wichtiger Befund dieser Studie ist, daß bei hohen politischen Ängsten weniger kinderpsychiatrisch relevante Symptome auftreten. Offenbar ist es so, daß das bewußte Aushalten der Angst psychosomatischen Symptomen, die als Folge eben nicht ausgehaltener und damit unbewußt gewordener Konflikte zu verstehen sind, vorbeugt beziehungsweise diese nicht notwendig macht. Einen ähnlichen Zusammenhang stellen Boehnke u.a. (1989) in einer Untersuchung zur kinderpsychiatrischen Relevanz existentieller Ängste fest. Auch hier konnte die Beobachtung gemacht werden, daß die Artikulierung politischer Ängste (wie Atomkrieg und Umweltzerstörung) eher psychischen Gesundheitsgefährdungen entgegenwirkt. Dagegen sei eine allzu rigide Abwehr eher als ein psychodynamischer Risikofaktor zu betrachten. Besonders bei ohnehin ängstlichen Kindern bestehe nämlich "die Gefahr, daß die Abwehr der politischen Ängste zu einer weiteren Erhöhung persönlicher Lebensängste und nachfolgend zu höherer manifester Angst und psychiatrisch relevanten Symptomen führt" (Boehnke u.a. 1989, S. 19). Umgekehrt heißt das wohl, daß die Abwehr (der Wahrnehmung) von Umweltzerstörung und Kriegsgefahr zu psychischen Verschiebungen führt; entsprechende (angstgetönte) Affekte finden sich dann bei anderen (persönlichen) Anlässen wieder. Boehnke (1991) konnte genau diesen Zusammenhang in einer Folgeuntersuchung mit denselben Versuchspersonen wie in der ersten Studie (Petri u.a. 1986) nachweisen: Bei denjenigen, die 1985 eine Tendenz zu passiver Abwehr politischer Gefahren zeigten, offenbarte sich in der Folgestudie 1988/89 eine Erhöhung persönlicher Angstzustände.

Die Ergebnisse der Untersuchungen von Petri u.a. (1986) werden im wesentlichen von einer Reihe internationaler Vergleichsstudien aus den USA, der Sowjetunion und verschiedenen europäischen Ländern bestätigt (z.B. Oppolzer 1985, Raundalen/Finney 1986, Thearle/Weinreich-Haste 1986, Unterbruner 1989a). Diese Studien sind überwiegend bis Mitte der achtziger Jahre durchgeführt worden, einer Zeit, in der die Abrüstungsfrage international im Vordergrund stand. Dieser Umstand ist sicherlich der Hintergrund dafür, daß in diesen Studien die Angst vor einem Atomkrieg so dominierend war. Trotz dieses Schwerpunkts ist jedoch die Wahrnehmung der Umweltzerstörung und auch ein nicht unerhebliches Maß an Angst vor der Zukunft in einer zerstörten Umwelt ein sehr deutlicher Befund. Einige Beobachtungen seien noch zusammengetragen:

Der 1985 durchgeführte Millandreport (Biermann/Biermann 1988) zeigt, daß 54% der befragten Jugendlichen (14/15 Jahre) die Umweltzerstörung als im Vergleich zu den Folgen eines Atomkriegs als das größere Problem ansehen. Diese

Studie ist in siebzehn Ländern (BRD, DDR, Frankreich, Griechenland, Italien, Luxemburg, Spanien, Türkei, Jugoslawien, Polen, Ungarn, Finnland, Österreich, Schweden, Schweiz, Israel, Australien) durchgeführt wurden, wobei insgesamt 4200 Versuchspersonen befragt wurden.

In einer österreichischen Studie von 1988 (Unterbruner 1989a) wird explizit nach dem Stellenwert von Natur und Umwelt bei den Zukunftsvorstellungen von Jugendlichen gefragt. Sie ist zusätzlich deshalb interessant, weil sie neben quantitativen Daten (Wiederholung der Petri-Studie in Österreich) auch qualitative Aussagen über den Inhalt von Naturvorstellungen und Zukunftsängsten im Blick auf die Umweltzerstörung zuläßt. Anspruch dieser Studie war es, den "internen Stellenwert" von Natur und Umwelt bei den untersuchten Jugendlichen zu ergründen. Die Wiederholung der Petri-Studie in Österreich ergab vergleichbare Ergebnisse. Bei den 20 Items der Angstskala gab es folgende Befunde: 91% der 302 befragten Jugendlichen haben Angst vor der Umweltzerstörung, 86% vor dem Tod der Eltern und 81% vor einem Atomkrieg beziehungsweise Reaktorunfall. Auch in Österreich zeigt sich, daß die politischen Ängste höher sind als die persönlichen. Auffällig ist auch hier, daß vor allem Mädchen und jüngere Kinder (9-12 Jahre) die ausgeprägtesten Ängste äußern. Bei der freien Frage nach den größten Ängsten und den größten Wünschen für die Zukunft gab es folgende Zahlen:

Tab. 11.3:   Die größten Ängste und die größten Wünsche der Jugendlichen
               in Österreich (nach Unterbruner 1989a; n=302; Angaben in %)

Ängste

Krieg/Atomkrieg:	54
Krankheit:	50
Umweltzerstörung:	40 (Mädchen: 43,9; Jungen: 32,2)
Tod eines nahestehenden Menschen:	23
Einsamkeit:	19

Wünsche

Arbeit:	64
Partnerschaft/ Familie:	42
Friede:	36
Saubere Umwelt:	35 (Mädchen: 40; Jungen: 29)
Gesundheit:	30

Im Vergleich zu der Petri-Studie ist also die Angst vor der Umweltzerstörung beziehungsweise entsprechende Hoffnungen nach einer heilen Natur höher. Neben diesen quantitativen Erhebungen wurden zusätzlich die Kinder und Jugendlichen auf eine "Phantasiereise" geschickt: Sie stellten sich die Welt in 20 Jahren vor, malten von dieser Situation ein Bild und kommentierten es. Die Hauptergebnisse dieser Untersuchung:

55% der Jugendlichen sehen im wahrsten Sinne des Wortes "schwarz": Die Welt ist eingehüllt vom Rauch der Fabriken, die Wiesen mußten Asphalt und Beton weichen. Autos verpesten Stadt und Land. Bei manchen dieser Jugendlichen steht ein Atompilz im Zentrum ihrer Visionen. Nur 25% der Jugendlichen glauben, daß die Welt in 20 Jahren lebenswert sein wird. Bei weiteren 20% sind sowohl optimistische als auch pessimistische Details vorhanden (Unterbruner 1989b, S. 36).

Interessant ist der Befund, daß 80% bei ihrer Reise in die Zukunft Naturbilder sehen, und zwar war für 58% die Natur zerstört und lediglich für 25% intakt. "Natur" spielt also in den Phantasien eine sehr zentrale Rolle, wobei zu betonen ist, daß die Versuchspersonen nicht aufgefordert waren, die Natur in 20 Jahren darzustellen. Offenbar ist es so, "daß in den meisten Fällen die Bewertung der Jugendlichen, ob das Leben später einmal lebenswert sein wird oder nicht, von der Intaktheit oder der Zerstörtheit der Natur abhängt" (Unterbruner 1989b, S. 37). Auch hier ist festzustellen, daß "Natur" bei den jüngeren Kindern einen größeren Stellenwert zu haben scheint; jedenfalls erwähnen sie in ihren Zukunftsvorstellungen Natur und Umwelt häufiger. Dabei ist "Natur" sehr deutlich symbolisch aufgeladen:

> Natur scheint ein umfassendes Symbol zu sein: Grüne, üppige, manchmal verwilderte Natur steht für eine insgesamt lebenswerte Zukunft. Manchmal sind diese Naturschilderungen gekoppelt mit glücklichen Menschen. [...] Umgekehrt sind von Autos, Fabriken und Hochhäusern dominierte Visionen Ausdruck einer Lebensfeindlichkeit (Unterbruner 1989b, S. 38).

Insgesamt zeigt sich in der Untersuchung von Unterbruner ein Zusammenhang zwischen optimistischen Zukunftsvorstellungen und der Vorstellung von heiler Natur, wobei allerdings weitaus mehr Kinder und Jugendliche pessimistisch im Hinblick auf die Zukunft und den Zustand der Natur sind. "90% der Jugendlichen, die Natur und Umwelt intakt schildern, verbinden damit eine optimistische Zukunftsvorstellung, und 91% der Jugendlichen, die Natur/Umwelt gestört oder zerstört beschreiben, verknüpfen damit auch pessimistische Vorstellungen" (Unterbruner 1989a, S. 173). In einer inhaltsanalytischen Auswertung von 136 Aufsätzen von 9-13jährigen Schülern ("Was ich in der Natur erleben kann.") ebenfalls in Österreich wird deutlich, daß die Auseinandersetzung mit den verschiedensten Formen von Umweltzerstörung mit 50 Prozent das häufigste Thema in den Texten der Kinder ist (Fischerlehner 1992). Einige Beispiele:

> Von der Natur hängt Leben aller Art ab. Kurzum, Natur ist unersetzlich. (Mädchen, 11 Jahre)
> Wir brauchen die Natur zum Leben. Sie gibt uns Nahrung und ein Zuhause. Die Bäume geben uns Sauerstoff, den wir zum Atmen brauchen. Die Erde benötigen wir zum Anbauen von Nahrungsmitteln. (Mädchen, 11 Jahre)
> Und wenn die Natur einmal stirbt, werden wir Menschen mit ihr sterben. Und daran haben nur die Wichtigtuer Schuld, die es schon vergessen haben, was die Natur für die Menschen getan hat. (Junge 13 Jahre)

Dem Jugendkompaß Niedersachsen (1985, S. 96) zufolge stimmen 93% der befragten Jugendlichen (n=5307, 14-21 Jahre) der Behauptung zu, "daß die Umweltverschmutzung ein Tod auf Raten ist, der kaum noch zu bremsen ist, wenn nicht dringend etwas passiert." Bei dieser pessimistischen Zukunftseinschätzung gibt es übrigens keine Geschlechtsspezifik, wohl aber bei der kritischen Einschätzung gegenüber der Technik, die die Mädchen deutlich negativer beurteilen. Bei einer Wiederholung dieser Befragung fünf Jahre später (Jugendkompaß Niedersachsen 1990, n=6422) wurde dieses Ergebnis nahezu bestätigt: 86% befürchten, daß "wir die Umweltzerstörung nicht aufhalten können". Dies ist umso bedeutsamer, als andere Zukunftsängste deutlich weniger verbreitet sind, wie Tabelle 11.4 zeigt.

Tab.. 11.4:   Zukunftssorgen junger Menschen
                (Jugendkompaß Niedersachsen 1990, S. 46,
                n=6422, Angaben in %, Mehrfachnennungen möglich)

Wenn ich über meine Zukunft nachdenke, macht mir Sorge/ Angst, daß

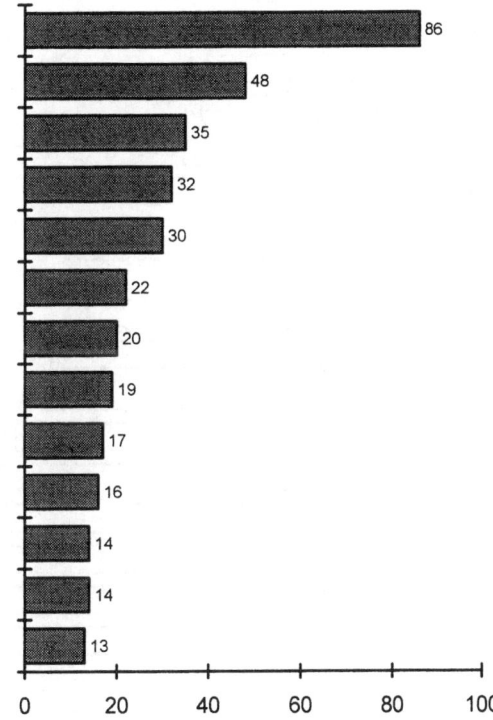

1	wir die Umweltzerstörung nicht aufhalten können
2	wir die Arbeitslosigkeit nicht in den Griff bekommen
3	ich eine gefährliche Krankheit bekommen könnte
4	die Kinder bei uns immer weniger Lebensraum haben
5	ich keine Arbeit/ Lehrstelle bekomme, die mir gefällt
6	wir hier bei uns bald einen Krieg haben werden
7	wir die Renten nicht mehr bezahlen können
8	wir immer stärker vom Staat kontrolliert werden
9	ich einen Verkehrsunfall haben könnte
10	ich meinen Schulabschluß nicht schaffe
11	ich meinen Partner/ meine Partnerin verlieren könnte
12	ich keine(n) Partner(in) finde, der (die) mich liebt
13	Sonstiges

Gebhard, Feldmann und Bremekamp (1994) haben die Rolle untersucht, die die Gen- und Reproduktionstechnologie im Bewußtsein junger Menschen spielt. Im Rahmen dieser Studie wurde eine Modifizierung der Angstskala von Goldenring/Doctor (1986) eingesetzt, die auch Petri u.a. (1986) und Unterbruner

(1989a) benutzt haben. Bei dieser Untersuchung konnte die herausragende Stellung der Angst angesichts der Umweltzerstörung im Spektrum der relevanten Ängste deutlich bestätigt werden, ebenso die Dominanz der politischen Ängste.

Tab. 11.5   Persönliche und politische Ängste von Jugendlichen 1993
(Gebhard/Feldmann/Bremekamp 1994,
n=576, Angaben in %, sehr viel und viel Angst)

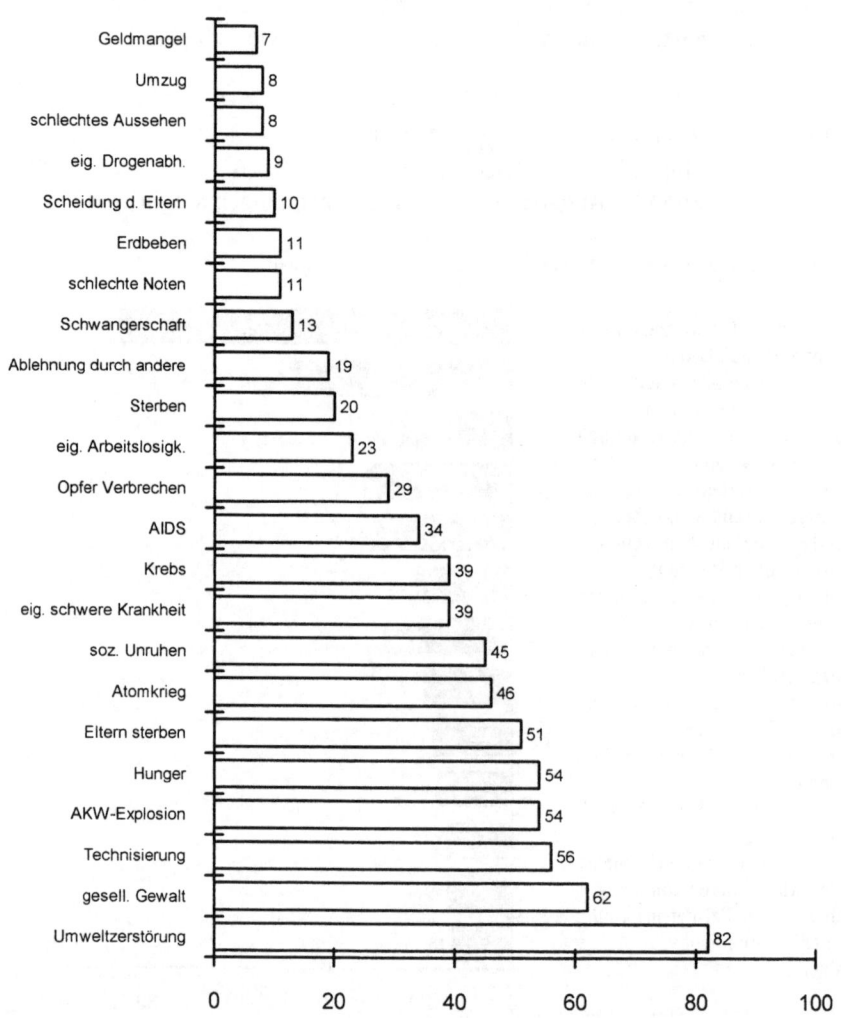

Die Befunde zeigen, daß nicht etwa das Thema Umweltzerstörung an Brisanz verloren hat, zusätzlich jedoch noch neue Themen (Gewalt, Technisierung) hinzugekommen sind. In Tabelle 11.5 sind die wesentlichen diesbezüglichen Er-

246

gebnisse zusammengestellt. Dabei sind die ersten beiden Werte (sehr viel und viel Angst) jeweils addiert.

In einer Untersuchung mit einer eigens entwickelten "Skala zu ökologischer Hoffnungslosigkeit" kommt Sohr (1994) zu dem Ergebnis, daß sich etwa ein Drittel der befragten 541 Jugendlichen als "ziemlich hoffnungslos" einstufen läßt. Auch hier sind es deutlich eher die Mädchen, die sich durch die Umweltsituation bedroht fühlen. Allerdings wird auch eine bemerkenswerte Ambivalenz deutlich: Einserseits stimmen dem Item "Die Umweltzerstörung wird uns in den nächsten Jahren und Jahrzehnten überrollen" fast 80 Prozent der Jugendlichen zu, andererseits glauben auch fast 70 Prozent, daß sich die Probleme lösen lassen, "wenn wir wirklich wollen". "Überraschend und erschreckend ist das Resultat, daß die Wahrscheinlichkeit für ökologische Hoffnungslosigkeit gerade dann ansteigt, wenn junge Menschen versuchen, die bestehenden Gefahren nicht einfach zu verdrängen" (Sohr 1994, S. 206). Die bei alltäglichen Problemen meist erfolgreiche Strategie, Probleme aktiv anzugehen, scheint bei dem komplexen und individuell kaum bewältigbaren Problem der Umweltzerstörung nicht mehr zu greifen. Ein Leben ohne Perspektive und Hoffnung ist nicht möglich oder nur um den Preis schwerer psychischer Belastungen oder sogar Schäden.

Nach der Studie von Mansel (1995) erscheint die ökologische Situation für Jugendliche ausgesprochen bedrohlich: 79% der befragten 2000 Jugendlichen nennen die Zerstörung des ökologischen Umfeldes an erster Stelle von Angstfaktoren, gefolgt von Krankheiten infolge der Zunahme der Umweltzerstörung (71,5%) und der Explosion eines Atomkraftwerkes (66,5%). Ausgeprägt ist auch die Besorgnis, daß sich die ökologischen Risiken verschlimmern: 80% erwarten eine Verschärfung der Situation. Hauptschüler äußern übrigens deutlich weniger Ängste als Jugendliche anderer Schultypen. Bei den Untersuchungen von Szagun et al. (1994) fällt neben der gleichermaßen starken emotionalen Beteiligung angesichts der Umweltzerstörung bei allerdings nur geringer Handlungsbereitschaft vor allem auf, daß die Besorgnis bei Mädchen ausgeprägter ist.

Das Institut für Jugendforschung in München führte 1988 eine Repräsentativumfrage (n=1046) bei 6- bis 14jährigen Kindern zu ihren Zukunftserwartungen durch (Selbmann 1988). "Was glaubst Du, wie wird es mit unserer Welt weitergehen: Wird sie, wenn Du einmal groß bist, also sagen wir so in 20 Jahren, besser sein als jetzt — genauso sein wie jetzt — oder schlechter sein als jetzt?"

Diese Untersuchung zeigt ebenfalls das Ausmaß der Zukunftsangst von Kindern und Jugendlichen, allerdings gibt es hier keine Geschlechtsspezifik. Auch die Annahme, daß die (bewußte) Angst mit zunehmendem Alter eher geringer wird, bestätigt sich in dieser Studie nicht. Im Gegenteil: Mit steigendem Alter wird die Angst ausgeprägter. Auch bei der bereits angeführten Studie über Kinderwünsche kommt der Wunsch nach "Frieden in der Welt, genug Nahrung für alle, nach Schutz für Luft und Wasser und guten Lebensbedingungen für Pflanzen, Tiere und Menschen" (Osswald/Krappmann 1985, S. 724) gerade bei den jungen Kindern fast nicht vor, bei Erstklässlern zum Beispiel gar nicht. Ob allerdings die Kinder wirklich keine entsprechenden Gedanken oder Gefühle haben oder ob sie diese nur nicht verbal äußern, ist damit noch nicht gesagt.

Tab. 11.6:   Zukunftserwartungen der 6 – 14jährigen
(Institut für Jugendforschung, München; Selbmann 1988)

		Geschlecht		Altersgruppen		
Zukunftserwartungen der 6 – bis 14jährigen						
	Insgesamt	Jungen	Mädchen	6–8 Jahre	9–11 Jahre	12–14 Jahre
	n=1046 %	n=540 %	n=505 %	n=345 %	n=329 %	n=372 %
besser	23	24	23	28	27	16
genauso	32	31	33	43	32	23
schlechter	41	41	41	21	40	60
keine Angabe	3	4	3	7	1	1

Eine Studie über 124 Kinder zwischen acht und zwölf Jahren von Sahr (1990) zeigt, daß die Angst vor Umweltkatastrophen vergleichsweise ausgeprägt ist. Den Kindern wurde eine Angstskala mit 12 verschiedenen Items vorgelegt, die nach sechs Stärkegraden eingestuft werden sollten. Die Angst vor Krieg dominiert mit 94% gegenüber der Angst vor Krankheiten (90%), bösen Träumen (85%) und der Angst vor Umweltkatastrophen mit 82%. Das entspricht auch den Umfrageergebnissen von zwei populären Zeitschriften, wobei allerdings die Angst vor der Umweltzerstörung deutlich den ersten Platz einnimmt. Die Zeitschrift "Natur" fragte 2430 Kindern im Alter zwischen 8 und 16 Jahren nach ihrem "größten und wichtigsten Weihnachtswunsch". Die Kinder äußerten am häufigsten den Wunsch nach besserem Umweltschutz, vor allem Maßnahmen gegen das Ozonloch, die Luft- und Wasservergiftung und das Tiersterben (vgl. Richter 1991). Nach einer Befragung der Zeitschrift "Eltern" (Januar 1993) bekunden die Kinder (n=2080; 8–16 Jahre) am häufigsten die Angst vor Umweltkatastrophen (Ölpest, Ozonloch, Explosion eines Atomkraftwerks), gefolgt von der Angst vor Krieg. Persönliche Ängste (Krankheiten, Unfall, Tod, Schulangst) scheinen demgegenüber nachgeordnet zu sein.

Daß bereits sehr kleine Kinder die Umweltsituation registrieren, zeigt auch eine amerikanische Studie mit Kindern im Alter zwischen drei und fünf Jahren (Cohen/Horm-Wingerd 1993): Den Kindern wurden Bilder vorgelegt, die neben anderen Inhalten umweltschädigendes Verhalten zeigten. Die Kinder konnten sowohl die dargestellten Umweltprobleme wahrnehmen als auch die jeweiligen Folgen erfassen. Interessanterweise gibt es dieser Studie zufolge in diesem jungen Alter noch keine Geschlechtsdifferenzen bezüglich der Wahrnehmung der Umweltsituation.

248

Ingesamt läßt sich jedoch — darauf ist schon mehrfach hingewiesen worden — von einer auffälligen Geschlechtsspezifik sprechen, nach der Mädchen (und auch Frauen) mehr Besorgnis angesichts der Umweltsituation empfinden. Es gibt zwar auch einige Studien, die dies nicht belegen, doch muß insgesamt die Befundlage als eindeutig interpretiert werden. Auch zeigt die bereits erwähnte Längsschnittstudie von Boehnke, daß die Sensibilität der Mädchen — in deutlichem Unterschied zu den Jungen — gegenüber Themen wie Umweltzerstörung oder Atomkriegsgefahr mit zunehmenden Alter nicht abnimmt (Boehnke/Fromberg/Macpherson 1991). Das wird sicherlich zumindest auch damit zusammenhängen, daß Frauen beziehungsweise Mädchen — jedenfalls nach gängigen Geschlechtsrollenmustern — eher Affekte wie Angst, Besorgnis und Unsicherheit in der Öffentlichkeit äußern dürfen und können. Der Verdrängungsdruck ist also bei Angehörigen des männlichen Geschlechts größer; das betrifft sicherlich nicht nur, aber wohl offenbar auch die ängstlichen und sorgenvollen Gefühle angesichts der Umweltzerstörung. Nach einer Untersuchung von Seiwert (1987; n=494) über das Erleben der nichtmenschlichen Umwelt "machen sich Frauen mehr Sorgen wegen der Umweltprobleme, kümmern sich besonders gern um Pflanzen und Tiere und sind wetterfühliger als Männer" (Seiwert 1987, S. 287). Außerdem zeigt diese Untersuchung, daß das Erleben von Natur, die Pflege von Pflanzen und Tieren positiv mit einem sensiblen Umweltbewußtsein korreliert, am deutlichsten nach Seiwerts Befunden übrigens im Hinblick auf Pflanzen.

Die Untersuchung von Braun (1983, 1984) zum Umweltbewußtsein bei Schülern zeigt ebenfalls, daß Mädchen von der Umweltzerstörung persönlich mehr betroffen sind, während Jungen ein größeres Wissen haben (vgl. Bögeholz 1999, S. 88, Hart 1978, Langeheine/Lehmann 1986, S.107f., Richmond 1978). Das ist zwar als ein Hinweis darauf zu verstehen, daß emotionale Betroffenheit angesichts der Umweltsituation und kognitives Wissen darüber nicht unbedingt korrelieren, gleichzeitig ist es nach Brauns Befunden jedoch so, daß Gymnasiasten und politisch interessierte Kinder und Jugendliche größere persönliche Betroffenheit zeigen. Die Funktion von Wissen bei der psychischen Verarbeitung der Umweltzerstörung ist gerade unter pädagogischen Gesichtspunkten eine wichtige Frage, der in Kapitel 10.3 noch nachgegangen wird. Daß Mädchen die Umweltgefahren sensibler wahrnehmen, wird von Gebauer (1994) auch für Grundschulkinder gezeigt und von amerikanischen Untersuchungen bestätigt (Flynn/Slovic/Mertz 1994, Riechard/McGarrity 1994, Riechard/Peterson 1998).

Die Geschlechtsspezifik gilt auch für Erwachsene (Diekmann/Preisendörfer 1992, Franzke/Kienle 1996, Matthies 1994, Schahn/Holzer 1990a, Stern/Dietz/Kalof 1993), allerdings sind die Gründe hierfür weitgehend unklar. Häufig wird die traditionelle Rollenverteilung als Argument genannt. Stern/Dietz/Kalof (1993) nehmen an, daß Frauen eher als Männer eine Bedrohung der für sie relevanten Werte bemerken. Dagegen schneiden Frauen in Wissenstests über Umweltfragen und ökologische Zusammenhänge eher schlechter als die Männer ab (Grob 1991, Langeheine/Lehmann 1986, Pfligersdorfer 1991, Preisendörfer 1996, Schahn/Holzer 1990b, Steger/Witt 1989).

Ebenso auffällig wie die Geschlechtsspezifik ist die Tendenz, daß die Besorgnis angesichts der Umweltsituation mit zunehmendem Alter eher abzunehmen scheint. Jedenfalls deuten die zusammengetragenen Befunde in diese Richtung. Der Alterseffekt zeigt sich auch in bezug auf das Umweltbewußtsein. Viele Untersuchungen zeigen, daß ältere Personen ein geringeres Umweltbewußsein haben (Buttel 1979, Kessel/Tischler 1984, Kley/Fietkau 1979, van Liere/Dunlap 1981, Weigel 1983. Urban (1986, S. 386) nimmt sogar an, daß dieser Alterseffekt die stärkste soziodemographische Determinate des Umweltbewußseins ist. Er begründet dies damit, daß sich bei jüngeren Menschen ein Wertewandel im Sinne von Inglehart zu postmaterialistischen Werten vollzogen habe. Auch Szagun u.a. (1994) zeigten, daß 12jährige im Vergleich zu 15- und 18jährigen die größte umweltschonende Handlungsbereitschaft haben. Die Autorinnen erklären diesen Befund mit dem hohen positiven Stellenwert umweltbezogener Werte in der Gesellschaft und unterstellen den jüngeren Kindern eine besondere Neigung zum "Enthusiasmus" für den Umweltschutz.

> Jedoch mögen 12jährige noch kaum in der Lage sein, ihre eigene Bereitschaft und ihre Möglichkeiten zum umweltschonenden Verhalten wirklich realistisch einzuschätzen, denn viele umweltschonende Verhaltensweisen sind zumindest außerhalb iher Kontrolle. Auch geraten umweltschonende Verhaltensweisen bei 12jährigen noch nicht in Konflikt mit anderen Werten, die etwa im Bereich des Konsumverhaltens oder der persönlichen Unabhängigkeit liegen (Szagun u.a. 1994, S. 60).

So wird mit zunehmendem Alter der Konflikt zwischen Konsumwünschen und ökologischen Ansprüchen größer. Andere Studien, die allerdings nur ältere Jugendliche und vor allem Erwachsene untersuchten, konnten den Alterseffekt nicht bestätigen beziehungsweise belegen die umgekehrte Beziehung (Botwinick 1984, Diekman/Preisendörfer 1991, Grob 1990, Langeheine/Lehmann 1986).

Auch verfügen jüngere Kinder bereits über bemerkenswerte Kenntnisse: In einer qualitativen Studie mit 5-9jährigen Kindern (Schumann-Hengsteler/Thomas 1994) zeigte sich, daß diese besonders viel über Mülltrennung wissen, daß das Wissen mit zunehmendem Alter deutlich steigt und daß ökologische Wissensinhalte umso eher gewußt werden, je mehr damit konkrete Erfahrungen im Familienalltag verbunden werden können, also je alltagsnäher und handlungsorientierter sie sind. Das Faktenwissen ist allerdings insgesamt höher als Einsicht in ökologische Zusammenhänge, ein Phänomen, daß im übrigen auch für Jugendliche und Erwachsene gilt und den Begriff "Halbwissen" rechtfertigt (Bolscho 1991, Braun 1983, Kahlert 1992, Szagun/Mesenholl 1991, Pflgersdorffer 1991). Auch Szagun/Mesenholl (1991) zeigen, daß bereits achtjährige Kinder nicht nur die Umweltzerstörung wahrnehmen, sondern auch Müll, Luft- und Wasserverschmutzung als bedrohliche Phänomene nennen und auch umweltschützerische Maßnahmen kennen (zum Beispiel Mülltrennung und Plastiktütenvermeidung).

Insgesamt lassen sich die vorliegenden Befunde so interpretieren, daß vor allem die jüngsten Kinder (etwa bis zur Pubertät) ein ausgeprägtes Umweltbewußtsein zeigen, das mit der Sozialisation gleichsam aufgelöst wird und dann einer neuen Dynamik unterliegt. Dabei scheint nicht nur die Angst angesichts der Umweltzerstörung mit zunehmendem Alter abzunehmen. Auch die Bereitschaft oder das Interesse, Tiere zu schützen, sinkt mit zunehmendem Alter (Bjerke/Odegardstuen/Kaltenborn 1998, siehe Kapitel 7). In bezug auf Tiere kommen Kellert und Westervelt (1983) zu ähnlichen Ergebnissen, fanden aber interessanterweise gleichzeitig ein Anwachsen von naturbezogenen und ökologischen Einstellungen. Möglicherweise deutet das darauf hin, daß Jugendliche verstandesmäßig wissen, was man im Blick auf die ökologische Situation denken muß und dies dann auch denken, aber der affektive Grund hierfür verfällt nach und nach der Verdrängung. So gibt es nicht nur in bezug auf Umweltängste vermehrt Hinweise, daß jüngere Kinder eine ausgeprägtere affektive Naturnähe besitzen als Jugendliche oder Erwachsene. In Kanada fanden Bunting und Cousins (1985), daß der sogenannte "Pastoralismus" (definiert als positives Verhältnis zur natürlichen Umwelt) zwischen der 6. und der 10. Klasse deutlich abnimmt, und zwar bei Jungen mehr als bei Mädchen. In Deutschland kamen Bogner und Wilhelm (1996) zu anlogen Ergebnissen.

Dieser komplexe Alterseffekt — also die Abnahme eines Gefühls der Verbundenheit mit der Natur, die Abnahme der emotionalen Bedeutung von Tieren und auch die Abnahme von Umweltängsten zusammen mit der deutlichen Zunahme von ökologischem Wissen und auch umweltbezogenen Einstellungen — ist in seinen Einzelaspekten ausgesprochen bemerkenswert und wird in der abschließenden Gesamtinterpretation noch einmal wieder aufgenommen (Kapitel 11.3.1).

Zusammengefaßt: Die Besorgnis angesichts der Umweltzerstörung bei der jungen Generation ist relativ hoch; gerade bei jüngeren Kindern und bei Mädchen ist diese Besorgnis besonders ausgeprägt. Zumindest deuten die zusammengetragenen Untersuchungen in diese Richtung. In den letzten Jahren werden die Befunde allerdings uneinheitlich.

11.2.2 Kindertexte

Meinerzhagen (1988) hat Kinder ab sieben Jahren aufgefordert, ihr einen Brief darüber zu schreiben, wie sie sich ihre Zukunft vorstellen. Die Auswahl der Texte ist zwar zufällig, sie sind auch nicht inhaltsanalytisch ausgewertet, geben jedoch einen Einblick in die kindlichen Gefühle angesichts der Umweltzerstörung. Gerade die jüngeren Kinder schreiben in diesen Texten sehr konkret und zeigen oft einen Realitätssinn, der geradezu eine Bedingung sowohl für die Bewältigung der Angst als auch für die Änderung der Realität ist. Auf der anderen Seite gibt es jedoch auch Wunschvisionen, vor allem von Mädchen. Einige Beispiele:

> Ich stelle mir die Zukunft schrecklich vor. Bäume verlieren schon im Sommer die Blätter. Wenn wir nach draußen gehen wollen, müssen wir erst Mundmasken aufsetzen, damit wir uns nicht vergiften. Überall fliegen Bakterien herum. Alle Dörfer werden zu Großstädten. Flüsse sind nur noch Jauche. Wir hören keine Vögel piepen, wir sehen keine Blumen blühen. Es gibt nur noch Hochhäuser. Alles geht au-

tomatisch, darum hat niemand Arbeit mehr. Wir Kinder haben es sehr schlecht, nur wenige Eltern haben Arbeit, sie haben keine Wiese oder einen Spielplatz zum Spielen. Es laufen in den größeren Städten nur noch Verbrecher rum. Damit die Zukunft nicht so aussieht, müssen wir viel ändern, sehr viel. (Mädchen, 10 Jahre)

Wenn ich dreißig bin, wird es vielleicht keine Bäume mehr geben. Wenn ich dreißig bin, dann werden die Blumen vielleicht Gasmasken tragen müssen. Wenn ich dreißig bin, werden fast alle Tiere ausgestorben sein, von den Abgasen vergiftet. Ja, vielleicht werde ich gar nicht dreißig, wer weiß? (Junge, 10 Jahre)

Der Verkehr, ja, das ist so ein Ding. Autos werden zum Beispiel durch Katalysatoren umweltfreundlicher gemacht. Aber es wird bestimmt auch mehr mit dem Rad gefahren. Ja, und das Wohnen: Ich glaube, daß viele wieder aufs Land ziehen. Denn es werden immer mehr Hochhäuser gebaut, aber es wird ihnen gar nichts nützen, denn bald wird das Dorf auch eine Stadt werden.Die Atomkraftwerke wollen sie abschaffen, aber sie brauchen sie doch, deshalb wird es die auch weiterhin geben. In Werken, Fabriken usw. werden sie noch mehr Filter einbauen, damit das Wasser (Meer) sauber bleibt. Vielleicht legen sie auch noch zusätzliche Seen, Weiher oder so an. (Mädchen, 12 Jahre)

Ich stelle mir das so vor: Grüne Wiesen, blühende Blumen, schönes Wetter. Manchmal Regen, viel Freude, viel Gesundheit, gute Menschen, daß Gott wie immer Gerechtigkeit gibt. Und uns alle lieb hat und daß keiner hungern muß, daß alle nett zueinander sind, allen helfen, die leiden müssen, daß die Reichen den Armen Geld geben, daß die Menschen Gott liebhaben und daß alle ein Zuhause haben. (Mädchen, 8 Jahre)

Ich will erzählen, wie ich meine Zukunft haben möchte: Ich möchte in einem kleinen Haus in den Bergen wohnen, von Wald umgeben, ich möchte keine Atomkraftwerke haben, sie verschmutzen ja alles. Man sollte Licht mit der Petroleumlampe machen oder mit Kerzen oder den Herd mit Kohlen heizen. Die Atomkraftwerke könnte man vergessen. Die Flüsse dürften auch nicht verschmutzt sein. Denn alle brauchen Wasser, und man möchte, daß seine Nachkommen noch sauberes Wasser erleben, denn wenn man kein sauberes Wasser mehr hat, dann gehen die Menschen. (Mädchen, 9 Jahre)

Wenn ich dreißig bin, habe ich ein großes Land und viele Tiere. Ich habe viele Kinder und ein großes Haus. Ich gucke aus dem Fenster und sehe den blauen Himmel, und die Sonne scheint grell. Wenn ich einkaufen will, dann fahre ich mit dem Fahrrad. Wenn ich aufstehe, dann esse ich gekochtes Gemüse mit Fleisch, dann setze ich mich an den Schreibtisch und schreibe Märchenbücher über die Umwelt. (Junge, 9 Jahre)

Im Rahmen eines Schreibwettbewerbs der IG-Metall gibt es eine Dokumentation von 128 Briefen von Kindern zwischen 8 und 14 Jahren über das Thema "So soll die Welt nicht werden" (Rusch 1989). Petri (1995) hat diese Texte inhaltlich analysiert und kam zu folgenden Häufigkeiten von negativ getönten Zukunftsvisionen:

Tab. 11.7   Negative Zukunftsvisionen von Kindern (nach Petri 1995, S. 5)

Das Sterben von Natur (46), Tieren (44) und Menschen (23)	113	Umweltverseuchung, zerstörung, verschmutzung	74
Fabriken, Hochhäuser, Beton und Plastik als Sinnbilder menschlicher Entfremdung	65	(Atom-)Waffen	34
(Atom-)Krieg	30	Atomkraftwerke	29
Gift	33	Autos, negativ besetzt	32
Roboter und Computer, negativ besetzt	22	Angst	29
Zweifel an der Verantwortungs- und Handlungsfähigkeit von Politikern und Erwachsenen	28	Sorge um eigene spätere Kinder	21
Krankheit allgemein, Krebs und Aids	20	Zweifel am Fortbestand der Erde	18
Ozonloch, Klimakatastrophe	17	Arbeitslosigkeit	16
Geld, negativ besetzt	16	Hunger in der Welt	15
Gasmasken für die Zukunft	8		620

11.2.3 Gespräche mit Kindern

Die Briefe, die die Kinder geschrieben haben, sind in gewisser Weise von vornherein zumindest thematisch festgelegt, weil die Kinder aufgefordert wurden, über die Zukunft zu schreiben. Das gilt noch mehr für die Fragebogenstudien aus Kapitel 11.2.1, in denen ja Antworten meistens vorgegeben waren. Ich glaube zwar nicht, daß die dargestellten Ergebnisse Artefakte sind, trotzdem haben solche Befragungen den Nachteil, daß nie ganz ausgeschlossen werden kann, daß als Ergebnis eben das erscheint, was als Vorannahme zu Beginn der Untersuchung bereits angenommen war. Nun soll an dieser Stelle nicht eine methodologische Diskussion über den wissenschaftlichen Wert von quantitativen und qualitativen Untersuchungen geführt werden, vielmehr soll zusätzlich von gewissermaßen beiläufigen Gesprächen mit Kindern über die Umweltzerstörung berichtet werden.

Die Gespräche wurden mit Kindern geführt, die die "Interviewer" kannten (eigene Kinder, Nachhilfeschüler, Verwandte, Nachbarschaftskinder). So bestand also schon zu Beginn der Gespräche eine relativ vertraute Beziehung, die es zulassen könnte, daß sich emotionale Reaktionen angesichts der Umweltzerstörung — wenn es welche gibt —zeigen. Wenn die Kinder von sich aus nicht auf das Thema "Umwelt" kamen, wurden sie erst am Ende der Gespräche damit konfrontiert. Es wurden Gespräche mit Kindern im Alter von 6 bis 10 Jahren geführt.

Diese Fallstudien können hier natürlich nicht ausführlich "erzählt" werden. Jedoch — und deshalb werden sie überhaupt erwähnt — kontrastieren sie in ihrer Gesamtheit auffällig mit den bisher dargestellten Befunden und Beobachtungen: Die Kinder sprachen bis auf eine Ausnahme die Umweltzerstörung nicht von sich aus an. Es wurde zwar auch über Angst gesprochen, aber politische Ängste gab es bei den Kindern — jedenfalls verbal explizit — selten. Das ist immerhin bemerkenswert angesichts der Beobachtungen bei Jugendlichen, wonach die politischen Ängste die persönlichen überwiegen. Die Gespräche dokumentieren in ihrer Vertrautheit ein "normales Kinderleben", in dem es um Spielplätze, Schule, Eltern, Geschwisterkonkurrenz u.ä. geht. Auffällig ist darüber hinaus, daß in den Gesprächen Tiere eine herausragende Rolle spielen.

Die Gespräche waren bewußt so angelegt, daß die "Interviewer" die Kinder relativ gut kannten. Dies geschah aus der Überlegung heraus, daß, wenn Kinder in der Tat die Umweltzerstörung angstbesetzt erleben, diese Angst möglicherweise nicht explizit (verbal) geäußert, jedoch spürbar wird innerhalb einer relativ sicheren und vertrauten Beziehung. So wurden nicht nur die sprachlichen Äußerungen der Kinder, sondern auch die Mimik, Gestik und die Gesprächsatmosphäre registriert. Alle Kinder wurden im jeweils letzten oder vorletzten Gespräch auf das Thema "Umweltzerstörung" angesprochen. Es zeigte sich, daß sie (vor allem die Jungen) über ein erstaunliches Wissen verfügen. Sie wissen viel über umweltpflegliche Maßnahmen im Alltag (FCKW, Altpapier, Altglas). Deutlich wurde dabei auch, daß das Wissen überwiegend aus dem Fernsehen (vgl. auch Hazard 1992, S. 233) und erst in zweiter Linie aus dem Schulunterricht oder von den Eltern stammt. Daß das Wissen der Jungen höher ist als das der Mädchen, wird auch von anderen Studien bestätigt (Gebauer 1992, Scherf 1988); zusätzlich zeigt sich hier noch, daß das Wissen mit dem Alter differenzierter wird, was freilich nicht überraschend ist.

Wie steht es nun mit der emotionalen Beteiligung angesichts der Umweltzerstörung? Viele Kinder zeigten sich vom Thema "Umweltzerstörung" nur wenig beeindruckt. So ein neunjähriges Mädchen: "Das interessiert mich überhaupt nicht!" Einige behandelten es wie ein "schulmäßiges" Thema, über das man etwas weiß, vor allem auch weiß, daß es allgemein als wichtig eingestuft wird. Jedoch gibt es auch Kinder, die deutlich Angst angesichts der Umweltsituation zeigen. Ein Beispiel von einem achtjährigen Jungen soll im folgenden dargestellt werden:

> Der Junge zeigt sich bei dem Gespräch über Umweltthemen zwar gelangweilt, möchte das Thema am liebsten wechseln, äußert sich dann entsprechend der Kenntnisse, die er in der Schule gelernt hat. In einem weiteren Gespräch wurde er aufgefordert, zu malen, wie die Welt in 30 Jahren aussehen wird. "Das mach' ich. Das geht schnell, da ist nicht mehr viel los auf der Welt."

Abb. 11.1 Bild eines achtjährigen Jungen

Auf dem Bild stellt er sich selbst dar, wie er auf einem Baum ohne Äste und Blätter steht. Er hat die Hände zum Kopf gehoben und ruft: "Oh Gott, wie sieht es denn hier aus!" Er erklärt, die Blätter und Äste seien abgefallen, weil sie älter geworden sind und weil die Luft vergiftet ist. Die Reste der Zweige liegen auf der Erde, auf der es auch kein Gras mehr gibt. In einem nächsten Gespräch eine Woche später redet er über Angst. Er hat Angst vor Räubern und Wölfen und daß sie seiner Mutter etwas antun könnten. Überhaupt hat er Angst, seine Mutter zu verlieren. Auszug aus dem Gesprächsprotokoll:
"Kannst du dir vorstellen, daß die Welt so wie auf deinem Bild aussieht, wenn du so alt bist wie ich?"
"Kann ich mir vorstellen, aber ich will das nicht."
"Wovor hast du große Angst?" — "Vor Dieben, Wölfen und Räubern."
(Gesprächsphase über Angst um die Mutter.)
"Wovor hast du mehr Angst, daß Annette etwas passiert, oder daß die Welt mal später wirklich so aussieht wie auf deinem Bild?" — "Daß die Welt mal so aussieht." (Pause, nimmt meine Hand, schmiegt sich an.) "Und daß Annette was passiert, davor habe ich auch große Angst."
(Hat noch lange meine Hand gehalten, war sehr ernst und hat viel über die ihm wichtigen Menschen und über Verlustängste gesprochen.)

Natürlich ist das nur ein einzelner Fall (Henning 1990). So sollten auch die hier nur kurz zusammengefaßten "Gespräche mit Kindern" in ihrer Aussagekraft natürlich nicht überschätzt werden. Die Beobachtungen sind zudem auch durchaus widersprüchlich: Einige Kinder zeigten sich von der Umweltsituation wenig beeindruckt, andere hingegen sehr. Interessant bei einer vergleichenden Betrachtung sind dabei zwei Details:

- Traurigkeit, Verhaltenheit, Bedürfnis nach Nähe angesichts des Themas Umweltzerstörung zeigte sich insbesondere bei den jüngeren Kindern.
- Biologisches und ökologisches Wissen ist zwar geradezu erstaunlich reichhaltig (vor allem bei den Jungen) vorhanden. In Situationen, die eine affektive Beteiligung angesichts der Umweltsituation offenbaren, spielte dieses Wissen jedoch fast keine Rolle. Im Gegenteil: Immer, wenn es um Wissen ging, war es besonders leicht, dieses Thema distanziert zu behandeln oder es auch ganz zu verlassen.

Das folgende Gespräch mit einem siebenjährigen Jungen zeigt, daß und wie sehr sich bereits Kinder dieses Alters mit Natur, Angst und Umweltzerstörung befassen. Er wurde nach entsprechenden Themen im Einzelgespräch befragt und zeigte sich sehr engagiert. Im folgenden einige Äußerungen des Jungen (nach Nitschke 1990):

Ich hätte Angst, [...] wenn die Bäume alle kaputt und abgestorben wären. Ein Blitz kann ja auch Brände verursachen, wenn er einschlägt. [...] Ich möchte etwas zur Natur sagen: Als ich aus der Kur zurückkam, habe ich gesehen, wie der Baum auf einmal weg war, da habe ich ganz doll geweint, weil ich dort so schön spielen konnte. — Die Streichhölzer bestehen ja auch aus Bäumen, Silvesterraketen haben auch Holzstäbe. ... oder Papier, wo jeder drauf malt und schreibt. [...] Deswegen fällt man Bäume, damit jemand etwas zu malen hat. — Man sollte Papier nicht so verschwenden. [...] Natur ist für mich, wenn die Vögel singen, die Sonne scheint, und wenn es ab und zu auch mal regnet, wenn man baden gehen kann, die Bäume schön blühen, wenn überall Nester drauf sind, das stell' ich mir unter Natur eigentlich vor. (Frage: "Und die Umweltzerstörung?") Die Menschen finde ich einfach dumm, die das machen — weil die die Natur zerstören, und das merken die ja auch. — Aber zum Teil ist es auch gut, weil man damit ja auch Essen macht und auch die Leute drin wohnen läßt. — Aber eins ist auch der Nachteil: das Giftige geht ja auch in die Wolken und kommt als Regen wieder runter. [...] Wenn es keine Bäume mehr gibt, gibt es keine Luft mehr — und die Menschen müssen sterben.

Im folgenden sollen nun noch Ausschnitte aus zwei Gruppendiskussionen abgedruckt werden, die in zwei Grundschulklassen (4. Jahrgang) geführt wurden (Erchenbrecher u.a. 1991). Auch hier wird deutlich, daß die Kinder über ausgesprochen viel Wissen verfügen. Die Gesprächsprotokolle sind in gewisser Weise "beispielhaft" für den zwar kenntnisreichen, jedoch oft auch distanzierten Umgang mit Themen, die die Umweltzerstörung betreffen. Das trifft insbesondere dann allerdings nicht zu, wenn es um Tiere geht. Dieser Eindruck bestätigt sich auch in einer Reihe anderer Gespräche mit Kindern. Das Leiden und Sterben von Tieren wird als besonders schlimm empfunden und mit großem Unverständnis, bisweilen auch wütend kommentiert. Mitleid mit Tieren, Identifikation mit Tieren, die natürlich zum Teil anthropomorph getönt ist, scheint ein wesentliches Moment der kindlichen Sorge um die Umwelt zu sein.

Auszug aus einem Gesprächsprotokoll über die Umweltzerstörung
(4. Klasse, 8 Mädchen, 9 Jungen, Großstadt)

- Ich geh' auch sehr gerne in den Garten, weil wir haben da drei Meerschweinchen. (...)
- Ich finde es nicht gut, daß der schöne Wald abgeholzt wird. Wo ich war, da wurde auch immer alles abgeholzt. Da waren richtig kahle Stellen. (...)
- Die Fabriken, da kommt immer soviel Rauch raus.
- Genau, manche haben überhaupt keine Filtertüten.
- Die Conti ja. (...)
- Es gibt hier auch viel zu wenig Land durch die Fabriken und die Betonierung für die Häuser, daß man hier gar nicht mehr spielen kann draußen. (...)
- Wasser ist für die Pflanzen gut, und die Bäume sind auch gut für die Natur.
- Die pflanzen auch immer mehr in Hannover.
- Aber wenn sie die nur einen Zentimeter vom Beton weghalten. Manchmal sieht man, wie sie einen Baum richtig einbetoniert haben und dann sieht man hoch und sieht, der Baum ist ein richtiger Krüppel.
- ... kommen schon die Wurzeln hoch. (...) Diese Huckel im Teer.
- Wiesen sind auch gut für die Natur.
- Ich finde es nicht gut, daß die Stadt überhaupt da ist und man gar keine Wiese mehr hat.
- Die Leute werden immer habgieriger, weil sie immer mehr Geld kriegen, aber an die Natur denken sie gar nicht mehr.
- Nur noch ans Geld, raffgierig, raffgierig. (...)
- Daß die großen Schiffe ihr altes Öl immer ins Meer reinschmeißen.
- Wenn man an den Stränden langgeht, sieht man überall verpestete Tiere.
- Vor ein paar Jahren hat man den Wald abgebrannt. Da hat man einfach so Sachen reingeworfen. Da sind auch viele Tiere dran gestorben und ganz viele Bäume.
- Und die tropischen Regenwälder hacken sie ab.
- Ich habe Angst, daß die Ozonschicht mal reißen könnte, weil es ist jetzt schon ein Riesenloch drin, und es wird immer größer.
- Mehrere!
- Ja, die Sonne würde unseren ganzen Planeten austrocknen.
- Alles verbrennen, verglühen.
- Aber erstmal würde alles austrocknen.
- Das ultraviolette Licht würde durchkommen.
- Weil, die Ozonschicht hält die Sonne davon ab, ihre stärksten Strahlen auf die Erde zu lassen. (...)
- Manche Leute haben auch Riesenangst, weil die ja jetzt alle schon mit den Atombomben handeln, daß so 'ne Atombombe ganz plötzlich hochgeht, dann ist ja die halbe, äh, die ganze Welt verseucht.
- Dreiviertel bestimmt! Ein paar Städte, du bist lustig.
- Du weißt ganz schön genau, wie groß Städte sind!
- Ey, wenn du jetzt da bist, hier in Hannover, und da geht eine los, und du bist in Amerika — das hörst du bis dahin. (...)

- Es wäre ja auch 'ne gute Nutzung, da wo das Ozonloch ist, da wäre ja Platz, da könnte man ja da auch, weil da soviel Sonne hinkommt, könnte man da ja auch von der Sonne Strom einfangen.
- Toll, willst du denn, daß die ganze Antarktis abschmilzt?
- Das ist nämlich von den Wissenschaftlern — das ist nämlich am dööfsten, weil für die vielen Tiere da, die brauchen doch ihre kalten Gebiete, schmilzt doch da alles ab, die ganzen Berge, und dann, dann ist Hochwasser.
- Sintflut, Hochwasser. (...)

Auszug aus einem Gesprächsprotokoll über die Umweltzerstörung
(4. Klasse, 11 Mädchen, 11 Jungen, Dorf im Landkreis Hannover)

- Ja, zur Umwelt, das Öl verklebt nämlich die Federn von Vögeln, wenn sie Fische fangen wollen und dann können sie nicht mehr fliegen und sich nicht mehr bewegen und dann stürzen sie ab.
- Plankton ist auch mit diesem Öl, und Menschen essen Plankton und es ist dann auch mit diesem Öl.
- Ich hab' mal im Film gesehen, da war ein Vogel, der hatte auch Öl an den Federn, da kam ein Junge, der wollte das abmachen, aber das ging nicht, und der Vogel war in ein, zwei, drei Tagen tot.
- In der Zeitung stand mal, da wo die Pinguine leben, da haben sie auch immer gesprengt, und da hatten sie Fotos, wie die Pinguine da tot lagen. (...)
- Ich hab in der Tagesschau gesehen, da hatten sie gesagt, es gibt wieder einen Ölteppich. Es ist wieder in der Nähe ein Ölteppich entstanden, passiert. Sie haben versucht, alles zu retten, was noch zu retten ist. Und da sind sie ganz nah rangegangen, und da haben sie noch 'ne Schildkröte gerettet.
- Vorher haben sie ja auch, als die ganzen Seehunde gestorben sind, immer die Kontonummer von Greenpeace gezeigt, und dann haben wir voll immer was an Greenpeace gespendet. (...)
- Also mich interessiert am meisten, wie das Problem zu lösen ist, es gibt zwar keine Lösung, aber irgendwie interessiert mich das am meisten.
- Doch, es gibt eine Lösung!
- Also erstmal, daß man nicht mehr mit Atom arbeitet.
- ... soll keine Brände mehr legen, daß der Rauch nicht mehr die Luft verpestet.
- Man könnte erstmal mit dem Umweltschutz zu Hause anfangen, zum Beispiel, wenn man mal in den Laden geht und wenn man sich das mal anguckt. Was die da alles haben, von Parfum und so, zum Beispiel in den meisten Flaschen, wo man nicht reingucken kann, ist ja meistens immer FCKW drin, das ist auch schon schlimm. Wenn man sich mal zu Hause so anguckt, ein Reiniger fürs Klo, Spülmittel, Waschpulver, das kann man noch unzählig weiterführen.
- Wir kaufen immer so Salatgurken, die haben ja schon so 'ne Haut, die pellt man sowieso ab, und wenn die mal runterfällt, ist ja nicht so schlimm, da machen die ja extra Plastik drum, als wäre sie angewachsen.
- Wie können wir das lösen? Zum Beispiel im Wald? Die Bäume? — Und was machen die Menschen, ne? Sie machen aus Bäumen Papier. — Je weniger Bäume, desto schlechter die Luft.
- Man kann ja altes Papier auch sammeln und dann wird da neues draus gemacht. (...)

- Wir sammeln die Sachen, die in die Müllabfuhr kommen, die Papiersachen, die Flaschen, die in Flaschencontainer kommen, und die Sachen, die auf den Kompost kommen.
- Ich wollte sagen, es ist schade, daß nicht alle Menschen das auf Erden machen.

11.2.4 Kinderbilder

Abb. 11.2   Bild eines achtjährigen Mädchens über die Welt in 20 Jahren

Zu den eindrücklichsten Hinweisen dafür, daß Kinder und Jugendliche den Zustand der Umwelt wahrnehmen und ihn auch mit negativen und ängstigenden Gefühlen verbinden, zählen Bilder. Die bereits erwähnte Studie von Unterbruner (1989a) zeigt sehr deutlich, wie pessimistisch das Zukunfts-"bild" von Kindern und Jugendlichen im Hinblick auf die Situation von Natur und Umwelt gefärbt ist. Munker (1985) hat 11- bis 13jährige Gymnasiasten zeichnen lassen, wie sie sich die Welt in 100 Jahren vorstellen beziehungsweise wünschen:

> Mit wenigen Ausnahmen konnten sich diese Kinder die Zukunft nur als tödliche Katastrophe einer von Aufrüstung, atomarem Krieg, monströser Technik und hoffnungsloser Naturzerstörung zugrunde gerichteten Zivilisation vorstellen — und ebenso einmütig zeigten die Wunschbilder eine friedliche Welt fast ohne Technik, in der Tiere, Pflanzen und eine unbeschädigte Natur die Hauptrolle spielen — Imagination des wiedergefundenen Paradieses (Munker 1985, S. 7).

Tab. 11.8   Inhalte von Kindernbildern
(n= 34623, 8-14 Jahre, nach Reiß 1996, S. 138)

KATEGORIEN	Anzahl	Prozentanteil
1. Umweltzerstörung/ Umweltprobleme	6 071 Bilder	17,5 %
2. Landschaften/ Häuser in einer intakten Umwelt	4 668 Bilder	13,5 %
3. Spielen auf dem Spielplatz/ in der Natur	3 773 Bilder	10.9 %
4. Tiere/ Ereignisse mit Tieren	2 815 Bilder	8,1 %
5. Sport	1 868 Bilder	5,4 %
6. Familie/Zuhauset	1 619 Bilder	4,7 %
7. Krankheit/Ängste// Traurigkeit/Probleme	1 374 Bilder	4,0 %
8. Politische und soziale Probleme	1 321 Bilder	3,8 %
9. Krieg/Wettrüsten	1 254 Bilder	3,6 %
10. Schule	1 215 Bilder	3,5 %
11. Probleme/Behinderungen/ Verbote beim Spielen	1 080 Bilder	3,1 %
12. Feste/Veranstaltungen Weihnachten	1 078 Bilder	3,1 %
13. Darstellungen von Menschen	958 Bilder	2,8 %

Bilder haben den Vorteil, daß sie nur wenig sekundär überformt sind und insofern eine sehr deutliche Sprache sprechen. Andererseits sind sie natürlich sehr interpretationsfähig beziehungsweise -bedürftig. Zusätzlich sind Bilder natürlich immer nur zu verstehen vor dem Hintergrund weiterer (biographischer) Daten. Jedoch können Bilder als deutliche Hinweise für die psychische Präsenz der Umweltzerstörung gewertet werden. Daß die "äußeren Bilder" der Natur, die die Kinder in den Medien und teilweise sicherlich auch direkt sehen, auch "innere Bilder" sind, wird durch die Vielzahl der (bedrückenden) Bilder bei Unterbruner (1989a) und Munker (1985) dokumentiert. Diese Bilder

[...] verdichten Anschauungen der Welt, in der wir heute schon leben, so ungeschminkt und so wenig von Verdrängung entstellt, wie wohl nur Kinder das vermögen.. [...] Diese Bilder sind ein Spiegel, in dem wir unser eigenes Bild erblicken, als
das Bild einer Welt, die unser Werk ist (Munker 1985, S. 8).

Reiß (1996) forderte Kinder zwischen 8 und 14 Jahren auf, ein freies, thematisch
nicht festgelegtes Bild zu malen. In die Auswertung konnten 34623 Bilder aufgenommen werden (Tab. 11.8), wobei inhaltlich das Thema Umweltzerstörung am
häufigsten vorkam (17,5%), aber auch Landschaften in einer heilen Natur (13,5%)
und Tierdarstellungen (8,1%) werden von den Kindern nicht selten gemalt. Interessant ist zusätzlich der Altersverlauf (Tab. 11.9). Während die Darstellung heiler
Landschaften mit zunehmendem Alter abnimmt, steigt die bildliche Thematisie-
rung der Umweltzerstörung (Fabriken, qualmende Schornsteine, schmutzige Gewässer, Waldsterben) mit dem Alter an.

Tab. 11.9   Umweltdarstellungen in Kinderbildern
            (n= 34623, 8-14 Jahre, nach Reiß 1996, S. 139)

	6-8 Jahre	9-11 Jahre	12-14 Jahre
Umwelt positiv	38,4 %	29,0 %	18,1 %
Umwelt negativ	2,4 %	15,2 %	29,7 %

Die hier beispielhaft abgedruckten Bilder stammen von Grundschulkindern. Die
Kinder erhielten die Aufforderung, die Welt in 20 Jahren zu malen. Die Auswertung der Bilder ergibt, daß von 108 Bildern 70 (=64,8%) zerstörte und ängstigende
Landschaften zeigen; 27 (=25%) haben harmonische, schöne Naturmotive und 11
lassen sich nicht deutlich zuordnen beziehungsweise enthalten beide Elemente.

Diese Daten entsprechen in etwa denen von Unterbruner, wobei in der Tat die
jüngeren Kinder ein noch pessimistischeres Bild von der Zukunft haben. Interessant ist jedoch der Einzelbefund, daß die eher optimistischen, harmonischen Bilder
überwiegend von Mädchen stammen, was dem Befund bei Jugendlichen, daß
Mädchen besorgter im Hinblick auf die Umwelt zu sein scheinen (s.o.), wohl eher
widerspricht. Hier müßten genauere Untersuchungen bei Kindern noch mehr
Aufschluß bringen. Oft kommentieren die Mädchen allerdings ihre Bilder dahingehend, daß sie Wunschbilder seien: "Ich hoffe, daß es so wird." Oder: "So sieht
meine Traumwelt aus." Solche Kommentare ließen sich auch dahingehend interpretieren, daß die Mädchen mit den harmonischen Bildern nicht nur eine harmoni-
sierende Tendenz zeigen, sondern auch die Kraft für positive, utopische Ge-
genentwürfe, was ja neben einer realistischen Wahrnehmung ebenfalls eine Bedingung für aktives Handeln ist.

Abb. 11.3   Bild eines neunjährigen Jungen über die Welt in 20 Jahren

11.3 Kinder und Umweltzerstörung — psychodynamische Überlegungen

11.3.1 Die Wahrnehmung der Umweltsituation und die Angst davor wird abgewehrt

Das öffentliche Bekunden von Angst ist nicht notwendig ein Indiz dafür, daß die Umweltzerstörung wahrhaftig ernstgenommen wird. So ist es zumindest auffällig, daß die allerorten bekundete Angst vor der Umweltzerstörung so wenig wirkungsvoll im Hinblick auf tatsächliche Handlungen ist. Angst gehört fast schon zum guten Ton, wenn die Sprache auf das Thema Umweltzerstörung kommt. Es ist inzwischen ein sozial geradezu erwünschtes Verhalten, sich der allgemeinen Besorgnis und ”Betroffenheit” angesichts der Umweltzerstörung mit einer ängstlichen, jedoch zugleich distanzierten Haltung anzuschließen. Diese Form von Angst ist freilich eine besonders subtile Art der Angstabwehr. Umgekehrt erlaubt es diese gesellschaftlich erwünschte Angst auch, daß andere Ängste sich hinter ihr verstecken können.

Neben der Frage, warum die Menschen überhaupt die sie umgebende Natur in einer derart lebensbedrohlichen Weise zerstören, ist für ein psychodynamisches Verständnis der ökologischen Krise das bereits angesprochene Problem zentral, warum die Menschen die ökologischen Gefahren so verhältnismäßig gelassen hinnehmen, warum sie gegen die Wahrnehmung und vor allem adäquate Verarbeitung der Umweltkrise psychische Abwehrmechanismen entwickeln, die es offenbar zumindest erschweren, die ökologische Realität wahrzunehmen und geeignete Maßnahmen zu ergreifen. Nun ist die Gefahr in der Tat so überwältigend, daß psychische Abwehrformen dagegen durchaus funktional erscheinen. Die ökologische Situation ist nämlich eine Gefahr, der — zumindest individuell — nicht mit Aussicht auf Erfolg wahrhaftig begegnet werden kann. Abwehrbemühungen, auf die im folgenden eingegangen wird, sind insofern die fast logische Konsequenz, ebenso psychische und somatische Folgen, die bereits unter dem Etikett ”Ökopsychosomatik” zusammengefaßt werden (Preuss 1995).

Diese psychische Abwehr bedeutet jedoch eine Blockierung verfügbarer Verhaltenspotentiale, die zwar kurzfristig sinnvoll sein kann, bei Fixierung aber eine realitätsgerechte Reaktionsweise eher beschränkt. Auch im Falle der Umweltsituation ist das Ziel der Abwehr die psychische Distanzierung von den Ursachen der ansonsten unerträglichen Angst. Dreitzel hat als Hauptmechanismen dieses Abwehrsystems die ”psychische Selbstbetäubung” und die ”selektive Unaufmerksamkeit” herausgestellt. Mit der ”selektiven Unaufmerksamkeit” (White 1988) gelingt es, die Gefahr in einer Weise psychisch zu entstellen, daß sie nicht mehr (bewußt) bedrohlich erscheint. In dieser Abwehrorganisation fließen klassische Abwehrmechanismen (wie zum Beispiel Verleugnung, Intellektualisierung, Projektion, Verkehrung ins Gegenteil) zusammen. Dreitzel benennt

[...] diese Unaufmerksamkeit, dieses Übersehen, Nichtspüren, Nichtfühlen bei gleichzeitigem Wissen vor allem in vier Bereichen: gegenüber der realen Gefahr eines nuklearen Krieges, gegenüber den Defiziten in der Qualität unserer Umweltbeziehungen, gegenüber der Menschlichkeit unserer Feinde und gegenüber den eigenen Schuldgefühlen (Dreitzel 1990, S. 38).

Gemäß der psychoanalytischen Abwehrlehre konstituieren sich Abwehrmechanismen in der (frühen) Kindheit und werden gegen alle möglichen (psychischen) Gefahren eingesetzt. Im Falle der psychischen Verarbeitung der Umweltzerstörung wird aber wohl später ein spezifisches Arrangement von Abwehrmechanismen ausgebildet beziehungsweise aktualisiert, das im Ergebnis ein gleichsam "gemütliches" Weiterleben sichert. Daß diese "Rechnung" nicht aufgeht, zeigt unter anderem der Nachweis von Boehnke (1991), daß die Abwehr gegen die Angst vor der Umweltzerstörung lediglich zu einer Verschiebung führt, einer Verschiebung auf Objekte, vor denen man sich "scheinbar gefahrloser fürchten kann" (Bauriedl 1986, S 29). (Zu diesem Verschiebemechanismus vgl. auch Kapitel 8.3 zur Psychogenese von Phobien.) Das ist — jedenfalls vor dem Hintergrund der psychoanalytischen Abwehrlehre — auch nicht anders zu erwarten: Abgewehrte und damit unbewußt gewordene psychische Anteile entfalten eben vom Unbewußten aus eine höchst wirkungsvolle Dynamik. Die existentielle Bedrohung, die von der Umweltzerstörung ausgeht, wird auch durch noch so ausgefeilte Abwehrsysteme weder real noch psychisch aufgehoben, wohl eher im Gegenteil: Die "Wiederkehr des Verdrängten" (Freud 1916/17) sorgt dafür, daß die abgewehrten Wahrnehmungen und auch Angstaffekte entstellt oder verwandelt fortleben.

Hier interessiert vor allem, wie die diesbezügliche Situation bei Kindern aussieht. Es interessiert die Frage, ob, wie und wann Kinder die Umweltzerstörung wahrnehmen (direkt und/oder sozial beziehungsweise medial vermittelt). Zusätzlich geht es um die Frage, ob und wann die Kinder ähnliche Abwehrmechanismen in bezug auf die (Wahrnehmung der) Umweltzerstörung wie Erwachsene ausbilden. Die empirischen Befunde sind — wie in Kapitel 11.2 deutlich geworden ist — keineswegs ganz eindeutig. Nun sind Fragebogenergebnisse auch nur begrenzt aussagefähig für das Problem, wie Kinder die Umweltzerstörung wahrnehmen, ob sie Angst haben und vor allem, wie sie diese verarbeiten, worauf die Autoren entsprechender Studien übrigens auch selbst deutlich hinweisen (z.B. Petri 1989, Boehnke 1991, Unterbruner 1989a). Deshalb sind die skizzierten persönlichen Einzeldokumente (Gespräche mit Kindern, Texte, Bilder) für unsere Überlegungen eine mindestens ebenso wichtige Grundlage. Weitere Forschung, beispielsweise intensive Gespräche mit Kindern, sind hier für mehr Klarheit sicherlich dringend nötig. Vorerst bleibt festzuhalten, daß wir noch wenig wissen über die kindliche Wahrnehmungs- und Verarbeitungsweise der Umweltzerstörung.

Die Verdrängung der Umweltsituation beziehungsweise deren Notwendigkeit wird erhellt durch streßtheoretische Modelle (Lazarus/Folkman 1984). Lazarus unterscheidet beim Bewältigen (coping) von Streß — und die Umweltsituation kann in der Tat als Stressor eingestuft werden — die sogenannte problemzentrierte

Bewältigung und die emotionszentrierte Bewältigung. Während die problemzentrierte Bewältigung die Umweltsituation direkt und situationsangemessen angehen und damit die streßauslösenden Faktoren beeinflussen würde, sind emotionszentrierte Bewältigungsformen "lediglich" psychische Manöver, die zwar zu einem subjektiv besseren Befinden führen, aber die streßauslösenden Faktoren nicht beeinflussen. Die der Wahl der Bewältigungsstrategie vorausgehende Bewertung der (Umwelt-) Situation ergibt nun eine doppelte Einschätzung: Erstens ist die zu bewältigende Situation bedrohlich, angstauslösend und schlimm, zweitens aber — und das ist entscheidend — ist sie individuell so gut wie gar nicht zu beeinflussen. Eine problemzentrierte Bewältigung kommt kaum in Betracht. So geht es vor allem darum, die emotionale Belastung angesichts der ökologischen Situation zumindest in Grenzen zu halten. Das bedeutet, die Wahrnehmung der Umweltsituation und vor allem deren emotionale Folgen müssen umgedeutet werden in eine Version, die das Subjekt nicht mehr auf unerträgliche Weise bedrohen. Diese subjektive Entlastung ist genau das, was Lazarus emotionszentrierte Bewältigung nennt und was aus Sicht der Psychoanalyse als ein komplexer Abwehrmechanismus beschrieben werden kann. Sohr (1994) konnte zeigen (siehe Kapitel 11.2.1), daß die Verdrängung im Falle der Umweltzerstörung ein individuell durchaus sinnvoller Weg sein kann, um das "Symtom" der "ökologischen Hoffnungslosigkeit" in den Griff zu bekommen. Gesellschaftlich ist jedoch gerade diese individuell konstruktive Lösung im höchsten Maße destruktiv. Denn die innerpsychische Bewältigung schafft ein ausgespochenes Dilemma: Auf der einen Seite ist das besagte Abwehrmanöver psychodynamisch notwendig, weil Menschen nicht ständig bewußt in Angstzuständen leben können, ohne psychisch und/oder somatisch krank zu werden. Auf der anderen Seite bewältigt die emotionszentrierte Bewältigung die reale Umweltsituation in keiner Weise, was sowohl zu einer Verschärfung der ökologischen Krise führen kann als auch die subjektiven (und wohl auch kollektiven) Abwehrstrategien immer raffinierter werden läßt. Es scheint also einen Zusammenhang von äußerer Gefahr und Ignoranz zu geben.

Das allerorten konstatierte Umweltbewußtsein muß subjektiv eine harmlose Interpretation erfahren, es muß seine betroffen machende Potenz verlieren. Auf diese Weise bleibt das Umweltbewußtsein für die Subjekte ungefährlich, allerdings auch politisch unwirksam. Diese so charakterisierte Abwehrstrategie, die es fertig bringt, die Umweltsituation zwar genau zu sehen, jedoch die damit verbundenen Affekte abzuwehren, dürfte ein wesentlicher Grund für die geringe Wirksamkeit von Umweltwissen und Umweltbewußtsein für tatsächliches Umweltverhalten sein (siehe Kapitel 11.3.4).

So ist also die emotionszentrierte Bewältigung, so notwendig sie individuell sein mag, ausgesprochen ambivalent: Einerseits untergräbt sie tatsächliches Handeln im Hinblick auf die Umwelt, andererseits darf auch bezweifelt werden, ob die Abwehr, Umdeutung und Abspaltung von Umweltängsten tatsächlich eine "Bewältigung" darstellt. "Bewältigt" wird nicht die Realität, sondern lediglich die Wahrnehmung der Realität: durch Nicht-Wahrnehmung (der Abwehrmechanismus der Verleugnung), durch beschwichtigende Uminterpretation, durch illusionäre Hoffnungen in die menschlichen Fähigkeiten und schließlich durch mannigfache

Formen der Rationalisierung und Intellektualisierung (Preuss 1991). Damit wird selbstverständlich die äußere Katastrophe nicht verhindert; verhindert wird allerdings, sie bewußt zu erleben, verhindert wird die — wie Mitscherlich es ausdrückt — "Erlebniskatastrophe".

Zu erinnern ist am Schluß dieses Abschnitts noch einmal an das bemerkenswerte Ergebnis vieler empirischer Studien, daß die Besorgnis angesichts der Umweltzerstörung mit zunehmendem Alter abnimmt und daß umgekehrt auch die umweltpfleglichen Einstellungen bei jüngeren Menschen ausgeprägter sind als bei älteren. Vor dem Hintergrund der Annahme, daß die erwachsene Gelassenheit zur Umweltsituation zumindest auch das Ergebnis einer komplexen Abwehrgeschichte ist, ist es plausibel anzunehmen, daß diese Abwehrmechanismen bei Kindern noch nicht so lückenlos funktionieren. Die Umweltzerstörung beginnt nämlich nicht erst beim Sterben der Wälder oder beim Ozongehalt der Luft, sie beginnt letztlich in der sozialen und psychischen Organisation von Menschen, die diese Entwicklung der Natur betreiben oder zumindest zulassen. Die psychische Distanzierung von der Natur, die zumindest die abendländische Geschichte auszeichnet, hat bei aller Emanzipation von den Zwängen der Natur auch zur Folge, daß die Menschen die ökologischen Folgen und Kosten dieser Entwicklung nicht mehr wahrnehmen (können). Diese Distanzierung, die, wie in den Ausführungen zum Naturbegriff (Kapitel 3) auch mit einer gegenüberstellenden Hierarchisierung des Mensch-Natur-Verhältnisses verbunden ist, führt dazu,

> daß wir die Zerstörung unserer natürlichen Umwelt zwar "kennen", nicht aber konkret erleben. Ein toter Baum ist für uns Gegenstand abstrakten Wissens — keine sinnliche Erfahrung. Neben fehlendem Wissen über ökologische Zusammenhänge, geringer Kenntnis von Handlungsalternativen und dürftiger "Umweltethik" trägt dieser Mangel dazu bei, unser umweltzerstörendes Handeln zu perpetuieren (Hemmati-Weber 1993, S. 28).

Als ein zusätzlicher Abwehrmechanismus kann insofern noch die Einschränkung sinnlicher Wahrnehmungsfähigkeiten (nicht nur) im Hinblick auf die Natur benannt werden. Die "Zivilisierung zum Corpus", wie Hemmati-Weber (1993) es fast zynisch ausdrückt, erschwert zumindest die sinnliche, leibgebundene Wahrnehmung von Natur und dementsprechend auch deren Zerstörung. Die "Natur, die wir selber sind", unser Leib (vgl. Böhme 1992), bietet insofern kein zuverlässiges Sensorium (mehr), die Zerstörung der Natur wahrhaftig wahrzunehmen.

Dies ist nun deutlich ein soziokulturelles Phänomen; insofern wird die Distanzierung von der Natur in der Sozialisation jeder neuen Generation wiederholt. So verwundert es nicht, daß Kinder und Jugendliche den Zustand der Umwelt noch relativ sensibel wahrnehmen und außerdem eine stärkere affektive Naturnähe haben (siehe Kapitel 5). Vor dem Hintergrund dieser Interpretation ist es nicht so sehr verwunderlich, daß Kinder erst im Verlaufe der Kindheit die erwachsene Abwehrorganisation gegen die Wahrnehmung der Umweltzerstörung übernehmen.

11.3.2 Die Umweltzerstörung hat psychische Folgen, auch wenn sie nicht bewußt wahrgenommen wird.

Eine der Grundeinsichten der Psychoanalyse ist, daß durch die Verdrängung das Verdrängte nicht unwirksam geworden, nicht eliminiert ist, sondern eine durchaus wirkungsvolle Dynamik entfalten kann. Die "Wiederkehr des Verdrängten" führt zu oft unerwünschten und vor allem nicht verstandenen Folgen und Symptomen. Es ist anzunehmen, daß die Ängste und Konflikte, die sich aus der Wahrnehmung der Umweltsituation ergeben, im verdrängten Zustand ungelöst fortbestehen und die besagten "ökopsychosomatischen" Symptome unterhalten können. Angesichts dieses Teufelskreises wird "der Umgang mit Angst und Unsicherheit biographisch und politisch zu einer zivilisatorischen Schlüsselqualifikation" (Beck 1989, S. 8).

> Die Gefahr der ständig beschleunigten Umweltzerstörung liegt also nicht nur in der Vernichtung von Ökosystemen und ihres biogenetischen Potentials. Vielmehr: Unsere angeborenen Bindungen an die Ästhetik der großen Architektur unserer Umgebung — der Landschaft — und an die Ästhetik der Mikroarchitekturen in diesen Lebensräumen werden zerstört. Der Mensch muß als Konsequenz in seiner Seele krankhaft verarmen (Heydemann 1981, S. 39).

Außenweltzerstörung und Innenweltzerstörung würden sich auf diese Weise entsprechen, eine Annahme, die nicht unwahrscheinlich ist, betrachtet man die Psyche des Menschen weniger als das Ergebnis einer endogenen Reifung denn als Ergebnis seiner Auseinandersetzung mit der äußeren Realität, zu der Menschen, Tiere, Pflanzen, Steine usw. gehören. Wie in Kapitel 2 gezeigt wurde, ist die Konstituierung der (psychischen) Innenwelt eine Funktion der Außenwelt, und zwar der menschlichen wie der nichtmenschlichen. Wahrscheinlich nehmen Kinder den Zustand der Umwelt wahr, zumindest "merken sie etwas", verbinden damit auch Ängste, die jedoch nicht immer benennbar sind. Vielleicht spüren Kinder, daß sie in eine Natur, in eine Welt hineinwachsen, die brüchig ist, die nicht völlig selbstverständlich ein basales Gefühl von Sicherheit, von Gehaltensein vermitteln kann. Denn auch die nichtmenschliche Umwelt spielt bei der Konstituierung eines solchen basalen Vertrauens in die Verläßlichkeit der bestehenden Verhältnisse eine grundlegende Rolle. So ist die psychische Entfremdung des Menschen von der natürlichen Umwelt einerseits eine Bedingung für ihre gedankenlose Zerstörung, andererseits wirkt die zerstörte Umwelt aber auch auf die psychische Verfassung zurück — ein Zirkel, der offenbar nur schwer zu durchbrechen ist, vielleicht noch am ehesten bei Kindern.

Es geht — gerade bei Kindern — nicht nur um die bewußte Wahrnehmung des Zustandes der äußeren Welt. Die Zerstörung der äußeren Natur wird auch implizit wahrgenommen, wobei die inneren (symbolischen) Bilder gleichsam Abbilder der äußeren Welt sind. Auf diese dialektische Verknüpfung von Innenwelt und Außenwelt ist bereits hingewiesen worden, wobei das Wechselverhältnis natürlich in beide Richtungen geht. Innen- und Außenwelt spiegeln sich gegenseitig. So ergibt sich aus diesem Zusammenhang die beklemmende Frage, was aus der

Organisation der Innenwelt wird, wenn die Außenwelt, die eigentlich Halt und Orientierung bieten sollte, nachhaltig zerstört ist.

> Die Natur, die uns heute als Spiegel dienen könnte, ist eine erschöpfte, verdrängte, verbrauchte, zugerichtete und vergiftete Natur. Zusammen mit Tierkadavern und stinkenden Algen spült sie uns die Abfälle vor die Füße, die wir unaufhörlich in sie hineinkippen. Wirft sie uns auch unsere Projektionen zurück? Können wir am Zustand unseres Waldes und unserer Gewässer ablesen, wie es in uns aussieht? (Rohde-Dachser/Meyer zur Capellen 1990, S. 172)

Es ist eben nicht nur die Frage, ob Kinder die Umweltzerstörung bewußt wahrnehmen — das tun sie, wie die empirischen Studien zeigen, nicht immer beziehungsweise sogar immer weniger. Im übrigen ist die quantitative Verbreitung von Umweltängsten allein kein hinreichendes Indiz für die Triftigkeit des Angstgrundes. In jeden Fall — ob nun die Umweltsituation bewußt wahrgenommen wird oder nicht, ob es bewußte Angstaffekte gibt oder nicht — wirkt sich die Umweltzerstörung psychisch aus. Das Fehlen von haltenden Umweltelementen hat möglicherweise analoge Folgen wie das Fehlen von haltenden Bezugspersonen; jedenfalls ist diese Analogie nach den Überlegungen aus den Kapiteln 2 und 5 nicht unwahrscheinlich. Welcher Art diese Symptome allerdings sind, ist eine weitgehend offene Frage, auch wenn mehrfach aus psychotherapeutischen und psychiatrischen Kontexten Hinweise dazu zu hören sind (Haemmerle 1998, Schärli-Corradini 1995). Allerdings ist natürlich ein kausaler Nachweis entsprechender Schädigungen schwer. Keupp (1994, S. 347) spricht von einem "wachsenden Demoralisierungspegel" und nimmt an, daß die Umweltsituation geradezu ideale Bedingungen für "gelernte Hilf- und Hoffnungslosigkeit" bietet. Es ist zu vermuten, daß die psychischen und sozialen Folgen der Umweltsituation schon bei geringerer Störung der natürlichen Umwelt einsetzen als die unmittelbar somatischen Auswirkungen (Miller 1998, S. 174). Cramer (1991) spricht allgemein vom "psychosozialen Leiden an der Umweltkrise", wobei er allerdings nicht zwischen Kindern und Erwachsenen differenziert.

Umweltbelastungen können unterschiedliche Auswirkungen haben, "angefangen von kaum definierbaren Unwohlsein über konkrete Störungen intendierten Verhaltens, massiven Belästigungen und Ängsten bis hin zu somatischen Erkrankungen" (Guski 1993, S. 4). Von "ökopsychosomatischen" Beschwerden spricht Preuss (1995) und Bullinger (1992) berichtet von "Befindlichkeitsstörungen". Wenn auch die ätiologischen Zusammenhänge solcher psychischen Folgen natürlich noch nicht aufgeklärt sind, ist zumindest die Existenz dieser Folgen, die durchaus auch Krankheitswert im medizinischen beziehungsweise psychosomatischen Sinne haben, relativ unumstritten. Die krankmachende Wirkung von Umweltängsten hängt unter anderem sicherlich mit fehlenden Bewältigungsmöglichkeiten zusammen (vgl. Ruff 1993), ebenso mit der Unsicherheit in bezug auf die Vertrauenswürdigkeit und Vollständigkeit von Informationen bezüglich der Gründe der Angst (vgl. Aurand/Hazard/Tretter 1993).

Wir wissen noch wenig über die Art und Qualität einer förderlichen nicht-menschlichen Umwelt. Die Hinweise aus Kapitel 5 deuten jedoch nachdrücklich darauf hin, daß (heile) Naturelemente dazugehören. In diesem Zusammenhang sei auch noch einmal an A. Mitscherlich erinnert, der auf die Folgen der Naturentfremdung vor allem für die Entwicklung von Kindern eindrücklich hingewiesen hat:

> Er (der junge Mensch, U.G.) überlebt es — doch man soll sich dann nicht wundern, wenn er später bestimmte soziale Grundleistungen nie mehr erlernt, zum Beispiel ein Zugehörigkeitsgefühl zu einem Ort und Initiative. Um Schwung zu haben, muß man sich von einem festen Ort abstoßen können, ein Gefühl der Sicherheit erworben haben (Mitscherlich 1965, S. 24).

So konnte in Kapitel 5 durch viele Hinweise gezeigt werden, wie wichtig eine vielfältige, naturnahe und eben nicht zerstörte Umgebung für die seelische Entwicklung von Kindern ist. Die Entwicklung des Selbst hängt mit der Entwicklung der Beziehung zu "Objekten" unauflöslich zusammen. Vor diesem Hintergrund hat die Tatsache, daß Kinder in einer zunehmend zerstörten Natur aufwachsen, fatale Konsequenzen. Die Beziehung zu (jedenfalls zum Teil) zerstörten Natur–Objekten hat dann geradezu notwendig auch die Entwicklung gestörter Selbststrukturen zur Folge. Dieser Zusammenhang trifft auch oder gerade dann zu, wenn die Zerstörung der Natur als solche gar nicht mehr (bewußt) wahrgenommen wird. Die seelische Innenwelt nimmt ihren Stoff sozusagen aus der kaputten Außenwelt und wird so zum gleichfalls gesprungenen Spiegel der äußeren Natur. Eine zerstörte oder auch nur funktionalisierte Umwelt bietet für Kinder in der Tat nur wenige oder sogar destruktive Anregungen zur Belebung beziehungsweise symbolischen Füllung der Innenwelt. Auf Dauer kann das dazu führen, "daß differenzierte und ästhetisch anspruchsvolle Strukturen heute gar nicht mehr verstanden und genossen werden können, weil ihnen kein seelisches Leben entspricht" (Berndt 1978, S. 41; vgl. auch Lorenzer 1971, S. 71).

Wahrscheinlich hängt hiermit zumindest auch die auffällige Zunahme von narzißtischen Persönlichkeitsstörungen zusammen. Wenn die Selbstkonstitution nämlich in der Tat unauflöslich mit der Weltaneignung zusammenhängt, wenn jedoch die Objekte der äußeren Welt — eben, weil sie zum Teil zerstört sind — nicht mehr fraglos als positive Selbstobjekte fungieren können, so stellt sich die Frage, was eigentlich passiert, wenn aus der begegnenden Welt bestimmte Valenzen entweder herausfallen oder brüchig geworden sind (vgl. Bittner 1981). Zusätzlich macht die Wahrnehmung der ökologischen Situation und der daraus ableitbare Zweifel an der Möglichkeit zukünftigen Lebens auf der Erde resignative Reaktionsformen durchaus verständlich, beispielsweise die Zunahme aggressiver Gewaltbereitschaft und die Anfälligkeit für esoterische Heilslehren (vgl. Petri 1992).

11.3.3 Identifikation mit Naturphänomenen

Die Besorgnis um die Umwelt artikuliert sich häufig durch Identifikationen mit Naturphänomenen. Am deutlichsten wird das im Mitleid mit Tieren (Billmann-Mahecha/Gebhard/Nevers 1997, Szagun et al. 1994, S. 65f.). Die Zerstörung der Natur wird erfahrbar an Stellen, wo man sich identifizieren kann, wo es besonders naheliegt, Mensch und Natur als etwas Analoges aufzufassen. In den Ausführungen über das kindliche Verhältnis zu Tieren (siehe Kapitel 7) wurde deutlich, welchen zentralen Stellenwert Tiere im Leben der Kinder haben, und so verwundert es nicht, daß gerade Tiere zu Identifikationsfiguren werden, an denen sich die Umweltzerstörung im Denken und Fühlen der Kinder festmachen läßt. Wie in Kapitel 12 in einem "Gespräch über Bäume" gezeigt werden wird, findet diese Identifikation jedoch auch bei Pflanzen statt.

So wird noch einmal sehr deutlich, wie problematisch es ist, die animistische und anthropomorphe Besetzung von Naturphänomenen zu untergraben. Denn natürlich werden die Objekte des Mitleids auch anthropomorph interpretiert. Die Überlegungen aus dem 4. Kapitel, nämlich daß mit dem Abbau der Anthropomorphismen auch eine beziehungsstiftende und -erhaltende Qualität verlorengeht, gewinnen im Kontext des kindlichen Verhältnisses zur Umweltzerstörung noch zusätzlich an Gewicht. Die zumindest partielle Identifikation mit der Natur ist nämlich notwendig, um sich nachhaltig und wahrhaftig für ihren Erhalt einzusetzen. So wird die Übernahme eines sachlichen und naturwissenschaftlichen Weltbildes wohl auch ein Element des komplexen Abwehrsystems sein, das uns die Umweltzerstörung zwar wahrnehmen und analysieren, jedoch offenbar nur wenige Konsequenzen ziehen läßt, eben weil die beziehungsmäßige, identifikatorische, emotionale Seite abgespalten ist. Mitleid (mit Tieren) ist ein Beispiel dafür, daß bei Kindern diese Abwehrformation jedenfalls noch nicht perfekt ausgebildet ist. Im folgenden noch einmal einige Kinderäußerungen aus Gruppendiskussionen in einer 4. Grundschulklasse:

- Wenn man an den Stränden langgeht, sieht man überall verpestete Tiere.
- Vor ein paar Jahren hat man den Wald abgebrannt. Da hat man einfach so Sachen reingeworfen. Da sind auch viele Tiere dran gestorben und ganz viele Bäume.
- Ja, zur Umwelt, das Öl verklebt nämlich die Federn von Vögeln, wenn sie Fische fangen wollen und dann können sie nicht mehr fliegen und sich nicht mehr bewegen und dann stürzen sie ab.
- Ich hab' mal im Film gesehen, da war ein Vogel, der hatte auch Öl an den Federn, da kam ein Junge, der wollte das abmachen, aber das ging nicht und der Vogel war in ein, zwei, drei Tagen tot.
- In der Zeitung stand mal, da wo die Pinguine leben, da haben sie auch immer gesprengt, und da hatten sie Fotos, wie die Pinguine da tot lagen.

- Ich hab in der Tagesschau gesehen, da hatten sie gesagt, es gibt wieder einen Ölteppich, es ist wieder in der Nähe ein Ölteppich entstanden, passiert. Sie haben versucht, alles zu retten, was noch zu retten ist. Und da sind sie ganz nah rangegangen und da haben sie noch 'ne Schildkröte gerettet.

11.3.4 Die Bedeutung von ökologischem Wissen

Wissen über die Umweltsituation ist zwar einerseits eine Bedingung für eine wirkungsvolle Änderung dieser Situation, andererseits kann biologisches und ökologisches Wissen psychisch auch in eine komplexe Abwehrorganisation eingebaut werden, was die emotionale Besorgnis eher beschwichtigt. So hat die kindliche Sorge um die Umwelt nicht (vor allem) die Form von ökologischen Kenntnissen oder Analysen. In diesem Zusammenhang ist es interessant, daß die Schule sehr wohl zum Aufbau umweltrelevanten Wissens beiträgt, jedoch im Hinblick auf emotionale Orientierung oder gar Handlungsbereitschaft nahezu wirkungslos ist (vgl. Langeheine/Lehmann 1986, Gebauer 1994, Lehmann 1999). Bemerkenswert ist außerdem, daß sich die kindliche Sorge um die Umwelt besonders häufig als Mitleid mit Tieren artikuliert (siehe Kapitel 11.3.3).

Jedenfalls kann ständig über Ursachen, Erscheinungen, Folgen der Umweltzerstörung geredet und informiert werden, ohne daß nachhaltig Konsequenzen gezogen werden. Wissen um die Umweltzerstörung hat offenbar nicht — jedenfalls nicht notwendig — eine entsprechend emotionale Besorgnis zur Folge. Das Bewußtsein über die ökologische Situation hat oft die Form von isoliertem Katastrophenwissen (Stenger 1990). Wahrscheinlich erhöht dieses Wissen sogar die Notwendigkeit der Abwehr, so daß sekundär das Wissen in die Abwehrstruktur integriert wird. Dieses Wissen ist nicht auszuhalten und muß überführt werden in ein eher neutrales Urteil, bei dem das Wissen nicht weiter beunruhigt. So kann Wissen akkumuliert werden, ohne daß das Bedrohliche dieses Umweltwissens wirksam werden müßte.

Auf der anderen Seite braucht es zur Bereitschaft von umweltschützenden Handlungen zumindest auch Einsicht in und Bewußtheit über die ökologischen Gefahren — und dazu gehören wohl auch Kenntnisse. Die Ansammlung von zahlreichen Daten über die Umweltzerstörung eignet sich jedoch nicht schlecht für eine distanzierende Abwehr. So ist es kein Zufall, daß Jungen über höheres Wissen verfügen, den Mädchen dagegen in fast allen Studien eine ausgeprägte Besorgnis angesichts der Umweltsituation bescheinigt wird. Zusätzlich zeigt Bögeholz (1999, S. 88), daß Mädchen trotz geringerer Kenntnisse stärkere umweltgerechte Handlungsintentionen in bezug auf Umweltschutz und auch eine höhere interne Verantwortungszuschreibung haben (vgl. auch Grob 1991, Szagun u.a. 1994).

Vielleicht nährt das Anhäufen von erklärenden Informationen über die Umweltzerstörung auch die Illusion der Beherrschbarkeit über eben diese Situation; jedenfalls können unerträgliche Gefühle der Angst und Unsicherheit durch die rationale Analyse verringert werden. Wissen in diesem Sinne wäre gleichsam Macht über die Affekte. Zahlen, Daten, Fakten, so bedrohlich sie auch sein mögen, scheinen trotzdem diese angstbeschwichtigende Funktion zu erfüllen. Das Subjekt erlebt möglicherweise eine gefährliche Situation deshalb als weniger bedrohlich, weil es durch die Aneignung von Wissen darüber seine beunruhigenden Affekte kontrolliert. Im subjektiven Erleben wird dann die gelungene Affektkontrolle mit der Kontrollierbarkeit der Situation verwechselt. Eine derart rationale oder besser rationalisierende Auseinandersetzung mit der Umweltzerstörung bringt es fertig, sich konkret dem Problem zu stellen, ohne sich tatsächlich — das heißt emotional — von ihm berühren zu lassen. Vor dem Hintergrund dieser Überlegungen wäre es wichtig, daß das Wissen nicht isoliert bleibt, sondern die Chance hat, sich mit Emotionen und Phantasien zu verbinden. Nur Wissen, das nicht gleichsam emotional gesäubert ist, könnte auch handlungsleitend sein.

Sehr interessant in diesem Zusammenhang sind völlig analoge Befunde aus der Umweltbewußtseinsforschung. Auch hier zeigt sich nämlich, daß Wissen über Umwelt, über ökologische Zusammenhänge nur wenig mit dem Konstrukt ”Umweltbewußtsein” zusammenhängt, schon gar nicht mit Umwelthandeln. Dieses Ergebnis hat bereits 1986 eine Metaanalyse über zahlreiche entsprechende empirische Untersuchungen erbracht (Hines/Hungerford/Tomera 1986/1987). In der Tat ist das Wissen über Umwelt und vor allem Umweltgefahren bei Kindern wie Erwachsenen deutlich angestiegen, ebenso ist ”in überraschendem Ausmaß ein Umweltbewußtsein in den Psychen der Individuen entstanden” (Kuckartz 1995, S. 76). Das gilt auch im internationalen Vergleich: Nach Dunlap/Gallup/Gallup (1993) haben die Deutschen zusammen mit Süd-Korea das höchste Bewußsein für Umweltprobleme im eigenen Land. Doch hat dies fast keinen Einfluß auf das tatsächliche Umweltverhalten, wie eine Reihe von Untersuchungen vor allem an Erwachsenen zeigen (Billig 1994, Diekmann/Preisendörfer 1992, Fuhrer 1995, Fuhrer/Wölfing 1997, Grob 1991, Krause 1993, Langeheine/Lehmann 1986, Schahn 1996, Scott/Willitis 1994, Urban 1991). So läßt sich in der Tat konstatieren, daß das Umweltbewußtsein in Deutschland ausgesprochen ausgeprägt ist, daß sich der Umweltschutz einer geradezu steigenden Wertschätzung erfreut, daß sich jedoch entsprechende Einstellungen oder das Bekunden von Werthaltungen weitgehend als folgenlose Absichtserklärungen entpuppen. Umgekehrt gibt es auch umweltgerechtes Verhalten ohne Umweltbewußtsein, beispielsweise ausgelöst durch ökonomische Anreize. Zu Recht sprechen Preisendörfer und Franzen (1996) vom ”schönen Schein des Umweltbewußtseins”. Dazu kommt, daß ”Umweltbewußtsein” inzwischen als ”politisch korrekt” gilt, das man in direkten Befragungen kaum noch negieren kann. So ist das Umweltbewußtsein geradezu sozial erwünscht, ob es allerdings im Bewußtsein wirklich eine so zentrale Stellung einnimmt, ist fraglich. So wurde in einer Untersuchung, bei der in einer offenen Frage nach den wichtigsten gesellschaftspolitischen Problemen gefragt wurde, das Umweltproblem nur von etwa 10 Prozent genannt (IPOS 1994).

Nach der Studie von Grob (1991) kann nur 10 Prozent der Varianz des Umweltbewußtseins durch das Umweltwissen erklärt werden, zwischen Umweltwissen und Umweltverhalten gibt es gar keine Zusammenhänge. Bedeutsamer für die Steuerung sowohl des Bewußtseins als auch des Verhaltens sind dagegen tieferliegende "persönlich-philosophische Werthaltungen" (Grob 1991), Deutungsmuster (Billmann-Mahecha/Gebhard/Nevers 1998), Lebensstile und Leitbilder, die natürlich kulturellen Einflüssen unterliegen (de Haan 1995, Wildavsky 1993). Solche allgemeinen Deutungsmuster und Werthaltungen wirken als sinnstiftende Muster (vgl. Urban 1986) und motivieren insofern eher — betrachtet man den Menschen als "sinnbedürftiges Wesen" (Gebhard 2000) — zu entsprechendem Verhalten. In diesem Zusammenhang ist auch die Wertewandeldiskussion in der Folge von Inglehart (1990) bedeutsam: die "postmaterialistischen" Werte passen eigentlich ganz gut zu den Attributen des allseits zu konstatierenden Umweltbewußtseins.

Zusammengefaßt zeigen die empirischen Studien zum Umweltbewußtsein, daß die häufig implizit angenommene Kausalkette von Umweltwissen—Umweltbewußtsein—Umweltverhalten nicht stimmt beziehungsweise auf tönernen Füßen steht (de Haan/Kuckartz 1998). Allenfalls 15 bis 20 Prozent der Varianz des tatsächlichen Umweltverhaltens lassen sich mit Modellen erklären, die auf dieser Kausalkette beruhen. Diese also sehr begrenzte Wirksamkeit umweltbezogener Einstellungen auf das Umweltverhalten sollte nun nicht dazu führen, sich überhaupt nicht mehr um das Umweltbewußsein oder das Umweltwissen zu kümmern. Doch ist dabei in besonderer Weise zu berücksichtigen, daß das Umweltwissen offenbar ein ausgesprochen geeignetes Beispiel für "träges Wissen" ist, also ein Wissen, das zwar in inszenierten Lernsituationen wird, jedoch in neuen Situationen, in gewisser Weise im "Ernstfall", nicht angewendet werden kann oder sogar vergessen ist (Gräsel 1999). Umweltbildung müßte also so angelegt sein, daß entsprechendes Wissen und auch die Ergebnisse von ethischen Reflexionsprozessen in Handlungssituationen anwendbar sind — ein Grundgedanke von ökologischer Bildung, der der allerorten geforderten "Handlungsorientierung" zugrunde liegt, was jedoch offenbar nicht so einfach umzusetzen ist.

So unterstreichen diese ausgesprochen — gerade für die Pädagogik — desillusionierenden Ergebnisse noch einmal, wie sehr sich unsere Naturbeziehung aus vorrationalen Quellen speist. Kulturell bedingte Deutungsmuster der Natur gegenüber, entsprechende Werthaltungen und un- beziehungsweise vorbewußte affektive Beziehungsmuster (zum Beispiel Anthropomorphismen) zur Natur beeinflussen die Wahrnehmung von und den Umgang mit Natur. Diese dürfen im Hinblick auf umweltpädagogische ebenso wie auf umweltpolitische Maßnahmen nicht übersehen oder vernachlässigt werden. Außerdem — und nicht als Ersatz, sondern zusätzlich zu Aufklärungsbemühungen auf der Bewußtseinsebene muß vermehrt über strukturelle Änderungen von Rahmenbedingungen, die umweltgerechtes Verhalten eher fördern, nachgedacht werden. Hierzu gehören dann wohl auch ökonomische Anreize für umweltpflegliches Verhalten (Diekmann 1995). Daß diese sich in der Tat auf der Verhaltensebene auswirken, zeigt die vieldiskutierte "Low-Cost-Hypothese" nach der das Umweltbewußtsein sich vor allem in solchen Situationen in Verhalten umsetzt, die mit geringen Kosten und Verhaltenszumutungen verbunden sind (Diekmann/Preisendörfer 1992). Allerdings ist dabei wichtig, daß es nicht zu einer "Untergrabung von Moral durch Ökonomie" (Preisendörfer/Franzen 1996, S. 237) kommt und daß vor allem strukturelle und bewußtseinsbildende Maßnahmen komplementär sind. Denn: "Aufklärerische und erzieherische Maßnahmen, die nicht von entsprechenden strukturellen Setzungen begleitet werden, laufen in der aktuellen Situation leicht Gefahr, daß sie eine zynische Haltung bei den Betroffenen provozieren" (Preisendörfer/Franzen 1996, S. 237).

Trotz der eher ernüchternden Effekte, was das Wissen für die Konstitution von Umweltbewußtsein angeht, ist natürlich zugleich das Wissen um ökologische Zusammenhänge eine wesentliche Bedingung für die Beschäftigung mit der ökologischen Situation, weil diese über direkte Wahrnehmung oft gar nicht bemerkbar wird. Denn ohne wissenschaftliche Analysen wüßten wir nichts über Artensterben, Ozonloch oder radioaktive Belastung. Besorgnis, Bewußtsein der Krise oder Betroffenheit muß sich demnach auf Wissenzusammenhänge stützen, jedoch — und dies ist ein ungelöstes Problem — werden deshalb Betroffene

> in Sachen ihrer eigenen Betroffenheit unzuständig. Sie verlieren ein wesentliches Stück Wissensouveränität. Das Schädliche, Bedrohliche, Feindliche lauert überall, ob es aber feindlich oder freundlich ist, entzieht sich dem eigenen Urteilsvermögen, bleibt den Annahmen, Methoden, Kontroversen der fremden Wissensproduzenten überlassen (Beck 1986, S. 70).

11.3.5 Exkurs: Todesverdrängung und Umweltzerstörung

In diesem Exkurs wird der Versuch unternommen, den Modus der Todesverdrängung, wie er in Kapitel 10 bereits angedeutet wurde, auf die Verdrängung der Umweltsituation zu beziehen (siehe ausführlicher Gebhard 1998). Meine Überlegung ist dabei, daß der Umgang mit der Umweltzerstörung zumindest in einigen Aspekten analog zu dem verdrängenden Umgang mit dem Tod ist. Dabei ist natürlich im Blick zu behalten, daß es sich beim "Sterben der Natur" einerseits und bei der Erkenntnis der eigenen Sterblichkeit andererseits zwar in beiden Fällen um einen Tod handelt, aber trotzdem beide Phänomene deutlich unterschieden werden müssen: Das Bewußtsein des eigenen Todes beziehungsweise die Angst davor ist ein zutiefst individuelles, persönliches Problem, das allerdings insofern auch ein kollektives und gesellschaftliches ist, als es alle Menschen betrifft, weil alle Menschen sind sterblich und man begegnet dem Tod auch, indem man das Sterben anderer Menschen verarbeiten muß. Auf der anderen Seite ist die Umweltzerstörung ein ausgesprochen gesellschaftliches Problem, das allerdings insofern auch ein individuelles ist, als die zerstörte Umwelt auch das einzelne Individuum (freilich mehr oder weniger) betrifft. Im ersten Fall geht es um den persönlichen Tod und im zweiten Fall geht es um den allgemeinen "Tod der Natur". Dieser Unterschied soll in den folgenden spekulativen Überlegungen nicht verwischt werden; individuelle psychische Abwehrmechanismen können nicht umstandslos in kollektive Reaktionsformen überführt werden. Deshalb spreche ich auch lediglich von einer Analogie, wenn ich die Verdrängung des Todes und den verdrängenden Umgang mit der Umweltzerstörung in Beziehung bringe. Ich werde im folgenden in einem ersten Schritt den Gedanken der Todesverdrängung vor allem vor dem Hintergrund der Psychoanalyse erläutern. In einem zweiten Schritt werde ich dann zu zeigen versuchen, daß und in welcher Weise sich im Umgang mit der ökologischen Krise die Verdrängung des Todes in gewisser Weise wiederholt.

Zum Modus der Todesverdrängung

Der Mensch ist das einzige Lebewesen, daß ein Bewußtsein vom Tod besitzt. Dies hat zur Folge, daß mannigfache Abwehrmechanismen entwickelt werden (müssen), dieses Bewußtsein vom Tod unbewußt zu machen, das heißt zu verdrängen. Der Tod, das Bewußtsein und die Angst vor dem Tod wirkt gemäß dem italienischen Sozialpsychologen Marchi als ein ''Urschock'', der die Menschen zur Verdrängung und in der Folge davon zu sehr differenzierten Kulturleistungen nötigt. Die spezifisch menschlichen Eigenarten und Fähigkeiten des Bewußtseins — Selbstreflexion, Erinnerung, Einfühlungsvermögen und (für den Fall des Todes besonders wichtig) die Fähigkeit zur Antizipation — machen den Schrecken angesichts unmittelbarer Todesgefahr, der natürlich auch für Tiere gilt, zu einer psychisch ständig wirksamen Bedrohung. Marchi interpretiert die aus dieser Situation erwachsene Notwendigkeit der Todesverdrängung als den Ursprung aller Kultur, die letztlich die Funktion habe, das unabwendbare Schicksal des Todes aushaltbar zu machen. Die zentralen Erscheinungsformen der Kultur — Mythen, Religionen, philosophische und wissenschaftliche Systeme, Kunst, Alltagskonventionen — lassen sich so als eine Umformung dieser zentralen menschlichen Angst verstehen. Jedoch ist diese Mühe letzlich umsonst — jedenfalls was die Lösung des Todesproblems angeht. Denn natürlich läßt sich der Tod nicht wirklich abdrängen. Die Menschen werden durch die Verdrängung nicht unsterblich. Was sich allerdings verdrängen läßt, ist die psychische Repräsentanz vom Tod, vor allem des eigenen Todes.

Die Psychoanalyse hat sich bislang wenig mit der Problematik des Todes befaßt, wenn man von der Annahme eines Todestriebes, der hier nicht zur Debatte stehen soll, einmal absieht. Die Todesangst gilt bei Freud als eine Umformung von anderen Ängsten (siehe Kapitel 10.4). Die Verdrängung des Todes mag auch nicht so recht in die (klassische) psychoanalytische Abwehr- und Verdrängungslehre passen. Freud selbst meidet den Begriff ''Verdrängung'' bezeichnenderweise bei der Todesthematik. Trotzdem formulierte er bereits 1915 den ''unaufrichtigen'' Umgang mit dem Tod sehr akzentuiert:

> Wenn man uns anhörte, so waren wir natürlich bereit zu vertreten, daß der Tod der notwendige Ausgang alles Lebens sei, [...] daß der Tod natürlich sei, unleugbar und unvermeidlich. In Wirklichkeit pflegten wir uns aber zu benehmen, als ob es anders wäre. Wir haben die unverkennbare Tendenz gezeigt, den Tod beiseite zu schieben, ihn aus dem Leben zu eliminieren. Wir haben versucht, ihn totzuschweigen. [...]

Der eigene Tod ist ja auch unvorstellbar, so oft wir den Versuch machen, können wir bemerken, daß wir eigentlich als Zuschauer weiter dabeibleiben. So konnte in der psychoanalytischen Schule der Ausspruch gewagt werden: Im Grunde glaube niemand an seinen eigenen Tod, oder, was dasselbe ist: Im Unbewußten sei jeder von uns von seiner Unsterblichkeit überzeugt (Freud 1915c, S. 341).

Zumindest haben wir es hier mit einem Sonderfall von Verdrängung zu tun. Die Vorstellung (vom Tod) bleibt nämlich im Bewußtsein erhalten; das Bewußtsein leugnet nicht, daß es sterben wird, kann auch wahrnehmen, daß andere Menschen sterben. Verbal kann das Bewußtsein auch darüber Auskunft geben. Insofern kann auch die (verbale) Vorstellung vom Tod nicht abgewehrt worden sein. Verdrängt ist offenbar der dazugehörige Affekt: Angst, Bedrohung, Grauen angesichts des sicher bevorstehenden Todes. Das steht in einem bemerkenswerten Gegensatz zur klassischen psychoanalytischen Verdrängungslehre. Nach dieser wird nämlich genau die "Vorstellung, welche der Träger der unliebsamen Regung war, vom Bewußtsein abgehalten" (Freud 1926, S. 118). Damit wird natürlich auch der mit dieser Vorstellung verbundene Affekt abgewehrt. Beide Anteile — die Vorstellung und der Affekt — bleiben psychisch wirksam und unterhalten mannigfache Prozesse bei der Persönlichkeitsbildung. Allerdings ist die triebtheoretische Begründung der Verdrängungslehre im Falle des Todes nicht sehr brauchbar. Abgewehrt werden nicht verpönte oder ängstigende Triebregungen beziehungsweise die Repräsentanzen davon, sondern die affektiven Folgen der unabweisbaren Erkenntnis des Todes.

Unabhängig von der Triebdynamik gilt: Eine verdrängte psychische Repräsentanz ist unbewußt und eine nicht verdrängte psychische Repräsentanz ist bewußt. Die Verdrängung besteht also darin, bestimmte Repräsentanzen vom Bewußtsein fernzuhalten. Freud kennzeichnet den Zustand einer bewußten Repräsentanz so, daß die sogenannte Sachvorstellung (als eine Art Bedeutung) und die dazugehörige Wortvorstellung verknüpft sind. Das Bewußtsein ist also sprachlich; ansonsten unbewußte Vorstellungen erhalten einen Namen und werden so bewußt (vgl. Freud 1915b, S. 300). Die Verdrängung besteht in dieser Version darin, daß die Sachvorstellung von den dazugehörigen Wortvorstellungen abgekoppelt wird. Im Falle der Todesverdrängung liegen die Verhältnisse jedoch etwas anders: Die Wortvorstellungen den Tod betreffend sind keineswegs abgewehrt. Wir können wort- und kenntnisreich über den Tod sprechen, ihn bewußt ernsthaft auch nicht verleugnen. Jedoch impliziert diese bewußte Rede vom Tod nicht notwendig die Bedeutung (die Sachvorstellung): die Erkenntnis der Endgültigkeit, der Irreversibilität des Todes, die Angst vor dem Tod, die Ratlosigkeit, das Grauen. Diese oder andere Affekte über den Tod belasten das Bewußtsein nicht (mehr), die bewußten verbalen Repräsentanzen den Tod betreffend sind dagegen affektiv verarmt und gestatten es, sich neutral gegenüber dem Tod zu äußern und auch zu verhalten.

Diese Abwehr ist eine sehr subtile: Das Bewußtsein kann sich gewissermaßen einbilden, den Tod gerade nicht zu verdrängen, da entsprechende Wortvorstellungen verfügbar sind; unter diesem Schutz kann die existentielle Bedrohung, die mit dem Tod verbunden ist, in das Unbewußte eben abgedrängt werden. Der Verdrängungsmechanismus besteht offenbar darin, daß wir vermittels Wortvorstellungen über den Tod wortreich kommunizieren können, ohne wahrhaft vom Tod affektiv berührt zu sein. Diese Wortvorstellungen verdienen insofern gar nicht das Attribut "bewußt", da sie der entsprechenden Bedeutung, eben der Sachvorstellung, beraubt sind. Sie sind im Sinne der Symboltheorie von Lorenzer (1970) Klischees. Die Gewißheit des Todes wird vom "modernen Menschen" — so Scheler — "durch seine Lebensweise und Beschäftigungsart aus der klaren Zone seines Bewußtseins zurückdrängt, bis nur ein bloßes urteilsmäßiges Wissen, er werde sterben, zurückbleibt" (Scheler 1933, S. 5).

Natürlich ist es die Frage, ob die Todesverdrängung eine zur Aufrechterhaltung alltagspraktischer Funktionalität oder auch Gesundheit notwendige ist, oder ob im Gegenteil das klare Bewußtsein vom Tod, von der Begrenztheit des Lebens, sinnhaftes menschliches Leben gerade erst ermöglicht. Auf jeden Fall sind die abgewehrten affektiven Anteile der Todesvorstellung mit der Verdrängung des Todes nicht etwa gebannt oder gar aufgehoben. Die unbewußt gewordenen Repräsentanzen sind höchst wirksam und nötigen das Bewußtsein infolge ihrer Tendenz, wieder bewußt zu werden, zu einem hohen psychischen Aufwand. Ob und in welcher Weise der die modernen Gesellschaften kennzeichnende Modus der Todesverdrängung für eben diese Gesellschaften funktional ist, bleibt eine offene Frage. Jedenfalls kann mit Feldmann (1993) in der Tat konstatiert werden, daß "die Sache mit dem Tod" in den modernen Staaten relativ gut funktioniert. Freilich stellt sich auf der anderen Seite die Frage, welche psychische und soziale Kosten ein derart verdrängender, jedoch glatter Umgang mit dem Tod für die Individuen und die Gesellschaft hat. Aus Sicht der Psychoanalyse wird man angesichts solcher glatt funktionierender psychodynamischer Lösungen zumindest hellhörig.

> Wäre es nicht besser, dem Tod den Platz in der Wirklichkeit und in unseren Gedanken einzuräumen, der ihm gebührt, und unsere unbewußte Einstellung zum Tod, die wir bisher so sorgfältig unterdrückt haben, ein wenig mehr hervorzukehren? [...] Wir erinnern uns des alten Spruchs: Si vis pacem, para bellum. Wenn du den Frieden erhalten willst, so rüste zum Krieg. Es wäre zeitgemäß, ihn anzuändern: Si vis vitam, para mortem. Wenn du das Leben aushalten willst, richte dich auf den Tod ein (Freud 1915c, S. 354).

Todesverdrängung und Umweltzerstörung
Die Tabuisierung und Verdrängung des Todes mag zwar irrationale Unsterblichkeitsphantasien beflügeln, aber natürlich kann gerade die Verdrängung und Leugnung mit dem Tod — und mit dem Leben — letztlich nicht fertig werden. Die mit der Todesverdrängung einhergehende Unsterblichkeitsphantasie ist zudem problematisch oder geradezu gefährlich, da sie erlaubt — darauf ist bereits in Kapitel 10.1 hingewiesen worden —, angesichts persönlicher Gefahren (zum Beispiel Krankheiten) und auch gesellschaftlicher Gefahren (zum Beispiel Umweltzerstörung) untätig zu bleiben.

Das "Sterben der Natur", soll nun vor dem Hintergrund der Verdrängung des Todes diskutiert werden. Wie gezeigt wurde (vor allem in Kapitel 11.3.1), ist auch der Umgang mit der Umweltzerstörung ein verdrängender. Nun ist auch diese Gefahr in der Tat so überwältigend, gewissermaßen so "tödlich", daß psychische Abwehrformen dagegen nicht unverständlich sind — ähnlich wie beim Tod.

Psychische Probleme im Umgang mit der Umweltzerstörung treten für Kinder vor allem dann auf — hier zeigt sich eine erste Analogie zum Umgang mit dem Tod —, wenn ihre reale Wahrnehmung und ihre reale Angst beschwichtigt und damit nicht geteilt wird (siehe Kapitel 11.3.6). Vieles spricht dafür, daß Kinder aufgrund ihrer besonders ausgeprägten intuitiven Fähigkeiten die Sorgen von Erwachsenen sehr wohl wahrnehmen, selbst wenn die Angst vor der Umweltzerstörung den Erwachsenen selbst nicht bewußt ist. Die Folge ist, daß die Angst auf andere Bereiche verschoben wird oder eine diffuse Angst vor allem und jedem entsteht. In den dargelegten Studien zum kindlichen Todesverständnis (Kapitel 10) zeigt sich nämlich, daß Kinder sehr wohl, und zwar schon sehr früh begreifen, was Tod bedeutet, auch über erlittene Verluste trauern können, jedoch dann in Schwierigkeiten geraten, wenn ihnen entsprechende Fähigkeiten nicht zugetraut werden, sie scheinbar geschont werden. Das bedeutet nämlich, daß sie mit ihren Sorgen, mit ihrer Angst, mit ihrem Realitätsbezug alleingelassen sind. Der Umgang mit der Umweltzerstörung zeigt hier einige Parallelen, vielleicht weil es auch um das Sterben geht — um das Sterben der Natur, um Waldsterben, um Robbensterben usw. Wahrscheinlich leiden Kinder auch hier nicht nur unter der realen Umweltzerstörung, sondern auch darunter, daß ihnen dieses Problem gleichsam ausgeredet wird, weil die Trauer darüber ihnen nicht zugetraut, weil sie nicht mit ihnen geteilt wird. Das geschieht natürlich nicht, weil die Erwachsenen so "herzlos" sind und die Kinder allein lassen, sondern wohl deshalb, weil die Klarheit der Kinder die Abwehrorganisation von Erwachsenen gefährdet. Sich auf die Angst der Kinder einzulassen, hieße, auch selbst (wieder) Angst erleben zu müssen (siehe Kapitel 11.3.6).

Die Angst angesichts der Umweltzerstörung ist jedoch oft nicht mehr bewußt. Die gerade beschriebene Form der Todesverdrängung läßt sich nun in der Form der Verdrängung der Umweltzerstörung wiedererkennen. Freuds bereits zitierte Äußerung über Unsterblichkeitsphantasien trifft auch für die phantasierte Unzerstörbarkeit der Natur zu, die mit der Illusion verbunden ist, daß schon alles gut werden wird. In Abwandlung beziehungsweise Übertragung der Äußerung von Freud (1915c, S. 341) kann formuliert werden:

'Wir haben die unverkennbare Tendenz gezeigt, die Umweltzerstörung beiseite zu schieben, sie aus dem Leben zu eliminieren. Wir haben versucht, sie totzuschweigen. — Die Zerstörung unserer Umwelt ist ja auch unvorstellbar, so oft wir den Versuch machen, können wir bemerken, daß wir eigentlich als Zuschauer weiter dabeibleiben. So kann der Ausspruch gewagt werden: Im Grunde glaube niemand an die Zerstörung der Natur, oder, was dasselbe ist: Im Unbewußten sei jeder von der Unsterblichkeit der Natur überzeugt.'

So könnte der Umgang mit dem Tod gleichsam zum Vorbild auch für den Umgang mit dem "Tod der Natur" (Merchant 1980) werden. Angesichts der sozialen Bedingtheit der Todesverdrängung ist es durchaus plausibel, daß auch dieser Tod in analoger Weise abgewehrt wird. Eine realistische Wahrnehmung und Verarbeitung der Umweltsituation ist offenbar äußerst schwierig. Dabei wäre gerade eine adäquate Realitätswahrnehmung eine Bedingung dafür, sich auf die (neue) Realität einzustellen. Das ist genau das, was (nicht nur) in der Psychoanalyse als ein wesentliches Element des Trauerns herausgestellt wird (siehe Kapitel 10.5). Die "Unfähigkeit zu trauern" ist von Mitscherlich/Mitscherlich (1967) sehr akzentuiert auf soziale und politische Felder bezogen worden. Die Unfähigkeit, auch über das "Sterben der Natur" zu trauern, ist dafür ein weiteres Beispiel. Dabei ist noch einmal an die Unterscheidung von Trauer und Melancholie zu erinnern:

> Die Melancholie ist seelisch ausgezeichnet durch eine tiefe schmerzliche Verstimmung, eine Aufhebung des Interesses für die Außenwelt, durch den Verlust der Liebesfähigkeit, durch die Hemmung jeder Leistung und durch die Herabsetzung des Selbstgefühls (Freud 1917, S. 429).

Die "Unfähigkeit zu trauern" ergibt sich nun nicht nur aus der psychischen Schwäche des einzelnen, sondern ist — ähnlich wie beim Tod — Ausdruck eines gesellschaftlich zu verstehenden Tabus. Eine Folge dieser Tabuisierung ist demzufolge auch die Unfähigkeit, über das Sterben der Natur zu trauern. Im Falle der Umweltzerstörung bedeutet es einen großen Unterschied, ob die Naturzerstörung betrauert wird, was eine erneute zielgerichtete Beschäftigung mit der Natur zur Konsequenz hätte, oder ob die Naturzerstörung melancholisch bejammert wird, was ja — um mit Freud zu reden — eine Aufhebung des Interesses für die Außenwelt zur Folge hat. Der Mitleidsaffekt, den wir bei Kindern beobachten konnten, ist vielleicht als ein Merkzeichen von Trauer zu verstehen, in dem die Beziehung zur Natur noch enthalten ist.

Ein lediglich melancholischer Umgang mit der Umweltzerstörung könnte auch erhellen, weshalb die allerorten bekundete Angst vor der Umweltzerstörung so wenig wirkungsvoll im Hinblick auf tatsächliche Handlungen ist. Angst gehört — wie gesagt — schon zum guten Ton, wenn die Sprache auf das Thema Umweltzerstörung kommt.

> Es fällt kein negatives Licht auf den, der in "Krisen" oder vor ökologischen Entwicklungen, Technikfolgen und dergleichen Angst hat, denn es gibt keine individuelle Tüchtigkeit, die man der Gefahr entgegensetzen könnte. Meinungsumfragen können deshalb ohne Schwierigkeiten Zunahme von Angst registrieren und ihre Ergebnisse in die öffentliche Kommunikation zurückleiten (Luhmann 1986, S. 241).

Es zeigt sich hier also ein analoger Abwehrmechanismus, wie wie ihn im Umgang mit dem Tod beschrieben haben: Die verbalen Repräsentanzen — die Wortvorstellungen gemäß Freud — sind ihrer affektiven Tiefe und Bedeutung beraubt; die Worte bezüglich des Todes, bezüglich der Umweltzerstörung — so differenziert sie auch vorgebracht werden — beunruhigen nicht mehr und sind vor allem nicht handlungsleitend. Solche Form von gewissermaßen klischeehafter Angst ist eine ähnlich subtile Abwehr, wie wir sie im Hinblick auf die Todesangst kennengelernt haben. Letztlich hat sie eine weitere (melancholische) Abkehr von der Außenwelt zur Folge beziehungsweise ermöglicht diese psychisch. So läßt sich feststellen (siehe Kapitel 11.3.4), daß Wissen um die Umweltzerstörung nicht eine entsprechend emotionale Besorgnis zur Folge hat. Die Wortvorstellungen allein sind eben noch kein Merkzeichen von Bewußtheit. Wissen und Gefühl scheinen sorgsam voneinander getrennt, um das alltagspraktische Funktionieren — ähnlich wie beim Tod — nicht zu gefährden. Lifton (1986, S. 440f.) spricht in diesem Zusammenhang sogar von dem Muster des "Doppellebens", zu dem der moderne Mensch angesichts nuklearer Bedrohung und Bedrohung der Natur gezwungen werde.

Genau das habe ich oben als den Modus der Todesverdrängung beschrieben. Ähnlich wie beim Tod ist die Zerstörung der Natur und damit der Lebensgrundlagen ein so großes und komplexes Problem für den Menschen, angesichts dessen Abwehrmechanismen nur allzu verständlich sind. Die damit verbundene Realitätsverleugnung hat jedoch fatale Folgen. Eine realitätsgerechte Wahrnehmung bedrohlicher Situationen würde nämlich konkretes Handeln ermöglichen, das allein geeignet wäre, die Ursachen für die Angst zu beseitigen oder zumindest anzugehen. Hier besteht ein deutlicher Unterschied zur Todesverdrängung. Die Verdrängung der Todesangst kann in gewissen Grenzen als funktional angesehen werden, da die Signale, die in der Todesangst liegen, nicht in der Weise verarbeitet werden können, daß der Angstgrund, nämlich der Tod, letztlich beseitigt werden könnte. Das ist im Falle des Sterbens der Natur zumindest potentiell anders: Die Angstsignale angesichts dieses Todes könnten lebenserhaltend sein. Die Umweltkrise ist nicht eine Krise der Natur, sondern eine des Menschen. In unseren Naturbeziehungen und Naturvorstellungen spiegelt sich menschliches Selbstverständnis. In diesem Kontext ist auch die Reflexion bewußter und unbewußter Motivierungen menschlicher Verhaltensweisen im Hinblick auf die Natur zu sehen.

Die hier eingeschlagene Argumentationslinie offenbart nun eine — vorsichtig formuliert — ausgesprochen schwierige Situation. Wenn nämlich in der Tat der Gedanke richtig ist, daß unser verdrängender Umgang mit der Umweltzerstörung (die ja wirklich und nicht nur metaphorisch tödlich ist) sich der Mechanismen und auch der Unbedingtheit der Todesverdrängung bedient, wäre die Verdrängung der Umweltkrise nämlich angesichts der dargelegten sozialen Verdrängung des Todes eine geradezu zwangsläufige und auch eine sehr erfolgreiche. Eine Aporie?

11.3.6 Die ökologische Krise beeinflußt das Verhältnis zwischen den Generationen

Der Zustand der Umwelt wirkt sich auf das persönliche psychische Befinden von Kindern aus. Dies zu sehen, nämlich daß Kinder auch seelisch angesichts der Umweltzerstörung beeinträchtigt sind, daß die ökologischen Krise neben den ökologischen Gefahren auch psychische Belastungen zur Folge haben kann, hieße, die Kinder mit diesen Gefühlen nicht allein zu lassen.

Angesichts dieser Situation ist es nicht unangebracht, "ökologische Kinderrechte" zu fordern oder deren Einhaltung einzuklagen. Immerhin hat die UNO im November 1989 nach zehnjähriger Beratung 54 Artikel über die "Grundrechte von Kindern" festgeschrieben, in denen auch die Umweltsituation berücksichtigt wird:

> Die Vertragsstaaten bemühen sich, Krankheiten sowie Unter- und Fehlernährung auch im Rahmen der gesundlichen Grundversorgung zu bekämpfen, unter anderem durch den Einsatz leicht zugänglicher Technik und durch die Bereitstellung ausreichender vollwertiger Nahrungsmittel und sauberen Trinkwassers, wobei die Gefahren und Risiken der Umweltverschmutzung zu berücksichtigen sind.
> (Artikel 24, Absatz c).

Und in einer dazugehörigen "Deklaration zum Überleben, zum Schutz und zur Entwicklung von Kindern", die immerhin von 71 Staatsoberhäuptern unterzeichnet wurde, heißt es: "Die Situation der Kinder in der Welt in den 90er Jahren grundlegend zu verbessern, heißt auch, einen Beitrag zum Umweltschutz zu leisten." Im Januar 1996 wurde in Brüssel die "Europäische Charta der Rechte des Kindes" beschlossen und dabei in Artikel 8.30 festgelegt, daß "jedes Kind ein Recht auf eine saubere Umwelt hat."

Wahrscheinlich treten für Kinder vor allem dann psychische Probleme auf, wenn ihre reale Wahrnehmung und ihre reale Angst beschwichtigt und damit nicht geteilt wird. Viele Beispiele und auch die Mehrzahl der empirischen Studien legen die Vermutung nahe, daß auch die jüngeren Kinder im Hinblick auf die Umweltzerstörung verhältnismäßig realistisch sind. Natürlich hat dieser Realitätssinn etwas zu tun mit dem sozialen Umfeld, in dem die Kinder leben. So wundert es nicht, daß sowohl ältere Kinder als auch solche mit höherer Schulbildung mehr über den Zustand der Umwelt wissen. Auch äußern sich keineswegs alle Kinder besorgt über die Umwelt. Das wird auch daran liegen, daß sie eben das implizite Gespür der Brüchigkeit der Welt (noch) nicht mit konkreten Wahrnehmungen, die auch benennbar wären, verbinden. Dazu gehört nämlich auch Wissen über die Situation der Umwelt. Trotzdem gewinnt man anhand des empirischen Materials den Eindruck, daß Kinder mit der Angst vor Umweltzerstörung zumindest besser umgehen können, als es (scheinbar) besorgte Erwachsene glauben. So zeigt eine amerikanische Studie über Vorschulkinder (Engel 1984), daß diese Kinder das wesentliche (der nuklearen Bedrohung) erfassen und durch lediglich beschwichtigende Bemerkungen von Eltern oder Erziehern noch zusätzlich belastet werden. Vieles spricht dafür, daß Kinder aufgrund ihrer besonders ausgeprägten intuitiven Fähigkeiten die Sorgen von Erwachsenen sehr wohl wahrnehmen, selbst wenn die Angst vor der Umweltzerstörung den Erwachsenen selbst nicht bewußt ist. Der Widerspruch zwischen Mitteilung und intuitiver Wahrnehmung belastet die Kinder sogar noch zusätzlich, weil erstens die Kinder mit der sie ängstigenden Wahrnehmung allein gelassen sind, zweitens sie an ihrer Wahrnehmungsfähigkeit zweifeln (müssen) und weil drittens auf diese Weise seelische Verarbeitungsweisen zumindest erschwert werden. Die Folge ist, daß die Angst auf andere Bereiche verschoben wird oder eine diffuse Angst vor allem und jedem entsteht. A. Freud und D. Burlingham haben diesen Zusammenhang bei ihren Beobachtungen über Kriegskinder während des 2. Weltkrieges deutlich herausgearbeitet: Kinder nehmen die reale Kriegsgefahr sehr wohl wahr und können sie auch psychisch verkraften. (Neurotische) Deformationen treten vor allem dann auf, wenn diese wirkliche Wahrnehmung und auch Angst beschwichtigt und damit eben nicht geteilt wird. Freud und Burlingham kritisieren die Praxis von Eltern und Erziehern, kleine Kinder von Unglücks- und Todesfällen fernzuhalten. Das sei überflüssig, weil die Kinder — jedenfalls in Begleitung naher Bezugspersonen — das Unglück sehr wohl aushalten; darüber hinaus sei es ohnehin nicht möglich, weil die Kinder in den Verhaltensweisen der Erwachsenen die (schlimme) Realität spüren würden (vgl. Kapitel 10.3).

Daß sich — jedenfalls nach den empirischen Befunden — der Zustand der Umwelt beziehungsweise überhaupt politische Faktoren (Krieg, Dritte Welt, Arbeitslosigkeit) offenbar mehr auf das psychische Befinden auswirken als die Bedingungen des alltäglichen und persönlichen Lebens (Familie, Scheidung der Eltern, Noten) ist eine Beobachtung, die für die hier diskutierte Thematik sehr zu bedenken ist. Klar zu sehen, wie sehr offenbar Kinder auch seelisch angesichts der Umweltzerstörung beeinträchtigt sind, hieße, die Kinder mit dieser Angst nicht allein zu lassen, die Angst mit ihnen zu teilen. Das wiederum allerdings hieße für die Erwachsenen, die offenbar wirkungsvoll entwickelte Abwehrorganisation gegen die Angst und auch gegen eine realistische Einschätzung der Umweltzerstörung aufzugeben, was freilich einfacher gesagt als getan ist. Denn die Zerstörung der Umwelt und damit der Lebensgrundlagen ist — wie bereits gesagt — ein so großes und komplexes Problem, angesichts dessen Abwehrmechanismen nur allzu verständlich sind. Hilflosigkeit, Angst, Verlassenheitsgefühle sind die durchaus adäquaten psychischen Folgen bei der Wahrnehmung des wirklichen Zustandes der Welt (vgl. Lifton 1979, S. 368). Das sind freilich höchst unangenehme Affekte, die eben allzu leicht — und gerade wegen ihrer Heftigkeit — abgewehrt werden: "Der Zustand seelischer Betäubung setzt ein" (Macy 1986, S. 25). Diese seelische Betäubung ist nicht nur Folge der bedrohlichen Wahrnehmung, sondern auch Ursache beziehungsweise Bedingung für ständig rigider werdende Abwehrformen. Doch nur der Mut, sich der Realität zu stellen und damit auch die Angst zu spüren, kann auch zielgerichtet die Realität (wieder) verändern. Denn "wo Angst als Signal in einem vollständig erlebten Konflikt auftritt, dient sie der Erhaltung des Lebens" (Bauriedl 1986, S. 33).

Die Angst scheint jedoch im Falle der Umweltzerstörung ihre lebenserhaltende Wirkung verloren zu haben. Die Signale aus der Umwelt verlieren zunehmend ihre Signalfunktion und werden auf diese Weise zum Gegenstand von Zeitungsmeldungen, Fernsehsendungen oder Unterricht, was offenbar nicht mehr weiter — zumindest bewußt — beunruhigt. Wie es scheint, ist bei Kindern diese komplexe Abwehr noch nicht so perfekt organisiert. Gerade in der Grundschulzeit lernen offenbar Kinder, ihrer Wahrnehmung nicht mehr zu trauen und lieber die ihnen von den Erwachsenen vorgeführten und vorgelebten Abwehrmechanismen zu übernehmen. Jedenfalls deuten die empirischen Hinweise, die wir haben, überwiegend in diese Richtung. Pädagogische Aufgabe von Eltern oder anderen Erwachsenen wäre es insofern, den Kindern Mut zu machen, die Augen offen zu halten, wachzubleiben und sich eben nicht seelisch zu betäuben beziehungsweise betäuben zu lassen. Dazu gehört sicherlich in erster Linie, daß die (auch bisweilen diffuse) Angst der Kinder angesichts der Umweltzerstörung zugelassen wird, das heißt, daß sie auch innerhalb der Beziehung zu Erwachsenen einen Platz hat, da sie nur so von den Kindern ausgehalten werden kann. Die Wahrnehmung einer haltlosen Welt kann nur — wenn überhaupt — in der Sicherheit einer haltenden menschlichen Beziehung ausgehalten werden; nur so wäre auch eine auf Zukunft ausgerichtete konstruktive Lösung möglich, die die Signale der Angst einer realitätsadäquaten Handlungsweise zuführt. Wenn allerdings infolge eigener Angst und Hilflosigkeit solche Gefühle aus der Beziehung mit den Kindern ausgeschlossen werden, bleibt den Kindern eigentlich nur noch die Übernahme der erwachsenen Abwehrorganisation. Die meisten Untersuchungen, die es dazu gibt, deuten in eben diese Richtung. Nach Befunden von Oppolzer (1987) sprechen 47% der Jugendlichen mit Gleichaltrigen über ihre diesbezüglichen Ängste, etwa 25% nennen ihre Eltern und nur 5% ihre Lehrer als Gesprächspartner. 25% können mit niemandem darüber reden. Bei der Analyse von Familieninteraktionen (Wetzel/Winawer 1987) wird deutlich, daß es oft eine implizite Übereinkunft zwischen Familienmitgliedern gibt, Themen wie Atomkriegsgefahr und Umweltzerstörung nicht ernsthaft anzusprechen. Manchmal ist es sogar so, daß Kinder eher die Eltern trösten und beruhigen, wenn sie deren Angst und Haltlosigkeit spüren, was es natürlich gänzlich unmöglich macht, sie auch noch mit eigenen negativen Gefühlen und Wahrnehmungen zu belasten. Zur kindlichen Angst kommt so oft auch noch die Einsamkeit hinzu.

Nun ist die Schwierigkeit von Eltern und Pädagogen, sich mit ihren Kindern über die Umweltzerstörung auseinanderzusetzen, durchaus verständlich. Auf die Aktivierung der eigenen Angst ist bereits hingewiesen worden. Hinzu kommt noch, daß den Kindern natürlich die Angst nicht wirklich genommen werden kann, da es sich eben keineswegs um irrationale, sondern um Realangst handelt. Kinderängste, die angesichts der Realität nicht ausgeräumt, sondern "nur" geteilt werden können, sind schwer auszuhalten (ähnlich auch bei Todesfällen, Unfällen oder Scheidung der Eltern). Zudem werden möglicherweise durch derartige Signale von Kindern auch unbewußte diffuse Schuldgefühle bei Erwachsenen provoziert — Schuldgefühle, die vor dem Hintergrund der Tatsache, daß die Erwachsenengeneration der nachfolgenden Generation eine zerstörte oder kranke Umwelt hinterläßt, auch nicht als irrational abgetan werden können. Die Tatsache, daß offenkundig die Zukunft der nachfolgenden Generation aufs Spiel gesetzt wird, muß das Vertrauen der Kinder gegenüber den Erwachsenen erschüttern. Man kann geradezu von einer neuen Qualität des Generationenkonflikts sprechen (vgl. Hilgers 1993, Petri 1992). Der drohende Verlust einer Zukunftsperspektive kündigt gleichsam den Generationenvertrag auf Kosten beziehungsweise zu Ungunsten der Kinder.

Vor diesem Hintergrund ist die oben erwähnte Erklärung der UN-Vollversammlung bezüglich der Kinderrechte auf eine gesunde Umwelt vielleicht auch als ein Hinweis darauf zu interpretieren, daß der Generationenvertrag gewissermaßen eine Neuauflage erfährt. Denn natürlich ist trotzdem davon auszugehen, daß Eltern prinzipiell ihren Kindern eine unbeschwerte Zukunft wünschen und auch nach ihren jeweiligen Möglichkeiten versuchen, dafür zu sorgen. Das ist im persönlichen Bereich schon schwierig genug; für das komplexe Problem der Umweltzerstörung ist es im Grunde nicht möglich. Resignation und Abwehr sind angesichts dieser Situation geradezu konsequent, die eigenen Ängste und Schuldgefühle, verbunden mit dem Gefühl, persönlich versagt zu haben, sind nur schwer auszuhalten. Da liegt es nahe, um der Auseinandersetzung mit Kindern zu entgehen, eine Haltung einzunehmen, die vorgibt, man wolle den Kindern ihre Unbeschwertheit noch nicht nehmen. So projizieren Erwachsene ihr Sehnsuchtsbild kindlicher Unbekümmertheit auf die Kinder. Diese Projektion ist jedoch, wie die meisten empirischen Befunde zur kindlichen Wahrnehmung der Umweltzerstörung zeigen, illusionär.

Es wäre wichtig, die Sensibilität der Kinder erstens zu achten und zweitens auch konkret aufzugreifen. Wie wichtig die Kommunikationsbereitschaft seitens der Erwachsenen für Kinder und Jugendliche im Hinblick auf die Umweltthematik ist, kann kaum überschätzt werden. Gefühlen von Hoffnungslosigkeit und Resignation kann nur so begegnet werden. Nach der Studie von Szagun/Mesenholl/Jelen (1994) wird die Annahme, daß Kinder und Jugendliche mit ihren Eltern wenig über Umweltfragen kommunizieren, übrigens nicht bestätigt. Es zeigt sich hier auch, daß der diesbezügliche Austausch zwischen Kindern und Erwachsenen sich positiv auf das Umweltverhalten der Kinder und wahrscheinlich auch der Erwachsenen auswirkt. Das wird auch von einer neuen amerikanischen Studie bestätigt, wonach das Sprechen über Umweltprobleme in der Familie (neben dem Anschauen von Naturfilmen und dem Lesen zu Umweltfragen) zu einem der zentralen Einflußgrößen bei der Entwicklung umweltbezogener Einstellungen gerechnet werden kann (Eagles/Demare 1999).

So ist der Hinweis auf die Notwendigkeit des Ausstausches zwischen Erwachsenen und Kindern über die ökologische Krise auch kein Plädoyer für eine Katastrophenpädagogik, die Kindern und Jugendlichen kenntnisreich die Schreckensszenarien der ökologischen Krise vorführt und damit geradezu auf Umweltängste bei Kindern setzt. Eine solche Katastrophenpädagogik, durch die die eigene (verdrängte) Angst auf die Kinder abgewälzt wird, würde eher die Angst und eben auch entsprechende Abwehrformationen mobilisieren. Kinder würden zusätzlich belastet, wenn man sie gewissermaßen als "Symptomträger" der Umweltangst politisch funktionalisieren und damit mißbrauchen würde. Angst ist nämlich in der Tat auf Dauer unerträglich und wird beziehungsweise muß geradezu abgewehrt werden.

Auf der anderen Seite ist es jedoch ein Plädoyer, die Wahrnehmung der Umweltzerstörung und entsprechende Angstsignale nicht zu verleugnen, sondern den Mut zu stärken, die Realität — gemeinsam — anzusehen. Das ist eine sehr schmale Gratwanderung, übrigens nicht nur für die Pädagogik. "Wie können wir auf dem zivilisatorischen Vulkan leben, ohne ihn bewußt zu vergessen, aber auch ohne an den Ängsten — und nicht nur an den Dämpfen, die er ausströmt — zu ersticken?" (Beck 1987). Die Beantwortung dieser Frage steht noch aus, auch wenn es bereits vielfältige Vorschläge zum (pädagogischen) Umgang mit diesem Dilemma gibt (siehe z.B. Unterbruner 1991, S. 57f.). Vielleicht können wir von den Kindern lernen, die offenbar weniger getrübt durch psychische Abwehrmanöver einen Blick für die ökologischen Bedrohungen haben. Die Angst, die wir natürlich alle haben, tritt offenbar am klarsten zutage bei den Kindern. Das liegt nicht nur an der besonders sensiblen Wahrnehmungsfähigkeit der Kinder, es liegt auch daran, daß sie noch nicht so perfekt gesellschaftlichen Tabus folgen, daß sie noch nicht ihre Affekte — und dazu gehört eben auch die Angst vor der Umweltzerstörung — so gut im Griff haben. Die "Routinisierung der Affekte" (Elias) ist bei Kindern noch im Fluß, so daß die Affekte noch relativ klar und unverstellt zum Ausdruck kommen. Verantwortliche Erziehung hätte die Aufgabe, diese Klarheit nicht auf routinierte Weise zu verwässern.

Dazu wäre es wichtig, die kindlichen Signale — die ängstlichen genauso wie die optimistischen — genau anzusehen und auch aufzugreifen. Erwachsene, die dergestalt die Kinder ernstnehmen, würden die Umweltängste der Kinder weder in übertriebener Weise pädagogisch oder auch im Hinblick auf politische Ziele ausschlachten noch würden die Angstsignale verharmlost. Es gilt, den einfühlsamen und genauen Blick auf die kindlichen Signale zu kultivieren — eine anspruchsvolle Aufgabe, die Beobachtungsfähigkeit, Mitgefühl und Reflexion gleichermaßen erfordert. Auf diese Weise bestünde vielleicht die Chance, die Angst zu einer abwägenden Nachdenklichkeit werden zu lassen und damit Aktivität zu ermöglichen.

12   Ein Gespräch über Bäume

> "Ein Baum ist wie ein
> Blinder, der gefesselt ist, der
> nicht hören kann."
> (Albert, 10 Jahre)

Zum Schluß dieses Buches über Kind und Natur werden die Kinder selbst zu Wort kommen. Dieses Gespräch über Bäume fand statt im Rahmen eines Forschungsprojekts über naturethische Argumentationsweisen bei Kindern (Gebhard/Billmann-Mahecha/Nevers 1997, Billmann-Mahecha/Gebhard/Nevers 1998). Die Gesprächsführung orientierte sich an der Tradition des "Philosophierens mit Kindern" (Matthews 1989). Um das Gespräch zwischen den Kindern anzuregen, werden kleine Geschichten vorgelesen, die ein ethisches Dilemma beinhalten. In den Dilemmata stehen sich Interessen von Kindern und "Interessen" von Natur (einer Pflanze, eines Tieres oder auch einer komplexen Lebensgemeinschaft) einander gegenüber. Ein Beispiel für eine den Kindern vorgelegte Geschichte ist "Das Baumhaus".

DAS BAUMHAUS
Peter und Sonja planen den Bau eines Baumhauses. Es soll ein besonders tolles Haus werden, in dem mehrere Kinder schlafen und essen können. Jedes Kind soll eine eigene Ecke bekommen, wo es Hefte und Bonbons unterbringen kann. Für den Bau haben sie eine große, alte Weide auf einem unbebauten Grundstück ausgesucht. Eigentlich ist es der einzige Baum, der dafür in Frage kommt. Die anderen in der Umgebung wachsen in privaten Gärten oder Parks. Außerdem sind sie zu klein. Begeistert erklärt Sonja ihren Plan:
"Zuerst muß ein Weg bis zum Baum durchgeschlagen werden. Dazu müssen wir das Brombeergestrüpp weghacken und Steine hinlegen. Auch der Boden um den Stamm muß freigelegt werden. Dann müssen wir eine Leiter befestigen und zwei größere Äste absägen, damit wir Zwischenböden einbauen können. Überall müssen Geländer mit Nägeln befestigt werden."
Beim Zuhören wird Peter zunehmend ernst. Er kennt das Grundstück und den Baum sehr gut, weil er sich dort öters ganz still aufgehalten hat. Er weiß zum Beispiel, daß Vögel jedes Jahr im Gestrüpp und im Baum brüten. Er kennt auch alle Pflanzen, die um den Baum herum wachsen. Zu Sonja sagt er:
"Ich habe mir das anders überlegt. Ich will kein Baumhaus bauen, und ich will auch nicht, daß andere Kinder dort bauen. Ich finde, wir sollten die Natur in Ruhe lassen."
Sonja hat dafür kein Verständnis. Verärgert antwortet sie:
"Das sehe ich überhaupt nicht ein. Erstens ist das keine 'Natur', sondern ein altes, vergammeltes Grundstück mitten in der Stadt. Den Besitzer habe ich nie gesehen. Außerdem haben Kinder ein Recht, spielen zu dürfen."

In dieser Geschichte geht es um den Konflikt, ob für menschliche Bedürfnisse ein Stück Natur zerstört oder auch nur verändert werden soll beziehungsweise darf. Der ethische Konflikt besteht in der Entgegensetzung der Interessen von Kindern, die ein Baumhaus zum Spielen haben wollen, einerseits und der Natur-Schutzwürdigkeit eines Baumes, der beim Bauen des Baumhauses verändert oder sogar geschädigt werden würde, andererseits.

Über diesen ethischen Konflikt diskutieren zwei Mädchen (Maria und Monika) und drei Jungen (Daniel, Albert und Fritz) aus Hamburg-Eimsbüttel. Alle fünf Kinder sind 10 Jahre alt. Eine Reihe von thematischen Schwerpunkten, die in diesem Buch behandelt wurden, klingen in der Diskussion zwischen den Kindern gewissermaßen als Motive an. Deshalb ist dieses Gespräch als eine Art von Schlußwort gut geeignet. Im folgenden einige Diskussionsausschnitte:

Albert eröffnet die Diskussion, indem er die beiden Pole benennt und sich beziehungsweise die eigenen Bedürfnisse an die erste Stelle setzt. "Peter hat zwar Recht, aber ich würde auch lieber ein Baumhaus bauen." Daniel ist ebenfalls für das Baumhaus und liefert auch eine Rechtfertigung dafür: "Wenn man aus Holz etwas baut, bleibt es ja noch Natur." Daniel ist im Laufe der Diskussion überhaupt der konsequenteste Verfechter einer anthropozentrischen Position, nämlich daß es nicht nur gerechtfertigt, sondern geradezu geboten sei, die Natur für menschliche Interessen zu nutzen. Die Bedürfnisse des Menschen, auch solche nach Spaß und Spiel, sind Bedürfnissen von Natur, über die man ja auch nur spekulieren könne, vorgeordnet.

Die Mädchen, vor allem Maria, sind anderer Meinung (zur Geschlechtsspezifik von Umwelteinstellungen siehe Kapitel 11.2.1). Sie billigen dem Baum, überhaupt der Natur, Rechte zu. Bemerkenswert ist, daß diese Argumentationfigur, die auch nichtmenschliche Objekte zu Moralobjekten macht, regelmäßig mit einer anthropomorphen Interpretation dieser Objekte (in diesem Fall dem Baum) verknüpft ist (siehe Kapitel 4).

Maria: Wenn wir Äste und das Gestrüpp abhacken, ist das für die Tiere nicht gut, die in der wilden Natur leben, weil ihr Zuhause auch kaputt geht. Das tut dem Baum genauso weh, als würden wir einen Arm abgerissen bekommen.

Albert: Oder zwei Finger.

Maria: So ist das für den Baum ja auch und der kann sich nicht wehren. Und wenn da andauernd Kinder sind, dann nutzt sich der Baum auch ab. Und der Baum kann ja auch krank werden, wenn ihm Sachen fehlen.

Sowohl der Baum selbst als auch Tiere werden so interpretiert, daß sie menschliche Gefühle und Bedürfnisse haben, über die man nicht hinweggehen darf. Das "Zuhause" der Tiere geht kaputt und die Äste des Baumes werden analogisiert mit den Armen des Menschen. Diese Analogisierung geht bis zu physiologischen Funktionen (Blut), Schmerzempfindungen und Sinneswahrnehmungen (siehe Kapitel 8).

Maria: Die Kinder wollen ihm auch große Äste abhacken und die sind für ihn ja
auch wichtig, weil da ist ziemlich viel Baumsaft enthalten.

Diese Analogisierung wird auch von Daniel nicht bestritten, geradezu übernommen; trotzdem hält er die Nutzung des Baumes für vertetbar:

Daniel: Wenn dir der Arm abgerissen wird, dann tut es zwar weh, aber nach
einer Weile tut es schon nicht mehr weh.

Der Baum kann denken und hat Empfindungen; es kann ihm zum Beispiel etwas
"egal" sein:

Maria: Wenn die einmal anfangen, da Nägel hineinzuschlagen, dann denken
die Kinder, daß das dem Baum dann auch schon egal ist und ritzen da
noch Namen rein.. Ich meine, wenn das ein alter, kranker Baum ist, ist das
normal, also dann ginge es ja noch.
(...)
Maria: Nur, was ich befürchte, wenn die Kinder da nicht mehr auf das Baumhaus gehen, dann lassen sie es dran, anstatt es wieder weg zu nehmen.
Daniel: Warum sollen sie es wegmachen, das würde dem Baum nochmal weh
tun, weil sie die Nägel herausreißen.
Albert: Das ist genauso, wenn wir eine Kugel abbekommen, dann holen wir sie
doch auch wieder raus.
Maria: Ja genau, das ist für den Baum viel besser.
Albert: Wenn sie rein fliegt, tut das weh, dann näht man es zu, dann tut es
nicht mehr weh, aber es tut immer noch ein bißchen beim Herausnehmen
weh, aber es wächst dann doch wieder zu.
Maria: Das ist besser für den Baum und auch für die Tiere, die trauen sich
sonst nicht wieder an ihre Nester und so, wenn da so viele Menschen sind
und so.

Daß ein Baum schmerzempfindlich ist, wird unabhängig von der sonstigen Position
von allen Kindern in anthropomorpher Weise angenommen (siehe Kapitel 4). Das
ist unstrittig. Auch Daniel, der die menschliche Nutzung von Bäumen am konse-
quentesten vertritt, bestreitet dies nicht. Allerdings wird die anthropomorphe Interpretation wieder zurück auf den Menschen bezogen und damit für ein Verständnis
des Menschen genutzt, der jetzt im Lichte der Natur, gewissermaßen physiomorph,
interpretiert wird. Als es um den Tod oder sogar um den Mord von Bäumen geht,
bemerkt er, daß die Natur so eben sei. "Okay, aber wir werden auch ermordet."
Tiere, Bäume und eben auch Menschen haben ein gemeinsames Schicksal.
Maria dagegen macht trotz der Anthropomorphisierung einen Unterschied, und
zwar verweist sie auf das Machtgefälle zwischen Mensch und nichtmenschlicher
Natur. So werden die Menschen eben nicht von Bäumen ermordet.

Maria: Wir können uns wehren und wegrennen und die Bäume stehen da hilflos und können nur die Äste bewegen im Wind, aber sie können sich nicht
wehren und dir mit dem Ast eine ditschen. Das einzige, was ihr Glück
wäre, daß dich jemand dort erwischt und dem das nicht recht ist und der
jagt dich dann. Aber die Bäume können sich nicht wehren. Wir warten
auch nicht voller Glück und sagen: "Oh schön, da kommt ein Mörder und
will mich ermorden." Die Bäume sehen das mit an und ein Baum hat auch
Angst.

Albert: Ein Baum ist so wie ein Blinder, der gefesselt ist, der nicht hören kann.

Maria: ... nicht hören und nicht sehen. Ja, ein Baum kann höchstens fühlen.
Gerade das Fühlen, ein Baum spürt ja auch Schmerz. Hören kann ein
Baum vielleicht gerade noch, aber riechen kann er nicht.

Daniel: Woher willst du das wissen?

Maria: Ich bin mir da ziemlich sicher, aber fühlen kann er klar.

Daniel: Ja, aber woher willst du wissen, daß er nicht gucken kann und hören?

Maria: Das macht es sogar noch schlimmer, wenn ein Baum sehen würde,
wenn er abgeholzt würde.

Albert: Das will ich nicht sehen.

Maria: Ich würde mich auch nicht freuen, wenn ich sehen würde, wie mich jemand absticht. Wenn du sagst, jeder wird mal ermordet, da bin ich mir
nicht so sicher, mehr als die Hälfte der Menschen sterben so.

Daniel: Ja, mehr als die Hälfte der Bäume sterben so. Weißt du, wieviele
Bäume es gibt?

Sehr auffällig ist der Mitleidsaffekt (Kapitel 11.3.3). Die Anthropomorphisierung
ist eine Bedingung dafür, für nichtmenschliche Objekte Gefühle zu haben, die
normalerweise Menschen vorbehalten sind. Bei Heimtieren ist dieser Effekt sehr
deutlich (siehe Kapitel 7), aber — wie das Beispiel zeigt — gibt es den Mitleidsaffekt auch in bezug auf Pflanzen (siehe Kapitel 9.4).

Daniel argumentiert häufig auf eine ausgesprochen rationale Weise, indem er
die Prämissen seiner Gesprächspartner konsequent anzweifelt. "Woher willst du
das wissen?", sind seine ständigen kritischen Fragen. Maria bringt diese kritische
Haltung zu einer Radikalisierung ihrer Position, und sie stellt das Töten von Menschen und Pflanzen moralisch auf eine Stufe. "Du bist dagegen, daß Menschen
getötet werden, aber du tötest Pflanzen, das ist nicht gerade gut." In diesen Grundsatz werden in einem weiteren Schritt alle Pflanzen einbezogen, vor allem auch
"Unkraut". Analog zu den Menschenrechten werden implizit allgemeine Pflanzen-
rechte proklamiert. Im folgenden Beispiel zeigt sich die Verschränkung von
physiomorphen und anthropomorphen Deutungsmustern.

Albert: Unkraut ist das gleiche wie ein Baum. Unkraut kann man auch mit
einem Menschen vergleichen. Das wäre jetzt so, wenn ich zum Schwarzen
sagen würde: "Du bist Unkraut — tschüß". Wie die Nazis das zu Auslän-
dern sagen würden.

Interessanterweise drehen sich jetzt die Positionen um. Maria ist durchaus geneigt, Unkraut zu entfernen, während der "Rationalist" Daniel zum Streiter für Unkraut wird.

Albert: Warum kann man Unkraut nicht als schöne Blume bezeichnen, die sehen doch gar nicht so häßlich aus?

(...)

Maria: Ich finde das ja auch ganz schön, wenn da Unkraut ist, aber in der Mitte, ich mein am Rand kann man das ja wachsen lassen, da wächst es sowieso andauernd nach. In der Mitte, wenn du eine Schaukel aufbauen willst und du fällst von der Schaukel, dann fällst du voll in die Brennessel, ich meine, da kann man schon ein bißchen rupfen.

Fritz: Was ist der Unterschied zwischen einer Blume und Unkraut? Gar nichts, beide sind wie Bäume.

Daniel: Oder wenn da eine Blume steht, letztens wollte ich eine abreißen, dann sagst du: "Laß doch, die sieht doch schön aus." Warum sagst du das nicht, wenn ich Unkraut rupfe?

Albert: Wenn ein Mann einer Frau Rosen schenkt, dann gibt sie ihm einen Kuß, wenn er iht Unkraut gibt, dann ditscht sie ihm eine. Das verstehe ich nicht. Guck mal, eine Kuh frißt Rosen und Unkraut. Nee, eine Kuh frißt keine Rosen, weil da Dornen dran sind. Die Rose wehrt sich dagegen. Das ist genauso, weil eine Rose besser aussieht, sagen wie mal du, Maria, bist die Rose, du siehst besser aus und Claudia ist das Unkraut, weil sie nicht so hübsch aussieht wie du, aber im Inneren finde ich sie besser als dich. Sie hat ein besseres Herz als du.

Maria: Woher willst du das wissen?

Albert: Das merke ich.

Maria:Aber guck mal, machmal helfen sich Pilze und Bäume auch und Rosen und Unkraut auch, daß sie sich gegenseitig schützen.

Albert: Aber machmal kämpfen sie auch, mit einem Säbel.

Maria: Ich rupf das so aus. Jeder hat einen anderen Geschmack. Soll ich jetzt einfach die Rosen rausrupfen, damit das Unkraut wachsen kann, oder das Unkraut rausreißen, damit die Rosen wachsen können?

Daniel: Nein.

Albert: Man rupft gar nichts raus, dann wächst beides.

Maria: Blumen gehen durch Unkraut kaputt.

Daniel: Scheiß egal.

Albert: Und Unkraut geht auch durch Blumen kaputt. Na gut. Häuser gehen auch manchmal durch Löwenzahn kaputt. Das kann sich durch alles durchfressen.

Sehr deutlich zeigt sich hier, daß und wie sehr die Natur gleichsam als Symbolvorrat fungiert, um menschliche Gefühle und menschliches Selbstverständnis auszudrücken. Auf diese symbolische Bedeutung von Natur ist ausführlich im Kapitel über die Bedeutung der nichtmenschlichen Umwelt eingegangen worden (Kapitel 2.3).

Maria insistiert auf den Unterschied zwischen Unkraut und Bäumen. Vielleicht liegt das daran, daß Bäume eher anthropomorph beziehungsweise symbolisch besetzt werden können (Kapitel 9.4). Unkraut wird von ihr dagegen aus dem Kreis der möglichen Moralobjekte exkommuniziert.

> Maria: Wieso sagt ihr, Baumhäuser können gebaut werden, aber so ein kleines Ding, was jede Woche nachwächst, und ein Baum, der über zehn Jahre braucht, damit er richtig groß wird, wie alle Riesenbäume ... Also, was meint ihr, was würdet ihr nun lieber tun — Unkraut zupfen oder Baumhäuser bauen?
> Daniel: Baumhäuser bauen, das macht mehr Spaß.
> Maria: Ja, aber ihr tut dem Baum wesentlich mehr weh als dem Unkraut.
> Daniel: Nein, dem Unkraut tut das auch weh, nur daß es kleiner ist.

Daniel erkennt die Widersprüchlichkeit in Marias Argumentation. So lehnt er ein allgemeines Verbot, Pflanzen zu nutzen, ab, indem er die Inkonsistenz der Haltung von Maria aufdeckt. Maria nimmt daraufhin eine noch radikalere (physiozentrische) Position ein, indem sie den Menschen vor allem als Bedrohung für die Natur hinstellt: "Wenn die Menschen nicht auf der Welt wären, wäre viel weniger zerstört." Albert widerspricht und verweist auf die Destruktivität, die es auch ohne den Menschen in der Natur gibt. "Das glaube ich nicht, Tiere zerstören auch ganz schön viel."

Häufig wird in diesem Gespräch auf die Umweltzerstörung verwiesen (siehe Kapitel 11), allerdings nicht in einheitlicher Tendenz. Auf der einen Seite (Maria) ist die Umweltzerstörung das zentrale Thema: Mitleid mit Tieren und Pflanzen, Verweis auf ökologische Zusammenhänge (zum Beispiel Regenwald, Sauerstoffproduktion), Angst angesichts der ökologischen Krise. Bei dieser Bewertung der Umweltzerstörung erscheint der Mensch eher als Bedrohung der Natur als ein Teil von ihr, was in der gerade benannten physiozentrischen Position gipfeln kann, daß es der Natur eigentlich besser ginge, wenn es den Menschen nicht mehr gäbe. Auf der anderen Seite wird die Umweltzerstörung schlicht in Kauf genommen, da sie aufgrund der (legitimen) menschlichen Nutzung der Natur unvermeidlich sei. Außerdem gäbe es genug Natur und vor allem sei der Mensch auch Natur (vgl. Kapitel 3 über den Naturbegriff).

> Maria: Bäume geben Sauerstoff. Es werden schon so viele Bäume abgeholzt und durch Abgase vergiftet. Und wenn da noch Bäume wachsen, wo niemand drauf achtet und dann auch noch auf einem abgelegenen Grundstück, also nicht so dicht an einer Straße, und sich gehalten haben, dann würde ich die doch stehen lassen. Und es werden auch im Regenwald schon so viele Bäume abgeholzt.
> Fritz: Darüber reden wir doch gar nicht. Wir reden nicht über Regenwald.
> Albert: Und stell dir mal vor, alle Kinder würden Baumhäuser bauen.
> Daniel: Tun sie aber nicht. Aber es wachsen auch immer mehr Bäume.

Zugespitzt kann man sagen, die Auseinandersetzung mit der Umweltzerstörung pendelt zwischen den Polen einer anthropozentrisch getönten, rationalisierenden Verharmlosung einerseits und einer physiozentrisch getönten, emotionalen Besorgnis um die Zukunft der Natur (weniger des Menschen, der in dieser Version interessanterweise nicht als Teil der Natur gedacht wird) andererseits. Anthropomorphe Vorstellungen finden wir in beiden Argumentationsweisen.

Auffällig bei den Bemerkungen zur Umweltzerstörung ist die häufige Verknüpfung mit dem Thema Tod (Kapitel 10). Das ist bei den Bemerkungen über das "Morden" von Bäumen und Menschen schon deutlich geworden. Der "Tod der Natur" und der Tod von Menschen werden auf analoge Weise betrachtet (Kapitel 11.3.5).

> Albert: Was ist, wenn mal was kaputt geht? Da bleiben zum Beispiel nur noch die Nägel hängen und einzelne Bretter, dann ist der ganze kräftige Baum versaut.
> Maria: Ja, dann wird er krank und dann stirbt er auch.
> Fritz: Na und, Menschen sterben auch.
> Albert: Ja, aber wir bekommen noch Kinder und die wollen auch noch mit der Natur leben.
> Maria: Du willst auch so lange leben, wie du kannst, sagen wir 100 Jahre. Und ein Baum kann älter werden. Ein Baum will ja auch so alt werden wie er es schafft und nicht vorher sterben.

Der Tod des Baumes erinnert an den eigenen Tod und der wird mit der ökologischen Krise verknüpft. Auch hierbei läßt sich allerdings eine gelassenere Haltung finden. Der Tod gehört zur Natur, lakonisch wird der Gang der Natur beschrieben.

> Maria: Die Rehe machen von den Bäumen die Rinde ab, das ist zwar auch nicht schön, aber man muß der Natur auch ihren Gang lassen.

Damit ist der jeweils implizierte Naturbegriff angesprochen (Kapitel 3). Natur wird als Totalität aufgefaßt: Erstens ist alles Natur und zweitens muß man eben der "Natur auch ihren Gang lassen". Diese Position wird einmal zur Begründung von "Rechten" der Natur ausgeweitet und zum anderen zur naturalistsischen Rechtfertigung menschlichen Verhaltens genutzt. "Wir Menschen sind auch Natur. Steine, Wasser, Sand, das alles ist Natur." (Albert)

Pointiert könnte man sagen, Tiere und Pflanzen werden im Lichte des Menschen, also anthropomorph, interpretiert, und umgekehrt wird der Mensch im Lichte der Natur, also physiomorph, interpretiert. In beiden Fällen wird die Natur in komplexe Symbolsysteme eingebunden. Daniel führt in diesem Zusammenhang einen sehr umfassenden Naturbegriff ein; überhaupt alles sei Natur, auch das zerstörerische Verhalten des Menschen. Die Umweltzerstörung erfährt auf dem Umweg einer solchen naturalistischen Argumentation beziehungsweise einer Physiomorphisierung des Menschen eine Rechtfertigung.

Maria: Das war früher mal eine Wiese, das haben wir alles kaputt gemacht.

Daniel: Na und, das haben wir gemacht, weil wir es brauchen. Wo sollen wir sonst wohnen? Im Baum?

Albert: Tiere töten sich auch gegenseitig. Wir machen das, um zu überleben.

Maria: Ihr habt euch selbst verraten. Wenn wir die Sachen brauchen, warum zerstören wir den Baum? Damit wir anderen Tieren das Nest zerstören?

Daniel: Wir müssen doch auch irgendwie leben.

Der Rückgriff auf die Gesetze der Natur, auf die gleichsam anthropologisch fundierte Notwendigkeit, die Natur als Ressource zu nutzen, ist eine wichtige Argumentationsfigur, mit deren Hilfe der ethische Konflikt, der sich aus der Anthropomorphisierung ergibt, ausgehalten werden kann. Die Anthropomorphisierung der Natur wird gewissermaßen durch eine Physiomorphisierung des Menschen kompensiert.

Maria: Stell dir mal vor, wenn man deine Wohnung zerstört, was würdest du dann sagen?

Albert: Ja, aber wenn es ein Riese brauchen würde, um zu überleben, dann würde ich es okay finden. Er kann ja nichts aus der Luft nehmen.

Monika: Ja, aber ihr lebt doch nicht nur von Bäumen.

Fritz: Ja, aber was ist, wenn du auf keine Wiese mehr gehen dürftest? Das würde dir auch den Spaß verderben.

Daniel: Du hast gesagt, Unkraut zerstört Rosen, aber Unkraut hat eigentlich nur einen anderen Namen und manche finden es häßlich und so ist auch der Unterschied zwischen den Tieren. Ein Tiger tötet auch, wenn er Hunger hat.

Albert: Aber wir haben doch keinen Hunger, wenn wir Baumhäuser bauen.

Maria: Ja, genau.

Daniel: Ja, aber es macht Spaß.

Albert: Und das gehört mit zu unserem Leben. Der Tiger hat auch Spaß, wenn er sich im Dreck wälzt und dabei Blumen überrollt.

Maria: Ja, aber ich finde, wir mischen uns schon genug in die Natur ein, um riesige Dinger zu bauen. Das brauchen wir auch nicht, um zu überleben. Aber dann brauchen wir doch die Natur, die noch übrig ist. Das ist nicht mal die Hälfte der Welt.

Albert: Oh doch, es gibt noch so viel Natur.

Vor diesem Hintergrund wird die Nutzung oder sogar die Zerstörung der Natur als unvermeidlich, als geradezu notwendig hingestellt. Im Grunde erübrigt sich so auch eine weitere ethische Legitimation.

Daniel: Du würdest doch auch Blumen zur Hochzeit verschenken, oder? Aber wo kommen diese Blumen her? Vom Blumenladen und die von einer Fabrik und die aus der Natur.

Maria: Sag ich doch, wir haben die Natur zerstört.

Fritz: Aber so muß man doch leben.

Die Anthropomorphisierung führt also zu moralischen Konflikten im Hinblick auf die Nutzung nichtmenschlicher Objekte, weil dadurch auch Tiere und Pflanzen zu potentiellen Moralobjekten werden, auf die menschliche moralische Verpflichtungen anzuwenden sind. Die rückläufige Physiomorphisierung beziehungsweise Naturalisierung des Menschen führt dagegen zumindest in der Tendenz zu ethischer Indifferenz. Da "man eben so leben muß", sind moralische Skrupel oder gar Mitleid auf Dauer zumindest störend. Dabei kann es natürlich so sein, daß das, was als Natur zur Grundlage normativer Diskurse gemacht wird, ebenfalls anthropomorpher Projektion entspringt. Daß hier durchaus ungelöste Konflikte existieren, zeigt der ironische und zugleich ratlose Schluß der Dikussion:

Daniel: Guck mal, du sitzt gerade auf einem Baum. (Zeigt auf den Holzstuhl)

Monika: Ja, aber das waren wir ja nicht.

(Fritz, Daniel und Albert schreien durcheinander)

Daniel: Ja, aber trotzdem, du sitzt doch drauf! Wenn wir ein Baumhaus bauen, das ist doch besser als abholzen. Stell dir vor, wir bauen ein Baumhaus und schlagen Nägel in den Baum. Das tut dem Baum weh, okay, aber ich würde lieber Schmerzen haben, als nicht mehr da zu sein.

Albert: Ich nicht, ich will lieber tot sein, als vier, fünf Nägel drin haben.

Maria: Wenn ihr nicht gut findet, daß Bäume gefällt werden, dann sollten wir verhindern, daß überhaupt Nägel in einen Baum geschlagen werden.

Albert: Der arme Jesus, der tut mir leid.

Maria: Das hier wurde aus einem Baum gemacht (zeigt auf die Pappe).

Fritz: Da, wo wir die Bilder gemacht haben, das ist alles Papier, alles!

Maria: Aber das meiste ist wiederverwendbar.

Daniel (schreit und steigt auf seinen Stuhl): Aber der Baum ist tot! Tot!

Am Ende beklagt Daniel am radikalsten den Tod des Baumes und Maria akzeptiert die Herstellung von Papier, wenn das Papier wiederverwendbar ist. Dafür müßte der Baum ja ebenfalls immerhin abgeholzt werden, was sie eingangs noch vehement abgelehnt hatte. Die Nutzung von Bäumen wird jetzt hingenommen, wobei die anthropomorphe Interpretation zumindest nicht mehr dominant ist beziehungsweise nicht mehr dominant sein darf.

Die beiden gegenläufigen Tendenzen, nämlich der Anthropomorphismus im Naturverständnis und der Physiomorphismus im menschlichen Selbstverständnis müssen wohl aufeinander bezogen gedacht werden. Das bereits angesprochene "anthropomorph-physiomorphe Paradox" (Keil 1993) kann nämlich vor dem Hintergrund der symboltheoretischen Überlegungen aus Kapitel 2.3 aufgehoben werden. Die These wäre dann, daß anthropomorphe Auffassungen von Naturphänomenen (wie hier des Baumes) nicht im tatsächlichen Sinne so gemeint sind, sondern Symbolisierungen darstellen mit der Funktion, der Wirklichkeit eine Bedeutung zu geben, letztlich die Wirklichkeit subjektiv zu verstehen. In Symbolen verdichten sich demnach Deutungsmuster und das anthropomorphe Deutungsmuster ist vor diesem Hintergrund auch nicht Ausdruck eines animistischen oder magischen Weltbildes im Sinne von Piaget, sondern eine Symbolisierung (vgl. Kapitel 4). Man könnte das anthropomorphe Deutungsmuster als eine Subjektivierung im Sinne von Boesch charakterisieren, wobei die Objektivierung als ein komplementärer Wirklichkeitsbezug gedacht ist (siehe Kapitel 4.5). Die animistische und anthropomorphe Tendenz des kindlichen Weltbildes, die Welt im Lichte des eigenen Selbst zu interpretieren und demzufolge auch zu anthropomorphisieren, wird nicht abgelöst durch das objektivierende Denken, sondern durch dieses sekundäre Denken ergänzt und komplettiert. Es ist eine der bleibenden Grundeinsichten der Psychoanalyse, daß die kindlichen Denk- und Fühlformen zwar durch sekundärprozeßhafte Denkformen überlagert, verwandelt oder auch verstellt werden, jedoch stets als gewissermaßen affektiver Unterbau wirksam bleiben, und zwar sowohl im Hinblick auf das (alltägliche) Weltbild als auch im Hinblick auf die Persönlichkeitsentwicklung. Hervorzuheben ist dabei, daß dieser Unterbau als "Basisschicht der Subjektivität" (Lorenzer 1983) nicht etwa das objektivierende Denken unterminiert, sondern bereichert, in gewisser Weise ein Verstehen der äußeren Welt geradezu erst ermöglicht. So wurde in Kapitel 4 gezeigt, daß sich in anthropomorphen Deutungsmustern nämlich nicht nur ein kognitives Erklärungsmuster, sondern zugleich auch eine affektive Beziehung zu den verschiedensten Phänomenen offenbart. Die auf diese Weise als Symbolisierung interpretierte Anthropomorphisierung von Natur erlaubt es, auch nichtmenschliche Objekte zu Objekten einer menschlichen Ethik zu machen. So steht der subjektivierende und symbolische Gebrauch von Anthropomorphismen im Hinblick auf Natur nicht im prinzipiellen Gegensatz zu einer naturwissenschaftlichen, objektivierenden Wirklichkeitsauffassung und hat letztlich die Funktion — und hier paßt die Blumenbergsche Formulierung vom "Modell in pragmatischer Funktion" (siehe Kapitel 2.3) — Natur überhaupt ethischer Argumentation zugänglich zu machen.

Literatur

Abraham, K.: Die Spinne als Traumsymbol. In: Int. Z. Psychoanalyse 8, 1922, S. 470 – 475

Achnitz, Ch.: Bausteine für kinderfreundliche Stadtquartiere. Tübingen: Stadtsanierungsamt 1992

Adorno, Th. W.: Ästhetische Theorie. Frankfurt/M. 1970

Adrian, Chr.: Welches Haustier paßt zu mir? Reinbek 1982

Ahmann, H.J./Schröder, R.: Kinder in der Stadt - Die Arbeit der Hertener "Kinderfreunde". AfK, 2, S. 374-385

Aho, L.: Man and Nature: Cognitive and Emotional Elements in the Views of Twelve-Year-Old Schollchildren. In: Scandinavian Journal of Educational Research 28, 1984, S. 169-186

Aiello, J.F., Gordon, B., Farrell, Th.J.: Description of children's outdoor activities in a suburban residential area: Preliminary findings. In: Moore, R.C. (Hrg.): Childhood city, Vol. 12, Environ. Des. Res. Assoc. 5, 1974, S. 187 – 196

Akert, K.: Probleme der Hirnreifung. In: Lempp, R. (Hrg.): Teilleistungsstörungen im Kindesalter. Bern, Stuttgart, Wien 1979

Alexander, I.E., Adlerstein, A.M.: Affective responses to the concept of death in a population of children and early adolescents. In: Journal of Genetic Psychology 93, 1958, S. 167 – 177

Altmann, I., Wohlwill, J.F. (Hrg.): Children and the Environment. New York 1978

Altner, G.: Naturvergessenheit. Grundlagen einer umfassenden Bioethik. Darmstadt 1991

Amery, C.: Die Bedeutung natürlicher Strukturen und Elemente für die Entwicklung des Menschen. In: Garten und Landschaft 12/1979, S. 912 – 919

Andry, R.: Faulty paternal and maternal child relationships affection and delinqency. In: British Journal of Delinquency 97, 1960, S. 329 – 340

Antenbrink, H.: Unterricht als Determinante kognitiven Lernens. Basel/Weinheim 1973

Anderson, R.S. (Hrg.): Pet Animals and Society. London 1975

Andresen, U.: So dumm sind sie nicht. Von der Würde der Kinder in der Schule. Weinheim, Basel 1985

Andritzky, M., Spitzer, K.: Grün in der Stadt. Reinbek 1981

Anglin, J.: Word, Objekt, and Conceptual Development. New York 1977

Anthony, S.: The Child's Discovery of Death. New York 1940

Anthony, S.: The discovery of death in childhood and after. London 1971

Apel, P., Pach, R.: Stadtplanung mit und für Kinder. In: Görlitz u.a. 1993, S. 350-362

Appleton, J.: The experience of landscape. London, New York, Sydney, Toronto 1975

Arbinger, R. u.a. : Stabilität und Veränderung der Interessen von Schülern der 5. bis 9. Klassenstufe an Problemen der Physik und der Biologie. In: A. Spitznagel, E. Todt.: Beiträge zur Pädagogischen Psychologie der Sekundarstufe, Bd. 2, Schriftenreihe der Justus-Liebig-Universität, Bd. 2, Gießen 1976, S. 115-142

Aries, Ph.: Geschichte der Kindheit. München 1975

Aries, Ph.: Studien zur Geschichte des Todes im Abendland. München, Wien 1976

Aries, Ph.: Geschichte des Todes. München 1982

Ascione, F.R.: Children who are cruel to animals: A review of research and implications for development psychopathology. In: Anthrozoös 6, 4, 1993, S. 226-247

Ascione, F.R.,Thompson, T.M., Black, T.: Childhood Cruelty to Animals: Assessing Cruelty Dimensions and Motivations. In: Anthrozoös 10, 4, 1997, S. 170-177

Aurand, K., Hazard, B.P., Tretter, F. (Hrg.): Umweltbelastungen und Ängste. Opladen 1993

Bachelard, G: Psychoanalyse des Feuers. Stuttgart 1959

Backscheider, A. G., Shatz, M. & Gelman, S. A.: Preschoolers' ability to distinguish living kinds as a function of regrowth. In: Child Development 64, 1993, S. 1242-1257

Bahrdt, H. P.: Umwelterfahrung. Soziologische Betrachtungen über den Beitrag des Subjekts zur Konstitution von Umwelt. München 1974

Baldwin, A. L.: Behavior and development in childhood. New York 1955

Bäuml-Roßnagl, M.-A.: Sachunterricht in der Grundschule. Naturwissenschaftlich-technischer Lernbereich. München 1979

Baitsch, H.: Mensch und Pflanze — Kann die Anthropologie etwas dazu beitragen? In: LOG ID 1982, S. 10 –11

Balint, M.: Angstlust und Regression. Reinbek 1972

Balling, J.D., Falk, J.H.: Development of Visual Preference For Natural Environments. In: Environment and Behavior 14, 1, 1982, S. 5-28

Barker, R.G.: Ecological psychology. Stanford 1968

Barner, H., Hesse, A.: So stelle ich mir die Zukunft vor. Beiträge zum Jugendpressepreis 1987. München 1988

Barrit, L.S. u.a.: Das Versteck-Dich-Spiel. In:Lippitz/Meyer-Drawe 1982, S. 84-107

Bart, W. M.: A hierarchy among attitudes toward animals. In: The Journal of Environmental Education 3, 1972, S. 4-6

Baudrillard, J.: Der symbolische Tausch und der Tod. München 1982

Baum, M.: Das Pferd als Symbol. Zur kulturellen Bedeutung einer Symbiose. Frankfurt/M. 1991

Bauriedl, Th.: Die Wiederkehr des Verdrängten. Psychoanalyse, Politik und der einzelne. München, Zürich 1986

Bausinger, H.: Heimat und Identität. In: K. Köstlin, H. Bausinger (Hrg.): Heimat und Identität. Probleme regionaler Kultur. Kiel 1980, S. 9 – 24

Beck, A., Katcher, A.: Between pets and people. Purdue University Press, West Lafayette, IN 1996

Beck, M., Chow, S., Köster-Goorkotte, I.: Kinder in Deutschland. Realitäten und Perspektiven. Tübingen 1997

Beck, U.: Risikogesellschaft. Auf dem Weg in eine andere Moderne. Frankfurt/M 1986

Beck, U.: Auf dem Weg in die industrielle "Risikogesellschaft". In: Blätter für Deutsche und Internationale Politik, 1987, H. 2, S. 139 – 146

Becker, A., Niggemeyer, E.: Ich sorge für ein Tier. Ravensburg 1973

Becker, A., Niggemeyer, E.: Ich will etwas vom Tod wissen. Ravensburg 1979

Becker, F.D.: Children's play in multifamily housing. In: Environment and Behavior 8, 1976, S. 545 – 574

Bell, C. R.; Additional data on animistic thinking. In: Scientific Monthly 79, 1954, S. 67-69

Behnken, I., Bois-Reymond, M. du, Zinnecker, J.: Raumerfahrung in der Biographie. Beispiel Kindheit und Jugend. Fernkurs der Universität Hagen 1988

Berg-Laase, G., Berwing, M., Graf, K., Jacob, J.: Verkehr und Wohnumfeld im Alltag von Kindern. Eine sozialökologische Studie zur Aneignung städtischer Umwelt. Pfaffenweiler 1985

Bergeler, R.: Mensch und Hund. Psychologie einer Beziehung. Köln 1986

Bergeler, R.: Warum Kinder Tiere brauchen. Freiburg 1994

Bergeler, R.: Der Einfluß von Hunden auf das Verhalten von Jugendlichen in der Großstadt. Psychologisches Institut der Universität Bonn 1995

Berger, I., Krug, M.: Land in Sicht. In: Welt des Kindes 3/1990, S. 12 – 19

Bergmann, J.R.: Haustiere als kommunikative Ressourcen. In: Soeffner, H.-G.: Kultur und Alltag. Göttingen 1988, S. 299 – 312

Berlyne, D.E.: The influence of complexity and novelty in visual figures on orienting responses. In: J. of Experimental Psychology 55, 1958, S. 289 – 296

Berlyne, D.E.: Laughter, humor and play. In: G. Lindzey, E. Aronson (Hrg.): Handbook of social psychology, Vol. 3, S. 795 – 852, Reading, MA 1969

Berndt, H.: Die Natur der Stadt. Frankfurt/M. 1978

Berndt, H., Lorenzer, A., Horn, K.: Architektur als Ideologie. Frankfurt/M. 1971

Bernstein, A.: The mental health values of wilderness: A proposal for the treatment of schizophrenia. Univ. Mich., Ann Arbor 1972

Berti, T.: Naturästhetik und Umweltpädagogik. Dissertation, Universität Innsbruck 1997

Berzonsky, M.D.: A priliminary investigation of children's conceptions of life and death. In: Merrill–Palmer Quarterly Journal of Developmental Psychology 33, 1987, S. 505 – 513

Berzonsky, M. D.: The role of familarity in children's explanations of physical causality. In: Child Development 42, 1971, S. 705-715

Berzonsky, M. D., Ondrako, M., Williams, G.T.: Modifications of the life concept in reflective and impulsive children. In: J. of Genetic Psychology 130, 1977, S. 11-17

Bettelheim, B.: Die Kinder der Zukunft. Wien, München, Zürich 1971

Bettelheim, B.: Kinder brauchen Märchen. München 1980

Bexton, W.H., Heron, W., Scott, T.H.: Effects of decreased variations in the sensory environment. In: Canadian Journal of Psychology 8, 1954, S. 70 – 76

Bierhoff, H.W.: Spielplätze und ihre Besucher. Darmstadt 1974

Bierhoff-Alfermann, D.: Androgynie. Möglichkeiten und Grenzen der Geschlechterrollen. Opladen 1989

Biermann, R., Biermann, G.: Die Angst unserer Kinder im Atomzeitalter. Frankfurt/M. 1988

Billig, A.: Ermittlung des ökologischen Problembewußtseins der Bevölkerung. Forschungsbericht, Umweltbundesamt Berlin 1994

Billmann-Mahecha, E./Gebhard, U./Nevers, P.: Anthropomorphe und mechanistische Naturdeutungen von Kindern und Jugendlichen. Ein empirischer Zugang. Berlin 1998, S. 271-293

Billmann-Mahecha, E./Gebhard, U./Nevers, P.: Naturethik in Kindergesprächen. In: Grundschule 29, 5, 1997, S. 21-24

Bischof, N.: Das Rätsel Ödipus. München 1985

Bissigkummer-Moos, St., Lutz, M., Pasquale, J.: Lebensräume von Kindern - Zwei Fallstudien. In: Flade, A./Kustor (Hrg.): Raus aus dem Haus - Mädchen erobern die Stadt. Frankfurt/M. 1996

Bittner, G.: Die Selbst-Symbolisierung des Kindes im pädagogischen Kontext. In: Bittner, G. (Hrg.): Selbstwerden des Kindes. Ein neues tiefenpsychologisches Konzept. Fellbach 1981, S. 200 – 205

Bittner, G.: Gärten für Kinder. In: Bittner/Weinacht 1990, S. 161 – 178

Bittner, G., Weinacht, P.-L. (Hrg.): Wieviel Garten braucht der Mensch? Würzburger Universitätsvorträge. Würzburg 1990

Björklid, P.: Children's outdoor environment. Lund 1982

Blinkert, B.: Aktionsräume von Kindern in der Stadt. Eine Untersuchung im Auftrag der Stadt Freiburg. Pfaffenweiler 1993

Bloch, E. Erbschaft dieser Zeit. Zürich 1935

Bloch, E.: Das Prinzip Hoffnung. Frankfurt/M. 1970

Bloch, E.: Experimentum Mundi. Werke Bd.15, Frankfurt/M. 1975

Bluebond–Langner, M.: Meanings of death to children. In: Feifel, H. (Hrg.): New meanings of death. New York 1977, S. 47–66

Blume, J.: Therapie im Freiraum. Grenzen und Möglichkeiten, den Freiraum für die Genesung der Patienten nutzbar zu machen. In: Das Gartenamt 38, 2, 1989, S. 84 – 86

Blumenberg, H.: Beobachtungen an Metaphern, In: Archiv für Begriffsgeschichte 15, 1971, S. 161-214

Blumenberg, H.: Paradigmen zu einer Metaphorologie. Frankfurt/M. 1998

Blumenberg, H.: Die Lesbarkeit der Welt. Frankfurt/M. 1981

Blumer, H.: Der methodologische Standort des symbolischen Interaktionismus. In: Arbeitsgruppe Bielefelder Soziologen (Hrg.): Alltagswissen, Interaktion und gesellschaftliche Wirklichkeit, Bd. 1. Reinbek 1973, S. 80–146

Bochnig, St., Mayer, E.: Spielen ohne Spielplatz. In: Garten und Landschaft 3/1989, S. 25 – 29

Bochnig, St.: Bausteine für eine bespielbare Stadt. Das Gartenamt 42, 1993, S. 370-375

Bochnig; St., Selle, K.: Freiräume für die Stadt. Wiesbaden und Berlin 1992

Bögeholz, S.: Qualitäten primärer Naturerfahrung und ihr Zusammenhang mit Umweltwissen und Umwelthandeln. Opladen 1999

Bögeholz, S., Mayer, J.: Haben Naturerfahrungen Einfluß auf ökologisches Handeln? In: Bayrhuber, H. u.a. (Hrg.) Biologie und Bildung. IPN 166, Kiel 1998, S. 358-363

Boeminghaus, D.: Mehr Platz für Kinder. Entscheidungshilfen und Kriterien für eine kindgerecht gestaltete Umwelt. Regensburg 1978

Böhm, A., Faas, A., Legewie, H.: Angst allein genügt nicht. Weinheim, Basel 1989

Böhme, G.: Für eine ökologische Naturästhetik. Frankfurt/M. 1989

Böhme, G.: Natürlich Natur. Über Natur im Zeitalter ihrer technischen Reproduzierbarkeit. Frankfurt/M. 1992

Böhme, H.: Natur und Subjekt. Frankfurt/M. 1988

Boehnke, K.: Makrosozialer Streß und Copingstrategien im Jugendalter. In: Zeitschrift für Sozialisationsforschung und Erziehungssoziologie 11, 1, 1991, S. 30 – 42

Boehnke, K., v. Fromberg, E., Macpherson, M.J.: Makro–sozialer Streß im Jugendalter — Ergebnisse einer Wiederbefragung zu Kriegsangst und Angst vor Umweltzerstörung. In: Praxis der Kinderpsychologie und Kinderpsychiatrie 40, 1991, S. 204–213

Boehnke, K., Macpherson, M.J., Meador, M., Petri, H.: Feindbilder und die Ängste vor der atomaren Bedrohung. In: Kind und Umwelt 17 (59), 1988, S. 39 – 59

Boehnke, K., Macpherson, M.J., Meador, M., Petri, H.: Atomare Bedrohung und psychische Gesundheit im Jugendalter. In: Böhm/Faas/Legewie 1989, S. 151-178

Boesch, E. E.: Kultur und Biotop. In: Graumann 1978, S. 11 – 32

Boesch, E. E.: Kultur und Handlung. Einführung in die Kulturpsychologie. Bern, Stuttgart, Wien 1980

Boesch, E. E.: Das lauernde Chaos. Mythen und Fiktionen im Alltag. Bern, Göttingen, Toronto 2000

Bogner, F.X., Wilhelm, M.G.: Environmental perspectives of pupils. Development of an attitude and behaviour scale. In: The Environmentalist 16, 1996, S. 95-110

Bojanovsky, J.: Einführung in die Problematik und einige wichtige Ergebnisse zum Forschungsbereich Trauer. In: Howe/Ochsmann 1984, S. 330 – 337

Bollnow, O. F.: Einfache Sittlichkeit. Göttingen 1947

Bolm, G., Jantzen, W.: Zu den Gründen politischer Apathie trotz drohender atomarer Vernichtung. In: Integrative Therapie 4/1984, S. 368 – 379

Bolscho, D.: Umwelterziehung in der Schule. Ergebnisse aus der empirischen Forschung. Institut für die Pädagogik der Naturwissenschaften, IPN-Bericht Nr. 107, Kiel 1986

Bolscho, D.: Empirische Forschung zur Umwelterziehung. Eine annotierte Aus-
wahlbibliographie mit einleitenden Anmerkungen zur Forschungssituation.
Institut für die Pädagogik der Naturwissenschaften, Kiel 1989

Bolscho, D.: Empirische Forschung zur Umwelterziehung: Neue Trends? In:
Eulefeld/Bolscho/Seybold 1991

Borden, R.J., Francis, J.L.: Who cares about ecology? Personality and sex differences in environmental concern. In: J. of Personality 46, 1978, S. 190 – 208

Boss, M.: The Analysis of Dreams. New York 1958

Botwinick, J.: Aging and behavior: A comprehensive integration of research
findings. New York 1984

Bowd, A. D., Fears and understanding of animals in middle childhood. In: Journal
of Genetic Psychology 145, 1984, S. 143-144

Bowlby, J.: Über das Wesen der Mutter-Kind-Bindung. In: Psyche 13, 1959, S.
415 – 456

Bowlby, J.: Grief and Mourning in Infancy and Early Childhood. In: The Psychoanalytic Study of the Child 15, 1960

Bowlby, J.: Trennung: Psychische Schäden als Folge der Trennung von Mutter
und Kind. Frankfurt 1976

Bowlby, J.: Verlust, Trauer und Depression. Frankfurt/M. 1983

Brasic, J. R.:Pets and Health. In: Psychological Reports 83, 1998, S. 1011-1024

Braun, A.: Umwelterziehung zwischen Anspruch und Wirklichkeit. Frankfurt/M.
1983

Braun, A.: Ist die Umwelterziehung auf dem richtigen Weg? In: Geographie und
Unterricht 9, 1984, S. 322 – 326

Brauneck, A.E.: Die kriminell schwer gefährdeten Minderjährigen. In: B. Simon-
sohn (Hrg.): Jugendkriminalität, Strafjustiz und Sozialpädagogik. Frankfurt/M.
1969, S. 144 – 170

Brem-Gräser, L.: Familie in Tieren. Die Familiensituation im Spiegel der Kin-
derzeichnung. Entwicklung eines Testverfahrens. München/ Basel 1975

Brinkmann, W.: Der Schulgarten in heilpädagogischer Sicht. In: Zeitschrift für
Heilpädagogik, 1966, H. 2, S. 65f.

Brocher, T.: Wenn Kinder trauern. Reinbek 1987

Bronfenbrenner, U.: Ökologische Sozialisationsforschung. Stuttgart 1976

Bronfenbrenner, U.: Zur Ökologie der menschlichen Entwicklung. Stuttgart 1981

Brookmann, I.: Was ist lebendig? Fachliche Klärung und Erhebung von
Alltagsvorstellungen. Staatsexamensarbeit, Universität Oldenburg 1998

Brosse, J.: Mythologie der Bäume. Olten/Freiburg im Breisgau 1990

Brown, L.B., Thouless, R.H.: Animistic thougt in civilized adults. In: Journal of
Genetic Psychology 107, 1965, S. 33-42

Brown, J.G., Burger, C.: Playground designs and preschool children's behaviors.
In: Environment and Behavior 16, 1984, S. 599 – 626

Bruce, M.: Animism vs. Evolution of the concept "alive". In: Journal of
Psychology 12, 1941, S. 81-90

Brüch, A.: Ein Hund und ein Kater in der Kinderpsychotherapie. In: Zeitschrift für
Individualpsychologie 1988, H. 4, S. 264 – 269

Bruhns, K.: Kindheit in der Stadt. München 1985

Brumby, M.N.: Students' perceptions of the concept of life. In: Science Education 66, 1982, S. 613-622

Bruns, U., Hoffmann, M.: Unser Kind ist pferdenärrisch — Rat für Eltern. Rüschlikon-Zürich 1976

Buchholz, M.B.: Metaphern der Kur. Eine qualitative Studie zum psychotherapeutischen Prozeß. Opladen 1996

Buggle, F. & Westermann-Duttlinger, H. : Untersuchung zum Animismus bei 5-8jährigen Kindern. In: Zeitschrift für Entwicklungspsychologie und Pädagogische Psychologie 20, 1988, S. 3-14

Bühler, Ch.: The First Year of Life. 1930

Bühler, Ch.: Der menschliche Lebenslauf als psychologisches Problem. Göttingen 1959 (2. Auflage; zuerst 1933)

Bucke, W. F. , Cyno-psychoses. Children's thoughts, reactions, and feelings toward pet dogs. In: Journal of Genetic Psychology 10, 1903, S. 459-513

Bullinger, M.: Befindlichkeitsstörungen. In: Wichmann, H.-E., Schlipköter, H.-W., Fülgraff, G. (Hrg.): Handbuch der Umweltmedizin, Loseblatt-Ausgabe (Ecomed). Landsberg/Lech 1992

Bullock, M.: Animism in childhood thinking: a new look at an old question. In: Developmental Psychology 21, 1985, S. 217 – 255

Bundesminister für Raumordnung, Bauwesen und Städtebau: Kinderfreundliche Umwelt. Kinderspiel im Straßenraum. Schriftenreihe "Städtebauliche Forschung" 03.087. Bonn 1980

Bunting, T.E., Cousin, L.R.: Environmental Dispositions among School Age Children. In: Environment and Behavior 17, 6, 1985, S. 725-768

Busemann, A.: Der Aufzähltest. München 1955

Busemann, A.: Das seelische Existenzminimum des Menschen. In: Ders.: Beiträge zur pädagogischen Milieukunde. Berlin, Hannover, Darmstadt 1956, S. 249 – 254

Buttel, F.: Age and environmental concern: A multivariate analysis. In: Youth and Society 10, 1979, S. 237-256

Cain, A.O.: Pets as Family Members. In: Sussmann, M.B. (Ed.): Pets and the Family. New York 1985, S. 5-10

Cameron, P., Mattson, M.: Psychological correlates of pet ownerships. In: Psychological Reports 30, 1972, S. 286f.

Canetti, E.: Masse und Macht. Hamburg 1960

Caprio, F.S.: A Study of Some Psychological Reactions during Pre-Pubescence to the Idea of Death. In: Psychiatry Quarterly 24, 1950

Carey, S.: Conceptual change in childhood. The Massachusetts Institute of Technology 1985

Carey, S., Gelman, R. (Hrg.): The Epigenesis of Mind. Hove 1991

Carey, S. & Spelke, E.: Domain-specific knowledge and conceptual change. In: L. A. Hirschfeld & S. A. Gelman (Eds.), Mapping the mind: Domain specifity in cognition and culture. Cambridge University Press, New York 1994, S. 169-200

Carrillo, I: Ornamental horticulture and gardening as a therapy in education of mentally handicapped young people. In: Abstract Collection, 21st International Horticultural Congress, Hamburg 1982, S. 1984a

Carter, D.C.: Horticulture as a medium for education, vocational training and employment of mentally handicapped people. In: Abstract Collection, 21st International Horticultural Congress, Hamburg 1982, S. 1984

Cassirer, E.: Zur Logik der Kulturwissenschaften. Darmstadt 1961

Cassirer, E.: Wesen und Wirkung des Symbolbegriffs. Darmstadt 1969

Cassirer, E.: Versuch über den Menschen. Einführung in eine Philosophie der Kultur. Hamburg 1996 (Amerik. Originalausgabe "An Essay on Man. An Introduction to a Philosophy of human Culture", New Haven 1944).

Chawla, L.: Significant Life Experiences Revisted: A Review of Research on Sources of Environmental Sensitivity. In: Journal of Environmental Education, 29, 3, 1998, S. 11-23

Chemers, M.M., Altman, I.: Use and Perception of the Environment: Cultural and Development Processes. In: Northeastern Forest Experiment Station 1977, S. 43 – 53

Chevallerie, de la H.: Stadt und Spiel — Grünräume als Spielräume. In: Das Gartenamt 29, 1980, S. 415 – 419

Ciompi, L.: Affektlogik. Über die Struktur der Psyche und ihre Entwicklung. Ein Beitrag zur Schizophrenieforschung. Stuttgart 1982

Cobb, E.: The ecology of imagination in childhood. In: Journal of the American Academy of Arts and Science (Daedalus) 88, 1959, S. 537 – 548

Cohen, S., Worm-Wingernd, D.: Children and the Environment. Ecological Awareness Among Preschool Children. In: Environment and Behavior 25, S. 103-120

Collins, M. A. , Student attitudes toward animals. In: American Biology Teacher 38, 1976, S. 491-493

Cornell, J.B.: Mit Kindern die Natur erleben. Soyen 1979

Cornelius, R. R. and Averill, J. R., Sex differences in fear of spiders. In: Journal of Personality and Social Psychology 45, 1983, S. 377-383

Corson, S.A., Corson, E.O.L., Gwynne, P.: Pet-Facilitated Psychotherapy. In: Anderson 1975, S. 19 – 35

Covert, A. M., Whiren, A. P., Keith, J. and Nelson, C.: Pets, early adolescents, and families. In: Marriage and Family Review 83, 4, 1985, S. 95-108

Craik, K.H.: The personality research paradigm in environmental psychology. In: Wapner, S., Cohen, S.B., Kaplan, B. (Hrg.): Experiencing the environment. New York 1976, S. 55 – 79

Cramer, M.: Zur Sozialpsychologie der Umweltzerstörung. In: Böhm/Faas/Legewie 1989, S. 31 – 56

Cramer, M.: Studien zur Umweltbetroffenheit, In: Ders. (Hrg.): Unser Doppelleben - neue Studien zur Umweltbetroffenheit. München: FHM, Fachbereich Sozialwesen, 1991, S. 4-29

Crannell, C. N.: Responses of college students to a question-staire on animistic thinking. In: Scientific Monthly 78, 1954, S. 54-56

Crowell, D. H. & Dole, A. A.: Animism and college students. In: Journal of Educational Research 50, 1957, S. 391-395

Csikszentmihalyi, M., Rochberg-Halton, E.: Reflections on materialism. In: University of Chicago Magazine 70, 1978, H. 3, S. 7 – 15

Danneel, I.: Die Beliebtheit einiger Fachgebiete bei Grundschülern. In: Naturwissenschaften im Unterricht - Biologie 25, 1977, H. 10, S. 313 – 316

Davey, G.C.L., McDonald, A.S., Hirisave, U., Prabhu, G.G., Iwawaki, S., Ching, I.J., Merckelbach, H., de Jong, P.J., Leung, P.W.L., Reimann, B.C.: A cross-culturell study of animal fears. In: Behaviour Research and Therapy 36, 1998, S. 735-750

Davey, G. C. L., The "disgusting" spider: The role of disease and illness in the perpetuation of fear of spiders. In: Society and Animals 2, 1994, S. 17-25

Davey, G.C.L., Forster, L., Mayhew, G., Familial resemblances in disgust sensitivity and animal phobias. In: Behavior Research & Therapy 31, 1993,S.41-50

Dennis, L.J./Knapp, D.: John Dewey as Environmental Educator. In: Journal of Environmental Education, 28, 2, 1997, S. 5-9

Dennis, W.: Animistic thinking among college and high school students in the Near East. In: Journal of Educational Psychology 48, 1957, S. 193 – 198

Dennis, W.: Animism and related tendencies in Hopi children. In: Journal of Abnormal and Social Psychology 38, 1943, S. 21-36

Dennis, W.: Animistic thinking among college and university students. In: Scientific Monthly 76, 1953, S. 247-249

Dennis, W.: Animistic thinking among college and High-School students in the Near East. In: Journal of Educational Psychology 48, 1957, S. 193-198

Dennis, W. & Russell, R. W.: Piaget's questions applied to Zuni children. In: Child Development 11, 1940, S. 181-187

Deutsch, H.: Ein Fall von Katzenphobie. In: A.J. Storfer (Hrg.): Almanach der Psychoanalyse. Wien 1931, S. 135 – 147

Deutsch, H.: Absence of grief. In: Psychoanalytic Quarterly 6, 1937, S. 12 – 22

Devereux, G.: Angst und Methode in den Verhaltenswissenschaften. Frankfurt/M. 1984

Diekmann, A.: Umweltbewußtsein oder Anreizstrukturen? Empirische Befunde zum Energiesparen, der Verkehrsmittelwahl und zum Konsumverhalten. In: A. Diekmann, A. Franzen (Hrg.): Kooperatives Umwelthandeln. Zürich 1995, S. 39-68

Diekmann, A., Preisendörfer, P.: Persönliches Umweltverhalten. In: Kölner Zeitschrift für Soziologie 44, 1992, S. 226-251

Diekmann, A., Preisendörfer, P.: Umweltbewußtsein, ökonomische Anreize und Umweltverhalten. In: Schweizerische Zeitschrift für Soziologie 17, 2, 1991, S. 207-231

Dinnebier, A.: Brachflächen als Chance einer künftigen Verbesserung der Stadtqualität. In: Das Gartenamt 40, 1991, H. 8, S. 522 – 524

Dithfurth, H. von: Anthropologisch-psychologische Voraussetzungen einer erfolgreichen Umwelt- und Friedenserziehung. In: Calließ, J., Lob, R.E. (Hrg.):

Praxis der Umwelt- und Friedenserziehung, Band 1, Grundlagen. Düsseldorf 1987, S. 664 – 675

Does, K.-J., Motz, J.J.: Erwachsene bestimmen die Welt der Kinder: Freizeit im Käfig. In: Bild der Wissenschaft 5/1979, S. 106 – 121

Dolgin, K., Behrend, D.: Children's knowledge about animates and inanimates. In: Child Development 55, 1984, S. 1646 – 1650

Dolgin, K. G. & Behrend, D. A.: Children's knowledge about animates and inanimates. In: Child Development 55, 1984, S. 1646-1650

Dollase, R.: Entwicklungspsychologische Grundlagen des kindlichen Weltverstehens. In: W. Köhnlein u.a.: Kinder auf dem Wege zum Verstehen der Welt. Bad Heilbrunn 1997, S. 16-38

Dornes, M.: Der kompetente Säugling. Die präverbale Entwicklung des Menschen. Frankfurt/M. 1993

Dost, B.: Die Erben des Übels. Kranke Umwelt — Kranke Kinder. München 1983

Dost, B.: Kranke Umwelt — kranke Kinder: Aspekte und Aufgaben einer Umweltmedizin. In: Calließ, J., Lob, R.E. (Hrg.): Praxis der Umwelt- und Friedenserziehung, Band 1, Grundlagen Düsseldorf 1987, S. 140 – 152

Dovey, K.: Refuge and imagination: places of peace in childhood. In: Children's Environments Quarterly 7, 1990, S. 13-17

Dreitzel, H.P.: Angst und Zivilisation. In: Dreitzel, H.P., Stenger, H. (Hrg.): Ungewollte Selbstzerstörung. Reflexionen über den Umgang mit katastrophalen Entwicklungen. Frankfurt/M. 1990, S. 22 – 46

Driver, B.L.: Quantification of outdoor recreationists' preferences. In: B. Smissen/J. Myers (Ed.): Research: Camping and Environmental Education, HPEP Series No.11. University Park, PA: Pennsylvania State University 1976, S. 165-187

Driver, B.L., Greene, P.: Man's Nature: Innate Determinants of Response to Natural Environments. In: Northeastern Forest Experiment Station 1977, S. 63 – 70

Dürckheim, K. von: Untersuchungen zum gelebten Raum. In: Neue Psychologische Studien 6, 1931

Dunlap, R.E., Gallup, G.H.jr., Gallup, A.M.: Health of the Planet. A George H. Gallup Memorial Survey. Results of a 1992 International Environmental Opinion Survey of Citizens in 24 Nations. Princeton, NJ, George H. Gallup International Institute 1993

Dylla, K.: Zur Motivation der Schüler im Biologieunterricht I, Beispiele aus der Botanik. In: Praxis der Naturwissenschaften Biologie 22, 1973, S. 185 – 187

Eagle, M.N.: Neuere Entwicklungen in der Psychoanalyse: eine kritische Würdigung. München, Wien 1988

Eagles, P.F.J., Demare, R.: Factors Influencing Children's Environmental Attitudes. In: The Journal of Environmental Education 30, 4, 1999, S. 33-37

Eccles, J.C.: Die Evolution des Gehirns — die Erschaffung des Selbst. München 1989

Edel, B.: Der Hund als Heimtier: Gegenstand oder Person? Hamburg 1996

Eibl-Eibesfeld, I.: Die Biologie des menschlichen Verhaltens. München 1984 (4. Auflage)

Eibl-Eibesfeldt, I.: "Wer einen Siebenschläfer aufzieht, der gönnt ihm die Marillen ..." (Interview). In: Grundschule 22, 1990, H.7/8, S. 8 – 11

Eichenlaub, A.: Planung für Kinder — Planung mit Kindern. In: Harms/Mannkopf 1989, S. 21 – 32

Eisel, U.: Die schöne Landschaft als kritische Utopie oder als konservatives Relikt. Über Kristallisation gegnerischer politischer Philosophien im Symbol "Landschaft". In: Soziale Welt. Zeitschrift für sozialwissenschaftliche Forschung und Praxis 33, 2, 1992, S. 157-168

Eisel, U., Bernard, D., Trepl, L.: Gefühlte Theorien: Innerstädtische Brachflächen und ihr Erlebniswert. In: Zeitschrift für Semiotik 18, 1, 1996, S. 67-81

Einstein, A.: Ideas and Opinions. New York 1954

Elias, N.: Der Prozeß der Zivilisation (2 Bände). Frankfurt 1976

Elias, N.: Über die Einsamkeit der Sterbenden in unseren Tagen. Frankfurt/M. 1982

Elias, N.: Über die Zeit. Frankfurt/M. 1984

ELTERN: Mathe macht mir Höllenangst. Ein nachdenkenswertes Ergebnis der neuesten ELTERN-Umfrage. Januar 1993, S. 120 – 122

Emde, R.N., Robinson, J.: The first two months. In: J. Noshpitz (Hrg.): Basic Handbook of Child Psychiatry. Bd.1, S. 72 – 105, New York 1979

Engel, B.S.: Between feeling and fact: Listening to children. In: Harvard Education Review 54, 1984, S. 304 – 424

Engelbert, A.: Kinderalltag — familiale und ökologische Bedingungen. In: Zeitschrift für Sozialisationsforschung und Erziehungssoziologie 2, 1982, H. 2, S. 207 – 228

Engelbert, A.: Kinderalltag und Familienumwelt. Frankfurt/M. 1986

Ennulat, K., Zoebe, G.: Das Tier im neuen Recht. Stuttgart, Berlin, Köln 1972

Erchenbrecher, K., Rühe, K., Knälmann, B., Prinzler, J., Koller, K.: Untersuchung zur Bedeutung von Umweltzerstörung für Kinder. Seminararbeit Universität Hannover, Fachbereich Erziehungswissenschaften I, 1991

Enquist, M., Arak, A.: Symmetry, beauty and evolution. In: Nature 372, 1994

Erikson, E. H.: Configurations in play — clinical notes. Psychoanal. Quart., 6, 1937, S. 139 – 214

Erikson, E. H.: Kindheit und Gesellschaft. Stuttgart 1968

Erikson, E. H.: Der vollständige Lebenszyklus. Frankfurt/M. 1988

Eschenhagen, D.: Der naturkundliche Bereich im Sachunterricht der Grundschule. In: Die Grundschule 1968, H. 4 (Beiheft zu Westermanns Pädagogische Beiträge), S. 41 – 47

Eschenhagen, D.: Naturkunde in der Grundschule im Lichte der Aussagen von Schülern des 5. Schuljahres. In: Naturwissenschaften im Unterricht 18, 1970, H. 5, S. 214 – 218

Eschenhagen, D., Längsfeld, V.: Biologie in der Grundschule im Lichte der Aussagen von Schülern des 5. Schuljahres. In: Naturwissenschaften im Unterricht - Biologie 29, 1981, H. 3, S. 71 – 77

Esman, A.H.: Die "Reizschranke". Forschungsbericht und Neubetrachtung. In: Psyche 45, 1991, S. 143 –156

Eulefeld, G., Bolscho, D., Seybold, H.: Umweltbewußtsein und Umwelterziehung. Ansätze und Ergebnisse empirischer Forschung. Kiel, IPN 1991

Ewert, A.: Fear and Anxiety in Environmental Education Programs. In: Journal of Environmental Education 18, 1986, H. 1, S. 33 – 39

Ezer, M.: Effect of religion upon children's responses to questions involving physical causality. In: J. Rosenblith & W. Allinsmith (Eds.), The Causes of Behavior. Reading in child development and educational. Allyn & Bacon, Boston 1962, S. 481-487

Farny, H., Kleinlosen, M.: Soziale Determinanten einer Kleingartennutzung in Berlin-West. Das Gartenamt 36, 1991, S. 301-306

Feldmann, K.: Die Natur- und Umweltproblematik und die Struktur des Fernsehens. In: Fischer 1990, S. 21 – 36

Feldmann, K.: Tod und Gesellschaft. Eine soziologische Betrachtung von Sterben und Tod. Frankfurt/M. 1990

Feldmann, K.: Die Zukunft von Sterben und Tod. In: Psychomed 5, 1993, H.1, S. 31-34

Felthous, A.R.: Aggression against cats, dogs and people. In: Child Psychiatry and Human Development 10, 1980, S. 169 – 177

Felthous, A.R.: Childhood cruelty to cats dogs and other animals. In: Bull. Am. Acad. Psychiatry Law 9, 1981, S. 48 – 53

Felthous, A.R., Kellert, S.R.: Childhood cruelty to animals and later aggression against people. A review. In: American Journal of Psychiatry 144, 1987, S. 710-717

Fend, H.:Vom Kind zum Jugendlichen. Bd. 1. Bern 1990

Ferenczi, S.: Entwicklungsstufen des Wirklichkeitssinns. In: Internationale Zeitschrift für ärztliche Psychoanalyse 1, 1913, S. 124 – 138

Filiatre, J.C., Millot, J.L., Montagner, H.: Neue Erkenntnisse über das Kommunikationsverhalten zwischen dem Kleinkind und seinem Hund. In: IEMT 1985, S. 53 – 61

Finke, E., Eisenmann, C., Klee, R.: Entwicklung von Biologieinteressen in der Sekundarstufe I: Altersbezogene Veränderungen und Anregungsfaktoren. In: Graf, D.: Und sie bewegt sich doch.... Schriftenreihe des Instituts für Biologiedidaktik, Bd. 2, Gießen 1999, S. 121-132

Fischer, A.: Zukunft und Politik. In: Fischer/Fuchs/Zinnecker 1985, Band 1, S. 105 – 132

Fischer, A.: Technik. In: Fischer/Fuchs/Zinnecker 1985, Band 2, S. 49 – 58

Fischer, A., Fuchs, W., Zinnecker, J.: Jugendliche und Erwachsene '85. Generationen im Vergleich. Hrsg. vom Jugendwerk der Deutschen Shell. Leverkusen 1985 (5 Bände)

Fischer, A., Fritzsche, Y., Fuchs-Heinritz, W., Münchmeier, R.: Jugend 2000. 13. Shell Jugenddstudie. Opladen 2000

Fischer, H. (Hrg.): Natur ist Kultur. Beiträge zur ökologischen Diskussion. Herausgegeben von der Niedersächsischen Landeszentrale für politische Bildung, Hannover 1990

Fischer, M.: Stadtplanung aus der Sicht der Ökologischen Psychologie. Weinheim 1995a

Fischer, M.: Umwelt- und Gesundheitspsychologie: Ein humanwissenschaftlicher Beitrag zur Bewältigung der ökologischen Krise. In: Keul 1995, S. 22-42

Fischerlehner, B.: Das Naturverständnis von Kindern als Spiegelbild des kulturellen Wandels. In: Allesch, C.G., Billmann-Mahecha, E., Lang, A. (Hrg.): Psychologische Aspekte des kulturellen Wandels. Wien: Verband der wissenschaftlichen Gesellschaften Österreichs 1992, S. 116-122

Fischerlehner, B.: Die Natur ist für die Tiere ein Lebensraum, und für uns Kinder ist es eine Art Spielplatz" - Über die Bedeutung von Naturerleben für das 9-13jährige Kind. In Seel/Sichler/Fischerlehner 1993, S. 148-168

Fishwick, L., Vining, J.: Toward a phenomenology of recreation place. In: Journal of Environmental Psychology 12, 1992, S. 57-63

Flade, A.: Kind und Umwelt. In:Kruse/Graumann/Lantermann 1990, S.356-364

Flade, A.: Stadt im Wandel - von der auto- zur kindgerechten Stadt?. In: ILS 1992, S. 12-18

Flade, A., Achnitz, Chr.: Der alltägliche Lebensraum von Kindern. Institut Wohnen und Umwelt, Darmstadt 1991

Flynn, J., Slovic, P., Mertz, C.: Gender, race, and perception of environmental health risks. In: Risk Analysis 14, 1994, S. 1101-1108

Fölling-Albers, M.: Interessen von Grundschulkindern. In: Grundschule 27, H. 6, 1995, S. 24-26

Forsch, B.D.: Spielplätze - Spielangebot ohne Nachfrage? In: N. Kluge (Hrg.): Spielpädagogik, Bad Heilbrunn 1980, S. 120-134

Frädrich, J.: Wie Kinder in Politik und Gesellschaft mitmischen, mitreden und mitbestimmen. In: Greenpeace (Hrg.): Neue Wege in der Umweltbildung. Göttingen 1995, S. 171-187

Fraiberg, S.: Die magischen Jahre in der Persönlichkeitsentwicklung des Vorschulkindes. Psychoanalytische Erziehungsberatung. Hamburg 1972

Franke, J.: Erlebniswirkung von Natur und Landschaft. In:LOGID 1982, S.12-14

Franzke, B., Kienle, B.: Geschlechtsunterschiede im Umweltbewußtsein. Handlungskontext versus Sozialisationshypothese. Marburg 1996

Freese, H.-L.: Kinder sind Philosophen. Weinheim 1989

Freiräume in Stadtlandschaften. Ministerium für Ernährung, Landwirtschaft und Umwelt Baden-Württemberg, Universität Hohenheim, Universität Freiburg 1976

Freud, A., Burlingham, D.: Kriegskinder. (Englische Erstausgabe 1943) In: Die Schriften der Anna Freud, Band II, S. 496 – 561 München 1980

Freud, S.: Gesammelte Werke, Band I – XVIII, Frankfurt/M.

Freud, S.: Über die Berechtigung, von der Neurasthenie einen bestimmten Symptomenkomplex als "Angstneurose" abzutrennen. 1895, GW Band I, S. 313 – 342

Freud, S.: Die Traumdeutung. 1900, GW Band II und III

Freud, S.: Analyse der Phobie eines fünfjährigen Knaben. 1909, GW Band VII, S. 241 – 377

Freud, S.: Totem und Tabu. 1912/13, GW Band IX, S. 1 – 194

Freud, S.: Die Verdrängung. 1915a, GW Band X, S. 248-261

Freud, S.: Das Unbewußte. 1915b, GW Band X, S. 264-303

Freud, S.: Zeitgemäßes über Krieg und Tod. 1915c, GW Band X, S. 323-355

Freud, S.: Vorlesung zur Einführung in die Psychoanalyse. 1916/17, GW Band XI

Freud, S.: Trauer und Melancholie. 1917, GW Band X, S. 428 – 446

Freud, S.: Das Unheimliche. 1919, GW Band XII, S. 227 – 268

Freud, S.: Hemmung, Symptom und Angst. 1926, GW Band XIV, S. 111 – 205

Freud, S.: Das Unbehagen in der Kultur. 1930, GW Band XIV, S. 419 – 506

Freud, S.: Neue Folge der Vorlesungen zur Einführung in die Psychoanalyse. 1933. 29. Vorlesung: Angst und Triebleben. GW Band XV, S. 87 – 118

Freye, H.A.: Urban-ökologische Bemerkungen zum Heimtier. In: IEMT 1985, S. 164 – 167

Friedmann, E.: Haustierhaltung und Überlebenschancen nach Herzkranzgefäßerkrankungen. In: Effem — Forschung für Kleintiernahrung. 1979, Nr. 9, S. 21 – 31

Fuchs, W.: Todesbilder in der modernen Gesellschaft. Frankfurt 1969

Fuchs, W.: Todesbilder und Biographie. In: G. Eisenberg, M. Gronemeyer: Der Tod im Leben. Ein Lesebuch zu einem 'verbotenen' Thema. Gießen 1985, S. 43 – 60

Fuchs, W.: Entspannung im Alltag. In: Fischer/Fuchs/Zinnecker 1985, Bd 2, S. 7-34

Füllgrabe, U.: Kriminalpsychologie - Täter und Opfer im Spiel des Lebens. Frankfurt 1997

Fuhrer, U.: Sozialpsychologisch fundierter Theorierahmen für eine Umweltbewußtseinsforschung. In: Psychologische Rundschau 46, 1995, S. 93-103

Fuhrer, U.: Stadt als Entwicklungsrahmen. In: Magdeburger Wissenschaftsjournal 1, 1996, S. 35-41

Fuhrer, U.: Behavior settings as vehicles of children`s cultivation. In: Görlitz u.a. 1998, S. 411-434

Fuhrer, U., Kaiser, F.G., Hangartner, U.: Wie Kinder ihr Selbstkonzept kultivieren: Die Bedeutung von Dingen, Orten und Personen. In: Psychologie in Erziehung und Unterricht 42, 1995, S. 57-64

Fuhrer, U., Laser, S.: Wie Jugendliche sich über ihre soziale und materielle Umwelt definieren: Eine Analyse von Selbstfotographien. In: Zeitschrift für Entwicklungspsychologie und Pädagogische Psychologie 29, 3, 1997, S. 183-196

Fuhrer, U., Quaiser-Pohl, Cl.: Wie sich Kinder und Jugendliche ihre Lebensumwelt aneignen: Aktionsräume in einer ländlichen Kleinstadt. In: Psychologie in Erziehung und Unterricht 46, 1999, S. 96-109

310

Fuhrer, U., Wölfing, S.: Von den sozialen Grundlagen des Umweltbewußtseins zum verantwortlichen Umwelthandeln. Die sozialpsychologischen Dimension globaler Umweltproblematik. Bern 1997

Furman, E.: Ein Kind verwaist. Untersuchungen über Elternverlust in der Kindheit. Stuttgart 1977

Furman, R. A.: Der Tod und das Kind — einige vorläufige Überlegungen. In: Psyche 20, 1966, S. 766 – 777

Gadamer, H.G.: Der Mensch als Naturwesen und als Kulturträger. In: Fuchs, G. (Hrg.): Mensch und Natur. Auf der Suche nach der verlorenen Einheit. Frankfurt/M: 1989, S. 9 – 30

Gadet, J., Roelofsen, J.: Freizeitgestaltung im Vondelpark. "The resurrection of public man". In: Das Gartenamt 40, 1991, S. 518-522

Gäng, M. (Hrg.): Heilpädagogisches Reiten und Voltigieren. München, Basel 1990

Gahl, H.: Über die Formenkenntnis des Primarschülers und seine Einstellung zum Tier. In: Schwartz, E.: Entdeckendes Lernen im Lernbereich Biologie. Arbeitskreis Grundschule, Frankfurt/M. 1973

Ganster, D., Voith, V.: Attitudes of Cat Owners Toward their Cats. In: Feline Practice 13, 1983, H. 2, S. 21 – 29

Garlichs, A.: Die Kinder und die Tulpen. In: Die Grundschule 17, 1985, H. 7/8, S. 22 – 23

Garlichs, A.: Kindergedanken über die Natur. Was fängt die Schule damit an? In: Neue Sammlung 29, 1989, H.2, S. 257 – 262

Gartley, W., Bernasconi, M.: The concept of death in children. In: Journal of Genetic Psychology 110, 1967, S. 71–85

Gebauer, M.: Erste Ergebnisse einer Untersuchung zum Einfluß von Umwelterziehung auf das Umweltbewußtsein von Grundschülern. In: G. Eulefeld (Hrg.): Empirische Studien im Bereich Umwelterziehung. IPN–Kiel 1992, S. 135–176

Gebauer, M.: Kind und Umwelt. Ergebnisse einer empirischen Studie zum Umweltbewußtsein von Grundschülern. Frankfurt/M. 1994

Gebhard, M., Malkus, A., Nagel, G.: Spielraum Stadt. Bewertung der Spielqualität städtischer Freiräume in Hannover. Beiträge zur räumlichen Planung 23, Schriftenreihe des Fachbereichs Landespflege der Universität Hannover. Hannover 1989

Gebhard, U.: Naturwissenschaftliches Interesse und Persönlichkeit. Frankfurt/M. 1988a

Gebhard, U.: Gegenstand und Gefühl — zum Konzept der Affektlogik als Kategorie für fachdidaktische Überlegungen. In: Hedewig/Stichmann 1988b, S. 284 – 297

Gebhard, U.: Kind und Tod. Überlegungen für Biologielehrer. In: Unterricht Biologie 14, H. 152, 1990a, S. 47 – 49

Gebhard, U.: Dürfen Kinder Naturphänomene beseelen? Gedanken zur psychischen Funktion von Anthropomorphismen und zum Umgang damit im Biologieunterricht. In: Unterricht Biologie 14, H. 153, 1990b, S. 38 – 42

Gebhard, U.: Träumen im Biologieunterricht? Psychoanalytische Betrachtungen zu unbewußten Einflüssen auf das Denken. In: Unterricht Biologie 16, H. 172, 1992, S. 44–46

Gebhard, U.: Erfahrung von Natur und psychische Gesundheit. In: Seel/Sichler/ Fischerlehner 1993, S. 127 – 147

Gebhard, U.: Pädagogik und Architektur: Kinder in Schulhäusern. In: Hamburgische Architektenkammer (Hrg.): Architektur in Hamburg. Jahrbuch 1997. Hamburg 1997, S. 98-105

Gebhard, U.: Weltbezug und Symbolisierung. Zwischen Objektivierung und Subjektivierung. In: Bayer, H., Gärtner, H., Marquart-Mau, B., Schreier, H. (Hrg.): Umwelt-Mitwelt-Lebenswelt. Bad Heilbrunn 1999, S. 33-53

Gebhard, U.: Todesverdrängung und Umweltzerstörung. In: Becker, U./ Feldmann, K./Johannsen, F. (Hrg.): Sterben und Tod in Europa. Neukirchen 1998, S. 145-158

Gebhard, U.: Sinn, Bedeutung und Motivation. In: Bayrhuber, H., Unterbruner, U. (Hrg.): Lernen im Biologieunterricht. Innsbruck 2000

Gebhard, U., Billmann-Mahecha, E., Nevers, P.: Naturphilosophische Gespräche mit Kindern. Ein qualitativer Forschungsansatz. In: Schreier, H. (Hrg.): Mit Kindern über Natur philosophieren. Heinsberg 1997, S. 130-153

Gebhard, U., Feldmann, K., Bremekamp, E.: Hoffnungen und Ängste. Vorstellungen und Phantasien von Jugendlichen zur Gentechnik und Fortpflanzungsmedizin. In: E. Bremekamp (Hrg.): Faszination Gentechnik!? Informationen und Materialien für die politische Jugendbildung. Bad Heilbrunn 1994

Geiger, A.: Das Tier als geselliges Subjekt. In: Forschungen zur Völkerpsychologie 10, 1933, S. 283-308

Gelman, R.: First principles organise attention to and learning about relevant data: number and the animate - inanimate distinction as examples. In: Cognitive Science 14, 1990, S. 79 – 106

Gelman, R., Spelke, E.: The development of thoughts about animate and inanimate objects: implications for research on social cognition. In: Flavell, J.H., Ross, L. (Hrg.): Social Cognitive Development. Cambridge 1981

Gelman, R., Spelke, E., Meck, E.: What preschoolers know about animate and inanimate objekts. In: Rogers, D., Sloboda, J. (Hrg.): The Acquisition of Symbolic Skills. New York 1983, S. 297-326

Gelman, S. A.: The development of induction within natural ind and artifact categories. In: Cognitive Psychology 20, 1988, S. 65-95

Gelman, S.A., Kremer, K.E.: Understanding natural cause: children's explanations of how objects and their properties originate. In: Child Development 62, 1991, S. 396 – 414

Gelman, S. A. & Wellman, H. M.: Insides and essences: Early understandings of the non-obvious. In: Cognition 38, 1991, S. 213-244

Geiler, H.: Gibt es eine ökologisch eindeutig erfaßbare menschliche Umwelt? In: Bach, H. (Hrg.): Mensch und Umwelt aus Sicht der Anthropologie. Friedrich-Schiller-Universität Jena 1973, S. 42 – 47

Gesell, A., Ilg, F.I.: Das Kind von Fünf bis Zehn. In Zusammenarbeit mit L.B. Ames und G.E. Bullis. Herausgegeben von der Hochschule für Internationale Pädagogische Forschung Frankfurt/M., Bad Nauheim 1962 (Amerikanische Erstausgabe 1946)

Geuss, H.: Zur Entstehung von Kognitionen über Tod und Sterben. Versuch einer Entwicklungsanalyse. In: Howe/Ochsmann 1984, S. 294 – 300

Glasersfeld, E. von: Konstruktivistische Diskurse. Siegen 1984

Görlitz, D., Harloff, H.J., Valsinger, J., Hinding, B., Mey, G., Ritterfeld, U., Schröder, R. (Hrg.): Entwicklungsbedingungen von Kindern in der Stadt. Praxisbeiträge der Herten-Tagung. Stadtverwaltung Herten. Berlin 1993

Görlitz, D., Harloff, H.J., Mey, G., Valsinger, J.: Children, Cities, and Psychological Theories. Developing Relationships, Berlin, New York 1998

Göpfert, H.: Naturbezogene Pädagogik. Weinheim 1988

Göppinger, H.: Angewandte Kriminologie und Strafrecht. Heidelberg 1986

Goffman, E.: Gender Advertisements. In: Studies in the Anthropology of Visual Communication 3, 1976, S. 65 – 154

Goldenring, J.M., Doctor, R.: Teen–age worry about nuclear war: Northamerican and European questionnaire studies. In: International Journal of Mental Health 15 (1–3), 1986, S. 72–92

Goldschmidt, A.F.: Land-Stadt und Stadt-Land-Migration. In: Kruse/Graumann/Lantermann 1990, S. 576-583

Graber, G. H.: Der Seelenspiegel des Kindes. Zürich 1946

Graeber, C.: Idealschulgärten des XX. Jahrhunderts. Frankfurt/Oder 1907

Gräsel, C.: Die Rolle des Wissens beim Umwelthandeln - oder: Warum Umweltwissen träge ist. Ludwig-Maximilians-Universität München, Institut für Pädagogische Psychologie und Empirische Pädagogik, Forschungsbericht Nr. 106, München 1999

Granich, L. A.: A qualitative analysis of concepts in mentally deficient boys. In: Archives of Psychology 35, No. 251, 1940

Graumann, C.F. (Hrg.): Ökologische Perspektiven in der Psychologie. Bern 1978

Graumann, C.-F.: Aneignung. In:Kruse/Graumann/Lantermann 1990, S.124-130

Greenson, R.R.: Phobia, Anxiety and Depression. In: Journal of the American Psychoanalytic Association, 7, 1959, S. 663 – 674

Greiffenhagen, S.: Tiere als Therapie — neue Wege in Erziehung und Heilung. München 1991

Grimm, H.: Ökologie des Menschen als Bestandteil der Anthropologie. In: Biologische Rundschau 8, 1970, S. 96 – 107

Grimm, J., Grimm, W.: Deutsches Wörterbuch. München 1984

Gröning, G: Die Bedeutung von Kleingärten für Familien aus freiraumplanerischer Sicht. In: Bundesminister für Raumordnung 1980, S. 32 – 36

Grob, A.: Meinung - Verhalten - Umwelt: Ein psychologisches Ursachennetz-Modell umweltgerechten Verhaltens. Bern, Berlin, Frankfurt 1991

Groh, R., Groh, D.: Von den schrecklichen zu den erhabenen Bergen. Zur Entstehung ästhetischer Naturerfahrung. In: Weber, H.D. (Hrg.): Vom Wandel des neuzeitlichen Naturbegriffs. Konstanz 1989, S. 53-97

Gropengießer, H., Gropengießer, I.: Ekel im Biologieunterricht. In: Unterricht Biologie 9, 1985, H. 106, S. 40 – 42

Gropengießer, H.: Lebenswelten, Denkwelten, Sprechwelten. Wie man Vorstellungen der Lerner verstehen kann. Habilitationsschrift Universität Oldenburg, Fachbereich Biologie, Geo- und Umweltwissenschaften 2000

Großklaus, G., Oldemeyer, E.: Natur als Gegenwelt. Karlsruhe 1983

Grupe, H.: Biologiedidaktik. Köln 1971

Guerney, L.F.: A survey of self-supports and social supports of self care children. In: Elementary School Guidance & Counseling 25, April 1991, S. 243 – 254

Gundermann, K. O.: Umwelt und Gesundheit: Wege und Ziele der Umwelthygiene. München 1997

Guski, R.: Psychische Auswirkungen von Umweltbelastungen. Bericht Nr. 42/1993. Bochum: Ruhr-Universität Bochum, Fakultät für Psychologie

Guttmann, G., Predovic, M., Zemanek, M.: Einfluß der Heimtierhaltung auf die nonverbale Kommunikation und die soziale Kompetenz bei Kindern. In: IEMT 1985, S. 62 – 67

de Haan, G.: Ökologische Kommunikation. Der Stand der Dinge. In: de Haan 1995, S. 17-34

de Haan, G. (Hrg.): Umweltbewußtsein und Massenmedien. Perspektiven ökologischer Kommunikation. Berlin 1995

de Haan, G., Kuckartz, U.: Umweltbewußtseinsforschung und Umweltbildungsforschung: Stand, Trends, Ideen. In: Dies. (Hrg.): Umweltbildung und Umweltbewußtsein. Forschungsperspektiven im Kontext nachhaltiger Entwicklung. Opladen 1998, S. 13-38

Habermas, T.: Geliebte Objekte. Symbole und Instrumente der Identitätsbildung. Berlin, New York 1996

Haemmerle, P.: Kind-Sein nach Hiroshima. Ein Beitrag zur Soziopathologie des Kindes- und Jugendalters. In: Psychomed 10/3, 1998, S. 146-148

Hahn, A.: Einstellungen zum Tod und ihre soziale Bedingtheit. Eine soziologische Untersuchung. Stuttgart 1968

Hahn, E.: Ökologischer Stadtumbau. Theorie und Konzept. Frankfurt/M. 1992

Halpern, E., Palic, L.: Development changes in death anxiety in childhood. In: Journal of Applied Developmental Psychology 5, 1984, S. 163–172

Hansen, W.: Die Entwicklung des kindlichen Weltbildes. München 1965

Hansen, W.: Kind und Heimat. Psychologische Voraussetzungen der Heimatkunde in der Grundschule, München 1968

Hard, G.: Brache als Umwelt: Bemerkungen zu den Bedingungen ihrer Erlebniswirksamkeit. In: Landschaft und Stadt 4, 1975, S. 145 – 153

Hard, G: Zu Begriff und Geschichte der "Natur" in der Geographie des 19. und 20. Jahrhunderts. In: Großklaus/Oldemeyer 1983, S. 139 – 168

Hard, G., Pirner, J.: Die Lesbarkeit eines Freiraumes. In: Garten und Landschaft 21, 1, S. 24 – 30

Harms, G., Mannkopf, L. (Hrg.): Spiel- und Lebensraum Großstadt. Berlin 1989 (FIPP-Vertrieb)

Harms, G., Preissing, C., Richtermeyer, A.: Kinder und Jugendliche in der Großstadt. Berlin 1985

Harms, G., Preissing, C., Richtermeyer, A.: Kinder in der Großstadt. Aneignung
von städtischem Raum, Konkurrenz und soziale Kontrolle. In: Westermanns
Pädagogische Beiträge 38, 1986, H. 5, S. 27 – 31

Hart, E.P.: Examination of BSCS biology and nonbiology students' ecology com-
prehension, environmental information level, and environmental attitude. In:
Journal of Research in Science Teaching, 1978, 15, S. 73 – 78

Hart, R.: Children's experience of place. New York 1979

Hart, R.: Wildlands for children: Consideration of the value of natural environments in landscape planning. In: Landschaft und Stadt 11, 1982, S. 34 – 39

Hart, R.: Der "kollaborative" Forschungsansatz zu Planung und Entwurf kindlicher
Umwelten. In: Görlitz u.a. 1993, S. 171-173

Hartig, T., Mang, M., Evans, G.W.: Restorative effects of natural environment
experiences. In: Environment and Behavior 23, 1991, S. 3-26

Hartmann, A., Rost, D.H.: Haustierbesitz bei Grundschulkindern. In: ZSE 14, 1,
1994, S. 76-90

Hartmann, H.: Ich-Psychologie. Studien zur psychoanalytischen Theorie. Stuttgart
1972. (Erstausgabe 1939)

Hartmann, N.: Der Aufbau der realen Welt. Meisenheim 1964 (3. Aufl.)

Hassenstein, B.: Verhaltensbiologie des Kindes. München 1980

Hatano, G. & Inagaki, K.: Young children's naive theory of biology. In: Cognition
50, 1994, S. 171-188

Hauser, S.: Repräsentationen der Natur und Umweltmodelle. In: Zeitschrift für
Semiotik 18, 1, 1996, S. 83-92

Havighurst, R. J. & Neugarten, B. L.: Belief in immanent justice and animism. In:
R. J. Havighurst (Ed.), American Indian and White Children: A
sociopsychological investigation. University of Chicago Press , Chicago 1955

Hazard, B.: Umwelterziehung in der Schule aus umweltmedizinischer Sicht –
Erfahrungen aus einem Radonprojekt im Erzgebirge. In: G. Eulefeld: Empirische Studien im Bereich der Umwelterziehung. IPN–Kiel 1992, S. 229–246

Heckhausen, H.: Entwurf einer Psychologie des Spielens. In: Zeitschrift für Psychologische Forschung 27, 1964

Hedewig, R.: Naturvorstellungen von Schülern. Ergebnis einer Befragung von
Schülern der Jahrgangsstufen 3 bis 10 unterschiedlicher Schulformen. In:
Hedewig/Stichmann 1988, S. 212 – 229

Hedewig, R., Stichmann, W. (Hrg.): Biologieunterricht und Ethik. Köln 1988

Hediger, H.: Kind und Tier. In: Basler Schulblatt 10, 1949, H. 5, S. 93 – 96

Heerwagen, J.H.: Psychological aspects of window and window design. In: R.I.
Selby, K.H. Anthony, J. Choi, B. Orland (Ed.): Proceedings of the 21th Annual
Conference of the Environmental Design Research Association. EDRA,
Oklahoma City 1990, S. 269-280

Heide, C.: Kind in Deutschland. Eine traurige Bilanz. Hamburg 1981

Heidegger, M.: Die Frage nach dem Ding. Zu Kants Lehre von den tranzendenta-
len Grundsätzen. Tübingen 1975 (2. Aufl.)

Heidegger, M.: Sein und Zeit. Tübingen 1979

Heipertz, W.: Therapeutisches Reiten. Stuttgart 1972

Hellpach, W.: Psychologie der Umwelt. In: Abderhalden, E. (Hrg.): Handbuch der biologischen Arbeitsmethoden. Abt. VI, Teil C, Heft 3, Berlin, Wien 1924, S. 109 – 112

Hellpach, W.: Geopsyche. Stuttgart 1977 (Erstausgabe 1911)

Hemmati-Weber, M.: Von Menschen und Dingen. Entwicklung theoretischer Konzeptionen der Person-Ding/Raum-Relation anhand von Einzelfallstudien in Büroarbeitsräumen. Hamburg 1992

Hemmati-Weber, M.: Zivilisierung zum Corpus. Warum wir Naturzerstörung nicht erleben. In: Journal für Psychologie 1, 1993, S. 28-33

Hemmer, H., Werner, R.: Zur Relevanz des derzeitigen Biologieunterrichts hinsichtlich der Schülerinteressen. In: Praxis der Naturwissenschaften — Biologie 25, 1976, H. 7, S. 169 – 175

Hengst, H.: Freundschaft mit Pferden. In: Ders: Wirklichkeit aus zweiter Hand. Reinbek 1980, S. 184 – 194

Hentig, Hans v.: Der jugendliche Vandalismus. Vorboten und Varianten der Gewalt. Düsseldorf, Köln 1967

Hentig, Hartmut v.: Deutsches Vorwort zu "Geschichte der Kindheit" von Ph. Aries. München, Wien 1975

Herlyn, U.: Leben in der Stadt. Opladen 1990

Herzog, T.R., Bosley, P.J.: Tranquility and preference as affective qualities of natural environments. In: J.of Environmental Psychology 12, 1992, S.115-127

Hesse, M.: Zur Genese der Interessen an Tier- und Pflanzenarten sowie Natur- und Umweltschutz. In: Graf, D.: Und sie bewegt sich doch.... Schriftenreihe des Instituts für Biologiedidaktik, Bd. 2, Gießen 1999, S. 23-52

Hetzer, H., Benner, L., Pee, L.: Kinderspiel im Freien. München, Basel 1966

Heubach, F. W.: Das bedingte Leben. Theorie der psychologischen Gegenständlichkeit der Dinge. Ein Beitrag zur Psychologie des Alltags. München 1987

Heuer, G.: Selbstmord bei Kindern und Jugendlichen. Ein Beitrag zur Suizidprophylaxe aus pädagogischer Sicht. Stuttgart 1979

Heydemann, B.: Naturschutz der Seele zuliebe. In: Natur, Erstausgabe, August 1981, S. 30 – 39

Hilgers, M.: Der Bruch des Generationenvertrages. In: M. Schmitz-Peick (Hrg.): Wenn der Welt die Luft ausgeht ... und Kinder Angst vor der Zukunft haben. Düsseldorf 1993, S. 175-198

Hines, J.M., Hungerford, H.R., Tomera, A.N.: Analysis and Synthesis of Research on Responsible Environmental Behavior: A Meta-Analysis. In: Journal of Environmental Education 18, 2, 1986/1987, S. 1-8

Hiss, T.: Ortsbesichtigung. Hamburg 1992

Höhler, G.: Die Bäume des Lebens. Baumsymbole in den Kulturen der Menschheit. Stuttgart 1985

Hölzer, J.: Objektive Einstellung zum Tier — eine oft übersehene Aufgabe der Schule. In: Unterricht heute 22, 1971, H. 1, S. 10 –12

Hoenisch, N., Niggemeyer, E.: Komm, liebe Spinne. Ravensburg 1982

Hoffmann, H.-J.: Zeichen — Rezeption und Wandel in Gesellschaft und Massenkommunikation. Hildesheim, Zürich, New York 1987

Hoffmann, W.: Naturnähe und Pferdebegeisterung bei Mädchen. Eine empirische Untersuchung. Staatsexamensarbeit Universität Hamburg 1998

Hofmann, W. (Hrg.): Eva und die Zukunft. Das Bild der Frau seit der Französischen Revolution. München 1986

Hofmeister, H., Miehe, D., Hapke, C., Schilling, B.: Lebendig oder nicht? In: Unterricht Biologie 6, 1982, H. 75, S. 15 – 20

Holcomb, B.: The perception of natural vs. built environments by young children. In: Northeastern Forest Experiment Station 1977, S. 33 – 38

Hopf, W.: Bewußtseinsformen der Mensch-Umwelt-Beziehung. In: Walter/Oerter 1979, S. 112 – 133

Hormuth, S.E.: The ecology of self. New York 1990

Howe, J., Ochsmann, R. (Hrg.): Tod — Sterben — Trauer. Bericht Über die 1. Tagung zur Thanato-Psychologie vom 4. – 6. November 1982 in Vechta. Frankfurt 1984

Huang, I., Lee, H.W.: Experimental analysis of child animism. In: Journal of Genetic Psychology 66, 1945, S. 69 – 74

Hülbusch, K.H.: Die Straße als Freiraum. In: Stadt und Grün 45, 4, 1996, S. 246-251

Hug, H.: Der Tod in der kindlichen Vorstellung. In: Soziale Arbeit 5, 1956, S. 450 – 455

Humboldt, A. v.: Kosmos. Entwurf einer physischen Erdbeschreibung. 2 Bände, Stuttgart o.J.

Hutton, J.S.: Heimtiere in Pflegefamilien — Eine Studie: Erkenntnisse über ihren therapeutischen Wert. In: IEMT 1985, S. 68 – 75

Hyde, K. R., Kurdek, L. and Larson, P.: Relationship between pet ownership and selfesteem, social sensitivity, and interpersonal trust. In: Psychological Reports 421, S. 110, 1983

IEMT - Institut für interdisziplinäre Erforschung der Mensch-Tier-Beziehung (Hrg.): Die Mensch-Tier-Beziehung. Internationales Symposium aus Anlaß des 80. Geburtstages von Nobelpreisträger Prof. DDr. Konrad Lorenz. 27. und 28. Oktober 1993 Wien, Österreich. Dokumentation. Wien 1985

Ide, H.: Wenn Kinder sich das Leben nehmen. Stuttgart 1992

ILS (Institut für Landes-und Stadtentwicklungsforschung des Landes Nordrhein-Westfalen): ILS-Schriften 62. Stadtkinder. Stadtentwicklungspolitische Aspekte veränderter Lebenslagen von Kindern. Dortmund 1992

Inglehart, R.: Kultureller Umbruch. Wertewandel in der westlichen Welt. Frankfurt/M. 1990

IPOS: Einstellungen zu Fragen des Umweltschutzes. Institut für praxisorientierte Sozialforschung (mimeo), Mannheim 1994

Isaacs, S.: Intellectual growth in young children. New York 1930

Ittelson, W.H., Proshansky, H.M., Rivlin, L.G., Winkel, G.H.: Einführung in die Umweltpsychologie. Stuttgart 1977

Jacob, J.: Umweltaneignung von Stadtkindern. Wie nutzen Kinder den öffentlichen Raum? In: Zeitschrift für Pädagogik 30, 1984, S. 687 – 697

Jacobson, E.: Das Selbst und die Welt der Objekte. Frankfurt/M. 1978

Jaedicke, H.-G.: Die elementare Bedeutung von Landschaft, Freiraum und naturhaften Strukturen für die Entwicklung des Kindes. In: Garten und Landschaft 12, 1979, S. 904 – 911

Johnson, E. C. & Josey, C. C.: A note on the development of the thought forms of children as described by Piaget. In: Journal of Abnormal and Social Psychology 26, 1931, S. 338-339

Jäger, R., Grasse, J.: Naturerleben statt Abstandsgrün in Großraumsiedlungen. In: Harms/Mannkopf 1989, S. 65 – 68

Jahoda, G.: Child animism I: A critical survey of cross-cultural research. In: Journal of Social Psychology 47, 1958a, S. 197 – 212

Jahoda, G.: Child animism II: A study in West Africa. In: Journal of Social Psychology 47, 1958b, 213-222

Jannson, B.: Children's play and nature in urban environment. Frankfurt/M. 1984

Jansson, B., Duhme, F.: Bäume in der Erfahrung kleiner Kinder (im Alter von 3–6 Jahren). In: Das Gartenamt 4, 1978, S. 201 – 210

Jansen, G.: Umwelterziehung: Ein Weg aus der ökologischen Sackgasse? In: Zeitschrift für Semiotik 18, 1, 1996, S. 55-66

Jenkins, J.L.: Physiological Effects of Petting a Companion Animal. In: Psychological Reports 58, 1986, S. 21 – 22

Jersild, A. T., Holmes, F. B., Children's fears. In: Child Development Monogr. No. 20, 1935

Job, H.: Passen Brachflächen in die Erholungslandschaft? In: Natur und Landschaft 63, 1988, H. 11, S. 470 – 473

Jochmus, I., Förster, E. (Hrg.): Suizid bei Kindern und Jugendlichen. Stuttgart 1983

Johannsmeier, E.: Über die Notwendigkeit von Naturerfahrungen bei kleinen Kindern. In: Das Gartenamt 34, 1985, S. 292 – 300

Jones, E.: Die Theorie des Symbols (1919). Nachdruck: Psyche 24 (1970), S. 942-959 und Psyche 26 (1972) S. 581-622

Jugendkompass Niedersachsen '84 (Hrg.: Niedersächsischer Kultusminister): Lebenssituation von Jugendlichen und jungen Erwachsenen in Niedersachsen. Befragungsergebnisse zum Jugendkompass Niedersachsen 1984 im Überblick. Hannover 1985

Jugendkompass Niedersachsen '89 (Hrg.: Niedersächsischer Kultusminister): Lebenssituation von Jugendlichen und jungen Erwachsenen in Niedersachsen. Befragungsergebnisse zum Jugendkompass Niedersachsen 1889 im Überblick. Hannover 1990

Jugendwerk der Deutschen Shell (Hrg.): Jugend '97. Zukunftsperspektiven, gesellschaftliches Engagement, politische Orientierungen. Opladen 1997

Jung, C.G.: Symbole der Wandlung. München 1952

Kächele, H.: Pflanzen als Metaphern für Selbst- und Objektrepräsentanzen. In: LOGID 1982, S. 27 – 28

Kächele, H.: Gestaltungselemente der psychoanalytischen Situation. In: Krampen, M., Kächele, H.: Umwelt, Gestaltung und Persönlichkeit. Reflexionen 30 Jahre nach Gründung der Ulmer Hochschule für Gestaltung. Hildesheim, Zürich, New York 1986, S. 72 – 84

Kämpf-Jensen, H.: "Ach wie niedlich" - oder die allmähliche Verkuschelung der Welt. Zur Anthropomorphisierung von Lebewesen und Dingen. In: Kunst-Unterricht 103, 1986, S. 12-15

Kafka, G.: Zur Psychologie des Ekels. In: Jahrbuch für Philosophie und phämenologische Forschung, Bd. 10, 1929

Kahlert, J.: Die mißverstandene Krise - Theoriedefizite in der umweltpädagogischen Kommunikation (Schriften zur Didaktik der Wirtschafts- und Sozialwissenschaften der Fakultät für Wirtschaftswissenschaften 12). Universität Bielefeld 1992

Kahn, P.H., Jr.: The Human Relationship with Nature. Development and Culture. MIT Press, Cambridge MA 1999

Kals, E., Schumacher, D., Montada, L.: Naturerfahrungen, Verbundenheit mit der Natur und ökologische Verantwortung als Determinanten naturschützenden Verhaltens. In: Zeitschrift für Sozialpsychologie 29, 1998, S. 5-19

Kamerman, J. B.: Death in the midst of life. Englewood Cliffs 1988

Kaminski, G. (Hrg.): Umweltpsychologie. Stuttgart 1976

Kane, B.: Children's Conception of Death. In: Journal of Genetic Psychology 134, 1979, S. 141 – 153

Kaplan, R.: Some psychological benefits of gardening. In: Environment and Behavior 6, 1, 1973, S. 145 – 161

Kaplan, R.: Way-finding in the natural environment. In: Moore, G.T., Golledge, R G. (Eds.): Environmental knowing: theories, research, and methods. Stroudsberg, Pa., 1976, S. 46 – 57

Kaplan, R., Kaplan, S.: The Experience of Nature. — A psychological perspective. Cambridge University Press 1989

Kaplan, S.: Cognitive maps, human needs and the designed environment. In: Preiser, W.F.E.(Hrg.): Environmental design research. Stroudsburg, Pa. 1973, S. 275 – 283

Kaplan, S: Aesthetics, affect, and cognition: Environmental preferences from an evolutionary perspective. In: Environment and Behavior 19, 1, 1987, S. 4f.

Kaplan, S., Wendt, J.S.: Preference and the visual environment: Complexity and some alternatives. In: Mitchell, W.J. (Hrg.): Environmental design: Research and practice. Vol. 1. NCLA, Los Angeles 1972, S. 681 – 685

Karrenbrock, H.: Tagträume und Kinderwünsche. Die Biene Maja und ihre mannigfaligen Brüder und Schwestern. In: Römhild 1999, S. 152-169

Karsten, M.E., Thunemeyer, B.: Kinder zwischen Stadt und Land. In: Preuss-Lausitz, U. (Hrg.): Kriegskinder, Konsumkinder, Krisenkinder. Weinheim, Bascl 1983, S. 142 – 149

Kast, V.: Trauern. Phasen und Chancen des psychischen Prozesses. Stuttgart, Berlin 1982

Kastenbaum, R.: Death, Society and Human Experience. St. Louis 1977

Katcher, A.H.: Interactions between People and their Pets: Form and Function. In: Fogle, B. (Hrg.): Interrelations between People and Pets. Springfield 1981

Katcher, A.H.: Man and the Living Environment: An Excursion into Cyclical Time. In: Katcher/Beck 1983, 517-531

Katcher, A.H., Beck, A.M. (Hrg.): New Perspectives on Our Lives with Companion Animals. Philadelphia 1983

Katcher, A.H., Beck, A.M.: Sicherheit und Vertrautheit. Physiologische und Verhaltensreaktionen auf die Interaktion mit Haustieren. In: IEMT 1985, S. 132 – 138

Katcher, A.H., Friedmann, E., Goodman, M., Goodmann, L.: Men, Women and Dogs. In: California Veterinarian 37, 1983, H. 2, S. 14 – 17

Kattmann, U.: Leben und Tod. In: Kattmann, U.: Biologie und Religion — Unterrichtswürfe im Überschneidungsfeld. Stuttgart, München 1972

Kattmann, U.: Der Mensch in der Natur. Die Doppelrolle des Menschen als Schlüssel für Tier- und Umweltethik. In: Ethik und Sozialwissenschaften. Streitforum für Erwägenskultur 8, 1997, Heft 2, S. 123-130

Katz, D.: Hunger und Appetit. Leipzig 1932

Katz, D. und R.: Gespräche mit Kindern. Berlin 1928

Katz, D.: Mensch und Tier. Zürich 1948

Keil, F. C.: The emergence of theoretical beliefs as constraints on concepts. In: S. Carey & R. Gelman (Eds.): Epigenesis of Mind: Essays on biology and cognition. (Erlbaum) Hillsdale, NJ 1991, S. 237-321

Keil, F. C.: The origins of autonomous biology. In: M. Gunnar & M. Maratsos (Eds.): Minnesota Symposium on Child Psychology. (Erlbaum) Hillsdale, NJ 1992, S. 103-137

Keil, G.: Kritik des Naturalismus. Berlin, New York 1993

Keilhacker, M.: Pädagogische Psychologie. Regensburg 1948

Keller, H., Rickfelder, B., Aucick, A.: Bindung an Orte: Folgen für die Stadtplanung. In: H. Keller (Hrg.): Handbuch der Kleinkindforschung. Berlin, Heidelberg 1989, S. 573-586

Kellert, S. R.: Attitudes towards animals: Age related development among children. In: R.K. Anderson (Hrg.): The Pet Connection, Minneapolis, Minnesota 1984, S. 76 – 87

Kellert, S. R., The Value of Life. Island Press, Washington DC 1996

Kellert, S. R., Felthous, A.R.: Tierquälerei im Kindesalter bei Kriminellen und Nichtkriminellen. In: IEMT 1985, S. 76 – 88

Kellert, S. R. and Westervelt, M. O., Children's Attitudes, Knowledge and Behaviors Toward Animals. In: Government Printing Office, Report No. 024-010-00641-2. 202 s, 1983

Kellert, S.R., Wilson, E.O. (Ed.): The biophilia hypothesis. Island Press, Washington DC 1993

Kemps, D.: Nichtmenschliche Umwelteinflüsse auf die Psyche des Menschen; untersucht an jugendlichen Alkoholabhängigen und Nichtabhängigen. Dissertation zur Erlangung des Doktorgrades der Medizin der Fakultät für Klinische Medizin der Universität Ulm. Ulm 1986

320

Keul,A.G. (Hrg.): Wohlbefinden in der Stadt. Umwelt- und gesundheitspsychologische Perspektiven. Weinheim 1995

Keul, A.G., Keul, J.: Kindliche Wohnumwelt als Prüfstein für Kinderrechte in Österreich. Wien: Projektbericht für das Bundesministerium für Umwelt, Jugend und Familie 1993

Keupp, H.: Ambivalenzen postmoderner Identität. In: Beck, U., Beck-Gernsheim. E. (Hrg.): Riskante Freiheiten. Frankfurt/M. 1994, S. 336-350

Kidd, A.H., Kidd, R.M.: Children's attitudes toward their pets. In: Psychological Reports 57, 1985, S. 15-31

Kidd, A.H., Kidd, R.M.: Factors in Children's Attitudes toward Pets. In: Psychological Reports 66, 1990a, S. 775-786

Kidd. A.H., Kidd, R.M.: Social and Environmental Influences and Children's Attitudes toward Pets. In: Psychological Reports 67, 1990b, S. 807 – 818

Kiemstedt, H.: Zur Bewertung der Landschaft für die Erholung. Beiträge zur Landespflege. Stuttgart 1967

Kiepenheuer, K.: Die innere Welt des sterbenden Kindes. In: Familiendynamik 3, 1978, H. 4, S. 284 – 298

Killermann, W.: Biologieunterricht heute. Donauwörth 1991 (9. Aufl.)

Killermann, W., Staeck, L.: Methoden des Biologieunterrichts. Köln 1990

Klee, R., Berck, K.H.: Empirische Untersuchungen über Bedingungen und Bedeutung des Arteninteresses bei Erwachsenen. In Killerman/ Staeck 1990, S. 245 – 254

Klein, R.: Untersuchungen über Schülerinteressen bei Pflanzen. In: Killermann/ Staeck 1990, S. 255 – 264

Klemm, I.: Vergleichende Untersuchungen über den Pflanzenbegriff bei Schülern. In: Praxis der Naturwissenschaften 23, 1974, H. 6, S. 154 – 160

Kley, J., Fietkau, H.J.: Verhaltenswirksame Variablen des Umweltbewußtseins. In. Psychologie und Praxis 23, 1979, S. 13-22

Kliman, G.: Seelische Katastrophen und Notfälle im Kindesalter. Frankfurt/M. 1980

Klingberg, G.: The distinction between living and non-living among 7-10-year-old children, with some remarks concerning the so called animism controversy. In: Journal of Genetic Psychology 90, 1957, S. 227-238

Klingensmith, S.W.: Child animism: what the child means by alive. In: Child Development 24, 1953, S. 51 – 61

Klüwer, H.: Der Einsatz des Pferdes als Medium der Selbsterfahrung im Kontext psychomotorischer Entwicklung und Therapie. Dissertation Medizinische Fakultät TH Aachen 1994

Kluitmann, A.: Es lockt bis zum Erbrechen. Zur psychischen Bedeutung des Ekels. In: Forum der Psychoanalyse 15, 1999, S. 267-281

Knopf, R.C.: Human behavior, cognition, and affect in the natural environment. In: Stokols/Altman 1987, Vol. I, S. 783 – 827

Koch, I.: Ekel und Angst vor Tieren bei Kindern. Zulassungsarbeit zur 1. Prüfung für das Lehramt an Volksschulen. Pädagogische Hochschule Nürnberg der Universität Erlangen-Nürnberg 1968

König, K.: Angst und Persönlichkeit. Göttingen 1981

König, K.: Basale und zentrale Beziehungswünsche. In: Forum der Psychoanalyse 4, 1988, S. 177 – 185

Kohut, H.: Narzißmus. Frankfurt/M. 1973

Kolnai, A.: Der Ekel. In: Jahrbuch für Philosophie und phänomenologische Forschung, Bd. 10, 1929, S. 515 – 569

Koocher, G.P.: Talking with children about death. In: American Journal of Orthopsychiatria 44, 1974, S. 404 – 410

Korpela, K.M.: Adolescents' favourite places and environmental self-regulation. In: Journal of Environmental Psychology 12, 1992, S. 249-258

Kraft, V.: Erziehung durch die Dinge. Einblick in das "Emilische System" der Erziehung. In: Spanhel, D. (Hrg.): Curriculum vitae: Beiträge zu einer biographischen Erziehungstheorie. Essen 1988, S. 48 – 59

Kramer, G.: Umweltverschmutzung — Lebensgefahr für unsere Kinder. München 1987

Krampen, M.: Wer kann mit Pflanzen leben? In LOGID 1982, S. 43 – 48

Krampen, M.: Grüne Archen. Wer kann mit Pflanzen leben? In: Krampen, M., Kächele, H.: Umwelt, Gestaltung und Persönlichkeit. Reflexionen 30 Jahre nach Gründung der Ulmer Hochschule für Gestaltung. Hildesheim, Zürich, New York 1986, S. 108 – 135

Krampen, M.: Zusammenhänge zwischen Aspekten des Erlebens der nicht-menschlichen Umwelt und Skalen eines Persönlichkeitsinventars. In: Hoffmann 1987, S. 233 – 252.

Krause, D.: Environmental Consciousness. An Empirical Study. In: Environment and Behavior 25, 1, 1993, S. 126-142

Krause, R.: Zur Onto- und Phylogenese des Affektsystems und ihrer Beziehung zu psychischen Störungen. In: Psyche 37, 1983, S. 1016 – 1043

Kroner, I.: Dorfentwicklung auch für die Kinder. Eine Gemeindestudie. Ministerium für den Ländlichen Raum, Ernährung, Landwirtschaft und Forsten Baden-Württemberg. Stuttgart MLR-13-89

Kroner, I.: Dorfentwicklung auch für Kinder? In: Welt des Kindes 3/1990, S. 6 – 11

Krüger, A.M.: Über das Verhältnis des Kindes zum Tiere. In: Zeitschrift für angewandte Psychologie 47, H. 1/2, S. 9 – 64

Kruse, L.: Katastrophe und Erholung. — Die Natur in der umweltpsychologischen Forschung. In: Großklaus/Oldemeyer 1983, S. 121 – 138

Kruse, L., Graumann, C.-F., Lantermann, E.-D.: Ökologische Psychologie. Ein Handbuch in Schlüsselbegriffen. München 1990

Kübler-Ross, E.: Leben, bis wir Abschied nehmen. Stuttgart 1982

Kübler-Ross, E.: Kinder und Tod. Stuttgart 1984

Kuckartz, U.: Umweltwissen, Umweltbewußtsein, Umweltverhalten. In: de Haan 1995, S. 71-85

Kupper-Heilmann, S.: Konzeptuelle Grundlagen des Einsatzes von Pferden im Sinne psychoanalytisch orientierter Heilpädagogik. Frankfurt/M. 1997

Kupper-Heilmann, S., Kleemann, C.: Heilpädagogische Arbeit mit Pferden. In:Jahrbuch für Psychoanalytische Pädagogik 8, Arbeiten in heilpädagogischen Settings. Gießen 1997, S. 27-46

Kusztrich, I.: Haustiere helfen heilen: Tierliebe als Medizin. Genf 1988

Lachner, R.: Kinder brauchen Tiere. Melsungen 1979

Lago, D.J., Connell, C.M., Knight, B.: Die Wirkung von Heimtieren auf ältere, daheim lebende Personen. In: IEMT 1985, S. 36 – 49

Lakoff, G./Johnson, M. (1998): Leben in Metaphern. Konstruktion und Gebrauch von Sprachbildern. Heidelberg 1998

Lang, S.: Lebensbedingungen und Lebensqualität von Kindern. Frankfurt/M. 1985

Lang, T.: Kinder brauchen Abenteuer. München, Basel 1992

Langeheine, R., Lehmann, J.: Die Bedeutung der Erziehung für das Umweltbewußtsein. Institut für die Pädagogik der Naturwissenschaften, Kiel 1986

Langer, S.K.: Philosophie auf neuem Wege. Das Symbol im Denken, im Ritus und in der Kunst. Frankfurt/M. 1965

Langeveld, M.J.: Das Ding in der Welt des Kindes. In: Zeitschrift für Pädagogik 1, 1955, S. 69 – 83

Larbig, W.: Zum kindlichen Todeserleben und zur Situation des todkranken Kindes im Krankenhaus. In: Praxis der Kinderpsychologie und Kinderpsychiatrie 23, 1974, S. 245 – 255

Laurendeau, M., Pinard, A.: Causal Thinking in the Child: A Genetic and Experimental Approach. New York 1962

Lazar, A., Torney-Purta, J.: The development of the subconcepts of death in young children: a short-term longitudinal study. In: Child Development 62, 1991, S. 1321 – 1333

Lazarowitz, R./ Hertz-Lazarowitz, R.: Choices and preferences of science subjects by junior school students in Israel. In: Journal of Research in Science Teaching 16, 1979, S. 317 – 323

Lazarus, R.S., Folkman, S.: Stress, Appraisal and Coping. Berlin, Heidelberg, New York 1984

Lehmann, A.: Wald als "Lebensstichwort". Zur biographischen Bedeutung der Landschaft, des Naturerlebnisses und des Naturbewußtseins. In: BIOS, Zeitschrift für Biographieforschung und Oral History 9, 2, 1996, S. 143-154

Lehmann, A.: Von Menschen und Bäumen. Die Deutschen und ihr Wald. Hamburg 1999

Lehmann, J.: Befunde empirischer Forschung zu Umweltbildung und Umweltbewußtsein. Opladen 1999

Leist, K.-H.: Vorprogrammierte Kindheit. In: Grundschule 1/1990, S. 8 – 11

Leist, M.: Kinder begegnen dem Tod. Gütersloh 1979

Leontjev, A.N.: Probleme der Entwicklung des Psychischen. Frankfurt/M. 1973

Lester, D.: Correlates of animism in adults. Psychological Reports 27, 1970, S. 806-814

Leuner, H. (Hrg.): Katathymes Bilderleben. Ergebnisse in Theorie und Praxis. Bern 1980

Levi-Strauss, Ch.: Das wilde Denken. Frankfurt/M. 1968

Levinson, B.M.: Pet-oriented child psychotherapy. Springfield, Ill. 1969

Levinson, B.M.: Pets and Human Development. Springfield, Ill. 1972

Levinson, B.M.: Pets and personality development. In: Psychological Reports 42, 1978, S. 1031-1038

Leyhausen, P.: Zur Naturgeschichte der Angst. In: Wiebrock, H. (Hrg.): Die politische und gesellschaftliche Rolle der Angst. Frankfurt/M. 1967

Lichtenberg, J.: Psychoanalyse und Säuglingsforschung. Berlin 1991 (englische Erstausgabe New York 1983)

Lifton, R.J.: Der Verlust des Todes. Über die Sterblichkeit des Menschen und die Fortdauer des Lebens. München, Wien 1986

Lion, J.R.: Evaluation and management of the violent patient. Springfield 1972

Lippitz, W.: Kind und Technik. In: Neue Sammlung 26, 1986, S. 257 – 279

Lippitz, W.: Räume — von Kindern erlebt und gelebt. In: Lippitz/Rittelmeyer 1989, S. 93 – 106

Lippitz, W., Meyer-Drawe, K. (Hrg.): Lernen und seine Horizonte. Königstein/Ts. 1982

Lippitz, W., Meyer-Drawe, K.: Einige Bemerkungen zur Aktualität und Geschichte phänomenologischen Fragens in der Pädagogik. In: Lippitz/Meyer-Drawe 1982, S. 6 – 18

Lippitz, W., Rittelmeyer, C.: Phänomene des Kinderlebens. Beispiele und methodische Probleme einer pädagogischen Phänomenologie. Heilbronn 1989

Litt, Th.: Naturwissenschaft und Menschenbildung. Heidelberg 1952

Little, R.B.: Spider phobias. In: Psychoanal. Quart., 36, 1967, S. 51 – 60

Little, R.B.: The resolution of oral conflicts in a spider phobia. In: Int. J. Psychoanalysis 49, 1968, S. 492 – 494

Loch, W.: Begriff und Funktion der Angst in der Psychoanalyse. In: Psyche 13, 1959/60, S. 801 – 816

Loch, W.: Über psychoanalytische Zusammenhänge zwischen Angst, Terror und Gewalt. In: H. v. Stietencron (Hrg.): Angst und Gewalt. Düsseldorf 1979, S. 43 – 58

Loch, W., Jappe, G.: Die Konstruktion der Wirklichkeit und die Phantasien. Anmerkungen zu Freuds Krankengeschichte des "kleinen Hans". In: Psyche, 28, 1974, S. 1 – 31

Locke, J.: Gedanken über Erziehung (1693). Herausgegeben von T. Fritzsch, Leipzig 1920

Löwe, B.: Wie stark interessieren sich Schüler der Eingangsstufe für Menschenkunde? In: Praxis der Naturwissenschaften-Biologie 23, 1, 1974, S. 16–21

Löwe, B.: Untersuchungen zur Schülermotivation im Sachunterricht der Grundschule, insbesondere im Hinblick auf biologische Themenbereiche. In: Sachunterricht und Mathematik in der Grundschule 5, 1977, S. 375 – 386

Löwe, B.: Interessenänderung durch Biologieunterricht. Münchner Schriften zur Didaktik der Biologie Bd. 2. Institut für die Didaktik der Biologie der Universität München 1983

Löwe, B.: Interessenverfall im Biologieunterricht. Ergebnisse empirischer Forschung. In: Unterricht Biologie 11, 1987, H. 124, S. 62 – 65

324

Löwe, B.: Biologieunterricht und Schülerinteresse an Biologie. Weinheim 1992

LOGID (Hrg.): Mensch und Pflanze. Karlsruhe 1982

Loidl-Reisch, C.: Der Hang zur Verwilderung. Wien 1986

Looft, W. R.: Animistic thought in children: Understanding of "living" across its associated attributes. In: Journal of Genetic Psychology 124, 1974, S. 235-240

Looft, W.R., Bartz, W.H.: Animism reviewed. In: Psychological Bulletin 71, 1969, S. 1-19

Looft, W.R., Charles, D.C.: Modification of the life concept in children. In: Development Psychology 1, 4, 1969, S. 445f.

Loosli-Usteri, M.: Die Angst des Kindes. Eine pädagogische und psychologische Studie. Bern 1948

Lorenz , K.: So kam der Mensch auf den Hund. München 1993 (1. Auflage 1960)

Lorenz, K. Das sogenannte Böse. Wien 1965

Lorenz, K.: Der Abbau des Menschlichen. München 1986

Lorenz, K.: Vorwort. In: IEMT 1985

Lorenzer, A.: Entwicklung und Revision des psychoanalytischen Symbolbegriffs. Frankfurt/M. 1970

Lorenzer, A.: Städtebau: Funktionalismus und Sozialmontage. In: Berndt/Lorenzer/Horn 1971

Lorenzer, A.: Sprache, Lebenspraxis und szenisches Verstehen. Psyche 37, 1983, S. 97-115

Lowrie, D. G.: Additional data on animistic thinking. In: Science Monthly 79, 1954, S. 69-70

Luhmann, N.: Ökologische Kommunikation. Kann die moderne Gesellschaft sich auf ökologische Gefährdungen einstellen? Opladen 1986

Luk, E.S.L., Staiger, P.K., Wong, L., Mathai, J.: Children who are cruel to animals: a revisit. In: Australian and New Zealand Journal of Psychiatry 33, 1, 1999, S. 29-36

Lukashok, A.K., Lynch, K.: Some childhood memories of the city. In: Journal of the American Institute of Planners 22, 1956, S. 145 – 152

Lynch, K.: The image of the city. Cambridge, Mass., M.I.T. - Press 1960

Maaßen, B.: Naturerleben oder der andere Zugang zur Natur. Baltmannsweiler 1994

Mac Donald, A.: The pet dog in the home. A study of interactions. In: Fogle, B. (Hrg.): Interrelations between people and pets. Springfield 1981, S. 195 – 206

Macy, J.: Mut in der Bedrohung. München 1986

Mader, B., Hart, L., Bergin, B.: Social acknowledgments for children with disabilities:Effects of service dogs. In:Child Development 60, 1989, S.1529-1534

Madsen, M. C.: Animism and related tendencies in Hopi children. A replication of Dennis. In: Journal of Cross-Cultural Psychology 13, 1982, S. 117-124

Mahler, M.S.: Autism and symbiosis, two extreme disturbances of identity. In: Int. J. Psychoanalyis 39, 1958, S. 77 – 83

Mahler, M.S.: On sadness and grief in infancy and childhood. In: The Psychoanalytic Study of the Child, 16, 1961, S. 332 – 351

Mahler, M.S., Pine, F., Bergman, A.: Die psychische Geburt des Menschen. Symbiose und Individuation. Frankfurt/M. 1978

Mandler, J. M.: How to build a baby: II. Conceptual primitives. In: Psychological Review 99, 1992, S. 587-604

Mandler, J. M., McDonough, L.: Concept formation in infancy. In: Cognitive Development 8, 1993, S. 291-318

Mansel, J.: Sozialisation in der Risikogesellschaft. Neuwied 1995

Marais, E.: Meine Freunde, die Paviane. Berlin 1953

Marchi, L. de: Der Urschock. Unsere Psyche, die Kultur und der Tod. Darmstadt 1988

Margadant-van Arcken, M.: Das Tier in der Lebenswelt des Vorschulkindes. In: H. Danner, W. Lippitz (Hrg.): Beschreiben, Verstehen, Handeln. München 1984

Margadant-van Arcken, M.: Environment Education, Children, and Animals. In: Anthrozoös, Vol. III, 1, 1989, S. 14 – 19

Margadant-van Arcken, M.: Nature Experience of 8-to-12-Year-Old Children. In: Phenomenology and Pedagogy, Vol. 8, 1990, S. 86 – 94

Margadant-van Arcken, M.: Nationalparkpädagogik aus erster Hand. Naturbilder, Erlebnisse und Lernwünsche 13- bis 18-jähriger Jugendlicher. In: Arge Umwelterziehung: Bildungspanorama Nationalparke. Internationales Symposium und Workshop (30.5. - 1.6. 1996 in Matrei/Osttirol), Wien 1997, S. 47-52

Markl, H.: Die ökologische Wirklichkeit. In: Wildenmann 1989, S. 72 – 89

Marks, I.: The classification of phobic disorders. In: Br. J. Psychiatry, 116, 1970, S. 377 – 386

Matthies, E.: Umweltproblem "Müll". Eine psychologische Analyse ost- und westdeutscher Sichtweisen. Wiesbaden 1998

Matthews, G.B.: Philosophische Gespräche mit Kindern. Berlin 1989

Maurer, A.: Maturation of concepts of live. In: J. of Genetic Psychology 116, 1970, S. 101-111

McKechnie, G.E.: ERI Manual — Environmental Response Inventory. Palo Alto 1974

McCarthy, J.B.: Death Anxiety: The Loss of the Self. New York 1980

McCulloch,, M.J.: Therapie mit Haustieren — eine Übersicht. In: IEMT 1985, S. 26 – 33

Mead, M.: Neighborhoods and human needs. In: Ekistics, February 1966

Mead, M.: An investigation of the thought of primitive children with special reference to animism: Preliminary report. In: Journal of Anthropology 62, 1932, S. 173-190

Meador, M., Macpherson, M.J.: Political Fear and Mental Health among West German Children and Youths. Vortrag auf der 10. Jahrestagung der International Society for Political Psychology, San Francisco, Juli 1987

Meinerzhagen A. (Hrg.): "Bäume und Vögel gibt es auch nicht mehr." Kinder schreiben über ihre Zukunft. Hamburg 1988

Melear, J.: Children's Conception of Death. In: Journal of Genetic Psychology 123, 1972, S. 359 – 360

Melson, G. F.: Availability of and involvement with pets by children: Determinants and correlates. In: Anthrozoös 2, 1988, S. 45-52

Melson, G. F.: Children's attachment to their pets: Links to socio-emotional development. In: Children's Environments Quarterly 82, 1991, S. 55-65

Mentzos, S.: Neurotische Konfliktverarbeitung. Frankfurt/M. 1982

Merchant, C.: Der Tod der Natur. Ökologie, Frauen und neuzeitliche Naturwissenschaft. München 1987

Messent, P.R.: Social Facilitation of Contact with Other People by Pet Dogs. In: Katcher/Beck 1983, S. 37ff.

Messent, P.R., Horsfield, St.: Der Heimtierbestand und die Beziehung zwischen dem Heimtier und seinem Herrn. In: IEMT 1985, S. 9 – 18

Messent, P.R., Serpell, J.A.: Relationships between the human and non-human animals. In: Fogle 1981, S. 23-40

Mey, G., Hinding, B., Görlitz, D.: Lebensraum Stadt: Ein Arbeitsbericht über die Herten-Tagung "Stadt als Rahmen kindlicher Entwicklung". In: Beck u.a. 1997, S. 19-36

Meyer-Abich, K.M.: Wege zum Frieden mit der Natur. München, Wien 1984

Meyer-Abich, K.M.: Naturphilosophie auf neuen Wegen. In: Schwemmer 1987, S. 63 – 73

Mielck, A.: Kind — Gesundheit — Stadt. Gesundheitliche Belastungen des Kindes durch die städtische Umwelt — am Beispiel Hamburg. Frankfurt/M. 1985

Milchert, J.: Über die Sehnsucht nach Wildnis im städtischen Freiraum. In: Garten und Landschaft 1983, H. 10, S. 771 – 776

Milchert, J. (1996): Thesen zur Situation der kommunalen Freiraumplanung. Stadt und Grün 45, 1996, S. 393-404

Milgram, S.: The experience of living in cities. In: Science 167, 1970, S. 1461 – 1468

Miller, R.: Umweltpsychologie. Eine Einführung. Stuttgart, Berlin, Köln 1998

Mintzes, J.J., Trowbridge, J.E., Arnaudin, M.W., Wandersee, J.H.: Children's Biology: Studies on Conceptual Development in the Live Sciences. In: S.M. Glynn, R.H. Yeany, B.K. Britton (Hrg.): The Psychology of Learning Science. Hillsdale, New Jersey 1991, S. 179 – 202

Mitchell, M.: The Child's Attitude toward Death. New York 1967

Mitscherlich, A.: Auf dem Weg zur vaterlosen Gesellschaft. Ideen zur Sozialpsychologie. München 1963

Mitscherlich, A.: Die Unwirtlichkeit unserer Städte. Frankfurt/M. 1965

Mitscherlich, A.: Thesen zur Stadt der Zukunft. Frankfurt/M. 1971

Mitscherlich, A.: Das Reiterbuch (Berlin 1935). In: Gesammelte Schriften VII, Frankfurt/M. 1983, S. 11 – 65

Mitscherlich, A., Mitscherlich, M.: Die Unfähigkeit zu trauern. Grundlagen kollektiven Verhaltens. München 1967

Mittelstraß, J.: Das Wirken der Natur. Materialien zur Geschichte des Naturbegriffs. In: Rapp, Fr. (Hrg.): Naturverständnis und Naturbeherrschung. München 1981, S. 36 – 69

Montagner, H.: Kind und Kommunikation. Olten/Freiburg 1981

Montessori, M.: Kinder sind anders. Frankfurt/M., Berlin, Wien 1980

Moore, R.: Plants as play propts. In: Children's Environments Quarterly 6, 1989, S. 3-6

Moore, R., Young, D.: Childhood Outdoors: Toward a Social Ecology of the Landscape. In: Altmann/Wohlwill 1978, S. 83 – 130

Muchow, M.: Das kindliche Spiel und die Organisation des Spiels im Kindergarten unter psychologischen Gesichtspunkten betrachtet. In: Kindergarten 73, 1932, S. 588ff.

Muchow, M., Muchow, H.: Der Lebensraum des Großstadtkindes. Bensheim 1980 (1. Auflage 1935)

Müller, H.U.: Wo Jugendliche aufwachsen. München 1983

Muensterberger, W.: Vom Ursprung des Todes. Eine psychoanalytisch-ethnologische Studie zur Todesangst. In: Psyche 17, 1963/64, S. 169 – 184

Mugford, R., McCominsky, J.: Some recent work on the psychotherapeutic value of cage birds with old people. In: Anderson 1975

Munker, J. (Hrg.): Die Welt in 100 Jahren. Wie Kinder die Zukunft sehen. Düsseldorf 1985

Mundt, J.W.: Vorschulkinder und ihre Umwelt. Eine Studie über Lebensbedingungen und Entwicklungschancen. Weinheim, Basel 1980

Muris, P., Merckelbach, H., Schmidt, H., Tierney, S.: Disgust sensitivity, trait anxiety and anxiety disorders symptoms in normal children. In: Behaviour Research and Therapy 37, 1999, S. 953-961

Mussel, C.: Mittendrin und Außenvor. Kinder und Jugendliche in der Stadtplanung am Beispiel Hagen-Vorhalle. Universität Kassel 1993

Nagy, M.: The Child's View of Death. In: Journal of Genetic Psychology 73, 1948, S. 3 – 27

Nassehi, A., Weber, G.: Tod, Modernität und Gesellschaft. Entwurf einer Theorie der Todesverdrängung. Opladen 1989

Nass, M. L.: The effects of three variables on children's concepts of physical causality. In: J of Abnormal and Social Psychology 53, 1955, S. 191-196

Nathanson, D. A. and de Farja, S.: Cognitive improvement of children in water with and without dolphins. In: Anthrozoös 6, 1993, S. 17-29

National Institutes of Health: Health Benefits of Pets. Washington, DC 1988

Neulinger, K.U.: Schweigt die Schule den Tod tot? Untersuchungen, Fragestellungen und Analysen. München 1975

Nickel, H., Schmidt-Denter, U.: Vom Kleinkind zum Schulkind. München 1991

Nietzsche, F.: Nachgelassenes Fragment 19=P I 20b (1872/73). In: Werke. Kritische Gesamtausgabe, hrg. von G. Colli u. M. Montinari, Band III/4, Berlin/New York 1978, S. 3-108

Nietzsche, F.: Über Wahrheit und Lüge im außermoralischen Sinne (1873). In: Werke. Kritische Gesamtausgabe, hrg. von G. Colli u. M. Montinari, Band III/2, Berlin/New York 1973, S. 369-384

Nissen, U.: Räume für Mädchen?! In: Preuss-Lausitz, U./Rülcker, T./Zeiher, H. (Hrg.): Selbständigkeit für Kinder - die große Freiheit? Weinheim 1990, S. 148-160

Nitschke, G.: Wahrnehmung und Reaktion von/auf Umweltzerstörung von Kindern. Unveröffentlichte Seminararbeit Universität Hannover, Fachbereich Erziehungswissenschaften I, 1990

Nohl, W.: Freiraumarchitektur und Emanzipation: theoretische Überlegungen und empirische Studien zur Bedürftigkeit der Freiraumbenutzer als Grundlage einer emanzipatorisch orientierten Freiraumarchitektur. Frankfurt/M. 1980

Nohl, W.: Das Naturschöne im Konzept der städtischen Freiraumplanung. Plädoyer für eine Naturästhetik. In: Das Gartenamt 31, 1982, S. 525 – 532

Nohl, W.: Streifräume statt Spielplätze. Zur Planung konvivialer Spielumwelten. In: Das Gartenamt 38, 1989, S. 211 – 217

Nohl, W. Ermittlung des Freizeit- und Erholungswerts städtischer Freiräume. Das Gartenamt 40, 1991, S. 510-517

Nohl, W., Scharpf, H.: Erlebniswirksamkeit von Brachflächen. In: Brachflächen in der Landschaft, KTBL-Schrift, Münster-Hiltrup 1976

Nolda, U.: Stadtbrachen sind Grünflächen. In: Garten und Landschaft 9/1990, S. 27 – 32

Nokielsky , H.: Straße als Lebensraum? Funktionalisierung und Revitalisierung sozialer Räume. In: Krüger/E. Pankoke (Hrg.): Kommunale Sozialpolitik. München 1985

Northeastern Forest Experiment Station (Hrg.): Children, Nature and the Urban Environment. Proceedings of a Symposium-Fair. ASDA Forest Service General Technical Report NE-30. Washington 1977

Noy, P.: A Revision of the Psychoanalytic Theory of the Primary Process. In: Int. J. Psychoanalysis 50, 1969, S. 155 – 178

Noy, P.: Symbolic and mental representation. In: The Annual of Psychoanalysis. New York 1973, S. 125 – 158

Noy, P.: Insight and Creativity. In: J. Amer. Psychoanal. Ass. 26, 1978, S. 717 – 748

Noy, P.: The Psychoanalytic Theory of Cognitive Development. In: The Psychoanalytic Study of the Child 34, 1979, S. 169 – 216

Oerter, R.: Moderne Entwicklungspsychologie. Donauwörth 1973

Ohman, A. : Face the beast and fear the face: Animals and social fears as prototypes for evolutionary analyses of emotion. In: Psychophysiology 23, 1986, S. 123-145

Oldemeyer, E.: Entwurf einer Typologie des menschlichen Verhältnisses zur Natur. In: Großklaus/Oldemeyer 1983, S. 15 – 42

Olschowy, G.: Freizeit — ein Begriff der modernen Industriegesellschaft. In: Dahlhoff, T.: Mensch und Natur. Frankfurt/M. 1983

Olschowy, G.: Beziehungen Mensch und Umwelt: Ein Überblick zu Umweltforschung und Umweltschutz. In: A. Mühlum u.a.: Umwelt — Lebenswelt. Frankfurt/M. 1986, S. 85 – 175

Oppolzer, A.: Die Auswirkung der Angst vor dem Atomkrieg auf Kinder und Jugendliche. In: Beiträge zur historischen Sozialkunde 1987, H. 2, S. 1 – 4

Orbach, I.: Kinder, die nicht leben wollen. Göttingen 1990

Orbach, I., Talmom, O., Kedem, P., Har-Even, D.: Sequential Patterns of the Death Concepts in Children. In: Journal of the American Academy of Child and Adolescent Psychiatry 26, 1987, S. 578 – 582

Orians, G.H., Heerwagen, J.H.: Evolved responses to landscapes. In: Barkow, J.H., Cosmides, L., Tooby, J. (Ed.): The adapted mind: Evolutionary psychology and the generation of culture. Oxford Universty Press, New York 1992, S. 555-579

Orth, T., v. Seggern, H.: Möglichkeiten einer kindgerechten Gestaltung des engen Wohnumfeldes in dicht bebauten innerstädtischen Wohngebieten. In: Kinder in der Stadt. Veröffentlichungen des Seminars für Planungswesen der TU Braunschweig, H. 19, 3/1980

Orth, T., v. Seggern, H.: Kinder in der inneren Stadt, Teil 2. Hamburg 1977

Ortner, R.: Wahrnehmung räumlicher Umwelt aus sozialökologischer Perspektive von Stadtkindern. In: Kreibach, B. u.a.: Umweltbegriff, Wahrnehmung und Sozialisation. Geographische Untersuchungen an und mit Schulkindern. In: Der Erdkundeunterricht 1979, H. 30, S. 9 – 33

Osswald, H., Krappmann, L.: Kinderwünsche. In: Zeitschrift für Pädagogik 31, 1985, S. 720 – 734

Otterstädt, H.: Untersuchungen über den Spielraum von Vorortkindern einer mittleren Stadt. In: Psychologische Rundschau 13, 1962, S. 275 – 287

Papke, A.: Das Pferd als Medium in der psychologischen Psychotherapie mit Kindern und Jugendlichen. Dissertation FU Berlin, Fb Erziehungswissenschaften, 1997

Parsons, R.: The potential influences of environmental perception on human health. In: Journal of Environmental Psychology 11, 1991, S. 1-23

Pauen, S.: Wie klassifizieren Kinder Lebewesen und Artefakte? Zur Rolle des Aussehens und der Funktion von Komponenten. In: Zeitschrift für Entwicklungspsychologie und Pädagogische Psychologie 28 , 1, 1996, S. 20-32

Pazzini, K.-J.: Die gegenständliche Umwelt als Erziehungsmoment. Zur Funktion alltäglicher Gebrauchsgegenstände in Erziehung und Sozialisation. Weinheim, Basel 1983

Peek, R.: Kindliche Erfahrungsräume zwischen Familie und Öffenlichkeit. Münster 1995

Peller, L.: Further Comments on Adoption. In: Bull. Phila. Assn. Psa., Band 13, 1963

Pethes, G.: Einige Aspekte der Beziehung zwischen Mensch und Heimtier in Ungarn. In: IEMT 1985, S. 50 – 52

Petri, H.: Umweltzerstörung und die seelische Entwicklung unserer Kinder. Zürich 1992

Petri, H.: Kriegsangst bei Kindern. In: psychosozial 8, 1985, H. 26, S. 46 – 60

Petri, H.: Kinderängste in unserer Zeit. Bestandsaufnahme und psychoanalytische Gedanken zur vergifteten Kindheit. In: Neue Sammlung 29, 1, 1989, S. 14-26

Petri, H.: Vergiftete Kindheit. Von der Umweltzerstörung zur Innenweltzerstörung bei der jungen Generation. In: Psychoscope, 16, 3, 1995, S. 4-6

Petri, H., Boehnke, K., Macpherson, M., Meador, M.: Bedrohtheit bei Jugendlichen. In: psychosozial 9, 1986, H. 28, S. 62 – 71

Petri, H., Boehnke, K., Macpherson, M., Meador, M.: Zukunftshoffnungen und Ängste von Kindern und Jugendlichen unter der nuklearen Bedrohung. Analyse einer bundesweiten Pilotstudie. In: Psychologie und Gesellschaftskritik 11, 1987, H. 2/3, S. 81 – 105

Pfligersdorffer, G.: Zur Situation der ökologischen Bildung im Schulwesen Österreichs. In: Eulefeld/Bolscho/Seybold 1991

Piaget, J.: Nachahmung, Spiel und Traum. Stuttgart 1969 (Französische Erstausgabe: 1945)

Piaget, J.: Der Aufbau der Wirklichkeit beim Kinde. Stuttgart 1974 (Französische Erstausgabe 1937)

Piaget, J.: Das Weltbild des Kindes. Stuttgart 1978 (Französische Erstausgabe: 1926)

Piaget, J., Inhelder, B.: Die Psychologie des Kindes. Olten, Freiburg 1976

Pincus, L.: Verdrängte Trauer. In: Familiendynamik 3, 1978, S. 269 – 276

Piperek, M.: Umweltpsychohygiene, Wohn- und Baupsychologie. Wien 1975

Plötz, F.: Kind und lebendige Natur. Psychologische Voraussetzungen der Naturkunde in der Volksschule. München 1970 (3. Aufl.)

Podgornik, R.: Tiere im Heim. In: Unsere Jugend 24, 1974, H. 6, S. 544 – 549

Poppe, P.: Menschlicher als Menschen. In: Psychologie Heute 18, 2, 1991, S. 10

Poresky, R.H.: The Young Children's Empathy Measure: Reliability, Validity and Effects of Companion Animal Bonding. In: Psychological Reports 66, 1990, S. 931 – 936

Poresky, R.H., Hendrix, Ch.: Differential Effects of Pet Presence and Pet-Bonding on Young Children. In: Psychological Reports 67, 1990, S. 51 – 54

Poresky, R.H.: The young children's empathy measure: Reliability, validity and effects of companion animal bonding. In: Psychological Reports 66, 1990, S. 931-936

Poresky, R.H.: Companion animals and other factors affecting young children's development. In: Anthrozoös 9, 4, 1996, S. 159-168

Portmann, A.: Naturwissenschaft und Humanismus. In. K. Jaspers, A. Portmann: Zwei Reden. München 1960

Portmann, A.: Biologie und Geist. Freiburg 1963

Poulin-Dubois, D. & Shultz, T. R.: The infant's concept of agency: The distinction between social and nonsocial objects. In: Journal of Genetic Psychology 151, 1990, S. 77-90

Prechtl, H.: Das Verhalten von Kleinkindern gegenüber Schlangen. In: Wiener Zeitschrift für Philosophie und Pädagogik 11, 1949, S. 68 – 70

Preisendörfer, P.: Umweltbewußtsein in Deutschland 1996. Bundesministerium für Umwelt, Naturschutz und Reaktorsicherheit, Bonn 1996

Preisendörfer, P./Franzen, A.: Der schöne Schein des Umweltbewußtseins. In: A. Diekmann, C.C. Jaeger (Hrg.): Umweltsoziologie. Sonderband 36/1996 der Kölner Zeitschrift für Soziologie und Sozialpsychologie, S. 219-244

Premack, D.: The infant's theory of self-propelled objects. In: Cognition 36, 1990, S. 1-16

Preuss, S.: Umweltkatastopher Mensch. Heidelberg 1971

Preuss, S.: Ökopsychosomatik. Heidelberg 1995

Pritz, A. (Hrg.): Das schmutzige Paradies. Psychoanalytische Beiträge zur ökologischen Bewegung. Eine Kulturkritik. Wien, Köln, Graz 1986

Quint, R.: Raumerleben und Raumutopie. Ökologische Überlegungen zu den Entwürfen schulischer Wunschräume. Frankfurt/M. 1990

Raimbault, G.: Kinder sprechen vom Tod. Klinische Probleme der Trauer. Frankfurt/M. 1980

Rapaport, D.: The theory of ego autonomy: A generalization. Bulletin of the Menninger Clinic, 1958, S. 13 – 35

Raundalen, M., Finney, O.: Children's and teenagers' views of the future. In: International Journal of Mental Health 15, 1986, S. 114 – 125

Rauschenbach, B./ Wehland, G.: Zeitraum Kindheit. Zum Erfahrungsraum von Kindern in unterschiedlichen Wohngebieten. Heidelberg 1989

Rautmann, K.: Freiraumansprüche Berufstätiger. Dissertation FB Landespflege Universität Hannover 1982

Rautmann, K.: Erfahrungen aus dem Projektalltag. Gladbeck: Stadtgarten Johowstraße. In: Bauwelt, H. 15/16, 1988, S. 632 – 635

Redefer, L.A., Goodman, J.F.: Brief Report: Pet-Facilitated Therapy With Autistic Children. In: Journal of Autism and Developmental Disorders 19, 3, 1989, S. 461 – 467

Reed, E.: Kinder fragen nach dem Tod. Stuttgart 1972

Reilly, T.P., Hasazi, E.J., Bond, L.A.: Children's Conception of Death and Personal Mortality. In: Journal of Pediatric Psychology 8, 1983, S. 21 – 31

Reiß, W.: Kinderzeichnungen: Wege zum Kind durch seine Zeichnung. Neuwied 1996

Rehm, N.: Kind und Hund. Erhebungen zum Zusammenleben in der Familie. Dissertation Tierärztliche Fakultät der Universität München 1993

Relph, E. C.: An inquiry into the relations between phenomenology and geography. In: The Canadian Geographer 14, 1970. S. 193 – 201

Remmert, H.: Naturschutz. Berlin, Heidelberg 1988

Rheinz, H: Eine tierische Liebe. Zur Psychologie der Beziehung zwischen Mensch und Tier. München 1994

Richards, D. D. & Siegler, R. S.: The effects of task requirements on children's life judgements. In: Child Development 55, 1984, S. 1687-1696

Richards, D. D. & Siegler, R. S.: Children's understandings of the attributes of life. In: Journal of Experimental Child Psychology 42, 1986, S. 1-22

Richmond, J.M.: Some outcomes of an environment knowledge and attitudes survey in England. In: Research in Science Education 8, 1978, S. 119 – 125

Richter, H.E.: Der Gotteskomplex. Die Geburt und die Krise des Glaubens an die Allmacht des Menschen. Reinbek 1979

Richter, H.E.: Kinder sind die besseren Umweltschützer. In: Natur 1991, Sonderheft, S. 16 – 20

Riechard, D. E., McGarrity, J.: Early adolescents' perceptions of relative risk from societal and environmental hazards. In: The Journal of Environmental Education 26, 1, 1994, S. 16-23

Riechard, D. E., Peterson, S.J.: Perception of environmental risk related to gender, community socioeconomic Setting, age, and locus of control. In: The Journal of Environmental Education 30, 1, 1998, S. 11-19

Ritter, J.: Landschaft. In: Ders.: Subjektivität. Frankfurt/M. 1974, S. 141-163

Rivlin, L.G., Weinstein, C.S.: Educational Issues, School Settings and Environmental Psychology. In: J. of Environmental Psychology 4, 1984, S. 347-364

Rochlin, G.: How Younger Children View Death and Themselves. In: Grollman, E.A. (Hrg.): Explaining Death to Children. Boston 1967

Römhild, D. (Hrg.): Die Zoologie der Träume. Studien zum Tiermotiv in der Literatur der Moderne. Opladen 1999

Rohde-Dachser, Ch., Meyer zur Capellen, R.: Prothesengott und Muttermacht. Psychoanalytische Bemerkungen zur Technikentwicklung, zur Naturzerstörung und zur Manipulierbarkeit unbewußter Phantasien. In: Rohde-Dachser, Ch. (Hrg.): Zerstörter Spiegel. Göttingen 1990, S. 163 – 184

Rolff, H.G., Zimmermann, P.: Kindheit im Wandel. Eine Einführung in die Sozialisation im Kindesalter. Weinheim, Basel 1990

Rombach, H.: Philosophie des Gartens. In: Bittner/Weinacht 1990, S. 237– 245

Rosemann, H., Isfort, R.: Ein Kind erobert die Welt. Wie Kinder lernen, mit der Welt wirksam umzugehen. Warendorf 1979

Rosemeier, H.P.: Zur Psychologie der Begegnung des Kindes mit dem Tod. In: Winau/Rosemeier 1984, S. 291 – 309

Rosemeier, H.P., Minsel, W.R.: Das kranke Kind und der Tod. In: Howe/Ochsmann 1984, S. 366 – 372

Rosen, S., Bergmann, M., Plester, D.: Presbuscuses study of a relatively noisefree population in Sudan. In: Ann. Otol. Rhinol. Lurgolgy 71, 1962, S. 727 – 742

Rosengren, K. S., Gelman, S. A., Kalish, C. W. & McCormick, M.: As time goes by: Children's early understanding of growth in animals. In: Child Development 62, 1991, S. 1302-1320

Rosenstein, D., Oster, H.: Differential facial responses to four basic tastes in newborns. In: Child Development 59, 1988, S. 1555–1568

Rost, D.H., Hartmann, A.: Haustierbesitz und sozio-emotionales Wohlbefinden von Kindern. In: Psychologie in Erziehung und Unterricht 41, 1994, S. 241-248

Roth, H.: Jugend und Schule zwischen Reform und Restauration. Berlin, Hannover, Darmstadt 1961

Rousseau, J.-J.: Die Träumereien eines einsamen Spaziergängers. Zürich und München 1985 (Erstausgabe 1783)

Rousseau, J.-J.: Emile oder über die Erziehung. Vollständige Ausgabe, in deutscher Fassung besorgt von L. Schmidts. Paderborn 1978

Rudolph, M.: Wie ist das, wenn man tot ist? Ravensburg 1979

Rüdiger, D.: Das Tier im Leben des Kindes. Entwicklungspsychologische und charakterologische Untersuchungen über die Beziehung von Kindern zu Tieren. Untersuchungen an Kindern im Volksschulalter. Dissertation, Ludwig-Maximilians-Universität München 1956

Ruff, F.M.: Psychische Verarbeitung von Gesundheitsgefahren durch Umweltbelastungen. In: Aurand/Hazard/Tretter 1993, S. 85-112

Rumpf, H.: Erlebnis und Begriff. Verschiedene Weltzugänge im Umkreis von Piaget, Freud und Wagenschein. In: Zeitschrift für Pädagogik 37, 1991, S. 329 – 346

Ruppolt, W.: Weshalb bevorzugen Schüler auf der Unterstufe und Mittelstufe die Tierkunde? In: Der Mathematisch-naturwissenschaftliche Unterricht (MNU) 20, 1967, S. 366 – 370

Rusca, G. and Tonucci, F., Development of the concept of living and animal in the child. In: European J. of Psychology of Education 7, 1992, S. 151-176

Rusch, R. (Hrg.): So soll die Welt nicht werden. Kinder schreiben über ihre Zukunft. Kevelaer 1989

Russell, J.A., Ward, L.M.: Environmental psychology. Annual Review of Psychology, 33, 1982, S. 651 – 688

Russell, R.W.: Studies in animism: II. The development of animism. In: Journal of Genetic Pschology 56, 1940, S. 353 – 366

Russell, R.W.: Studies in animism: IV. An investigation of concepts allied to animism. In: Journal of Genetic Psychology 57, 1940, S. 83 – 91

Russell, R.W.: Studies in animism: V. Animism in older children. In: Journal of Genetic Psychology 60, 1942, S. 329-335

Russell, R.W., Dennis, W.: Studies in animism: I. A standardized procedure for the investigation of animism. In: Journal of Genetic Psychology 55, 1939, S. 389 – 400

Russell, R.W., Dennis, W.: Note concerning the procedure employed in investigating child animism. In: Journal of Genetic Psychology 58, 1941, S. 423-424

Russell, R.W., Dennis, W. & Ash, F. E.: Studies in animism: III. Animism in feeble-minded subjects. In: Journal of Genetic Psychology 57, 1940, S. 57-63

Sachs, H.: Über Naturgefühl. In: Imago 1, 1912, S. 119 – 131

Sachs, W.: Geschwindigkeiten und Lebenschancen. In: Vorgänge 53, 1981, S. 82-85

Sachs-Pfeiffer, T., Krings-Heckmeier, M.-Th.: Kinder erleben ihre Wohnumwelt. In: Bauwelt 3/1980, S. 96 – 99

Safier, G.: A study in relationships between the life and death concepts in children. In: Journal of Genetic Psychology 105, 1964, S. 283 – 294

Sahr, M.: Über die Ängste unserer Kinder. In: Pädagogische Welt 8, 1990, S. 344-347

Salmon, I.M., Salmon, P.W.: A Dog in Residence: A Companion-Animal Study Undertaken in the Caulfield Geriatric Hospital. Melbourne, Australia, Reports from Jacopis, 1982

Salmon, P.W., Salmon, I.M.: Who owns who? Psychological research into the human-pet bond in Australia. In: Katcher/Beck 1983, S. 244-265

Salomon, A.: Des enfants montrealais face au test des affinites animales. In: Animales Medoco-Psychologigues 2, 1982, S. 207-224

Savishinsky, J.: Pet Ideas: The Domestication of Animals, Human Behavior and Human Emotions. In: Katcher/Beck 1983, S. 112- 131

Schaal, R.: Das Verstehen des Lebendigen. In: Westermanns Pädagogische Beiträge 11, 1959a, H. 7, S. 273 – 276

Schaal, R.: Das Mitleben mit dem Lebendigen. In: Westermanns Pädagogische Beiträge 11, 1959b, H. 8, S. 330 – 335

Schaal, R.: Das Verstehen des Lebendigen vom Menschen her. In: Westermanns Pädagogische Beiträge 11, 1959c, H. 9, S. 368 – 380

Schaal, R.: Das Verstehen des Lebendigen aus der Distanz denkenden Erfassens. In: Westermanns Pädagogische Beiträge 11, 1959d, H. 10, S. 410 – 424

Schaar, K.: Durch Naturerlebnisse zum Naturschutz? Über den Zugang von Kindern zu ihrer natürlichen Umwelt. In: Die Deutsche Schule 87, 4, 1995, S. 509-516

Schäfer, G.E.: Spielphantasie und Spielumwelt. Spielen, Bilden und Gestalten als Prozesse zwischen Innen und Außen. Weinheim und München 1989

Schaefer, G., Wille, J.: Der Lebensbegriff bei unseren Jugendlichen - wie biologisch, wie inklusiv und wie dynamisch ist er? MNU 48, 2, S. 67-74

Schäfer, L.: Das Bacon-Projekt. Von der Erkenntnis, Nutzung und Schonung der Natur. Frankfurt 1993

Schärli-Corradini, B.: Hinter den Kulissen der Umwelterziehung. Beobachtungen und Gedanken aus der Kinder- und Jugendpsychologischen Praxis. In: Greenpeace (Hrg.): Neue Wege in der Umweltbildung. Göttingen 1995, S. 56-69

Schahn, J.: Die Erfassung und Veränderung des Umweltbewußtseins. Frankfurt/M. 1996

Schahn, J., Holzer, E.: Konstruktion, Validierung und Anwendung von Skalen zur Erfassung des individuellen Umweltbewußtseins. In: Zeitschrift für Differentielle und Diagnostische Psychologie 11, 3, 1990a, S. 185-204

Schahn, J., Holzer, E.: Studies of Individuell Environment Concern. The Role of Knowledge, Gender, and Background Variables. In: Environment and Behavior 22, 1990b, S. 767-786

Schanz, E.: Zum Problem kindlicher Abneigung gegenüber Tieren — ein Beitrag zur Psychologie des Biologieunterrichts. In: Der Biologieunterricht 8, 1972, H. 1, S. 43 – 124

Scheidhacker, M: Tiefenpsychologische und analytische Aspekte des Reitens. In: Therapeutisches Reiten 19, 4, 1992, S. 8-11

Scheidhacker, M., Bender, W., Vaitl, P.: Die Wirksamkeit des therapeutischen Reitens bei der Behandlung chronisch schizophrener Patienten. Experimentelle Ergebnisse und klinische Erfahrungen. In: Nervenarzt 62, 1991, S. 283-287

Scheler, M.: Tod und Fortleben. In: Schriften aus dem Nachlaß. Bern 1957

Schelling, F.W.J.: Ideen zu einer Philosophie der Natur als Einleitung in das Studium dieser Wissenschaft. In: Ders.: Sämtliche Werke, 1. Abteilung: 1. Band, 1856; 2. Band, 1857, Cotta'scher Verlag, Stuttgart. Unveränderter reprographischer Nachdruck, Darmstadt 1967, S. 47-48

Schemel, H.-J.: Naturerfahrungsräume. Bundesamt für Naturschutz, Bonn-Bad Godesberg 1998

Scherf, G.: Kenntnis häufiger Pflanzen des Straßenrandes und Vorstellungen über Pflanzen bei 9- bis 12jährigen Schülern und bei jungen Erwachsenen. In: Sachunterricht und Mathematik in der Primarstufe 16, 1988, S. 196 – 204

Scherf, G., Bienengräber, B.: Grundkenntnisse über Umweltgefährdung und Umweltschutz bei 9–15jährigen Schülern. In: Der mathematische und naturwissenschaftliche Unterricht 41, 1988, S. 419 – 427

Scheuerl, H.: Das Spiel. Weinheim, Basel 1990

Schilder, P., Wechsler, D.: The Attitudes of Children toward Death. In: Journal of Genetic Psychology 45, 1934, S. 406 – 451

Schille, Ch., Schille, H.-J.: Unser Kind wünscht sich ein Tier. Berlin 1986

Schiller, Fr.: Über naive und sentimentalische Dichtung (1795). In: Gesammelte Werke, Stuttgart o.J.

Schilling, K.G.: Die Stadt, in der ich gerne leben möchte. Auswertung von Kinderzeichnungen. Frankfurt/M. 1987

Schmale, H.: Probleme der Umweltpsychologie. In: Kaminski 1976, S. 99 – 106

Schmidt, R.: Mehr Spielraum für Spielräume. In Garten und Landschaft 97, 1987, H. 7, S. 41 – 44

Schneider, K.M.: Das Flehmen. In: Der Zoologische Garten, Bd. 7, 1934

Schneider, P., Schneider, R.: Frükindliche Reaktionen auf Tod und Sterben. In: Dynamische Psychiatrie 8, 1975, S. 216 – 233

Schönhammer, R.: Mädchen und Pferde. In: H. Mandl, M. Dreher, H.-J. Kornadt (Hrg.): Entwicklung und Denken im kulturellen Kontext. Göttingen 1993

Schönherr, H.-M.: Von der Schwierigkeit, Natur zu verstehen. Entwurf einer negativen Ökologie. Frankfurt/M. 1989

Scholz, B.: Visuelle Präferenzen und Umweltschutz oder: Evolutionäre Ästhetik im Dienste der Umwelterziehung. In: Pädagogische Rundschau 51, 6, 1997, S. 711-720

Schowalter, J.E.: Some Meanings of Being a Horsewoman. In: The psychoanalytic Study of the Child 38, 1983, S. 501-517

Schrader, S.: Eklige Tiere im Sachunterricht. Hausarbeit im Rahmen der ersten staatlichen Prüfung für das Lehramt an Grund und Hauptschulen. Universität Hannover 1988

Schroeder, H.W.: Environment, behavior, and design research on urban forests. In: E.H. Zube, G.Z. Moore (Hrg.): Advances in environment, behavior, and design, Vol. 2. New York 1988, S. 87-117

Schroeder, H.W.: Preference and meaning of arboretum Landscapes: Combining quantitative and qualitative data. In: Journal of Environmental Psychology 11, 1991, S. 231-248

Schröder, R.: Kinder reden mit! Beteiligung an Politik, Stadtplanung und Stadtgestaltung. Weinheim: Beltz 1995

Schröder, R.: Freiräume für Kinder(t)räume. Kinderbeteiligung in der Stadtplanung. Weinheim: Beltz 1996

Schröder, R., Süberkrüb, C.: Neue Aufgaben der Kinderfreunde. In: Spielraum und Freizeitwert, 2, S. 80-85

Schubert, I.: Kinderanwälte - Möglichkeiten der Beteiligung und Vertretung von Kindern in der kommunalen Praxis. In: ILS 1992, S. 45-50

Schuhmann-Hengsteler, R., Thomas, J.: Was wissen Kinder über Umweltschutz? In: Psychologie in Erziehung und Unterricht 41, 1994, S. 249-261

Schultz, J.H.: Zur medizinischen Psychologie des Ekels. In: Abnormer. Psychologische Rundschau 1, 1949

Schultz-Henke, H.: Lehrbuch der analytischen Psychotherapie. Stuttgart 1951

Schwab, G.: Deukalion und Pyrrha (1837). In: Schwab, G.: Die schönsten Sagen des klassischen Altertums. München/ Zürich o.J.

Schwabe, M.: Selbst und Maschine. Die imaginäre und symbolische Bedeutung technischer Gegenstände im Kindesalter. Würzburg 1994

Schwemmer, O. (Hrg.): Über Natur. Frankfurt/M. 1987

Schwertl, U.: Krankenhausgärten als Therapieräume. In: Garten und Landschaft 1/1989, S. 26 – 30

Scott, D., Willitis, F.K.: Environmental Attitudes and Behavior. A Pennsylvania Survey. In: Environment and Behavior 26, 2, 1994, S. 239-260

Searles, H.F.: The nonhuman environment in normal development and schizophrenia. New York 1960

Sebba, R.: The Landscape of Childhood. The Reflection of Childhood's Environment in Adult Memories and Childrens Attitudes. In: Environment and Behavior 23, 1991, S. 395-422

Seel, H.-J., Sichler, R., Fischerlehner, B.: Mensch—Natur. Zur Psychologie einer problematischen Beziehung. Opladen 1993

Seel, M.: Eine Ästhetik der Natur. Frankfurt 1991

Seelig, G.F.: Beliebtheit von Schulfächern. Weinheim 1968

Seiwert, M.: Skalen zum Erleben der nichtmenschlichen Umwelt. In: Hoffmann 1987, S. 273 – 299

Selbmann, M.: Wie Kinder ihre Zukunft sehen. In: IJF-Notizen Mai 1988 (Institut für Jugendforschung München)

Seligman, M.E.P.: Phobias and preparedness. Behaviour Therapy 2, 1971, S. 307-320

Serpell, J.A.: Der beste Freund oder der schlimmste Feind: Die Einstellung zum Haushund verändert sich je nach Kultur. In: IEMT 1985, S. 121 – 125

Serpell, J.: In the Company of Animals: A Study of Human-Animal Relationships. Oxford 1986

Serpell, J.A.: Beneficial effects of pet ownership on some aspects of human health and behavior. In: Journal of the Royal Society of Medicine 84, 1991, S. 717-720

Serpell, J.A.: In the company of animals: a study of human-animal relationships. Cambridge: Cambridge University Press 1996

Shepard, P.: Place and Human Development. In: Northeastern Forest Experiment Station 1977, S. 7 – 12

Shepard, P.: The others: How animals made us human. Island Press, Washington, DC 1996

Sichler, R.: Naturerfahrung im Zeichen der ökologischen Krise. Kulturpsychologische Anmerkungen zum Wandel des modernen Naturverständnisses. In: Allesch, C.G., Billmann-Mahecha, E., Lang, A. (Hrg.): Psychologische Aspekte des kulturellen Wandels. Wien: Verband der wissenschaftlichen Gesellschaften Österreichs 1992, S. 106-115

Sieferle, R.-P.: Landschaft. Frankfurt/M. 1986

Sochatzy, K.: "Wenn ich zu bestimmen hätte..." Die Erwachsenenwelt im Meinungsspiegel von Kindern und Jugendlichen. Eine empirische Bestandsaufnahme. Weinheim, Basel 1988

Speece, M.W., Brent, S.B.: Children's Understanding of Death. A Review of three Components of the Death Concept. In: Child Development 55, 1984, S. 1671 – 1686

Sperling, M.: Animal phobias in a two-year-old child. In: The Psychoanalytic Study of the Child 7, 1952, S. 115 – 125

Sperling, M.: Spider phobias and spider fantasies: a clinical contribution on the study of symbol and symptom choice. In: J. Am. Psychoanal. Assoc. 19, 1971, S. 472 – 498

Spiecker-Verscharen, I.: Kindheit und Tod. Die Konfrontation mit dem Tod in der modernen Kinderliteratur. Frankfurt/M. 1982

Spindler, P.: Studien zur Vererbung von Verhaltensweisen, 2. Verhalten gegenüber Schlangen. In: Anthropologischer Anzeiger 23, 1959, H. 2/3, S. 187-218

Spitthöver, M.: Städtisches Kinderspiel im Freien — zum Aufenthalt von Mädchen auf Spielplätzen, Straßen, Gehwegen. In: Das Gartenamt, H. 36, 1987, S. 785 – 790

Spitthöver, M.: Frauen in städtischen Freiräumen. Köln 1989

Spitz, R.A.: Anaclitic depression — an inquiry into the genesis of psychiatric conditions in early childhood. In: The Psychoanalytic Study of the Child, 1946, 2, S. 313 – 342

Spitz, R.A.: Die Entstehung der ersten Objektbeziehungen. Stuttgart 1973 (1. Auflage 1954)

Spitz, R.A.: Vom Säugling zum Kleinkind. Naturgeschichte der Mutter-Kind-Beziehungen im ersten Lebensjahr. Stuttgart 1972 (3. Aufl.)

Spitzer, K.: Stadtgrün als Spielbereich. In: Katalog zur Ausstellung "Kinder in der Stadt". AG Wohnberatung e.V., Bonn-Duisdorf 1980, S. 57 – 65

Springer, K.: Children's awareness of the biological implications of kinship. In: Child Development 63, 1992, S. 950-959

Springer, K.: Acquiring a naive theory of kinship through inference. In: Child Development 66, 1995, S. 547-558

Springer, K. & Keil, F. C.: On the development of biologically specific beliefs: The case of inheritance. In: Child Development 60, 1989, S. 637-648

Springer, K. & Keil, F. C.: Early differentiation of causal mechanisms appropriate to biological and nonbiological kinds. In: Child Development 62, 1991, S. 767-781

Stambrook, M., Parker, K.C.: The development of the concept of death in childhood: A review of the literature. In: Merrill–Palmer Quarterly Journal of Developmental Psychology 33, 1987, S. 133–157

Stavy, R., Wax, N.: Children's conceptions of plants as living things. In: Human Development 32, 1989, S. 88-94

Steger, M.A.E., Witt, S.L.: Gender Differences in Environmental Orientations: A Comparison of Publics ans Activists in Canada and the U.S. In: Western Political Quarterly 42, 1989, S. 627-649

Steiniger, F.: "Ekelgeschmack" und visuelle Anpassung einiger Insekten. In: Zeitschrift für Zoologie 149, 1937

Sterba, E.: Exerpt from the analysis of a dog phobia. In: Psychoanal. Quart., 4, 1935, S. 135 – 160

Stern, E.: Kind, Krankheit und Tod. München, Basel 1957

Stern, D.N.: Die Lebenserfahrung des Säuglings. Stuttgart 1992

Stern, M.M.: Trauma, Todesangst und die Furcht vor dem Tod. In: Psyche 26, 1972

Stern, M.M.: Death and the child. In: Schowalter, J.E. u.a. (Hrg.): The child and death. Columbia Univ. Press. New York 1983, S. 19 – 26

Stern, P.C., Dietz, T., Kalof, L.: Value Orientations, Gender, and Environmental Concern. In: Environment and Behavior, 25, 3, S. 322-348

Stern, W.: Psychologie der frühen Kindheit. Leipzig 1928 (5. Aufl.)

Sternglass, E.J., Bell, St.: Die Kinder des atomaren Fallout. In: Psychologie Heute 13, 1986, H. 8, S. 36 – 43

Steurer, R.: Psychologie der Umweltpolitik. Transdisziplinäre Erklärungen der Schwierigkeiten beim Umweltschutz. Frankfurt/M. 1998

Stevenson, O.: The first treasured possession: a study of the part played by specially loved objects and toys in the lives of certain children. In: The Psychoanalytic Study of the Child 9, 1954, S. 199 – 217

Stiemerling, G.: Analyse einer Spinnen- und Monsterphobie. In: Z. Psychosom. Med. Psychoanalyis 19, 1973, S. 327 – 345

Stokols, D.: Environmental psychology. Annual Review of Psychology 29, 1978, S. 253 – 295

Stokols, D., Altman, I. (Hrg.): Handbook of Environmental Psychology. Vol. I/II. New York 1987

Strauss, A.L.: The animism controversy: Re-examination of Huang-Lee data. In: Journal of Genetic Psychology 78, 1951, S. 105 – 113

Strauss, A.L., Glaser, B.G.: Interaktion mit Sterbenden. Beobachtungen für Ärzte, Schwestern, Seelsorger und Angehörige. Göttingen 1974

Straus, E.: Vom Sinn der Sinne. Berlin, Göttingen, Heidelberg 1956 (2. Auflage)

Stückrath, F.: Das Kind und das Lebendige. In: Ders.: Studien zur Pädagogischen Psychologie. Braunschweig 1965, S. 9 – 17

Süßmuth, R.: Kinderleben, Kinderzeiten, Kinderwelten. In: Kinderzeit, Jahresheft 1988/89

Sukopp, H.: Stadtökologische Forschung und deren Anwendung in Europa. In: Düsseldorfer Geobotanische Kolloquien, H. 4, S. 3 – 28, Düsseldorf 1987

Sutter, S., Böhm, A.: "Schwarze Tropfen"- Reaktionen von politisch engagierten und nicht engagierten Jugendlichen. In:Böhm/Faas/Legewie 1989, S. 113-134

Szagun, G., Mesenholl, E.: Emotionale, ethische und kognitive Aspekte des Umweltbewußtseins bei Kindern und Jugendlichen: eine Pilotuntersuchung. In: Eulefeld/Bolscho/Seybold 1991, S. 37 – 64

Szagun, G., Mesenholl, E., Jelen, M.: Umweltbewußtsein bei Jugendlichen. Emotionale, handlungsbezogene und ethische Aspekte, Frankfurt/M. 1994

Talbot J.F., Kaplan, S.: Perspectives on wilderness: Reexamining the values of extended wilderness experiences. In: Journal of Environmental Psychology 6, 1986, S. 177-188

Tamir, P., Gal-Choppin, R., Nusssinovitz, R.: How do Intermediate and Junior High School students conceptualize living and nonliving? In: J. of Research in Science Teaching 18, 3, S. 241-248

Tapia, F.: Childs who are cruel to animals. In: Child Psychiatry and Human Development 2, 1971, S. 70 – 77

Teherani-Krönner, P.: Die Uexküllsche Umweltlehre als Ausgangspunkt für die Human- und Kulturökologie. In: Z. für Semiotik 18, 1, 1996, S. 41-54

Tessin, W.: Anmerkungen zur ästhetisch-symbolischen Funktion städtischen Grüns. In: Das Gartenamt 30, 1981, H. 3, S. 165 – 170

Teutsch, G.M.: Kinder und Tiere. Von der Erziehung zu mitgeschöpflichen Verhalten. In: Unsere Jugend 32, 1980, H. 10, S. 435 – 455

Thearle, L., Weinreich-Haste, H.: Ways of dealing with nuclear threat: coping and defence amongst British adolescents. In: International Journal of Mental Health 15, 1986, S. 126 – 142

Thiemann, F.: Kinder in den Städten. Frankfurt/M. 1988

Thomas, I.: Bedingungen des Kinderspiels in der Stadt. Stuttgart 1979

Todt, E.: Interesse an Biologie. Untersuchungen an Schülern und Schülerinnen der Sekundarstufe 1. In: Arbeiten zum 70. Geburtstag von Prof. Dr. H. Desselberger. Gießen, Institut für Biologiedidaktik 1977, S. 205 – 216

Tomkins, S. S.: Affect cognition and personality, 1 und 2. New York 1962, 1963

Tournier, M.: Der Baum und der Wald. In: Akademie der Künste (Hrg.): Waldungen. Die Deutschen und ihr Wald. Berlin 1987, S. 26-27

Townley, K., Thornburg, K.R.: Maturation of the concept of death in elementary school children. In: Educational Research Quarterly 5, 1980, S. 17 – 24

Trevarthen, C.: Conversations with two-month-old. In: New Scientist, 2. May 1974, S. 230-235

Trevett, L. D.: Origin of the creation myth. A hypothesis. J. Amer. Psychoanal. Assn., Bd. 5., 1957, S. 461 – 468

Trillitzsch, F.: Spielen im Wohnbereich. In: Garten und Landschaft 1975, H. 10, S. 623 – 625

Trommer, G.: Natur im Kopf. Die Geschichte ökologisch bedeutsamer Naturvorstellungen in deutschen Bildungskonzepten. Weinheim 1990

Trommer, G.: Wildnis — die pädagogische Herausforderung. Weinheim 1992

Trommer, G., Noack, R.: Die Natur in der Umweltbildung. Perspektiven für Großschutzgebiete. Weinheim 1997

Tuan, Y.F.: Space and Place. The Perspective of Experience. London 1977

Tuan, Y.F.: Experience and Appreciation. In: Northwestern Forest Experiment Station 1977, S. 1 – 5

Tuan, Y.F.: Children and the Natural Environment. In: Altmann/Wohlwill 1978, S. 5 – 32

Turkle, S.: Die Wunschmaschine, Reinbek 1994

Turner, D.C.: Die Beziehung zwischen Mensch und Katze. Methoden der Analyse. In: IEMT 1985, S. 157 – 163

Turner, D.C.: Das sind Katzen. Informationen für eine verständnisvolle Partnerschaft. Rüschlikon-Zürich, Stuttgart, Wien 1989

Uexküll, J. von: Theoretische Biologie. Berlin 1928

Ullmann, G., Burckhardt, L.: Niemandsland — Stadtbrachen und wilde Gelände im Wohnbereich. In: Andritzky/Spitzer 1981, S. 110 – 116

Ulrich, R.S.: Aesthetic and emotional influences of vegetation. Swedish Council for Building Research to the Department of Clinical Psychology. Uppsala und Stockholm 1985

Ulrich, R.S.: View through a window may influence recovery from surgery. In: Science 224, S. 420-421

Ulrich, R.S.: Biophilia, biophobia, and natural landscapes. In: Kellert/Wilson 1993, S. 73-137

Ulrich, R.S., Simons, R.F.: Recovery from sress during exposure to everyday outdoor environments. In: J. Wineman, R. Barnes, C.Zimring (Ed.): Proceedings of the 17th Annual Conference of the Environmental Design Research Association. EDRA, Washington, D.C. 1986, S. 115-122

Ulrich, R.S., Simons, R.F., Losito, B.D., Fiorito, E., Miles, M.A., Zelson, M.: Stress recovery during exposure to natural and urban environments. In: Journal of Environmental Psychology 11, 1991, S. 201-230

Unesco-Verbindungsstelle für Umwelterziehung: Umweltziehung im Vorschulbereich. Analyse ihrer Bedingungen und Erfordernisse sowie Empfehlungen für ihre Umsetzung. Berlin 1988

Unterbruner, U.: Umwelterziehung und die Ängste Jugendlicher vor Umweltzerstörung. Habilitationsschrift Universität Salzburg 1989a

Unterbruner, U.: Ängste Jugendlicher vor Umweltzerstörung und Atomkrieg — eine Herausforderung für die Umwelterziehung. In: Erziehung und Unterricht 1989b, H. 1, S. 36 – 41

Unterbruner, U.: Umweltangst — Umwelterziehung. Vorschläge zur Bewältigung der Ängste Jugendlicher vor Umweltzerstörung. Linz 1991

Urban, D.: Was ist Umweltbewußtsein? Exploration eines mehrdimensionalen Einstellungskonstrukts. In: Zeitschrift für Soziologie 15, 1986, S. 363-377

Urban, D.: Die kognitive Struktur von Umweltbewußtsein. Ein kausalanalytischer Modelltest. In: Zeitschrift für Sozialpsychologie 22, 1991, S. 166-180

Valentien, D.: Ökologie und Ästhetik der Landschaft. In: Wildenmann 1989, S. 621 – 630

Van Liere, K.G., Dunlap, R.E.: Environmental Concern: Does it make a difference how it's measured? In: Environment and Behavior 13, 1981, S. 651-676

Veevers, J.E.: The Social Meanings of pets. In: Sussmann, M.B. (Ed.): Pets and the Family. New York 1985, S. 11-29

Vester, F.: Denken, Lernen, Vergessen. München 1987 (2. Aufl.)

Verderber, S.: Dimensions of person-window transactions in the hospital environment. In: Environment and behavior 13, 1986, S. 450-466

Vincze, L., Vincze, F.: Die Erziehung zum Vorurteil. Wien 1964

Vogel, Chr.: Zur Wechselwirkung von biologischer und kultureller Evolution. In: Loccumer Protokolle 75/1988, Kooperation und Wettbewerb. Zu Ethik und Biologie menschlichen Sozialverhaltens. Rehburg-Loccum 1989, S. 68 – 111

Vogel, G.: Abbau von Anthropomorphismen im Sachunterricht. In: Sachunterricht und Mathematik in der Grundschule 3, 1978, S. 98 – 102

Voith, V.L.: Attachment of People to Companion Animals. In: Quackenbush, J./Voith, V. (Ed.): Symposium on the Human-Companion Animal Bond (The Veterinary Clinics of North America. Small Animal Practice 15:2) Philadelphia 1985, S. 289-295

Vollmer, G.: Evolutionäre Erkenntnistheorie. Stuttgart 1975

Wagenschein, M.: Die pädagogische Dimension der Physik. Braunschweig 1965

Wagenschein, M.: Die beiden Monde. Zum Frieden zwischen zwei Weltauffassungen. In: Ders.: Erinnerungen für Morgen. Weinheim/ Basel 1983

Waldmann, K. (Hrg.): Umweltbewußtsein und ökologische Bildung. Opladen 1992

Waldvogel, B.: Die Entwicklung von phänomenaler Welt und innerer Welt. In: Gestalt Theory 19, 2, 1997, S. 67-79

Walter, H., Oerter, R.: Ökologie und Entwicklung. Donauwörth 1979

Wangh, M.: Die Herrschaft des Thanatos. Über die Bedeutung der Drohung eines nuklearen Krieges und den Einfluß dieser Drohung auf die psychoanalytische Theoriebildung. In: Nedelmann, C. (Hrg.): Zur Psychoanalyse der nuklearen Drohung. Göttingen 1985

Ward, C.: Das Kind in der Stadt. Frankfurt/M. 1978

Ward, D.: Baum. In: Ranke, K. (Hrg.) Enzyklopädie des Märchens, Bd.1. Berlin/New York 1977, Sp. 1366-1374

Wals, A.E.J.: Nobody planted et, it just grew - Young adolescents' perceptions and experiences of nature in the context of urban environmental education. In: Children's Environments 11, 3, 1994, S. 177-193

Watson, J. B.: Behaviorism. London 1925

Wax, D.E., Haddox, V.G.: Enuresis, firesetting and animal cruelty. In: Child Psychiatry and Human Development 4, 1974, S. 151 – 156

Weber, A.: Zum Erlebnis des Todes bei Kindern. In: Monatsschrift für Psychiatrie und Neurologie 107, 1943, S. 192 – 225

Weber, H.D.(Hrg.): Vom Wandel des neuzeitlichen Naturbegriffs. Konstanz 1989

Weigel, R.H.: Environmental attitudes and the prediction of behavior. In: N.R. Feimer, E.S. Geller (Hrg.): Environmental Psychology, Praeger, New York 1983, S. 257-287

Wellman, H. M. & Gelman, S. A.: Cognitive development: Foundational theories of core domains. In: Annual Review of Psychology 43, 1992, S. 337-375

Wendel, W.: Abneigung gegen Spinnen — Unterrichtsversuche zum Abbauen von Antipathien bei Schülern eines 7. Schuljahres. In: Der Biologieunterricht 16, 1980, H. 3, S. 4 – 35

Wendt, W.: Trauerarbeit. Zur Bedeutung des Rituals in der modernen Gesellschaft als Unterstützung für das trauernde Individuum. In: Howe/Ochsmann 1984, S. 352 – 357

Werner, H.: Einführung in die Entwicklungspsychologie. München 1959

Werner, H.: Comparative Psychology of Mental Development. New York 1957

Wetzel, N.A., Winawer, H.: Die psychosozialen Konsequenzen der nuklearen Bedrohung aus systemisch-familientherapeutischer Sicht. In: Familiendynamik 1987, H. 1, S. 56 – 72

White, E., Elsom, B., Prawat, R.: Children's conceptions of death. In: Child Development 49, 1978, S. 307 – 310

White, R.K.: The stream of Thought, The Lifespace, Selective Inattention, and War. In: Journal of Humanistic Psychology 28, 1988, H. 2, S. 73 – 86

Wichler, G.: Der Knabe und der Jugendliche in ihrem Verhältnis zum Tier. In: Naturwissenschaftliche Monatshefte 1931, S. 156 – 165

Wiedenmann, R.: Neuer Totemismus? Überlegungen zur Genese und Semantik moderner Tierbestattung. In: Soziale Welt 44, 1993, H. 2, S. 199 – 222

Wiegand, K.D.: Die Tierquälerei. Ein Beitrag zur strafrechtlichen und kriminologischen Problematik der Verstöße gegen §17 Tierschutzgesetz. Lübeck 1979

Wildavsky, A.: Vergleichende Untersuchung zur Risikowahrnehmung: Ein Anfang. In: Risiko ist ein Konstrukt, 1993, S. 191-211

Wildenmann, R. (Hrg.): Stadt, Kultur, Natur: Chancen zukünftiger Lebensgestaltung. Baden-Baden 1989

Wilson, E.O.: Biophilia. Havard University Press, Cambridge, MA. 1984

Winau, R., Rosemeier, H.P. (Hrg.): Tod und Sterben. Berlin, New York 1984

Winkel, G.: Kinder brauchen Gärten. Die neue Schulgartenwelle rollt. In: Beispiele. In Niedersachsen Schule machen. Heft 1/1984, S. 40f.

Winkel, G.: Das Schulgartenhandbuch. Hannover 1985

Winkel, G.: Heimtiere. In: Unterricht Biologie 11, 1987, H. 128, S. 4 – 13

Winkley, L.: The Implications of Children's Wishes — Research Note. In: Journal of Child Psychology and Psychiatry 23, 1982, S. 477 – 483

Winnicott, D.W.: Vom Spiel zur Kreativität. Stuttgart 1995

Winnicott, D.W.: Die Theorie von der Beziehung zwischen Mutter und Kind. In: Ders.: Reifungsprozesse und fördernde Umwelt. München 1974

Winnicott, D.W.: Übergangsobjekte und Übergangsphänomene (1951) In: Winnicott 1995, S. 10 – 36

Winnicott, D.W.: Die Lokalisierung des kulturellen Erlebens (1967). In: Winnicott 1995, S. 111-120

Winnicott, D.W.: Der Ort, an dem wir leben (1971). In: Winnicott 1995, S. 121-127

Winnicott, D.W.: Der Anfang ist unsere Heimat. Stuttgart 1990

Winter, J., Mack, J. (Hrg.): Herausforderung Stadt. Aspekte einer Humanökologie. Frankfurt/M., Berlin 1988

Wittkowski, J.: Tod und Sterben. Ergebnisse der Thanatopsychologie. Heidelberg 1978

Wittkowski, J.: Psychologie des Todes. Darmstadt 1990

Wittkowski, J., Schnell, H.: Strukturen der Todesvorstellungen bei 8-14jährigen. In: Zeitschrift für Entwicklungspsychologie und Pädagogische Psychologie 13, 1981, S. 304 – 311

Wochner,, M.: Zum Phänomen der Tierquälerei im Kindes- und Jugendalter. Inaugural-Dissertation der Medizinischen Fakultät der Eberhard-Karls-Universität Tübingen 1988

Wohlin, H.: Freiflächen für Kinder. Wo spielen sie morgen? München 1972

Wolf, B.: Grundmerkmale ökologischer Perspektiven in der Entwicklungspsychologie. In: Psychologie in Erziehung und Unterricht 42, 1995, S. 6-19

Wolfenstein, M.: How is mourning possible? In: The Psychoanalytic Study of the Child 21, 1966, S. 93 – 123

Wolter-Pfingsten, T.: Lernen im Zoo. In: Grundschule 22, 7/8, 1990, S. 12 – 17

Wood, G.: Die Wahrnehmung sozialer und bebauter Umwelt. Oldenburg 1985

Woodward, A., Philips, A. T. & Spelke, E. S.: Infant's expeciations about the motion of animate vs. inanimate objects: In: Paper presented at the 1993 Cognitive Science Society Meeting in Boulder, CO., 1993

Yalom, I.D.: Existentielle Psychotherapie. Köln 1989

Yarrow, L.J., Rubinstein, J.L., Pedersen, F.A.: Infant and Environment: Early Cognitive and Motivational Development. New York 1975

Yerkes, R., Yerkes, M.: Chimpanzees. New Haven 1943

Zacharias, W. (Hrg.): Spielraum für Spielräume. Zur Ökologie des Spiels 2. Reihe: Materialien Spiel und Kulturpädagogik. Pädagogische Aktion e.V., München 1987

Zeiher, H.: Die vielen Räume der Kindheit. Zum Wandel räumlicher Lebensbedingungen seit 1945. In: Preuss-Lausitz, U. (Hrg.): Kriegskinder. Konsumkinder, Krisenkinder. Zur Sozialisationsgeschichte seit dem 2. Weltkrieg. Weinheim 1983, S. 176 – 195

Zeiher, H.: Organisation des Lebensraums bei Großstadtkindern — Einheitlichkeit oder Verinselung? In: Bertels, L., Herlyn, U. (Hrg.): Lebenslauf und Raumerfahrung. Opladen 1990, S. 35 – 58

Zeligs, R.: Children's Experience with Death. Springfield, Ill. 1974

Zietz, K.: Kind und physische Welt. Psychische Voraussetzungen für den Natur-lehreunterricht in der Volksschule. München 1955

Zillig, M.: Mädchen und Tier. Begegnungen, Erlebnisse, Wertungen, Auswir-kungen. Heidelberg 1961

Zimmermann, J. (Hrg.): Das Naturbild des Menschen. München 1982

Zinn, H.: Kinder in der gebauten Umwelt. In: Bundesminister für Raumordnung 1980, S. 19 – 31

Zinnecker, J.: Vom Straßenkind zum verhäuslichten Kind. Kindheitsgeschichte im Prozeß der Zivilisation. In: Behnken, I. (Hrg.): Stadtgesellschaft und Kindheit im Prozeß der Zivilisation. Konfigurationen städtischer Lebensweise zu Beginn des 20. Jahrhunderts. Opladen 1990, S. 142 – 162

Zinnecker, J., Fischer, A.: Jugendstudie '92. Die wichtigsten Ergebnisse im Überblick. In: Jugend '92. Lebenslagen, Orientierungen und Entwicklungs-perspektiven im vereinigten Deutschland. Hrg. vom Jugendwerk der Deutschen Shell. Opladen 1992

Zinnecker, J.: Straßensozialisation. Versuch, einen unterschätzten Lernort zu thematisieren. In: Zeitschrift für Pädagogik 25, 1979, S. 727-746

Zinnecker, J.: Die Straße als Lebensraum: Erlebnis und Abenteuer für Kinder und Jugendliche. In: Beck u.a. 1997, S. 37-58

Zlotowicz, M.: Warum haben Kinder Angst? Stuttgart 1983

Lehrbücher
Erziehungswissenschaft

Jürgen Raithel / Bernd Dollinger /
Georg Hörmann

Einführung Pädagogik
Begriffe, Strömungen, Leitfiguren
und Fachschwerpunkte
2005. ca. 300 S. Br. EUR 19,90
ISBN 3-531-14702-1

Anders als die meisten Einführungen in
die Pädagogik bietet dieses Lehrbuch
eine stringente und konzentrierte Darstellung ausgewählter Themen. Die Vermittlung von Fakten steht hier deutlich
im Mittelpunkt, was durch die übersicht-
liche Form der Texte wie auch die an-
schauliche Aufbereitung der Informationen ein schnelles Verstehen ermöglicht.
In der Präsentation von Basiswissen ist
der Text gleichermaßen als grundlegende
Einführung zu Beginn des erziehungswis-
senschaftlichen Studiums zu lesen, wie
auch zur Prüfungsthemenfindung und
Prüfungsvorbereitung als Repetitorium für
Examens-, Magister(zwischen)- und
Diplom(vor)prüfungen geeignet.

Helmut Fend

Neue Theorie der Schule
Eine Einführung
2005. ca. 300 S. Br. EUR 19,90
ISBN 3-531-14717-X

Die Einführung in die Theorie der Schule
bereitet die sozialwissenschaftlichen
Grundlagen auf, um Bildungssysteme,

deren Funktionsweisen und Zusammenhänge zu verstehen. Im Rückgriff auf die
Beschreibung des Bildungswesens als
gesellschaftliche Realität in Funktion und
Struktur wird die erweiterte Schultheorie
umfassend und nachvollziehbar dargestellt. Durch die empirische Beschreibung bietet Helmut Fend Studierenden
der Erziehungswissenschaft ein hand-
lungsbezogenes Verstehen der Prozesse
und gibt Anregungen zur zukünftigen
Gestaltung institutionalisierten Lehrens
und Lernens.

Helmut Fend

Geschichte
moderner Bildungssysteme
Eine Einführung
2005. ca. 300 S. Br. EUR 19,90
ISBN 3-531-14733-1

Die Einführung in die Geschichte des Bildungswesens macht in Grundzügen die
Sattelzeiten und Bewegungen sichtbar,
die zu den Besonderheiten eines modernen Bildungssystems geführt haben.
Frühes Christentum und Antike, Mittel-
alter und Renaissance, Reformation und
Aufklärung, Industrialisierung und Moderne entfalten ihre je eigenen Schub-
kräfte zum Ausbau von Institutionen und
zu Erfindungen des Lehrens und Lernens. Die Geschichte der modernen Bildungssysteme ist ein bedeutender Teil
der Kulturgeschichte des Abendlandes.

Erhältlich im Buchhandel oder beim Verlag.
Änderungen vorbehalten. Stand: Juli 2005.

www.vs-verlag.de

VS VERLAG FÜR SOZIALWISSENSCHAFTEN

Abraham-Lincoln-Straße 46
65189 Wiesbaden
Tel. 0611.7878-722
Fax 0611.7878-400

Lehrbücher
Erziehungswissenschaft

Klaus Feldmann

**Erziehungswissenschaft
im Aufbruch**
Eine Einführung
2005. 256 S. Br. EUR 16,90
ISBN 3-531-14742-0

Diese neue Einführung in die Erziehungswissenschaft erschließt in kom-
pakter Form die klassischen Themenfel-
der des Fachs. Der Text folgt nicht den
gewohnten Abgrenzungen der Gebiete,
sondern verbindet Theorie, neueste
empirische Untersuchungsergebnisse,
Konzepte internationaler Schulmodelle
und bildungspolitische und bildungsöko-
nomische Aspekte. Studierende und
andere LeserInnen erhalten einen fundierten Überblick über ein vielfältig seg-
mentiertes Feld und werden durch explizite Thesen und Provokationen des
Autors in die Lage versetzt, bildungspolitische Konstellationen und Entscheidungen zu verstehen und kompetent beurteilen zu können.

Karl-Hermann Schäfer

Kommunikation und Interaktion
Grundbegriffe einer Pädagogik
des Pragmatismus
2005. ca. 206 S. Br. EUR 19,90
ISBN 3-531-14529-0

Der „linguistic turn" setzt sich aktuell
weiter fort und auch das laufende Jahrhundert wird ein kommunikatives Jahrhundert sein. In diesem neuen Lehrbuch, das auch in Form eines Studien-
briefs an der Fern-Universität Hagen eingesetzt wird, werden Kommunikations-
theorien, die insbesondere für pädagogische Zusammenhänge relevant sind,
analysiert und anschaulich dargestellt.
Im Sinne des Pragmatismus legt Karl-
Hermann Schäfer pädagogische Kriterien
frei, die als Maßstab an Prozesse eines
erziehenden Unterrichts angelegt werden können. Die drei Grundbegriffe Kommunikation, Interaktion und kommunikative Interaktion werden auf schulische
Praxisfelder bezogen und treten so in
einen theoretisch unmittelbaren und
praktisch umsetzbaren Handlungskontext.

Erhältlich im Buchhandel oder beim Verlag.
Änderungen vorbehalten. Stand: Juli 2005.

www.vs-verlag.de

VS VERLAG FÜR SOZIALWISSENSCHAFTEN

Abraham-Lincoln-Straße 46
65189 Wiesbaden
Tel. 0611.7878-722
Fax 0611.7878-400